KB180068

Elements of Programming Interviews in C++

266가지 문제로 정복하는
코딩 인터뷰 in C++

Elements of Programming Interviews in C++: The Insiders' Guide

Copyright © 2017 Adnan Aziz, Tsung-Hsien Lee, and Amit Prakash

Korean translation copyright © 2021 Insight Press
This Korean edition was published by arrangement with Adnan Aziz, Tsung-Hsien Lee, and Amit Prakash
through Agency-One, Seoul.

이 책의 한국어판 저작권은 에이전시 원을 통해 저작권자와의 독점 계약으로 인사이트에 있습니다.
저작권법에 의해 한국 내에서 보호를 받는 저작물이므로 무단전재와 무단복제를 금합니다

266가지 문제로 정복하는 코딩 인터뷰 in C++

초판 1쇄 발행 2021년 10월 1일 **지은이** 아드난 아지즈, 쭝시엔 리, 아미트 프라카시 **옮긴이** 이창현, 김현욱 **펴낸이** 한기성
펴낸곳 ㈜도서출판인사이트 **편집** 문선미 **제작·관리** 이유현, 박미경 **용지** 월드페이퍼 **출력·인쇄** 에스제이피앤비 **제본** 서정바인텍
등록번호 제2002-000049호 **등록일자** 2002년 2월 19일 **주소** 서울시 마포구 연남로5길 19-5 **전화** 02-322-5143 **팩스** 02-
3143-5579 **블로그** http://blog.insightbook.co.kr **이메일** insight@insightbook.co.kr **ISBN** 978-89-6626-320-2 책값은 뒤
표지에 있습니다. 잘못 만들어진 책은 바꾸어 드립니다. 이 책의 정오표는 http://blog.insightbook.co.kr에서 확인하실 수 있
습니다.

266가지 문제로 정복하는
코딩 인터뷰 in C++

아드난 아지즈 · 쭝시엔 리 · 아미트 프라카시 지음

이창현 · 김현욱 옮김

인사이트

차례

7장 연결리스트   123

8장 스택과 큐   145

스택   145

9장 이진 트리   165

10장 힙   195

11장 탐색   209

12장 해시 테이블   235

16장 동적 프로그래밍

17장 그리디 알고리즘과 불변식

그리디 알고리즘

18장 그래프

19장 병렬 컴퓨팅

3부 특정 도메인 문제 457

22장 객체 지향 설계 501

23장 프로그래밍 관련 도구 511

버전 관리 512

스크립트 언어 516

빌드 시스템 518

4부 고난도 문제

24장 고난도 문제

5부 표기법과 찾아보기   609

옮긴이의 글

참으로 긴 여정이었다. 내가 이 책의 번역을 맡기로 결정했을 때가 2016년도였으니 벌써 6년이 지났다. 그 사이에 나에게는 많은 일이 일어났다. 캘리포니아에서의 생활을 정리하고 구글 본사에서 뉴욕 오피스로 팀을 옮겨서 이사를 했다. 그리고 결혼을 했다. 신혼 생활은 즐거웠지만, 바쁜 뉴욕에서 정착하고 살 자신이 없었다. 가족과 오랜 상의 끝에 다시 캘리포니아로 돌아가기로 결심했는데, 코로나가 터졌다. 코로나 때문에 팀을 옮기기가 무척 어려웠지만, 천신만고 끝에 뜻이 맞는 팀을 찾아서 작년 여름에 다시 캘리포니아로 돌아 왔다. 그리고 올해 3월에 세상에서 제일 소중한 아이가 태어 났다.

번역은 인내를 요하는 일인 것 같다. 번역을 하다 보면 머리로는 이해가 가지만, 한글로 옮기기는 쉽지 않을 때가 있다. 그 한 문단 혹은 한 문장을 쉽게 전달하기 위해 수 시간을 고민하기도 하고, 단어를 일관되게 번역했나 수시로 확인하다 보면 하루가 금방 지나간다. "이런 속도로 수백 페이지가 넘는 책을 어느 세월에 다 번역할 수 있을까"라는 생각이 들 때면 압도감에 쉽게 지쳐 버린다. 번역 일을 주 업무로 하는 게 아니니 퇴근 후 혹은 주말에 짬을 내서 시간을 낼 수밖에 없고 그러다 보면 더 속도가 나질 않는다.

2016년도부터 3년이라는 인내의 시기를 가지고 번역을 해 왔지만, 뉴욕에서 결혼을 한 뒤로는 번역할 시간을 내기가 불가능했다. 끝까지 내가 하겠노라고 잡고 있을 수도 없어서 출판사에 상황을 설명드렸고, 김현욱 님과 공동 번역으로 진행할 수 있도록 도와주었다. 개인적으로 출판 관계자 분들과 김현욱 님께 정말 감사한 순간이었다.

그간의 노력의 결과가 2021년 드디어 책으로 출간된다는 사실에 참 벅차오른다. 이 책이 출간되기까지 도움을 주신 분들에 대한 감사함이 더욱 크게 느껴진다. 우선 처음 번역을 맡기 시작한 2016년도부터 함께 한 문선미 편집자 님께 큰 감사의 인사를 드리고 싶다. 그리고 개인적인 사정으로 번역을 진행하기 힘들어 했을 때 선뜻 번역을 함께 해 주신 김현욱 님께도 감사의 인사를 드리고 싶다. 두 분이 아니었으면 이 책은 2021년에도 출간되기 힘들었을 것이다. 그리고 항상 나를 지지

해 주시는 우리 부모님과 와이프 민정이에게 고맙고 사랑한다는 말을 전하고 싶다. 마지막으로 2021년 3월 이 세상에 태어나서 열심히 크고 있는, 내가 가장 사랑하는 우리 Ian Minho Lee에게 마음을 전하고 싶다. 아빠가 많이 사랑해.

이창현

코로나로 인해 전세계 대부분의 산업이 피해를 입고 있지만 IT는 힘든 시간을 잘 버텨 내고 있는 몇 안되는 산업 중 하나다. 특히 많은 근로자가 일자리를 잃어가는 와중에도 IT 분야 채용은 오히려 더 늘어났다. 2020년 말에는 국내 몇몇 게임 회사를 시작으로 개발자에 대한 연봉 인상 바람이 불기도 했다.

코딩 테스트 서적은 이전부터 꾸준하게 출간되며 인기를 얻었는데, 이 시기부터는 알고리즘 문제 풀이를 도와주는 온라인 강의 역시 봇물처럼 쏟아졌다.

이 책은 Amazon.com, Reddit, Quora 등에서 최고의 코딩 테스트 서적 중 하나로 추천받고 있다. 알고리즘 문제 풀이 외에도 설계나 언어 관련 문제, 공통 도구에 대한 설명도 포함한다는 강점이 있다.

책이 두껍고 난이도가 높은 문제가 많기 때문에 처음부터 무리하게 목표를 잡기보다는, 1장에 나오는 학습 가이드를 참고하여 필요한 준비 기간에 맞춰 공부하기를 바란다. 꼭 면접을 준비하는 상황이 아니더라도 실력 향상을 위해 책상 가까운 곳에 두고 시간이 날 때마다 천천히 정독하기를 권한다.

이 책은 분량이나 난이도 면에서 이전에 번역했던 다른 책보다 어려움이 많았다. 다행히 이창현 님이 대부분의 분량을 완전하고 매끄럽게 번역해 주었고 인사이트 문선미 님의 정확하고 친절한 도움으로 결과물이 나올 수 있었다. 공동 번역자로 흔쾌히 승낙해 주신 이창현 님과 번번이 일정을 어겨 힘들었을 텐데 항상 너그럽게 이해해 주고 번역을 끝마치도록 도와주신 문선미 님께 감사 드린다.

책을 번역하는 기간 내내 회사 업무량이 감당하기 힘들 정도로 늘어났다. 야근을 하고 늦은 밤에 택시를 타고 귀가하는 게 일상이 되다시피 했는데, 이 상황을 혼자 겪었다면 단 몇 주도 버티기 힘들었을 것이다. 지치고 힘든 시간 동안 옆에서 많은 도움과 큰 힘을 보태 준 스마일게이트 홍승원 차장님께도 깊은 감사를 드린다.

김현욱

서문

나는 영리한 게 아니라, 문제를 좀 더 오래 생각할 뿐이다.
알베르트 아인슈타인(A.Einstein)

이 책은 소프트웨어 개발 직군의 기술 면접을 돕기 위해 탄생했다. 주로 자료구조 (data structure), 알고리즘(algorithm), 시스템 디자인(system design), 문제풀이 (problem solving)에 초점을 맞추며, 이와 관련된 다양한 문제들을 소개한다.

면접 문제

실제 면접에서 제시받을 수 있을 만한 문제부터 시작해 보자.

H-인덱스는 연구자의 논문 수와 논문별 피인용 횟수를 모두 측정하는 지표다. 구체적으로, H-인덱스는 연구자가 각각 h회 이상 인용된 h개의 논문을 발표했을 때 가장 큰 숫자 h를 말한다. 예를 들어, 만약 칼(Carl)이라는 연구자가 논문 A, B, C, D, E, F, G, H, I를 발표했고 각각 1, 4, 1, 4, 2, 1, 3, 5, 6번 인용됐다면 H-인덱스는 4고 H-인덱스에 부합하는 논문은 B, D, H, I이 된다.

면접에서 H-인덱스를 결정하는 알고리즘 설계 문제를 받았다고 가정하고, 시간을 들여 문제를 직접 풀어 보길 바란다.

우선은 문제를 명확히 하자. 예를 들어, 면접관에게 입력 형태(input format)가 무엇인지 물어 볼 수 있다. 여기서는 논문별 인용 횟수를 나타내는 양의 정수(positive integers) 배열이 입력으로 주어진다고 하자. 이 배열은 정렬되어 있을 수도 있고 아닐 수도 있다. 입력 배열은 수정해도 된다.

단순한 알고리즘은 1부터 카운트를 시작해서, 카운트보다 크거나 같은 배열의 항목 수가 얼마나 많은지 확인하는 것이다. 카운트를 1씩 증가하면서 같은 작업을 반복한다. 항목 수가 카운트보다 작아졌을 때, 카운트에서 1을 뺀 값이 H-인덱스다. 이를 위의 예시에 적용해 보면 카운트는 1(9개 항목), 2(6개 항목), 3(5개 항목), 4(4개 항목)의 순서로 진행되다가 5(2개 항목)에서 멈추기 때문에 H-인덱스는 4다.

여러분은 이 알고리즘을 코드로 만들고 몇 분 안에 테스트할 수 있어야 한다. 또한, 길이가 n인 입력 배열을 받는 함수로부터 시간 복잡도(time complexity)를 구할 수 있어야 한다. 이 알고리즘은 반복할 때마다 $O(n)$ 시간이 소요된다. 왜냐하면 각 원소마다 카운트보다 큰지 같은지를 확인해야 하기 때문이다. 시간 복잡도는 최악의 경우를 기준으로 하므로 최대 반복 횟수를 계산하면 된다. 즉, H-인덱스가 n일 때 시간 복잡도는 $O(n \times n) = O(n^2)$이다.

알고리즘이 얼마만큼의 메모리 공간을 사용하는지 알아보려면 공간 복잡도 (space complexity)도 고려해야 한다. 배열 자체는 n에 비례하는 메모리가 필요하고 n과 무관하게 일정한, 즉 카운터, 루프 변수, 카운트보다 큰 항목의 수를 기록할 변수가 추가적으로 필요하다.

일단 동작하는 알고리즘을 설계했다면 이를 개선해 보자. 사실 $O(n^2)$ 알고리즘이 큰 입력 배열에 대해서 효율적이라고 보기 힘들다. 이 알고리즘은 모든 항목을 반복적으로 검사하므로 비효율적이다.

H-인덱스의 정의를 자세히 살펴보면, 논문이 H-인덱스에 영향을 미칠 때 인용 횟수가 높은 모든 논문도 H-인덱스에 영향을 미친다는 것을 알 수 있다. 만약 배열이 정렬되어 있을 때 H-인덱스를 결정하는 첫 번째 논문을 찾으면, H-인덱스에 영향을 미치는 논문의 수는 해당 논문에서 시작하는 하위 배열의 길이다. 즉, 배열의 길이에서, H-인덱스를 결정하는 첫 번째 논문의 인덱스를 뺀 값이다. 그림 0.1을 보면 이 사실을 명확하게 알 수 있다.

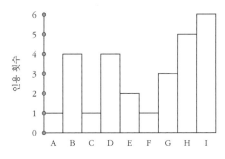
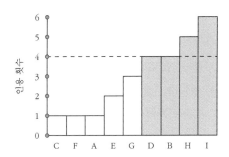

(a) 칼의 논문의 시각적 표현: Y축은 인용 횟수다.

(b) 인용 횟수에 따라 정렬된 모습. 음영 처리된 논문 카운트는 점선으로 표시된 H-인덱스를 향한다.

그림 0.1 H-인덱스 공식과 이해

이 그림에서는 1, 1, 1, 2, 3, 4, 4, 5, 6을 차례로 반복하다가 첫 번째 4가 발견되는 인덱스 5에서 멈춘다. 왜냐하면 4는 남아 있는 논문의 수보다 크거나 같기 때문이다. H-인덱스는 남은 항목의 수, 즉 배열의 길이인 9에서 4의 인덱스인 5를 뺀 값이다. 시간 복잡도는 배열 정렬에 필요한 $O(n \log n)$에 배열의 원소를 반복하는 데 필요한 $O(n)$이 추가된다. 이는 첫 번째 알고리즘 $O(n^2)$보다 훨씬 나은 $O(n \log n)$으로 단순화된다. 실제 코드는 문제 13.3에서 확인할 수 있다. 문제 13.3 뒤에 나오는 H-인덱스 응용 문제도 풀어보기 바란다.

만약, 45~60분 정도되는 면접 시간 내에 이 알고리즘을 디자인하고, 코딩과 테스트를 끝내고, 시간 및 공간 복잡도도 분석했다면, 면접을 꽤 잘 본 편이라고 생각해도 된다. 면접관은 여러분이 다음과 같은 능력을 가졌다고 생각할 것이다.

- 실세계의 문제를 엄격하게 공식화할 수 있는 능력
- 문제를 풀고 알고리즘을 디자인하는 능력
- 알고리즘을 깔끔하게 코드로 옮기고 테스트하는 능력
- 알고리즘의 계산 복잡도(computational complexity)를 정확하게 분석해 내는 능력

책의 구성

면접을 잘 보려면 적절한 자료구조와 알고리즘을 빠르게 골라내는 것 이상을 할 수 있어야 한다. 예를 들어 적합한 회사를 찾고, 자신을 홍보해야 한다. 문제를 풀다 막혔을 때는 도움을 요청하고, 여러분의 열정을 보여 줄 수 있어야 한다. 표 1.1에 면접의 이런 측면에 대한 내용을 간단히 정리했다.

1장에서는 면접 준비 과정에 대해 설명한다. 2장에서는 실제 면접장에서 어떻게 행동해야 하는지 설명한다. 3장에서는 면접관 입장에서 바라본 면접에 대해 이야기한다. 오퍼가 어떻게 결정되는지도 다루므로 지원자 입장에서도 충분히 흥미로울 것이다. 4장에서는 면접 문제 풀이를 다룬다.

모든 독자가 이 책을 처음부터 끝까지 세세히 공부할 만큼 시간이 충분할 거라고 생각하지 않는다. 그래서 사용 가능한 시간을 기준으로, 효과적으로 공부할 수 있는 학습 가이드를 표 1.2에 정리했다.

면접 문제에 대한 내용은 다음과 같이 구성되어 있다. 4~14장에서는 간단한 자료구조와 알고리즘을 다룬다. 예를 들어 배열(array), 이진 탐색 트리(binary search tree), 이진 탐색(binary search), 퀵소트(quick sort) 같은 내용을 설명한다. 필자의 경험상, 대부분의 면접 문제들은 이런 기본적인 자료구조 및 알고리즘을 바탕으로 출제된다. 15~18장에서는 동적 프로그래밍(dynamic programming), 휴리스틱(heuristic), 그래프(graph)와 같은 고급 알고리즘에 대해 알아본다. 19장에서는 병

럴 프로그래밍에 대해 다룬다.

각 장은 해당 주제를 먼저 소개한 뒤, 실제 면접 문제들을 다루는 형태로 구성되어 있다. 또한 각 장은 기본적인 개념과 용어에 대한 설명으로 시작한다. 그다음 부트캠프(boot camp)라는 제목의 내용이 시작된다. 부트캠프는 너무 어렵지 않은 선에서 각 장의 핵심 요소를 설명하는 예제를 선보이고, 표 형태로 중요한 팁들을 설명한다. 프로그래밍 언어가 포함된 장의 경우 기본적인 사용법을 먼저 알아보고, 점차 까다로운 내용을 설명한다. 예를 들어 매개변수가 명확한 메서드(예를 들어, `Arrays.asList(1, 2, 4, 8)`)는 기본적인 사용법을 설명하고, 코드 길이를 줄이는 방법, 과소 평가된 기능, 잠재적 함정 등 까다로운 내용들을 설명하는 것이다. 면접 문제들은 대부분 주제에 따라 분류해 두었고, 많이 출제된 문제들을 먼저 다룬다. 24장에서는 이보다 조금 더 어려운 문제들을 다룬다.

특정 도메인 지식(시스템 설계, 프로그래밍 언어 개념, 객체 지향 프로그래밍, 자주 사용되는 도구)에 관해서는 20~23장에서 다룬다. 이런 질문을 하지 않는 회사도 있으므로, 여러분이 지원하는 회사가 관심 있어 할 만한 주제를 미리 조사해 볼 필요가 있다. 이런 문제들은 보통 지원자가 설계자, 경력 개발자, 특정 분야 전문가일 경우 출제된다.

알고리즘을 설명할 때 사용하는 표기법들(예를 들어, $\sum_{i=0}^{n-1} i^2$, $[a, b)$, $\langle 2, 3, 5, 7 \rangle$, $A[i, j]$, $\lceil x \rceil$, $(1011)_2$, $n!$, $\{x | x^2 > 2\}$ 등)은 '5부 표기법과 인덱스'에 정리했다. 컴퓨터를 전공한 학생이라면 익숙할 테지만 책을 읽기 전에, 또는 읽는 도중에 모르는 기호가 있다면 살펴보기 바란다.

EPI 스타일

이 책에 나와 있는 문제들은 기본적으로 간단한 개념들(즉, 배열, 해시 테이블, 이진 탐색 등)을 이용해 쉽게 풀 수 있다. 하지만 다익스트라의 최단 경로 알고리즘(Dijkstra's shortest path)과 같은 고급 알고리즘을 이해하고 있어야 풀 수 있는 문제도 있다. 고급 알고리즘 문제들은 대학원 졸업생이거나 특정 분야의 전문가가 아닌 이상 실제 면접에서 마주칠 일은 거의 없다.

대부분의 해법은 코드가 함께 제공된다. 이 책에서 사용되는 C++ 구성 및 실습에 익숙해지려면 11페이지를 참고하기 바란다. 테스트를 포함한 전체 소스코드는 이 책의 웹사이트에 공개되어 있다. 특정 도메인 지식을 묻는 문제와 알고리즘 설계 문제 중 몇 개는 개념적인 내용이라 굳이 코드를 싣지 않았다.

이 책에서는 모든 문제와 해법을 동일한 형식으로 제공한다. 문제와 해법을 통일성 있게 설명하여 독자가 내용을 보다 쉽게 배울 수 있도록 했다. 이러한 책의 구성 방식을 EPI(이 책의 원서 제목인 'Elements of Programming Interview'의 약자) 스타일이라 칭한다.

EPI 스타일을 지키는 **문제**는 다음과 같이 주어진다.

1. 실전 예제를 통해 전체 **문맥**(context)을 보여 준다.
2. 해결해야 할 **문제를 제공**한다. 실제 면접에서와 같이 세부적인 조건은 제공하지 않는다. 즉, 입력 형식을 자세히 명시하지 않으며, 예외적인 입력을 어떻게 처리할 것인지에 대해서 언급하지 않는다. 또한, 입력 데이터를 직접 파싱하는 일은 웬만해서는 피할 것이다. 자세한 원칙을 알고 싶다면, 15페이지를 참고하면 된다.
3. **간단한 힌트**를 제공한다. 이 힌트는 문제를 풀다 막혔을 때만 읽어야 한다. (실제 면접에서 문제를 풀다가 어려움을 겪을 때 받을 수 있는 힌트와 비슷하다.)

EPI 스타일을 지키는 **해법**은 다음과 같이 주어진다.

1. 먼저, **무식한 방법**으로 어떻게 풀지 설명한다.
2. 무식한 알고리즘이 왜 **비효율적**인지 **분석**하고, **개선**할 수 있는 **직관**(intuition)을 얻기 위해 실제 예제 혹은 관련된 알고리즘을 살펴본다.
3. 이를 바탕으로 **더 효율적인** 알고리즘을 개발하고, 그에 대해 설명한다.
4. 실제 입력 데이터를 알고리즘에 **대입**해 본다.
5. 알고리즘에서 중요한 부분을 **코드**로 보여 준다.
6. 시간 및 공간 **복잡도**를 분석한다.
7. 처음에 주어진 문제와 비슷하지만 약간 **변형**된 문제들을 제공한다. 이 문제들을 통해 여러분이 내용을 얼마나 잘 이해했는지 확인할 수 있다.

하지만 예외는 있다. 몇몇 문제는 EPI 스타일로 설명하지 않는다. 예를 들어 실수형 값을 전부 확인하면서 답을 찾는 것처럼, 별다른 의미가 없이 무식하게 푸는 경우는 EPI 스타일로 설명하지 않는다. 또한, 책의 마지막 장에 등장하는 동적 프로그래밍, 그래프 알고리즘처럼 고급 알고리즘을 이용해 문제를 풀 때는 몇 개의 불필요한 단계를 건너뛰어 설명을 간략히 한다.

책의 난이도 및 대상독자

이 책은 학부 수준의 자료구조나 알고리즘이 익숙한 사람을 대상독자로 한다. 병렬 처리 및 시스템 설계와 관련된 장에서는 잠금(lock), 분산 시스템(distributed system), 운영체제(operating system) 등에 대한 사전지식이 필요하고, 더 나아가 이들이 어떻게 실제 애플리케이션에 적용될 수 있는지에 대한 통찰력도 가지고 있어야 한다. 마지막 장에 나오는 동적 프로그래밍, 그래프, 그리디 알고리즘(greedy algorithm)과 같은 고급 알고리즘은 대학원 졸업생이나, 특정 분야의 지식을 필요로 하는 지원자에게 도움이 될 것이다.

각 장을 시작하면서 중요한 개념을 설명하지만, 그 개념이 잘 이해되지 않는다면 다른 기초 알고리즘 책으로 먼저 공부하길 권한다. 알고리즘과 관련된 책은 시중에 많이 있다. 많은 책을 얕게 섭렵하기 보단, 한두 권의 책을 완벽히 공부하는 게 좋다. 다스굽타의 《Algorithms》은 간결하게 잘 쓰인 책이고, 콜맨의 《Introduction to Algorithms》은 훌륭한 참조 서적이다.

독자 참여

이 책을 쓸 때 독자에게서 많은 아이디어를 얻었다. 학습 가이드, 닌자 표기법, 해법의 힌트들은 독자들이 준 여러 아이디어 중 하나다. *elementsofprogramminginterviews.com*에는 스택 오버플로(Stack Overflow) 방식의 토론 게시판이 있고, 필자의 소셜 미디어 및 블로그 게시글, 코드, 버그 리포트 링크도 제공한다. 또한 이 웹사이트에 필자의 연락처가 공개되어 있어 언제든 직접 연락할 수 있다.

감사의 말

친구들, 동료들, 피드백을 주신 모든 독자 여러분께 감사드린다. 또한 책 작업에 도움을 주신 TarasBobrovytsky, SenthilChellappan, Yi-TingChen, Monica Farkash, Dongbo Hu, Jing-Tang Keith Jang, Matthieu Jeanson, Gerson Kurz, Danyu Liu, Hari Mony, Shaun Phillips, Gayatri Ramachandran, Ulises Reyes, Kumud Sanwal, Tom Shiple, Ian Varley, Shaohua Wan, Don Wong, Xiang Wu에게 감사를 전하고 싶다.

아드난 아지즈(Adnan Aziz)

나의 아버지 Ishrat Aziz, 배움을 사랑하는 삶을 일깨워 주었다. 프로그래밍에 대한 열정을 심어 준 선생님, 친구, 그리고 IIT Kanpur, UC Berkeley, UT Austin의 학생들에게 감사드린다. 특히 나에게 가르침을 준 나의 친구들 Vineet Gupta, Tom Shiple, Vigyan Singhal, 나의 선생님 Robert Solovay, Robert Brayton, Richard Karp, Raimund Seidel, Somenath Biswas에게 감사하다. 나에게 영감과 열정을 준 공저자 Tsung-Hsien Lee에게 감사하다. 또한 오랫동안 협력해 주었던 또 다른 공저자 Amit Prakash에게도 감사하다. 이 책이 우리가 함께 남긴 지식이자, 창의력이자, 열정의 결과이다. 앞으로도 어떤 일에서든 계속 협력할 수 있게 되길 바란다.

쭝시엔 리(Tsung-Hsein Lee)

나의 부모님 Hsien-Kuo Lee와 Tseng-Hsia Li는 나를 항상 응원하고 사랑해 주었다. 평생에 한 번 있을 기회를 제공해 준 공저자 Adnan Aziz와 Amit Prakash에게 감사드린다. 또한 나에게 컴퓨터 과학과 알고리즘에 대한 열정을 심어 준 나의 선생님들 Wen-Lian Hsu, Ren-Song Tsay, Biing-Feng Wang, Ting-Chi Wang에게도 감사 인사를 드리고 싶다. 나와 함께 프로그래밍 대회의 즐거운 시간을 함께해 준 친구들 Cheng-Yi He, Da-Cheng Juan, ChienHsin Lin, Chih-Chiang Yu, 소중한 피드백을 전해 준 Kuan-Chieh Chen, Chun-Cheng Chou, Ray Chuang, WilsonHong, Wei-LunHung, NigelLiang, Huan-KaiPeng에게도 고마운 마음을 전한다. 마지막으로 구글, 페이스북, 국립 칭화 대학교, UT Austin에서 함께 퍼즐놀이를 했던 친구 및 동료들에게도 감사의 말을 전하고 싶다. 여러분을 알게 되어 진심으로 영광이다.

아미트 프라카시(Amit Prakash)

나의 부모님, Manju Shree와 Arun Prakash, 내 마음 가득 담아 사랑을 전한다. 이 책의 공저자이자 멘토인 Adnan Aziz에게 감사의 말씀을 전한다. 인생에서 Adnan Aziz의 도움이 없었다면 해결하지 못했을 순간이 여러 번 있었다. Adnan Aziz 덕분에 문제 해결 능력을 기를 수 있었고, 지적 노력이 요구되는 작업에서 그는 늘 최고의 파트너가 되어 주었다. Tsung-Hsien 또한 훌륭한 공저자이다. 이 책을 집필하면서 그를 알게 되었는데, 모든 부분에서 열정과 헌신을 쏟아 주었다. 운이 좋게도 나는 IIT Kanpur와 UT Austin에서 굉장히 좋은 선생님을 만날 수 있었다. 나의 선생님 Scott Nettles, Vijaya Ramachandran, Gustavo de Veciana에게 특별한 감사를 드리고 싶다. 또한 구글, 마이크로소프트, IIT Kanpur, UT Austin에서 많은 자극을 주었던 토론 및 문제 해결 세션을 함께 했던 친구 및 동료들에게도 감사 인사를 전한다. 마지막으로, 평생에 걸쳐 그리고 이 책을 집필하는 동안에는 더욱 더, 꾸준히 나를 격려해 주고 기쁨과 즐거움을 선사해 준 가족에게 사랑한다는 말을 전한다.

01

면접

1장

면접 준비하기

> 가장 확실한 성공의 비결은 준비하는 것이다.
> 헨리 포드(H. Ford)

면접을 준비하는 가장 좋은 방법은 실제 문제를 구해서 풀어 보는 것이다. 하지만 기술적이지 않은 부분도 꽤 중요하다. 1~3장에서 기술적이지 않은 부분, 즉 이력서를 작성하는 방법부터 면접 이후의 채용 결정 방식까지 두루 설명할 것이다. 표 1.1에서 내용을 정리했다.

이 책을 학습하는 방법

가장 이상적인 방법은 이 책에 있는 모든 문제를 풀어 보는 것이다. 하루에 한 문제씩 코드를 작성하고 테스트까지 한다면, 12달 정도 걸릴 것이다.

그런데 면접 준비에 쓸 수 있는 시간은 개개인마다 다르다. 따라서 상황에 맞는 학습 가이드를 제공하려고 한다. 자세한 내용은 표 1.2에 있다. 이 학습 가이드는 해커톤(주말에 집중적으로 준비하기), 벼락치기(하루에 서너 시간씩 일주일 동안 준비하기), 학기말 프로젝트(하루에 한 시간 반에서 두 시간 반 정도를 투자하여 한 달 동안 준비하기), 알고리즘 수업(하루에 한 시간씩 서너 달 동안 준비하기)으로 구성되어 있다.

구글, 아마존, 마이크로소프트 혹은 이와 비슷한 회사에서 출제되는 문제들은 4~14장에 나와 있다. 표 1.2는 상식선에서 참고만 하자. 만약 금융 회사 직군으로 면접을 준비한다면, 확률 문제에 좀 더 초점을 맞춰서 준비하는 게 좋을 것이다.

이 책에 있는 문제가 면접에서 그대로 출제되는 경우도 종종 있다. 그렇다고 해서 문제의 해법을 암기하는 방식으로 면접을 준비하면 절대 안 된다. 문제와 해법을 암기하는 방식으로 공부하면, 살짝 변형된 문제를 만났을 때 엉뚱한 풀이를 할 수도 있기 때문이다.

24장에는 어려운 문제가 많이 실려 있다. 우선 앞 장에 나온 문제들을 섭렵한 후 24장을 공부하며 문제 해결 능력을 쌓길 바란다. 여러분이 만약 대학원 졸업생이거나 특정 분야의 전문가로 지원할 예정이라면, 24장에 나온 문제들은 반드시 풀어 봐야 한다.

취업 과정

일반적으로 취업은 다음과 같은 과정을 거쳐 진행된다.

1. 관심이 가는 회사를 찾아보고, 그 회사에 아는 사람이 있는지 살펴본다.
2. 이 책의 가이드 라인을 참고하여 이력서를 작성한다. 보통의 경우 공식 루트나 학교 채용 간담회를 통해서 회사에 지원하는데, 내부 추천으로도 가능하다.
3. 전화 면접을 한다. 상황에 따라 화상 통화를 하기도 한다. 이때 실시간으로 코드를 작성하는 경우도 있는데, 대개 *ideone.com*, *collabedit.com*, *coderpad.io* 등의 온라인 코딩 사이트를 이용한다. 경우에 따라 실제 면접 난이도에 상응하는 문제가 출제되므로 전화 면접이라고 절대 만만하게 보면 안 된다.
4. 대면 면접을 한다. 회사를 직접 방문해서 엔지니어, 매니저, 인사팀과 본격적으로 일대일 면접을 한다.
5. 오퍼를 받고, 연봉 협상을 한다.

취업이 꼭 이런 과정을 거쳐 진행되는 건 아니다. 예를 들어 회사에서 먼저 연락이 올 수도 있고, 학교의 취업설명회를 통해 지원할 수도 있다. 전화 면접 전후에 과제가 주어질 수 있고, 대면 면접을 화상으로 진행할 수도 있다. 대면 면접은 대개 반나절 정도면 끝나지만 경우에 따라 하루 종일 할 수도 있다. 네트워크(전화 혹은 화상 면접)를 통해 면접을 하게 된다면, 조용한 장소에서 미리 준비해 두는 것이 좋다. 양손이 자유로울 수 있도록 헤드셋을 준비하고 코딩 웹사이트 연결이나 채팅 소프트웨어 접속에 문제가 없는지 확인한다.

일이나 학교 수업에 지장이 가지 않는 선에서 면접은 가능하면 많이 해 보길 추

취업 과정(4쪽)

- 회사 결정하기
- 이력서 작성하기
  - 이력서 작성의 기본 원리
  - 과거 프로젝트가 담긴 개인 웹페이지
  - 링크드인 프로필과 추천인
- 이력서 제출하기
- 모의 면접으로 연습하기
- 전화 혹은 캠퍼스 면접
- 대면 면접(onsite interview)
- 오퍼 협상

면접 장소에서(15쪽)

- 잘못된 문제를 풀려고 하지 말라.
- 정확한 스펙과 필요한 조건들을 얻어 내라.
- 간단한 입력과 출력을 만들어 보라.
- 실제 예제를 대입해 보라.
- 무식하게 풀기로 먼저 접근하라.
- 머릿속의 생각을 소리 내어 설명하라.
- 패턴을 찾아본다.
- 유효한 입력을 가정하고 접근하라.
- 코너 케이스[1]를 찾아보라.
- 올바른 구문을 사용하라.
- 화이트보드를 사용하라.
- 메모리 관리에 신경 쓰라.
- 올바른 함수 서명(signature)을 사용하라.

일반적인 조언(19쪽)

- 회사와 면접관에 대해 미리 공부하자.
- 의사소통을 명확히 하라.
- 열정적인 모습을 보이라.
- 정직하게 행동하라.
- 긍정적인 인상을 심어 주라.
- 사과하지 말라.
- 복지와 연봉에 대해 묻지 말라.
- 복장을 단정히 하라.
- 몸짓, 손짓에 주의하라.
- 압박 면접에 대비하라. 떨어졌다면 이유를 분석해 보라.
- 오퍼 협상을 최대한 잘하라.

면접 이끌기(25쪽)

- 우유부단한 모습을 보이지 마라.
- 회사에 대한 좋은 이미지를 심어주라.
- 다른 면접관들과 협력하라.
  - 무엇을 테스트할지 생각해 보라.
  - 자주 하는 실수를 찾아보자.
- 좋은 문제의 특징
  - 단칼에 정오 유무가 결정 나지 않는다.
  - 해법이 여러 개가 존재한다.
  - 다양한 분야의 내용을 다룬다.
  - 난이도가 적절하다.
  - 특정 도메인 지식을 요구하지 않는다.
- 대화를 주도하라.
  - 말이 없는 지원자에게 대화를 유도하라.
  - 너무 말이 많은 지원자는 적정선에서 자제시키라.
- 면접 내용을 기록하고 점수를 매기라.
- 지원자의 어떤 부분이 부족한지 파악하라.
- 현재 팀 멤버와 비교해 보라.

표 1.1 기술 면접 외적인 내용

---

1 (옮긴이) 코너 케이스(corner case)는 변수의 값이 지정 범위 내에 있더라도 다른 환경이나 시간, 기계에 따라 결과가 달라지는 경우를 의미한다.

	학습 방법 1 해커톤 3일	학습 방법 2 벼락치기 7일	학습 방법 3 학기말 프로젝트 1개월	학습 방법 4 알고리즘 수업 4개월
C0	C1	C2	C3	C4
4.1	4.7	4.8	4.3, 4.11	4.9
5.1, 5.6	5.12, 5.18	5.2, 5.17	5.5, 5.9	5.3, 5.10, 5.15
6.1	6.2, 6.4	6.5, 6.6	6.7	6.8, 6.10
7.1	7.2, 7.3	7.4, 7.7	7.10	7.11
8.1	8.6	8.2, 8.7	8.3, 8.8	8.4
9.1	9.4	9.2, 9.11	9.10	9.12, 9.15
10.1	10.4	10.3	10.5	10.6
11.1	11.4, 11.8	11.3, 11.9	11.5, 11.10	11.6, 11.7
12.2	12.3, 12.5	12.1, 12.5	12.4, 12.6	12.9
13.1	13.2	13.6	13.8, 13.11	13.9
14.1	14.2, 14.3	14.4	14.5, 14.8	14.7
15.1	15.3	15.4	15.5, 15.10	15.7, 15.11
16.1	16.2	16.3, 16.6	16.5, 16.7	16.12
17.4	17.6	17.5	17.7	17.8
18.1	18.7	18.2	18.3	18.5
19.3	19.6	19.8	19.9	20.9
20.13	20.15	20.16	20.1	20.2

표 1.2 표 1.3~표1.5를 먼저 읽고 시작한다. 각 장을 읽을 때는 서두를 먼저 읽어 보고, 시중에 있는 책은 필요할 경우에만 참고로 사용하자. 학습 방법 i를 공부하려면 우선 $i - 1$ 열까지의 문제를 풀고 테스트한다. 그런 다음 i열에 있는 문제의 의사코드를 작성한다.

천한다. 왜냐하면 면접을 보면 볼수록 다음 면접에서 긴장을 덜하게 되고, 미처 생각지 못했던 회사와 의외로 잘 맞는다는 걸 발견할 수도 있기 때문이다.

이력서

대학에서 최소 4년 이상 열심히 공부하고, 경력도 풍부하게 쌓아 놓고서는 이력서 (resume)를 30분 만에 대강 작성하는 경우도 있다.

이력서는 인사팀 직원(HR staff), 면접관, 채용담당자 모두가 보는 여러분의 얼굴과 같은 존재다. 인사팀 직원은 가장 먼저 지원자의 이력서를 훑어보고 해당 직무에 적합한 키워드가 있는지 찾는다. 면접관과 채용담당자는 여러분이 그동안 어떤 일을 해왔고, 왜 여러분이 다른 지원자들보다 특별한지 이력서를 보고 판단한다. 따라서 이력서에 이 점을 반드시 부각시켜야 한다.

다음에 이력서를 작성할 때 유의해야 할 점들을 나열했다.

1. 목표를 명확히 언급하라. 그리고 그 목표는 지원하려는 회사에 맞추는 것이 중요하다. 예를 들어, "제가 가진 가장 큰 강점은 계산하기 어려운 문제(computationally challenging problem)의 해결책을 찾아내는 것입니다. 이 해결책을 문서 또는 구두로 팀원들과 소통하고 협력해서 최종 결과물로 구현할 수 있습니다. 저의 이런 능력을 ×× 회사에 쓰고 싶습니다."처럼 지원하려는 회사를 언급하라.

2. 다른 사람과 차별되는 여러분의 강점을 제일 먼저 언급하라. 이력서를 보통 위에서부터 차례대로 읽기 마련이니, 초반에 깊은 인상을 주는 게 무엇보다도 중요하다(이력서의 논리적 흐름도 중요하긴 하지만 좋은 인상을 심어 주는 게 더 중요하다). 이력서 앞부분에 남들도 다하는 프로그래밍 언어를 사용할 수 있다고 적거나 어떤 수업을 들었는지 나열하지 말자. 그보다는 과거에 적극적으로 참여했던 프로젝트(인사팀이 키워드를 찾을 때 도움이 될 수 있다), 학회에서 발표했던 논문 등을 먼저 언급하는 것이 좋다. 학점이 뛰어나게 좋다면 이를 언급해도 좋다.

3. 이력서를 잘 다듬어야 한다. 오탈자 및 문법 오류가 없어야 하고, 띄어쓰기, 대소문자, 숫자 등의 형식에 일관성이 있어야 한다. 폰트 종류는 줄이고, 파일 형식은 어떤 플랫폼에서나 잘 동작하는 PDF(Portable Document Format)를 사용하는 것이 좋다.

4. 연락처, 링크드인 프로필과 함께 과거에 했던 일을 보여 줄 수 있는 개인 홈페이지를 적어 두자. 여기에는 수업 프로젝트나 논문, 이전 회사의 URL, 회사에서 참여한 프로젝트 등이 해당된다. 프로젝트 문서(design documents)나 github 링크도 같이 적어 두면 좋다.

5. 미국에서 일하는 데 결격 사유가 없다면(시민권이 있거나 영주권이 있는 경우), 이를 언급한다.

6. 이력서를 다 작성하면 지인들에게 검토를 받는다. 생각하지 못한 실수가 많이 나올 것이다. 베타 버전을 먼저 작성해 놓고, 여러 사람의 피드백을 받아 다듬는 것이 좋다.

7. 이력서가 반드시 한 장일 필요는 없다. 두 장 정도가 적당하다. 하지만 그 이상 은 너무 많을 수 있다.

8. 올림픽에 선수로 출전한 경험처럼 특별한 것이 아니라면, 취미나 외부 활동(책 읽기, TV 시청, 차 마시는 모임 등)을 일일이 나열할 필요는 없다.

회사에 근무하는 지인을 통해 지원한다면, 합격 확률을 높일 수 있으므로 가장 좋다. 실제로 우리가 잘 알고 있는 어떤 회사는, 내부 추천을 통해 지원을 한 경우에 온라인으로 지원한 경우보다 합격률이 50배나 높았다. 지인에게 부탁하는 것을 어려워할 필요는 없다. 내부 추천을 통해 여러분이 합격하면 지인은 추천 보너스(referral bonus)를 받을 수도 있고, 훌륭한 인재를 추천함으로써 회사에 긍정적인 이미지를 심어 주는 계기가 된다.

모의 면접

모의 면접(mock interview)은 면접을 준비하는 가장 좋은 방법이다. 모의 면접이란 친구를 면접관으로 간주하고 진행하는 가상 면접으로, 친구가 문제를 출제하면 여러분은 화이트보드나 종이, 혹은 코딩 웹사이트를 통해 문제를 풀고 그 결과에 대한 피드백을 받는다. 이 모의 면접 상황을 비디오로 녹화하면 잘못된 버릇도 고칠 수 있다. 문제를 풀다 막히면 실제 면접과 마찬가지로 친구에게 힌트를 요구한다. 모의 면접을 통해 문제풀이 및 발표 능력을 향상시킬 수 있을 뿐만 아니라, 실제 면접 상황에 대한 공포심도 없앨 수 있다. 만약 모의 면접을 도와줄 친구를 찾지 못했다면, 비디오를 녹화해 두고 혼자서 진행해도 된다.

자료구조, 알고리즘, 논리

이 책에 사용된 자료구조, 알고리즘 및 논리 원리를 표 1.3~표 1.5에 요약했다. 반드시 내용을 읽고 익숙해져야 한다. 장의 시작 부분에 자료구조와 알고리즘에 대한 부트캠프가 마련되어 있으므로, 일부 개념이 생소하더라도 너무 걱정할 필요는 없다. 논리 원리는 책 전체에 해당되는 내용이며, 논리 원리가 처음 사용될 때 자세히 설명한다.

자료구조	요점
기본 자료형 (primitive type)	int, char, double 등이 어떻게 메모리에 표현되고 그들의 원시 연산 (primitive operations)이 어떻게 이루어지는지 알아야 한다.
배열(array)	인덱스를 통해 한번에 배열값에 접근할 수 있지만, (정렬되어 있지 않다면) 특정 값을 찾거나 삽입하는 연산은 느리다. 배열에서 반복(iteration), 크기 조정(resize), 분할(partitioning), 병합(merging) 등을 어떻게 하는지 잘 알아야 한다.
문자열(string)	메모리에 문자열이 어떻게 저장되는지 이해하고 있어야 하며, 비교(comparison), 복사(copying), 매칭(matching), 조인(joining), 분할(splitting)과 같은 연산에 익숙해야 한다.
리스트(list)	배열과 비교해서 어떤 장단점이 있는지 알아야 한다. 단순 연결리스트(singly linked list)와 이중 연결리스트(doubly linked list)에서 반복, 삽입, 삭제와 같은 연산에 익숙해져 있어야 한다. 리스트를 동적 할당(dynamic allocation)하거나 배열로 구현할 수 있어야 한다.
스택(stack)과 큐(queue)	후입선출법(last-in first-out or stack), 선입선출법(first-in first-out or queue)이 무엇인지, 어떤 애플리케이션에 적합한지 알아야 하며, 배열과 리스트를 이용해 구현할 수 있어야 한다.
이진 트리 (binary tree)	계층 구조의 데이터를 표현하는 데 사용된다. 깊이(depth), 높이(height), 단말 노드(leaves), 검색 경로(search path), 순회 순서(traversal sequences), 후임노드/전임노드(successor/predecessor)와 관련된 연산에 익숙해야 한다.
힙(heap)	최댓값 검색에 $O(1)$, 삽입에 $O(\log n)$, 최댓값 삭제에 $O(\log n)$이 소요되어 빠르다. 노드 및 배열을 이용해서 구현할 수 있고, 변종으로 최소힙(Min-heap)이 있다.
해시 테이블 (hash table)	삽입, 삭제, 검색 연산에 $O(1)$이 소요될 정도로 매우 빠르다. 하지만 순서와 관련된 쿼리에 적합하지 않다는 단점이 있다. 때때로 리사이즈가 필요하며 최악의 경우에 너무 느리다. 배열을 이용한 버킷(buckets)과 충돌 연쇄(collision chains)를 구현할 수 있어야 한다. 정수, 문자열, 객체의 해시 함수에 대해 알아야 한다.
이진 탐색 트리 (binary search tree)	균형 잡힌 트리(balanced tree)에서 삽입, 삭제, 검색, 최솟값 검색, 최댓값 검색, 후임노드 찾기, 전임노드 찾기 연산들을 $O(\log n)$에 할 수 있어 빠르다. 각 노드에 필요한 정보가 무엇인지 알아야 하고, 포인터를 이용해 구현할 수 있어야 한다. 트리의 균형과 이를 유지하기 위해 필요한 연산에 익숙해야 한다.

표 1.3 자료구조

알고리즘	요점
정렬	입력 데이터를 정렬함으로써 보이지 않는 구조를 찾아낸다.
재귀	만약 입력 데이터가 재귀적인 구조라면, 입력에 따라 재귀적으로 접근하는 알고리즘을 생각해 볼 수 있다.
분할 정복	하나의 큰 문제를 두 개 이상의 독립적인 부분 문제로 나눌 수 있다면, 독립적인 부분 문제를 통해 원래 문제의 해법을 찾을 수 있다.
동적 프로그래밍	주어진 큰 문제의 작은 부분을 먼저 풀고, 이를 통해 큰 문제를 해결한다. 성능을 위해 캐시를 이용한다.
그리디 알고리즘	각 단계에서 국부 최적해(locally optimum) 해법을 선택해서 전체 문제를 푸는 방식으로, 한번 취한 선택은 절대 번복될 수 없다.
불변식	불변식을 찾은 뒤 이를 통해 부분최적해(suboptimal)에 해당하는 해법들을 배제해 나간다.
그래프 모델링	주어진 문제를 그래프 문제로 치환한 후 알려진 그래프 알고리즘을 이용해 해결한다.

표 1.4 알고리즘

논리 원리	요점
구체적인 실제 예제	구체적인 실제 예제를 손으로 직접 풀어 보고, 이를 바탕으로 일반적인 해법을 찾아낸다. 예를 들어 작은 입력(5개~7개의 원소로 이루어진 이진 탐색 트리)이나 정렬된 배열 같은 외부 입력을 사용해 보자.
케이스 분석	입력과 실행 부분을 여러 케이스로 나눈 후 각 케이스를 독립적으로 해결한다.
점차적인 개선	대부분의 문제는 무식하게 푸는 방법으로 해결할 수 있다. 단순한 해법으로 문제를 푼 후 점차 개선한다.
문제 변환	다른 문제의 해법을 이용해서 문제를 해결한다.

표 1.5 논리 원리

복잡도

알고리즘의 실행 시간은 대개 입력의 크기에 따라 결정된다. 어떤 알고리즘의 실행 시간을 가늠해 볼 수 있는 흔한 방법은 최악의 입력에 대한 수행 시간의 점근적 한도(asymptotic bound)를 계산해 보는 것이다. 입력 크기를 n이라고 하고 충분히 큰 n에 대해서 알고리즘의 실행 시간이 '$f(n) \times$ 상수값'을 넘지 않는다면, 이 알고리즘의 수행 시간은 $O(f(n))$이라 말할 수 있다.

예를 들이 길이가 n인 정수 배열에서 어떤 값을 찾을 때, 해당 값이 배열에 존재하지 않는 최악의 경우는 $O(n)$의 점근적 복잡성이 있다.

비슷한 방식으로, 알고리즘의 공간 복잡도를 분석할 때도 복잡도 이론(complexity theory)이 사용된다. 하지만 공간 복잡도를 분석할 때에는 입력에 소요되는 메모리 공간은 제외하고 분석한다. 그러지 않는다면, 모든 알고리즘이 최소 $O(n)$의 공간 복잡도가 필요할 것이기 때문이다. $O(1)$ 공간 복잡도 알고리즘은 동적 메모리 할당을 해서는 안 된다. 직접 하든 라이브러리를 통해 간접으로 하든 마찬가지다. 또한 함수 호출 스택의 최대 깊이는 입력과 무관하게 일정해야 한다. 일반적인 깊이 우선 탐색(DFS) 알고리즘은 동적 할당을 사용하지 않지만 재귀 호출을 통해 호출 스택을 사용한다(이 경우에 공간 복잡도는 당연히 $O(1)$이 아니다).

스트리밍 알고리즘은, 입력이 연속된 아이템을 입력 크기보다 훨씬 적은 메모리로 빠르게 처리한다. 제한된 메모리와 시간으로 많은 아이템을 처리해야 하므로, 한순간에는 일부(일반적으로 한 개)의 아이템만 처리한다. 이러한 특성을 이용하기 위해 로그 파일에 쓸 데이터를 취합하는 알고리즘은 보통 스트리밍 알고리즘을 이용한다.

언어 리뷰

C++ 모범 사례

이 책에서는 구글 C++ 스타일 가이드에서 가져온 다양한 C++ 모범 사례를 사용한다. 다음에서 간단한 예시와 설명을 확인할 수 있다.

- 함수에 대한 입력 인수는 값 또는 const 참조다. swap()과 같이 관례상 요구되는 경우를 제외하면 비 const 참조(non-const references)를 허용하지 않는다.
- 포인터를 사용하여 출력 인수를 함수에 전달한다. 이렇게 하면 호출된 함수에 의해 인수가 업데이트되었는지 확인하기 위해 함수 소스코드를 볼 필요가 없다.
- 부울 배열을 사용할 때는 vector<bool> 대신, deque<bool>을 사용한다. vector<bool>은 STL 컨테이너가 아니며 실제로 부울을 보유하지 않는다. 예를 들어, bool *pb = &A[0];에서 A가 vector<bool> 타입이면 컴파일되지 않는다.

C++11 구문

C++11은 우아하며 효과적인 코드를 만들어 내는 여러 기능을 C++에 추가했다. 문제의 해법 코드에 사용된 C++11 구문은 다음과 같다.

- auto 속성은 초기화 표현식에 기반하여 변수의 타입을 할당한다.
- 향상된 범위 기반 for-loop를 사용하면 원소들을 쉽게 반복할 수 있다.
- emplace_front와 emplace_back 함수는 새로운 원소를 컨테이너의 시작과 끝에 추가한다. 이 함수들은 push_front나 push_back과 비교하면 계산적으로 더 효율적이다. 또한 가변 숫자 인수를 활용해 가변적이다. emplace 함수는 삽입 방법이 하나뿐인 스택이나 맵과 유사하게 적용할 수 있다.
- array 타입은 일반 배열과 유사하지만, .size()와 경계 검사를 지원한다.(자동 및 동적 크기 조정은 지원하지 않는다.)
- tuple 타입은 정렬된 집합을 구현한다.
- 익명 함수 람다(lambda)는 [] 표기를 통해 사용할 수 있다. 예시를 보고 싶다면 문제 17.3의 해법을 참고하라.
- {} 표기를 사용하는 초기화 리스트(initialize list)[1]는 리스트 형태의 객체를 만들 때 생성자를 명시적으로 호출할 필요가 없게 해 준다.

면접에 최적화된 코드

EPI(이 책의 원서 제목인 'Elements of Programming Interview'의 약자) 스타일 코드에 대한 설명을 해 보겠다. EPI 스타일은 실제 업무에서 사용하기에 적합하지 않지만 한정된 면접 시간 내에 코드를 작성해야 하기 때문에 필수불가결한 요소다. 더 자세한 내용은 2장을 참조하자.

- 접근자(getter)와 설정자(setter)를 사용하는 대신, 모든 변수를 public으로 만든다.
- 입력값의 유효성을 검증하지 않는다. 예를 들면 널(null) 참조 여부, 양의 정수만 들어 있다고 가정한 배열에 음수가 들어 있는지 여부, 잘못된 타입이 입력됐는지 여부 등을 검사하지 않는다.
- 때때로 정적 필드를 사용해서 값을 전달한다. 이렇게 하면 스레드 안전성은 감

---

1 균일 초기화(uniform initialization) 또는 중괄호 초기화(braced initialization)로 표현하기도 한다.

소하지만 만들어야 할 클래스 수를 줄일 수 있다.

- 컨테이너 클래스를 구현할 때 제네릭한 방법을 쓰지 않는다. 예를 들어, <type name T> 같은 템플릿 타입이 동작하더라도 int에 대한 컨테이너를 구현한다.

지금부터는 EPI 스타일에서 따르고 있는 업계 표준에 대해 설명한다. 실제 면접에서 이렇게 쓰는 건 추천하지 않는다.

- 교육 목적으로는 queue_Of_Maximal_Users와 같이 변수 이름을 길게 쓴다. 하지만 실제 면접에서는 짧고 간결한 이름을 써야 한다. 변수를 사용할 때마다 queue_Of_Maximal_Users를 반복해 쓰면서 시간을 소비하는 것보다 q로 표기하는 것이 낫다.
- 여기서는 구글의 C++ 스타일 가이드를 따른다. 책을 읽기 전에 여러분도 해당 문서를 먼저 읽어 보기 바란다. 문서의 내용은 꽤 직관적이며 대부분 변수 이름이나 띄어쓰기 관습에 대한 것들을 다룬다. 하지만 실제 면접에서 코드를 작성할 때는 크게 중요하지 않다.

EPI 스타일에 부합하고 면접용 코드를 작성할 때도 권장하는 모범 사례는 데이터 그룹에 대한 클래스, 즉 메서드가 없는 클래스를 명시적으로 생성하는 것이다. 많은 프로그래머가 Pair나 Tuple 같은 클래스를 사용하지만, 이로 인해 코드가 어떻게 동작하는지 잘 모르게 되거나 버그가 많은 프로그램을 만들 수도 있다.

참고할 만한 다른 책

필자가 가장 좋아하는 C++ 책은 스탠리 B. 립먼의 《C++ 프라이머》다. 난해하지 않고 포괄적이며, 잘 구성되어 있고 적절한 예제가 많다.

좀 더 심화된 내용을 보고 싶다면 스콧 마이어의 《이펙티브 C++》나 《이펙티브 모던 C++》를 참고하기 바란다. 디자인 패턴에 대해 알고 싶다면 에릭 프리먼 공저의 《Head First Design Patterns》이 좋다. 자바로 쓴 책이기는 하지만, 《GoF의 디자인 패턴》보디 훨씬 쉽게 읽을 수 있다. 면접용 코드는 디자인 패턴을 적용하기엔 너무 짧다는 사실을 명심하자.

2장

E l e m e n t s   o f   P r o g r a m m i n g   I n t e r v i e w s   i n   C + +

훌륭한 면접을 위한 전략

> 전략의 본질은 무엇을 하지 말아야 할지 결정하는 것이다.
> 마이클 포터(M. E. Porter)

한 시간 동안 면접을 본다고 한다면, 일반적으로 5분 정도는 자기소개 및 이력서를 훑는 데 쓰인다. 그리고 15분 정도는 간단한 프로그래밍 개념에 대한 질문이 오고 갈 것이다. 그 다음이 면접의 핵심인데, 면접관이 한두 개 정도의 설계 문제를 출제할 것이다. 그러면 면접자는 정확한 해법을 제시한 후, 그 해법을 화이트보드, A4 용지, 혹은 통합 개발 환경(IDE)을 이용해 실제 코드로 완성해야 한다. 면접관이나 문제 스타일에 따라 다르겠지만, 가능한 한 문법적 오류가 없이 코드와 테스트를 완성할 수 있어야 한다.

주니어 응시자는 시스템 설계나 아키텍처보다는 코딩에 더 중점을 둬야 한다. 반면에, 시니어 응시자는 상세한 코드 작성을 필요로 하는 문제보다는 시스템 디자인 및 아키텍처에 더 중점을 둬야 한다.

문제 접근 방법

여러분이 얼마나 똑똑한지, 얼마나 준비를 많이 했는지 관계없이, 눈앞에서 면접 문제를 받고 나면 해법이 바로 떠오르지 않는 경우가 많다. 여기에선 그런 경우에 어떻게 대처해야 할지에 대해 이야기할 것이다.

문제를 정확히 이해하라: 당연한 말 같지만, 문제를 잘못 이해해 엉뚱한 방법으로 풀다가 시간을 다 써버리는 경우가 많다. 만약 문제가 말도 안 되게 어렵다고 느껴지면 문제를 잘못 이해했을 가능성이 크다.

문제를 명확히 하는 좋은 방법 중 하나는, 실제 예제를 이용해 문제를 다시 확인하는 것이다. 예를 들어 "정렬된 배열에서 k보다 큰 첫 번째 숫자의 위치를 구하라"는 질문을 받았다면, "입력이 ⟨2, 20, 30⟩이고 k가 3이라면, 값 20의 인덱스인 1을 반환하면 되는 건가요?"라고 물어보는 것이 좋다. 이 입력 예제는 코딩이 끝난 후 단위 테스트를 할 때 이용할 수도 있다.

면접관에게 최종적으로 원하는 시간 복잡도, 공간 복잡도가 어떻게 되는지 물어봐도 좋다. 시간 복잡도가 $O(n)$이어야 한다거나 메모리가 상수 크기여야 한다고 정해 주면, 문제에 접근하기가 훨씬 수월할 것이다. 면접관이 복잡도와 관련된 힌트 주기를 거부한다든가, 애매모호하게 말하고 넘어갈 수도 있다. 하지만 질문을 던져서 손해 볼 건 전혀 없고, 오히려 힌트를 주지 않는다는 사실이 힌트가 될 수 있다.

구체적인 값을 입력 예제로 이용하라: 문제 13.4와 같이 주어진 동전으로 만들 수 없는 가장 액수가 적은 거스름돈 문제를 생각해 보자. 처음 문제를 받으면 어려워 보일 수 있다. 하지만 {1, 2}, {1, 3}, {1, 2, 4}, {1, 2, 5}와 같이 작은 예제를 통해 거스름돈의 실제 경우를 만들어 보면, 동전을 정렬한 다음 이전 동전들의 합보다 금액이 큰 동전이 무엇인지 찾으면 된다는 핵심을 파악할 수 있다.

무식한 방법을 먼저 시도하라: 면접에 나오는 문제들은 대개 무식한 방법이 존재하지만 보통 이 방법의 시간 복잡도는 높기 마련이다. 예를 들어 문제 16.7을 풀 때 동적 프로그래밍(DP)을 적용하지 않고 모든 조합을 다 대입해 보는 방법을 적용해 볼 수도 있다. 이 방법의 장점은 (1) 더 좋은 해법을 찾을 수 있는 단서를 발견할 수 있고, (2) 면접관에게 문제 풀이 및 코딩 능력을 어느 정도 입증해 보일 수 있으며, (3) 면접관과 지원자가 같은 문제를 생각하고 있다는 사실 또한 알릴 수 있다. 그러나 무식한 방법이 너무 복잡해서 설명하는 데 시간이 오래 걸린다면 면접 시간을 낭비할 수 있으니 주의하라.

생각을 소리내어 말하라: 면접할 때 최악은 아무것도 하지 않고 가만히 있는 것이다. 항상 현재 생각을 소리 내어 면접관에게 설명함으로써 면접에 적극적으로 참여하고 있다는 느낌을 전달해야 한다. 입으로 내뱉어 설명할 경우 생각이 논리적으로 정리되기 때문에 올바른 해법을 찾을 확률이 높아진다. 또는, 면접관이 여러분의 사고 과정을 올바른 방향으로 인도해 줄 수도 있다. 만약 문제를 제대로 풀지 못했다 할지라도 여러분의 지적 능력을 면접관에게 보여 줄 수 있다.

패턴을 찾아보라: 일반적으로 적용해 볼 수 있는 패턴 찾기는 당황스러운 문제에 맞닥뜨렸을 때 시도해 볼 만하다. 패턴 찾기에 대한 예제로는 좋은 자료구조 찾기, 혹은 우리가 일반적으로 알고 있는 분할 정복, 재귀, 동적 프로그래밍, 그래프 문제 등으로 치환 가능한지 생각해 보기 등이 있다. 패턴에 대해서는 4장에서 자세히 설명한다.

해법을 설명할 때 주의할 점

해법은 알아듣기 쉬운 방식으로 설명하는 것이 중요하다. Java의 Collections나 C++의 Boost 같은 라이브러리를 사용해도 좋다. 하지만 라이브러리보다 중요한 건 가장 익숙한 언어를 선택하는 것이다. 다음은 해법을 설명할 때 주의해야 할 몇 가지 사항이다.

라이브러리를 적절히 사용하라: 자동차를 만들 때 바퀴부터 차체까지 전부 스스로 만들 필요는 없다(면접관이 그러라고 하지 않는 이상!). 제공되는 라이브러리 및 자료구조를 가능한 한 사용하는 것이 좋고, 면접을 보기 전에 이들에 대해서 충분히 익숙해지는 것이 좋다. 예를 들어, 이진 탐색 트리(BST) 라이브러리를 이용할 때 비교 함수(Comparator)를 어떻게 넘기는지 몰라서 시간을 낭비하거나 아마추어 같은 인상을 주면 안 된다. 해시 함수는 동일성 검사(equality check)를 할 때 쓰이는 로직이 그대로 쓰이고, 비교 함수는 항상 이행성(transitive) 성질을 만족해야 한다는 점을 명심하라.

주요 알고리즘에 집중하라: 알고리즘을 화이트보드에 코딩할 때 특정 로직을 모듈화해서 함수로 빼내도 좋다. 이렇게 하면 알고리즘의 중요한 부분에 집중할 수 있고, 만약 코드를 완성하지 못했다 할지라도 알고리즘의 아이디어를 충분히 전달할 수 있다(해시, 동일성 검사, 비교 함수 등과 같은 것들이 모듈화할 만한 좋은 예가 된다). 알고리즘의 중요 부분을 먼저 완성하고 예외적인 코너 케이스들은 나중에 해결하겠다고 언급하는 것이 좋다. 코드 중간에 TODO 코멘트를 날아 놓고 나중에 코딩하겠다고 말해도 된다.

화이트보드 사용 시 유의점: 면접에서는 생각보다 화이트보드를 쓸 일이 많기 때문에 뭔가를 적을 때는 왼쪽 위부터 채워 나가는 것이 좋다. 너무 당연한 것들(예를 들어, 배열에서 최댓값 찾기)이나 현재 표준으로 쓰이는 것들(예를 들어 스레드 풀 (pool))은 함수 모듈로 빼 놓는 것이 좋다. 화이트보드에서 코딩을 하는 것은 실제 업무환경에서 코딩하는 것과 많이 다르다. 문서화에 대해 신경을 쓰지 않아도 되고, 들여쓰기를 무시해도 괜찮다. 또한, 화이트보드에 적을 때는 실제 키보드로 입력하는 것보다 시간이 훨씬 오래 걸리므로, 변수명은 구별 가능한 선에서 짧게 하는 것이 좋다(7글자 이내를 추천한다) 관습적으로 사용되는 변수명이 있는데, 루프 혹은 배열 인덱스를 접근할 때는 i, j, k, 배열은 A, B, C, 문자열(string)은 s, map은 m 등이 있다.

입력은 항상 유효하다고 가정하라: 실제 업무환경에서는 입력 형태 및 입력값이 유효한지 일일이 확인하는 것이 매우 중요하다. 예를 들어, 음수 값을 가져야 할 문자열 형태의 변수가 실제 음수인지 검증하거나, 비행 시간표에서 비행기가 이륙하기 전에 그 비행기가 착륙해 있는 상태인지 검증하는 것을 말한다. 만약 이러한 예외처리가 면접 문제의 일부가 아니라면, 모든 경우에 대해 예외처리를 생각할 필요는 없다. 그렇게 한다면 시간도 오래 걸릴뿐더러, 문제의 핵심에서 벗어나게 된다(하지만 어떤 가정을 할 때는 면접관에게 이렇게 가정하고 문제를 풀겠다고 반드시 언급해야 한다).

코너 케이스 테스트: 일반적으로 문제를 풀 때, 생각해 낸 알고리즘이나 코드가 대부분의 경우에는 잘 작동하지만 몇 가지 특수한 경우에 동작하지 않는 경우도 많다. 예를 들어, 비어 있는 입력이 주어졌을 때 이진 탐색(binary search) 함수가 작동하지 않을 수도 있고, 간단한 덧셈에서 오버플로가 발생할 수도 있다. 이러한 예외적인 경우를 체계적으로 염두에 두는 것은 굉장히 중요하다. 시간이 허락한다면 단위 테스트 코드를 작성하거나, 극단적인 입력, 임의의 입력을 통해 코드를 검증해 보는 것도 좋다. 반드시 결과를 확인하는 코드를 작성하라. 때로는 코너 케이스가 너무 복잡해서 실제 면접 시간에 해결하기 어려울 수 있다. 상황이 어떻든 면접관에게 현재 문제사항을 알고 있다는 것을 알려야 한다. 면접관이 코너 케이스도 해결해야 한다고 하면 그때 다루도록 하자.

문법 오류를 줄이라: 현재는 IDE가 문법 오류를 잘 잡아주기 때문에, 코드의 세세한 문법 오류까지 지적 받는 경우는 많지 않다. 하지만 문법 오류가 너무 많거나 중대한 문법적 실수가 보인다면, 코딩 경험이 많지 않다는 인상을 줄 수 있다. 따라서

코딩이 끝났다고 말하기 전에 한 번 더 코드를 훑어보면서 명백한 문법 오류가 있는지 확인하고 고치는 것이 좋다.

코딩을 할 때 종종 언어의 규칙에 어긋나게 코딩을 하는 경우가 있는데, 이는 굉장히 치명적일 수 있다. 예를 들어, C에서 배열의 크기를 언급하지 않은 채 배열을 반환하면 안 된다. C++에서는 매개 변수를 값으로 전달할지, 참조로 전달할지 아는 것이 중요하다. const를 적절히 사용하라.

메모리 관리: 일반적으로 말해서, 메모리를 직접 다루는 연산은 가능하면 피하는 것이 좋다. C++에서 동적 할당을 하는 경우 범위 포인터(scoped pointer) 사용을 고려하라. 런타임에서 범위 포인터가 가리키는 개체는 범위를 벗어날 때 자동으로 해제된다. 메모리를 명시적으로 할당하는 경우, 모든 실행 경로에서 이 메모리가 해제되는지 확인한다. 공간을 재사용할 수 있는지 확인하라. 예를 들어, 연결리스트와 관련된 어떤 문제들은 기존 노드를 재사용함으로써 공간 복잡도를 $O(1)$로 줄일 수 있다.

면접관은 앨런 튜링이 아니라는 걸 명심하라: 모든 면접관이 화이트보드 혹은 A4 용지에 쓰인 긴 코드를 완벽하게 분석할 수 있는 것은 아니다. 따라서 그들은 짧고 이해하기 쉬운 코드에 대해서 더 많은 질문을 할 것이다. 한 가지 팁을 주자면, 만약 코드의 길이가 50~70줄이 넘어간다면, 그건 뭔가 잘못됐다는 의미이다. 빨리 다른 해법을 생각해 보는 것이 좋다.

면접관과 회사에 대한 정보를 수집하기

면접을 보기 전에 면접관에 대한 정보를 알아 두면 큰 도움이 된다. 인터넷 검색 혹은 소셜 네트워크를 통해 정보를 알아볼 수 있다. 이런 정보로 이야기를 나눈다면 면접 초반에 어색한 분위기를 깨는 데 도움이 될 뿐만 아니라, 면접을 열정적으로 준비했다는 인상을 심어 주어 추가 점수를 받을 수도 있다. 갓 졸업한 신입 지원자라면 3장에서 다루는 면접관의 입장을 생각해 보는 것도 좋다.

만약 면접을 잘 봐서 오퍼를 받았다면, 지원한 회사에서 진정 일하고 싶은지 깊게 고민해 봐야 한다. 면접은 이 결정을 위한 정보를 모을 수 있는 최적의 기회다. 보통 면접 후반부에는 면접관이 질문이 있냐고 물어보는데, 이 시간을 최대한 잘 사용해서 필요한 정보를 얻어야 한다. 이 회사가 얼마나 열정적인지, 얼마나 합리적인지, 혹은 얼마나 좋은 인재가 많은지 확인해 볼 수도 있고, 회사와 팀에 대해서도 알아볼 수 있다.

회사의 비전, 연혁, 조직, 제품, 기술 등에 대해서도 알고 있는 것이 좋다. 이 회사의 어떤 면이 특히 마음에 들었는지 말할 수 있어야 하고, 회사에 대한 정보를 바탕으로 평범하지 않은 질문을 할 줄 알아야 한다. 이러한 질문을 몇 가지 준비해 간다면, 면접관에게 좋은 인상을 심어 줄 수 있다. 단순히 질문하는 것을 넘어서 회사 입사 후 실행할 수 있을 만한 아이디어까지 준비하면 더할 나위 없이 좋다. 단, 모든 걸 다 할 수 있다는 듯한 인상을 주지 않도록 한다.

모든 회사는 똑똑하고 동기부여가 확실한 직원을 뽑고 싶어 한다. 하지만 회사마다 문화와 조직체계가 많이 다르므로 어떻게 준비해야 할지 막막할 수 있다. 그래서 여기에 회사의 문화를 간단하게 정리해 봤다.

개인 소비자를 대상으로 하는 안정된 회사(예 Google): 사용자 입장에서, 새롭게 부상할 기술을 이해할 수 있는 사람을 선호한다. 이러한 회사는 이미 내부 기술이 충분히 안정되어 있고, 새로 채용된 이들을 교육할 자원과 시간이 충분한 편이다.

기업을 대상으로 하는 회사(예 Oracle): 거대한 프로젝트가 진행되는 방식에 익숙한 개발자를 선호한다. 보통 이런 회사는 리뷰, 문서화, 철저한 테스팅을 중요하게 생각한다.

정부가 고객인 회사(예 Lockheed-Martin): 설계 명세서와 테스트를 중요하게 생각하고, 정부에서 요구하는 프로세스에 친숙한 이를 선호한다.

스타트업(예 Uber): 밑바닥부터 시작해서 스스로 제품을 완성해 낼 수 있는 엔지니어를 좋아한다. 이러한 회사는 채용 후 신입을 교육할 시간이나 자원이 많지 않기 때문에, 빨리 배울 수 있는 사람 혹은 그 회사에서 필요로 하는 기술(예를 들어 머신 러닝, 웹 프레임워크)에 대한 이해도가 높은 사람을 채용하는 편이다.

임베디드 시스템/칩 설계회사(예 National Instruments): 하드웨어에 대한 지식이 어느 정도 있어서 하드웨어 엔지니어와 의사소통하는 데 큰 문제가 없는 소프트웨어 엔지니어를 선호한다. 이러한 회사들이 소유한 툴체인(tool chain) 혹은 개발 방법은 굉장히 안정되어 있는 경우가 많다.

기술과 관련 없는 질문

면접관들은 종종 인턴 혹은 학교에서 했던 과거 프로젝트에 대해 질문하는데, 이는 다음과 같은 정보를 얻기 위해서다.

복잡한 아이디어를 명확하게 설명할 수 있는가? 이 부분은 회사에서 일을 할 때 굉장히 중요한 기술 중 하나다. 회사에서 커다란 시스템을 새롭게 설계할 일이 생겼을 때, 동료들에게 자신의 생각을 잘 전달하고 이해시킬 수 있어야 한다. 따라서 과거에 했던 프로젝트를 설명하는 연습은 많이 해 볼수록 좋다. 가능한 한 정확하고, 간결하게, 실제 예제를 이용해서 설명하는 것이 좋다. 만약 영어가 모국어가 아니라면, 더 오랜 시간을 들여서 연습을 해야 할 것이다. 말을 천천히 하고, 화이트보드를 사용해서 설명하는 것이 도움이 될 것이다.

자신의 일에 열정이 있는가? 누구든지 일에 대한 열정과 에너지가 넘치는 사람을 뽑고 싶어 한다. 여러분이 과거에 했던 일을 설명할 때 눈이 초롱초롱 빛난다면, 좋은 직장동료가 될 것이라는 생각을 심어 줄 수 있다. 따라서 과거에 어떤 일을 했는지에 대한 질문을 받았다면, 어렵고 복잡하고 재미없었던 프로젝트가 아니라, 진정으로 즐겁게 작업했던 프로젝트에 대해 이야기하는 것이 좋다.

잠재적으로 어떤 프로젝트에 관심이 있는가? 면접관은 이 면접자가 잠재적으로 어떤 프로젝트와 연결되면 좋을지 다양한 면에서 확인해 볼 것이다. 만약 구인란에 적힌 자격 요건을 갖췄다고 생각한다면, 그 부분에 집중해서 이야기를 나누는 게 좋을 것이다. 하지만 한 분야에만 너무 빠져드는 것은 좋지 않다. 기술 발전 속도가 굉장히 빨라서 많은 회사가 제네럴리스트(generalist)를 원하기 때문이다.

면접에 임하는 자세

정신적으로, 신체적으로 건강하지 못한 지원자는 면접 결과가 좋지 않을 가능성이 있다. 다음과 같은 실수를 저질러서 수년간 해왔던 면접 준비를 낭비하지 않도록 하자.

정직하게 행동하자: 테스트를 해 보지 않은 코드를 테스트했다고 거짓말한다든가, 리뷰 받지 않은 코드를 리뷰 받았다고 거짓말하는 사람과는 어느 누구도 같이 일하고 싶지 않을 것이다. 면접에서 거짓말을 하고 그 거짓말이 들통난다면, 당연히 떨어질 수밖에 없다.

꼬리가 길면 밟힌다는 사실을 명심하라. 이력서에 썼던 내용은 모두 자세하게 이야기할 수 있어야 한다. 만약 Python에 대한 지식 수준이 코드를 복사해 붙여넣어 실행할 수 있는 정도의 수준이라면, Python을 할 수 있다고 쓰면 안 된다.

이전의 면접 단계에서 제시됐던 문제가 또다시 나왔다면, 그 사실을 알려야 한다. (정말 동일한 문제가 맞는지 확인하고, 문제를 처음 받았을 때 제대로 해결했다면, 이번에도 정확한 해법을 빠르게 설명해야 한다.) 종종 면접관들이 공모해서 같은 면접 문제를 출제하고, 이 지원자가 이미 받은 문제라고 말을 하는지 하지 않는지 보는 경우가 있다고 한다. 또한, 면접관이 그가 이미 잘 알고 있는 주제를 모르는 척하면서 이 지원자가 얼마나 아는 척을 하는지 보는 경우도 있다고 한다.

긍정적인 마인드를 유지하자: 밝고 긍정적인 태도는 누구에게나 좋은 인상을 준다. 면접을 보러 오기까지 얼마나 힘들었는지, 내가 아침형 인간과 얼마나 거리가 먼지, 얼마나 항공사/호텔/인사팀 직원이 친절하지 않았는지 불평불만을 늘어 놓는다고 좋은 점은 전혀 없다.

사과하지 말라: 지원자들이 가끔 낮은 학점(GPA), 지저분한 코드, 최신 기술 동향의 무지에 대해 사과하는 경우가 있다. 이런 행동을 하는 이유는 아마도 자신에 대한 기대치를 미리 낮춰 놓음으로써 결과적으로 평가를 더 잘 받지 않을까 하는 기대감 때문일 것이다. 하지만 궁극적으로 실제 실력을 숨길 수는 없는 노릇이고, 면접관이 오히려 여러분의 단점에 집중하게 되는 효과만 불러온다. 다시 한번 말하지만 자신이 자기 스스로를 믿지 못한다면, 그 어느 누구도 여러분을 믿을 수 없다는 사실을 명심하라.

연봉이나 복지에 대해 굳이 언급하지 말라: 연봉은 어떤 직업이든지 가장 중요한 요소지만, 면접 장소에서 굳이 언급할 필요는 없다. 오퍼를 받은 후 인사팀과 따로 이야기하면 된다. 같은 선상에서 휴가기간, 데이케어(day care) 지원, 출장비 등을 언급할 필요도 없다.

옷을 잘 차려 입자: 대부분의 소프트웨어 회사들은 복장 규정이 엄격하지 않다. 따라서 신입 지원자의 경우에는 너무 차려 입어서 바보처럼 보이지 않을까 걱정할 수 있다. 하지만 너무 캐주얼하게 입어서 받는 손해가 너무 차려 입어서 받게 되는 잠깐의 창피함보다 더 크다. 잘 차려 입어서 손해 본다는 생각으로 가는 것이 좋다. 최소한 깔끔하게는 입고 가도록 하자.

자신의 습관에 대해 알고 있자: 힘없고 건성으로 일을 처리하는 사람은 주변 동료들에게도 좋지 않은 영향을 미친다. 올바른 자세를 유지하고, 악수를 할 때는 눈을 마주치고, 항상 웃는 얼굴을 유지하자.

압박 면접

특히 금융회사에서 압박 면접을 종종 한다. 난해한 퀴즈를 물어보거나, 지원자가 정답을 말해도 틀렸다고 하거나 조롱하는 등의 비열한 방식을 사용하기도 한다. 압박 면접의 목적은 지원자가 이런 상황에서 어떻게 행동하는지 알아보는 데 있다. 예를 들어 완전히 무너져 내리는지, 화를 내게 되는지, 아니면 정신적으로 쉽게 동요하는지 등의 반응을 살핀다. 바로 이전에 얘기했던 조언들이 압박 면접을 준비하는 데 도움이 될 것이다(누가 압박 면접을 하게 될지 사전에 전혀 알 수 없다).

실패에서 배우기

면접을 본다고 무조건 오퍼를 받게 되는 건 아니다. 오퍼를 받지 못하는 데는 많은 이유가 있다. 가장 크게는 기술적인 이유가 있을 수 있다. 예를 들어, '서문'에 나온 H-인덱스를 풀기 위해서는 정렬을 해야 하는데, 이 점을 놓쳤을 수 있다. 이런 경우라면, 비슷한 문제들을 여러 번 다시 풀어 보면서 확실히 내 것으로 만드는 것이 좋다.

종종 면접관들이 지원자의 이력서를 몇 분 동안이나 들여다보는 경우가 있는데(굉장히 흔하다!), 이는 내가 자신 있는 분야가 아닌 다른 분야, 예를 들어 라우팅 프로토콜(routing protocol)이라든지 SQL(Structured Query Language)의 내용을 물어 볼지도 모른다는 사인이다. 다시 한번 이력서를 정직하게 썼는지 확인하고, 다음 면접 때는 내가 자신 있어 하는 주제로 대화 내용을 이끌어 내는 것이 좋다.

기술적인 요소 외의 이유로도 면접에서 떨어질 수 있다. 별로 끌리지 않았다거나 의사소통 능력이 부족하다고 느꼈을 수 있다. 혹은 실력은 뛰어나지만 해당 분야에 대한 경험이 적다고 생각해, 좀 더 경험이 많고 비슷한 실력을 갖춘 다른 사람을 채용할 수도 있다.

면접에서 탈락했다고 회사가 그 이유를 설명해 줄 의무는 없다. 따라서 탈락 원인을 고민해 보고 이를 계기로 한걸음 더 나아가는 것은 전적으로 여러분의 몫이다.

오퍼 협상하기

공식 오퍼 문서를 받기 전까지는 오퍼를 받은 게 아니라는 걸 명심하라. 모든 오퍼는 협상할 여지가 존재한다. 실제로 우리는 연봉 협상을 통해 회사에서 제안 받은 액수보다 두 배 가까이 높은 연봉을 받는 사람을 보기도 했다. 하지만 일반적으로는 10~20%로 협상을 한다. 연봉 협상을 할 때는 절대 무례한 모습을 보이지 말자. 무례하게 행동해서 좋을 건 하나도 없다는 것을 명심하자. (완고한 것과 무례한 것은 다르다.)

연봉 협상을 잘하려면 일단 하나 이상의 회사에서 오퍼를 받고, 협상 방식에 대해서 다양한 가능성을 열어 두는 것이 좋다. 예를 들어, 기본 연봉(base salary)은 스톡옵션(stock option), 사인온 보너스(sign-on bonus)[1], 이사 비용(relocation expenses)[2], 이민 귀화국(Immigration and Naturalization Service)에 취업 비자를 처리해 주는 서비스보다 협상의 여지가 적다. 또한 채용 담당자에게 단순히 돈을 더 올려달라고 하지 말고, 몇 퍼센트 더 높은 연봉을 원하는지 정확하게 말하는 것이 좋다. 그렇지 않으면 채용 담당자가 사인온 보너스만 조금 더 올려 주는 것으로 협상을 끝낼 수 있다.

회사에 대한 신의성실 의무(fiduciary duty)[3]를 가지고 있는 인사팀은 최고의 협상가들이다. 그들은 상호주의(reciprocity), 합의문 도출(consensus), 직접 말하도록 유도하기("이징도면 적당하지 않아?"), 심지어 협박(threats)을 통해 어떻게든 최대한 회사에 유리한 계약으로 이끌어 간다(회사 내부적으로 이 부분이 채용 담당자를 평가하는 척도가 된다). 위키피디아의 협상(negotiation)[4] 글에 나오는 많은 협상 관련 기술이 연봉 협상할 때 실제로 사용된다.

우리가 제안하는 연봉 협상 방법은 이렇다. 협상 기술이 부족해서 궁지에 몰리는 것을 방지하기 위해 가능한 한 이메일로 협상을 진행한다. 만약 채용 담당자가 다른 회사에서 받은 오퍼 문서의 복사본을 요구한다면, 그에 대한 대가를 요구하라. 연봉 협상을 할 때 인사팀을 거치지 않고 채용담당 매니저와 직접 말하는 것이 효과적일 수 있다.

---

1 (옮긴이) sign-on bonus(SOB)로 입사 축하 보너스다. 공식 오퍼 문서에 사인을 하고 입사를 최종 결정할 때 받는다.
2 (옮긴이) 이전 거주지에서 근무지로 이사하는 비용을 지불해 주는 돈이다.
3 (옮긴이) 회사의 이익을 위해 최선을 다하고 회사의 신뢰에 반하지 않도록 성의 있게 행동해야 하는 원칙을 말한다.
4 *https://en.wikipedia.org/wiki/Negotiation*

물론, 지금 당장의 연봉도 중요하지만 경력을 길게 놓고 봤을 때, 미래에 얼마나 전도유망한 회사에 입사했는지(소셜-모바일 vs. 오래된 기업), 혹은 해당 직군의 연봉 인상의 기회가 얼마나 많은지(개발자 vs. 테스터) 등이 현재 연봉 10~20%를 올리는 것보다 더 중요할 수 있으니 잘 판단하길 바란다.

3장

면접관 입장에서 바라보기

知彼知己 百戰不殆
적을 알고 나를 알면, 백 번 싸워도 위태롭지 않다.
《손자병법》, 손무, 515 B.C.

이 장에서는 면접관이 훌륭한 지원자를 어떻게 가려내는지 알아볼 것이다. 면접관이 마음에 들어하는 요구조건을 미리 알 수 있다면, 그에 맞춰서 준비를 할 수 있다. 따라서 면접을 준비하는 이들도 이 장을 읽어 보길 강력하게 권한다.

면접관으로서 첫발을 내딛는 사람이라면, 면접을 진행하는 것 자체만으로 굉장한 책임감과 부담감을 느낄 수 있다. 사람을 한번 잘못 뽑으면 그 사람을 채용하는 데 들어간 비용을 낭비하게 될 뿐만 아니라, 잘못 뽑은 직원의 매니저나 멘토의 생산성도 떨어질 수 있다. 회사 입장에서는 굉장한 비용을 낭비하는 것이다. 잘못 뽑은 직원을 해고한다는 것 또한 굉장히 힘들며 팀의 사기도 저하될 수 있다. 반면에, 좋은 지원자를 알아채지 못한다는 것은 빠르게 성장해야 하는 회사 입장에서 굉장히 큰 손해가 될 수 있다. 또한 면접관은 도덕적 책임감을 가지고 지원자들의 꿈과 희망을 부당하게 꺾지 않도록 행동해야 한다.

면접의 목적

면접의 궁극적인 목표는 지원자가 이 회사에 적합한 사람인지 판단하는 데 있다. 이상적인 지원자란 똑똑하고, 헌신적이며, 자기 생각을 분명히 말할 수 있고, 동료와 문제없이 잘 지내며, 맡은 일을 빠르게 해 낼 수 있는 사람을 말한다. 궁극적으로, 모든 면접은 이런 이상적인 사람에게 백점을 주고, 그와 정반대의 사람에게 빵점을 줄 수 있도록 설계되어야 한다.

대부분의 면접관들이 초창기에 저지르는 작은 실수들은 사실상 큰 문제가 되지 않는다. 지원자가 특별하게 뛰어나거나 혹은 완전히 눈에 띄게 못하지 않는 이상, 면접관은 중간 어디쯤의 점수를 주려고 노력할 것이다. 말하자면 면접 자체가 시간 낭비의 측면이 크다는 것이다.

면접의 부수적인 목적은 지원자에게 좋은 인상을 심어 줌으로써 지원자를 회사 편으로 만드는 데 있다. 해당 지원자가 회사와 잘 맞지 않는다고 해도, 그의 지인 중에는 회사와 잘 맞는 좋은 인재가 있을 수 있다. 따라서 지원자가 말을 하고 있을 때 이메일을 확인하거나, 지원자가 사소한 실수를 했다고 해서 자존심을 짓밟는 말을 하는 등의 행동은(아쉽게도 이미 만연해 있는 행동이지만) 삼가는 게 좋다. 압박 면접이 아닌 이상, 면접관은 지원자에게 해당 직무와 회사에 대해 좋은 인상을 심어 줄 수 있도록 노력해야 한다.

무엇을 질문해야 하는가

회사가 직원 교육에 얼마나 투자할 수 있는지 생각해 보는 것도 중요하다. 스타트업의 경우에는 입사 첫 주부터 성과를 낼 수 있는 사람을 뽑는 게 중요하겠지만, 보다 규모가 큰 기업의 경우에는 몇 달 정도 교육에 투자할 여력이 있을 것이다. 결과적으로, 스타트업에서는 지원자의 일반적인 능력보다는 지원자가 특정한 도구나 기술을 잘 다루는 능력이 있는지를 보다 중점적으로 보게 된다.

대기업의 경우에는 특정 분야의 지식보다는 일반적인 자료구조, 알고리즘, 시스템 디자인, 문제 해결 능력 등을 고려해서 직원을 뽑는 게 합당하다. 왜냐하면, 자료구조, 알고리즘, 시스템 설계가 모든 소프트웨어의 기본 바탕이 되기 때문이다. 대부분의 시스템이 주로 사용자인터페이스(UI), 입출력(I/O), 형태 변환(format conversion)으로 이루어져 있고, 알고리즘 및 자료구조는 대개 시스템의 작은 부분을 담당할 뿐이다. 하지만 이들은 주요 라이브러리 내부에 숨어서 시스템의 성능에 큰 영향을 미칠 뿐만 아니라, 종종 다른 제품에도 요긴하게 사용된다. 또한, 플랫폼과 프로그래밍 언어는 시간이 갈수록 빠르게 변하지만 좋은 소프트웨어의 자료구조나 알고리즘, 시스템 설계의 기본 원리는 변하지 않는다. 마지막으로, 대부분의 성공적인 소프트웨어 회사에서 사람을 뽑을 때 과거 경험이나 특정 분야의 지식보다는 지원자의 잠재력과 능력을 바탕으로 사람을 뽑고 있고, 이 방법이 가장 효과적이라는 믿음을 가지고 있다.

대부분의 큰 회사에는 체계적인 면접 과정이 존재하고, 면접관은 지원자가 해당 분야에 적합한 사람인지 면밀히 살펴볼 책임이 있다. 예를 들어 면접관은 지원자의 코딩 및 알고리즘 해결 능력, 비판적 사고방식, 복잡한 시스템 설계 능력 등을 평가할 수 있어야 한다. 이 책에는 이런 능력을 살펴볼 수 있는 문제가 꽤 많이 실려 있다. 이 책에서 문제를 뽑아 사용하고 싶다면, 다음을 명심하자.

단 한 번에 결과가 결정되지 않도록 한다: 문제가 번뜩이는 아이디어만으로 풀린다면, 이런 문제는 출제하지 말아야 한다. 왜냐하면 훌륭한 지원자가 면접 시간 동안 해당 아이디어를 생각해 내지 못할 가능성도 있고, 우연히 아이디어가 떠올라 어영부영 문제를 푼 그저 그런 지원자가 높은 점수를 받을 가능성도 있기 때문이다. 면접 문제는 적어도 두세 가지 이상의 방식으로 접근해 볼 여지가 있어야 한다. 예를 들어 동적 프로그래밍으로 풀 수 있는 문제는, 빠르지만 차선책인 그리디 알고리즘 또는 느리지만 최적인 무식한 방법으로도 대부분 풀 수 있다. 이런 경우에는 지원자가 핵심 아이디어를 생각하지 못했을지라도, 여전히 어느 정도 문제 해결 능력을 보여 줄 수 있다. 5장에 나오는 문제 5.6은 이런 유형 중 하나다.

해법이 여러 개 있어야 한다: 특정 문제에 해법이 여러 개 존재한다면, 지원자가 문제를 풀 확률은 높아지기 마련이다. 또한 면접관 입장에서도 지원자를 다양한 방향으로 안내할 수 있다. 훌륭한 지원자는 빠르게 한 가지 해법으로 문제를 풀어 내고, 남는 시간에 다른 접근법에 대해 면접관과 토론을 할 수도 있다. 또한 각각의 방법에 대한 장단점까지 분석해 낼 것이다. 예를 들어 문제 11.9는 해시 테이블로 풀 수도 있고 비트 배열로 풀 수도 있다. 가장 좋은 해법은 이진 탐색을 이용하는 것이다.

다양한 분야를 다뤄야 한다: 지원자의 알고리즘 능력에 대해 테스트하는 것도 중요하지만 설계 측면 혹은 소프트웨어 개발과 관련된 문제를 내는 것도 좋다. 예를 들어, 문제 19.8은 자료구조와 병렬 처리에 대해 물어 볼 수 있고, 문제 5.16은 확률과 이진 탐색에 대해 물어 볼 수 있다.

동료에게 미리 평가 받도록 한다: 어떤 면접관들은 푸는 데 30분 이상 걸리는 어려운 문제가 좋은 문제라는 잘못된 생각을 가지고 있다. 동료들과 상의하고 그들의 의견을 수렴해서 일반적으로 적당하다고 여겨지는 수준의 문제를 내는 것이 좋다.

특정 도메인 지식을 요구하지 말아야 한다: 지원자에게 필요하지도 않은 고급 그래 프 알고리즘에 대해 물어보거나 해당 도메인에 대한 지식이 전혀 없어 아무 말도 못하게 하는 퀴즈 같은 문제를 내는 것은 좋은 생각이 아니다(예외적으로 이런 상 황에 지원자가 어떻게 대처하는지 보고 싶은 경우에는 내도 좋다).

당황스러운 상황에 대처하기

면접은 저글링에 비유할 수 있다. 면접이란 면접관이 문제를 출제하고 이를 통해 지원자를 평가하는 것이다. 지원자를 판단할 수 있는 많은 일이 면접 도중에 일어 나므로 빠짐없이 필기를 하는 것이 중요하다. 또한, 지원자가 문제를 풀다 막혔을 때, 대화를 통해 막힌 부분을 잘 풀어 나갈 수 있도록 도와주는 것이 좋다. 사전에 여러 가지 힌트를 준비해 놓고, 필요할 때마다 하나씩 던져주는 것이 이상적이다. 특정한 경우에 적절한 힌트를 주려면 미리 어느 정도 생각을 해봐야 한다. 지원자 가 면접 보는 내내 문제에 손도 못 대는 상황보다는 무엇이든 해 내는 상황을 더 원 할 것이다. 면접 중에 일어날 수 있는 몇 가지 상황과 대처법을 알아보자.

지원자가 입을 닫아버린 경우: 지원자가 문제, 절차, 혹은 면접관에게 겁을 지레 먹 고 입을 닫아버릴 수 있다. 이런 경우에는 지원자의 실제 역량을 파악하기 힘들다. 따라서 지원자에게 가장 쉬운 방법부터 시작해 보라고 말하거나, 내가 생각해도 문 제가 어려운 것 같다고 격려하거나, 무슨 생각을 하고 있는지 알려달라고 말을 함 으로써 지원자의 긴장을 풀어 주는 것이 좋다.

지원자가 말이 너무 많은 경우: 문제 풀 생각은 하지 않고 말만 많은 사람은 면접 시간을 무의미하게 만든다. 그래서 면접관이 대화의 주도권을 쥐고 있어야 한다. 예를 들어, 이런 대화는 아무 의미가 없으니 문제에 집중하라고 경고를 줄 수 있다.

지원자가 변명을 일삼는 경우: 자신의 잘못을 희석시키고자 변명을 하거나 틀린 것 을 맞다고 우기는 사람이 종종 있다. 이런 경우에는 틀렸다고 확실히 말하고 다시 고칠 기회를 주는 것이 좋다. 가장 좋은 방법은 반례를 보여 주는 것이다.

지원자를 평가하고 고용 여부를 결정하기

면접이 끝난 후, 면접관은 지원자를 평가해야 한다. 면접 내용을 잘 기록한 후 최종 결정을 내리기 전에 노트를 다시 꺼내 다시 확인하는 것이 좋다. 면접 당시 지원자가 작성했던 코드를 포함해서 화이트보드의 모든 내용을 기록해 두는 것이 좋다. 가능한 한 객관적으로 평가해야 한다. 어떤 힌트를 줬는지, 얼마나 많은 문제를 풀어 냈는지 등에 따라 표준화된 점수를 매기는 것이 좋다. 사소한 실수는 넘어갈 수 있을지라도, 실수가 반복되거나, 프로그래밍에 익숙하지 않은 모습을 보이는 등 초보적인 모습을 보인다면 점수에 반영해야 한다.

만약 최종 결정을 내리기 어렵다면 성급하게 결정을 내리기보다 다음 지원자를 기다리는 것이 좋다. 리트머스 테스트를 해 볼 수도 있는데, 리트머스 테스트란 해당 지원자와 현재 팀 동료를 맞바꿔도 괜찮은지 가정해 보고 내리는 판단을 말한다.

02

자료구조와 알고리즘

기본 자료형

데이터를 어떻게 표현하느냐가 프로그래밍의 핵심이다.
《맨먼스 미신》(인사이트)
프레더릭 브룩스(F. P. Brooks), 1975

프로그램은 주어진 명령에 따라 메모리에 있는 변수의 값을 갱신한다. 변수는 변수형(type)에 따라 어떤 값이 될 수 있는지 혹은 어떤 연산을 수행할 수 있는지 결정된다. 변수형은 언어가 제공하는 기본형(primitive)으로 정의될 수도 있지만 프로그래머가 직접 정의할 수도 있다. 많은 언어가 불, 정수, 문자, 소수점에 관한 변수형을 제공한다. 종종 부호 혹은 정확도에 따라 다양한 정수형 혹은 부동소수점 형태를 제공한다. 이 변수형의 폭은 해당 변수가 메모리에서 차지하는 비트의 크기와 같다. 예를 들어 C++는 32비트 혹은 64비트의 정수형을 제공하고, Java는 언제나 32비트의 정수형을 제공한다.

기본 자료형 부트캠프

정수에서 1로 세팅된 비트의 개수를 찾는 프로그램을 작성해 보면 기본 자료형에 금방 익숙해질 것이다. 다음 프로그램은 최하위 비트부터 시작해서 한번에 한 비트씩 테스트한다. 이 프로그램을 통해 시프트(shift)과 마스크(mask)의 사용 방법에 대해 알 수 있고, 단어 크기에 관계없이 비트의 개수를 찾는 방법도 살펴볼 수 있다.

```cpp
short CountBits(unsigned int x) {
  short num_bits = 0;
  while (x) {
```

```
        num_bits += x & 1;
        x >>= 1;
    }
    return num_bits;
}
```

각 비트마다 $O(1)$의 연산을 수행하므로, 시간 복잡도는 $O(n)$이 된다(n은 비트의 개수). 시간 복잡도의 정의에 따르면 최악의 경우는 입력값이 $(111...11)_2$일 때일 것이다. 최선의 경우의 입력은 0이고, 시간 복잡도는 $O(1)$이 된다. 문제 4.1에서 2로 나눈 나머지의 비트의 개수(예를 들어, 패리티)를 구하는 방법을 다루는데, 이 방법을 이용하면 프로그램의 성능을 향상시킬 수 있다.

☑ 기본 자료형 문제를 풀기 전 꼭 알고 있어야 할 내용

비트 연산, 특히 XOR를 잘 다뤄야 한다. [문제 4.2]

하드웨어와 무관하게 **마스크**를 어떻게 사용하고 만들 수 있는지 알고 있어야 한다. [문제 4.6]

1로 세팅된 하위 비트의 값을 최적의 **방법으로 지울 수 있어야 한다.** 또한 0으로 세팅된 하위 비트를 1로 세팅하거나, 해당 비트의 인덱스를 구하는 방법 등을 알고 있어야 한다. [문제 4.1]

부호가 있는지 여부 그리고 부호가 있을 때의 **시프트** 연산에 대해 이해하고 있어야 한다. [문제 4.5]

입력이 작은 경우의 연산 결과를 캐시에 저장함으로써 전체 연산을 빠르게 할 수 있어야 한다. [문제 4.3]

교환법칙과 **결합법칙**에 대해 잘 알고 있어야 **병렬** 연산을 수행하거나 연산 **순서**를 바꿀 수 있다. [문제 4.1]

기본 자료형 이해하기

기본 자료형의 크기, 구간, 부호 여부, 연산자에 대해 익숙해져 있어야 한다. 또한 cmath에서 기본 자료형을 이용한 메서드들의 사용법에 대해서도 알고 있어야 한다. 특히 테스트 코드를 작성할 때 random 라이브러리는 굉장히 유용하다.

- 6&4, 1|2, 8>>1, -16>>2, 1<<10, ~0, 15^x와 같은 비트 연산을 잘 다루라.
- numeric_limits<int>::min(), numeric_limits<float>::max(), numeric_limits

<double>::infinity()처럼 숫자 타입의 최댓값과 최솟값에 대한 상수 표현을 알아야 한다.

- 부동소수점을 비교할 때는 특히 주의해야 한다. 절대적/상대적 허용 오차를 사용하는 것이 적절할 때가 있다. 문제 11.5의 해법을 참고하자.
- cmath의 주요 함수로 abs(-34), fabs(-3.14), ceil(2.17), floor(3.14), min(x, -4), max(3.14, y), pow(2.71, 3.14), log(7.12), sqrt(225)가 있다.
- 정수, 문자, 문자열 간의 변환 방법을 알아 두자. 예를 들어 x - '0'은 문자로 나타낸 숫자를 실제 숫자로 바꾸고, to_string(123)은 숫자를 문자열로 바꾼다. stoi("42")는 문자열을 숫자로 바꾼다.
- random의 주요 함수로 uniform_int_distribution<> dis(1, 6)(1에서 6 사이의 정수 값을 반환), uniform_real_distribution<double> dis(1.3, 2.9)(1.3에서 2.9 사이의 부동소수점 값을 반환), generate_canonical<double, 10>(0부터 1 미만 사이의 부동소수점 값을 반환)이 있다.
- swap(x, y)를 사용하여 값을 간결하게 교환하라. vector와 같은 복잡한 타입에서도 동작한다.

문제 4.1 패리티 계산하기

2진수의 패리티(parity)[1]는 1로 세팅된 비트의 개수와 같다. 즉, 1이 홀수 개이면 1, 짝수 개이면 0이 된다. 예를 들어 1011의 패리티는 1이 되고, 10001000의 패리티는 0이 된다. 이 패리티는 데이터를 저장하거나 네트워크로 통신을 할 때 오류를 확인하는 용도로 사용된다. 64비트 숫자 하나의 패리티를 계산하는 코드는 쉽게 작성할 수 있다.

64비트로 이루어진 숫자가 굉장히 많다면, 패리티를 어떻게 계산해야 할까?

힌트: 룩업테이블(lookup table)을 이용하면 된다. (단, 룩업테이블 크기가 2^{64}가 되어야 하는 건 아니다!)

해법: 숫자 한 개의 패리티를 체크하기 위한 무식한 방법은 1로 세팅된 모든 비드의 개수를 세는 것이다. 1이 짝수 개인지 홀수 개인지 알면 되므로 2로 나눈 나머지 값

---

1 (옮긴이) 패리티는 보통 정보 전달 과정에서 오류가 생겼는지 검사하기 위한 값으로 전체 비트의 개수를 2로 나눈 나머지 값과 같다.

만 기억하고 있으면 된다.

```c
short Parity(unsigned long long x) {
  short result = 0;
  while (x) {
    result ^= (x & 1);
    x >>= 1;
  }
  return result;
}
```

입력 크기가 n일 때, 시간은 $O(n)$만큼 걸린다.

지금부터는 무식하게 푸는 방법보다 더 나은 알고리즘을 몇 개 설명한다.

첫 번째는 하위 비트를 한번에 지워서 최선의 경우와 평균적인 경우의 성능을 향상시키는 방법이다. $x \& (x - 1)$은 1로 세팅된 비트 중 가장 낮은 비트를 지우는 것과 같다(여기서 &는 AND 비트 연산자다). 예를 들어, $x = (00101100)_2$일 때, $x - 1 = (00101011)_2$과 같다. 따라서 $x \& (x - 1) = (00101100)_2 \& (00101011)_2 = (00101000)_2$이 된다. 이 비트 조작 트릭을 기억해 두면 시간 복잡도를 줄이는 데 사용할 수 있다. k가 1로 세팅된 비트의 개수라고 하면(예를 들어, 10001010의 경우에 $k = 3$이다.) 시간 복잡도는 $O(k)$가 된다.

```c
short Parity(unsigned long long x) {
  short result = 0;
  while (x) {
    result ^= 1;
    x &= (x - 1); // x의 하위 비트를 지운다.
  }
  return result;
}
```

이제 다른 관점의 접근법을 고려해 보자. 원래 풀려던 문제는 매우 큰 수에 대한 패리티를 어떻게 구하느냐였다. 여기에는 두 가지 방법이 있다. 이 방법들은 일반적으로 많은 수의 비트 연산을 효율적으로 수행하는 데도 쓸 수 있다. 하나는 다수의 비트를 한번에 처리하는 방법이고, 다른 하나는 연산 결과를 룩업테이블(lookup table)에 캐시 형태로 저장하는 방법이다.

먼저 캐시 형태로 저장하는 방법을 살펴보자. 물론 64비트의 패리티 값을 캐시에 모두 저장할 수는 없다. 64비트의 패리티 값을 모두 저장하려면 2^{64}비트의 저장 공간이 필요한데, 이 크기는 10조 엑사바이트(exabyte) 정도가 된다. 우선 패리티가 가진 하나의 성질을 생각해 보자. 어떤 그룹의 패리티를 계산하고자 할 때, 그 그룹을 나누는 순서는 아무래도 상관이 없다. 즉, 결합법칙이 성립한다. 따라서 64 비트 수자를 16비트 숫자 4개로 나눈 후, 각 숫자의 패리티 값을 구하고, 여기서 나온 4개의 패리티 값의 패리티를 구하면 된다. 16이라는 숫자를 선택한 이유는 2^{16} = 65536은 상대적으로 작아서 배열에 저장할 수 있기 때문이다. 또한 64가 16으로 나누어 떨어지므로 10비트씩 나눌 때보다 코드가 더 간단하다.

2비트 숫자의 룩업테이블을 사용해 보자. $(00)_2$, $(01)_2$, $(10)_2$, $(11)_2$의 패리티는 ⟨0, 1, 1, 0⟩이므로 이 값을 캐시에 넣는다. $(11001010)_2$의 패리티를 구하기 위해서는 $(11)_2$, $(00)_2$, $(10)_2$, $(10)_2$의 패리티를 계산하면 된다. 룩업테이블을 통해 이 값들이 각각 0, 0, 1, 1이라는 사실을 알 수 있으므로 최종 결과는 0, 0, 1, 1의 패리티인 0이 된다.

$(11101010)_2$에서 첫 두 비트의 패리티를 알고 싶다면 오른쪽으로 6만큼 시프트해서 $(00000011)_2$을 얻은 뒤 이 인덱스를 캐시에서 찾으면 된다. 그다음 두 비트 $(10)_2$의 패리티를 찾기 위해선 기존 비트를 오른쪽으로 4만큼 시프트한 뒤 최하위 비트 두 개를 얻어 내면 된다. 오른쪽으로 시프트를 했을 때 앞의 비트 $(11)_2$은 그대로 남아 있으므로 $(00001110)_2$이 된다. 이 값은 주어진 캐시 크기의 범위를 넘어선다. 따라서 오른쪽으로 4만큼 시프트한 뒤 최하위 비트 두 개를 얻기 위해선 $(00001110)_2$과 $(00000011)_2$의 AND 연산을 수행해야 한다. 그러면 $(00000010)_2$를 얻어 낼 수 있다. (이 방법은 마지막 두 비트를 뽑아내는 '마스크' 방법이다.) 나머지 두 가지 경우에 대해서도 이 마스크 방법을 사용하면 된다.

```cpp
short parity(unsigned long long x) {
  const int kMaskSize = 16;
  const int kBitMask = 0xFFFF;
  return kPreComputedParity[x >> (3 * kMaskSize)] ^
        kPreComputedParity[(x >> (2 * kMaskSize)) & kBitMask] ^
        kPreComputedParity[(x >> kMaskSize) & kBitMask] ^
        kPreComputedParity[x & kBitMask];
}
```

시간 복잡도는 해시 테이블의 키값의 크기에 따라 달라진다. 만약 해시 테이블에 사용될 키값의 비드 수가 L이고 전체 비트 수가 n이라면, 시간 복잡도는 $O(n/L)$이 된다. (시프팅과 같이 하나의 단어 단위에서 사용하는 연산의 복잡도는 $O(1)$이라고 가정했고, 해시 테이블을 초기화하는 부분 또한 시간 복잡도에서 제외했다.)

이전 알고리즘은 최악의 경우 시간 복잡도가 $O(n)$이었는데, 몇 가지 간단한 속성을 활용하면 시간 복잡도를 개선할 수 있다. XOR는 두 비트가 모두 0 혹은 1이면 0이고, 아니면 1이 된다. XOR는 앞에서 설명했던 결합법칙과 계산 순서를 바꾸어도 전체 결과가 같다는 교환법칙을 만족하는데, 이 법칙을 사용하면 CPU 단계의 XOR 연산에서 여러 비트를 한번에 수행하도록 알고리즘을 개선할 수 있다.

예를 들어 보자. 우리는 $\langle b_{63}, b_{62}, ..., b_3, b_2, b_1, b_0 \rangle$의 패리티 값과 $\langle b_{63}, b_{62}, ..., b_{32} \rangle$와 $\langle b_{31}, b_{30}, ..., b_0 \rangle$를 XOR한 결괏값의 패리티가 같다는 사실을 알고 있다. 이 연산은 한 번의 시프트 연산과 한 번의 XOR 연산으로 계산할 수 있다. 같은 연산을 32, 16, 8, 4, 2, 1비트 연산에 대해 반복 적용해서 최종 결과를 얻어 낼 수 있다. 같은 연산을 반복 적용할 경우 중간 결과를 최하위 비트에서 가져와야 한다는 사실을 명심하자.

8비트 숫자를 사용해서 설명해 보자. $(11010111)_2$의 패리티는 $(1101)_2$과 $(0111)_2$을 XOR 연산한 결과, 즉 $(1010)_2$의 패리티와 같다. 또한 $(1010)_2$의 패리티는 $(10)_2$과 $(10)_2$을 XOR 연산한 결과, 즉 $(00)_2$의 패리티와 같다. 따라서 최종 결과는 $(0)_2$과 $(0)_2$을 XOR 연산한 패리티인 0이 된다. 첫 번째 XOR의 결과는 $(11011010)_2$이 되고, 여기서 마지막 4비트의 값만 가져오면 된다. 두 번째 XOR의 결과는 $(11101100)_2$이 되고, 여기서 마지막 2비트의 값만 중요하다. 세 번째 XOR의 결과는 $(10011010)_2$이 되고, 마지막 비트가 최종 패리티 값이 된다. 이 값을 빼내오기 위해선 $(00000001)_2$과 AND 연산을 적용하면 된다.

```
short Parity(unsigned long long x) {
  x ^= x >> 32;
  x ^= x >> 16;
  x ^= x >> 8;
  x ^= x >> 4;
  x ^= x >> 2;
  x ^= x >> 1;
  return x & 0x1;
}
```

단어의 크기가 n일 때 시간 복잡도는 $O(\log n)$이 된다.

이 알고리즘을 캐시와 결합해서도 사용할 수 있다. 즉, 룩업테이블을 통해 16비트의 패리티 값을 가져올 수 있다.

실제 수행시간은 입력에 따라 달라진다. 예를 들어 이 방식은 비트가 드물게 있는 입력에 대해서는 굉장히 빠르다. 하지만 임의의 입력에 대해선 일반적인 무식한 방법보다 20% 정도 빠르다. 룩업테이블을 사용하는 방법은 4배나 더 빠르다. 이 둘을 결합한 방법은 이보다 2배 더 빠르다.

응용: 비트 연산자, 동등성 검사 및 불 연산자를 사용하여 O(1) 시간에 다음을 수행하는 표현식을 작성해 보자.

- x에서 가장 오른쪽에 설정된 비트를 오른쪽으로 전달하라. 예를 들면, $(01010000)_2$는 $(01011111)_2$가 된다.
- x mod '2의 거듭제곱'을 계산하라. 예를 들어, 77 mod 64는 13을 반환한다.
- x가 2의 거듭제곱인지 검사하라. 예를 들어, $x = 1, 2, 4, 8, \cdots$일 때는 true, 그 외의 값은 false로 평가한다.

문제 4.2 비트 스왑

프로그램의 속도를 향상시킬 수 있는 다양한 비트 조작(bit manipulation) 방법들이 있다. 예를 들어 문제 4.1에서 설명한 $x \, \& \, (x - 1)$은 x에서 1로 세팅된 최하위 비트를 제거한 결과와 같고, $x \, \& \, {\sim}(x - 1)$은 1로 세팅된 최하위 비트만을 뽑아낸 결과와 같다. 예로 들면, 16 & (16 − 1) = 0, 11 & (11 − 1) = 10, 20 & (20 − 1) = 16, 16 & ~(16 − 1) = 16, 11 & ~(11 − 1) = 1, 20 & ~(20 − 1) = 4 등이다.

0	1	0	0	1	0	0	1

MSB   *LSB*

(a) 8비트 정수 73을 비트 배열로 생각해 보자.
최하위 비트의 인덱스를 0이라 하자.

0	0	0	0	1	0	1	1

MSB   *LSB*

(b) 최하위 비트의 인덱스가 0일 때,
1번 인덱스와 6번 인덱스의 비트를 바꾼 결과이다.
정수값은 11이 된다.

그림 4.1 두 개의 비트를 스왑한 예제

64비트짜리 정수를 길이가 64인 배열로 생각해 볼 수 있다. 배열의 0번째 위치에는 최하위 비트(LSB) 값이 들어 있고, 63번째 위치에는 최상위 비트(MSB) 값이 들어 있는 식으로 말이다. 64비트 정수가 주어졌을 때 i번째 비트와 j번째 비트를 스왑(swap)하는 코드를 작성하라. 그림 4.1은 8비트 정수에서 비트 두 개를 스왑하는 경우를 보여 준다.

힌트: 스왑은 언제 필요할까?

해법: 무식한 방법은 *i*번째 비트와 *j*번째 비트를 지역 변수에 저장해 놓은 뒤, 비트 마스크와 비트 연산을 통해 *j*번째 비트의 값을 *i*번째 위치에 쓰고, *i*번째 비트의 값을 *j*번째 위치에 쓰는 것이다.

무식한 방법은 우리가 배열에서 두 객체를 맞바꾸는 것처럼 일반적으로 잘 동작한다. 하지만 한 비트는 두 가지 값만 표현할 수 있으므로 단순히 맞바꾸는 것보다 더 빠르게 수행할 수 있다. 먼저 맞바꿀 비트가 같은지 다른지부터 확인해야 한다. 만약 이 둘이 같다면 스왑을 할 필요가 없다. 만약 두 비트가 서로 다르다면, 스왑을 하는 것과 각 비트를 각자 뒤집는 것과 결과적으로는 같을 것이다. 예를 들어 그림 4.1에서 1번 인덱스와 6번 인덱스의 비트값이 같지 않으므로 각 비트를 뒤집어주면 스왑을 한 효과가 나타난다.

다음 코드는 두 비트가 같은지 확인한 뒤 다르다면 비트를 뒤집는다. 전반적으로, 무식한 방법보다 다음 코드가 좀 더 간결하고 효율적이다.

```
long long SwapBits(long long x, int i, int j) {
    // i번째 비트와 j번째 비트가 다른지 확인한다.
    if (((x >> i) & 1) != ((x >> j) & 1)) {
        // i번째 비트와 j번째 비트가 다르다면, 각 비트를 뒤집어서 스왑을 구현한다.
        // bit_mask를 사용해서 뒤집을 비트를 선택한다. x = 1일 때 x^1 = 0을 만족하고,
        // x = 0일 때 x^1 = 1을 만족하므로, XOR를 사용해서 비트를 뒤집을 수 있다.
        unsigned long long bit_mask = (1L << i) | (1L << j);
        x ^= bit_mask;
    }
    return x;
}
```

시간 복잡도는 입력 크기에 상관없이 $O(1)$이 된다.

문제 4.3 비트 뒤집기

64비트 숫자가 주어졌을 때 이를 역순으로 재구성한 숫자를 반환하는 코드를 작성하라. 예를 들어 (1110000000000001)과 같이 1과 0이 번갈아 나타나는 입력의 결과는 0과 1이 바뀐 (1000000000000111)이 되어야 한다.

힌트: 룩업테이블을 사용하자.

해법: 만약 단 한 번만 연산한다면, 무식한 방법을 사용해도 괜찮다. 해법 4.2에 나와 있는 방법을 통해 입력의 최하위 32개 비트와 최상위 비트 32개를 스왑하면 된다.

그런데 이 연산을 반복적으로 한다면, 입력의 구조에 대해 좀 더 주의 깊게 생각해 보고 캐시를 염두에 둘 필요가 있다. 입력이 네 개의 16비트 숫자 y_3, y_2, y_1, y_0으로 구성되어 있고 y_3을 최상위 비트라고 해 보자. 이를 역순으로 표기한다면 y_3은 최하위 16비트, 더 정확히 말하면 y_3의 역순이 최하위 16비트가 된다. 예를 들어 y_3이 (1110000000000001)이라면 역순의 최하위 32비트는 (1000000000000111)이 된다.

패리티를 구하는 문제 4.1과 비슷한 방식으로, 많은 역순 연산을 필요로 하는 경우에 가장 효율적인 방법은 미리 16비트 숫자에 대한 룩업테이블 A를 만들어 놓는 것이다. $A[y]$는 y를 역순으로 배열한 값이 저장되어 있다. 이제 x의 역순은 자연스럽게 y_0의 역순, y_1의 역순, y_2의 역순, y_3의 역순이 순서대로 등장하면 된다.

좀 더 쉽게 8비트 단어와 2비트 룩업테이블을 사용해서 설명해 보자. 만약 룩업테이블이 $rev = \langle(00), (10), (01), (11)\rangle$이고, 입력이 (10010011)이라면, 이 단어의 역순은 $rev(11), rev(00), rev(01), rev(10)$이 된다.

```
unsigned long long ReverseBits(unsigned long long x) {
  const int kMaskSize = 16;
  const int kBitMask = 0xFFFF;
  return precomputed_reverse[x & kBitMask] << (3 * kMaskSize) |
        precomputed_reverse[(x >> kMaskSize) & kBitMask] << (2 * kMaskSize) |
        precomputed_reverse[(x >> (2 * kMaskSize)) & kBitMask] << kMaskSize |
        precomputed_reverse[(x >> (3 * kMaskSize)) & kBitMask];
}
```

이 알고리즘의 시간 복잡도는 문제 4.1의 해법과 동일하게 $O(n/L)$이다. 여기서 n은 정수의 길이, L은 캐시의 크기를 나타낸다.

문제 4.4 같은 무게를 가진 가장 가까운 정수 찾기

음이 아닌 어떤 정수 x의 무게는 이 정수를 2진수로 표현했을 때 1로 세팅된 비트의 개수라고 정의해 보자. 예를 들어, 92의 2진수는 $(1011100)_2$이 되므로 92의 무게는 4가 된다.

음이 아닌 정수 x가 주어졌을 때, x와 무게는 같지만 x와의 차이, 즉 $|y - x|$가 최소가 되는 y를 반환하는 프로그램을 작성하라. 단, x의 모든 비트가 0 혹은 1인 경우는 고려하지 않아도 된다. 예를 들어 $x = 6$일 때 5를 반환하면 된다.

— Elements of Programming

힌트: 최하위 비트부터 시작해 보자.

해법: 무식한 방법으로 접근하면 모든 정수 $x - 1, x + 1, x - 2, x + 2, \ldots$를 x와 비교해서 무게가 같은 값을 바로 반환하면 된다. 하지만 이 방법은 어떤 입력에 대해 굉장히 비효율적일 수 있다. 예를 들어 $x = 2^3 = 8$인 경우를 생각해 보자. 무게가 1인 숫자는 2의 승수인 숫자들밖에 없다. 따라서 이 알고리즘은 7, 9, 6, 10, 5, 11, 4를 살펴보다가 4에서 멈출 것이다. 이 알고리즘은 8보다 작은 2^{3-1}개의 숫자인 7, 6, 5, 4를 확인해 볼 것이고, 8보다 큰 $2^{3-1} - 1$개의 숫자인 9, 10, 11을 확인해 볼 것이다. 이 예제를 일반화시켜서 $x = 2^{30}$이라고 가정해 보자. 2^{30}과 가까운 2의 승수는 2^{29}이므로, 이 방법으로는 2^{30}과 2^{29} 사이의 모든 숫자와 2^{30}과 $2^{30} + 2^{29} - 1$ 사이의 모든 숫자를 계산해 봐야 한다. 이는 십억 개가 넘는 숫자이다.

이번에는 휴리스틱(heuristic)으로 접근해 보자. 주어진 정수와 무게는 같지만 차이를 적게 만드는 것이 목적이므로 최하위 비트부터 살펴보는 것이 어찌 보면 당연하다. 특히 최하위 비트와 다른 비트 중에서 가장 오른쪽에 있는 비트를 최하위 비트와 맞바꿔볼 수 있다. 몇 가지 경우에는 이 방법이 통할 수 있다. 예를 들어 $(10)_2$인 경우에 이 휴리스틱을 적용해 보면 $(01)_2$을 반환하게 된다. 하지만 일반적으로 이 방법이 항상 통하진 않는다. 예를 들어 $(111)_2$ (10진수로 7)의 경우에는 $(1110)_2$ (10진수로 14)을 반환하지만, 이보다 $(1011)_2$ (10진수로 11)이 무게는 같으면서 $(111)_2$과 더 가깝다.

올바른 방법을 찾기 위해 수학을 사용해 보자. $k1$에 위치한 비트와 $k2$에 위치한 비트를 맞바꾼다고 생각해 보자(단, $k1 > k2$). 이 경우에 기존 값과 새로운 값의 차이는 $2^{k1} - 2^{k2}$가 된다. $2^{k1} - 2^{k2}$를 최소화하기 위해서는 가능하면 $k1$을 최소한으로 해야 하고, $k2$를 $k1$과 가깝게 놓아야 한다.

무게를 같게 유지해야 하므로 $k1$의 비트는 $k2$의 비트와 달라야 한다. 그렇지 않으면 이 둘을 뒤집었을 때 정수의 무게가 달라진다. 즉, $k1$은 최하위 비트와 다르면서 가장 오른쪽에 위치한 비트여야 하고, $k2$는 바로 그 다음 비트여야 한다. 정리해 보면, 서로 다른 연속한 두 비트 중에 가장 오른쪽에 있는 두 비트를 스왑하면 된다.

```cpp
unsigned long long ClosestIntSameBitCount(unsigned long long x) {
  const static int kNumUnsignedBits = 64;
  for (int i = 0; i < kNumUnsignedBits - 1; ++i) {
    if (((x >> i) & 1) != ((x >> (i + 1)) & 1)) {
```

```
        x ^= (1UL << i) | (1UL << (i + 1));   // bit - i와 bit - (i + 1)를 스왑한다.
        return x;
      }
    }

    // x의 모든 비트가 0이거나 1이면 예외를 던진다.
    throw invalid_argument("All bits are 0 or 1");
}
```

n을 입력 비트의 길이라고 했을 때 시간 복잡도는 $O(n)$이 된다.

응용: $O(1)$ 시간과 공간을 사용해서 같은 문제를 풀어 보자.

문제 4.5 곱셈과 덧셈 없이 $x \times y$ 계산하기

보청기 같은 저전력 기기의 프로세서에 곱셈 연산기가 없는 경우가 종종 있다. 이 때는 로우레벨의 원시적인 방법을 사용해서 곱셈 연산하는 알고리즘을 직접 작성해야 한다.

음이 아닌 정수 두 개의 곱셈을 수행하는 프로그램을 작성하라. 사용할 수 있는 연산자는 다음과 같다.

- 대입 연산자
- $\gg$, $\ll$ |, &, ~, ^와 같은 비트 연산자
- 동등성 확인과 불 조합 연산

루프와 함수도 여러분이 직접 작성해야 한다. 증감 연산자와 $x < y$와 같은 비교 연산도 불가능하다.

힌트: 덧셈은 비트 연산을 이용하고, 곱셈은 시프트와 덧셈을 이용하면 된다.

해법: 무식하게 푸는 방법은 덧셈을 반복해서 수행하는 것이다. 즉, 결과를 0으로 초기화한 뒤 x를 y번 더한다. 예를 들어 5×3은 $0 + 5, 5 + 5, 10 + 5$와 같이 결괏값에 5를 3번 반복적으로 더한다. 이 방법의 시간 복잡도는 n이 입력 비트의 개수라고 했을 때 $O(2^n)$으로, 굉장히 높다. 또한 덧셈 연산자를 사용하지 않고 어떻게 덧셈을 수행할 수 있는지도 아직 모른다.

게다가 우리가 학교에서 배운 곱셈 알고리즘은 덧셈을 반복하는 방법이 아니었다. 시프트와 덧셈을 사용한 보다 나은 알고리즘이었다. 이 방법을 2진수에 적용해

보자. 결괏값을 0으로 초기화한 다음에 x의 비트를 순회하면서 x의 k번째 비트가 1로 세팅되어 있다면 $2^k y$를 더한다.

$2^k y$는 y를 왼쪽으로 k번 시프트함으로써 구할 수 있다. 덧셈 연산을 사용할 수 없으니 이 또한 구현해야 한다. 이 방법도 초등학생 때 배운 방법을 그대로 흉내 낼 것인데, 즉 x와 y를 비트별로 더한 뒤 올림수(carry)를 계산할 것이다.

예를 들어 $13 = (1101)_2$과 $9 = (1001)_2$의 곱셈이 어떻게 진행되는지 살펴보자. 먼저 13의 최하위 비트는 1이므로 결과에 $(1001)_2$를 더한다. $(1101)_2$의 두 번째 비트가 0이므로 넘어서 세 번째 비트로 옮겨 간다. 세 번째 비트는 1이므로 $(1001)_2$을 왼쪽으로 2만큼 시프트해서 $(100100)_2$을 얻은 뒤, 이를 $(1001)_2$과 더한다. 즉, $(101101)_2$이 된다. $(1101)_2$의 네 번째이자 마지막 비트가 1이므로 $(1001)_2$를 왼쪽으로 세 번 시프트해서 $(1001000)_2$을 얻은 뒤, 이를 $(101101)_2$과 더한다. 즉, 최종 결과는 $(1110101)_2 = 117$이 된다.

각 덧셈은 비트별로 수행한다. 예를 들어 $(101101)_2$과 $(1001000)_2$을 더하면 결괏값의 최하위 비트는 1이 된다(두 값의 최하위 비트에 1이 하나밖에 없으므로). 그 다음 비트는 모두 0이므로 결과도 0이 되고, 그 다음 비트는 하나가 1이므로 결과도 1이 된다. 그 다음 비트는 둘 다 1이므로 결과는 0이 되지만 그 다음 위치로 올림수 1이 올라가게 된다. 그 다음 비트는 두 비트 모두 0이지만 올림수가 있으므로 1이 된다. 나머지 비트도 이와 비슷한 방법으로 연산하면 된다.

```
unsigned long long Multiply(unsigned long long x, unsigned long long y) {
  unsigned long long sum = 0;
  while (x) {
    // x의 각 비트를 확인해 본다.
    if (x & 1) {
      sum = Add(sum, y);
    }
    x >>= 1, y <<= 1;
  }
  return sum;
}

unsigned long long Add(unsigned long long a, unsigned long long b) {
  while(b) {
    unsigned long long carry = a & b;
    a = a ^ b;
    b = carry << 1;
  }
```

```
    return a;
}
```

피연산자의 길이를 n이라고 했을 때, 덧셈의 시간 복잡도는 $O(n)$이 된다. 한 번의 곱셈을 위해 덧셈을 n번 반복하므로 전체 시간 복잡도는 $O(n^2)$이 된다.

문제 4.6 산술 연산자 없이 나눗셈 계산하기

양의 정수 x와 y를 나눈 몫을 구하라. 단, 사용 가능한 연산은 덧셈, 뺄셈, 그리고 시프트 연산뿐이다.

힌트: x/y와 $(x - y)/y$ 사이의 연관관계를 생각해 보자.

해법: 무식한 방법으로 푼다면 y보다 크기가 작아질 때까지 x에서 y를 반복해서 빼면 된다. 뺄셈 횟수가 x/y의 몫이 되고 마지막에 남은 숫자가 나머지가 된다. 하지만 이 방식은 굉장히 비효율적이다. 예를 들어 $y = 1$이고 $x = 2^{31} - 1$이라면 총 $2^{31} - 1$번의 반복이 필요하다.

이 방식을 조금만 개선하면 더 효율적인 알고리즘을 찾을 수 있다. 예를 들어, $2^k y \leq x$를 만족하는 가장 큰 k를 찾은 뒤 x에서 $2^k y$를 빼고, 2^k를 몫에 더한다. 즉, $x = (1011)_2, y = (10)_2$이라고 할 때 k는 2가 된다. (왜냐하면 $2 \times 2^2 \leq 11$이고, $2 \times 2^3 > 11$이므로). 따라서 $(1011)_2$에서 $(1000)_2$을 빼서 $(11)_2$을 얻고, $2^k = 2^2 = (100)_2$을 몫에 더해 준다. 그리고 $(11)_2$을 이용해서 이 과정을 반복한다.

이 방식은 반복할 때마다 x의 크기가 최소 절반씩 줄어들기 때문에 굉장히 효율적이며 빠르다. n을 x/y 결괏값의 길이라고 했을 때, 총 $O(n)$만큼의 반복이 필요하고, 각 반복마다 $2^k y \leq x$를 만족하는 가장 큰 k를 찾는 데 $O(n)$만큼의 시간이 소요되므로 총 시간 복잡도는 $O(n^2)$이 된다.

반복할 때마다 k가 단조 감소한다는 사실을 이용하면 k를 더 효율적으로 찾을 수 있다. 즉, x보다 작거나 같은 k를 찾을 때 $2^0 y, 2^1 y, 2^2 y, ...$와 같이 증가하는 순서대로 찾기보다는, 초반에 $2^k y \leq x$를 만족하는 가장 큰 k를 찾은 뒤 그 다음부터는 $2^{k-1} y, 2^{k-2} y, 2^{k-3} y, ...$의 순서대로 k를 감소시켜 가면서 k를 찾으면 더 효율적이다.

앞의 예제에 적용해 보자. 몫은 $(100)_2$이 되고, 나머지 $(11)_2$에 같은 방법을 적용한다. $2^k y \leq (11)_2$를 만족하는 가장 큰 k의 값은 0이므로 $2^0 = (1)_2$을 몫에 더해 주면 $(101)_2$이 된다. $(11)_2 - (10)_2 = (1)_2 < y$이므로 여기서 종료한다. 따라서 최종 몫은 $(101)_2$이 되고 최종 나머지는 $(1)_2$이 된다.

```cpp
int Divide(int x, int y) {
  int result = 0;
  int power = 32;
  unsigned long long y_power = static_cast<unsigned long long>(y) << power;
  while (x >= y) {
    while (y_power > x) {
      y_power >>= 1;
      --power;
    }

    result += 1 << power;
    x -= y_power;
  }
  return result;
}
```

본질적으로 이 프로그램은 우리가 초등학교 때 배운 나눗셈 알고리즘을 2진수에 적용한 결과와 같다. 반복할 때마다 추가 비트 하나를 처리하므로, 이 알고리즘의 전체 시간 복잡도는 $O(n)$이 된다. 단, 시프트 연산과 덧셈 연산의 시간 복잡도는 $O(1)$이라고 가정한다.

응용: x가 임의의 정수(0보다 클 때, 0일 때, 0보다 작을 때)고 y가 0이 아닌 임의의 정수일 때 동일한 문제를 풀어 보라.

문제 4.7 pow(x, y) 계산하기

실수형(double) x와 정수형(integer) y가 주어졌을 때 x^y를 계산하는 프로그램을 작성하라. 오버플로와 언더플로는 무시해도 좋다.

힌트: 지수의 성질에 대해 곰곰이 생각해 보자.

해법: 먼저, y가 음수가 아닌 경우를 생각해 보자. 제일 간단하게 푸는 방법은 $x^2 = x \times x, x^3 = x^2 \times x, \ldots$처럼 x를 $y - 1$번 곱하는 것이다. 이 방식의 시간 복잡도는 정수의 길이를 n이라고 했을 때 $O(2^n)$이 된다.

이 방법을 효율적으로 만들려면 전체 곱셈 횟수를 줄여야 한다. 즉, 곱셈 연산을 한 번 수행했을 때 더 많은 작업을 처리하는 것이다. 예를 들어 1.1^{21}을 계산하기 위해서 1.1에 1.1을 스무 번 곱할 수도 있지만, 1.1에 $1.1^2 = 1.21$을 열 번 곱할 수도 있다. 이 경우에는 총 11번의 곱셈(1.1×1.1 한 번과 1.21 열 번)을 수행하게 된다. 1.1^3 혹은 1.1^4 등을 통해 곱셈 횟수를 더 줄일 수도 있다.

y가 2의 승수일 경우 가장 적은 곱셈 횟수를 사용한 방법은 x, x^2, $(x^2)^2 = x^4$, $(x^4)^2 = x^8$, ...과 같이 제곱수를 반복하는 것이다. 이 알고리즘을 일반적인 y에 적용하려면 y의 2진 표기법과 지수의 특징, 특히 $x^{y_0+y_1} = x^{y_0} \times x^{y_1}$에 대해 알고 있어야 한다.

y가 음이 아닌 정수라고 가정하자. 크기가 작은 예제를 먼저 살펴보자. 예를 들어 $x^{(1010)_2} = x^{(101)_2 + (101)_2} = x^{(101)_2} \times x^{(101)_2}$이 된다. 이와 비슷하게 $x^{(101)_2} = x^{(100)_2 + (1)_2} = x^{(10)_2} \times x^{(10)_2} \times x$가 된다.

이를 일반화해 보자. 만약 y의 최하위 비트가 0이라면 결과는 $(x^{y/2})^2$가 된다. 0이 아니라면 $x \times (x^{y/2})^2$이 된다. 재귀 알고리즘을 통해 y가 음이 아닌 정수일 때 x^y을 계산할 수 있다.

y가 음수인 경우에는 단순히 x를 $1/x$로 바꾸고 y를 $-y$로 바꾸면 된다. 다음은 이를 구현한 코드이다. 함수 호출 비용을 줄이기 위해 재귀가 아니라 while 문을 사용했다.

```cpp
double Power(double x, int y) {
  double result = 1.0;
  long long power = y;
  if (y < 0) {
    power = -power, x = 1.0 / x;
  }
  while (power) {
    if (power & 1) {
      result *= x;
    }
    x *= x, power >>= 1;
  }
  return result;
}
```

while 문은 y의 최상위 비트의 인덱스 위치만큼 수행된다. 각 루프 안에서 곱셈을 최대 두 번 수행하므로, 전체 곱셈 횟수는 최상위 비트의 인덱스 위치보다 많아야 두 배가 된다. 따라서 전체 시간 복잡도는 $O(n)$이 된다.

문제 4.8 숫자 뒤집기

정수값이 주어졌을 때, 그 숫자를 뒤집어서 출력하는 프로그램을 작성하라. 예를 들어 42는 24가 되고, −314는 −413이 된다.

힌트: 입력이 문자열로 주어진다면 문제를 풀 수 있겠는가?

해법: 무식한 방법은 입력을 문자열로 바꾼 뒤 이를 반대로 읽으면서 숫자로 변환하면 된다. $(1100)_2$을 예로 들어 보자. 십진표기법이 12이므로 문자열 "12"로 변환한 뒤, 해당 문자열을 거꾸로 읽으면서 숫자값으로 계산한다.

하지만 조금 더 생각해 보면 문자열로 바꾸지 않아도 된다는 사실을 깨달을 것이다. 1132를 뒤집어 2311을 출력하는 상황을 생각해 보자. 2가 제일 먼저 등장해야 하는데, 그 값은 입력값을 10으로 나눈 나머지와 같다. 2를 제외하고 남은 숫자를 뒤집은 결과는 1132/10 = 113을 거꾸로 출력한 결과와 같다. 일반적인 입력 k에 대해 생각해 보자. 만약 $k \geq 0$이라면, k를 10으로 나눈 나머지가 최상위 숫자가 되고, k를 제외하고 남은 숫자를 거꾸로 출력한 결과는 $k/10$를 거꾸로 출력한 결과와 같다. 예제를 다시 살펴보자. 결과와 남은 숫자를 반복적으로 구해 보면 각각 $(2, 113)$, $(23, 11)$, $(231, 1)$이 되고, 마지막으로 결과는 2311이 된다.

```
long long Reverse(int x) {
  long long result = 0;
  while (x) {
    // x가 음수이면, x % 10은 최하위 숫자의 음수 값과 같다.
    // 예를 들어 −256 % 10 = −6
    result = result * 10 + x % 10;
    x /= 10;
  }
  return result;
}
```

k의 길이를 n이라고 했을 때 이 알고리즘의 시간 복잡도는 $O(n)$이 된다.

문제 4.9 회문 확인하기

회문(palindrome)이란 앞으로 읽어도, 뒤로 읽어도 동일한 문자열을 뜻하는 말이다. 예를 들어 "redivider"와 같은 문자열이 해당된다. 10진수로 표현된 숫자가 있을 때 이 숫자가 회문인지 아닌지 판단하는 프로그램을 작성해 보자. 예를 들어 0,

1, 7, 11, 121, 333, 2147447412는 회문이고, −1, 12, 100, 2147483647은 회문이 아
니다.

주어진 10진수 숫자가 회문인지 아닌지 확인하는 프로그램을 작성하라.

힌트: 최하위 숫자를 구하는 것은 쉽다. 최상위 숫자를 구하는 수식을 작성할 수 있
겠는가?

해법: 먼저 입력이 음수일 때는 마이너스 부호 때문에 항상 회문이 될 수 없다.

무식한 방법은 주어진 숫자를 문자열로 바꾼 뒤 최상위 숫자와 최하위 숫자에서
시작해서 중간에서 만날 때까지 한 칸씩 옮겨 가면서 각 자릿수를 비교하는 것이
다. 입력의 자릿수를 n이라고 했을 때, 이 방법의 시간 복잡도와 공간 복잡도는 각
각 $O(n)$이 된다.

입력을 문자열 형태로 바꾸지 않을 수 있다면 공간 복잡도 $O(n)$을 피할 수 있
다. 주어진 입력 x의 자릿수 n은 x에 밑이 10인 로그를 취한 결과와 같다. 좀 더 정
확히 말하자면, $n = \lfloor \log_{10} x \rfloor + 1$이 된다. 따라서 최하위 숫자는 x mod 10이 되
고, 최상위 숫자는 $x/10^{n-1}$이 된다. 다음 프로그램에서는 최하위 숫자와 최상위
숫자를 반복적으로 비교한 뒤 그들을 입력에서 제거해 나갔다. 예를 들어 입력이
151751일 때, 최하위 숫자와 최상위 숫자가 1로 같으므로 이들을 제거한 뒤 입력값
을 5175로 갱신한다. 그 다음에도 두 숫자가 같으므로 이들을 제거한 뒤 입력값을
17로 갱신한다. 이제 최상위 숫자와 최하위 숫자가 다르므로 false를 반환하면 된
다. 만약 입력값이 157751이라면, 마지막에 7과 7을 비교하게 되므로 true를 반환
하게 된다.

```cpp
bool IsPalindromeNumber(int x) {
  if (x <= 0) {
    return x == 0;
  }

  const int num_digits = static_cast<int>(floor(log10(x))) + 1;
  int msd_mask = static_cast<int>(pow(10, num_digits - 1));
  for (int i = 0; i < (num_digits / 2); ++i) {
    if (x / msd_mask != x % 10) {
      return false;
    }
    x %= msd_mask;  // x의 최상위 숫자를 삭제한다.
    x /= 10;        // x의 최하위 숫자를 삭제한다.
    msd_mask /= 100;
```

```
    }
    return true;
}
```

시간 복잡도는 $O(n)$이 되고, 공간 복잡도는 $O(1)$이 된다. 문제 4.8의 해법을 사용해서 숫자를 뒤집은 뒤 바뀐 게 없는지 확인하는 방법을 써도 된다.

문제 4.10 임의의 숫자를 균등한 확률로 생성하기

여섯 명의 친구들이 앞면이 나올 확률과 뒷면이 나올 확률이 같은 동전(unbiased coin)을 이용해 자동차 운전자를 뽑으려고 한다. 절차는 모두에게 공평해야 한다. 이런 상황을 해결할 수 있는 문제를 풀어보자.

0 혹은 1을 같은 확률로 생성해 내는 임의의 숫자 생성기가 주어졌을 때, a와 b 사이의 임의의 자연수 i를 생성하려면 어떻게 해야 할까? 여기서 $[a, b]$ 사이의 모든 값은 같은 확률로 생성되어야 한다.

힌트: 양면(two-sided) 동전을 이용해서 삼면(three-sided) 동전을 흉내 내려면 어떻게 해야 할까?

해법: 0부터 $2^i - 1$ 사이의 숫자를 임의로 생성하기란 쉬운 일이다. i개의 비트를 0 혹은 1로 채워 넣기만 하면 되기 때문이다. 예를 들어, 임의의 숫자 생성기를 두 번 호출하면 $(00)_2$, $(01)_2$, $(10)_2$, $(11)_2$ 중의 하나를 만들 수 있다. 이 네 가지 결괏값은 정수 0, 1, 2, 3을 같은 확률로 생성한 결과와 같다.

일반적인 경우를 생각해 보자. 먼저 위의 문제는 0부터 $b - a$까지의 숫자를 임의로 생성하는 문제와 동일하다. 왜냐하면 마지막에 a를 더해 주기만 하면 되기 때문이다. 만약 $b - a$가 $2^i - 1$의 형태로 표현된다면 윗단락에서 설명한 방법을 사용하면 된다.

만약 $b - a$가 $2^i - 1$의 형태로 표현되지 않는다면, $2^i - 1$ 중에서 $b - a$보다 크지만 그중에서 가장 작은 숫자를 찾는다. 그다음, i개의 비트를 앞에서 설명한 방법대로 생성한다. 이 i개의 비트로 이루어진 숫자는 0에서 $b - a$ 사이에 있을 수도 있고 아닐 수도 있다. 만약 이 범위 안에 있다면 그 숫자를 반환하면 된다. 만약 그렇지 않다면 생성된 숫자가 해당 범위 안에 있을 때까지 다시 i개의 비트를 생성한다.

예를 들어 주사위에 있는 숫자(1에서 6까지)를 임의로 생성하고 싶을 때는, 임의의 숫자 생성기를 세 번 호출하면 된다($2^2 - 1 < (6 - 1) \leq 2^3 - 1$이므로). 만약 임의의 숫자 생성기를 세 번 호출한 결과가 $(000)_2$, $(001)_2$, $(010)_2$, $(011)_2$, $(100)_2$, $(101)_2$ 중의 하나라면, 그 값에 1을 더해서 반환하면 된다. 이 방법은 1에서 6까지의 숫자를 같은 확률로 생성하는 것을 보장한다. 하지만 만약 임의의 숫자 생성기를 세 번 호출한 결과가 $(110)_2$ 혹은 $(111)_2$이라면, 임의의 숫자 생성기를 다시 세 번 호출한다. 숫자를 다시 생성할 확률은 절반보다 적은 2/8이다. 성공 여부는 독립사건이므로 임의의 숫자 생성기를 다시 실행할 확률은 그 횟수가 증가할수록 빠르게 감소할 것이다. 예를 들어 10번 시도해도 해당 범위 안에 있는 숫자를 구하지 못할 확률은 $(2/8)^{10}$이 되고, 이 값은 1/1000000보다 작은 숫자이다.

```cpp
int UniformRandom(int lower_bound, int upper_bound) {
  int number_of_outcomes = upper_bound - lower_bound + 1, result;
  do {
    result = 0;
    for (int i = 0; (1 << i) < number_of_outcomes; ++i) {
      // ZeroOneRandom()은 임의의 숫자를 생성하는 함수다.
      result = (result << 1) | ZeroOneRandom();
    }
  } while (result >= number_of_outcomes);
  return result + lower_bound;
}
```

이제 시간 복잡도를 분석해 보자. $t = b - a + 1$이라고 하자. 첫 번째 시도에 성공할 확률은 $t/2^i$이 된다. 2^i은 t보다 크거나 같은 2의 승수로 표현된 숫자 중에서 가장 작은 숫자이므로 $2t$보다는 반드시 작아야 한다. (t와 $2t$를 2진수라고 생각해 보면 쉽다). $t/2^i > t/(2t) = (1/2)$가 되고, 첫 번째 시도에 성공하지 못할 확률은 $1 - t/2^i < 1/2$가 된다. 실패할 확률 또한 독립사건이므로 숫자 생성을 k번 이상 시도하게 될 확률은 $1/2^k$이 된다. 따라서 성공할 때까지 필요한 시도 횟수의 기댓값은 $1 + 2(1/2)^1 + 3(1/2)^2 + ...$가 된다. 이 수열의 합은 특정 값으로 수렴하므로 총 $O(1)$번 시도해 보면 된다. 정확하게는 $\lceil \log(b - a + 1) \rceil$번 0/1 숫자 생성기를 호출하면 된다. 0/1 숫자 생성기의 시간 복잡도를 $O(1)$이라고 가정했을 때, 이 해법의 시간 복잡도는 $O(\log(b - a + 1))$이 된다.

문제 4.11 사각형이 겹치는지 확인하기

두 개의 직사각형이 주어졌을 때, 이 둘이 겹치는지 확인하는 프로그램을 작성하

라. 만약 겹친다면, 겹치는 직사각형의 정보를 반환하라. 이 문제에서는 X, Y축에 평행한 직사각형만 고려할 것이다. 그림 4.2에서 직사각형 예제들을 볼 수 있다.

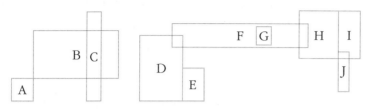

그림 4.2 X, Y축에 평행한 직사각형의 예제

두 사각형이 겹치는지 테스트하는 프로그램을 작성해 보자. 만약 겹친다면 해당 부분을 반환하자.

힌트: X와 Y축은 서로 독립적이다.

해법: 문제에서 특별히 언급하지 않았으므로, 우리는 직사각형의 모서리 또한 직사각형의 일부분이라고 생각할 것이다. 즉, 그림 4.2에서 직사각형 A와 B가 겹친다고 생각한다.

사각형이 겹칠 수 있는 경우는 많다. 부분적으로 겹칠 수도 있고(D와 F), 하나가 다른 하나에 속할 수도 있고(F와 G), 모서리가 겹칠 수도 있고 (D와 F), 꼭짓점이 겹칠 수도 있고(A와 B), 겹쳐 지나갈 수도 있고(B와 C), T모양처럼 겹칠 수도 있다(F와 H). 그 외에도 여러 가지 경우가 있다. 이 모든 경우를 분석하기는 꽤 까다롭다.

겹치는 모든 경우를 따져 보는 것보다 겹치지 않는 직사각형의 조건을 생각해 보는 게 낫다. 예를 들어, 다음 두 개의 직사각형을 살펴보자. 하나는 왼쪽 아래 꼭짓점이 $(1, 2)$이고, 폭이 3, 높이가 4인 직사각형이고, 다른 하나는 왼쪽 아래 꼭짓점이 $(5, 3)$이고 폭이 2, 높이가 4인 직사각형이다. 이 두 직사각형은 절대 겹칠 수 없다. 왜냐하면 첫 번째 직사각형의 X값의 범위가 1부터 $1 + 3 = 4$인데 반해 두 번째 직사각형의 X값의 범위는 5부터 $5 + 2 = 7$이기 때문이다.

마찬가지로, 두 사각형의 Y축이 겹치지 않을 때도 두 사각형은 겹치지 않는다고 말할 수 있다.

이 두 명제의 대우관계를 생각해 보면 사각형의 X축이 겹치고 동시에 Y축도 겹친다면 두 사각형은 빈 공간 없이 완전히 겹친다고 말할 수 있다.

```
struct Rect {
  int x, y, width, height;
};

Rect IntersectRectangle(const Rect& r1, const Rect& r2) {
  if (!IsIntersect(r1, r2)) {
    return {0, 0, -1, -1};  // 겹치지 않음
  }
  return {max(r1.x, r2.x), max(r1.y, r2.y),
          min(r1.x + r1.width, r2.x + r2.width) - max(r1.x, r2.x),
          min(r1.y + r1.height, r2.y + r2.height) - max(r1.y, r2.y)};
}

bool IsIntersect(const Rect& r1, const Rect& r2) {
  return r1.x <= r2.x + r2.width && r1.x + r1.width >= r2.x &&
         r1.y <= r2.y + r2.height && r1.y + r1.height >= r2.y;
}
```

연산을 상수 번 수행하므로, 이 알고리즘의 시간 복잡도는 $O(1)$이 된다.

응용: 평면상에 네 개의 점이 주어졌을 때 그 점으로 직사각형을 만들 수 있는지 어떻게 알 수 있을까?

응용: 두 사각형이 X, Y축과 평행하지 않는다면, 어떻게 겹치는지 확인할까?

5장

배열

> 기계는 기호를 변경할 수 있으며 그 행동도 부분적으로 기호에 의해 결정된다.
> 하지만 테이프[1] 다른 곳에 있는 기호는 기계의 행동에 영향을 미치지 않는다.
> <Intelligent Machinery>, 앨런 튜링(A.M. Turing), 1948

배열(array)은 가장 기본적인 자료구조 중 하나로, 연속한 메모리 공간에 할당된다
는 특징이 있다. 배열은 보통 어떤 수열을 나타낼 때 사용된다. 예를 들어 배열 A가
주어졌을 때, $A[i]$는 $(i + 1)$번째 객체를 가리킨다. 배열에서는 $A[i]$의 객체를 읽거
나 갱신하는 데 $O(1)$의 시간이 걸린다. 배열에서의 삽입 연산은 배열 크기를 늘리
는 작업이 필요하다. 즉, 배열의 크기만큼 추가 메모리 공간을 할당하고, 기존의 객
체를 새로운 공간에 모두 복사해서 넣어야 한다. 이 때문에 삽입 연산은 최악의 경
우의 시간 복잡도가 증가한다. 하지만 배열의 크기를 늘릴 때 기존보다 상수 배 크
게 늘린다면, 배열 복사 작업이 자주 일어나지 않으므로 삽입 연산의 평균 시간 복
잡도는 상수 시간이 된다. 배열에서 원소를 삭제하면, 그 뒤에 있는 객체를 왼쪽으
로 한 칸씩 옮겨야 한다. 예를 들어 배열 〈2, 3, 5, 7, 9, 11, 13, 17〉에서 4번 위치에
있는 원소를 삭제하면 〈2, 3, 5, 7, 11, 13, 17, 0〉이 된다(마지막 원소는 무시해도
된다). i번째 인덱스의 원소를 삭제할 때 소요되는 시간 복잡도는, 배열의 길이가 n
일 때, $O(n - i)$가 된다.

---

1 (옮긴이) 긴 띠 모양의 자성체를 이용하는 저장 매체를 말한다.

배열 부트캠프

다음은 배열에 관한 통찰력을 얻을 수 있는 문제다. 정수 배열이 주어졌을 때 짝수가 먼저 나오도록 재배열해 보라. 이 문제는 배열의 길이가 n이라고 했을 때, 추가 공간을 $O(n)$만큼 사용하면 쉽게 풀 수 있다. 그런데 추가 공간을 사용하지 않고도 풀 수 있다.

배열에서 양쪽 끝을 손쉽게 접근할 수 있는 이점을 떠올려 보자. 이 문제에서는 배열을 짝수, 정해지지 않은 숫자, 홀수의 세 가지 부분 배열로 나눌 것이다. 초기에는 짝수와 홀수 부분 배열은 비어 있고, 정해지지 않은 숫자는 전체 배열이 될 것이다. 정해지지 않은 숫자를 하나씩 순회하면서 원소를 홀수 혹은 짝수 부분 배열로 옮긴다. 짝수와 홀수 부분 배열의 크기는 증가하고 정해지지 않은 숫자 부분 배열의 크기는 감소한다.

```
void EvenOdd(vector<int>* A_ptr) {
  vector<int>& A = *A_ptr;
  int next_even = 0, next_odd = size(A) - 1;
  while (next_even < next_odd) {
    if (A[next_even] % 2 == 0) {
      ++next_even;
    } else {
      swap(A[next_even], A[next_odd--]);
    }
  }
}
```

각 항목당 일정한 양의 처리를 하므로 시간 복잡도는 $O(n)$이다. 추가 공간 복잡도는 $O(1)$이다.

☑ **배열 문제를 풀기 전 꼭 알고 있어야 할 내용**

배열과 관련된 문제는 무식하게 접근하면 $O(n)$ 공간을 사용해서 풀 수도 있다. 그런데 공간 복잡도를 $O(1)$로 **줄이려면** 풀기 상당히 어려워질 수 있다. [문제 5.1]

배열을 앞에서부터 채워 나가면 오래 걸리지만, **뒤에서부터 채워 나가면** 빠를 수도 있다. [문제 5.2]

원소를 삭제해서 다른 원소들을 왼쪽으로 옮기기보다는 삭제할 원소에 **덮어쓰는 방법**이 나을 수도 있다. [문제 5.5]

배열로 표현된 정수를 다룰 때에는, 배열의 **끝에서부터 숫자를 처리**해 나가는 방법을 고려해 보라. 혹은 배열을 뒤집어서 **최하위 숫자를 배열의 첫 번째 위치에 오도록** 만들 수도 있다. [문제 5.3]

부분 배열을 사용하는 코드를 작성하는 데 익숙해지라. [문제 5.11]

배열을 사용할 때 **인덱스를 잘못 사용하는 실수**를 하기가 굉장히 쉽다. [문제 5.4, 문제 5.18]

실제 반환할 때까지 배열의 초기 상태를 **유지**(정렬, 균등한 원소 유지 등)하지 않아도 된다. [문제 5.5]

원소의 분포를 미리 알고 있을 때 배열은 좋은 자료구조가 될 수 있다. 예를 들어 길이가 W인 불 배열을 사용하면 숫자 집합 $\{0, 1, \dots W-1\}$의 **부분 집합**을 쉽게 표현할 수 있다. ($\{1, 2, 3, \dots, n\}$의 부분 집합을 불 배열로 표현할 때 인덱스를 간단히 하기 위해 크기가 $n+1$인 배열을 사용해도 된다.) [문제 5.9]

2차원 배열을 사용할 때는 열과 행을 **동시에 처리하는 로직**을 사용하라. [문제 5.18]

가끔은 문제의 **세부 사항을 따라 해 보는 것**이 문제를 분석적으로 푸는 것보다 쉬울 수 있다. 예를 들어 나선형으로 채워진 $n \times n$ 배열의 i번째 원소를 찾는 수식을 작성하는 것보다 첫 번째 원소부터 나선형으로 하나씩 따라가면서 i번째 원소를 찾는 게 더 쉬울 수 있다. [문제 5.18, 문제 5.20]

배열 라이브러리 이해하기

array와 vector 클래스에 대해 자세히 알아 둬야 한다. array는 크기가 고정이고 vector는 동적이다. 이 외에도 algorithm 라이브러리에는 유용한 함수가 많다.

- array와 vector를 할당하고 초기화하는 문법을 알고 있어야 한다. 예를 들어 array는 array<int, 3> A = {1, 2, 3} 식으로, vector는 vector<int> A = {1, 2, 3}식으로 할당하고 초기화한다. 배열에서 하위 배열을 만들기 위해서는 vector<int> subarray_A(A.begin() + i, A.begin() + j)와 같이 한다. 이렇게 하면 subarray_A는 A[i, j - 1]로 설정된다.
- 2차원 배열을 어떻게 초기화하는지 알고 있어야 한다. array<array<int, 2>, 3> A = {{{1, 2}, {3, 4}, {5, 6}}}과 vector<vector<int>> A = {{1, 2}, {3, 4}, {5, 6}}은 각 열이 2개의 원소를 가지고 행의 개수가 3개인 배열을 만든다.
- vector는 동적으로 크기가 조정되므로 push_back(42)나 emplace_back(42)는 끝

에 값을 추가할 때 주로 사용된다.

- 복사가 어떻게 동작하는지, 특히 깊은 복사(deep copy)가 무엇이고 얕은 복사(shallow copy)와 어떻게 다른지 vector 클래스에 구현된 복사는 무엇인지 이해해야 한다.

- algorithm에 포함된 주요 메서드로는 binary_search(A.begin(), A.end(), 42), lower_bound(A.begin(), A.end(), 42), upper_bound(A.begin(), A.end(), 42), fill(A.begin(), A.end(), 42), swap(x, y), min_element(A.begin(), A.end()), max_element(A.begin(), A.end()), reverse(A.begin(), A.end()), rotate(A.begin(), A.begin() + shift, A.end()), sort(A.begin(), A.end())가 있다.

- 이 메서드들을 응용하는 방법도 알아 둬야 한다. 예를 들어 어떻게 부분배열을 복사할 수 있는지 알고 있어야 한다.

문제 5.1 네덜란드 국기 문제

퀵정렬 알고리즘은 다음 과정을 재귀적으로 반복한다. 원소(피벗)를 선택한 후 이보다 작거나 같은 그룹은 왼쪽, 이보다 큰 그룹은 오른쪽에 나오도록 재배치한다. 이를 재귀적으로 반복하면 두 부분 배열은 정렬된다.

피벗의 위치에 따라 부분 배열의 크기가 달라지기 때문에 단순하게 구현한다면, 퀵정렬의 수행시간은 커지고, 함수 호출 스택에는 깊은 복사에 의한 중복된 부분 배열이 많을 것이다. 이를 해결할 한 가지 해법은 같은 배열에서 피벗보다 작은 원소, 피벗과 같은 원소, 피벗보다 큰 원소 순으로 재배열하는 것이다. 이를 네덜란드 국기 나누기라고 부르는데, 네덜란드 국기의 형태가 이 세 가지 그룹처럼 서로 다른 세 가지 색깔의 묶음으로 구성되어 있기 때문이다.

예를 들어 검은색이 흰색보다 앞에 오고, 흰색이 회색보다 앞에 와야 한다면, 그림 5.1(b)는 그림 5.1(a)를 옳게 재배치한 결과가 된다. 만약 회색이 검은색보다 앞에 오고, 검은색이 흰색보다 앞에 와야 한다면 그림 5.1(c)가 옳게 재배치한 결과가 될 것이다.

이를 일반화해 보자. 배열 $A = \langle 0, 1, 2, 0, 2, 1, 1 \rangle$이 있고, 네 번째 원소 $A[3] = 0$을 피벗이라 하면, $\langle 0, 0, 1, 2, 2, 1, 1 \rangle$은 올바르게 재배치한 결과라 할 수 있다. 만약 세 번째 원소 $A[2] = 2$를 피벗이라 한다면, $\langle 0, 1, 0, 1, 1, 2, 2 \rangle$와 $\langle 0, 0, 1, 1, 1, 2, 2 \rangle$ 모두 올바르게 재배치한 결과가 된다.

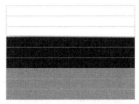

(a) 나누기 전 (b) 네덜란드 국기와 닮도록 (c) 다른 세 가지 색깔로 분할:
세 가지 색깔로 분할 러시아 국기

그림 5.1 네덜란드 국기 문제

배열 A와 인덱스 i가 주어졌을 때, $A[i]$(피벗)보다 작은 원소, 피벗과 같은 원소, 피벗보다 큰 원소 순으로 원소를 재배열하는 프로그램을 작성하라.

힌트: 퀵정렬에서 피벗을 기준으로 원소를 나누는 방법을 다시 생각해 보자.

해법: 배열 A의 길이를 n이라고 했을 때, $O(n)$의 공간을 추가로 사용한다면 이 문제는 굉장히 간단하다. 피벗보다 작은 원소, 피벗과 같은 원소, 피벗보다 큰 원소, 이렇게 세 가지 리스트를 만든 뒤에 이들을 차례대로 A에 넣어 주면 된다. 시간 복잡도는 $O(n)$이다.

시간 복잡도는 약간 증가하지만 $O(n)$의 추가 공간을 사용하지 않는 방법도 있다. 먼저 배열 A의 0번 인덱스, 1번 인덱스, ..., n번 인덱스에서 시작해서 차례대로 순회할 것이다. 배열을 순회할 때마다 피벗보다 작은 원소를 찾은 뒤 피벗보다 작은 원소들로 구성된 부분 배열로 옮긴다. 이를 통해 피벗보다 작은 모든 원소를 배열의 앞에 놓을 수 있다. 그 다음에는 이와 비슷한 방식으로 피벗보다 큰 원소들을 배열의 오른쪽으로 옮긴다.

```cpp
typedef enum { kRed, kWhite, kBlue } Color;

void DutchFlagPartition(int pivot_index, vector<Color>* A_ptr) {
  vector<Color>& A = *A_ptr;
  Color pivot = A[pivot_index];

  // 첫 번째 단계: 피벗보다 작은 원소의 그룹을 구한다.
  for (int i = 0; i < size(A); ++i) {
    // 작은 원소를 찾는다.
    for (int j = i + 1; j < size(A); ++j){
      if (A[j] < pivot) {
        swap(A[i], A[j]);
        break;
```

```
      }
    }
  }
  // 두 번째 단계: 피벗보다 큰 원소의 그룹을 구한다.
  for (int i = size(A) - 1 ; i >= 0; --i) {
    // 큰 원소를 찾는다. 피벗보다 작은 원소에 맞닥뜨리게 되면 즉시 멈춘다.
    // 왜냐하면 윗 단계에서 그들은 이미 A의 앞쪽으로 옮겨졌기 때문이다.
    for (int j = i - 1; j >= 0; --j) {
      if (A[j] > pivot) {
        swap(A[i], A[j]);
        break;
      }
    }
  }
}
```

공간 복잡도는 $O(1)$이고, 시간 복잡도는 $O(n^2)$이다($i = n/2$이고 $A[i]$보다 큰 원소들이 모두 i 앞에 놓이고 $A[i]$보다 작은 원소들이 모두 i 뒤에 놓이면 $O(n^2)$이 된다). 직관적으로 봐도 이 방법의 시간 복잡도는 효율적이지 못하다. 왜냐하면 첫 번째 단계에서 피벗보다 작은 원소를 추가적으로 탐색할 때 항상 앞에서부터 하기 때문이다. 사실 마지막으로 추가한 위치에서 시작해도 된다(두 번째 단계에서도 마찬가지이다).

이제 시간 복잡도를 줄여 보자. 단일 패스를 통해 피벗보다 작은 원소를 모두 앞으로 옮길 것이다. 그 다음에는 피벗보다 큰 원소를 모두 뒤로 옮길 것이다. 잘못된 위치에 있는 원소를 발견할 때마다 올바른 위치로 옮기는 작업은 쉽게 수행 가능하다.

```
void DutchFlagPartition(int pivot_index, vector<Color*> A_ptr) {
  vector<Color>& A = *A_ptr;
  Color pivot = A[pivot_index];
  // 첫 번째 단계: 피벗보다 작은 원소의 그룹을 구한다.
  int smaller = 0;
  for (int i = 0; i < size(A); ++i) {
    if (A[i] < pivot) {
      swap(A[i], A[smaller++]);
    }
  }
  // 두 번째 단계: 피벗보다 큰 원소의 그룹을 구한다.
  int larger = size(A) - 1;
  for (int i = size(A) - 1; i >= 0; --i) {
    if (A[i] > pivot) {
      swap(A[i], A[larger--]);
```

```
      }
    }
}
```

시간 복잡도는 $O(n)$이고 공간 복잡도는 $O(1)$이다.

이번에 소개할 방법은 앞에서 언급한 알고리즘과 유사하다. 가장 큰 차이점은 단일 패스를 통해 피벗보다 작거나, 같거나, 큰 원소들을 분류할 수 있다는 것이다. 구현 방법이 살짝 까다롭지만 수행시간을 좀 더 줄일 수 있다. 부분 배열이 피벗보다 작은 원소(bottom), 피벗과 같은 원소(middle), 미분류 원소(unclassified), 피벗보다 큰 원소(top), 이렇게 네 개 필요하다. 미분류 원소에 있는 원소를 차례대로 피벗과 비교한 뒤에 피벗보다 작은 원소, 피벗과 같은 원소, 피벗보다 큰 원소 중의 하나로 옮긴다.

예를 들어, $A = \langle -3, 0, -1, 1, 1, ?, ?, ?, 4, 2 \rangle$가 있고 피벗은 1, 아직 분류되지 않은 원소는 ?라고 가정하자. 분류되지 않은 원소, 즉 $A[5]$에는 세 가지 경우의 수가 존재한다.

- $A[5]$가 피벗보다 작다면(예를 들어, $A[5] = -5$), 첫 번째 1과 맞바꾼다. 그 결과는 $\langle -3, 0, -1, -5, 1, 1, ?, ?, 4, 2 \rangle$가 된다.
- $A[5]$가 피벗과 같다면(예를 들어, $A[5] = 1$), 그 다음으로 넘어간다. 그 결과는 $\langle -3, 0, -1, 1, 1, 1, ?, ?, 4, 2 \rangle$가 된다.
- $A[5]$가 피벗보다 크다면(예를 들어, $A[5] = 3$), 제일 뒤에 놓인 분류되지 않은 원소와 맞바꾼다. 그 결과는 $\langle -3, 0, -1, 1, 1, ?, ?, 3, 4, 2 \rangle$가 된다.

분류되지 않은 원소의 개수는 매번 하나씩 줄어든다.

```
void DutchFlagPartition(int pivot_index, vector<Color>* A_ptr) {
  vector<Color>& A = *A_ptr;
  Color pivot = A[pivot_index];

  /**
   * 분류할 때마다 다음 불변식을 만족해야 한다.
   * 피벗보다 작은 원소 그룹: A[0, smaller - 1]
   * 피벗과 같은 원소 그룹: A[smaller, equal - 1]
   * 미분류 원소 그룹: A[equal, larger - 1]
   * 피벗보다 큰 원소 그룹: A[larger, size(A) - 1]
   */
  int smaller = 0, equal = 0, larger = size(A);
  // 분류되지 않은 원소가 있는 동안 계속 순회한다.
```

```
  while (equal < larger) {
    // A[equal]은 분류되지 않은 원소를 가리킨다.
    if (A[equal] < pivot) {
      swap(A[smaller++], A[equal++]);
    } else if (A[equal] == pivot) {
      ++equal;
    } else {  // A[equal] > pivot.
      swap(A[equal], A[--larger]);
    }
  }
}
```

매번 분류되지 않은 원소 그룹의 크기는 1씩 감소할 것이고, 원소를 분류하는 데 걸리는 시간은 $O(1)$이므로 총 시간 복잡도는 $O(n)$이 된다. 공간 복잡도는 $O(1)$이다.

응용: 전체 키가 3개일 때, 키값이 같은 객체를 함께 등장하도록 재배치하라. 부분 배열의 순서는 중요하지 않다. 예를 들어 그림 5.1(b)와 5.1(c) 모두 그림 5.1(a)의 해법이 될 수 있다. 시간 복잡도는 $O(n)$, 공간 복잡도는 $O(1)$이 되어야 한다.

응용: n개의 객체가 배열 A에 들어 있다. 각 객체는 4개의 키 중의 하나가 될 때, 키 값이 같은 객체를 함께 등장하도록 재배치하라. 시간 복잡도는 $O(n)$, 공간 복잡도는 $O(1)$이 되어야 한다.

응용: n개의 객체가 배열 A에 들어 있다. 각 객체의 키값이 불(Boolean)일 때, false 키값이 먼저 등장하도록 객체들을 재배열하라. 시간 복잡도는 $O(n)$, 공간 복잡도는 $O(1)$이 되어야 한다.

응용: n개의 객체가 배열 A에 들어 있다. 각 객체의 키값이 불(Boolean)일 때, false 키값이 먼저 등장하도록 객체들을 재배열하라. 단, true 키값의 객체의 상대적인 순서 또한 변하지 않아야 한다. 시간 복잡도는 $O(n)$, 공간 복잡도는 $O(1)$이 되어야 한다.

문제 5.2 임의의 정수값 증가시키기

십진수 D를 나타낸 배열 A가 주어졌을 때, $D + 1$의 결과를 다시 배열 A에 갱신하는 코드를 작성하라. 예를 들어, 입력으로 $\langle 1, 2, 9 \rangle$가 주어졌다면, $D + 1$의 결과는 $\langle 1, 3, 0 \rangle$이 된다. 작성한 알고리즘은 유한 정밀도 산술(finite-precision arithmetic)

로 이루어진 프로그램 언어로도 동작해야 한다.

힌트: 실제 예제 입력을 사용해서 접근해 보자.

해법: 무식한 방법을 사용하면, 배열의 숫자를 정수로 바꾼 뒤 값을 1만큼 증가시키고, 그 결과를 다시 배열에 쓰면 된다. 예를 들어 〈1, 2, 9〉가 입력으로 주어졌다면, 이를 정수 129로 바꾼 뒤 1을 더해서 130으로 만든다. 그 다음 정수 130을 다시 배열에 써서 〈1, 3, 0〉을 만들면 된다. 하지만 이 방법은 프로그램 언어에서 정한 정수의 범위에 한해서만 작동하고, 그 범위를 벗어나는 값에 대해선 동작하지 않는다.

배열에 연산을 직접 적용하면 오버플로 문제를 피할 수 있다. 즉, 초등학생 때 배운 대로 최하위 숫자부터 덧셈을 한 후 올림수를 넘겨주는 방식을 사용하면 된다. 만약 99 + 1 = 100과 같이 덧셈 결과의 자릿수가 다르다면, 100을 나타내기 위해 세 자리가 필요하지만 입력은 두 자리만 있기 때문에 결과를 저장할 공간이 충분하지 않다.

앞의 예제에서는 9를 0으로 바꾸고 다음 자릿수로 1을 올린다. 올림수가 존재하기 때문에 2는 3으로 바꾸고, 그 다음에는 더 이상 올림수가 없으므로 멈춘다. 최종 결과는 〈1, 3, 0〉이 된다.

```cpp
vector<int> PlusOne(vector<int> A) {
  ++A.back();
  for (int i = size(A) - 1; i > 0 && A[i] == 10; --i) {
    A[i] = 0, ++A[i - 1];
  }
  if (A[0] == 10) {
    // 최상위 숫자에 올림수가 존재하므로, 결과를 저장하려면 한 자리가 더 필요하다.
    // 한 자리를 늘리는 깔끔한 방법은,
    // 첫 번째 항목을 1로 업데이트하고 배열 끝에는 0을 추가해 주는 것이다.
    A[0] = 1;
    A.emplace_back(0);
  }
  return A;
}
```

배열 A의 길이가 n이라고 했을 때 시간 복잡도는 $O(n)$이 된다.

응용: 2진수 B_s와 B_t를 위와 같이 표현한 문자열 s와 t가 있을 때, $B_s + B_t$의 결과를 문자열 형태로 반환하는 함수를 작성하라.

문제 5.3 임의의 두 정수값 곱하기

일반적으로 암호화 알고리즘은 매우 큰 정수로 동작한다. 예를 들어, RSA의 일반적인 구현은 1024에서 4096 비트의 정수를 사용한다. 이러한 정수에 대한 가장 일반적인 기본 연산은 곱셈이다.

매우 큰 정수를 활용하는 한 가지 방법은 배열을 사용해서 정수를 표현하는 것이다. 최상위 숫자를 배열의 가장 앞에 오도록 한다. 음수를 저장하는 배열은 가장 앞자리 숫자가 음수다. 예를 들어 배열 $\langle 1, 9, 3, 7, 0, 7, 7, 2, 1 \rangle$은 숫자 193707721을 뜻하고, 배열 $\langle -7, 6, 1, 8, 3, 8, 2, 5, 7, 2, 8, 7 \rangle$은 숫자 −761838257287을 뜻한다.

정수를 나타내는 두 개의 문자열이 주어졌을 때, 이 둘의 곱셈 결과를 반환하는 함수를 작성하라. 예를 들어 $193707721 \times -761838257287 = -147573952589676412927$이므로 $\langle 1, 9, 3, 7, 0, 7, 7, 2, 1 \rangle$과 $\langle -7, 6, 1, 8, 3, 8, 2, 5, 7, 2, 8, 7 \rangle$이 입력으로 들어오면 $\langle -1, 4, 7, 5, 7, 3, 9, 5, 2, 5, 8, 9, 6, 7, 6, 4, 1, 2, 9, 2, 7 \rangle$을 반환해야 한다.

힌트: 초등학생 때 배운 곱셈 연산을 그대로 적용해 보자.

해법: 문제 5.2의 해법처럼 배열을 정수로 바꾸어 계산하면 오버플로 문제가 발생할 수 있다.

초등학생 때 배웠던 곱셈은 각 자릿수에 있는 숫자를 곱한 뒤 해당 자리에 결과를 적고 마지막에 같은 자리에 있는 숫자들을 모두 더해 주는 방법을 썼다. 이 방법을 사용할 것이다.

공간을 절약하기 위해서 각 곱셈 결과를 적어 놓은 후 나중에 한번에 더하는 방식을 쓰지 않겠다. 곱셈을 할 때마다 그때그때 결괏값에 더할 것이다. 길이가 각각 n과 m인 피연산자(operand)를 곱한 결괏값의 자릿수는 최대 $n + m$이 되므로 결과는 $n + m$ 길이의 배열에 저장할 것이다.

예를 들어 123과 987을 곱할 때는 $7 \times 123 = 861$을 먼저 구한 뒤에, $8 \times 123 \times 10 = 9840$을 구한다. 그 뒤에 이 둘을 더하면 10701이 되고, 여기에 $9 \times 123 \times 100 = 110700$을 더하면 최종적으로 121401이 된다(위의 모든 숫자는 배열로 표현되어 있다).

```cpp
vector<int> Multiply(vector<int> num1, vector<int> num2) {
  const int sign = (num1.front() < 0) ^ (num2.front() < 0) ? -1 : 1;
```

```
    num1.front() = abs(num1.front()), num2.front() = abs(num2.front());

    vector<int> result(size(num1) + size(num2), 0);
    for (int i = size(num1) - 1; i >= 0; --i) {
      for (int j = size(num2) - 1; j >= 0; --j) {
        result[i + j + 1] += num1[i] * num2[j];
        result[i + j] += result[i + j + 1] / 10;
        result[i + j + 1] %= 10;
      }
    }

    // 0으로 시작하는 부분을 제거한다.
    result = {
        find_if_not(begin(result), end(result), [](int a) { return a == 0; }),
        end(result)};
    if (empty(result)) {
      return {0};
    }
    result.front() *= sign;
    return result;
}
```

m개의 부분 곱셈이 존재하고, 각각 최대 $n + 1$개의 자릿수와 곱셈을 수행한다. 각 자릿수를 곱하는 데 $O(1)$ 시간이 걸리므로 총 시간 복잡도는 $O(nm)$이 된다.

문제 5.4 배열에서 이동하기

주어진 위치 정보를 차례대로 걸어 나가야 하는 보드 게임이 있다. 각 위치에는 음이 아닌 정수값이 들어 있고, 해당 위치에서 최대 그 숫자만큼 앞으로 나아갈 수 있다. 이 게임의 목표는 첫 번째 위치에서 시작해서 마지막 위치에 도달하는 것이다. 예를 들어 배열 $A = \langle 3, 3, 1, 0, 2, 0, 1 \rangle$의 i번째 위치에서는 최대 $A[i]$만큼 앞으로 나아갈 수 있다. 이 게임에서 승리하는 방법은 다음과 같다. $A[0]$에서 1만큼 움직여서 $A[1]$로 간다. 그 다음 3만큼 움직여서 $A[4]$로 가고, 그 다음 2만큼 움직여서 마지막 위치인 $A[6]$에 도달한다. $A[0] = 3 \geq 1$, $A[1] = 3 \geq 3$, $A[4] = 2 \geq 2$이므로 모두 유효한 움직임이다. 만약 A가 $\langle 3, 2, 0, 0, 2, 0, 1 \rangle$이라면 $A[3]$에서 더 이상 나아갈 수 없다.

길이가 n인 배열 A가 주어졌을 때, 배열의 시작점에서 마지막 지점까지 도달할 수 있는지 판단하는 프로그램을 작성하라. 단, $A[i]$는 i번째 위치에서 나아갈 수 있는 최대 거리를 뜻한다.

힌트: 시작점부터 시작해서 각 위치를 잘 분석해 보자.

해법: 우선 시도해 볼 수 있는 방법은 현재 위치에서 최대한 멀리 나아가는 것이다. 하지만 이 방법대로 움직인다면, 중간에 더 멀리 나아갈 수 있는 위치를 지나칠 수 있기 때문에 해법이 될 수 없다. 예를 들어 $A = \langle 2, 4, 1, 1, 0, 2, 3 \rangle$에서, 처음에 두 칸을 움직이면 최종적으로 3번 위치에서 더 이상 움직이지 못한다. 하지만 처음에 한 칸을 움직이면 그 다음에 네 칸을 움직여서 5번 위치에 다다를 수 있고, 최종적으로 배열 A의 마지막 위치인 6번에 다다를 수 있게 된다.

앞의 예제에서도 봤듯이, 최소한 배열 A에 있는 모든 값을 체크해 봐야 한다. 한 가지 방법은, 배열 A의 값을 차례대로 살펴보면서 최대한 움직일 수 있는 거리가 얼마나 되는지 기록하는 것이다. i 위치에서는 최대 $i + A[i]$까지 움직일 수 있다. 만약 최대한 움직일 수 있는 거리가 배열의 마지막 위치보다 작다면, 배열의 마지막에 다다를 수 없을 것이고, 그렇지 않다면 배열의 마지막에 다다를 수 있을 것이다.

다음은 $A = \langle 3, 3, 1, 0, 2, 0, 1 \rangle$의 각 위치에서 최대한 움직일 수 있는 거리는 $0, 3, 4, 4, 4, 6, 6, 7$이 되므로, 마지막 위치에 도달할 수 있다. 하지만 $A = \langle 3, 2, 0, 0, 2, 0, 1 \rangle$에서는 각 위치에서 움직일 수 있는 최대 거리가 $0, 3, 3, 3, 3$이므로 마지막 위치에 도달할 수 없다.

아래는 이를 구현한 코드이다. 이 코드는 음수의 입력에 대해서도 문제없이 동작한다. 왜냐하면 위의 증명에서도 언급했듯이 이 알고리즘은 현재 위치에서 가장 멀리 나아갈 수 있는 지점을 기록하기 때문이다.

```cpp
bool CanReachEnd(const vector<int>& max_advance_steps) {
  int furthest_reach_so_far = 0, last_index = size(max_advance_steps) - 1;
  for (int i = 0;
       i <= furthest_reach_so_far && furthest_reach_so_far < last_index; ++i) {
    furthest_reach_so_far =
        max(furthest_reach_so_far, max_advance_steps[i] + i);
  }
  return furthest_reach_so_far >= last_index;
}
```

이 알고리즘의 시간 복잡도는 $O(n)$이고, 공간 복잡도는 추가적으로 3개의 변수만 사용하므로 $O(1)$이 된다.

응용: 마지막 위치에 도달할 수 있는 최소한의 움직임을 계산하는 프로그램을 작성하라.

문제 5.5 정렬된 배열에서 중복 제거하기

이번에는 정렬된 배열에서 반복되는 원소를 제거하는 문제를 풀어 보자. 예를 들어 ⟨2, 3, 5, 5, 7, 11, 11, 11, 13⟩에서 중복된 원소를 제거하면 ⟨2, 3, 5, 7, 11, 13, 0, 0, 0⟩이 된다. 중복된 원소를 제거하면 최종적으로 여섯 개의 원소만이 남는다. 유효한 원소 뒤에 나오는 원소들은 정렬되어 있지 않아도 상관없다.

정렬된 배열이 입력으로 주어졌을 때 중복된 원소를 모두 제거한 뒤, 비어 있는 공간이 생기지 않도록 유효한 원소들을 모두 왼쪽으로 시프트하는 프로그램을 작성하라. 유효한 원소의 개수를 반환하면 된다. 많은 언어에서 삭제 연산이 라이브러리로 주어지지만 라이브러리를 사용하지 말고 구현하라.

힌트: $O(n)$ 시간 복잡도와 $O(1)$ 공간 복잡도 해법이 존재한다.

해법: 배열 A의 길이가 n이라고 하자. 공간을 $O(n)$만큼 추가로 사용할 수 있다면 해시 테이블을 사용해서 쉽게 구현할 수 있다. 즉, 배열 A를 순회하면서 해시 테이블에 원소를 넣고 확인하면 된다(해시 테이블은 어떤 원소가 새로운 원소인지 아닌지 확인하는 데 사용된다). 새로운 원소는 리스트에 넣은 뒤, 그 리스트를 다시 배열 A에 복사한다.

$O(1)$ 공간을 사용한 무식한 방법도 존재한다. 배열 A를 순회하면서 $A[i]$와 $A[i+1]$이 같을 때, $i+2$ 이후의 원소들을 모두 왼쪽으로 한 칸씩 옮긴다. 모든 원소가 같다면 시프트해야 하는 횟수는 $(n-1) + (n-2) + \ldots + 2 + 1$이 되고, 시간 복잡도는 $O(n^2)$이 된다(n은 배열의 길이를 나타낸다).

시프팅이 시간 복잡도의 주요 원인이므로 시간 복잡도를 개선하려면 시프팅의 횟수를 줄여야 한다. 배열이 이미 정렬되어 있으므로 반복된 원소들은 연달아 나타난다. 따라서 해당 원소가 이미 나왔었는지 확인하기 위해 자료구조를 보조적으로 사용할 필요는 없다. 모든 부분 배열을 옮기지 않아도 된다. 단순히 원소 하나를 한 번만 옮기면 된다.

앞의 예제 ⟨2, 3, 5, 5, 7, 11, 11, 11, 13⟩에서 $A[3]$을 처리한다고 가정하자. $A[3]$과 $A[2]$를 비교해 보면 이미 5가 존재한다는 사실을 알 수 있으므로 $A[4]$로 넘어간다.

$A[4]$는 새로운 값이므로 삭제해야 할 위치인 $A[3]$으로 옮긴다. 이제 배열은 $\langle 2, 3, 5, 7, 7, 11, 11, 11, 13 \rangle$이 되고, 삭제해야 할 위치는 $A[4]$가 된다. 그다음에 $A[5]$부터 이 과정을 반복한다.

```cpp
// 삭제 후 유효한 원소의 개수를 반환한다.
int DeleteDuplicates(vector<int>* A_ptr) {
  vector<int>& A = *A_ptr;
  if (empty(A)) {
    return 0;
  }

  int write_index = 1;
  for (int i = 1; i < size(A); ++i) {
    if (A[write_index - 1] != A[i]) {
      A[write_index++] = A[i];
    }
  }
  return write_index;
}
```

시간 복잡도는 $O(n)$이고, 추가 변수 두 개를 사용했으므로 공간 복잡도는 $O(1)$이다.

응용: 배열과 키가 주어졌을 때, 입력받은 키와 같은 원소를 배열에서 모두 삭제하고 남아 있는 원소를 왼쪽으로 시프트하는 함수를 작성하라. 남아 있는 원소의 개수를 반환하면 된다. 유효한 원소 뒤에 저장되어 있는 원소에 대해서는 신경 쓰지 않아도 된다.

응용: 정렬된 배열 A와 정수 m이 주어졌을 때, m번 등장하는 원소 x를 $\min(2, m)$번 등장하게끔 바꿔 주는 프로그램을 작성해 보자. 배열 A를 한 번 훑어서 해결해야 하며 추가적인 공간을 따로 사용하면 안 된다.

문제 5.6 주식 한 번 사고팔기

그림 5.2는 어떤 회사의 40일간 주가 변동을 그래프로 나타낸 것이다. 그림에는 일자별 최고가, 최저가, 시작가(흰색 정사각형)에 대한 정보가 표시되어 있다. 특정 기간, 주식 한 주를 사서 되팔았을 때 최대 이익을 얻을 수 있는 알고리즘을 설계하라. 모든 매매는 시작가를 기준으로 하며, 매도는 매입 후에 발생한다. (이 알고리즘은 거래 전략을 테스트하는 데 사용할 수 있다.)

그림 5.2 시간에 따른 주식 가격 그래프

예를 들어 시간에 따른 주식 가격 정보가 들어 있는 배열 ⟨310, 315, 275, 295, 260, 270, 290, 230, 255, 250⟩에서 주식을 한 번 사고팔아서 최대 이윤을 남기려면 260에 사서 290에 팔면 된다. 최대 이윤은 30이 된다. 여기서 260과 290이 최저가 혹은 최고가가 아니라는 사실을 유의하라.

어떤 회사의 일일 주식 가격이 배열로 주어졌을 때 한 주를 한 번 사고팔아서 남길 수 있는 최대 이익을 구해 보자.

힌트: 최저가가 최고가 이후에 등장할 수 있기 때문에 최저가와 최고가를 비교하는 것만으로는 충분하지 않다. 유효한 이윤이 무엇인지 살펴보자.

해법: 주식 가격 정보가 들어 있는 배열을 S라 하자. 아마도 여러분은 S 배열에 있는 숫자 중에서 최고가와 최저가를 찾아 이 둘의 차이를 구하려 할 것이다. 하지만 이 알고리즘에는 명백한 반례가 존재한다. 만약 최저가가 최고가 이후에 나온다면 이 방법으로는 답을 구할 수 없다. 왜냐하면 매입을 먼저 해야 매도가 가능하기 때문이다.

처음 생각해 볼 수 있는 것으로 무식하게 풀기(brute force)가 있다. 모든 $i, j > i$에 대해 $S[j] - S[i]$ 값을 구하고, 이 값이 지금까지 확인한 값보다 크면 갱신하는 식으로 최댓값을 구한다. 여러분은 중첩된 for 루프(nested for-loop)를 이용해서 이 알고리즘을 코드로 만들고 몇 분 안에 테스트할 수 있어야 한다. 또한, 길이가 n인 배열을 입력 인수로 받는 함수로부터 시간 복잡도(time complexity)를 구할 수 있어야 한다. 여기서 바깥 루프(outer loop)는 총 $n - 1$번 수행되며, i번째 반복(iteration)은 $n - 1 - i$만큼의 요소에 대해 연산을 수행한다. 여기서 요소에 대한 연산이란, 매도가와 매입가의 차이를 구하고, 두 값을 비교하고, 필요에 따라 최고가를 갱신하는 작업이다. 이 세 가지 연산은 상수 시간에 해결할 수 있기 때문에,

이 알고리즘에 대한 수행 시간(running time)은 $\sum_{i=0}^{n-2}(n-1-i) = \frac{(n-1)(n)}{2}$가 된다. 따라서 시간 복잡도는 $O(n^2)$이다. 얼마만큼의 메모리 공간을 사용하는지 알아보기 위해 공간 복잡도(space complexity)도 고려해야 한다. 기본적으로 n에 비례하는 입력 배열이 필요하고, n과 무관하게 일정한, 즉 루프에 쓰일 변수 두 개와 최고가를 갱신할 실수 변수가 추가적으로 필요하다.

분할 정복 알고리즘을 쓰면 무식하게 풀기를 개선할 수 있다. S를 $S[0, \lfloor\frac{n}{2}\rfloor]$와 $S[\lfloor\frac{n}{2}\rfloor + 1, n - 1]$의 부분 배열(subarray) 두 개로 나누고, 각각의 부분 배열에서 최대 이익을 구한 후, 이 두 개의 해법을 병합한다. 병합(merge) 단계에서는 두 개의 부분 배열에서 나온 해법 중 최고가가 높은 경우를 택한다. 하지만 매입과 매도가 서로 다른 부분 배열에서 발생할 수도 있으므로 이 경우 또한 고려해야 한다. 이 경우에는 매입이 언제나 매도보다 먼저 발생해야 하기 때문에, 첫 번째 배열에서 매입을 하고 두 번째 배열에서 매도를 했다고 생각하면 된다. 따라서 첫 번째 배열에서 최저가를 구하고 두 번째 배열에서 최고가를 찾은 후 이 두 값의 차이를 구하면 되며 각 부분 배열을 한 번만 통과하면 되므로 $O(n)$ 시간 내에 계산할 수 있다. 이 분할 정복 알고리즘의 시간 복잡도 $T(n)$은 $O(n \log n)$이며 점화식 $T(n) = 2T\left(\frac{n}{2}\right) + O(n)$을 만족한다.

분할 정복 알고리즘은 우아하며 빠르다. 이 알고리즘을 실제 코드로 옮긴다면 몇 가지 생각해야 할 예외 처리(corner case)가 있을 수 있지만(예를 들어 부분 배열이 비어 있는 경우, 부분 배열의 길이가 1 이하인 경우, 가격이 단조롭게 감소하는 배열 등), 실력 있는 개발자라면 20~30분 안에 해당 코드를 작성할 수 있을 것이다.

앞에서 설명한 분할 정복 알고리즘의 병합 단계를 주의 깊게 들여다보고 있으면, 직관적으로 더 나은 아이디어가 떠오를 수도 있다. 예를 들어 특정 날짜에 주식을 매도할 예정이고 이때의 수익을 최대로 하고 싶다면, 이전 날짜 중에서 주식 가격이 가장 낮은 날 매입하면 된다. S 배열을 차례로 읽어 나가면서 지금까지의 가격 중에 최소 가격인 m을 기록해 놓는다. 만약에 현재 가격과 m의 차이가, 기록된 최고가보다 크면 최고가를 갱신한다. 최저가를 구하고, 최고가를 갱신하는 일은 상수 시간 안에 할 수 있으므로 이 알고리즘의 총 시간 복잡도는 $O(n)$이 된다. 공간 복잡도 측면에서 보면 어떨까? 입력 배열 이외에 두 개의 실수 변수(현재까지의 최고가와 최저가를 기록하는 변수)와 루프 변수 하나가 필요하므로 추가로 필요한 공간 복잡도는 $O(1)$이 된다. 이 방식은 분할 정복 알고리즘보다 구현이 간단하므로 코드를 작성하고 테스트하는 데 몇 분 걸리지 않는다.

예를 들어, 현재까지의 최저가를 배열로 나타내면 〈310, 310, 275, 275, 260, 260, 260, 230, 230, 230〉이 된다. 최대 이윤은 현재까지의 최저가와 현재가이 차이 중에서 가장 차이가 큰 값이 될 것이고, 이를 배열로 나타내면 〈0, 5, 0, 20, 0, 10, 30, 0, 25, 20〉이 된다. 따라서 주식을 260에 매입한 뒤 290에 매도해서 나온 30이 최대 이윤이 된다.

```cpp
double BuyAndSellStockOnce(const vector<double>& prices) {
  double min_price_so_far = numeric_limits<double>::infinity(), max_profit = 0;
  for (double price : prices) {
    double max_profit_sell_today = price - min_price_so_far;
    max_profit = max(max_profit, max_profit_sell_today);
    min_price_so_far = min(min_price_so_far, price);
  }
  return max_profit;
}
```

시간 복잡도는 $O(n)$이고, 공간 복잡도는 $O(1)$이다. 여기서 n은 배열의 길이를 말한다.

응용: 배열이 주어졌을 때, 연속한 값이 같은 부분 배열 중 길이가 가장 긴 부분 배열의 길이를 구하는 프로그램을 작성해 보자.

문제 5.7 주식 두 번 사고팔기

문제 5.6에서는 주어진 구간에서 주식을 단 한 번 사고팔아서 최대 이익을 얻어야 했다.

이번에는 주식 한 주를 최대 두 번까지 매매할 수 있을 때, 최대 이윤을 구하는 프로그램을 작성하라. 단, 두 번째 주식은 첫 번째 주식을 판 뒤에 구입할 수 있다.

힌트: $(i + 1)$번째 원소를 다루고 있을 때, i개의 원소에서 어떤 정보를 얻어야 하는지 생각해 보자.

해법: 무식한 방법은 모든 가능한 매수-매도-매수-매도의 조합을 구하는 방법으로 시간 복잡도는 $O(n^4)$이다. 두 번째 주식은 첫 번째 주식을 매도한 뒤에 구입해야 하므로 배열 A를 두 부분 배열로 나누어 생각해 볼 수 있다. 앞의 $O(n)$ 알고리즘을 두 배열에 적용하면 시간 복잡도를 $O(n^2)$로 줄일 수 있다.

이 방법은 비효율적인데, 그 이유는 이전에 계산해 놓은 값을 제대로 이용하지 못하기 때문이다. 이를 개선하는 방법을 생각해 보자. $A[0, j]$ (j는 1과 $n-1$ 사이의 값)의 최대 이익값을 기록해 놓자. 이제 반대로 순회하면서 $A[j, n-1]$(j는 1과 $n-1$ 사이의 값)의 최대 이익값을 구하면서 동시에 앞에서 저장해 놓은 최대 이익값을 합치면, 현재 이전에 얻은 최대 이익과 현재 이후에 얻은 최대 이익의 합을 구할 수 있다. 이 합은 주식을 두 번 사고팔았을 때의 최대 이익이 된다.

예를 들어 입력 배열이 $\langle 12, 11, 13, 9, 12, 8, 14, 13, 15 \rangle$라고 가정하자. 첫째 날에서 i번째 날짜 중에 주식을 한번 사고팔아서 얻을 수 있는 최대 이익은 $F = \langle 0, 0, 2, 2, 3, 3, 6, 6, 7 \rangle$이 된다. 반대로 i번째 날부터 마지막 날까지 중에 주식을 한번 사고팔아서 얻을 수 있는 최대 이익은 $B = \langle 7, 7, 7, 7, 7, 7, 2, 2, 0 \rangle$이 된다. 이 둘을 합치면 $M[i] = F[i-1] + B[i]$가 된다. 두 번째 주식 구매는 첫 번째 주식 매도 이후에 발생해야 하므로 $F[-1]$은 0이 된다. 따라서 $M = \langle 7, 7, 7, 9, 9, 10, 5, 8, 6 \rangle$이 되고 최대 이익은 10이 된다.

```
double BuyAndSellStockTwice(const vector<double>& prices) {
  double max_total_profit = 0;
  vector<double> first_buy_sell_profits(size(prices), 0);
  double min_price_so_far = numeric_limits<double>::infinity();

  // 앞으로 읽는 부분.
  // 각 날짜마다, 해당 날짜에 주식을 팔았을 때의 최대 이익 값을 구해 놓는다.
  for (int i = 0; i < size(prices); ++i) {
    min_price_so_far = min(min_price_so_far, prices[i]);
    max_total_profit = max(max_total_profit, prices[i] - min_price_so_far);
    first_buy_sell_profits[i] = max_total_profit;
  }

  // 뒤로 읽는 부분.
  // 각 날짜마다, 두 번째 주식을 해당 날짜에 샀을 때의 최대 이익 값을 구해 놓는다.
  double max_price_so_far = numeric_limits<double>::min();
  for (int i = size(prices) - 1; i > 0; --i) {
    max_price_so_far = max(max_price_so_far, prices[i]);
    max_total_profit = max(max_total_profit, max_price_so_far - prices[i] +
                                             first_buy_sell_profits[i]);
  }
  return max_total_profit;
}
```

이 알고리즘의 시간 복잡도는 $O(n)$이고, 부분 배열의 최대 이윤을 저장하기 위한 배열이 추가적으로 필요하므로 공간 복잡도 또한 $O(n)$이 된다.

응용: 같은 문제를 $O(n)$ 시간, $O(1)$ 공간을 이용해서 풀어 보라.

문제 5.8 대체 연산

n개의 숫자를 원소로 가지는 배열 A를, $B[0] \leq B[1] \geq B[2] \leq B[3] \geq B[4] \leq B[5] \geq ...$의 특징을 가지도록, 새로운 배열 B에 재배치하라.

힌트: 배열 A를 국지적으로 변경하여 문제를 풀 수 있는가?

해법: 간단한 해결책 중 하나는, 배열 A를 정렬한 뒤 아래쪽과 위쪽 절반을 교차로 배치하는 것이다. 또는 배열 A를 정렬한 다음 ($A[1]$, $A[2]$)와 ($A[3]$, $A[4]$)를 서로 교환한다. 나머지 원소들을 대상으로도 이런 작업을 이어간다. 두 개의 접근 방식은 정렬과 동일한 $O(n \log n)$의 시간 복잡도를 가진다.

문제를 조금 더 생각해 보면, 굳이 배열 A를 정렬할 필요 없이, 중간 값 주위의 원소를 재배열한 다음, 교차 배치를 하면 된다는 걸 알 수 있다. 중간값 찾기는 문제 11.8의 해법에서 볼 수 있는 것처럼 $O(n)$ 시간에 수행할 수 있다.

최종적으로는, 문제에서 요구하는 순서가 매우 국지적이라는 걸 알아챌 수 있을 것이다. 따라서 중간값을 찾을 필요도 없다. 배열을 순회하면서 i가 짝수고 $A[i] > A[i+1]$이거나, i가 홀수이면서 $A[i] < A[i+1]$일 때, $A[i]$와 $A[i+1]$을 교환하면 된다. 코드를 보자.

```
void Rearrange(vector<int>* A_ptr) {
  vector<int>& A = *A_ptr;
  for (size_t i = 1; i < size(A); ++i) {
    if ((!(i % 2) && A[i - 1] < A[i]) || ((i % 2) && A[i - 1] > A[i])) {
      swap(A[i - 1], A[i]);
    }
  }
}
```

이 접근 방식은 중간값 찾기에 기반한 해법과 동일하게 $O(n)$의 시간 복잡도를 가진다. 하지만 메모리에 두 개 이상의 원소를 저장하거나 이전 원소를 읽을 필요가 없는 국지적 변경을 구현하는 것이 훨씬 더 쉽다. 즉, 배열의 원소 전체를 정렬할 필요 없이 하나씩 순회하면서 문제에서 요구하는 순서를 맞춰 주면 된다. 이 해법은 무식하게 풀기를 반복적으로 개선해 나가는 알고리즘 설계의 멋진 예시다.

문제 5.9 n보다 작은 모든 소수 나열하기

1보다 큰 자연수 중에서 1과 자기 자신 이외의 수로 나누어 떨어지지 않는 수를 소수라 한다. 소수는 현대 암호화 알고리즘에서 중심적인 역할을 담당한다. 예를 들어 RSA 암호화에서 모든 연산은 n으로 나눈 나머지를 구하는 것으로 수행된다. n은 두 개의 큰 소수의 곱이다.

양의 정수 n이 주어졌을 때, 1과 n 사이에 있는 모든 소수를 반환하는 프로그램을 작성해 보자. 예를 들어 입력이 18이라면, $\langle 2, 3, 5, 7, 11, 13, 17 \rangle$을 반환해야 한다.

힌트: 합성수는 제외한다.

해법: 일반적으로 떠올릴 수 있는 무식한 방법은 2부터 n까지의 숫자를 모두 순회하는 것이다. 순회를 하면서 숫자 i가 소수인지 매번 확인하고 소수라면 i를 결과에 추가한다. 숫자 i가 소수인지 판정하기 위해서는 i를 2부터 i의 제곱근 사이에 있는 숫자들로 나누어 보고, 나머지가 0인 숫자가 있는지 확인한다(i의 제곱근보다 큰 숫자로 나누어 볼 필요는 없는데, i가 합성수라면 반드시 제곱근보다 크지 않은 숫자를 약수로 가지고 있기 때문이다). 소수를 확인하는 데 $O(\sqrt{n})$의 시간 복잡도가 필요하므로 전체 알고리즘의 시간 복잡도의 상한은 $O(n \times \sqrt{n})$(예를 들어 $O(n^{3/2})$)가 된다.

이 무식한 방법은 직관적이지만 1부터 n까지의 모든 숫자를 개별적으로 취급한다. 즉, 이 방법은 모든 소수를 구하는 문제의 완벽한 알고리즘은 아니다. 휴리스틱이지만, 소수를 발견할 때마다 그 숫자의 배수를 후보 리스트에서 제거해 나가는게 더 나은 접근법이 될 수 있다(예를 들어, 에라토스테네스의 체).

우리는 불 배열을 사용해서 전체 소수를 구할 것이다. 만약 배열의 i번째 값이 참이라면 i는 소수일 것이다. 초기에 2보다 크거나 같은 모든 값은 후보자가 된다. 해당 숫자가 소수라고 판명되면 그 숫자를 결과에 추가한다. 첫 번째 소수는 2이다. 이를 결과에 추가한다. 2의 배수는 소수가 될 수 없으므로 해당 후보들은 거짓으로 체크해 놓는다. 다음에 참으로 세팅된 값은 3이다. 1보다 크고 3보다 작은 숫자 중에 이 숫자를 나눌 수 있는 숫자는 없으므로 3도 소수가 된다. 마찬가지로 3을 결과에 추가하고 3의 배수는 후보자 배열에서 제거한다. 후보자 배열의 마지막에 도달할 때까지 이 과정을 반복한다.

예를 들어 $n = 10$일 때 후보자 배열을 $\langle F, F, T, T, T, T, T, T, T, T, T \rangle$로 초기

화한다. 여기서 T는 참을 의미하고 F는 거짓을 의미한다(0과 1은 소수가 아니므로, 거짓으로 초기화한다). 2번 인덱스부터 시작한다. 해당 값이 참이므로 2를 소수 리스트에 추가하고 2의 배수를 걸러 낸다. 이제 배열은 $\langle F, F, T, T, F, F, F, T, F, T, F \rangle$가 된다. 그 다음 참인 숫자는 3이므로 소수 리스트에 추가하고 3의 배수들은 걸러 낸다. 이제 배열은 $\langle F, F, T, T, F, T, F, T, F, F, F \rangle$가 된다. 그 다음 참인 숫자는 5와 7이고, 이들의 배수는 10보다 크므로 더 이상 걸러 낼 숫자가 없다.

```cpp
// n이 주어졌을 때, n보다 작거나 같은 모든 소수를 반환하라.
vector<int> GeneratePrimes(int n) {
  vector<int> primes;
  // is_prime[p]는 p가 소수인지 아닌지 나타낸다. 초기에는 0과 1을 제외한
  // 나머지를 모두 참으로 세팅한다. 그 다음에 소수가 아닌 숫자들을 걸러 낸다.
  deque<bool> is_prime(n + 1, true);
  is_prime[0] = is_prime[1] = false;
  for (int p = 2; p <= n; ++p) {
    if (is_prime[p]) {
      primes.emplace_back(p);
      // p의 배수를 걸러 낸다.
      for (int i = p * 2; i <=n; i += p) {
        is_prime[i] = false;
      }
    }
  }
  return primes;
}
```

휴리스틱을 바탕으로 모든 숫자로 나누어 보는 방식보다 체로 걸러 내는 방식이 더 효율적이다. p의 배수를 걸러 내는 이 방법의 시간 복잡도는 n/p에 비례한다. 따라서 전체 시간 복잡도는 $O(n/2 + n/3 + n/5 + n/7 + n/11 + \ldots)$가 된다. 명백하진 않지만, 이 합은 점근적으로 $n \log \log n$으로 수렴하고, 따라서 시간 복잡도의 상한은 $O(n \log \log n)$이 된다. 공간 복잡도는 배열 P의 크기인 $O(n)$이 된다.

소수 판정을 할 때마다 $O(\sqrt{n})$의 시간이 필요하기 때문에 모든 숫자로 나누어 보는 방법의 시간 복잡도는 $O(n^{3/2})$가 된다. 대부분의 숫자는 소수가 아니고 보통 소수 판정을 하는 데 오래 걸리지 않기 때문에 실제 시간 복잡도는 평균적으로 이보다 작다. 모든 숫자로 나누어 보는 첫 번째 방법의 시간 복잡도는 $O(n^{3/2}/(\log n)^2)$이라고 알려져 있다. 여전히 두 번째 방법이 더 빠르다.

수행시간을 개선하기 위해 p가 아닌 p^2의 배수부터 제거해 나가도 된다. 모든 $kp(k < p)$의 합성수에 대해서는 이전에 이미 체크했기 때문이다. 짝수는 미리 제

거함으로써 공간을 줄일 수 있다. 아래는 이러한 최적화를 반영한 코드이다.

```
// n이 주어졌을 때, n보다 작거나 같은 모든 소수를 반환하라.
vector<int> GeneratePrimes(int n) {
  if (n < 2) {
    return {};
  }
  const int size = floor(0.5 * (n - 3)) + 1;
  vector<int> primes;
  primes.emplace_back(2);
  // is_prime[i]는 (2i + 3)이 소수인지 아닌지 알려 준다.
  // 예를 들어, is_prime[0]은 3이 소수인지 아닌지를 나타내고,
  // is_prime[1]은 5를, is_prime[2]는 7이 소수인지 아닌지를 나타낸다.
  // 초기에는 전부 참으로 세팅한다. 그 다음에 소수가 아닌 숫자들을 지워 나간다.
  deque<bool> is_prime(size, true);
  for (int i = 0; i < size; ++i) {
    if (is_prime[i]) {
      int p = (i * 2) + 3;
      primes.emplace_back(p);
      // p^2부터 배수를 제거해 나간다, 그 값은 (4i^2 + 12i + 9)이 된다.
      // 이 값의 is_prime에서의 인덱스는 (2i^2 + 6i + 3)이다.
      // 왜냐하면 is_prime[i]가 2i + 3을 의미하기 때문이다.
      // j에 대해선 long long 자료형을 사용해야 하는데, p^2가
      // 오버플로될 수 있기 때문이다.
      for (long long j = 2LL * i * i + 6 * i + 3; j < size; j += p) {
        is_prime[j] = false;
      }
    }
  }
  return primes;
}
```

점근적 시간 복잡도 및 공간 복잡도는 최적화를 적용하기 전과 같다.

문제 5.10 배열 안의 원소로 순열 구하기

순열이란 일련의 순서로 나열된 원소들을 새로운 순서로 재배열하는 것을 말한다. 예를 들어, $\langle a, b, c, d \rangle$는 $\langle b, a, d, c \rangle$, $\langle d, a, b, c \rangle$와 같이 24개의 서로 다른 순열이 존재한다.

배열 P를 이용해 순열을 나타낼 수 있는데, 예를 들면 $P[i]$는 i 원소의 새로운 위치가 된다. 즉, 배열 $\langle 2, 0, 1, 3 \rangle$은 0번 원소는 2번으로, 1번 원소는 0번으로, 2번 원소는 1번으로, 그리고 3번 원소는 제자리에 놓는다는 뜻이다. 이 배열을 실제 배열의 객체를 재배치하는 데 적용할 수도 있다. 예를 들어 순열 $\langle 2, 0, 1, 3 \rangle$을 배

$A = \langle a, b, c, d \rangle$에 적용하면 $\langle b, c, a, d \rangle$가 된다.

길이가 n인 배열 A와 순열 P가 주어졌을 때, P를 A에 적용해 보라.

힌트: 모든 순열은 순환 순열의 집합 안에 있다고 말할 수 있다. 이미 순환된 원소를 어떻게 나타낼 수 있을까?

해법: 만약 추가 공간을 사용할 수 있다면 순열 배열을 주어진 배열에 적용하는 것은 간단하다. 주어진 배열과 길이가 같은 새로운 배열 B를 사용해서 모든 i에 대해 $B[P[i]] = A[i]$로 값을 할당한 뒤 B의 결과를 A로 복사하면 된다. 시간 복잡도는 $O(n)$이고 공간 복잡도는 $O(n)$이다.

동일한 문제를 추가 메모리를 사용하지 않고 풀어 보자. 이번에는 P를 변경해야 한다. 해법을 찾는 열쇠는 한번에 한 개의 원소를 올바른 위치로 옮기는 것이다. 추가 메모리를 사용할 수 없기 때문에 기존 원소를 어딘가로 옮길 수밖에 없다. 기존 원소를 이동할 적절한 위치는 방금 비워진 공간, 즉 A에서 스왑을 수행하는 것이다. 또한 원소가 이동해야 하는 위치를 기록하기 위해 순열을 업데이트해야 한다. 이는 P의 스왑으로 처리할 수 있다. i를 올바른 위치로 옮겼다면 $P[i]$도 i로 설정한다. 스왑 처리를 하다가 $P[i] = i$와 같은 i가 있다면, 원소가 이미 올바른 순열 위치에 있다는 뜻이다. 따라서 그 다음 인덱스인 $i + 1$로 이동한다.

예를 들어, $A = \langle a, b, c, d \rangle$고 $P = \langle 2, 0, 1, 3 \rangle$이면 다음과 같은 순서로 처리한다.

1. 인덱스 0에 있는 원소 a를, 이동할 위치인 인덱스 2의 원소와 스왑하고 P를 업데이트한다. 이제 $A = \langle c, b, a, d \rangle$, $P = \langle 1, 0, 2, 3 \langle$이 된다.
2. 인덱스 0에 있는 원소 c를, 이동할 위치인 인덱스 1의 원소와 스왑하고 P를 업데이트한다. 이제 $A = \langle b, c, a, d \rangle$, $P = \langle 0, 1, 2, 3 \langle$이 된다.
3. 인덱스 0, 1, 2의 원소는 이제 순열된 위치로 이동되었으므로, 인덱스 3을 확인한다. $P[i] = i$이므로 올바른 순열 위치에 있다.

이 해법을 구현한 코드는 단순하다. A와 P 안에서 연속된 스왑을 처리하면 된다

```cpp
void ApplyPermutation(vector<int> perm, vector<int>* A_ptr) {
  vector<int>& A = *A_ptr;
  for (int i = 0; i < size(A); ++i) {
    while (perm[i] != i) {
      swap(A[i], A[perm[i]]);
```

```
            swap(perm[i], perm[perm[i]]);
        }
    }
}
```

각 반복마다 적어도 1개의 원소를 순열된 위치로 옮기므로 시간 복잡도는 $O(n)$이
다. 순열 배열을 수정하기 때문에 공간 복잡도는 $O(n)$이다.

응용: 같은 문제를, 추가 공간을 사용하지 않고 P를 수정하지 않은 채 풀 수 있
을까?

응용: 모든 순열은 고유한 역(inverse)이 있다. 여기서 역은, 값을 원래의 위치로 다
시 옮기는 순열을 말한다. 예를 들어, 순열 $\langle 1, 0, 3, 4, 2 \langle$ 는 $\langle a, b, c, d, e \rangle$ 를 다시
$\langle b, a, e, c, d \rangle$ 로 매핑하고, 순열 $\langle 1, 0, 4, 2, 3 \langle$ 은 $\langle b, a, e, c, d \rangle$ 를 다시 $\langle a, b, c, d,$
$e \rangle$ 로 매핑한다. 그러므로 순열 $\langle 1, 0, 3, 4, 2 \rangle$ 의 역순열은 $\langle 1, 0, 4, 2, 3 \langle$ 이 된다.
순열 배열 A 가 주어졌을 때, 상수 크기의 공간을 사용해서 A 의 역순열을 구하라.

문제 5.11 다음 순열 구하기

n 개의 원소로 만들 수 있는 순열의 개수는 $n!$ 이다. 이들은 사전 순으로 정렬(dictio-
nary ordering)이 가능하다. 순열 p 와 q 의 순서는 다음과 같이 결정한다. 0번째 인
덱스부터 시작해서 처음으로 다른 값이 q 보다 p 가 더 작다면 p 가 q 의 앞에 온다. 예
를 들어 $\langle 2, 0, 1 \rangle$ 은 $\langle 2, 1, 0 \rangle$ 보다 앞에 온다. 순열 $\langle 0, 1, 2 \rangle$ 가 사전 순으로 배열했
을 때 가장 앞에 놓이게 되고, $\langle 2, 1, 0 \rangle$ 이 가장 마지막에 놓이게 된다.

어떤 순열이 주어졌을 때 다음 순열을 구하는 함수를 작성하라. 단, 순열의 순서
는 사전 순으로 정렬되어 있다. 주어진 순열이 가장 마지막 순열이라면 빈 순열을
반환하면 된다. 예를 들어 $p = \langle 1, 0, 3, 2 \rangle$ 의 다음 순열은 $\langle 1, 2, 0, 3 \rangle$ 이다. 입력이
$\langle 3, 2, 1, 0 \rangle$ 이라면 $\langle \rangle$ 를 반환하면 된다.

힌트: 실제 예제를 사용해서 생각해 보자.

해법: 무식한 방법은 입력과 길이가 같은 모든 순열을 사전 순으로 나열한 뒤 입력
순열 바로 다음에 등장하는 순열을 찾는 것이다. 엄청난 크기의 시간 및 공간 복잡
도를 고려하지 않는다고 하더라도 길이가 n 인 모든 순열을 계산하는 건 단순한 문
제가 아니다. 더 자세한 내용은 문제 15.4를 참고하라.

순열이 사전 순으로 정렬되어 있으므로, 이 문제를 해결하는 핵심은 순열의 크기를 가능한 조금씩 증가시키는 것이다. 자동차에서 주행 기록계를 증가시키는 것도 이와 비슷한 유형이라고 볼 수 있는데, 가장 큰 차이점은 이 문제에서는 순열의 값이 아닌 순서를 재배치한다는 데 있다. 순열 $\langle 6, 2, 1, 5, 4, 3, 0 \rangle$을 생각해 보자.

일단 순열의 접미사(suffix) 중에서 가장 긴 감소 순열(앞의 예제에서는 $\langle 5, 4, 3, 0 \rangle$)을 찾는다. 이 순열은 이미 사전 순으로 가장 마지막에 있는 순열이므로 그 다음 순열이 존재하지 않는다.

그 후 이 순열 바로 앞에 위치한 원소 e(앞의 예제에서는 1)를 살펴보자(만약 이런 e가 존재하지 않는다면, 즉 가장 긴 감소 순열이 $\langle n - 1, n - 2, \ldots, 2, 1, 0 \rangle$이라면, 이 순열이 사전 순으로 가장 마지막에 있는 순열이므로 다음 순열은 존재하지 않는다).

원소 e는 접미사 순열의 원소 중 적어도 하나보다는 작다(적어도 원소 e 바로 다음 원소는 e보다 크다). e보다 큰 접미사 순열의 원소 중에서 가장 작은 원소를 s라 하자. s와 e를 맞바꾼다면 전체 순열의 접두사(prefix)를 최소한으로 증가시킨 꼴이 된다.

이 예제에서는, e가 1이고 s는 3이므로, 이 둘을 맞바꾸면 $\langle 6, 2, 3, 5, 4, 1, 0 \rangle$이 된다.

아직 끝나지 않았다. 순열의 접두사는 현재 순열보다 큰 순열 중에서 가장 작은 순열이라고 말할 수 있지만 접미사는 아직 가장 작은 순열이 아니다. 가장 작은 접미사 순열은 정렬을 통해 얻을 수 있다. 앞의 예제에서는 $\langle 0, 1, 4, 5 \rangle$가 된다.

최적화 측면에서 접미사 순열은 이미 감소 순열이고, s와 e를 맞바꾸더라도 여전히 감소 순열이므로, 접미사 순열에 복잡한 정렬 알고리즘을 대입할 필요가 없다. 감소 순열을 단순히 거꾸로 뒤집으면 가장 작은 접미사 순열을 만들 수 있다.

이 알고리즘을 일반화하면 다음과 같다.

1. $p[k] < p[k + 1]$이면서 k 이후의 접미사가 감소 순열인 k를 찾는다.
2. $p[l] > p[k]$ 중에서 가장 작은 $p[l]$을 찾는다. ($p[k] < p[k + 1]$이므로 l은 항상 존재한다.)
3. $p[l]$과 $p[k]$를 맞바꾼다. (이 둘을 맞바꾸더라도 k 이후의 접미사 순열은 여전히 감소 순열이다.)
4. k 이후의 접미사 순열을 뒤집어 준다.

```
vector<int> NextPermutation(vector<int> perm) {
  // 오른쪽에서 바로 다음 항목보다 작은 첫 번째 항목을 찾는다.
  auto inversion_point = is_sorted_until(rbegin(perm), rend(perm));
  if (inversion_point == rend(perm)) {
    // perm은 내림차순으로 정렬되므로 마지막 순열이다.
    return {};
  }

  // inversion_point가 참조하는 항목을, inversion_point가 참조하는 항목보다 큰,
  // inversion_point 뒤에 나타나는 가장 작은 항목으로 바꾼다.
  //
  // 1. inversion_point가 참조하는 항목보다 큰 inversion_point 다음의
  //    가장 작은 항목을 찾는다. perm은 inversion_point 이후에 내림차순으로
  //    정렬되어야 하므로 빠른 알고리즘을 사용하여 이 항목을 찾을 수 있다.
  auto least_upper_bound =
      upper_bound(rbegin(perm), inversion_point, *inversion_point);

  // 2. 스왑 처리를 한다.
  iter_swap(inversion_point, least_upper_bound);

  // inversion_point 뒤에 오는 부분 배열을 뒤집는다.
  reverse(rbegin(perm), inversion_point);
  return perm;
}
```

이 알고리즘은 배열을 상수 번 읽는다. 따라서 전체 시간 복잡도는 $O(n)$이 되고, 사용하는 지역 변수의 개수가 상수이므로 공간 복잡도는 $O(1)$이 된다.

응용: 사전 순으로 정렬된 순열에서 k번째 순열을 구하는 프로그램을 작성하라.

응용: 순열 p가 주어졌을 때, 사전 순으로 p 이전의 순열을 구하는 프로그램을 작성하라.

문제 5.12 오프라인 데이터 샘플 구하기

소셜 네트워크 회사를 운영하는 중 페이지의 새로운 UI 효과를 알고 싶다고 가정하자. 이때 전체 사용자가 아니라 임의의 일부 사용자에게만 새로운 기능을 배포하면 잠재적 실패 위험도를 줄일 수 있다.

서로 다른 원소로 이루어진 배열과 부분 집합의 크기가 주어졌을 때, 주어진 크기의 부분 집합을 반환하는 알고리즘을 작성하라. 모든 부분 집합이 생성될 확률은 같아야 한다. 입력 배열을 통해 부분 집합의 결과를 반환하라.

힌트: 크기가 k인 임의의 부분 집합이 존재할 때 크기가 $k + 1$인 임의의 부분 집합을 어떻게 구할 수 있을까?

해법: 주어진 배열 A의 길이는 n, 부분 집합의 크기는 k라 하자. 가장 단순한 방법은 입력 배열을 순회하면서 각 원소를 k/n의 확률로 선택하는 것이다. 이 방법은 물론 평균적으로 k개의 원소를 선택하겠지만 k보다 많이 혹은 적게 선택할 수도 있다.

다른 방법은 크기가 k인 모든 부분 집합을 나열한 뒤에 임의로 하나의 부분 집합을 선택하는 것이다. 부분 집합은 총 $\binom{n}{k}$개 있으므로 이 방법의 시간 및 공간 복잡도가 굉장히 클 것이다. 또한 크기가 k인 부분 집합을 모두 나열하는 것은 간단치 않다(문제 15.6).

크기가 k인 임의의 부분 집합을 효율적으로 만드는 방법은 먼저 크기가 $k - 1$인 부분 집합을 만든 뒤, 임의의 나머지 원소 하나를 추가하는 것이다. $K = 1$일 때는 임의의 숫자 생성기를 한번 호출하면 된다. 즉, 임의의 값을 n으로 나눈 나머지를 r이라고 했을 때, $A[0]$과 $A[r]$을 맞바꾼다. $A[0]$이 임의로 생성된 최종 결괏값이 된다.

$K > 1$인 경우에는 위와 같이 임의의 숫자 하나를 선택한 다음에 부분 배열 $A[1, n - 1]$에 대해서 앞의 과정을 반복하면 된다. 결과적으로 임의의 부분 집합은 $A[0, k - 1]$에 놓이게 되고 나머지 원소들은 그 뒤 $n - k$개의 위치에 놓는다.

직관적으로 생각해 보면, 크기가 k인 부분 집합을 생성할 확률이 같다면 크기가 $k + 1$인 부분 집합을 생성할 확률도 같을 것이다. 이는 수학적 귀납법(mathematical induction)을 이용해 증명할 수 있는데 여기서는 다루지 않을 것이다. 참고로 길이가 k인 모든 부분 집합의 순열이 $A[0, k - 1]$에 존재할 확률이 같다는 사실이 위 증명의 귀납 가정(induction hypothesis)이다.

실제 예제로 설명해 보자. $A = \langle 3, 7, 5, 11 \rangle$이고 부분 집합의 크기를 3이라 하자. 먼저 임의의 숫자 생성기를 통해 [0, 3] 사이의 숫자 하나를 선택한다. 그 숫자가 2라고 가정하자. $A[0]$과 $A[2]$를 맞바꾼다. 이제 배열은 $\langle 5, 7, 3, 11 \rangle$이 된다. 이제 [1, 3] 사이의 숫자를 임의로 선택한다. 그 숫자가 3이라 가정하자. $A[1]$과 $A[3]$을 맞바꾼다. 이제 배열은 $\langle 5, 11, 3, 7 \rangle$이 된다. 다시 [2, 3] 사이의 숫자를 하나 선택한다. 그 숫자가 2라 가정하자. $A[2]$와 자기 자신을 맞바꾸게 되므로 배열은 변하지 않는다. 따라서 임의로 선택한 순열은 앞의 원소 세 개 {5, 11, 3}이 된다.

```
void RandomSampling(int k, vector<int>* A_ptr) {
  vector<int>& A = *A_ptr;
  default_random_engine seed((random_device())());  // 난수 생성기
  for (int i = 0; i < k; ++i) {
    // [i, A.size() - 1] 사이에서 임의의 수를 생성한다.
    swap(A[i], A[uniform_int_distribution<int>{
                  i, static_cast<int>(A.size()) - 1}(seed)]);
  }
}
```

이 알고리즘의 공간 복잡도는 명백히 $O(1)$이다. 시간 복잡도는 원소를 선택하는 데 필요한 $O(k)$와 같다.

이 알고리즘은 임의의 숫자 생성기를 총 k번 호출한다. 약간의 최적화를 해 보자면, k가 $n/2$보다 큰 경우에는 임의의 숫자 생성기를 $n - k$번 호출한 뒤 해당 숫자들을 집합에서 제거하면 된다. 예를 들어 $k = n - 1$이라면 임의의 숫자 생성기를 한 번만 호출한 뒤 이를 뺀 나머지 원소들을 반환하면 된다.

응용: 표준 C 라이브러리에 있는 rand() 함수는 [0, RAND_MAX − 1] 사이의 값을 동일한 확률로 반환한다. 이때 rand() mod n은 [0, n − 1] 사이의 값을 동일한 확률로 선택한다고 말할 수 있을까?

문제 5.13 온라인 데이터 샘플 구하기

이 문제는 네트워크 세션에서 균일한 샘플의 패킷을 제공하는 패킷 스니퍼(packet sniffer)를 설계하는 부분에 착안해서 만들어졌다.

어떤 정수값 k가 주어졌을 때, 실시간으로 패킷이 유입되는 상황에서, k개의 임의의 패킷을 균일한 확률로 유지하는 알고리즘을 설계하라.

힌트: 이미 $k(n \geq k)$개를 가지고 있다고 가정해 보자. 이때, $n + 1$번째 패킷이 입력으로 들어오면 어떻게 할 것인가?

해법: 무식한 방법은 모든 패킷을 읽은 뒤 저장하는 것이다. 매번 패킷을 읽을 때마다 해법 5.12를 적용해서 크기가 k인 부분 집합을 임의로 선택한다. 이 방법은 n개의 패킷을 모두 저장해야 하므로 공간 복잡도가 $O(n)$로 굉장히 크다. 또한 패킷을 읽을 때마다 해법 5.12를 실행해야 하므로 시간 복잡도도 $O(nk)$로 굉장히 크다.

문제를 슬쩍 봤을 때 무식한 방법보다 더 나은 방법은 없어 보인다. 왜냐하면 n

개의 패킷을 읽은 후 k개의 패킷을 균등하게 선택해야 하기 때문이다. 하지만 처음 n개의 패킷을 읽고서 크기가 k인 부분 집합을 임의로 선택했다고 가정한다면 어떨까. $n+1$번째 패킷을 읽었을 때 해당 패킷이 부분 집합에 포함될 확률은 $k/(n+1)$이 된다. 기존의 부분 집합에서 패킷 하나를 임의로 선택해서 제거한다면, 우리는 $n+1$개의 패킷에서 크기가 k인 부분 집합을 임의로 선택한 꼴이 된다.

앞의 알고리즘은 읽은 패킷의 개수에 대한 수학적 귀납법을 통해 증명할 수 있다. 이 증명의 귀납 가정(induction hypothesis)은 $n \geq k$번째 패킷을 읽은 뒤에 선택한 k개가 이미 균일한 확률을 유지하는 임의의 샘플이라는 사실이다.

예를 들어 $k = 2$이고, p, q, r, t, u, v 순서대로 패킷을 읽었다고 가정하자. 처음 두 패킷은 부분 집합에 포함하므로 $\{p, q\}$가 된다. 그 다음 패킷 r을 부분 집합에 포함시킬 확률은 $2/3$이다. 패킷 r이 선택되지 않았다고 가정하자. 그러면 3개의 패킷을 읽어서 선택한 부분 집합은 여전히 $\{p, q\}$가 된다. 그 다음 패킷 t를 부분 집합에 포함시킬 확률은 $2/4$이다. 패킷 t가 선택되었다고 가정하자. 그러면 $\{p, q\}$ 중의 하나를 같은 확률로 선택한 뒤 t와 맞바꾸어야 한다. 패킷 q가 선택되었다고 가정하자. 이제 부분 집합은 $\{p, t\}$가 된다. 그 다음 패킷 u가 부분 집합에 포함될 확률은 $2/5$이다. 패킷 u가 선택되었다고 가정하자. $\{p, t\}$ 중의 하나를 같은 확률로 선택한 뒤 u와 맞바꾸어야 한다. 패킷 t가 선택되었다고 가정하자. 이제 부분 집합은 $\{p, u\}$가 되었다. 다음 패킷 v는 $2/6$의 확률로 선택된다. 패킷 v가 선택되지 않았다고 가정하자. 부분 집합은 $\{p, u\}$로 남아 있다.

```cpp
// 가정: 적어도 k개의 원소가 유입된다.
vector<int> OnlineRandomSample(vector<int>::const_iterator stream_begin,
                               const vector<int>::const_iterator stream_end,
                               int k) {
  vector<int> running_sample;
  // 첫 k개의 원소를 저장한다.
  for (int i = 0; i < k; ++i) {
    running_sample.emplace_back(*stream_begin++);
  }

  default_random_engine seed((random_device())());  // 난수 생성기
  // 첫 k개의 원소를 읽었다.
  int num_seen_so_far = k;
  while (stream_begin != stream_end) {
    int x = *stream_begin++;
    ++num_seen_so_far;
    // [0, num_seen_so_far - 1] 사이에서 임의의 숫자를 생성한다.
```

```
  // 그리고 만약에 그 숫자가 [0, k - 1] 사이에 들어 있다면, 해당 원소를
  // x와 맞바꾼다.
  if (const int idx_to_replace =
          uniform_int_distribution<int>{0, num_seen_so_far - 1}(seed);
      idx_to_replace < k) {
    running_sample[idx_to_replace] = x;
  }
}
return running_sample;
}
```

각 원소마다 $O(1)$의 시간을 사용하기 때문에 총 시간 복잡도는 스트리밍으로 유입되는 원소의 개수에 비례한다. 공간 복잡도는 $O(k)$가 된다.

반복마다 모든 부분 집합이 선택될 확률은 같다. 하지만 부분 집합들은 매 반복마다 독립적으로 생성된다고 할 수 없다. 바로 다음 부분 집합은 많아야 하나의 원소만 다르다. 이와 반대로 무식한 방법으로 선택한 부분 집합은 반복할 때마다 독립적이다.

문제 5.14 임의의 순열 계산하기

임의의 순열을 생성하는 건 생각보다 간단하지 않다. 예를 들어 $\langle 0, 1, ..., n - 1 \rangle$을 순회하면서 한 원소를 임의의 다른 원소와 맞바꾸는 방법은 모든 순열을 같은 확률로 생성해 내지 못한다. $n = 3$인 경우를 생각해 보자. 이때 모든 순열의 개수는 $3! = 6$이다. 원소를 선택해서 맞바꾸는 경우의 수는 $3^3 = 27$이다. 27은 6으로 나누어 떨어지지 않으므로 모든 순열이 동일하게 생성된다고 말할 수 없고, 어떤 순열이 다른 순열보다 더 선택될 확률이 높을 것이다.

$\{0, 1, ..., n - 1\}$로 이루어진 임의의 순열을 동일한 확률로 만들어 내는 알고리즘을 설계하라. $\{0, 1, ..., n - 1\}$의 숫자를 같은 확률로 반환하는 임의의 숫자 생성기가 주어졌다고 가정해도 된다. 이 생성기를 가능하면 적게 호출하도록 하라.

힌트: 결과를 배열 A에 저장한다고 하자. $A[n - 1]$에 올바른 값이 할당되었을 때 어떻게 처리하겠는가?

해법: 무식한 방법은 반복적으로 0부터 $n - 1$까지의 숫자를 임의로 선택하는 것이다. 뽑은 숫자를 다시 뽑으면 무시하고 다른 숫자를 뽑는다. 이미 뽑은 숫자를 확인하기 위해서 해시 테이블을 사용하면 좋다.

예를 들어 $n = 4$일 때, 우리가 뽑은 숫자의 수열이 1, 2, 1(이미 뽑은 숫자), 3, 1(이미 뽑은 숫자), 2(이미 뽑은 숫자), 0(끝, 0부터 3까지 숫자가 모두 나왔다)이 될 수 있다. 이때의 순열은 $\langle 1, 2, 3, 0 \rangle$이 된다.

이 방법을 사용하면 꽤 명백하게 모든 순열이 같은 확률로 선택되는 것을 알 수 있다. 공간 복잡도는 해시 테이블을 사용하므로 $O(n)$이 된다. 시간 복잡도는 분석하기 조금 어렵다. 먼저, 선택할 숫자가 많을 때는 반복을 적게 할 테지만, 숫자가 많이 남지 않은 상황에서는 오래 걸릴 것이다. 순열이 완성되는 데 필요한 평균 시도 횟수를 구하는 문제는 쿠폰 수집 문제로 알려져 있다. 평균적으로 필요한 시도 횟수는 $O(n \log n)$이다.

당연하겠지만, 시간 복잡도를 개선하기 위해선 중복된 부분을 피해야 한다. 이를 해결하기 위해 임의로 선택하는 집합의 개수를 제한한다. 문제 5.12의 해법을 $\langle 0, 1, 2, ..., n-1 \rangle$과 $k = n$에 적용해 보면, 반복마다 배열을 부분 순열과 남아 있는 값으로 나눌 수 있다. 반환되는 부분 집합이 항상 같다고 하더라도 ($\{0, 1, ..., n-1\}$), 모든 $n!$개의 가능한 순열이 같은 확률로 선택된다. 예를 들어 $n = 4$라고 하자. $\langle 0, 1, 2, 3 \rangle$에서 시작한다. 처음에는 0에서 3 사이의 숫자를 임의로 선택한다. 1이라고 가정하자. 배열을 $\langle 1, 0, 2, 3 \rangle$으로 갱신한다. 두 번째에는 1에서 3 사이의 숫자를 임의로 선택한다. 3이라고 가정하자. 배열을 $\langle 1, 3, 0, 2 \rangle$로 갱신한다. 세 번째 임의의 숫자는 2와 3 중의 하나가 된다. 3이라고 가정하자. 배열을 $\langle 1, 3, 2, 0 \rangle$으로 갱신하고, 이 배열이 최종 결과가 된다.

```cpp
vector<int> ComputeRandomPermutation(int n) {
  vector<int> permutation(n);
  // 순열을 0, 1, 2, ..., n - 1로 초기화한다.
  iota(begin(permutation), end(permutation), 0);
  RandomSampling(n, &permutation);
  return permutation;
}
```

시간 복잡도는 $O(n)$이다. 배열 내에서 순열을 만들기 때문에 추가적인 공간은 필요하지 않다.

문제 5.15 임의의 부분 집합 만들기

집합 $\{0, 1, 2, ..., n-1\}$에서 크기가 k인 부분 집합의 개수는 총 $\binom{n}{k} = n!/((n-$

$k)!k!)$이다. 우리는 이 부분 집합 중 하나를 같은 확률로 반환하는 알고리즘을 설계하려고 한다.

양의 정수 n과 크기 $k(k < n)$가 입력으로 주어졌을 때, $\{0, 1, 2, ..., n-1\}$의 집합에서 크기가 k인 부분 집합을 반환하는 프로그램을 작성하라. 부분 집합은 배열로 표현한다. 모든 부분 집합뿐만 아니라 배열 내의 모든 순열 또한 같은 확률로 나타나야 한다. 음이 아닌 정수 t가 주어졌을 때 $\{0, 1, ..., t-1\}$ 중에서 숫자 하나를 균일한 확률로 반환하는 함수가 주어졌다고 가정해도 된다.

힌트: 공간을 줄일 수 있도록 적절한 자료구조를 사용해서 문제 5.12의 해법을 시뮬레이션해 보라.

해법: 해법 5.14의 무식한 방법과 비슷하게 서로 다른 k개의 값을 선택할 때까지 0부터 $n-1$ 사이의 임의의 숫자를 반복해서 선택하는 방법도 있다. 이 방법은 앞에서 언급했듯이 k가 n에 가까워질수록 성능이 저하되는 문제가 있다. 공간도 추가적으로 $O(k)$만큼 필요하다.

우리는 문제 5.12의 해법에서 설명한 오프라인 샘플링 알고리즘을 흉내 낼 것이다. 먼저 배열 A를 $A[i] = i$로 초기화한 뒤, k개의 원소를 샘플링한다. 이 방법은 $O(n)$ 공간 및 시간이 소요된다. 배열 $\langle 0, 1, ..., n-1 \rangle$을 만든 뒤, 부분 집합을 구하는 데 $O(k)$ 시간이 소요된다.

$K \ll n$일 때는 대부분의 배열이 $A[i] = i$ 상태 그대로일 것이다. 공간 복잡도를 $O(k)$로 줄일 수 있는 핵심은 해시테이블을 사용해서 A를 시뮬레이션하는 것이다. 즉, 변경된 엔트리가 무엇인지만 기록하고, 나머지 엔트리는 기본값, 즉 본인의 인덱스가 된다.

자세히 말하자면, 키와 값이 $\{0, 1, ..., n-1\}$인 해시 테이블 H를 사용할 것이다. 개념적으로 H는 임의의 숫자를 선택하는 과정에서 선택된 배열의 엔트리를 확인하는 데 사용된다. 즉, $A[i]$의 값이 i가 아닌 엔트리들 말이다. 알고리즘이 진행될수록 해시테이블 H는 갱신된다.

- 만약 i가 H 안에 있다면 이 값은 $A[i]$에 저장되어 있는 값이다.
- 만약 i가 H 안에 있지 않다면 암묵적으로 $A[i] = i$를 의미한다.

우리가 살펴볼 엔트리의 개수는 k개이므로 k가 n보다 작을 때 길이가 n인 배열을 초기화하고 갱신하는 무식한 방법보다 시간과 공간을 절약할 수 있다.

초기에 H는 비어 있다. 그리고 다음과 같은 작업을 k번 반복한다. $[0, n - 1 - i]$ 사이의 임의의 값 r을 선택한다($i < k$는 현재까지의 작업 반복 횟수). 두 개의 엔트리 r과 i가 현재 H에 존재하거나 하지 않는 네 가지 경우의 수가 존재한다. 최종 결과는 $A[0, k - 1]$에 들어 있고, 이는 H를 통해 결정된다.

예를 들어 $n = 100$이고 $k = 4$라고 하자. 첫 번째 반복에서 임의의 숫자 28이 선택됐다고 가정하자. H를 $(0, 28), (28, 0)$으로 갱신한다. 이 말은 $A[0]$은 28이고, $A[28]$은 0이라는 뜻이다. 나머지는 모두 $A[i] = i$가 된다. 두 번째에 42가 선택되었다고 하면, H를 $(0, 28), (28, 0), (1, 42), (42, 1)$로 갱신한다. 세 번째에 다시 28이 선택됐다고 가정하자. 이제 H를 $(0, 28), (28, 2), (1, 42), (42, 1), (2, 0)$으로 갱신한다. 마지막으로 64가 선택되었으면, H는 $(0, 28), (28, 2), (1, 42), (42,1), (2, 0), (3, 64), (64, 3)$이 된다. 임의의 부분 집합은 0, 1, 2, 3 인덱스에 있는 4개의 원소인 〈28, 42, 0, 64〉가 된다.

```cpp
// {0, 1, ..., n - 1}에서 크기가 k인 임의의 부분 집합을 반환하라.
vector<int> RandomSubset(int n, int k) {
  unordered_map<int, int> changed_elements;
  default_random_engine seed((random_device())());  // 난수 생성기
  for (int i = 0; i < k; ++i) {
    // [i, n - 1] 사이에서 임의의 숫자를 생성한다.
    int rand_idx = uniform_int_distribution<int>{i, n - 1}(seed);
    if (auto ptr1 = changed_elements.find(rand_idx),
        ptr2 = changed_elements.find(i);
        ptr1 == end(changed_elements) && ptr2 == end(changed_elements)) {
      changed_elements[rand_idx] = i;
      changed_elements[i] = rand_idx;
    } else if (ptr1 == end(changed_elements) && ptr2 != end(changed_elements)) {
      changed_elements[rand_idx] = ptr2->second;
      ptr2->second = rand_idx;
    } else if (ptr1 != end(changed_elements) && ptr2 == end(changed_elements)) {
      changed_elements[i] = ptr1->second;
      ptr1->second = i;
    } else {
      int temp = ptr2->second;
      changed_elements[i] = ptr1->second;
      changed_elements[rand_idx] = temp;
    }
  }

  vector<int> result;
  for (int i = 0; i < k; ++i) {
```

```
      result.emplace_back(changed_elements[i]);
    }
    return result;
}
```

반복마다 정해진 횟수의 연산을 수행하므로 시간 복잡도는 $O(k)$가 된다. H와 결과 배열은 k 이상의 원소를 담지 않으므로 공간 복잡도 또한 $O(k)$가 된다.

문제 5.16 균등하지 않은 임의의 숫자 생성하기

서버를 위한 로드 테스트(load test, 부하 테스트) 코드를 작성해야 한다고 가정하자. 이 서버에 유입되는 일 년 치 요청의 도착 간격 시간(inter-arrival time of request) 데이터가 있고, 이 데이터를 통해 분포를 나타내는 히스토그램을 그릴 수 있다. 로드 테스트용 요청을 만들려고 하는데, 이 요청의 도착 간격 시간의 분포를 우리가 관찰한 분포와 같도록 생성하려고 한다. 다음은 이러한 도착 간격 시간을 생성하는 문제를 형식적으로 설명했다.

n개의 숫자와 각 숫자의 확률 $p_0, p_1, ..., p_{n-1}$이 주어졌다(이 확률을 전부 더하면 1이 된다). [0, 1] 사이의 숫자를 균등하게 생성하는 임의의 숫자 생성기가 주어졌을 때, 주어진 확률에 따라 n개의 숫자를 생성하려면 어떻게 해야 할까? 예를 들어 숫자 3, 5, 7, 11과 각 숫자의 확률 9/18, 6/18, 2/18, 1/18이 주어졌을 때 여러분의 프로그램을 1000000번 호출하면 3은 대략 500000번, 5는 대략 333333번, 7은 대략 111111번, 11은 대략 55555번 등장해야 한다.

힌트: 선택된 숫자가 a보다 작거나 같을 확률 그래프를 살펴보자. 여기서 확률에 맞는 수를 선택하는 기준은 무엇인가?

해법: 실제로 어떤 숫자가 생성되는지는 중요하지 않다. n개의 결과를 $p_0, p_1, ..., p_{n-1}$의 확률로 선택하고 싶을 뿐이다. 만약 모든 확률이 같다면, 즉 $1/n$이라면, 임의의 숫자 생성기를 한 번만 호출한 뒤 i/n과 $(i + 1)/n$ 사이에 있는 i를 선택하면 된다.

확률이 같지 않다면 [0, 1] 구간을 각 확률의 크기에 비례하도록 n개의 서로 다른 구간으로 분할하면 된다. j번째 구간은 확률 p_j에 비례하도록 구간의 크기를 설정한다. 그다음에 [0, 1] 사이의 값을 임의로 선택한 뒤 그 값이 속한 구간의 숫자를 반환하면 된다.

이 구간을 만드는 쉬운 방법은 $p_0, p_0 + p_1, p_0 + p_1 + p_2, ..., p_0 + p_1 + p_2 + ... + p_{n-1}$을 구간의 끝점으로 잡으면 된다. 이 문제에서 주어진 예제를 살펴보면, 네 개의 구간은 각각 $[0.0, 0.5), [0.5, 0.833), [0.833, 0.944), [0.944, 1.0]$이 된다. 이 제 임의의 숫자 생성기가 $[0.0, 1.0]$ 사이의 값 중에서 0.873을 선택했다고 하자. 0.873은 세 번째 구간인 $[0.833, 0.944)$의 구간에 속해 있으므로 세 번째 숫자인 7 을 반환하면 된다.

일반적으로 n개의 구간값이 들어 있는 배열을 탐색하는 데 걸리는 시간은 $O(n)$ 이다. 하지만 이를 좀 더 개선할 수 있다. 배열 $\langle p_0, p_0 + p_1, p_0 + p_1 + p_2, ..., p_0 + p_1 + p_2 + ... + p_{n-1} \rangle$은 정렬되어 있으므로 이진 탐색을 사용해서 $O(\log n)$ 시간 에 원하는 구간을 찾을 수 있다.

```cpp
int NonuniformRandomNumberGeneration(const vector<int>& values,
                                     const vector<double>& probabilities) {
  vector<double> prefix_sums_of_probabilities;
  // 확률값을 사용해서 구간의 끝점을 구한다.
  partial_sum(cbegin(probabilities), cend(probabilities),
              back_inserter(prefix_sums_of_probabilities));

  default_random_engine seed((random_device())());
  const double uniform_0_1 =
      generate_canonical<double, numeric_limits<double>::digits>(seed);
  // uniform_0_1이 있는 구간의 인덱스를 찾는다.
  // 이 값은 upper_bound()에서 1을 뺀 값이다.
  const int interval_idx =
      distance(cbegin(prefix_sums_of_probabilities),
               upper_bound(cbegin(prefix_sums_of_probabilities),
                           cend(prefix_sums_of_probabilities), uniform_0_1));
  return values[interval_idx];
}
```

이 함수를 단 한 번만 호출한다면, 배열을 만드는 데 소요된 시간 $O(n)$이 이 알고 리즘의 시간 복잡도가 된다. 추가로 배열을 사용하므로 공간 복잡도는 $O(n)$이다.

배열을 완성한 후에, 임의의 숫자 생성기를 한 번 호출한 뒤 이진 탐색을 사용해 서 균등하지 않은 확률로 임의의 숫자를 생성할 수 있다. 이 방법의 시간 복잡도는 $O(\log n)$이다.

응용: [0, 1] 사이의 실수를 동일한 확률로 반환하는 임의의 숫자 생성기가 주어졌 을 때, 연속 확률분포(continuous probability distribution), 예를 들어 수분포(exponential distribution)를 따르는 값을 생성하려면 어떻게 해야 할까?

다차원 배열

지금까지는 일차원 배열에 초점을 맞췄지만, 여기서는 다차원 배열로 관심을 돌려 보고자 한다. 2차원 배열은 각 엔트리 자체도 배열이다. 같은 개념을 k차원의 배열로 일반화할 수 있다.

다차원 배열은 영상 처리, 보드 게임, 그래프, 공간 형상 모델링(modeling spatial phenomenon) 등의 분야에서 사용된다. 2차원 배열 A의 엔트리의 길이가 모두 같다고 생각하지만, 반드시 그런 것은 아니다. 엔트리의 길이가 모두 같은 2차원 배열 A를 $m \times n$ 크기의 직사각형(혹은 $m \times n$ 배열)이라고 말한다. 여기서 m은 A의 엔트리 개수를 말하고 n은 $A[0]$의 엔트리 개수를 말한다. 2차원 배열인 배열 A의 원소를 가리킬 때는 행(row)과 열(column) 인덱스인 i와 j를 이용해서 $A[i][j]$로 표현한다.

문제 5.17 스도쿠 체크

스도쿠는 다양한 조합의 숫자를 배치하는 논리 기반 퍼즐 게임이다. 9×9 격자판에 숫자를 채우는데, 각 행과 열, 그리고 9개의 3×3 하위 격자판에 [1, 9] 사이의 숫자가 단 한 개씩 배열해야 한다. 예를 들어 그림 5.3(a)처럼 미완성된 격자판이 주어지면 그림 5.3(b)와 같이 완성시켜야 한다.

5	3			7				
6			1	9	5			
	9	8					6	
8				6				3
4			8		3			1
7				2				6
	6					2	8	
			4	1	9			5
				8			7	9

5	3	4	6	7	8	9	1	2
6	7	2	1	9	5	3	4	8
1	9	8	3	4	2	5	6	7
8	5	9	7	6	1	4	2	3
4	2	6	8	5	3	7	9	1
7	1	3	9	2	4	8	5	6
9	6	1	5	3	7	2	8	4
2	8	7	4	1	9	6	3	5
3	4	5	2	8	6	1	7	9

(a) 미완성된 스도쿠   (b) 완성된 스도쿠 해법

그림 5.3 스도쿠 구성

9×9 크기의 미완성된 격자판이 2차원 배열로 주어졌을 때 이 게임의 해법이 존재

하는지 판별하고자 한다. 즉, 모든 행과 열, 3 × 3 하위 격자판에 중복되는 숫자가 없어야 한다. 2차원 배열에서 0으로 초기화되어 있는 엔트리는 빈칸을 나타내고, 그 외에는 [1, 9] 숫자로 채워져 있다.

힌트: 직접 제한 사항을 테스트해 보라. 배열을 통해 집합을 표현할 수 있다.

해법: 특별한 알고리즘을 사용해야 하는 문제가 아니다. 단지 코드를 깔끔하게 작성하기만 하면 된다.

9개 행의 제한사항, 9개 열의 제한사항, 9개 하위 격자판의 제한사항을 확인할 필요가 있다. 비트 배열(bit array)을 사용해서 제한사항, 즉 [1, 9] 사이의 숫자가 한 번 이상 등장했는지를 테스트하면 편리하다.

```cpp
// 미완성된 격자가 올바르게 배치되어 있는지 확인한다.
bool IsValidSudoku(const vector<vector<int>>& partial_assignment) {
  // 행 제한사항을 확인한다.
  for (int i = 0; i < size(partial_assignment); ++i) {
    if (HasDuplicate(partial_assignment, i, i + 1, 0,
                     size(partial_assignment))) {
      return false;
    }
  }

  // 열 제한사항을 확인한다.
  for (int j = 0; j < size(partial_assignment); ++j) {
    if (HasDuplicate(partial_assignment, 0, size(partial_assignment), j,
                     j + 1)) {
      return false;
    }
  }

  // 격자판 제한사항을 확인한다.
  int region_size = sqrt(size(partial_assignment));
  for (int I = 0; I < region_size; ++I) {
    for (int J = 0; J < region_size; ++J) {
      if (HasDuplicate(partial_assignment, region_size * I,
                       region_size * (I + 1), region_size * J,
                       region_size * (J + 1))) {
        return false;
      }
    }
  }
  return true;
}
```

```
// 부분배열 partial_assignment[start_row, end_row - 1][start_col, end_col - 1]이
// {1, 2, ..., size(partial_assignment)};의 값을 중복해서 가지고 있으면 true를 반환한다.
// 그렇지 않으면 false를 반환한다.
bool HasDuplicate(const vector<vector<int>>& partial_assignment, int start_row,
                  int end_row, int start_col, int end_col) {
  deque<bool> is_present(size(partial_assignment) + 1, false);
  for (int i = start_row; i < end_row; ++i) {
    for (int j = start_col; j < end_col; ++j) {
      if (partial_assignment[i][j] != 0 &&
          is_present[partial_assignment[i][j]]) {
        return true;
      }
      is_present[partial_assignment[i][j]] = true;
    }
  }
  return false;
}
```

$n \times n$ 격자판과 $\sqrt{n} \times \sqrt{n}$의 하위 격자판이 주어졌을 때 n개의 행, n개의 열, 그리고 n개의 하위 격자판을 확인하는 데 필요한 시간 복잡도는 $O(n^2) + O(n^2) + O(n^2/(\sqrt{n})^2 \times \{(\sqrt{n})^2\} = O(n^2)$이다. 추가 공간 복잡도는 비트 배열에 필요한 $O(n)$이 된다.

스도쿠를 어떻게 푸는지 알고 싶다면 문제 15.10의 해법을 참조하길 바란다.

문제 5.18 2차원 배열에 나선형으로 원소 배치하기

2차원 배열에 다양한 순서로 원소를 채워 넣을 수 있다. 가장 일반적인 방법은 열별(row-by-row) 혹은 행별(column-by-column)로 채워 넣는 것이다. 이 문제에서는 2차원 배열에 원소를 나선형으로 쓰는 방법을 생각해 볼 것이다. 예를 들어그림 5.4(a)의 2차원 배열을 나선형으로 읽으면 ⟨1, 2, 3, 6, 9, 8, 7, 4, 5⟩이 된다. 그림 5.4(b)의 나선형 순서는 ⟨1, 2, 3, 4, 8, 12, 16, 15, 14, 13, 9, 5, 6, 7, 11, 10⟩이다.

$n \times n$ 크기의 2차원 배열이 주어졌을 때, 이 배열을 나선형으로 읽은 결과를 반환하는 프로그램을 작성하라.

힌트: 케이스 분석(case analysis)과 분할 정복법(divide-and-conquer)을 사용하라.

해법: 자연스럽게 배열의 가장 자리부터 안쪽으로 숫자를 읽어 나가면 된다. 첫 번

	C_0	C_1	C_2
R_0	1	2	3
R_1	4	5	6
R_2	7	8	9

(a) 3×3 배열의 나선형 순서

	C_0	C_1	C_2	C_3
R_0	1	2	3	4
R_1	5	6	7	8
R_2	9	10	11	12
R_3	13	14	15	16

(b) 4×4 배열의 나선형 순서

그림 5.4 나선형 순서를 나타낸다. 행과 열의 번호는 배열의 왼쪽과 위쪽에 표시되어 있다. 예를 들어, (R_0, C_0)의 값은 1이다.

째 행에서 n개의 원소, 마지막 열에서 $n - 1$개의 원소, 마지막 행에서 $n - 1$개의 원소, 그리고 첫 번째 열에서 $n - 2$개의 원소를 읽으면 된다. 하지만 읽어야 하는 원소의 개수가 일정하지 않기 때문에 자칫 코드가 복잡해질 수 있다.

읽는 원소의 개수를 일정하게 유지시킬 필요가 있다. 먼저 첫 번째 행에서 $n - 1$개의 원소를 읽는다. 그 뒤 마지막 열에서 $n - 1$개의 원소를 읽고, 마지막 행에서 $n - 1$개의 원소를 역순으로 읽는다. 마지막으로 첫 번째 열에서 $n - 1$개의 원소를 역순으로 읽는다.

그 뒤에는, $(n - 2) \times (n - 2)$ 크기의 2차원 배열을 나선형으로 읽으면 된다. 따라서 2차원 배열의 가장자리 원소를 읽는 알고리즘을 $n \times n$, $(n - 2) \times (n - 2)$, $(n - 4) \times (n - 4)$, ... 크기의 배열에 반복 적용하면 풀 수 있다. 배열의 길이가 홀수인 경우에는 마지막에 가운데 원소만 남게 되므로 예외처리를 해야 한다.

예를 들어 그림 5.4(a)의 3×3 배열에선 1, 2(첫 번째 행의 두 원소), 3, 6(마지막 열의 두 원소), 9, 8(마지막 행의 두 원소), 7, 4(첫 번째 열의 두 원소)를 읽게 된다. 그다음에는 1×1 배열에 원소 5만 홀로 남게 된다. 이 원소까지 읽고 나면 모든 원소를 나선형으로 읽은 결과가 된다.

그림 5.4(b)의 4×4 배열에선 1, 2, 3(첫 번째 행의 세 원소), 4, 8, 12(마지막 열의 세 원소), 16, 15, 14(마지막 행의 세 원소), 13, 9, 5(첫 번째 열의 세 원소)를 읽게 된다. 그다음에는 2×2 배열이 남게 되고 같은 방법으로 6, 7, 11, 10 순서로 읽으면 모든 원소를 나선형으로 읽은 결과가 된다.

```
vector<int> MatrixInSpiralOrder(const vector<vector<int>>& square_matrix) {
  vector<int> spiral_ordering;
  for (int offset = 0; offset < ceil(0.5 * size(square_matrix)); ++offset) {
    MatrixLayerInClockwise(square_matrix, offset, &spiral_ordering);
  }
  return spiral_ordering;
}

void MatrixLayerInClockwise(const vector<vector<int>>& square_matrix,
                            int offset, vector<int>* spiral_ordering) {
  if (offset == size(square_matrix) - offset - 1) {
    // square_matrix의 크기는 홀수이므로, 마지막에 중심 원소 하나가 남는다.
    spiral_ordering->emplace_back(square_matrix[offset][offset]);
    return;
  }

  for (int j = offset; j < size(square_matrix) - offset - 1; ++j) {
    spiral_ordering->emplace_back(square_matrix[offset][j]);
  }
  for (int i = offset; i < size(square_matrix) - offset - 1; ++i) {
    spiral_ordering->emplace_back(
        square_matrix[i][size(square_matrix) - offset - 1]);
  }
  for (int j = size(square_matrix) - offset - 1; j > offset; --j) {
    spiral_ordering->emplace_back(
        square_matrix[size(square_matrix) - offset - 1][j]);
  }
  for (int i = size(square_matrix) - offset - 1; i > offset; --i) {
    spiral_ordering->emplace_back(square_matrix[i][offset]);
  }
}
```

시간 복잡도는 $O(n^2)$이고 공간 복잡도는 $O(1)$이다.

앞의 해법은 거의 비슷한 반복문을 4번이나 사용한다. 반복문을 하나만 사용해서 해결해 보자. 즉, 동일한 반복문 내에서 다음에 처리해야 할 원소와 읽을 방향(왼쪽, 오른쪽, 위, 아래)을 결정해야 한다. 행렬이 X축과 Y축으로 이루어진 2차원 격자에 놓여 있다고 생각해 보자. (i, j)는 열 i와 행 j에 있는 엔트리를 표현한다. (x, y)가 다음에 처리해야 할 원소라고 가정하자. x가 오른쪽 $(n-1, 0)$에 도달할 때까지 움직인다. 그 다음에는 아래쪽 $(n-1, n-1)$로 내려가고, 왼쪽 $(0, n-1)$로 움직인다. 마지막으로 $(0, 1)$에 도달할 때까지 위로 올라간다. $(0, 0)$은 이미 읽은 원소이므로 $(0, 0)$이 아닌 $(0, 1)$에서 멈춘다는 사실에 주목하라. 이미 읽은 엔트리는 표식을 위해 0으로 채워 넣었다(배열에 없는 값이라면 아무거나 사용해도 된다). (0, 1)을 처리한 후에는 위와 비슷한 방법으로 $(n - 2, 1)$까지 움직이고, $(n - 2, 1)$에서 멈춘다. 이와 같은 방식으로 모든 원소를 읽을 때까지 이 메서드를 반복한다.

```cpp
vector<int> MatrixInSpiralOrder(vector<vector<int>> square_matrix) {
  const array<array<int, 2>, 4> kShift = {{{0, 1}, {1, 0}, {0, -1}, {-1, 0}}};
  int dir = 0, x = 0, y = 0;
  vector<int> spiral_ordering;
  for (int i = 0; i < size(square_matrix) * size(square_matrix); ++i) {
    spiral_ordering.emplace_back(square_matrix[x][y]);
    square_matrix[x][y] = 0;
    int next_x = x + kShift[dir][0], next_y = y + kShift[dir][1];
    if (next_x < 0 || next_x >= size(square_matrix) || next_y < 0 ||
        next_y >= size(square_matrix) || square_matrix[next_x][next_y] == 0) {
      dir = (dir + 1) % 4;
      next_x = x + kShift[dir][0], next_y = y + kShift[dir][1];
    }
    x = next_x, y = next_y;
  }
  return spiral_ordering;
}
```

시간 복잡도는 $O(n^2)$이다.

응용: d가 주어졌을 때 $\langle 1, 2, 3, ..., d^2 \rangle$을 나선형으로 표현하는 $d \times d$ 2차원 배열을 구하는 프로그램을 작성하라. 예를 들어 $d = 3$이라면 결과는 다음과 같다.

$$A = \begin{bmatrix} 1 & 2 & 3 \\ 8 & 9 & 4 \\ 7 & 6 & 5 \end{bmatrix}$$

응용: 연속된 숫자 배열 P가 주어졌을 때 나선형으로 나열한 순서가 P가 되는 2차원 배열 A를 구하라(어떤 정수가 n일 때 P의 크기는 n^2이라고 가정하라).

응용: (0, 0)에서 시작해서 (a, b)까지 나선형으로 나열했을 때 처음 n개의 좌표를 출력하는 프로그램을 작성하라. 예를 들어 $n = 10$일 때 결과는 $(0, 0), (1, 0), (1, -1), (0, -1), (-1, -1), (-1, 0), (-1, 1), (0, 1), (1, 1), (2, 1)$이 된다.

응용: $m \times n$ 크기의 2차원 배열 A의 원소를 나선형으로 나열하라.

응용: $m \times n$ 크기의 2차원 배열 A를 나선형으로 나열했을 때 마지막 원소가 무엇

인지 $O(1)$ 시간에 찾아보라.

응용: $m \times n$ 크기의 2차원 배열 A를 나선형으로 나열했을 때 k번째 원소가 무엇인지 $O(1)$ 시간에 찾아보라.

문제 5.19 2차원 배열 회전하기

이미지 회전은 컴퓨터 그래픽스 분야에서 사용되는 기본적인 연산자 중 하나이다. 그림 5.5는 2차원의 비트맵 이미지를 시계 방향으로 90도만큼 회전시킨 결과를 보여 준다.

1	2	3	4
5	6	7	8
9	10	11	12
13	14	15	16

13	9	5	1
14	10	6	2
15	11	7	3
16	12	8	4

(a) 초기 4×4 크기의 2차원 배열 (b) 배열을 시계 방향으로 90도 회전한 결과

그림 5.5 2차원 배열을 회전한 예제

$n \times n$ 크기의 2차원 배열이 주어졌을 때 이를 시계 방향으로 90도만큼 회전시키는 프로그램을 작성하라.

힌트: 배열의 가장자리에 집중해 보라.

해법: 행렬을 회전시켰을 때 i번째 열은 기존 행렬의 i번째 행과 같다. 예를 들어 그림 5.5의 초기 배열에서 첫 번째 행은 ⟨13, 14, 15, 16⟩이고, 이는 회전된 행렬에서 첫 번째 열과 같다. 따라서 무식하게 생각해 보면 $n \times n$ 크기의 새로운 2차원 배열을 메모리에 할당한 뒤 회전시킨 결과를 여기에 출력하고(즉, 기존 행렬의 행을 열 위치에 적는다), 이 행렬을 다시 기존 행렬로 복사해 오면 된다. 주어진 행렬을 회전시키는 문제이므로 회전된 결과를 기존 행렬로 복사해야 한다. 시간과 공간 복잡도는 모두 $O(n^2)$이다.

하지만 추가 공간을 $O(1)$만큼만 사용해도 문제를 풀 수 있다. 먼저 생각할 수 있는 방법은 각 계층별로 회전을 하는 것이다. 회전 작업을 할 때 다른 계층은 서로 독립적으로 처리할 수 있기 때문이다. 또한 같은 계층에서도 4개의 원소를 한번

에 회전할 수 있다. 예를 들어 1은 4의 위치에, 4는 16의 위치에, 16은 13의 위치에, 13은 1의 위치에 옮긴 뒤, 2는 8의 위치에, 8은 15의 위치에, 15는 9의 위치에, 9는 2의 위치에 옮길 수 있다. 다음 프로그램은 이러한 방식으로 가장자리 계층에서 시작해서 중심으로 다가오는 방식이다. 한 계층에서는 방금 설명한 네 개의 원소 교환을 반복적으로 수행한다.

```cpp
void RotateMatrix(vector<vector<int>>* square_matrix_ptr) {
  vector<vector<int>>& square_matrix = *square_matrix_ptr;
  const int matrix_size = size(square_matrix) - 1;
  for (int i = 0; i < (size(square_matrix) / 2); ++i) {
    for (int j = i; j < matrix_size - i; ++j) {
      // 4개의 원소 교환을 수행한다.
      int temp1 = square_matrix[matrix_size - j][i];
      int temp2 = square_matrix[matrix_size - i][matrix_size - j];
      int temp3 = square_matrix[j][matrix_size - i];
      int temp4 = square_matrix[i][j];
      square_matrix[i][j] = temp1;
      square_matrix[matrix_size - j][i] = temp2;
      square_matrix[matrix_size - i][matrix_size - j] = temp3;
      square_matrix[j][matrix_size - i] = temp4;
    }
  }
}
```

시간 복잡도는 $O(n^2)$이고 추가 공간 복잡도는 $O(1)$이 된다.

약간의 제한사항이 있긴 하지만 $O(1)$의 공간 및 시간 복잡도로 회전의 효과를 얻을 수 있는 방법이 있다. 객체 r을 반환하는 행렬 A를 가정해 보자. 회전된 행렬 A의 (i, j) 원소를 읽고자 할 때는 기존 행렬 A에서 $[n - 1 - j, i]$의 원소를 반환한다. 쓰는 연산도 이와 비슷하게 처리하면 된다. 객체 r은 단순히 행렬 A를 참조하기만 하므로 객체 r을 만드는 데는 상수 시간이면 충분하다. 읽기 연산과 쓰기 연산을 수행하는 데 필요한 시간은 변하지는 않는다. 하지만 기존 행렬 A를 사용하고자 하는 클라이언트가 복수일 때에는 쓰기 연산에 문제가 될 수 있다. 왜냐하면 쓰기 연산은 기존 행렬 A를 수정하기 때문이다. 행렬 A에 직접 쓰는 작업이 아니더라도 저장된 객체의 메서드가 상태를 변경하면 시스템에 문제가 생길 수 있다. 이 경우에는 '쓸 때 복사하기(copy-on-write)[2]'를 사용해서 이 문제를 해결할 수 있다.

---

2 (옮긴이) 리소스 최적화에 쓰이는 기법 중 하나이다. 초기에는 여러 클라이언트들이 같은 리소스를 참조하고 있다가 쓰기 연산이 수행되는 순간 해당 리소스를 복사한 뒤 연산을 수행한다.

```
class RotatedMatrix {
  public:
    explicit RotatedMatrix(vector<vector<int*>> square_matrix)
      : square_matrix_(*square_matrix) {}

    int ReadEntry(int i, int j) const {
      return square_matrix_[size(square_matrix_) - 1 - j][i];
    }

    void WriteEntry(int i, int j, int v) {
      return square_matrix_[size(square_matrix_) - 1 - j][i] = v;
    }

  private:
    vector<vector<int>>& square_matrix_;
};
```

응용: $n \times n$ 크기의 2차원 행렬 A를 수평, 수직, 대각선으로 반사시키는 알고리즘을 작성하라.

문제 5.20 파스칼의 삼각형에서 행 계산하기

그림 5.6은 파스칼의 삼각형 첫 다섯 개 행을 보여 주고 있다. 각 행은 이전 행보다 엔트리가 하나 더 많고, 각 엔트리는 그 밑에 한 개 혹은 두 개의 엔트리를 접하고 있다(마지막 행은 제외). 첫 번째 행의 첫 번째 엔트리는 1로 시작한다. 그 다음 엔트리는 바로 위에 인접한 엔트리의 합으로 표현된다.

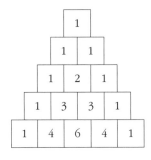

그림 5.6 파스칼의 삼각형

음이 아닌 정수 n이 주어졌을 때 파스칼의 삼각형에 해당하는 첫 n개의 행을 출력하는 프로그램을 작성하라.

힌트: 파스칼의 삼각형을 수식으로 작성해 보자.

해법: 무식한 방법은 그림에 나온 것과 비슷하게 배열을 채워 나가는 것이다. 참조할 인덱스는 범위를 올바르게 설정해야 한다.

인덱스 참조를 쉽게 하려면, 파스칼의 삼각형을 왼쪽으로 정렬하면 된다. 즉, 첫 번째 엔트리의 위치를 0번 위치로 설정한다. 이제 간단해졌다. j가 0 혹은 i라면, i번째 행의 j번째 엔트리는 1이 된다. 그 외의 엔트리는 $(i-1)$번째 행에서 $(j-1)$번째와 j번째 엔트리의 합이 된다. 첫 번째 행 R_0은 $\langle 1 \rangle$이다. 두 번째 행 R_1은 $\langle 1, 1 \rangle$이 되고, 세 번째 행 R_2는 $\langle 1, R_1[0] + R_1[1] = 2, 1 \rangle$이 된다. 네 번째 행 R_3은 $\langle 1, R_2[0] + R_2[1] = 3, R_2[1] + R_2[2] = 3, 1 \rangle$이 된다.

```cpp
vector<vector<int>> GeneratePascalTriangle(int num_rows) {
  vector<vector<int>> pascal_triangle;
  for (int i = 0; i < num_rows; ++i) {
    vector<int> curr_row;
    for (int j = 0; j <= i; ++j) {
      // 만약 이 위에 인접한 두 엔트리가 존재한다면, 해당 엔트리의 값을 위에 인접한
      // 두 엔트리의 합으로 나타내라.
      curr_row.emplace_back(0 < j && j < i ? pascal_triangle.back()[j - 1] +
                                                 pascal_triangle.back()[j]
                                           : 1);
    }
    pascal_triangle.emplace_back(curr_row);
  }
  return pascal_triangle;
}
```

각 원소를 구하는 데 $O(1)$이 걸리므로 전체 시간 복잡도는 $O(1 + 2 + \ldots + n) = O(n(n+1)/2) = O(n^2)$가 된다. 비슷하게 공간 복잡도도 $O(n^2)$가 된다.

사실 n번째 행에서 i번째 엔트리의 값은 $\binom{n}{i}$와 같다. 하지만 그렇다고 해서 문제가 간단해지진 않는다. $\binom{n}{i}$는 계산하기 꽤 까다롭기 때문이다(사실 파스칼의 삼각형 자체가 $\binom{n}{i}$를 계산하는 데 사용된다).

응용: $O(n)$의 공간 복잡도를 사용해서 파스칼의 삼각형 n번째 행을 구하라.

6장

Elements of Programming Interviews in C++

문자열

> 문자열 패턴 매칭은 과학과 정보 처리의 많은 분야에서 사용되는 중요한 문제이다.
> 이 문제는 데이터 처리, 텍스트 편집, 단어 재작성, 어휘 분석, 정보 검색 등에서 필수로 다루게 된다.
> 〈algorithms for finding patterns in strings〉, 알프레드 에이호(A. V. Aho), 1990

스크립트, 웹 개발, 생물정보학(bioinformatics)까지 문자열이 쓰이지 않는 분야는 거의 없다. 따라서 문자열이 메모리에서 어떻게 표현되는지 알아야 한다. 그리고 기본적인 문자열 연산(예를 들어 비교, 복사, 조인, 분할, 매칭 등)에 대한 이해도 필요하다. 이 장에서는 문자열과 관련된 문제를 다루는데, 기본적인 기능을 이용하면 대부분 풀 수 있다. 고급 문자열 알고리즘은 해시 테이블(12장)이나 동적 프로그래밍(16장)을 추가적으로 사용하기도 한다.

문자열 부트캠프

회문(palindromic)은 거꾸로 읽어도 같은 문자열을 뜻한다. 다음 프로그램은 주어진 문자열이 회문인지 확인한다. 입력 문자열을 뒤집어 추가 공간을 사용하기보단, 입력 문자열을 앞뒤로 동시에 읽어서 공간을 절약한다. 문자열의 길이가 짝수이든 홀수이든 동일하게 처리할 수 있다는 사실에 주목하라.

```cpp
bool IsPalindromic(const string& s) {
  for (int i = 0, j = size(s) - 1; i < j; ++i, --j) {
    if (s[i] != s[j]) {
      return false;
    }
  }
```

```
  return true;
}
```

n이 문자열의 길이라고 했을 때, 시간 복잡도는 $O(n)$이고 공간 복잡도는 $O(1)$이 된다.

☑ 문자열 문제를 풀기 전 꼭 알고 있어야 할 내용

배열과 비슷하게 문자열 문제도 $O(n)$ 공간을 사용하면 무식하지만 간단한 해법이 존재한다. $O(1)$의 공간 복잡도를 사용하는 해법으로 **개선**할 수 있다. [문제 6.6, 6.4]

가변 문자열을 앞에서부터 갱신해 나가는 방법은 느리다. 따라서 가능하면 값을 **뒤에서부터 쓰는 것이 좋다**. [문제 6.4]

문자열 라이브러리 이해하기

C++ 문자열을 잘 조작하려면 string 클래스에 익숙해져야 한다.

- 핵심 메서드는 append("Gauss"), push_back('c'), pop_back(), insert(s.begin() + shift, "Gauss"), substr(pos, len), compare("Gauss")다.
- 문자열은 배열처럼 구성되어 있다는 걸 기억하라. insert(A.begin() + middle, "Gauss")와 같이 문자열 중간에서 발생하는 작업은 push_back('c'), pop_back() 처럼 문자열 뒤에서 발생하는 작업보다 효율이 떨어진다.
- 비교 연산자 <, <=, >, >=, ==를 문자열에 적용할 수 있다. ==은 포인터 동등성이 아닌 논리적 동등성을 테스트한다.

문제 6.1 문자열과 정수 상호 전환하기

문자열은 문자들을 차례로 나열한 것과 같다. 종종 "123"과 같은 정수형 숫자를 문자열 형태로 나타내기도 한다. 정수형 숫자(음의 정수를 포함) 값이 문자열로 주어졌을 때, 이를 정수형 숫자로 바꾸는 프로그램을 작성하라. 단, C++에서 제공하는 stoi 같은 라이브러리 함수를 사용하면 안 된다.

정수를 문자열로 변환하는 함수와 문자열을 정수로 변환하는 함수를 작성하라. 예를 들어 첫 번째 함수에 대한 입력이 정수 314이면 문자열 "314"를 반환해야 하며, 두 번째 함수에 대한 입력이 문자열 "314"이면 정수 314를 반환해야 한다.

힌트: 숫자를 하나씩 차례대로 만들어 보자.

해법: 정수를 문자열로 바꾸는 문제를 먼저 생각해 보자. 우선 0과 9 사이에 있는 한 자리 숫자는 문자 한 개로 표현이 가능하므로 쉽게 바꿀 수 있다. 즉, 이 경우에는 숫자를 문자 하나로 이루어진 문자열로 표현한다.

만약 자릿수가 하나 이상이라면, 자연스럽게 각 자리에 위치한 숫자를 하나씩 바꿔 주면 된다. 여기서 핵심은 어떤 양의 정수 x의 최하위 숫자는 $x \bmod 10$으로 표현되고, 나머지 숫자는 $x/10$으로 표현된다는 점이다. 이 방법은 자릿수를 역순으로 배열한다. 예를 들어 423이 있다면, 나머지 연산을 통해 3을 얻게 된다. 그다음 42를 10으로 나누면 나머지가 2이고, 몫이 4가 된다. 자연스럽게 나머지 연산을 통해 얻은 숫자를 결과 앞에 덧붙이려고 할 것이다. 하지만 문자열의 앞에 숫자를 덧붙이려면 남아 있는 모든 숫자를 한 칸씩 뒤로 움직여야 하므로 비효율적이다. 더 효율적인 방법은 차례대로 문자열 뒤에 덧붙인 다음, 마지막에 역순으로 배열된 문자열을 한 번 뒤집어 주면 된다.

x가 음수라면 x를 양수로 바꾼 뒤, 마지막에 '-'를 붙여 주기만 하면 된다. x가 0일 때는 결과가 공백이므로 명시적으로 문자열에 0을 적어 줘야 한다.

문자열을 정수로 바꿀 때는 자릿수 시스템을 그대로 이용하면 된다. 10진수 숫자 $d_2d_1d_0$은 $10^2 \times d_2 + 10^1 \times d_1 + d_0$로 표현된다. 무식한 방법으로 생각해 보면 가장 오른쪽에 있는 숫자부터 시작해서 $10^i \times d_i$를 반복적으로 더해 주면 된다. 10^{i+1}을 효율적으로 계산하려면 이전에 구했던 10^i에 10을 곱해 주면 된다.

이보다 더 근사한 해법이 있다. 오른쪽이 아니라 가장 왼쪽의 숫자부터 계산을 시작하는 것이다. 즉, 중간 결괏값에 10을 곱한 뒤 각 자릿수를 더해 나간다. 예를 들어 "314"를 정수로 바꾼다고 가정하자. 중간 결괏값 r은 0으로 초기화한다. 첫 번째 반복에서 $r = 3$이 된다. 두 번째 반복에서 $r = 3 \times 10 + 1 = 31$이 되고, 세 번째 반복에서 $r = 31 \times 10 + 4 = 314$가 된다.

음수의 경우에는, 부호를 기억한 뒤 마지막 결과를 음수로 바꿔 주면 된다.

```cpp
string IntToString(int x) {
  bool is_negative = false;
  if (x < 0) {
    is_negative = true;
  }
```

```
  string s;
  do {
    s += '0' + abs(x % 10);
    x /= 10;
  } while (x);

  s += is_negative ? "-" : "";  // is_negative면 음수 부호를 뒤에 붙여 준다.
  return {rbegin(s), rend(s)};
}

int StringToInt(const string& s) {
  return (s[0] == '-' ? -1 : 1) *
         accumulate(begin(s) + (s[0] == '-' || s[0] == '+'), end(s), 0,
                    [](int running_sum, char c) {
                      return running_sum * 10 + c - '0';
                    });
}
```

문제 6.2 밑수 바꾸기

10진수 시스템의 자릿수는 10의 승수를 결정하는 데 사용된다. 예를 들어 "314"는 $3 \times 100 + 1 \times 10 + 4 \times 1$을 의미한다. 10진수 시스템을 밑수가 b인 숫자 시스템으로 일반화할 수 있다. $0 \leq a_i < b$일 때 문자열 "$a_{k-1}a_{k-2} \ldots a_1a_0$"은 b진수 시스템에서는 $a_0 \times b^0 + a_1 \times b^1 + a_2 \times b^2 + \ldots + a_{k-1} \times b^{k-1}$을 의미한다.

문자열 하나와 두 개의 정수 b_1, b_2가 주어졌을 때, 정수의 밑수를 바꾸는 프로그램을 작성하라. 밑수가 b_1인 입력 문자열을 밑수가 b_2인 문자열로 바꾸면 된다. $2 \leq b_1$, $b_2 \leq 16$이고, "A"는 10, "B"는 11, ..., "F"는 15를 나타낸다(예를 들어 문자열이 "615"이고, b_1은 7, b_2는 13일 때 결과는 "1A7"이 된다. 왜냐하면 $6 \times 7^2 + 1 \times 7 + 5 = 1 \times 13^2 + 10 \times 13 + 7$이기 때문이다).

힌트: 우리가 주로 사용하는 밑수는 무엇인가?

해법: 우선 무식하게 접근해 보자. 입력 숫자를 1진수로 바꾼 뒤 1을 b_2, b_2^2, b_2^3 등의 배수로 그룹을 지으면 된다. 예를 들어 $(102)_3 = (11111111111)_1$이 된다. 이를 밑이 4인 숫자로 바꾸면, 1의 개수가 4개인 그룹 2개가 생기고, 나머지 1이 3개 남는다. 따라서 그 결과는 $(23)_4$가 된다. 이 방법은 구현하기 힘들고 시간 및 공간 복잡도도 굉장히 크다.

모든 언어에는 정수형 변수가 존재한다. 즉, 모든 언어는 곱셈, 덧셈, 나눗셈, 나머지 등과 같은 산술 연산을 제공한다. 이 사실을 통해 더 쉽게 밑수를 바꾸는 알고리즘을 개발할 것이다. 즉, 곱셈과 덧셈을 통해 밑수가 b_1인 문자열을 정수로 바꾸고, 나머지 연산과 나눗셈 연산을 통해 해당 정수를 밑수가 b_2인 문자열로 바꿀 것이다. 예를 들어 문자열이 "615"이고 $b_1 = 7$, $b_2 = 13$이라고 가정하자. 이를 10진수로 표현하면 306이 된다. 306을 13진수로 표현했을 때의 최하위 숫자는 $306 \bmod 13 = 7$이고, 나머지 몫은 $306/13 = 23$이 된다. 그 다음에 등장할 숫자는 $23 \bmod 13 = 10$, 즉 'A'가 된다. $23/13 = 1$이고 $1 \bmod 13 = 1$이므로 마지막 숫자는 1이 된다. 따라서 최종 결과는 "1A7"이 된다. 밑수를 바꾸는 알고리즘은 더 작은 부분 문제로 간단하게 표현되므로 자연스럽게 재귀를 사용하면 좋다.

```cpp
string ConvertBase(const string& num_as_string, int b1, int b2) {
  bool is_negative = num_as_string.front() == '-';
  int num_as_int =
      accumulate(begin(num_as_string) + is_negative, end(num_as_string), 0,
                 [b1](int x, char c) {
                   return x * b1 + (isdigit(c) ? c - '0' : c - 'A' + 10);
                 });
  return (is_negative ? "-" : "") +
         (num_as_int == 0 ? "0" : ConstructFromBase(num_as_int, b2));
}

string ConstructFromBase(int num_as_int, int base) {
  return num_as_int == 0 ? ""
             : ConstructFromBase(num_as_int / base, base) +
                   static_cast<char>(num_as_int % base >= 10
                                         ? 'A' + num_as_int % base - 10
                                         : '0' + num_as_int % base);
}
```

s의 길이를 n이라고 했을 때 시간 복잡도는 $O(n(1 + log_{b_2} b_1))$이 된다. 그 이유는 다음과 같다. 먼저 s에서 x를 얻기 위해서 n개의 곱셈과 덧셈을 수행한다. 그리고 최종 결과를 얻기 위해서 $log_{b_2} x$만큼의 곱셈과 덧셈을 수행한다. x의 상한은 b_1^n이고 $log_{b_2}(b_1^n) = n \, log_{b_2} b_1$가 된다.

문제 6.3 스프레드시트 열 인코딩 계산하기

스프레드시트는 열을 표현할 때 알파벳을 사용한다. 즉, 각 열을 "A", "B", "C", …, "X", "Y", "Z", "AA", "AB", …, "ZZ", "AAA", "AAB", …로 표현한다.

스프레드시트의 열값이 문자열로 주어졌을 때 이를 정수값으로 변환하는 함수를 작성하라(단, "A"는 1을 나타낸다). 예를 들어 "D"는 4, "AA"는 27, "ZZ"는 702 등으로 표현된다. 테스트는 어떻게 할지도 생각해 보자.

힌트: ["A", "Z"]에는 26개의 문자가 존재하고, 각 문자는 어떤 숫자로 대응된다.

해법: 우선 무식한 방법을 떠올려 보자. 입력으로 주어진 문자열이 나올 때까지 열을 차례대로 모두 나열해 볼 수 있다. 이 방법을 사용하려면 "Z", "AZ"의 다음 문자열을 구하는 로직도 조금 필요하다. 하지만 그보다 더 큰 문제는 시간 복잡도이다. "ZZZZZZ"에 도달하려면 26^6단계를 거쳐야 한다. 일반적으로 n을 문자열의 길이라고 했을 때 시간 복잡도는 $O(26^n)$이 된다.

이 방법에서 불필요한 부분을 건너뛰어 보자. 기본적으로 이 문제는 26진수 숫자를 정수값으로 바꾸는 문제와 거의 같다. "A"가 0이 아닌 1과 대응된다는 점이 다르다. 문제 6.1의 해법을 통해 문자열을 정수로 전환하자.

예를 들어 "ZZ"를 정수값으로 바꾸어 보자. 먼저 0으로 초기화한다. 이 값에 26을 더하고, 26을 곱하고, 다시 26을 더하면 $26^2 + 26 = 702$가 된다.

이 알고리즘을 테스트할 때는 "A", "B", "Y", "Z", "AA", "AB", "ZY", "ZZ"와 같이 경계에 있는 문자열과 "M", "BZ", "CCC"와 같은 임의의 문자열을 이용하면 도움이 된다.

```
int SSDecodeColID(const string& col) {
  return accumulate(begin(col), end(col), 0, [](int result, char c) {
    return result * 26 + c - 'A' + 1;
  });
}
```

시간 복잡도는 $O(n)$이다.

응용: "A"가 0으로 대응될 때 같은 문제를 풀어 보라.

응용: 정수가 주어졌을 때 해당 정수를 스프레드시트의 열(column)값으로 바꾸는 함수를 작성하라. 예를 들어 4는 "D", 27은 "AA", 702는 "ZZ"로 대응된다.

문제 6.4 문자열 바꾸고 삭제하기

문자 배열이 주어졌을 때, 이 문자 배열에 다음 규칙을 적용해 보자.

- 'a'는 'd' 두 개로 바꾼다.
- 'b'는 삭제한다.

예를 들어 $\langle u, c, d, b, b, c, a \rangle$ 배열에 이 규칙을 적용하면 $\langle d, d, c, d, c, d, d \rangle$가 된다.

　문자 배열이 주어졌을 때 'b'는 삭제하고 'a'는 'd' 두 개로 대체하는 프로그램을 작성하라. 배열과 배열의 크기를 나타내는 정수값이 함께 주어진다. 배열의 크기는 위의 규칙을 적용한 후에 필요한 엔트리의 개수와 같다. 따라서 규칙을 적용한 후에 늘어날 크기에 대해 걱정하지 않아도 된다. 예를 들어 배열이 $\langle a, b, a, c, \_ \rangle$이고 크기가 4라면 $\langle d, d, d, d, c \rangle$를 반환하면 된다. 배열에는 최종 결과를 담을 수 있는 충분한 공간이 있다고 가정해도 된다.

힌트: s를 여러 번 읽어서 해결하는 방법을 생각해 보라.

해법: 이미 주어진 배열 라이브러리에는 보통 특정 위치에 원소를 삽입하는 메서드(배열의 크기를 늘린 뒤 뒤의 엔트리를 모두 오른쪽으로 한 칸씩 옮기는 방법)와 특정 위치의 원소를 삭제하는 메서드(배열의 크기를 줄인 뒤 뒤의 엔트리를 모두 왼쪽으로 한 칸씩 옮기는 방법)는 이미 구현이 되어 있다. 만약 입력 배열에 이러한 메서드가 존재한다면 이용해도 좋다. 하지만 이 방법을 사용하면 배열의 길이가 n일 때 시간 복잡도가 $O(n^2)$이 된다. 왜냐하면 삽입과 삭제 연산을 수행할 때 $O(n)$의 시간을 사용하기 때문이다.

　새로운 배열을 사용한다면 $O(n)$ 시간에 이 문제를 손쉽게 해결할 수 있다. 'b'는 건너뛰고 'a'는 'dd'로 바꾼 뒤 나머지는 그대로 복사하면 된다. 하지만 이 방법은 추가적으로 $O(n)$ 공간을 사용한다.

　만약 문자 배열에 'a'가 없다면 추가로 공간을 사용하지 않고도 구현할 수 있다. 'b'는 건너뛰고 나머지 문자들을 복사하면 된다.

　문자 배열에 'b'가 없을 때도 추가 공간 없이 함수를 구현할 수 있다. 먼저 최종 결과의 길이를 계산한다. 최종 결과의 길이는 기존 배열의 길이 더하기 'a'의 개수와 같다. 그 뒤에 마지막 문자부터 시작해서 거꾸로 읽으면서 문자를 하니 씩 결과에 적어 준다.

　예를 들어 배열이 $\langle a, c, a, a, \_, \_, \_ \rangle$이고 크기가 4라고 가정하자. 우리 알고리즘은 입력 배열을 $\langle a, c, a, a, \_, \boldsymbol{d}, \boldsymbol{d} \rangle$로 갱신할 것이다(굵게 표시된 문자는 결과

문자열을 뜻한다). 그 다음에는 차례대로 $\langle a, c, a, d, d, d, d \rangle$, $\langle a, c, c, d, d, d, d \rangle$, $\langle d, d, c, d, d, d, d \rangle$가 될 것이다.

두 가지 방법을 합쳐서 하나의 완성된 알고리즘을 얻을 수 있다. 먼저 배열을 차례로 읽으면서 'b'를 지우고 최종 문자의 개수를 구한다. 그다음에 뒤에서부터 거꾸로 배열을 읽으면서 'a'를 두 개의 'd'로 바꾼다. 'b'가 'a'보다 많다면 유효한 최종 문자의 개수는 줄어들 것이다. 'a'가 'b'보다 많다면 유효한 최종 문자의 개수는 늘어날 것이다. 다음은 최종 결과의 유효한 문자의 개수를 반환하는 프로그램이다.

```
int ReplaceAndRemove(int size, char s[]) {
  // 차례로 읽는다: "b"를 지우고 "a"의 개수를 센다.
  int write_idx = 0, a_count = 0;
  for (int i = 0; i < size; ++i) {
    if (s[i] != 'b') {
      s[write_idx++] = s[i];
    }
    if (s[i] == 'a') {
      ++a_count;
    }
  }

  // 거꾸로 읽는다: "a"를 "dd"로 대체한다.
  int cur_idx = write_idx - 1;
  write_idx = write_idx + a_count - 1;
  const int final_size = write_idx + 1;
  while (cur_idx >= 0) {
    if (s[cur_idx] == 'a') {
      s[write_idx--] = 'd';
      s[write_idx--] = 'd';
    } else {
      s[write_idx--] = s[cur_idx];
    }
    --cur_idx;
  }
  return final_size;
}
```

배열을 앞으로 한 번 뒤로 한 번, 총 두 번 읽으므로 전체 시간 복잡도는 $O(n)$이다. 추가 공간은 필요하지 않다.

응용: 알파벳, 숫자, 빈칸, 구두점 등으로 이루어진 문자 배열 C가 주어졌다. 배열 C를 텔렉스-인코딩한 뒤 배열 T에 출력해 보자. 텔렉스-인코딩이란 문자, 숫자, 빈칸은 기존과 같지만 구두점은 실제 문자열로 대체하는 것을 말한다. 예를 들어

"."은 "DOT"으로, ","은 "COMMA"로, "?"는 "QUESTION MARK"로, "!"은 "EXCLAMA-TION MARK"로 대체된다. 추가 공간은 $O(1)$만큼만 사용해야 한다

문제 6.5 회문 확인하기

이 문제에서 회문(palindrom)이란 알파벳이 아닌 문자들을 모두 제거했을 때 앞뒤로 읽은 결과가 같은 경우를 말한다. 예를 들어 "A man, a plan, a canal, Panama."와 "Able was I, ere I saw Elba!"는 회문이지만 "Ray a Ray"는 회문이 아니다.

문자열 s가 주어졌을 때 이 문자열이 회문인지 확인하는 함수를 작성하라.

힌트: 인덱스 변수 두 개를 사용해서 풀어 보자.

해법: 가장 간단한 방법은 s를 역순으로 나열한 뒤, 알파벳만을 비교하는 것이다. 이 방법은 s의 길이에 비례하도록 공간을 추가적으로 사용해야 한다.

역순 문자열을 추가하지 않고, 문자열을 뒤에서 앞으로 읽어 나가면 s를 역순으로 읽는 효과를 낼 수 있다. 변수 두 개를 사용해서 하나는 뒤에서 앞으로, 다른 하나는 앞에서 뒤로 읽으면서 알파벳을 비교한다. 비교 결과가 다르다면 즉시 거짓을 반환한다. 두 변수가 서로 교차하면 s는 회문이다.

```cpp
bool IsPalindrome(const string& s) {
  // i는 앞으로 읽고, j는 뒤로 읽는다.
  int i = 0, j = size(s) - 1;
  while (i < j) {
    // i와 j는 영문자나 숫자가 아니면 건너뛴다.
    while (!isalnum(s[i]) && i < j) {
      ++i;
    }
    while (!isalnum(s[j]) && i < j) {
      --j;
    }
    if (tolower(s[i++]) != tolower(s[j--])) {
      return false;
    }
  }
  return true;
}
```

s의 길이를 n이라고 했을 때 전체 시간 복잡도는 $O(n)$이 소요된다.

문제 6.6 문장의 모든 단어 뒤집기

빈칸으로 구분되는 단어 집합이 있을 때 이 단어의 순서를 역순으로 배열해 보자. 예를 들어 "Alice likes Bob"은 "Bob likes Alice"가 된다. 입력 문자열의 원본은 유지하지 않아도 된다.

문자열 s의 단어를 모두 뒤집는 함수를 작성하라.

힌트: 문자열을 한 번만 읽어서 풀기는 쉽지 않다.

해법: 단일 패스를 통해 각 문자의 최종 위치를 알아내기는 어렵다.

하지만 모든 단어가 단일 문자로 구성되어 있다면 단순히 s를 뒤집기만 하면 된다.

일반적으로 s를 뒤집으면 단어는 상대적으로 올바른 위치에 놓인다. 하지만 단어의 길이가 1 이상일 때는 문자가 역순으로 표현된다. 이 문제는 각 단어를 다시 뒤집어 주면 해결할 수 있다.

예를 들어 "ram is costly"를 뒤집으면 "yltsoc si mar"가 되고, 각 단어의 문자를 뒤집어 주면 "costly is ram"이 된다.

```cpp
void ReverseWords(string* s) {
  // 먼저, 전체 문자열을 뒤집는다.
  reverse(begin(*s), end(*s));

  size_t start = 0, finish;
  while ((finish = s->find(" ", start)) != string::npos) {
    // 문자열의 각 단어를 뒤집는다.
    reverse(begin(*s) + start, begin(*s) + finish);
    start = finish + 1;
  }
  // 마지막 단어를 뒤집는다.
  reverse(begin(*s) + start, end(*s));
}
```

문자열 s의 길이를 n이라고 했을 때 전체 시간 복잡도는 $O(n)$이 된다. 만약 문자열을 직접 수정할 수 있으면 문자열 내에서 알고리즘을 수행할 수 있다. 즉, 추가로 공간 복잡도가 $O(1)$ 더 든다. 만약 문자열을 수정할 수 없다면 길이가 n인 새로운 문자열을 만들어야 하므로 추가 공간 복잡도가 $O(n)$이 된다.

문제 6.7 개미수열 문제

개미수열(look-and-say)은 1부터 시작한다. 그 다음 수열은 이전 수열을 설명하는 방식으로 진행되는데, 이전 수열에서 나타난 숫자와 해당 숫자가 연속으로 쓰인 개수를 함께 쓰는 방식으로 진행된다. 즉, 1; 1이 한 개; 1이 두 개; 2가 한 개, 1이 한 개; 1이 한 개, 2가 한 개, 1이 두 개; 1이 세 개, 2가 두 개, 1이 한 개이다. 개미수열의 첫 여덟 개 숫자는 ⟨1, 11, 21, 1211, 111221, 312211, 13112221, 1113213211⟩과 같다.

정수 n이 주어졌을 때 n번째 개미수열을 문자열로 출력하는 프로그램을 작성하라.

힌트: 정수가 아닌 문자열로 출력하면 된다.

해법: 위의 규칙을 $n - 1$번 적용하면 n번째 수열을 쉽게 구할 수 있다. 문자열을 사용하면 쉽게 연속된 숫자의 개수를 셀 수 있다. 즉, $i + 1$번째 수열을 만들 때는 i번째 수열의 최상위 숫자부터 시작해서 연속된 숫자의 개수와 해당 숫자를 같이 적어주면 된다.

```cpp
string LookAndSay(int n) {
  string s = "1";
  for (int i = 1; i < n; ++i) {
    s = NextNumber(s);
  }
  return s;
}

string NextNumber(const string& s) {
  string result;
  for (int i = 0; i < size(s); ++i) {
    int count = 1;
    while (i + 1 < size(s) && s[i] == s[i + 1]) {
      ++i, ++count;
    }
    result += to_string(count) + s[i];
  }
  return result;
}
```

정확한 시간 복잡도를 구하기 위해선 개미수열의 최종 길이를 알아야 하는데, 일반적으로 개미수열의 최종 길이를 분석하는 건 굉장히 어렵다. 최악의 경우에 다음

개미수열은 이전 수열보다 최대 두 배 늘어난다(수열의 모든 숫자가 다를 때를 말한다). 즉, n번째 개미수열의 최대 길이는 2^n를 넘지 않는다. n번째 수열을 만들 때마다 이전 수열의 길이만큼은 읽어야 하므로 시간 복잡도의 상한은 대략 $O(n2^n)$이된다.

문제 6.8 로마 숫자를 10진수로 바꾸기

로마 숫자는 문자 집합 I, V, X, L, C, D, M을 이용해서 자연수를 표현하는데, I는 1, V는 5, X는 10, L은 50, C는 100, D는 500, M은 1000을 나타낸다.

이 문제에서는 로마 숫자 규칙을 간단히 했다. 즉, 다음 경우를 제외하고는 로마 숫자는 항상 큰 수가 먼저 쓰여야 한다.

• I는 V 혹은 X 바로 전에 올 수 있다.
• X는 L 혹은 C 바로 전에 올 수 있다.
• C는 D 혹은 M 바로 전에 올 수 있다.

또한 IXC 혹은 CDM처럼 예외가 연달아 나오는 경우는 불가능하다.

로마 숫자는 각 문자에 대응하는 숫자를 더하면 되는데, 위의 예외 상황에서는 큰 수에서 작은 수를 뺀 결과를 더해 주면 된다.

예를 들어 59를 로마표기법으로 표기하면 "XXXXXIIIIIIIII", "LVIIII", 혹은 "LIX"이된다. 그중 표기법이 가장 짧은 로마숫자는 "LIX"이다.

유효한 로마숫자가 문자열로 주어졌을 때 이에 상응하는 정수를 반환하는 프로그램을 작성하라.

힌트: 위의 예외 상황을 제외하고 생각해 보자.

해법: 무식한 방법은, 문자열 s를 왼쪽에서 오른쪽으로 읽으면서 일반적인 경우에는 해당 문자에 대응하는 숫자를 더해 주고, 예외 상황에서는 높은 숫자에서 낮은 숫자를 뺀 결과를 더해 주는 것이다.

좀 더 간단히 하기 위해 문자열을 거꾸로 읽어 보자. 즉, 문자열을 오른쪽에서 왼쪽으로 읽으면서 전보다 숫자가 작은 경우에는 전체 결과에서 빼주고, 아닌 경우에는 더해 준다. 다음은 이를 구현한 코드이다. 하지만 이 코드는 앞에서 언급한 6개의 예외 상황을 따로 확인하지 않으므로 "IC"와 같이 유효하지 않은 입력에서도 99

를 반환한다.

```cpp
int RomanToInteger(const string& s) {
  unordered_map<char, int> T = {{'I', 1},   {'V', 5},   {'X', 10}, {'L', 50},
                                {'C', 100}, {'D', 500}, {'M', 1000}};

  int sum = T[s.back()];
  for (int i = s.length() - 2; i >= 0; --i) {
    if (T[s[i]] < T[s[i + 1]]) {
      sum -= T[s[i]];
    } else {
      sum += T[s[i]];
    }
  }
  return sum;
}
```

문자열 s의 길이를 n이라고 할 때, 이 알고리즘의 시간 복잡도는 $O(n)$이다.

응용: 로마 숫자가 주어졌을 때 이 입력이 유효한지 판단하는 프로그램을 작성하라.

응용: 자연수 n이 주어졌을 때 이 숫자를 표현하는 가장 짧은 로마 표기법을 반환하는 프로그램을 작성하라.

문제 6.9 유효한 IP 주소 구하기

10진수 문자열은 0에서 9 사이의 숫자로 표현된 문자열을 뜻한다. IP(Internet Protocol) 주소는 192.168.1.201와 같이 네 개의 10진수 숫자를 세 개의 마침표로 구분한다. 그런데 IP 주소를 입력하다가 실수로 마침표를 전부 빼먹었다고 가정해 보자.

문자열로 주어진 IP 주소에 마침표를 추가할 경우 가능한 모든 IP 주소를 출력하라. 유효한 IP 주소가 한 개 이상이라면 전부 출력한다.

예를 들어 문자열이 "19216811"이라면, 192.168.1.1 또는 19.216.81.1을 포함해 총 아홉 개의 유효한 IP 주소가 존재한다.

힌트: 중첩 반복문(nested loop)을 사용해 보자.

해법: 문자열 IP 주소에서 모든 위치에 마침표를 찍어 본 뒤 나누어진 숫자 네 개가

0과 255 사이에 있는지 확인해 보면 된다. 이때 세 자리 이하의 자릿수만 고려한다
면 시도해야 하는 전체 개수를 줄일 수 있다. 또한 더 이상 진행해도 유효한 결과를
만들 수 없다고 판단될 때 가지치기(pruning)를 통해 곧바로 멈출 수도 있다.

예를 들어 "19216811"에서 첫 숫자로 가능한 숫자는 "1", "19", 혹은 "192"뿐이
다. 만약 첫 부분을 "1"로 고정시켰다고 했을 때 그 다음에 나올 수 있는 숫자는 "9",
"92", 그리고 "921"인데 "921"은 255보다 크므로 유효하지 않은 IP 주소가 된다. 따
라서 "921"을 포함한 경우는 더 이상 살펴보지 않아도 된다.

```cpp
vector<string> GetValidIpAddress(const string& s) {
  vector<string> result;
  for (size_t i = 1; i < 4 && i < size(s); ++i) {
    if (const string first = s.substr(0, i); IsValidPart(first)) {
      for (size_t j = 1; i + j < size(s) && j < 4; ++j) {
        const string second = s.substr(i, j);
        if (IsValidPart(second)) {
          for (size_t k = 1; i + j + k < size(s) && k < 4; ++k) {
            const string third = s.substr(i + j, k),
                         fourth = s.substr(i + j + k);
            if (IsValidPart(third) && IsValidPart(fourth)) {
              result.emplace_back(first + "." + second + "." + third + "." +
                                  fourth);
            }
          }
        }
      }
    }
  }
  return result;
}

bool IsValidPart(const string& s) {
  if (size(s) > 3) {
    return false;
  }
  // "00", "000", "01" 등은 유효하지 않지만, "0"은 유효하다.
  if (s.front() == '0' && size(s) > 1) {
    return false;
  }
  int val = stoi(s);
  return val <= 255 && val >= 0;
}
```

모든 가능한 IP 주소는 정확히 2^{32}개이므로, 위의 알고리즘은 상수 시간 복잡도
$O(1)$이 된다.

응용: 마침표의 개수가 k개이고 문자열의 길이에 제한이 없을 때 같은 문제를 풀어 보라.

문제 6.10 사인 곡선 형태로 문자열 작성하기

문자열을 사인 곡선 형태로 작성해 보자. 다음 예제는 문자열 "Hello World!"가 사인 곡선(sine curve) 모양으로 표현된 것이다.

```
  e          u          l
H   l   o   W   r   d            (␣는 빈칸을 의미한다.)
    l           o           !
```

사인 곡선 형태로 출력된 문자열 s를 왼쪽에서 오른쪽으로 읽는 형태를 뱀 문자열 이라고 하자. 예를 들어 "Hello␣World!"의 뱀 문자열은 "e␣lHloWrdlo!"가 된다.

문자열 s가 주어졌을 때 s의 뱀 문자열을 구하는 프로그램을 작성하라.

힌트: 예제를 사용해서 규칙을 찾아보자.

해법: 무식한 방식으로 접근해 보자. 우선 $3 \times n$ 크기의 2차원 배열을 null로 초기화 한다. 그 뒤에 문자열을 사인 곡선 형태로 쓴 다음에 null이 아닌 문자를 행 우선 순 서(row major manner)로 읽으면 된다.

그런데 잘 살펴보면 첫 번째 행은 $s[1], s[5], s[9], \ldots$, 두 번째 행은 $s[0], s[2], s[4],$ $\ldots$, 마지막 행은 $s[3], s[7], s[11], \ldots$의 순서로 쓰인다는 사실을 알 수 있다. 따라서 추가적인 메모리 사용 없이 세 번의 반복문을 통해 뱀 문자열을 구할 수 있다.

```cpp
string SnakeString(const string& s) {
  string result;
  // 첫 번째 줄(s[1], s[5], s[9])을 출력한다.
  for (int i = 1; i < size(s); i += 4) {
    result += s[i];
  }
  // 두 번째 줄(s[0], s[2], s[4])을 출력한다.
  for (int i = 0; i < size(s); i += 2) {
    result += s[i];
  }
  // 세 번째 줄(s[3], s[7], s[11])을 출력한다.
  for (int i = 3; i < size(s); i += 4) {
    result += s[i];
  }
  return result;
}
```

s의 길이를 n이라고 했을 때, 세 번의 반복문에 필요한 시간은 $O(n)$이므로 전체 시간 복잡도는 $O(n)$이 된다.

문제 6.11 반복 길이 부호화로 문자열을 압축·해제하기

반복 길이 부호화(RLE, Run-length encoding)는 압축 및 해제를 실시간으로 수행할 수 있는 효과적인 압축 방법이다. 아이디어는 간단하다. 실제 문자열 대신 문자와 해당 문자의 연속 등장 횟수를 함께 써 주면 된다. 예를 들어 "aaaabcccaa"를 RLE로 압축하면 "4a1b3c2a"가 되고, "3e4f2e"를 압축 해제하면 "eeeffffee"가 된다.

반복 길이 부호화를 사용해서 문자열의 압축 및 해제를 구현하라. 입력 문자열은 항상 유효하며 압축할 문자열은 숫자를 제외한 알파벳으로만 구성되어 있다.

힌트: 2진수를 문자열 형태 혹은 그 반대로 바꾸는 방법과 비슷하게 풀 수 있다.

해법: 압축 해제하는 함수를 먼저 생각해 보자. 위의 규칙을 보면 압축된 문자열은 항상 숫자 뒤에 문자 한 개가 등장한다는 사실을 알 수 있다. 연속된 숫자는 양의 정수이다. 따라서 연속된 숫자를 정수로 바꾼 뒤, 그 뒤에 등장하는 문자를 해당 숫자만큼 출력하고, 이를 모든 문자에 대해 반복하면 된다.

압축 함수에서는 같은 문자의 개수를 센 뒤 이 숫자를 문자열로 바꿔준다.

```cpp
string Decoding(const string &s) {
  int count = 0;
  string result;
  for (const char &c : s) {
    if (isdigit(c)) {
      count = count * 10 + c - '0';
    } else {                    // c가 알파벳일 때
      result.append(count, c);  // c의 개수만큼 result에 덧붙인다.
      count = 0;
    }
  }
  return result;
}

string Encoding(const string &s) {
  string result;
  for (int i = 1, count = 1; i <= size(s); ++i) {
    if (i == size(s) || s[i] != s[i - 1]) {
      // 새로운 문자가 등장했으므로 이전 문자의 개수를 적어 준다.
      result += to_string(count) + s[i - 1];
```

```
        count = 1;
    } else {  // s[i] == s[i - 1].
        ++count;
    }
  }
  return result;
}
```

문자열의 길이를 n이라고 했을 때 전체 시간 복잡도는 $O(n)$이 된다.

문제 6.12 부분 문자열이 첫 번째로 등장한 위치 찾기

훌륭한 문자열 검색 알고리즘은 애플리케이션의 성능을 결정짓는 중요한 요소다. 문자열 검색과 관련된 다양한 알고리즘이 존재하지만, 각각은 장단점이 있어서 어느 특정 알고리즘이 모든 경우에 훌륭하다고 말할 수 없다. 만약 면접에서 이런 질문을 받는다면 특정 알고리즘을 자세하게 파고 들고, 나머지 알고리즘은 대략적으로 설명하는 것이 좋다.

검색할 문자열 s("search string")와 텍스트 t("text")가 주어졌을 때, t에서 s가 처음 나타나는 위치를 찾아보라.

힌트: 문자열의 해시값을 활용해 보자.

해법: 무식한 방법으로 생각해 보면 두 개의 중첩된 반복문을 사용하면 된다. 첫 번째 반복문은 텍스트 t의 시작 인덱스를 가리키고, 두 번째 반복문은 s가 t의 부분 문자열과 같은지 확인한다. 이 방법은 최악의 경우에는 굉장히 오래 걸린다. 만약 t가 n개의 'a'로 이루어져 있고, s가 $n/2$개의 'a' 다음에 'b'로 끝나는 문자열이라면 총 $n/2$번의 문자열 비교 연산을 수행해야 한다. 이 방법의 시간 복잡도는 $O(n^2)$이다.

당연하게도, 이 방법은 t의 문자를 하나씩 다 비교하므로 느릴 수밖에 없다. s의 길이가 m이라 할 때, 문자열 동등성을 한 번 확인하는 데 걸리는 시간은 잠재적으로 $O(m)$과 같다.

KMP, Boyer-Moore, Rabin-Karp 알고리즘은 문자열 매칭을 선형 시간에 가능케 한다. 이 중에서 Rabin-Karp 알고리즘이 구현을 이해하기 가장 쉽다.

Rabin-Karp 알고리즘은 앞에서 언급한 무식한 방법과 비슷하지만 두 번째 반복문을 사용하지 않는다고 생각하면 된다. 그 대신 '지문(fingerprint)'의 개념을 사용한다. 즉, 문자열 s의 길이를 m이라고 했을 때 텍스트 t에서 길이가 m인 부문 문자열의 해시값을 구한다. 이 해시값이 지문의 역할을 한다. 해시값을 효율적으로 구하기 위해 가법 해시 함수(incremental hash function)를 사용한다. 즉, 문자를 하나씩 추가해 나가면서 점차적으로 해시값을 구해 나가는 방법이다. 롤링 해시(rolling hash)라고도 한다. 이 해시 함수를 사용하면 부분 문자열의 구간을 옆으로 옮겨 가면서 모든 부분 문자열의 해시값을 빠르게 구해 나갈 수 있다.

예를 들어 $\{A, C, G, T\}$로 이루어진 문자열이 있다고 가정하자. t는 "GACGCCA"이고, s는 "CGC"일 때, "A"는 0, "C"는 1 등과 같이 문자를 숫자에 대응시킬 수 있다. 해시 함수는 문자열을 정수값으로 바꾼 뒤 31로 나눈 나머지라고 가정하자. 이때 s의 해시값은 $121 \bmod 31 = 28$이 되고 t의 첫 세 글자 "GAC"의 해시값은 $201 \bmod 31 = 15$가 되므로 s는 t의 첫 세 글자와 매칭되지 않는다. 계속해서 "ACG"의 해시값을 만들 때는 가법해시 함수를 사용한다. 즉, 이전 해시값 15에서 200을 뺀 뒤 10을 곱하고 2를 더한 뒤 31로 나눈 나머지를 취한다. 이 값은 12가 되고, s의 해시값 28과 매칭되지 않는다. 그 다음 같은 방식으로 "CGC"의 해시값을 구하면 28이 된다. 해시값이 같다고 끝난 건 아니다. 충돌(collision)이 발생할 수도 있으므로 부분 문자열이 s와 매칭되는지 꼭 확인해야 한다.

Rabin-Karp 알고리즘으로 선형 시간에 문자열 매칭을 찾기 위해서는 충돌할 가능성을 적은, 괜찮은 해시 함수가 필요하다.

```
// 만약 매칭되는 부분 문자열을 찾았다면, 부분 문자열의 첫 문자의 위치를 반환하라.
// 찾지 못했다면 -1을 반환하라.
int RabinKarp(const string &t, const string &s) {
  if (size(s) > size(t)) {
    return -1;  // s는 t의 부분 문자열이 아니다.
  }

  const int kBase = 26;
  int t_hash = 0, s_hash = 0;  // t의 부분 문자열과 s의 해시값
  int power_s = 1;             // kBase^|s-1|
  for (int i = 0; i < size(s); ++i) {
    power_s = i ? power_s * kBase : 1;
    t_hash = t_hash * kBase + t[i];
    s_hash = s_hash * kBase + s[i];
  }

  for (int i = size(s); i < size(t); ++i) {
    // 해시 충돌을 고려해서 두 개의 부분 문자열이 실제로 같은 문자열인지 확인해야 한다.
    if (t_hash == s_hash && !t.compare(i - size(s), size(s), s)) {
      return i - size(s);  // 매칭을 찾았다.
    }
```

```
      // 롤링 해시를 사용해서 다음 해시값을 구한다.
      t_hash -= t[i - size(s)] * power_s;
      t_hash = t_hash * kBase + t[i];
    }

    // s가 t[size(t) - size(s), size(t) - 1]와 매치되는지 확인한다.
    if (t_hash == s_hash && t.compare(size(t) - size(s), size(s), s) == 0) {
      return size(t) - size(s);
    }
    return -1;  // s는 t의 부분 문자열이 아니다.
}
```

해시 함수가 충분히 좋을 때, 시간 복잡도는 $O(m + n)$이 된다. 여기서 m은 문자열 s의 길이, n은 텍스트 t의 길이를 말한다.

7장

연결리스트

S-표현법은 다음과 같은 재귀적 규칙에 의해 형성된다.
1. p_1, p_2 등과 같은 원자 기호는 S-표현법이다.
2. 널(null) 또한 S-표현법이다.
3. e가 S-표현법이라면 (e)도 S-표현법이다.
4. e_1, e_2가 S-표현법이라면 (e_1, e_2)도 S-표현법이다.
⟨Recursive Functions Of Symbolic Expressions⟩, 존 매카시(J. Mccarthy), 1959

리스트는 순서가 있는 값들의 모음(collection)을 구현하며, 반복이 포함될 수 있다. 단순 연결리스트(singly linked list)는 연속된 노드(node)로 이루어진 자료구조로, 각 노드(node)는 하나의 객체와 다음 노드에 대한 참조로 이루어져 있다. 첫 번째 노드는 헤드(head), 마지막 노드는 테일(tail)이라고 하고, 테일의 다음 노드는 null 이 된다. 하지만 null 외에도 센티넬 노드(sentinel node)[1] 혹은 자기 자신을 가리키는 방식으로 테일을 표현할 수 있다. 그림 7.1에 단순 연결리스트의 구조가 표현되어 있다. 연결리스트에는 단순 연결리스트뿐만 아니라 다양한 방식의 연결리스트가 존재한다. 예를 들어 이중 연결리스트(double linked list)는 이전 노드에 대한 연결 정보도 가지고 있다. 그림 7.2는 이중 연결리스트의 구조를 보여 준다.

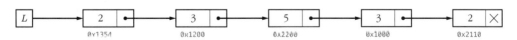

그림 7.1 단순 연결리스트의 예제. 노드 아래 적힌 헥사(hex) 값은 각 노드의 메모리상 주소를 나타낸다.

---

1 (옮긴이) 단말 노드를 표현하기 위해서 사용되는 특수 목적의 노드를 말한다.

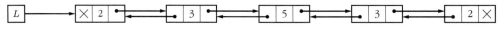

그림 7.2 이중 연결리스트의 예제

문제에 특별히 쓰여 있지 않다면, 이번 장에서 각 노드는 데이터와 다음 노드를 가리키는 참조 변수로 이루어져 있으며 마지막 노드의 참조 변수는 null을 가리킨다. 프로토타입은 다음과 같다.

```cpp
template <typename T>
struct ListNode {
  T data;

  // 여러 노드가 단일 노드를 가리킬 수 있으므로 공유 포인터를 사용해야 한다.
  // 예를 들어, 아래 리스트에서 노드 1과 4는 노드 2를 가리킨다.
  // 0->1->2->3->4
  //      ^    |
  //      |____|
  shared_ptr<ListNode<T>> next;
};
```

연결리스트 부트캠프

리스트 관련 문제는 두 가지 유형이 있는데, 리스트를 직접 구현하는 것과 표준 리스트 라이브러리를 사용하는 것으로 구분된다. 여기서는 두 가지 유형을 모두 다루는데, 먼저 구현 방법을 알아본 다음 리스트 라이브러리를 다룬다.

단순 연결리스트를 대상으로 기본적인 리스트 API(검색, 삽입, 삭제)를 구현해 보는 것이 리스트에 익숙해지는 가장 좋은 방법이다.

- 키 검색하기

```cpp
shared_ptr<ListNode<int>> SearchList(shared_ptr<ListNode<int>> L, int key) {
  while (L && L->data != key) {
    L = L->next;
  }
  // 키가 리스트에 없으면 L은 null이 된다.
  return L;
}
```

- 특정 노드 다음에 새로운 노드를 삽입하기

```cpp
// node 다음에 new_node 삽입하기
void InsertAfter(const shared_ptr<ListNode<int>>& node,
                 const shared_ptr<ListNode<int>>& new_node) {
```

```
  new_node->next = node->next;
  node->next = new_node;
}
```

- 노드 삭제하기

```
// 바로 다음 노드 삭제하기. 노드는 테일이 아니라고 가정해도 된다.
void DeleteAfter(const shared_ptr<ListNode<int>>& node) {
  node->next = node->next->next;
}
```

삽입과 삭제는 지역적으로 발생하는 연산이고 시간 복잡도는 $O(1)$이다. 검색은 모든 리스트를 순회해야 하므로 (키가 마지막 노드이거나 리스트에 존재하지 않은 경우) 시간 복잡도는 $O(n)$이 된다(n은 전체 노드의 개수).

☑ 연결리스트 문제를 풀기 전 꼭 알고 있어야 할 내용

대부분의 리스트 문제는 $O(n)$ 공간을 사용하는 무식하지만 간단한 해법이 존재한다. 하지만 **주어진 리스트의 노드**를 사용해서 공간 복잡도를 $O(1)$로 줄이는 까다로운 해법도 존재한다. [문제 7.1, 문제 7.10]

리스트 문제는 대체로 개념적으로 간단하다. 새로운 알고리즘을 설계하는 것이라기보단 **깔끔한 코드를 작성**하는 것에 가깝다. [문제 7.12]

리스트가 비어 있는지 확인하는 작업은 번거롭다. **더미 헤드**(혹은 센티넬 노드)를 사용해 보라. [문제 7.2]

헤드와 테일에서 **다음 노드**(이중 연결리스트에서는 **이전 노드도**)를 갱신하는 작업은 빼먹기 쉬우므로 잊지 않도록 하자. [문제 7.10]

단순 연결리스트를 사용하는 알고리즘은 **반복자를 두 개 사용**하면 쉽게 풀리는 경우가 종종 있다. 하나의 반복자가 다른 반복자의 앞을 가리킨다든가 하나를 다른 하나보다 빠르게 움직여 볼 수 있다. [문제 7.3]

연결리스트 라이브러리 이해하기

표준 연결리스트 라이브러리를 살펴보자. 실제 면접에서는 여러분이 직접 리스트 클래스를 작성해야 한다는 사실을 명심하라.

C++ 리스트를 다룰 때는 list와 forward_list 클래스에 대해 잘 알고 있어야 한다.

list 클래스는 이중 연결리스트고, forward_list는 단순 연결리스트다.[2]

이중 연결리스트인 list에 대해서 다음 함수들을 잘 알고 있어야 한다.

- 리스트의 원소를 삽입하고 삭제하는 함수는 push_front(42)(또는 emplace_front(42)), pop_front(), push_back()(또는 emplace_back(), pop_back())이다.
- splice(L1.end(), L2), reverse(), sort() 함수는 forward_list의 함수와 유사하다.

단순 연결리스트인 forward_list에 대해서 다음 함수들을 잘 알고 있어야 한다.

- 리스트의 원소를 삽입하고 삭제하는 함수는 push_front(42)(또는 emplace_front(42)), pop_front(), insert_after(L.end(), 42)(또는 emplace_after(L.end(), 42), erase_after(A.begin()))이다.
- 다른 리스트로 원소를 옮길 때는 splice_after(L1.end(), L2)를 사용한다.
- reverse()로 원소의 순서를 뒤바꾼다.
- 리스트를 정렬할 때 sort()를 사용하면 코드를 직접 작성할 필요가 없다.

문제 7.1 두 개의 정렬된 리스트 합치기

단순 연결리스트 L과 F에 숫자가 오름차순으로 저장되어 있다고 가정하자. 우리는 L과 F를 합쳐서 하나의 단순 연결리스트로 표현하고자 한다. 단, 합쳐진 리스트의 숫자 또한 오름차순을 그대로 유지하고 싶다. 그림 7.3에서 두 리스트를 합친 결과를 볼 수 있다.

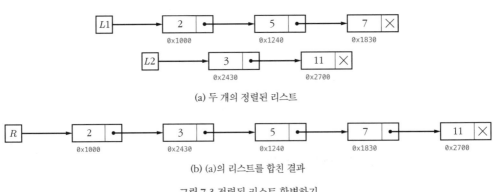

(a) 두 개의 정렬된 리스트

(b) (a)의 리스트를 합친 결과

그림 7.3 정렬된 리스트 합병하기

---

2 단순 연결리스트는 노드에 이전 필드를 포함하지 않으므로 이중 연결리스트보다 공간 효율적이다. 대신, 양방향 반복을 할 수 없다.

정렬된 단순 연결리스트 두 개가 주어졌을 때, 이 둘을 합친 리스트를 반환하는 프로그램을 작성하라. 여러분의 프로그램이 수정할 수 있는 변수는 다음 노드를 가리키는 next뿐이다.

힌트: 두 개의 정렬된 배열은 인덱스 두 개를 써서 합칠 수 있다. 리스트의 경우, 반복자가 끝에 도달했을 때의 처리에 주의하자.

해법: 단순하게 생각해 보면 리스트 두 개를 합친 뒤 정렬하면 된다. 하지만 이 방법은 기존 리스트가 정렬되어 있다는 사실을 사용하지 않는다. 따라서 다시 정렬할 때 필요한 시간 복잡도는 $O((n + m)\log(n + m))$이 된다(각 리스트의 길이를 n과 m이라 하자).

시간 복잡도 측면에서 더 효율적인 방법은 두 개의 리스트를 앞에서부터 확인하면서 작은 키를 가지고 있는 노드를 선택해 나가는 방법이다.

```cpp
shared_ptr<ListNode<int>> MergeTwoSortedLists(shared_ptr<ListNode<int>> L1,
                                              shared_ptr<ListNode<int>> L2) {
  // 결과를 저장할 변수를 생성한다.
  shared_ptr<ListNode<int>> dummy_head(new ListNode<int>);
  auto tail = dummy_head;

  while (L1 && L2) {
    AppendNode(L1->data <= L2->data ? &L1 : &L2, &tail);
  }

  // L1 혹은 L2에 남아 있는 노드를 덧붙인다.
  tail->next = L1 ? L1 : L2;
  return dummy_head->next;
}

void AppendNode(shared_ptr<ListNode<int>> *node,
                shared_ptr<ListNode<int>> *tail) {
  (*tail)->next = *node;
  *tail = *node;  // 테일을 갱신한다.
  *node = (*node)->next;
}
```

시간 복잡도 측면에서 최악의 경우의 시간 복잡도는 리스트의 길이와 같고 따라서 $O(n + m)$이 된다(최고의 경우는 리스트 하나가 다른 하나보다 굉장히 짧으면서 모든 노드가 합병된 리스트의 앞부분에 나타나는 경우일 것이다). 이미 존재하는 노드를 그대로 사용하므로 공간 복잡도는 $O(1)$과 같다.

응용: 리스트가 이중 연결리스트라고 가정하고 같은 문제를 풀어 보자.

문제 7.2 부분 리스트 하나 뒤집기

리스트의 부분 리스트를 역순으로 재배열하는 문제를 풀어보자. 그림 7.4에 예시가 나와 있다.

그림 7.4 그림 7.5의 리스트에서 두 번째와 네 번째 노드를 포함한 부분 리스트를 뒤집은 결과이다.

단순 연결리스트 L과 두 개의 정수 s와 f가 주어졌을 때 s번째 노드부터 f번째 노드까지 뒤집는 프로그램을 작성하라. 단, 헤드 노드를 시작으로 1부터 차례대로 번호를 매긴다고 가정하자. 이때 노드를 추가해선 안 된다.

힌트: 갱신해야 할 다음 노드를 주의 깊게 살펴보자.

해법: 직접적인 해법은 부분 리스트를 뽑아낸 뒤, 뒤집고, 기존 리스트에 이어서 붙여 주면 된다. 하지만 이 경우에는 부분 리스트를 두 번 읽어야 하는 단점이 있다.

하지만 부분 리스트를 찾는 동시에 뒤집을 수 있다면 어떨까? 부분 리스트를 한 번만 읽어서 문제를 해결할 수 있을 것이다. 리스트를 앞에서부터 차례로 훑어 가면서 부분 리스트의 시작 지점을 찾는다. s번째 노드에 도착하면 부분 리스트의 시작 노드와 이전 노드가 무엇인지 알 수 있다. 이제 뒤집는 과정을 시작하는 동시에 계속 리스트의 앞으로 나아간다. f번째 노드에 도착한 후 뒤집는 과정을 멈춘다. 그 다음에 뒤집은 부분 리스트를 기존 리스트에 연결시킨다.

```
shared_ptr<ListNode<int>> ReverseSublist(shared_ptr<ListNode<int>> L, int start,
                                         int finish) {
  auto dummy_head = make_shared<ListNode<int>>(0, L);
  auto sublist_head = dummy_head;
  int k = 1;
  while (k++ < start) {
    sublist_head = sublist_head->next;
  }

  // 부분 리스트를 뒤집는다.
  auto sublist_iter = sublist_head->next;
  while (start++ < finish) {
    auto temp = sublist_iter->next;
```

```
        sublist_iter->next = temp->next;
        temp->next = sublist_head->next;
        sublist_head->next = temp;
    }
    return dummy_head->next;
}
```

f번째 노드까지만 순회하면 되므로 시간 복잡도는 $O(f)$가 된다.

응용: 단순 연결리스트를 뒤집는 함수를 작성하라. 주어진 리스트가 사용하는 공간 이외의 공간은 상수만큼만 사용해야 한다. 그림 7.5에 자세한 방법이 설명되어 있다.

응용: 단순 연결리스트 L과 음이 아닌 정수 k가 주어졌을 때 연결된 노드를 k개씩 뒤집는 프로그램을 작성하라. 만약 리스트의 길이가 k의 배수가 아니라면 마지막 $n \bmod k$개의 노드는 그대로 두면 된다. 노드의 내부 자료는 수정하면 안 된다.

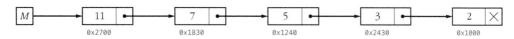

그림 7.5 그림 7.3(b)의 리스트를 뒤집었다. 새 노드를 할당할 수 없다는 점에 주의하자.

문제 7.3 사이클이 존재하는지 확인하기

마지막 노드가 null로 끝나는 노드의 시퀀스를 일컬어 연결리스트(linked list)라고 부르지만, next 필드에 이전 노드를 가리키면 사이클이 형성될 수도 있다.

단순 연결리스트의 헤드가 주어졌을 때 사이클이 존재하면 사이클의 시작 노드를, 그렇지 않으면 null을 반환하는 프로그램을 작성하라(단, 리스트의 길이를 사전에 알 수 없다).

힌트: 두 개의 반복자를 사용해서 하나는 빠르게 하나는 느리게 움직여 보자.

해법: 이 문제에는 여러 가지 해법이 존재한다. 공간에 제약이 없다면 간단하게 방문했던 노드들을 전부 해시 테이블에 넣고 현재 노드가 이전에 방문했던 노드인지에 따라 사이클의 존재 유무를 확인할 수 있다. 사이클이 존재하지 않는다면 탐색은 테일에서 끝날 것이다(테일은 종종 next를 null로 세팅한다). 전체 노드의 개수를 n이라 할 때 이 방법은 $O(n)$의 공간을 추가적으로 사용해야 한다.

추가적인 공간 없이 생각해 보자. 무식하게 생각해 보면 이중 루프를 사용해 볼 수 있다. 바깥 루프는 리스트의 노드를 하나씩 방문하고, 안쪽 루프는 매번 헤드에서 시작해서 바깥 루프가 가리키는 노드까지 반복한다. 바깥 루프가 방문했던 노드를 안쪽 루프가 재방문했다면 사이클이 존재한다고 말할 수 있다. 혹은 바깥 루프가 리스트의 끝에 도달했다면 사이클이 없다고 말할 수 있다. 이 방법의 시간 복잡도는 $O(n^2)$이다.

이 아이디어를 발전시켜 선형 시간에 문제를 풀어 보자. 두 개의 반복자를 사용할 것이다. 하나는 천천히 움직이고, 다른 하나는 빠르게 움직이며 리스트를 순회한다. 즉, 단계마다 천천히 움직이는 반복자는 노드를 한 개씩 방문하고, 빠르게 움직이는 반복자는 노드를 두 개씩 방문한다. 만약 두 반복자가 어느 순간 같은 노드를 가리킨다면 사이클이 존재한다고 말할 수 있다. 왜냐하면 빠르게 움직이는 반복자가 느리게 움직이는 반복자를 건너뛴다면, 그 다음 단계에 두 반복자는 만나게 되어 있기 때문이다.

이 방법을 통해 사이클의 유무를 찾을 수 있다. 사이클의 시작 지점은 사이클의 길이 C를 통해 구할 수 있다. 사이클이 존재하고 현재 가리키는 노드가 사이클 내부에 있다면, 사이클의 길이를 쉽게 구할 수 있다. 사이클의 첫 번째 노드를 찾기 위해서 두 개의 반복자가 필요하다. 하나를 다른 하나보다 C만큼 앞서 배치한 뒤, 그 둘을 동시에 한 칸씩 움직이다 보면 언젠가는 둘이 만나게 된다. 그 만나는 지점이 사이클의 첫 번째 노드가 된다.

다음 코드를 보면 알겠지만 알고리즘이 꽤 간단하다.

```cpp
shared_ptr<ListNode<int>> HasCycle(const shared_ptr<ListNode<int>>& head) {
  shared_ptr<ListNode<int>> fast = head, slow = head;

  while (fast && fast->next) {
    slow = slow->next, fast = fast->next->next;
    if (slow == fast) {
      // 사이클이 존재한다면, 사이클의 길이를 계산한다.
      int cycle_len = 0;
      do {
        ++cycle_len;
        fast = fast->next;
      } while (slow != fast);

      // 사이클의 시작 지점을 찾는다.
      auto cycle_len_advanced_iter = head;
      while (cycle_len--) {
        cycle_len_advanced_iter = cycle_len_advanced_iter->next;
      }
```

```
      auto iter = head;
      // 두 반복자를 같이 움직인다.
      while (iter != cycle_len_advanced_iter) {
        iter = iter->next;
        cycle_len_advanced_iter = cycle_len_advanced_iter->next;
      }
      return iter;  // iter가 사이클의 시작 지점이다.
    }
  }
  return nullptr;  // 사이클이 없다.
}
```

사이클의 시작 지점까지의 노드의 개수를 F, 사이클의 길이를 C, 전체 노드의 개수를 n이라고 할 때 시간 복잡도는 $O(F) + O(C) = O(n)$이 된다. 두 반복자가 사이클 내부로 들어가는 데 $O(F)$가 소요되고, 사이클 내부에서 두 반복자가 만나는 데 $O(C)$가 소요된다.

응용: 다음은 사이클의 길이를 계산하지 않고 사이클의 시작점을 찾는 프로그램이다. 이 프로그램은 앞의 코드보다 더 간결하다. 프로그램이 제대로 동작하는지 확인해 보자.

```
shared_ptr<ListNode<int>> HasCycle(const shared_ptr<ListNode<int>>& head) {
  shared_ptr<ListNode<int>> fast = head, slow = head;

  while (fast && fast->next && fast->next->next) {
    slow = slow->next, fast = fast->next->next;
    if (slow == fast) { // 사이클이 존재한다.
      // 사이클의 시작 지점을 찾는다.
      slow = head;
      // 동시에 두 포인터를 앞으로 내보낸다.
      while (slow != fast) {
        slow = slow->next, fast = fast->next;
      }
      return slow; // slow가 사이클의 시작 지점이다.
    }
  }
  return nullptr;  // 사이클이 없다.
}
```

문제 7.4 사이클이 없는 두 리스트가 겹치는지 확인하기

두 개의 단순 연결리스트가 동일한 노드 리스트를 공유할 수도 있다. 플라이웨이트 패턴(flyweight pattern)을 통해 메모리 공간을 절약할 목적이 있을 수도 있고, 정규

형태를 유지하려는 목적이 있을 수도 있다. 그림 7.6을 보면 리스트가 I 노드를 공유한다.

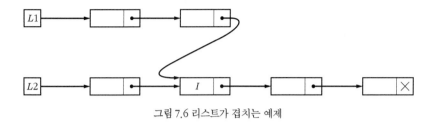

그림 7.6 리스트가 겹치는 예제

사이클 없는 단순 연결리스트 두 개가 주어졌을 때 두 리스트가 노드를 공유하는지 판단하는 프로그램을 작성하라.

힌트: 단순한 경우를 먼저 생각해 보자.

해법: 무식한 방식으로 생각해 보면 하나의 리스트에 있는 노드를 전부 해시 테이블에 넣고 해당 노드가 해시 테이블에 존재하는지 확인해 보면 된다. 이 방식을 모든 노드에 대해서 반복한다. 전체 노드가 n개일 때 $O(n)$의 공간과 시간이 필요하다.

이중 루프를 이용하면 공간을 추가로 사용하지 않을 수도 있다. 즉, 하나는 첫 번째 리스트를 반복하고 다른 하나는 두 번째 리스트를 반복하면서 두 번째 리스트의 노드가 첫 번째 리스트에 포함되어 있는지 확인한다. 이 방법은 $O(n^2)$ 시간이 소요된다.

여기에 중요한 사실이 하나 있다. 서로 겹치는 리스트는 반드시 테일을 공유해야 한다는 것이다. 즉, 리스트가 중간에 한 번 만나면 다시 갈라질 수 없다. 따라서 각 리스트의 테일만 확인하면 두 리스트가 겹치는지 확인할 수 있다.

겹치는 두 리스트가 처음으로 공유하는 노드를 찾으려면 어떻게 해야 할까? 우선 두 리스트의 길이를 알아야 한다. 그다음 길이가 짧은 리스트는 헤드에서 시작하고, 길이가 긴 리스트는 두 리스트 길이의 차이만큼 앞에서 시작해서 같이 한 칸씩 나아간다. 그러면 처음으로 공유하는 노드에서 만나게 된다. 만약 공통된 노드를 끝까지 찾지 못했다면 두 리스트가 공유하는 노드는 없다는 뜻이다.

```cpp
shared_ptr<ListNode<int>> OverlappingNoCycleLists(
    shared_ptr<ListNode<int>> l0, shared_ptr<ListNode<int>> l1) {
  int l0_len = Length(l0), l1_len = Length(l1);
```

```
    // 두 리스트의 길이가 같아지도록 길이가 긴 리스트를 먼저 나아간다.
    AdvanceListByK(abs(l0_len - l1_len), l0_len > l1_len ? &l0 : &l1);

    while (l0 && l1 && l0 != l1) {
      l0 = l0->next, l1 = l1->next;
    }
    return l0;  // l0과 l1이 겹치지 않으면 nullptr를 반환한다.
}

int Length(shared_ptr<ListNode<int>> L) {
  int length = 0;
  while (L) {
    ++length, L = L->next;
  }
  return length;
}

// L을 k만큼 전진시킨다.
void AdvanceListByK(int k, shared_ptr<ListNode<int>>* L) {
  while (k--) {
    *L = (*L)->next;
  }
}
```

이 알고리즘의 시간 복잡도는 $O(n)$이고 공간 복잡도는 $O(1)$이다.

문제 7.5 사이클이 존재하는 두 리스트가 겹치는지 확인하기

문제 7.4를 약간 변형해 보자. 만약 사이클을 포함하는 리스트도 존재한다면 공유하는 노드를 어떻게 찾아야 할까? 만약 공유하는 노드가 존재한다면, 가장 처음 만나는 노드를 반환하면 된다.

예를 들어 그림 7.7은 사이클이 존재하면서 노드가 겹치는 리스트를 나타낸다. 이 예제에서 A와 B 모두 첫 번째 겹치는 노드가 될 수 있다.

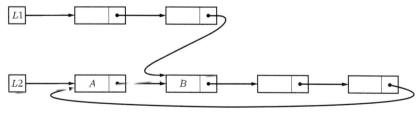

그림 7.7 서로 겹치는 리스트

힌트: 케이스를 분석해 보라. 두 리스트 모두 사이클이 있으면 어떻게 해야 할까? 같은 사이클로 끝나는 경우에는 어떻게 해야 할까? 하나는 사이클이 있지만 다른 하나는 사이클이 없다면 어떻게 해야 할까?

해법: 이 문제는 문제 7.4의 해법에서 언급했던 해시 테이블을 사용하면 쉽게 풀 수 있다. 이 방법은 전체 노드가 n개일 때 시간 복잡도와 공간 복잡도가 모두 $O(n)$이 된다.

다양한 케이스를 고려해 보면 공간 복잡도를 개선할 수 있다. 가장 쉬운 케이스는 사이클이 없는 경우로 문제 7.3의 해법을 사용해서 해결할 수 있다. 이 케이스는 문제 7.4의 해법을 사용해서 겹치는지 확인하면 된다.

만약 하나는 사이클이 존재하고 다른 하나는 사이클이 존재하지 않는다면 이 두 리스트는 공유하는 노드가 있을 수 없다.

이제 두 리스트 모두 사이클이 존재하는 경우를 생각해 보자. 두 리스트가 겹친 다면, 두 리스트의 사이클은 반드시 동일해야 한다.

두 가지 경우의 수가 존재한다. 첫 번째 경우는 사이클이 시작되기 전에 만나는 경우인데, 이 경우에는 둘이 만나는 첫 번째 노드가 단 하나여야 한다. 두 번째 경우는 사이클이 시작된 후에 만나는 경우이다. 첫 번째 경우는 문제 7.4의 해법을 이용해서 풀 수 있고, 두 번째 경우는 문제 7.3의 해법을 사용해서 풀 수 있다.

```cpp
shared_ptr<ListNode<int>> OverlappingLists(shared_ptr<ListNode<int>> l0,
                                           shared_ptr<ListNode<int>> l1) {
  // 사이클의 시작 지점을 저장한다.
  auto root0 = HasCycle(l0), root1 = HasCycle(l1);

  if (!root0 && !root1) {
    // 두 리스트 모두 사이클이 존재하지 않는다.
    return OverlappingNoCycleLists(l0, l1);
  } else if ((root0 && !root1) || (!root0 && root1)) {
    // 하나는 사이클이 존재하고 하나는 존재하지 않는다.
    return nullptr;
  }
  // 두 리스트 모두 사이클이 존재한다.
  auto temp = root1;
  do {
    temp = temp->next;
  } while (temp != root0 && temp != root1);

  return temp == root0 ? root1 : nullptr;
}
```

```
// a와 b 사이의 거리를 계산한다.
int Distance(shared_ptr<ListNode<int>> a, shared_ptr<ListNode<int>> b) {
  int dis = 0;
  while (a != b) {
    a = a->next, ++dis;
  }
  return dis;
}
```

n과 m을 입력 리스트의 길이라고 했을 때, 시간 복잡도는 $O(n + m)$이고 공간 복잡도는 $O(1)$이다.

문제 7.6 단순 연결리스트에서 노드 삭제하기

일반적으로 단순 연결리스트의 어떤 노드가 주어졌을 때 이 노드를 $O(1)$ 시간에 삭제하기는 불가능해 보인다. 왜냐하면 어떤 노드를 지우기 위해서는 이전 노드를 찾아낸 뒤 그 노드의 next 필드를 갱신하는 추가 과정이 필요하기 때문이다. 하지만 놀랍게도 삭제할 노드가 마지막 노드가 아니고 노드의 값을 쉽게 복사할 수 있다면 노드를 $O(1)$ 시간에 삭제할 수 있다.

단순 연결리스트의 노드를 삭제하는 프로그램을 작성하라. 입력 노드는 테일 노드가 아니다.

힌트: 주어진 노드가 아닌 그 다음 노드를 삭제함으로써 해당 기능을 구현할 수는 없을까?

해법: 주어진 노드를 삭제하기 위해선 그 이전 노드의 next 필드를 갱신해야 한다. 보통 단순 연결리스트에서 이전 노드를 찾으려면 헤드부터 차례대로 탐색하는 과정을 거쳐야 한다. 그리고 대개 이 과정은 $O(n)$의 시간이 소요된다.

하지만 어떤 노드가 주어졌을 때 그 다음 노드를 삭제하는 연산은 이전 노드를 찾기 위한 탐색 과정을 생략할 수 있으므로 쉽다. 만약 다음 노드의 값을 현재 노드로 복사하고 다음 노드를 지울 수 있다면, 현재 노드를 삭제한 듯한 효과를 낼 수 있다. 시간 복잡도는 $O(1)$이 된다.

```
// node_to_delete는 마지막 노드가 아니다.
void DeletionFromList(const shared_ptr<ListNode<int>>& node_to_delete) {
  node_to_delete->data = node_to_delete->next->data;
  node_to_delete->next = node_to_delete->next->next;
}
```

문제 7.7 리스트에서 뒤에서 k번째 원소 삭제하기

단순 연결리스트와 정수 k가 주어졌을 때 리스트의 끝에서 k번째 원소를 삭제하는 프로그램을 작성하라. 단, 리스트의 길이에 관계없이 메모리는 상수 크기만큼만 추가로 사용할 수 있다. 리스트의 길이를 따로 저장할 수 없다고 가정한다.

힌트: 리스트의 전체 길이를 모른다면 작업이 쉽지 않다. 만약 리스트의 길이를 알 수 있다면, 반복자 두 개를 사용해서 끝에서 k번째 원소를 찾을 수 있겠는가?

해법: 무식한 방법으로 생각해 본다면, 먼저 단일 패스를 통해 리스트의 그 길이를 구한 뒤, 다시 리스트를 반복하면서 삭제할 노드를 찾으면 된다. 만약 리스트가 디스크에 저장되어 있다면, 이 방법은 리스트를 두 번 탐색해야 하므로 느리다는 단점이 있다.

반복자 두 개를 사용해서 리스트를 순회해 보자. 첫 번째 반복자는 두 번째 반복자보다 k만큼 앞서게 배치하고, 함께 앞으로 나아간다. 첫 번째 반복자가 리스트의 마지막에 다다랐을 때 두 번째 반복자는 끝에서 $k + 1$번째 노드를 가리키게 되므로 끝에서 k번째 노드를 쉽게 삭제할 수 있다.

```cpp
// L에 k개 이상의 노드가 있다고 가정하고, 뒤에서 k번째 노드를 삭제한다.
shared_ptr<ListNode<int>> RemoveKthLast(const shared_ptr<ListNode<int>>& L,
                                        int k) {
  auto dummy_head = make_shared<ListNode<int>>(0, L);
  auto first = dummy_head->next;
  while (k--) {
    first = first->next;
  }

  auto second = dummy_head;
  while (first) {
    second = second->next, first = first->next;
  }
  // second가 뒤에서 k + 1번째 노드를 가리키므로, 그 다음 노드를 삭제한다.
  second->next = second->next->next;
  return dummy_head->next;
}
```

리스트의 길이가 n일 때 시간 복잡도는 $O(n)$이고 공간 복잡도는 $O(1)$이 된다.

반복자 두 개를 사용한 방법과 무식한 방법을 비교해 보자. 전체 리스트는 메모리에 올릴 수 없을 만큼 크지만, k가 충분히 작아서 두 반복자 사이의 노드는 메모리에 올릴 수 있다고 가정한다. 반복자 두 개를 사용한 방법은 무식한 방법과 비교했을 때 디스크 읽는 횟수를 절반이나 줄일 수 있다.

문제 7.8 정렬된 리스트에서 중복된 원소 삭제하기

이번에는 정렬된 정수 리스트에서 중복되는 부분을 제거하는 문제를 풀어 보자. 그림 7.8에 자세한 예제가 나와 있다.

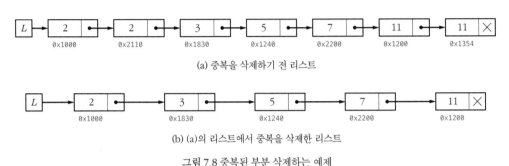

(a) 중복을 삭제하기 전 리스트

(b) (a)의 리스트에서 중복을 삭제한 리스트

그림 7.8 중복된 부분 삭제하는 예제

정수가 정렬된 단순 연결리스트가 주어졌을 때 중복된 부분을 제거하는 프로그램을 작성하라. 리스트는 정렬되어 있다.

힌트: 갱신해야 할 next 필드에 주목하자.

해법: 무식한 방법은 해시 테이블을 이용해서 중복된 부분을 제거하고 이를 바탕으로 새로운 리스트를 만드는 것이다. 혹은 새로운 리스트를 매번 탐색하면서 추가하려는 값이 이미 존재하는지 확인해 보면 된다. 첫 번째 방법은 해시 테이블을 사용하므로 추가적으로 $O(n)$의 공간을 필요로 하고 두 번째 방법은 매번 리스트를 살펴봐야 하므로 $O(n^2)$의 시간이 소요된다. 또한 두 방법 모두 길이가 n인 새로운 리스트를 할당한다.

리스트가 정렬되어 있다는 사실을 이용하면 좀 더 나은 해법을 찾을 수 있다. 리스트를 처음부터 차례로 탐색하면서 인접한 노드의 값이 동일한 경우에 현재 노드를 삭제한다.

```
shared_ptr<ListNode<int>> RemoveDuplicates(const shared_ptr<ListNode<int>>& L) {
  auto iter = L;
  while (iter) {
    // 그 다음으로 다른 값을 찾기 위해 next_distinct를 사용한다.
```

```
    auto next_distinct = iter->next;
    while (next_distinct && next_distinct->data == iter->data) {
      next_distinct = next_distinct->next;
    }
    iter->next = next_distinct;
    iter = next_distinct;
  }
  return L;
}
```

약간의 분할 상환 분석(amortized analysis)을 통해 시간 복잡도를 계산해 보자. 인접한 노드의 값이 같은 경우가 많을 때는 노드 하나를 여러 번 참조해야 한다. 하지만 리스트의 간선을 기준으로 생각했을 때 각 간선을 참조한 횟수는 한 번뿐이므로 시간 복잡도는 $O(n)$이 되고, 추가로 사용한 메모리가 없으므로 공간 복잡도는 $O(1)$이 된다.

응용: 자연수 m과 정렬된 단순 연결리스트 L이 주어졌을 때, m번 이상 중복되어 나타나는 숫자 k를 리스트 L에서 전부 삭제하는 프로그램을 작성하라.

문제 7.9 단순 연결리스트에서 오른쪽 원형 시프트 구현하기

이번에는 리스트에서 오른쪽으로 원형 시프트를 수행하는 문제를 풀어 보자.

자연수 k와 단순 연결리스트가 주어졌을 때, 오른쪽으로 원형 시프트(circular shift)를 k번 수행한 뒤의 리스트를 반환하는 프로그램을 작성하라. 그림 7.9에 자세한 예제가 나와 있다.

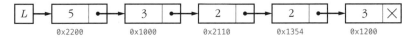

그림 7.9 그림 7.1에서 오른쪽으로 원형 시프트를 3만큼 적용한 결과이다. 메모리를 추가로 사용하지 않았다.

힌트: 배열을 회전하는 문제와 다른 점이 무엇인지 생각해 보자.

해법: 가장 무식한 방법은 오른쪽 시프트 연산을 k번 수행하는 것이다. 오른쪽 시프트 연산을 한 번 할 때마다 마지막 노드와 그 이전 노드를 찾은 뒤, 마지막 노드는 헤드 앞에 연결시키고 그 이전 노드의 next 필드는 null로 바꿔준다. 리스트의 길이를 n이라 했을 때 이 알고리즘의 공간 복잡도는 $O(1)$, 시간 복잡도는 $O(kn)$이 된다.

k가 n보다 클 수도 있다. 이 경우에는 $k \bmod n$번 시프트 연산을 수행하면 되기 때문에 $k < n$이라고 가정해도 좋다. 연결리스트는 쉽게 분리가 가능하고 부분 리스트의 재배열 또한 쉽다. 이러한 성질을 이용하면 무식한 방법을 좀 더 개선할 수 있다. 먼저 마지막 노드 t를 찾는다. t의 다음 노드는 기존의 헤드가 되어야 하므로 t의 다음 노드를 헤드로 갱신한다. 시프트 연산을 적용한 후에 기존 헤드는 k번째 노드가 되어야 하므로 $n - k$번째 노드를 헤드로 설정한 뒤 환형 고리를 끊어 준다.

```cpp
shared_ptr<ListNode<int>> CyclicallyRightShiftList(shared_ptr<ListNode<int>> L,
                                                   int k) {
  if (L == nullptr) {
    return L;
  }

  // L의 길이와 마지막 노드를 구한다.
  auto tail = L;
  int n = 1;
  while (tail->next) {
    ++n, tail = tail->next;
  }
  k %= n;
  if (k == 0) {
    return L;
  }

  tail->next = L;   // 테일과 헤드를 연결함으로써 사이클을 만든다.
  int steps_to_new_head = n - k;
  auto new_tail = tail;
  while (steps_to_new_head--) {
    new_tail = new_tail->next;
  }
  auto new_head = new_tail->next;
  new_tail->next = nullptr;
  return new_head;
}
```

이 알고리즘의 시간 복잡도는 $O(n)$이고, 공간 복잡도는 $O(1)$이다.

문제 7.10 짝수-홀수 병합 구현하기

숫자가 0부터 차례대로 된 단순 연결리스트의 노드에 쓰여 있다. 리스트의 짝수-홀수 병합이란, 단순 연결리스트의 연결 순서를 짝수 노드 다음에 홀수 노드가 등장하도

록 배치하는 것이다. 짝수-홀수 병합을 구하는 프로그램을 작성하라. 그림 7.10에
짝수-홀수 병합에 대한 예제가 나와 있다.

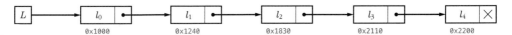

(a) L은 초기 리스트이다. 노드 밑에 쓰인 핵사 값은 노드의 메모리 주소를 말한다.

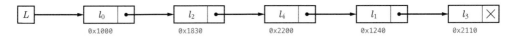

(b) L을 짝수-홀수 병합한 리스트이다. 노드를 위해 새로운 메모리를 할당하지 않았다.

그림 7.10 짝수-홀수 병합 예제

힌트: 임시 변수를 사용해 보자.

해법: 무식한 방법으로 생각해 보면, 짝수와 홀수로 이루어진 리스트 두 개를 새로
할당한 뒤, 마지막에 두 리스트를 연결하면 된다. n이 두 입력 리스트의 총 노드 수
라고 할때, 시간 및 공간 복잡도는 $O(n)$이다.

하지만 기존에 할당된 노드를 잘 사용하면 새로 리스트를 만들지 않고도 문제를
풀 수 있다. 두 개의 반복자를 사용하면 된다. 하나는 짝수 노드, 다른 하나는 홀수
노드를 반복하며 짝수 원소는 짝수 리스트에, 홀수 원소는 홀수 리스트에 연결시킨
다. 표시자 변수(indicator variable)를 사용해서 추가할 리스트가 무엇인지 알려 주
고, 마지막에 홀수 리스트를 짝수 리스트 뒤에 연결하면 된다.

```cpp
shared_ptr<ListNode<int>> EvenOddMerge(const shared_ptr<ListNode<int>>& L) {
  if (L == nullptr) {
    return L;
  }

  auto even_dummy_head = make_shared<ListNode<int>>(0, nullptr);
  auto odd_dummy_head = make_shared<ListNode<int>>(0, nullptr);
  array<shared_ptr<ListNode<int>>, 2> tails = {even_dummy_head, odd_dummy_head};
  int turn = 0;
  for (auto iter = L; iter; iter = iter->next) {
    tails[turn]->next = iter;
    tails[turn] = tails[turn]->next;
    turn ^= 1;  // 짝수와 홀수를 번갈아 사용한다.
  }
  tails[1]->next = nullptr;
  tails[0]->next = odd_dummy_head->next;
  return even_dummy_head->next;
}
```

이 알고리즘의 시간 복잡도는 $O(n)$이고, 공간 복잡도는 $O(1)$이다.

문제 7.11 단순 연결리스트가 회문인지 확인하기

배열에서 회문(palindrome)을 확인하는 작업은 간단하다. 하지만 시퀀스가 단순 연결리스트로 이루어져 있으면, 회문을 확인하는 작업이 더 어려워진다. 그림 7.1 에 단순 연결리스트로 이루어진 회문의 예제가 나와 있다.

단순 연결리스트가 주어졌을 때 이 리스트가 회문인지 아닌지 확인하는 코드를 작성하라.

힌트: 리스트를 앞뒤로 동시에 읽을 수 있다면 쉽게 풀 수 있다.

해법: 무식한 방법은 처음 노드와 마지막 노드를 비교하고, 두 번째 노드와 뒤에서 두 번째 노드를 비교하는 작업을 반복하는 것이다. 리스트의 길이가 n일 때 $O(n^2)$ 시간 복잡도가 소요되고 공간 복잡도는 $O(1)$이 된다.

시간 복잡도가 $O(n^2)$인 이유는 마지막 노드, 마지막에서 두 번째 노드 등을 구하기 위해선 리스트를 반복적으로 처음부터 순회해야 하기 때문이다. 단순 연결리스트의 첫 번째 노드를 구하는 작업은 $O(1)$ 시간이 소요된다. 따라서 $O(n)$ 시간에 리스트의 절반을 역순으로 뒤집을 수 있으면 반복 탐색 과정을 피할 수 있다. 다시 말해, 기존의 리스트 절반과 역순 리스트 절반이 같다면 회문이 되고, 같지 않다면 회문이 아니게 된다. 이 방법은 리스트에 직접적인 수정을 가한다. 하지만 회문 테스트를 마친 뒤에 원래대로 복원해 주면 된다.

```cpp
bool IsLinkedListAPalindrome(shared_ptr<ListNode<int>> L) {
  // L의 뒤쪽 절반을 찾는다.
  shared_ptr<ListNode<int>> slow = L, fast = L;
  while (fast && fast->next) {
    fast = fast->next->next, slow = slow->next;
  }

  // 처음 절반과 역순으로 뒤집힌 다음 절반을 비교한다.
  auto first_half_iter = L, second_half_iter = ReverseList(slow);
  while (second_half_iter && first_half_iter) {
    if (second_half_iter->data != first_half_iter->data) {
      return false;
    }
    second_half_iter = second_half_iter->next;
    first_half_iter = first_half_iter->next;
```

```
  }
  return true;
}
```

이 알고리즘의 시간 복잡도는 $O(n)$이고 공간 복잡도는 $O(1)$이다.

응용: 이중 연결리스트와 리스트의 헤드, 테일의 포인터가 주어졌을 때 같은 문제를
풀어 보자.

문제 7.12 리스트의 피벗 구현하기

어떤 정수 k를 기준으로 k보다 키(key)가 작은 노드는 왼쪽에, k보다 키가 큰 노드
는 오른쪽에 배치하는 과정을 피버팅(pivoting)이라 한다. 그림 7.11에 피버팅에 관
한 예제가 나와 있다.

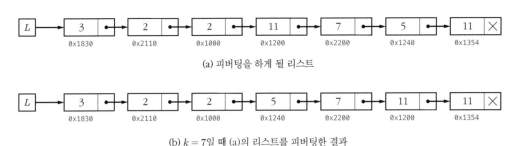

(a) 피버팅을 하게 될 리스트

(b) $k = 7$일 때 (a)의 리스트를 피버팅한 결과

그림 7.11 리스트 피버팅

단순 연결리스트와 정수 k가 주어졌을 때 k를 기준으로 리스트를 피버팅하는 함수
를 작성하라. 단, k이전에 나온 노드들과 k 이후에 나온 노드들의 상대적인 순서는
변하지 않아야 한다. k와 키가 같은 노드들의 상대적인 순서도 변하면 안 된다.

힌트: 세 개의 영역을 독립적으로 형성한다.

해법: 무식한 방법은 세 개의 리스트를 생성한 뒤, 입력 리스트를 순회하면서 노드
의 키값이 k보다 작은지, 같은지, 큰지에 따라 서로 다른 리스트에 넣어 준다. 그 뒤
에 입력 리스트를 헤드부터 다시 순회하면서 세 개의 리스트에 있는 자료를 덮어쓰
면 된다. 리스트의 노드의 개수를 n이라고 했을 때 시간 및 공간 복잡도는 $O(n)$이
된다.

그런데 여기서 주목할 만한 사실 하나는 실제로 세 개의 리스트를 새로 할당하지

않아도 된다는 점이다. 기존 리스트를 한번 순회하면서 각 노드를 세 개의 리스트로 다시 배치하면 된다. 리스트의 노드는 차례대로 순회하므로 노드의 상대적인 순서는 유지된다. 마지막에 이 세 개의 리스트를 합치면 된다.

```cpp
shared_ptr<ListNode<int>> ListPivoting(const shared_ptr<ListNode<int>>& l,
                                       int x) {
  shared_ptr<ListNode<int>> less_head(new ListNode<int>),
      equal_head(new ListNode<int>), greater_head(new ListNode<int>);
  shared_ptr<ListNode<int>> less_iter = less_head, equal_iter = equal_head,
                            greater_iter = greater_head;
  // 리스트를 세 개 생성한다.
  shared_ptr<ListNode<int>> iter = l;
  while (iter) {
    AppendNode(&iter, iter->data < x
                      ? &less_iter
                      : iter->data == x ? &equal_iter : &greater_iter);
  }
  // 세 개의 리스트를 합친다.
  greater_iter->next = nullptr;
  equal_iter->next = greater_head->next;
  less_iter->next = equal_head->next;
  return less_head->next;
}
```

세 개의 리스트를 만드는 데 걸린 시간은 $O(n)$이다. 세 개의 리스트를 합치는 데 걸린 시간은 $O(1)$이므로 전체 시간 복잡도는 $O(n)$이 된다. 공간 복잡도는 $O(1)$이다.

문제 7.13 리스트로 표현된 정수의 덧셈

각 노드에 숫자가 쓰인 단순 연결리스트를 하나의 정수로 생각해 보자. 단, 최하위 숫자가 리스트의 앞에 온다고 가정한다. 이러한 방식은 종종 제한이 없는 정수를 표현하는 데 쓰이곤 한다. 이 문제는 이런 방식으로 표현된 숫자가 주어졌을 때 덧셈을 수행한다. 그림 7.12에 예제가 나와 있다.

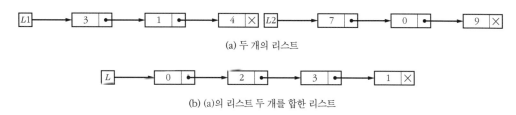

(a) 두 개의 리스트

(b) (a)의 리스트 두 개를 합한 리스트

그림 7.12 정수의 덧셈, 413 + 907 = 1320을 리스트로 표현하였다.

정수를 표현하는 단순 연결리스트 두 개가 주어졌을 때 이 두 정수의 합을 표현하는 리스트를 반환하는 프로그램을 작성하라. 단, 최하위 숫자가 먼저 등장한다.

힌트: 먼저 각 쌍의 숫자의 합이 9를 넘는 경우가 없다고 가정하고 문제를 풀어 보자.

해법: 리스트를 정수값으로 변환하는 건 간단하지 않다. 왜냐하면 정수 변수는 컴퓨터가 어떻게 설계되었느냐에 따라 길이가 정해져 있지만, 리스트로 표현된 정수의 크기에는 제한이 없기 때문이다.

초등학교 때 배운 덧셈 방법을 흉내 내보자. 즉, 두 리스트에서 각 자릿수를 차례로 더해 준다. 이 방법의 핵심은 특정 위치에서 올림되는 수를 올바르게 처리하는 데 있다. 마지막 올림수가 0이 아닌 경우에는 새로운 노드 하나를 추가해야 한다는 사실을 명심하라.

```
shared_ptr<ListNode<int>> AddTwoNumbers(shared_ptr<ListNode<int>> L1,
                                        shared_ptr<ListNode<int>> L2) {
  shared_ptr<ListNode<int>> dummy_head(new ListNode<int>);
  auto place_iter = dummy_head;
  int carry = 0;
  while (L1 || L2 || carry) {
    int val = carry + (L1 ? L1->data : 0) + (L2 ? L2->data : 0);
    L1 = L1 ? L1->next : nullptr;
    L2 = L2 ? L2->next : nullptr;
    place_iter->next = make_shared<ListNode<int>>(val % 10, nullptr);
    carry = val / 10, place_iter = place_iter->next;
  }
  return dummy_head->next;
}
```

n과 m이 리스트의 길이라고 했을 때 시간 복잡도는 $O(n + m)$이고 공간 복잡도는 $O(\max(n, m))$이다.

응용: 최상위 숫자가 리스트의 앞에 등장한다고 했을 때 같은 문제를 풀어 보라.

8장

스택과 큐

값의 삽입, 삭제, 접근이 대부분 첫 번째나 마지막 노드에서 발생하는
선형 리스트는 아주 빈번하게 사용된다.
《The Art of Computer Programming》(한빛미디어), 도널드 커누스(D. E. Knuth), 1997

스택은 삽입 및 삭제에 대한 후입선출법(last-in, first-out)을 지원하는 반면, 큐는 선입선출법(first-in, first-out)을 지원한다. 스택과 큐는 보통 복잡한 문제를 해결하기 위한 수단으로 사용되지만 면접 문제에도 자주 등장한다.

스택

문제 8.1 ~ 문제 8.5

스택에는 push와 pop이라는 두 가지 간단한 연산자가 존재한다. 스택은 그림 8.1에 나와 있듯이 후입선출법(last-in, first-out)에 따라 마지막에 추가한(push) 원소가 먼저 제거된다(pop). 스택이 비어 있을 때 pop을 수행하면 null을 반환하거나 예외를 던진다.

연결리스트를 사용해서 $O(1)$ 시간 복잡도로 스택을 구현할 수 있다. 만약 배열로 구현한다 해도 push와 pop 연산의 시간 복잡도는 여전히 $O(1)$이지만, 최대로 담을 수 있는 원소의 개수는 정해져 있다. 배열의 크기를 동적으로 변경할 수 있다면 push와 pop 연산의 분할 상환 시간은 $O(1)$이 된다. 스택은 원소를 제거하지 않고 그 값만 반환하는 peek이라는 연산을 추가로 제공하기도 한다.

(a) 기저 사례　　　(b) (a)에서 원소를 뺀다.　　　(c) (b)에 3을 추가한다.

그림 8.1 스택에서의 연산

스택 부트캠프

스택의 후입선출법을 사용하면 어떤 원소에서 뒤로 움직이는 것이 어렵거나 불가능한 상황일 때 손쉽게 해당 수열을 역순으로 순회할 수 있다. 다음은 스택을 사용해서 연결리스트를 역순으로 출력하는 프로그램이다.

```
void PrintLinkedListInReverse(shared_ptr<ListNode<int>> head) {
  stack<int> nodes;
  while (head) {
    nodes.push(head->data);
    head = head->next;
  }
  while (!empty(nodes)) {
    cout << nodes.top() << endl;
    nodes.pop();
  }
}
```

리스트의 노드가 n개일 때 시간 및 공간 복잡도는 $O(n)$이 된다.

　문제 7.2의 해법을 사용해서 리스트를 뒤집은 뒤 원소를 역순으로 출력하고 다시 뒤집어서 원래대로 돌려놓는 방법을 쓸 수도 있다. 이 방법의 시간 복잡도는 $O(n)$이고 공간 복잡도는 $O(1)$이다.

> ### ☑ 스택 문제를 풀기 전 꼭 알고 있어야 할 내용
>
> 스택의 **LIFO 특성을 언제 사용할 수 있을지** 알고 있어야 한다. 예를 들어 **파싱(parsing)**을 할 때는 보통 스택을 사용한다. [문제 8.2, 문제 8.5]
>
> 기본적인 스택 혹은 큐 자료구조를 **활용해서** 만들 수 있는 또 다른 연산을 생각해 보자. 예를 들어 최대 원소를 찾을 수도 있다. [문제 8.1]

스택 라이브러리 이해하기

C++ 스택을 다루기 위해서는 stack 클래스에 익숙해져야 한다. stack 클래스이 주요 함수는 top(), push(42)(또는 emplace(42)), pop()이다. 비어 있는 스택에서 top(), pop()을 호출하면 예외가 발생한다.

- push(e)는 스택에 원소를 넣는다. 이 호출이 잘못되는 경우는 없다.
- top()은 스택의 맨 위 원소를 반환하지만, 제거되지는 않는다.
- pop()은 스택의 맨 위 원소를 제거하지만, 반환하지는 않는다.
- 예외를 피하려면 먼저 empty()를 사용해 스택이 비어 있는지 확인한다.

문제 8.1 최댓값 찾는 API로 스택 구현하기

push와 pop 외에 max 연산을 제공하는 스택 클래스를 설계하라. max() 메서드는 스택에 저장된 원소 중에서 가장 값이 큰 원소를 반환한다.

힌트: 최댓값을 기억하기 위해 공간을 추가로 사용해 보자.

해법: 가장 간단한 방법부터 살펴보자. 스택을 배열로 구현했다면, 배열을 순회하면서 가장 값이 큰 원소를 찾으면 된다. 현재 스택의 원소가 n개일 때 이 방법의 시간 복잡도는 $O(n)$이고 공간 복잡도는 $O(1)$이다.

힙, BST, 해시 테이블과 같은 추가 자료구조를 사용하면 시간 복잡도를 $O(\log n)$으로 줄일 수 있다. 하지만 공간 복잡도는 $O(n)$으로 늘어나고 코드도 꽤 복잡해진다.

스택의 최댓값을 기록하기 위해 추가로 M이라는 변수 하나를 사용한다고 생각해 보자. 원소를 삽입할 때 M을 갱신하는 건 쉽다. e가 새로 추가된 원소라고 했을 때 $M = \max(M, e)$가 된다. 하지만 pop 연산을 할 때 M을 갱신하려면 경우에 따라 다시 남아 있는 원소를 모두 순회해야 하므로 시간이 꽤 걸린다.

공간을 조금 더 사용하면 시간 복잡도를 극적으로 개선할 수 있다. 스택의 모든 원소에 대해서 현재 원소 아래에 있는 원소들 중에서 최댓값이 무엇인지 캐싱을 하면 된다. 단, pop 연산을 수행할 때 해당 캐시값도 함께 제서해야 한다.

```
class Stack {
 public:
  bool Empty() const { return empty(element_with_cached_max_); }
```

```
int Max() const { return element_with_cached_max_.top().max; }

int Pop() {
  int pop_element = element_with_cached_max_.top().element;
  element_with_cached_max_.pop();
  return pop_element;
}

void Push(int x) {
  element_with_cached_max_.emplace(
      ElementWithCachedMax{x, max(x, Empty() ? x : Max())});
}

private:
 struct ElementWithCachedMax {
   int element, max;
 };
 stack<ElementWithCachedMax> element_with_cached_max_;
};
```

각 메서드의 시간 복잡도는 $O(1)$이다. 저장된 키에 관계없이 추가 공간 복잡도는 $O(n)$이 된다.

문제 8.2 RPN 수식 계산하기

다음 조건을 만족하는 문자열은 RPN(Reverse Polish notation, 역 폴란드 표기법)을 따르는 산술 표현식이라 한다.

1. 길이가 1 이상인 숫자로 이루어진 문자열. '-'로 시작하는 경우도 있다. 예를 들어 "6", "123", "-42"가 있다.
2. A와 B가 RPN 수식을 만족하고 ○가 $+, -, x, /$ 중 하나일 때 "$A, B,$ ○"의 형태로 작성된 문자열이다.

RPN 수식을 계산하면 유일한 정수값이 나오는데, 이 값은 재귀적으로 구할 수 있다. 기저 사례(base case)는 1번 규칙, 즉 10진법으로 표기된 정수이다. 재귀 상태(recursive case)는 2번 규칙과 같고, RPN 수식을 자연스럽게 계산하면 된다. 즉, A가 2이고 B가 3일 때 "$A, B,$ ×"는 6과 같다. 여기서 나누기는 정수를 대상으로 한다. 예를 들어 "7, 2, /"의 결과는 3.5가 아니라 3이다. 나누기의 피연산자는 항상 양수라고 가정해도 좋다.

RPN 수식이 주어졌을 때 이 수식의 계산 결과를 반환하는 프로그램을 작성하라.

힌트: 부분 수식을 계산한 뒤 그 값을 스택에 저장한다 연산자는 이렇게 처리하면 될까?

해법: RPN 예제로 먼저 시작해 보자. "3, 4, +, 2, ×, 1, +"은 $(3 + 4) \times 2 + 1$로 표현할 수 있다. 손으로 이 수식을 계산하려면 왼쪽에서 오른쪽으로 읽으면서 계산하면 된다. 3과 4를 기록한 뒤 +를 3과 4에 적용하고 그 결과 7을 다시 기록한다. 이제 다시는 3과 4를 읽을 일이 없다. 그 다음에는 2를 곱한 결과인 14를 기록한다. 마지막으로 1을 더하면 최종 결과 15를 얻을 수 있다.

연산자를 만났을 때 중간 결과에 연산자를 적용해야 하므로 중간 결과를 기록해야 한다. 중간 결과는 후입선출법으로 추가되고 제거된다. 따라서 자연스럽게 스택을 사용해서 RPN 수식을 계산할 것이다.

```cpp
int Evaluate(const string& expression) {
  stack<int> intermediate_results;
  stringstream ss(expression);
  string token;
  const char kDelimiter = ',';
  const unordered_map<string, function<int(int, int)>> kOperators = {
      {"+", [](int x, int y) { return x + y; }},
      {"-", [](int x, int y) { return x - y; }},
      {"*", [](int x, int y) { return x * y; }},
      {"/", [](int x, int y) { return x / y; }}};

  while (getline(ss, token, kDelimiter)) {
    if (kOperators.count(token)) {
      const int y = intermediate_results.top();
      intermediate_results.pop();
      const int x = intermediate_results.top();
      intermediate_results.pop();
      intermediate_results.emplace(kOperators.at(token)(x, y));
    } else {  // token은 숫자이다.
      intermediate_results.emplace(stoi(token));
    }
  }
  return intermediate_results.top();
}
```

각 문자마다 $O(1)$의 연산을 수행하므로 문자열의 길이가 n일 때 시간 복잡도는 $O(n)$이 된다.

응용: 같은 문제를 폴란드 표기법(앞의 규칙 (2)에서 언급한 A, B, ○를 ○, A, B로 바꾸면 된다)으로 풀어 보라.

문제 8.3 문자열이 올바른 형태인지 확인하기

서로 다른 괄호 종류가 올바른 순서로 짝을 이루고 있을 때, 문자열을 '올바른 형태'라고 말한다.

예를 들어 "([]){()}" 혹은 "[()[](){)}]"는 올바른 형태이다. 하지만 "{)" 혹은 "[()[]{()}()"는 올바른 형태가 아니다.

'(', ')', '[', ']', '{', '}'로 이루어진 문자열이 올바른 형태인지 확인하는 프로그램을 작성하라.

힌트: 어떤 왼쪽 괄호와 어떤 오른쪽 괄호가 짝을 이루는가?

해법: "()(())"와 같이 소괄호로만 이루어진 문자열부터 시작하자. 만약 해당 문자열이 올바른 형태라면 오른쪽 괄호는 가장 가까운 왼쪽 괄호와 짝을 이루게 된다. 따라서 왼쪽에서 시작해서 왼쪽 괄호를 만나게 되면 이를 저장한다. 그리고 오른쪽 괄호를 만났을 때 저장된 왼쪽 괄호와 짝을 이루는지 확인한다. 중괄호와 대괄호가 없으므로 현재까지 짝을 이루지 않은 왼쪽 소괄호의 개수를 기록한다.

이를 일반적인 경우에 대입해 보자. 즉, 실제로 짝을 이루지 않은 왼쪽 소괄호, 중괄호, 대괄호를 모두 저장한다. 단순히 변수 세 개를 사용해서 개수만 기록하면 가장 마지막에 짝을 이루지 않은 괄호가 무엇인지 알 수 없다. 따라서 스택을 통해 짝을 이루지 않는 왼쪽 괄호를 기록해 나가면, 스택의 가장 위에 있는 괄호가 가장 마지막에 짝을 이루지 않는 괄호가 될 것이다.

오른쪽 괄호가 등장했을 때 스택이 비어 있거나 스택의 최근 괄호와 형태가 다르다면 이는 주어진 문자열이 올바른 형태가 아니라는 뜻이다. 예를 들어, 입력 문자열이 "(()[]"라면, ']'을 처리할 때 스택의 최근 괄호는 '('이므로 이 문자열은 올바른 형태가 아니다.

반대로 입력 문자열이 "(()[]"라면, ']'을 처리할 때 스택의 최근 괄호는 '['이므로 계속 진행한다.

만약 모든 문자를 확인했는데도 스택이 비지 않는다면 짝을 이루지 않은 왼쪽 괄호가 남아 있다는 뜻이므로, 이 경우도 올바른 형태가 아니다.

```
bool IsWellFormed(const string& s) {
  stack<char> left_chars;
  const unordered_map<char, char> kLookup = {
      {'(', ')'}, {'{', '}'}, {'[', ']'}};
  for (int i = 0; i < size(s); ++i) {
    if (kLookup.count(s[i])) {
      left_chars.emplace(s[i]);
    } else {
      if (empty(left_chars) || kLookup.at(left_chars.top()) != s[i]) {
        // 오른쪽 괄호와 짝이 맞지 않는다.
        return false;
      }
      left_chars.pop();
    }
  }
  return empty(left_chars);
}
```

각 문자마다 $O(1)$의 연산을 수행하므로 시간 복잡도는 $O(n)$이 된다.

문제 8.4 경로 이름 표준화하기

파일 혹은 디렉터리에는 문자열로 이루어진 경로가 존재한다. 그 경로는 루트에서 시작하는 절대 경로(예를 들어 /usr/bin/gcc)일 수도 있고, 현재 디렉터리에서 시작하는 상대 경로(예를 들어 script/awkscripts)일 수도 있다.

같은 디렉터리는 여러 가지 방법으로 경로를 표현할 수 있다. 예를 들어 /usr/lib/../bin/gcc와 scripts//../../scripts/awkscripts/./는 앞에서 예로 든 절대 경로와 상대 경로를 나타낸다.

경로가 주어졌을 때 같은 경로를 나타내는 가장 짧은 경로를 반환하라. 각 디렉터리와 파일의 이름은 알파벳과 숫자로만 이루어졌다고 가정해도 좋다. 하위디렉터리의 이름은 슬래시(/), 현재 디렉터리(.), 부모 디렉터리(..)의 조합으로 나타낼 수 있다.

힌트: 각각의 경우를 잘 살펴보라. '.'와 '..'는 어떻게 처리할 것인지 고민하고, 유효하지 않은 경로를 조심하라.

해법: 자연스럽게 접근해 보자. 문자열을 왼쪽에서 오른쪽으로 읽으면서 슬래시(/s)로 나누어 생각해 볼 수 있다. 디렉터리와 파일 이름을 따로 기록한다. 만약 '..'를

만나게 되면 가장 최근의 이름을 삭제하고 디렉터리 계층에서 한 칸 위로 올라간다. 이름은 후입선출법으로 처리되므로 스택을 사용하면 된다. '.'은 건너뛰어도 좋다.

만약 문자열이 '/'로 시작한다면 한 칸 위로 올라갈 수 없다. 이를 스택에 기록한다. 만약 스택이 '/'로 시작하지 않는다면 '..'를 만났을 때 스택이 비어 있을 수도 있다. 여기서 '..'는 현재 경로의 윗단계에서 시작하라는 의미와 같다. 가장 짧은 경로를 표현하기 위해 이것도 기록할 필요가 있다. 최종적으로 스택에는 가장 짧은 경로가 기록되어 있을 것이다.

예를 들어 문자열이 "sc//././../tc/awk/././/"일 때 스택에는 ⟨sc⟩, ⟨⟩, ⟨tc⟩, ⟨tc, awk⟩가 저장된다. 세 개의 '.'와 'sc/'이후의 '/'는 건너뛰었다.

```cpp
string ShortestEquivalentPath(const string& path) {
  if (empty(path)) {
    throw invalid_argument("Empty string is not a valid path.");
  }

  vector<string> path_names;  // vector를 스택으로 사용한다.
  // 특별한 경우: "/"로 시작한 경우, 절대 경로를 나타낸다.
  if (path.front() == '/') {
    path_names.emplace_back("/");
  }

  stringstream ss(path);
  string token;
  while (getline(ss, token, '/')) {
    if (token == "..") {
      if (empty(path_names) || path_names.back() == "..") {
        path_names.emplace_back(token);
      } else {
        if (path_names.back() == "/") {
          throw invalid_argument("Path error");
        }
        path_names.pop_back();
      }
    } else if (token != "." && token != "") {  // 이름이 와야 한다.
      path_names.emplace_back(token);
    }
  }

  string result;
  if (!empty(path_names)) {
    result = path_names.front();
    for (int i = 1; i < size(path_names); ++i) {
      if (i == 1 && result == "/") {  // "//"로 시작하는 경우를 피한다.
```

```
            result += path_names[i];
        } else {
            result += "/" + path_names[i];
        }
    }
  }
  return result;
}
```

경로의 길이가 n일 때 시간 복잡도는 $O(n)$이 된다.

문제 8.5 노을이 보이는 건물 찾기

서쪽으로 창문이 나 있는 일련의 건물이 입력으로 주어진다. 건물은 서쪽에서 동쪽 방향으로 직선 배치되어 있으므로, 높이가 같거나 낮은 건물이 동쪽에 있다면 그 건물에서는 노을을 볼 수 없다.

동쪽에서 서쪽 방향으로 차례대로 건물을 처리한다고 했을 때 노을을 볼 수 있는 건물의 집합을 반환하는 알고리즘을 설계하라. 모든 건물의 높이는 주어져 있다.

힌트: 건물에서 노을을 볼 수 없는 건 언제인가?

해법: 무식한 방법을 생각해 보자. 모든 건물을 배열에 저장한 뒤, 배열을 거꾸로 읽으면서 가장 높은 건물의 높이를 기록한다. 해당 높이보다 낮거나 같은 건물은 노을을 볼 수 없다.

건물의 개수를 n이라고 했을 때 시간 및 공간 복잡도는 $O(n)$이 된다.

더 높은 건물이 서쪽에 있으면 노을을 볼 수 없다. 이 사실을 사용하면 공간 복잡도를 줄일 수 있다. 먼저 노을을 볼 수 있는 건물들의 후보를 기록해 놓는다. 새로운 건물이 등장하면 기존 건물들의 노을 뷰를 가릴 수도 있다. 기존 건물의 집합과 현재 건물의 높이를 비교하면서 새로운 건물이 다른 건물의 노을 뷰를 가리는지 확인한다. 이때 기존 건물들을 해시셋(hash set)에 기록해 놓는데, 해시셋을 이용할 경우 새로운 건물을 처리할 때마다 모든 건물의 노을 뷰를 다 훑어 봐야 한다.

만약 새로운 건물의 높이가 현재 건물들보다 작다면 현재 집합의 건물은 새로운 건물에게 방해받지 않는다. 따라서 후입선출법(last-in first-out)을 통해 건물을 저장한다면 모든 건물을 훑어보지 않고 빠르게 방해받는 건물들을 골라낼 수 있다.

노을을 볼 수 있는 건물들을 스택에 저장한다. 건물 b를 처리할 때마다, 건물 b보다 높은 건물이 나올 때까지 스택에서 건물을 제외한다. 이를 통해 b보다 낮은 모든 건물을 제거한다.

경우에 따라 스택에서 건물을 반복적으로 빼내야 할 수도 있지만, 전체적으로 각 건물은 최대 한번 스택에 넣었다가 최대 한번 빼내진다. 따라서 건물을 처리하는 시간 복잡도는 $O(n)$이 되고, 최종적으로 스택에는 현재 노을을 볼 수 있는 건물만 들어 있게 된다.

최악의 경우에는 노을을 볼 수 있는 건물이 오직 한 개만 존재한다. 가장 서쪽에 있는 건물이 제일 높고 나머지 $n - 1$개의 건물들은 동쪽에서 서쪽으로 높이가 낮아지는 경우다. 그렇더라도 메모리는 기껏해야 $O(n)$만큼 사용한다. 최선의 경우라면, 건물들은 높이가 증가하는 순서대로 나열되어 있다. 이때 $O(1)$의 공간을 사용한다. 반면에 무식한 방법은 언제나 $O(n)$ 공간을 사용한다.

```cpp
vector<int> ExamineBuildingsWithSunset(
    vector<int>::const_iterator sequence_begin,
    const vector<int>::const_iterator& sequence_end) {
  int building_idx = 0;
  struct BuildingWithHeight {
    int id, height;
  };
  stack<BuildingWithHeight> candidates;
  while (sequence_begin != sequence_end) {
    int building_height = *sequence_begin++;
    while (!empty(candidates) && building_height >= candidates.top().height) {
      candidates.pop();
    }
    candidates.emplace(BuildingWithHeight{building_idx++, building_height});
  }

  vector<int> buildings_with_sunset;
  while (!empty(candidates)) {
    buildings_with_sunset.emplace_back(candidates.top().id);
    candidates.pop();
  }
  return buildings_with_sunset;
}
```

응용: 건물을 서쪽에서 동쪽 순서대로 처리해 보자. 나머지 조건은 같다.

큐

문제 8.6 ~ 문제 8.9

큐에는 enqueue와 dequeue 연산이 존재한다(만약 큐가 비어 있다면 dequeue는 null을 반환하거나 예외 처리를 한다). 원소가 추가되고 삭제되는 순서는 선입선출법(first-in, first-out)을 따른다. 가장 나중에 삽입된 원소는 테일 혹은 뒷 원소라 부르고, 가장 먼저 삽입된 원소는 헤드 혹은 앞 원소라 부른다.

큐를 연결리스트로 구현하면, 두 연산의 시간 복잡도는 $O(1)$이 된다. 큐 API는 종종 다른 연산을 제공하기도 한다. 예를 들어 큐의 헤드를 반환하긴 하지만 제거하지 않거나, 테일을 반환하긴 하지만 제거하지 않는 등의 연산이 있을 수 있다. 큐는 배열로 구현할 수도 있다. 문제 8.7에 자세한 내용이 나와 있다.

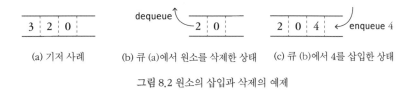

(a) 기저 사례   (b) 큐 (a)에서 원소를 삭제한 상태   (c) 큐 (b)에서 4를 삽입한 상태

그림 8.2 원소의 삽입과 삭제의 예제

양방향 큐(double-ended queue)라고도 부르는 덱(deque)은 모든 삽입과 삭제가 리스트의 양 끝, 그러니까 앞(head)과 뒤(tail), 둘 중 하나에서 일어나는 이중 연결리스트다. 앞에 원소를 삽입하는 것을 push, 뒤에 삽입하는 것을 inject라 한다. 그리고 앞의 원소를 제거하는 것을 pop, 뒤의 원소를 제거하는 것을 eject라 한다. (언어와 라이브러리에 따라 다르게 부르기도 한다.)

큐 부트캠프

다음 프로그램은 기본적인 큐 API인 enqueue와 dequeue, 그리고 현재까지의 원소 중에서 가장 큰 원소를 반환하는 max() 메서드를 기존의 라이브러리를 사용하여 구현한 것이다. 큐 라이브러리 객체를 가리키는 private 변수와 해당 변수를 통해 큐의 메서드를 사용했다.

```cpp
class Queue {
  public:
    void Enqueue(int x) { data_.emplace_back(x); }
```

```
  int Dequeue() {
   const int val = data_.front();
   data_.pop_front();
   return val;
  }

  int Max() const { return *max_element(begin(data_), end(data_)); }

 private:
  list<int> data_;
};
```

enqueue와 dequeue의 시간 복잡도는 큐 라이브러리의 시간 복잡도와 같은 $O(1)$
이다. 최댓값을 찾는 시간 복잡도는 n개의 원소가 들어 있을 때 $O(n)$이 된다. 문제
8.9의 해법에서는 적절한 예제를 통해, 최댓값을 찾는 시간 복잡도를 어떻게 $O(1)$
로 개선할 수 있는지 보여 준다.

☑ 큐 문제를 풀기 전 꼭 알고 있어야 할 내용

큐의 FIFO 특성을 언제 어디서 사용할 수 있는지 알아 두자. 예를 들어 큐는 원소의 순서를 유지
해야 할 때 유용하다. [문제 8.6]

큐 라이브러리 이해하기

C++에서 큐를 잘 다루려면 queue 클래스에 익숙해져야 한다. queue 클래스의 주
요 함수는 front(), back(), push(42)(또는 emplace(42)), pop()이다. 비어 있는 큐에
front(), back(), pop()을 호출하면 예외를 던진다.

- push()는 큐에 원소를 집어넣는다. 이 호출이 잘못되는 경우는 없다.
- front()는 큐의 맨 앞에 있는 원소를 반환하지만, 제거하지는 않는다. 마찬가지
  로, back()은 큐의 맨 뒤에 있는 원소를 반환하지만, 제거하지 않는다.
- pop()은 큐의 맨 앞의 원소를 제거하지만, 반환하지는 않는다.
- deque은 양방향 큐를 구현한다. push_back(123)(또는 emplace_back(123)), push_
  front()(또는 emplace_front(123)), pop_back(), pop_front(), front(), back()이
  주요 함수다.

문제 8.6 깊이 순서대로 이진 트리의 노드 구하기

이진 트리는 9장에서 자세히 다룬다. 이 문제를 풀기 위해서는 이진 트리의 성질을 약간 알아 둘 필요가 있다. 이진 트리의 각 노드에는 깊이가 존재하고, 이 깊이는 루트에서 해당 노드까지의 거리를 나타낸다.

이진 트리가 주어졌을 때 같은 높이의 키값들을 배열로 반환하라. 키값은 노드의 깊이 순서대로 나타나야 하며, 높이가 같은 경우에는 왼쪽에서 오른쪽 순서대로 나타나야 한다. 예를 들어 그림 9.1과 같은 이진 트리가 주어졌을 때 ⟨⟨314⟩, ⟨6, 6⟩, ⟨271, 561, 2, 271⟩, ⟨28, 0, 3, 1, 28⟩, ⟨17, 401, 257⟩, ⟨641⟩⟩을 반환해야 한다.

힌트: 큐를 두 개 사용해서 어떻게 풀지 먼저 생각해 보라.

해법: 무식한 방법으로 먼저 생각해 보자. 노드와 그 깊이를 배열에 함께 기록하는 방법이 있다. 전위 순회(preorder traversal)는 노드의 왼쪽 자식을 먼저 순회하므로 높이가 같은 경우에는 언제나 왼쪽에서 오른쪽 순서대로 나열된다. 따라서 전위 순회를 사용하면 쉽게 기록할 수 있다. 이제 노드의 깊이를 키값으로 설정한 뒤 안정된 정렬(stable sort)을 수행하면 된다. 시간 복잡도는 정렬의 시간 복잡도에 따라 결정되므로 $O(n \log n)$이고 노드의 깊이를 따로 기록해야 하므로 공간 복잡도는 $O(n)$이다.

트리의 모든 노드는 어떤 방식으로든 순서가 이미 정해져 있으므로 정렬 알고리즘을 사용하지 않아도 된다. 이를 통해 시간 복잡도를 개선할 수 있다. 또한 깊이에 따라 노드를 처리한다면 모든 노드마다 해당 노드의 깊이를 기록할 필요가 없다.

우리는 깊이가 i인 노드를 저장하는 큐와 깊이가 $i + 1$인 노드를 저장하는 큐를 사용할 것이다. 깊이가 i인 모든 노드를 처리한 후에는 해당 큐를 비우고, 깊이가 $i + 1$인 큐를 처리하면서 깊이가 $i + 2$인 노드들을 새로운 큐에 담을 것이다.

```cpp
vector<vector<int>> BinaryTreeDepthOrder(
    const unique_ptr<BinaryTreeNode<int>>& tree) {
  vector<vector<int>> result;
  if (!tree.get()) {
    return result;
  }

  queue<BinaryTreeNode<int>*> curr_depth_nodes({tree.get()});
  while (!empty(curr_depth_nodes)) {
    queue<BinaryTreeNode<int>*> next_depth_nodes;
    vector<int> this_level;
```

```
    while (!empty(curr_depth_nodes)) {
      auto curr = curr_depth_nodes.front();
      curr_depth_nodes.pop();
      this_level.emplace_back(curr->data);

      if (curr->left) {
        next_depth_nodes.emplace(curr->left.get());
      }
      if (curr->right) {
        next_depth_nodes.emplace(curr->right.get());
      }
    }

    result.emplace_back(this_level);
    curr_depth_nodes = next_depth_nodes;
  }
  return result;
}
```

각 노드는 정확히 한 번 삽입된 뒤 삭제되므로 시간 복잡도는 $O(n)$이 된다. 높이가 같은 노드의 개수 중 최댓값을 m이라 했을 때 공간 복잡도는 $O(m)$이 된다.

응용: 이진 트리가 입력으로 주어졌을 때 키값을 트리의 위에서부터 한 번은 왼쪽에서 오른쪽으로, 한 번은 오른쪽에서 왼쪽으로 번갈아 반환하는 프로그램을 작성하라. 예를 들어 그림 9.1이 입력으로 주어지면 $\langle\langle 314 \rangle, \langle 6, 6 \rangle, \langle 271, 561, 2, 271 \rangle,$ $\langle 28, 1, 3, 0, 28 \rangle, \langle 17, 401, 257 \rangle, \langle 641 \rangle\rangle$을 반환한다.

응용: 이진 트리가 입력으로 주어졌을 때 키값을 트리의 아래에서부터, 왼쪽에서 오른쪽 순서대로 출력하는 프로그램을 작성하라. 예를 들어 그림 9.1이 주어졌을 때 $\langle\langle 641 \rangle, \langle 17, 401, 257 \rangle, \langle 28, 0, 3, 1, 28 \rangle, \langle 271, 561, 2, 271 \rangle, \langle 6, 6 \rangle, \langle 314 \rangle\rangle$를 반환한다.

응용: 이진 트리가 입력으로 주어졌을 때 같은 높이의 키값의 평균을 반환하는 프로그램을 작성하라. 예를 들어 그림 9.1이 주어졌을 때 $\langle 314, 6, 276.25, 12, 225, 641 \rangle$을 반환한다.

문제 8.7 환형 큐 구현하기

배열의 끝과 시작 지점이 붙어 있다고 가정해 보자. 즉, 배열의 마지막 지점 다음은 배열의 시작 지점이 된다. 이와 같은 구조를 가진 큐를 환형 큐(circular queue)

라 한다. 환형 큐는 배열과 두 개의 변수로 구현할 수 있다. 변수 하나는 시작 인덱스를 다른 하나는 끝 인덱스를 가리키도록 한다. 환형 큐의 삽입과 삭제는 $O(1)$ 시간에 수행된다. 만약 배열의 크기가 고정되었다면, 저장할 수 있는 원소의 최대 개수도 그에 맞게 정해진다. 만약 배열의 크기가 동적으로 변한다면 enqueue와 dequeue 연산을 m번 했을 때 걸리는 시간은 $O(m)$이 된다.

배열을 사용하여 환형 큐 API를 구현하라. API의 생성자는 큐의 크기를 인자로 받는다. enqueue 및 dequeue 함수와 현재 원소의 개수를 반환하는 함수를 제공해야 한다. 크기를 동적으로 변경할 수 있도록 구현하여 많은 수의 원소를 저장할 수 있도록 하라.

힌트: 헤드와 테일을 기록하라. 큐가 꽉 차 있을 때와 비어 있을 때를 어떻게 구분할 것인가?

해법: 무식한 방법으로 먼저 생각해 보자. 배열의 헤드를 가리키는 변수는 언제나 0번 인덱스를 가리키도록 하고 또 다른 변수를 통해 테일 원소가 무엇인지 추적한다. enqueue는 $O(1)$ 시간이 소요되지만, dequeue는 n개의 원소가 들어 있을 때 $O(n)$이 소요된다. 왜냐하면 원소를 빼낼 때마다 남아 있는 원소를 0번 인덱스에서 시작하도록 왼쪽으로 한 칸씩 시프트해야 하기 때문이다.

이보다 나은 접근법은 헤드를 추적하는 변수를 하나 더 사용하는 것이다. 이 방법을 사용하면 dequeue 또한 $O(1)$ 시간에 수행 가능하다. 배열이 꽉 차 있을 때 enqueue를 수행하면 배열의 크기를 늘려야 한다. 하지만 환형 큐의 원소들은 순서대로 등장하지 않으므로 단순히 배열의 크기를 늘린다고 끝날 일이 아니다. 예를 들어 배열에 $\langle e, b, c, d \rangle$가 들어 있고 e가 테일, b가 헤드라고 가정해 보자. 이 배열의 크기를 늘리면 $\langle e, b, c, d, \_, \_, \_, \_ \rangle$가 되는데, 이 상태에서는 원소를 덮어쓰거나 옮기지 않는 이상 새로운 원소를 삽입할 수 없다.

```cpp
class Queue {
 public:
  Queue(size_t capacity) {}

  explicit Queue(int capacity) : entries_(capacity) {}

  void Enqueue(int x) {
    if (num_queue_elements == size(entries_)) {  // 크기를 늘려야 한다.
      // 큐의 원소가 순서대로 나오도록 재조정한다.
      rotate(begin(entries_), begin(entries_) + head_, end(entries_));
```

```
        head_ = 0, tail_ = num_queue_elements;   // head와 tail을 재설정한다.
        entries_.resize(size(entries_) * kScaleFactor);
    }

    entries_[tail_] = x;
    tail_ = (tail_ + 1) % size(entries_), ++num_queue_elements;
  }

  int Dequeue() {
    --num_queue_elements;
    int result = entries_[head_];
    head_ = (head_ + 1) % size(entries_);
    return result;
  }

  int Size() const {
    return num_queue_elements;
  }

 private:
  const int kScaleFactor = 2;
  int head_ = 0, tail_ = 0, num_queue_elements = 0;
  vector<int> entries_;
};
```

dequeue의 시간 복잡도는 $O(1)$이고 enqueue의 분할 상환 시간 복잡도는 $O(1)$이다.

문제 8.8 스택을 사용해서 큐 구현하기

큐의 삽입과 삭제는 선입선출법(first-in, first-out)을 따른다. 그런데 스택의 삽입과 삭제는 후입선출법(last-in, first-out)을 따른다.

스택 라이브러리를 이용해 큐를 구현하라.

힌트: 스택을 하나만 사용해서 이 문제를 풀 수 있는가?

해법: 스택 두 개를 사용하면 간단히 구현할 수 있다. 먼저, 스택에 원소를 쌓는 것으로 삽입을 구현한다. 삭제는 스택의 맨 아래 원소가 대상이므로, 스택의 모든 원소를 꺼내서 두 번째 스택에 쌓은 뒤, 두 번째 스택의 첫 번째 원소를 삭제한다. 왜냐하면, 첫 번째 스택의 맨 아래 원소가 두 번째 스택의 맨 위에 있기 때문이다. 그런 다음, 남은 원소들을 첫 번째 스택에 다시 쌓는다.

이 방법은 dequeue를 할 때마다 모든 원소를 두 번씩 스택에 넣었다가 빼야 한다는 문제가 있다. 따라서 n개의 원소가 스택에 들어 있을 때 dequeue의 시간 복잡도는 $O(n)$이 된다(enqueue는 $O(1)$ 시간에 가능하다).

dequeue의 시간 복삽노를 개선해 보자. dequeue 연산은 첫 번째 스택에서 두 번째 스택으로 원소를 모두 옮긴 후에 발생한다. 순서대로 원소를 삭제하면 되므로, 두 번째 스택이 비어 있는 상태가 되기 전까지는 작업이 간단하다. enqueue 연산역시, 첫 번째 스택에 넣기만 하면 되므로 간단하다. 두 번째 스택이 비었을 때 dequeue 연산을 해야 한다면 첫 번째 스택의 원소를 두 번째 스택으로 옮기는 과정을 반복하면 된다. 여기서 핵심은 첫 번째 스택은 enqueue 연산을, 두 번째 스택은 dequeue 연산을 각각 담당한다는 것이다.

```cpp
class Queue {
 public:
  void Enqueue(int x) { enqueue_.emplace(x); }

  int Dequeue() {
    if (empty(dequeue_)) {
      // enqueue_에서 dequeue_로 원소를 옮긴다.
      while (!empty(enqueue_)) {
        dequeue_.emplace(enqueue_.top());
        enqueue_.pop();
      }
    }
    int result = dequeue_.top();
    dequeue_.pop();
    return result;
  }

 private:
  stack<int> enqueue_, dequeue_;
};
```

처음 제안한 방법은 dequeue 연산을 할 때마다 모든 원소를 두 번씩 넣었다가 다시 빼내야 했다. 하지만 지금은 매번 모든 원소를 이동시킬 이유가 사라졌고 필요한 연산의 개수만큼만 시간이 소요된다. 따라서 m개의 연산이 있을 때 이 방법은 $O(m)$의 시간이 걸린다.

문제 8.9 최댓값 API로 큐 구현하기

enqueue, dequeue, max 연산을 제공하는 큐를 구현하라. max 연산은 큐에 저장된 원소 중 최댓값을 반환하는 연산이다.

힌트: 어떤 연산을 하더라도 절대 최댓값이 될 수 없는 원소는 무엇인가?

해법: 무식한 방법은 최댓값을 계속 갱신하는 것이다. 즉, enqueue나 dequeue를 할 때마다 최댓값이 무엇인지 매번 구한다. enqueue를 할 때 최댓값을 갱신하는 건 간단하고 빠르다. 단순히 새로 입력된 값과 현재 최댓값을 비교하면 된다. 하지만 dequeue에서의 최댓값을 갱신하는 작업은 느리다. 남아 있는 모든 원소와 비교해야 하므로 큐의 크기가 n일 때 $O(n)$ 시간이 소요된다.

현재 큐에 s라는 원소가 들어 있는데, 이보다 큰 원소 b가 삽입되는 경우를 생각해 보자. s는 b보다 먼저 삭제될 것이다. 그러므로 나중에 삽입이나 삭제 연산이 수행되더라도 s는 큐에서 최대 원소값으로 반환될 수 없다.

큐에서 최댓값을 빠르게 구하는 방법의 핵심은 앞에서 설명한 s와 같은 원소들을 고려 대상에서 제거하는 것이다. 이렇게 하려면 지금까지 입력된 값보다 더 큰 값이 뒤에 삽입되지 않도록 별도의 덱을 두어 관리해야 한다. 덱에 저장된 원소들은 큐에 삽입된 순서대로 저장된다. 즉, 큐의 헤드와 가까운 원소가 먼저 등장한다. 덱의 모든 원소는 그 다음 원소보다 크거나 같으므로 큐에서 가장 큰 원소는 덱의 헤드가 된다.

큐를 갱신할 때 덱은 어떻게 갱신할 것인지 생각해 볼 차례다. 큐에서 원소를 삭제할 때 해당 원소가 덱의 헤드와 같다면 덱에서 헤드를 삭제한다. 그렇지 않다면 덱을 그대로 둔다. 큐에 원소를 삽입할 때 덱의 테일이 해당 원소보다 크거나 같아질 때까지 테일의 원소를 빼내고, 해당 원소를 덱의 테일에 삽입한다. 그림 8.3에 연산 과정을 예로 들어 보였다.

Q	3	1	3	2	0			
D	3	3	2	0				

Q	3	1	3	2	0	1		
D	3	3	2	1				

Q	1	3	2	0	1	
D	3	2	1			

Q	3	2	0	1	
D	3	2	1		

Q	3	2	0	1	2	
D	3	2	2			

Q	3	2	0	1	2	4	
D	1						

Q	2	0	1	2	4	
D	4					

Q	3	2	0	1	2	4	4	
D	4	4						

그림 8.3 최댓값을 구현한 큐에 다음과 같은 연산을 수행했다. 1 enqueue, dequeue, dequeue, 2 enqueue, 4 enqueue, dequeue 4 enqueue. 큐 Q와 상응하는 덱 D는 Q의 바로 아래에 나와 있다. 연산은 왼쪽에서 오른쪽으로, 위에서 아래 순서대로 진행된다. 큐와 덱의 헤드는 왼쪽에 위치한다. 덱의 헤드가 어떻게 큐의 최대 원소를 유지하는지 살펴보자.

```cpp
template <typename T>
class QueueWithMax {
 public:
  void Enqueue(const T& x) {
    entries_.emplace(x);
    // candidates_for_max_에서 가장 큰 원소를 제거한다.
    while (!empty(candidates_for_max_) && candidates_for_max_.back() < x) {
      candidates_for_max_.pop_back();
    }
    candidates_for_max_.emplace_back(x);
  }

  T Dequeue() {
    T result = entries_.front();
    if (result == candidates_for_max_.front()) {
      candidates_for_max_.pop_front();
    }
    entries_.pop();
    return result;
  }

  const T& Max() const {
    return candidates_for_max_.front();
  }

 private:
  queue<T> entries_;
  deque<T> candidates_for_max_;
};
```

dequeue 연산의 시간 복잡도는 $O(1)$이다. enqueue를 한 번 수행할 때 덱에서 원소를 여러 번 삭제해야 할 수도 있다. 하지만 n개의 enqueue, dequeue 연산을 수행했을 때 분할 상환 시간 복잡도는 $O(n)$이 된다. 왜냐하면 각 원소가 덱에 삽입되고 덱에서 삭제되는 횟수가 최대 한 번이기 때문이다. max 연산은 단순히 덱의 헤드 원소를 반환하기만 하면 되므로 $O(1)$ 시간이 소요된다.

이 문제를 다른 문제로 변형해서 풀 수도 있다. 문제 8.1의 해법에서 이미 스택에서 최댓값을 어떻게 효율적으로 찾는지 다루었다. 또한 문제 8.8의 해법에서 스택 두 개를 사용해서 큐를 효율적으로 모델링하는 방법도 배웠다. 따라서 최댓값을 찾는 스택 두 개를 사용해서 큐를 모델링하면 큐에서 최댓값을 찾는 문제를 풀 수 있다. 다음 예시 코드는 아무런 문제없이 잘 동작한다. 하지만 앞에서 설명한 방법과 비교하면 그다지 직관적이지 않다.

```
class QueueWithMax {
 public:
  void Enqueue(int x) { enqueue_.Push(x); }

  int Dequeue() {
    if (dequeue_.Empty()) {
      while (!enqueue_.Empty()) {
        dequeue_.Push(enqueue_.Pop());
      }
    }
    return dequeue_.Pop();
  }

  int Max() const {
    if (!enqueue_.Empty()) {
      return dequeue_.Empty() ? enqueue_.Max()
                              : max(enqueue_.Max(), dequeue_.Max());
    }
    return dequeue_.Max();
  }

 private:
  Stack enqueue_, dequeue_;
};
```

최댓값을 구하는 스택의 분할 상환 시간 복잡도는 push, pop, max에 대해서 모두 $O(1)$이다. 또한 두 개의 스택을 이용해서 큐를 구현한 방법도 enqueue, dequeue 연산에 대한 분할 상환 시간 복잡도는 $O(1)$이다. 따라서 이 둘을 합친 방법도 enqueue, dequeue, max 연산에 대한 분할 상환 시간 복잡도는 $O(1)$이 된다.

9장

이진 트리

이 해법은 무한한 트리에서 작동하는 유한 오토마타 이론을 개발하는 것을 포함한다.
〈Decidability of Second Order Theories and Automata on Trees〉, 마이클 라빈(M. O. Rabin), 1969

이진 트리는 계층을 표현하는 데 유용한 자료구조로, 각 노드가 최대 두 개의 자식을 가지는 트리를 말한다. 형식상 이진 트리는 비어 있거나, 루트 노드 r과 함께 왼쪽 이진 트리 및 오른쪽 이진 트리로 구성된다. 각각의 부분 트리도 이진 트리의 형식을 만족해야 한다. 왼쪽 이진 트리는 루트의 왼쪽 부분 트리, 오른쪽 이진 트리는 루트의 오른쪽 부분 트리라 한다.

그림 9.1은 이진 트리의 예다. 노드 A는 루트, 노드 B는 A의 왼쪽 자식, 노드 I는 오른쪽 자식을 나타낸다.

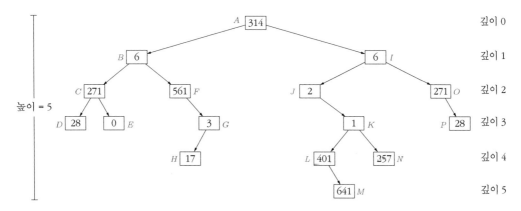

그림 9.1 노드의 깊이는 0부터 5까지이다. 가장 깊은 노드가 M이므로 이 트리의 높이는 5이다.

노드에는 보통, 다른 노드를 가리키기 위한 데이터 외에도 추가 데이터가 저장된다. 다음 코드는 노드의 프로토타입을 나타낸다.

```
template <typename T>
struct BinaryTreeNode {
  T data;
  unique_ptr<BinaryTreeNode<T>> left, right;
};
```

루트를 제외한 노드는 왼쪽 부분 트리 혹은 오른쪽 부분 트리의 노드이다. l이 p의 왼쪽 부분 트리의 노드라면 l을 p의 왼쪽 자식이라고 하고, p를 l의 부모라고 할 것이다. 오른쪽 자식도 마찬가지이다. 어떤 노드가 p의 왼쪽 혹은 오른쪽 자식이라면, 해당 노드는 p의 자식이다. 루트를 제외한 모든 노드는 유일한 부모 노드를 가지고 있다는 사실을 명심하라. 노드 객체에 부모를 가리키는 참조 변수가 있을 수도 있다(루트의 경우에는 null이 된다). 모든 노드는 루트 노드에서 해당 노드까지의 유일한 경로를 가지고 있고 그 경로에 있는 노드들은 자식 노드의 시퀀스로 이루어져 있다. 가끔 이 경로를 루트 노드에서 해당 노드까지의 탐색 경로라 하기도 한다.

이진 트리에서 부모-자식 관계는 조상-자손의 관계를 정의하기도 한다. 즉, 루트 노드에서 d 노드까지의 탐색 경로상에 있는 노드들은 d의 조상 노드가 된다. 어떤 노드가 d의 조상이라면 d는 해당 노드의 자손이 된다. 관습적으로 각 노드는 자기 자신의 조상 노드이면서 자손 노드가 된다. 자기 자신 외에 자손이 없는 노드는 단말(leaf) 노드라 한다.

노드 n의 깊이는 루트 노드에서 n까지의 탐색 경로상에서 노드 n을 제외한 나머지 노드의 개수와 같다. 이진 트리의 높이는, 가장 깊은 노드의 깊이와 같다. 트리의 레벨은 같은 깊이에 있는 모든 노드를 뜻한다. 깊이와 높이에 대한 개념을 이해하기 위해 그림 9.1을 다시 한번 살펴보자.

노드 I는 J와 O의 부모이다. 노드 G는 B의 자손이다. L까지의 탐색 경로는 $\langle A,$ $I, J, K, L \rangle$이다. N의 깊이는 4이다. 노드 M이 가장 깊으므로 트리의 높이는 노드 M의 높이인 5가 된다. B를 루트로 한 부분 트리의 높이는 3이다. H를 루트로 한 부분 트리의 높이는 0이다. D, E, H, M, N, P는 트리의 단말 노드이다.

전 이진 트리(full binary tree)는 단말 노드를 제외한 모든 노드의 자식이 두 개인 트리를 말한다. 포화 이진 트리(perfect binary tree)는 전 이진 트리이면서 단말 노드의 깊이가 모두 같은 트리를 말한다. 완전 이진 트리(complete binary tree)는 마지막을 제외한 모든 레벨에서 노드가 완전히 채워져 있고, 모든 노드는 가능하면 왼쪽에 있는 트리를 말한다(트리의 이름이 완전히 통일된 건 아니다. 어떤 사람은 포화 이진 트리를 완진 이신 트리라고 하기도 한다). 전 이진 트리에서 단말 노드가 아닌 노드의 개수가 단말 노드의 개수보다 하나 적다. 이는 귀납법을 사용하면 쉽게 증명할 수 있다. 높이가 h인 포화 이진 트리의 노드의 개수는 정확히 $2^{h+1} - 1$개이고, 단말 노드의 개수는 2^h개이다. 노드가 n개인 완전 이진 트리의 높이는 $\lfloor \log n \rfloor$이다. 오른쪽 자식이 없는 트리를 왼쪽으로 치우친 트리(left-skewed tree)라 한다. 왼쪽 자식이 없는 트리는 오른쪽으로 치우친 트리(right-skewed tree)라 한다. 두 경우 모두 한쪽으로 치우친 이진 트리라 한다.

이진 트리의 핵심 연산은 트리의 모든 노드를 순회하는 연산이다(순회를 걷는다고도 표현한다). 여기에 몇 가지 순회 방법이 있다.

- 왼쪽 부분 트리, 루트, 오른쪽 부분 트리 순으로 순회하는 중위 순회(inorder traversal)가 있다. 그림 9.1의 이진 트리를 중위 순회하면 다음과 같은 순서로 방문한다. ⟨$D, C, E, B, F, H, G, A, J, L, M, K, N, I, O, P$⟩
- 루트, 왼쪽 부분 트리, 오른쪽 부분 트리 순으로 순회하는 전위 순회(preorder traversal)가 있다. 그림 9.1의 이진 트리를 전위 순회하면 다음과 같은 순서로 방문한다. ⟨$A, B, C, D, E, F, G, H, I, J, K, L, M, N, O, P$⟩
- 왼쪽 부분 트리, 오른쪽 부분 트리, 루트 순으로 순회하는 후위 순회(postorder traversal)가 있다. 그림 9.1의 이진 트리를 후위 순회하면 다음과 같은 순서로 방문한다. ⟨$D, E, C, H, G, F, B, M, L, N, K, J, P, O, I, A$⟩

노드가 n개이고 높이가 h인 이진 트리 T가 있다고 가정하자. 재귀로 구현하면 순회의 시간 복잡도는 $O(n)$, 공간 복잡도는 $O(h)$가 된다(공간 복잡도는 함수 호출 스택의 최대 깊이와 같다). 만약 각 노드에 부모를 가리키는 변수가 존재하면 $O(1)$의 추가 공간 복잡도만을 사용해서 순회할 수 있다.

트리는 종류가 다양하다. 그중에서 자주 사용되는 트리는 18장에서 간략히 설명한다.

이진 트리 부트캠프

이진 트리를 빠르게 이해하려면 기본적인 세 가지 순회방법(중위 순회, 전위 순회,

후위 순회)을 직접 구현해 보는 것이 좋다.

```cpp
void TreeTraversal(const unique_ptr<BinaryTreeNode<int>>& root) {
  if (root) {
    // 전위 순회: 왼쪽 자식과 오른쪽 자식을 순회하기 전에 루트를 먼저 처리하는 방법
    cout << "Preorder: " << root->data << endl;
    TreeTraversal(root->left);
    // 중위 순회: 오른쪽 자식을 순회하기 전에 루트를 먼저 처리하고
    // 그 다음에 왼쪽 자식을 순회하는 방법.
    cout << "Inorder: " << root->data << endl;
    TreeTraversal(root->right);
    // 후위 순회: 왼쪽 자식과 오른쪽 자식을 순회한 다음에 루트를 처리하는 방법
    cout << "Postorder: " << root->data << endl;
  }
}
```

노드가 n개일 때, 각 방법의 시간 복잡도는 $O(n)$이다. 명시적으로 메모리를 할당하지 않더라도 함수 호출 스택의 최대 깊이는 트리의 높이인 h에 근접하게 된다. 따라서 공간 복잡도는 $O(h)$가 된다. h의 하한값은 $\log n$(완전 이진 트리)이고 상한값은 n(한쪽으로 치우친 트리)이다.

☑ **이진 트리 문제를 풀기 전 꼭 알고 있어야 할 내용. n은 노드의 개수다.**

재귀 알고리즘은 트리에 적합하다. 함수 호출 스택에 암묵적으로 할당된 공간은 공간 복잡도를 분석할 때 포함시켜야 한다. 재귀는 15장에서 자세히 다룬다. [문제 9.1]

어떤 트리 문제는 $O(n)$ 공간을 사용한 쉬운 해법이 존재하지만 **주어진 트리의 노드**를 사용해서 공간 복잡도를 $O(1)$로 줄이는 까다로운 해법도 존재한다. 공간 복잡도가 $O(1)$인 해법은 까다롭긴 하지만 면접관이 선호하는 방식이다. [문제 9.14]

복잡도를 분석할 때 왼쪽 혹은 오른쪽으로 **치우친 트리**를 고려해 보라. 트리의 높이가 h일 때 $O(h)$ 복잡도는 균형 잡힌 트리에서 $O(\log n)$이지만 치우친 트리에서 $O(n)$이 된다. [문제 9.12]

노드에 **부모를 가리키는 변수**가 있다면, 코드를 좀 더 깔끔하게 작성할 수 있고 시간 및 공간 복잡도도 줄일 수 있다.[문제 9.10]

하나 있는 자식이 단말 노드인 경우, 실수하기 쉬우므로 유의한다. [문제 9.6]

문제 9.1 이진 트리의 높이가 균형 잡혀 있는지 확인하기

트리의 모든 노드에 대해서 왼쪽 부분 트리의 높이와 오른쪽 부분 트리의 높이의 차이가 최대 1이라면 해당 트리는 균형 잡혔다고 한다. 균형 잡힌 트리는 포화 이진 트리이거나 완전 이진 트리일 필요는 없다. 그림 9.2가 균형 잡힌 트리의 예다. 이진 트리의 루트 노드가 입력으로 주어졌을 때 해당 트리가 균형 잡혀 있는지 확인하는 프로그램을 작성하라.

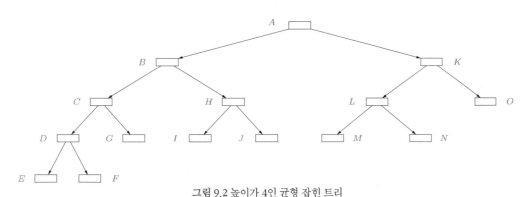

그림 9.2 높이가 4인 균형 잡힌 트리

힌트: 고전적인 이진 트리 알고리즘을 생각해 보라.

해법: 무식한 방법은 다음과 같다. 재귀적으로 각 노드를 루트로 한 부분 트리의 높이를 계산한다. 단말 노드에서 시작해 위로 올라가면서 높이를 구하는 것이다. 각 노드에서 왼쪽 자식과 오른쪽 자식의 높이의 차이가 1 이상인지 확인한다. 각 높이를 해시 테이블에 저장하거나 노드 안에 새로운 변수를 추가해서 높이 정보를 저장할 수 있다. 이 방법은 노드가 n개일 때 $O(n)$의 시간 및 공간 복잡도를 사용한다.

하지만 모든 노드의 높이를 전부 저장할 필요는 없다. 부분 트리를 모두 처리한 뒤에는 해당 트리가 균형 잡혀 있는지, 해당 트리의 높이가 무엇인지만 알면 되므로 공간 복잡도를 좀 더 줄일 수 있다. 또한 부분 트리의 자손에 대한 정보는 필요 없다.

```
struct BalancedStatusWithHeight {
  bool balanced;
  int height;
};

bool IsBalanced(const unique_ptr<BinaryTreeNode<int>>& tree) {
```

```
    return CheckBalanced(tree).balanced;
}

// 반환 값의 첫 번째는 트리가 균형 잡혀 있는지 나타낸다.
// 트리가 균형 잡혀 있다면 반환 값의 두 번째는 트리의 높이다.
BalancedStatusWithHeight CheckBalanced(
    const unique_ptr<BinaryTreeNode<int>>& tree) {
  if (tree == nullptr) {
    return {/*balanced=*/true, /*height=*/-1};
  }

  auto left_result = CheckBalanced(tree->left);
  if (!left_result.balanced) {
    return left_result;
  }
  auto right_result = CheckBalanced(tree->right);
  if (!right_result.balanced) {
    return right_result;
  }

  bool is_balanced = abs(left_result.height - right_result.height) <= 1;
  int height = max(left_result.height, right_result.height) + 1;
  return {is_balanced, height};
}
```

해당 프로그램은 후위 순회로 구현되어 있고, 일찍 끝마치는 로직 때문에 모든 경우를 호출하지 않을 수 있다. 즉, 만약 왼쪽 부분 트리가 균형 잡혀 있지 않다면 오른쪽 부분 트리를 방문할 필요가 없다. 함수 호출 스택의 호출 시퀀스는 루트에서 현재 노드까지의 유일한 경로와 같고, 따라서 스택의 높이의 상한은 트리의 높이가 되므로 공간 복잡도는 $O(h)$가 된다. 시간 복잡도는 후위 순회와 같으므로 $O(n)$이 된다.

응용: 완전한 부분 트리 중에서 가장 큰 크기를 반환하는 프로그램을 작성하라.

응용: 어떤 노드의 왼쪽 부분 트리와 오른쪽 부분 트리의 높이의 차이가 k보다 크지 않다면 해당 노드를 'k-균형 잡혔다'고 하자. 이진 트리와 양의 정수 k가 주어졌을 때, 이진 트리에서 해당 노드는 k-균형 잡히지 않았지만 그 자손들은 모두 k-균형 잡힌 노드를 반환하라. 예를 들어 그림 9.1의 이진 트리에서 $k = 3$일 때, 노드 J를 반환한다.

문제 9.2 이진 트리가 대칭인지 확인하기

루트에 수직선을 그었을 때 왼쪽 부분 트리가 오른쪽 부분 트리를 거울에 비친 모습과 같다면 해당 이진 트리가 대칭이라고 말한다. 그림 9.3은 대칭인 이진 트리와 비대칭인 이진 트리의 예를 나타낸다.

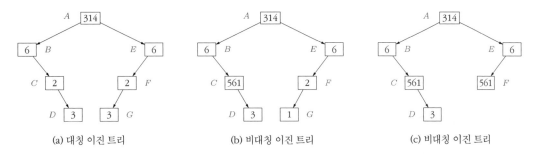

(a) 대칭 이진 트리   (b) 비대칭 이진 트리   (c) 비대칭 이진 트리

그림 9.3 대칭과 비대칭인 이진 트리. (a)의 트리는 대칭이다. (b)의 트리는 구조적으로는 대칭이지만 노드의 값이 같지 않으므로 대칭이 아니다. C와 F의 값이 다르고, D와 G의 값이 다르다. (c)의 트리는 D에 상응하는 노드가 없으므로 비대칭이다.

이진 트리가 대칭인지 확인하는 프로그램을 작성하라.

힌트: 대칭의 정의는 재귀적이다.

해법: 거울에 비친 트리를 계산한 뒤 기존 트리와 정확히 일치하는지 확인하면 된다. 거울에 비친 트리를 계산하는 간단한 방법은 왼쪽 부분 트리와 오른쪽 부분 트리를 재귀적으로 맞바꾸는 것이다. 노드가 n개일 때 시간 및 공간 복잡도는 $O(n)$이 된다.

더 나은 알고리즘에서는 거울에 비친 부분 트리를 만들지 않는다. 여기서는 부분 트리의 쌍이 서로 동일한지 아닌지만 판단하면 된다. 따라서 각 쌍이 동일하지 않다는 사실을 확인하는 순간, 바로 false를 반환해서 코드 진행을 멈추면 된다. 다음은 이를 구현한 코드이다.

```cpp
bool IsSymmetric(const unique_ptr<BinaryTreeNode<int>>& tree) {
  return tree == nullptr || CheckSymmetric(tree->left, tree->right);
}

bool CheckSymmetric(const unique_ptr<BinaryTreeNode<int>>& subtree_0,
                    const unique_ptr<BinaryTreeNode<int>>& subtree_1) {
  if (subtree_0 == nullptr && subtree_1 == nullptr) {
```

```
        return true;
    } else if (subtree_0 != nullptr && subtree_1 != nullptr) {
    return subtree_0->data == subtree_1->data &&
            CheckSymmetric(subtree_0->left, subtree_1->right) &&
            CheckSymmetric(subtree_0->right, subtree_1->left);
    }
    // 부분 트리가 한쪽에만 존재하는 경우.
    return false;
}
```

시간 복잡도는 $O(n)$이고, 공간 복잡도는 $O(h)$이다. 여기서 n은 노드의 개수이고 h는 트리의 높이이다.

문제 9.3 이진 트리의 최소 공통 조상 구하기

이진 트리에서 임의의 두 노드는 루트라는 공통 조상을 가지고 있다. 이진 트리에서 임의의 두 노드의 최소 공통 조상(LCA)은 공통 조상 노드 중에서 루트에서 가장 먼 노드를 뜻한다. 예를 들어 그림 9.1에서 M과 N의 최소 공통 조상은 K이다.

최소 공통 조상을 구하는 건 중요한 작업이다. 예를 들어 웹 페이지를 렌더링할 때, 특히 특정 문서 객체 모델(DOM)에 적용할 캐스케이딩 스타일 시트(CSS)를 계산할 때 유용하다.

이진 트리에서 두 노드의 최소 공통 조상을 구하는 알고리즘을 설계하라. 단, 노드에 부모를 가리키는 변수는 존재하지 않는다.

힌트: 루트가 최소 공통 조상이 되는 때는 언제인가?

해법: 무식한 방법은 일단 두 노드가 루트의 다른 부분 트리에 속해 있거나 두 노드 중 하나가 루트인지 확인하는 것이다. 이 경우에는 루트가 최소 공통 조상이 된다. 만약 두 노드가 루트의 왼쪽 부분 트리 혹은 루트의 오른쪽 부분 트리에 속해 있다면 해당 부분 트리를 재귀 호출한다. 노드가 n개일 때 시간 복잡도는 $O(n^2)$이 된다. 최악의 경우는 한쪽으로 치우친 트리에서 두 노드가 트리의 가장 아래에 있을 때이다.

그런데 이 알고리즘을 여러 번 수행할 필요는 없다. 즉, 시간 복잡도를 개선할 수 있다. 두 노드가 같은 부분 트리에 있다면 두 노드가 부분 트리에 속해 있는지 불 값을 반환하지 않고 곧바로 최소 공통 조상을 구하면 된다. 다음 프로그램은 두 가지 정보를 담은 객체를 반환한다. 하나는 부분 트리에 존재하는 두 노드의 개수(0,

혹은 1, 혹은 2)이고, 다른 하나는 두 노드가 해당 부분 트리에 있을 경우에 두 노드의 최소 공통 조상이다.

```cpp
struct Status {
  int num_target_nodes;
  BinaryTreeNode<int>* ancestor;
};

BinaryTreeNode<int>* Lca(const unique_ptr<BinaryTreeNode<int>>& tree,
                         const unique_ptr<BinaryTreeNode<int>>& node0,
                         const unique_ptr<BinaryTreeNode<int>>& node1) {
  return LcaHelper(tree, node0, node1).ancestor;
}

// 정수값과 노드로 구성된 객체를 반환한다. 정수형 변수는 {node0, node1}이
// 해당 트리에 몇 개 존재하는지에 따라 0, 1, 2의 값을 가진다.
// 만약 두 노드가 해당 트리에 존재하고, ancestor에 null이 아닌 값이 할당되어 있으면
// 해당 노드가 최소 공통 조상이다.
Status LcaHelper(const unique_ptr<BinaryTreeNode<int>>& tree,
                 const unique_ptr<BinaryTreeNode<int>>& node0,
                 const unique_ptr<BinaryTreeNode<int>>& node1) {
  if (tree == nullptr) {
    return {/*num_target_nodes=*/0, /*ancestor=*/nullptr};
  }

  auto left_result = LcaHelper(tree->left, node0, node1);
  if (left_result.num_target_nodes == 2) {
    // 왼쪽 부분 트리에서 두 노드를 발견했다.
    return left_result;
  }
  auto right_result = LcaHelper(tree->right, node0, node1);
  if (right_result.num_target_nodes == 2) {
    // 오른쪽 부분 트리에서 두 노드를 발견했다.
    return right_result;
  }
  int num_target_nodes = left_result.num_target_nodes +
                         right_result.num_target_nodes + (tree == node0) +
                         (tree == node1);
  return {num_target_nodes, num_target_nodes == 2 ? tree.get() : nullptr};
}
```

알고리즘은 구조적으로 후위 순회를 재귀적으로 구현한 방법과 비슷하고, 복잡도도 동일하다. 즉, 시간 복잡도는 $O(n)$, 공간 복잡도는 $O(h)$이다. 여기서 h는 트리의 높이이다.

문제 9.4 노드에 부모를 가리키는 정보가 있을 때 최소 공통 조상 구하기

이진 트리에서 노드 두 개가 주어졌을 때 최소 공통 조상(LCA)을 구하는 알고리즘을 설계하라. 각 노드에는 부모를 가리키는 정보가 들어 있다.

힌트: 두 노드가 루트에서 같은 거리에 있다면 문제가 쉬워진다.

해법: 무식한 방법은 루트까지의 탐색 경로에 있는 모든 노드를 해시 테이블에 저장하는 것이다. 부모를 가리키는 정보가 노드에 있기 때문에 탐색 경로를 쉽게 구할수 있다. 그다음 두 번째 노드에서부터 위로 올라가면서 해시 테이블에 같은 노드가 있는지 확인한다. 이 방법의 시간 및 공간 복잡도는 $O(h)$이다. 여기서 h는 트리의 높이다.

두 노드 사이에 루트라는 공통 조상이 존재한다는 사실을 우리는 알고 있다. 만약 두 노드의 깊이가 같다면 같은 노드에 도달할 때까지 동시에 한 칸씩 올라가면서 확인하면 된다. 하지만 두 노드의 깊이가 같지 않을 때는 첫 공통 노드가 무엇인지 알아내야 한다. 그러려면 순회한 노드의 집합을 알고 있어야 한다. 실제로 노드를 저장하는 건 아니고, 깊이가 더 깊은 노드를 다른 노드의 깊이와 같아질 때까지 끌어올린 뒤에 두 노드를 동시에 한 칸씩 올라가는 우회 방법을 쓰면 된다.

예를 들어 그림 9.1에서 노드 M의 높이는 5, 탐색 경로는 $\langle A, I, J, K, L, M \rangle$이고, 노드 P의 높이는 3, 탐색 경로는 $\langle A, I, O, P \rangle$이다. 노드 M을 K까지 올려 깊이를 3으로 만든 뒤에 두 노드를 동시에 한 칸씩 올라간다면 첫 공통 노드는 I가 된다. 따라서 노드 I가 M과 P의 최소 공통 조상이다.

부모 정보를 알고 있으므로 노드의 깊이를 구하는 방법은 간단해진다. 시간 복잡도는 $O(h)$이고, 공간 복잡도는 $O(1)$이다. 깊이를 알고 있다면 동시에 움직이면서 최소 공통 조상을 구할 수 있다. 여기서 h는 트리의 높이다.

```cpp
BinaryTreeNode<int>* Lca(const unique_ptr<BinaryTreeNode<int>>& node0,
                         const unique_ptr<BinaryTreeNode<int>>& node1) {
  BinaryTreeNode<int>*iter0 = node0.get(), *iter1 = node1.get();
  int depth0 = GetDepth(iter0), depth1 = GetDepth(iter1);
  // 코드를 간단히 하기 위해서 iter0을 항상 깊이가 깊은 노드로 만든다.
  if (depth1 > depth0) {
    swap(iter0, iter1);
  }
  // 깊이가 깊은 노드를 먼저 올린다.
```

```
    int depth_diff = abs(depth0 - depth1);
    while (depth_diff--) {
      iter0 = iter0->parent;
    }

    // 최소 공통 조상에 도달할 때까지 두 노드를 동시에 올린다.
    while (iter0 != iter1) {
      iter0 = iter0->parent, iter1 = iter1->parent;
    }
    return iter0;
}

int GetDepth(const BinaryTreeNode<int>* node) {
  int depth = 0;
  while (node->parent) {
    ++depth, node = node->parent;
  }
  return depth;
}
```

시간 복잡도는 $O(h)$이고 공간 복잡도는 $O(1)$이다. 이 복잡도는 깊이를 계산하는 복잡도와 동일하다.

문제 9.5 이진 트리에서 루트-단말 노드 경로의 합 구하기

각 노드가 0 혹은 1 값만 가지는 이진 트리를 생각해 보자. 루트-단말 노드 경로는 이진수로 표현될 수 있다. 여기서 최상위 비트(MSB)는 루트가 된다. 예를 들어 그림 9.4의 이진 트리는 $(1000)_2$, $(1001)_2$, $(10110)_2$, $(110011)_2$, $(11000)_2$, $(1100)_2$로 표현된다.

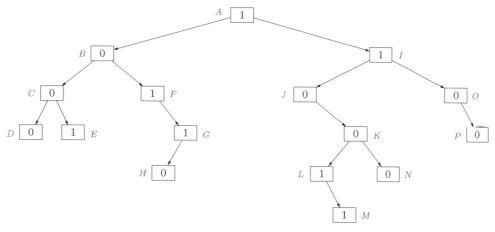

그림 9.4 정수를 표현하는 이진 트리

루트-단말 노드의 경로로 표현되는 이진 숫자의 합을 구하는 알고리즘을 설계
하라.

힌트: 트리를 어떻게 순회해야 하는지 생각해 보라.

해법: 무식한 방법은 다음과 같다. 중위 순회를 통해 단말 노드를 구한 뒤, 자식-부
모 관계를 해시 테이블에 저장한다. 그다음 자식-부모 매핑을 사용해서 모든 단말
노드에서 루트까지 순회한다. 각각의 단말 노드-루트 경로는 이진수로 표현될 것
이고 단말 노드의 비트는 최하위 비트(LSB)가 된다. 이들의 합을 모두 구하면 된
다. 루트-단말 노드 경로의 개수가 L(단말 노드의 개수와 같다), 트리의 높이가 h
일 때 이 방법의 시간 복잡도는 $O(Lh)$가 된다. 모든 노드의 개수를 n이라 할 때 공
간 복잡도는 해시 테이블의 크기만큼이므로 $O(n)$이 된다.

복잡도를 어떻게 개선할 수 있을까? 우선 경로상의 노드들이 중복되며, 이들을
반복적으로 계산할 필요가 없다는 사실을 이용해 보자. 루트에서 임의의 노드까지
의 경로가 표현하는 숫자를 계산하기 위해서는 부모까지 표현된 숫자를 두 배한 뒤
현재 노드의 비트를 더해 주면 된다. 예를 들어 A에서 L까지의 경로가 표현하는
숫자는 $2 \times (1100)_2 + 1 = (11001)_2$가 된다.

따라서 다음 방법으로 루트에서 단말 노드까지의 모든 경로의 합을 구할 수 있
다. 노드를 방문할 때마다 부모까지의 숫자를 이용해서 현재의 숫자를 계산한다.
만약 노드가 단말 노드라면 해당 정수값을 반환한다. 만약 단말 노드가 아니라면,
왼쪽 자식과 오른쪽 자식까지의 합을 반환한다.

```
int SumRootToLeaf(const unique_ptr<BinaryTreeNode<int>>& tree) {
  return SumRootToLeafHelper(tree, /*partial_path_sum=*/0);
}

int SumRootToLeafHelper(const unique_ptr<BinaryTreeNode<int>>& tree,
                        int partial_path_sum) {
  if (tree == nullptr) {
    return 0;
  }

  partial_path_sum = partial_path_sum * 2 + tree->data;
  if (tree->left == nullptr && tree->right == nullptr) {  // 단말 노드.
    return partial_path_sum;
  }
  // 단말 노드가 아닌 경우.
  return SumRootToLeafHelper(tree->left, partial_path_sum) +
```

```
        SumRootToLeafHelper(tree->right, partial_path_sum);
}
```

시간 복잡도는 $O(n)$, 공간 복잡도는 $O(h)$이다.

문제 9.6 주어진 합에 해당하는 루트-단말 노드 경로 구하기

각 노드가 정수값으로 표현된 이진 트리가 주어져 있다. 이러한 트리에서 어떤 노드의 경로 무게는 루트에서 해당 노드까지의 유일한 경로상에 있는 노드들의 정수의 합이다. 예를 들어 그림 9.1에서 E의 경로 무게는 $591(314 + 6 + 271)$이다.

어떤 정수값과 노드의 무게가 표현된 이진 트리가 주어졌을 때, 단말 노드까지의 경로 무게가 주어진 정수값과 같은 단말 노드가 존재하는지 확인하는 프로그램을 작성하라.

힌트: 특정 부분 트리를 확인하려면 나머지 트리에서 어떤 정보가 필요한가?

해법: 우선 무식한 방법을 생각해 보자. 9.5의 해법에서 다루었던 무식한 방법을 이용하면 된다. 시간 복잡도 또한 $O(Lh)$로 동일하다. 여기서 L은 루트-단말 노드 경로의 개수(단말 노드의 개수와 같다)이고 h는 트리의 높이다. 모든 노드의 개수를 n이라 할 때 공간 복잡도는 해시 테이블의 크기만큼이므로 $O(n)$이 된다.

이 방법은 경로가 겹치고, 겹친 경로에서 구한 합의 정보를 공유하지 않아 비효율적이다.

트리를 순회하면서 루트-단말 노드 경로의 합을 미리 구해 놓는 방법이 더 낫다. 단말 노드까지의 경로 무게가 찾고자 하는 무게와 같은 단말 노드에 도달하면, 원하는 단말 노드를 찾은 것이다. 해당 단말 노드를 찾는 순간 순회를 마침으로써 단말 노드를 찾는 작업을 중단하도록 한다.

```
bool HasPathSum(const unique_ptr<BinaryTreeNode<int>>& tree,
                int remaining_weight) {
  if (tree == nullptr) {
    return false;
  } else if (tree->left == nullptr && tree->right == nullptr) {  // 단말 노드.
    return remaining_weight == tree->data;
  }
  // 단말 노드가 아닌 경우.
  return HasPathSum(tree->left, remaining_weight - tree->data) ||
      HasPathSum(tree->right, remaining_weight - tree->data);
}
```

시간 복잡도는 $O(n)$, 공간 복잡도는 $O(h)$이다.

응용: 문제 9.6과 같은 입력이 주어졌을 때 단말 노드까지의 경로의 합이 s와 같은 모든 경로를 반환하는 프로그램을 작성하라. 예를 들어 $s = 619$라면, $\langle\langle A, B, C, D\rangle, \langle A, I, O, P\rangle\rangle$를 반환한다.

문제 9.7 재귀를 사용하지 않고 중위 순회 구현하기

이번 문제는 이진 트리를 중위 순회한다. 이 장의 첫 부분에서 순회에 관한 자세한 내용과 예제를 다뤘다. 일반적으로 재귀를 사용하면 트리를 순회하는 구현은 쉬워진다.

이진 트리가 입력으로 주어졌을 때 트리를 중위 순회하는 비재귀 함수를 작성하라. 각 노드는 값을 가지고 있다. 중위 순회 순서에 따라 정렬된 노드값의 배열을 결과로 반환해야 한다. 예를 들어 이 함수가 그림 9.1의 노드 B와 호출된다면 $\langle 28, 271, 0, 6, 561, 17, 3\rangle$을 결과로 반환한다. 노드에는 부모를 가리키는 정보가 포함되어 있지 않다.

힌트: 함수 호출 스택을 시뮬레이션해 보라.

해법: 비재귀 알고리즘을 구하는 핵심은 정의를 따르는 것이다. 구체적으로 말하면, 순회는 노드를 계속 검색하고 노드가 처음 발견되면 진행 중으로 표시한다. 왼쪽 하위 트리를 모두 순회하면 결과에 노드를 추가할 수 있다. 노드에 대한 처리가 끝난 것이다. 모든 노드의 전체 하위 트리는 결과에 추가되기 전에 처리되므로 후입 선출 구조를 따른다. 따라서 처리 중인 노드는 스택에 저장하는 것이 좋다. 또한 자식 노드를 처리했는지 여부를 나타내는 불값을 같이 저장하는 것이 편하다.

그림 9.1의 노드 B를 루트로 하는 트리를 중위 순회한다고 가정해 보자. 함수 호출 스택은 다음과 같이 변경된다. (스택의 순서는 아래에서 위, 왼쪽에서 오른쪽 이다.)

1. (B, False)
2. $(F, \text{False}), (B, \text{True}), (C, \text{False})$ (result $= \langle\rangle$)
3. $(F, \text{False}), (B, \text{True}), (E, \text{False}), (C, \text{True}), (D, \text{False})$ (result $= \langle\rangle$)
4. $(F, \text{False}), (B, \text{True}), (E, \text{False}), (C, \text{True}), (D, \text{True})$ (result $= \langle\rangle$)

5. $(F, \text{False}), (B, \text{True}), (E, \text{False}), (C, \text{True}), (\text{result} = \langle 28 \rangle)$

6. $(F, \text{False}), (B, \text{True}), (E, \text{False}), (\text{result} = \langle 28, 271 \rangle)$

7. $(F, \text{False}), (B, \text{True}), (E, \text{True}), (\text{result} = \langle 28, 271 \rangle)$

8. $(F, \text{False}), (B, \text{True}), (\text{result} = \langle 28, 271, 0 \rangle)$

9. $(F, \text{False}), (\text{result} = \langle 28, 271, 0, 6 \rangle)$

10. $(G, \text{False}), (F, \text{True}), (\text{result} = \langle 28, 271, 0, 6 \rangle)$

11. $(G, \text{False}), (\text{result} = \langle 28, 271, 0, 6, 561 \rangle)$

12. $(G, \text{True}), (H, \text{False}), (\text{result} = \langle 28, 271, 0, 6, 561 \rangle)$

13. $(G, \text{True}), (H, \text{True}), (\text{result} = \langle 28, 271, 0, 6, 561 \rangle)$

14. $(G, \text{True}), (\text{result} = \langle 28, 271, 0, 6, 561, 17 \rangle)$

15. 스택이 비어 있음, $\text{result} = \langle 28, 271, 0, 6, 561, 17, 3 \rangle)$

```cpp
vector<int> InorderTraversal(const unique_ptr<BinaryTreeNode<int>>& tree) {
  vector<int> result;

  stack<pair<const BinaryTreeNode<int>*, bool>> in_process;
  in_process.emplace(tree.get(), false);
  while (!empty(in_process)) {
    auto [node, left_subtree_traversed] = in_process.top();
    in_process.pop();
    if (node) {
      if (left_subtree_traversed) {
        result.emplace_back(node->data);
      } else {
        in_process.emplace(node->right.get(), false);
        in_process.emplace(node, true);
        in_process.emplace({node->left.get(), false);
      }
    }
  }
  return result;
}
```

각 노드에서 사용한 시간은 $O(1)$이므로 전체 시간 복잡도는 $O(n)$이 된다. 공간 복잡도는 스택의 최대 원소 수에 의해 결정되며, 트리의 높이 h에 비례하는 $O(h)$가 된다. 트리의 높이에 대한 정의는 이번 장의 도입부를 참고하길 바란다.

응용: 이진 트리가 입력으로 주어졌을 때 트리를 전위 순회하는 비재귀 함수를 작성하라. 예를 들어 이 함수가 그림 9.1의 노드 B와 호출된다면 $\langle 6, 271, 28, 0, 561, 3,$

17)을 결과로 반환해야 한다.

응용: 이진 트리가 입력으로 주어졌을 때 트리를 후위 순회하는 비재귀 함수를 작성하라. 예를 들어 이 함수가 그림 9.1의 노드 B와 호출된다면 ⟨28, 0, 271, 17, 3, 561, 6⟩을 결과로 반환해야 한다.

문제 9.8 중위 순회에서 k번째 노드 구하기

전체 노드가 n개일 때 $O(n)$ 시간 복잡도로 중위 순회하면서 k번째 노드를 찾는 건 간단하다. 그런데 각 노드에 정보를 추가할 수 있다면 이보다 빠르게 수행할 수 있다.

중위 순회에서 k번째 노드를 효율적으로 찾는 프로그램을 작성하라. 각 노드에는 해당 노드를 루트로 한, 부분 트리의 노드의 개수를 저장할 수 있다고 가정한다.

힌트: 분할 정복법을 사용하라.

해법: 무식한 방법은 중위 순회로 트리를 순회하면서 방문한 노드의 개수를 저장하고 k가 됐을 때 멈추는 것이다. 이 방법의 시간 복잡도는 $O(n)$이 된다. (왼쪽으로 치우친 트리를 생각해 보자. 첫 번째 노드($k = 1$)를 찾기 위해선 모든 노드를 지나쳐야 한다.)

무식한 방법을 자세히 살펴보면 노드에 담겨 있는 정보를 사용하지 않았다는 사실을 알 수 있다. 예를 들어 k가 왼쪽 부분 트리의 개수보다 크다면 k번째 노드는 왼쪽 부분 트리에 있지 않을 것이다. 더 정확히 말해서 왼쪽 부분 트리에 L개의 노드가 있다면 k번째 노드는 왼쪽 부분 트리를 제외했을 때 $(k - L)$번째 노드에 있을 것이다. 역으로 말해 $k \leq L$인 경우에는 우리가 찾고자 하는 노드는 왼쪽 부분 트리에 있을 것이다. 예를 들어 그림 9.1에서 왼쪽 부분 트리에는 7개의 노드가 있다. 따라서 10번째 노드는 왼쪽 부분 트리에 있을 수 없고, 왼쪽 부분 트리를 제외하고서 세 번째에 있다. 이를 통해 다음 프로그램을 작성할 수 있다.

```cpp
const BinaryTreeNode<int>* FindKthNodeBinaryTree(
    const unique_ptr<BinaryTreeNode<int>>& tree, int k) {
  const auto* iter = tree.get();
  while (iter != nullptr) {
    int left_size = iter->left ? iter->left->size : 0;
    if (left_size + 1 < k) {  // k번째 노드는 반드시 오른쪽 부분 트리에 있어야 한다.
```

```
      k -= (left_size + 1);
      iter = iter->right.get();
    } else if (left_size == k - 1) {  // k번째 노드가 현재 노드이다.
      return iter;
    } else {  // k번째 노드는 왼쪽 부분 트리에 있어야 한다.
      iter = iter->left.get();
    }
  }
  // k가 1과 트리의 크기 사이의 값이라면, 여기에 도달할 수 없다.
  return nullptr;
}
```

반복할 때마다 트리 아래로 내려가므로 시간 복잡도는 $O(h)$이다. h는 트리의 높
이다.

문제 9.9 후임 노드 구하기

이진 트리에서 노드의 후임 노드(successor)란 중위 순회에서 바로 다음에 나오는
노드를 말한다. 예를 들어 그림 9.1에서 G의 다음 노드는 A이고, A의 다음 노드는
J이다.

이진 트리에서 어떤 노드의 후임 노드를 구하는 알고리즘을 설계하라. 각 노드에
는 부모 노드에 대한 정보가 들어 있다고 가정한다.

힌트: 노드의 오른쪽 부분 트리를 살펴보라. 오른쪽 부분 트리가 없으면 어떻게 되
겠는가?

해법: 무식한 방법을 먼저 생각해 보자. 중위 순회로 트리를 순회하면서 주어진 노
드 바로 다음 노드에 도달했을 때 멈추면 된다. 이 방법의 시간 복잡도는 중위 순회
와 같은 $O(n)$이다.

트리의 구조를 조금 더 자세히 살펴보자. 해당 노드가 오른쪽 부분 트리를 가지
고 있다면 후임 노드는 반드시 오른쪽 부분 트리에 있기 때문에, 나머지 노드들은
고려할 필요가 없다. 예를 들어 그림 9.1을 보면 A의 왼쪽 부분 트리의 구조에 관
계없이 A의 후임 노드는 I를 루트로 하는 부분 트리에 반드시 존재한다. 마찬가지
로, B의 다음 노드는 F를 루트로 하는 부분 트리에 반드시 존재한다. 오른쪽 부분
트리가 존재할 때, 해당 노드의 후임 노드는 부분 트리를 중위 순회했을 때 처음 방
문하는 노드다. 그 노드는 부분 트리의 '가장 왼쪽'에 있으며, 더 이상 노드가 없을

때까지 왼쪽을 따라 쭉 내려가면 찾을 수 있다.

오른쪽 부분 트리가 없는 경우라면 좀 더 신중하게 생각해야 한다. 만약 주어진 노드에 오른쪽 자식이 없고 이 노드가 부모의 왼쪽 자식이라면, 후임 노드는 바로 부모 노드가 된다. 그림 9.1을 예로 들면, H의 후임 노드는 G다. 이번에는 주어진 노드에 오른쪽 자식이 없는 건 동일하지만, 이 노드가 부모의 오른쪽 자식인 경우를 생각해 보자. 이때는 이미 부모 노드를 방문한 뒤다. 이런 경우는 부모를 반복적으로 따라 올라가다가 왼쪽 자식에서 올라갈 때 멈추는 방법으로 후임 노드를 결정할 수 있다. 예를 들어 G 노드에서 부모를 따라 올라가면 F, B, A가 되는데, B는 A의 왼쪽 자식이므로 A에서 멈춘다. 따라서 G의 후임 노드는 A가 된다.

중위 순회에서 해당 노드를 마지막으로 방문하게 되면, 꼭 왼쪽 자식에서 위로 올라가지 않더라도 루트 노드에 도달할 수 있다. 이 경우에는 다음 노드가 존재하지 않는 경우가 된다. 그림 9.1에서 노드 P가 이 경우에 해당된다.

```cpp
BinaryTreeNode<int>* FindSuccessor(
    const unique_ptr<BinaryTreeNode<int>>& node) {
  auto* iter = node.get();
  if (iter->right != nullptr) {
    // 노드의 오른쪽 부분 트리에서 가장 왼쪽에 있는 원소를 찾는다.
    iter = iter->right.get();
    while (iter->left) {
      iter = iter->left.get();
    }
    return iter;
  }

  // 왼쪽 부분 트리에 포함된 가장 가까운 조상을 찾는다.
  while (iter->parent != nullptr && iter->parent->right.get() == iter) {
    iter = iter->parent;
  }
  // nullptr을 반환한다는 의미는 다음 노드가 존재하지 않는다는 뜻이다.
  // 예를 들어 트리의 가장 오른쪽 노드가 이 경우가 된다.
  return iter->parent;
}
```

탐색하게 될 간선의 개수 n은 트리의 높이 h보다 많지 않으므로 시간 복잡도는 $O(h)$이다.

문제 9.10 $O(1)$ 공간을 사용해서 중위 순회 구현하기

트리의 높이가 h일 때 재귀를 사용하여 중위 순회를 구현하면 공간 복잡도는 $O(h)$이다. 스택을 직접 사용하면 재귀를 없앨 수 있지만 여전히 공간 복잡도는 $O(h)$이다.

비재귀를 사용해서 이진 트리에서 중위 순회를 구현하는 프로그램을 작성하라. 각 노드에는 부모를 가리키는 포인터가 있다고 가정한다.

힌트: 어떤 노드가 부모의 왼쪽 자식일지 오른쪽 자식일지 어떻게 알 수 있는가?

해법: 중위 순회의 표준 규칙은 왼쪽, 루트, 오른쪽 순서대로 순회하는 것이다. 부분 트리를 모두 순회하고 난 후에는 부모 노드로 돌아와야 한다. 순회를 끝낸 부분 트리가 왼쪽 부분 트리인지 오른쪽 부분 트리인지에 따라서 해야 할 일이 달라진다. 만약 순회가 끝난 부분 트리가 왼쪽 부분 트리라면 부모 노드를 방문한 후에 오른쪽 부분 트리를 순회하면 된다. 만약 오른쪽 부분 트리라면 해당 노드의 부모 노드로 돌아가면 된다.

이 순회를 재귀 없이 수행할 수 있으려면 각 노드에 부모 노드가 누구인지 기록해야 한다. 해시 테이블을 사용하면, 노드가 n개이고 트리의 높이가 h라고 할 때, 시간 및 공간 복잡도는 $O(n)$이 된다. 하지만 부분 트리의 순회가 끝날 때마다 해당 트리를 해시 테이블에서 제거하면 공간 복잡도를 $O(h)$로 줄일 수 있다.

이 문제에서는 각 노드가 부모를 가리키고 있으므로 따로 해시 테이블을 사용할 필요가 없고, 따라서 $O(1)$ 공간 복잡도에 문제를 풀 수 있다.

이 알고리즘을 완성하기 위해서는 부모로 돌아가야 할 때가 언제인지 알 수 있어야 한다. 즉, 왼쪽 부분 트리를 막 끝냈다면 부모 노드를 방문한 뒤에 오른쪽 부분 트리를 순회하면 된다. 오른쪽 부분 트리를 막 끝냈다면 부모 노드를 루트로 한 부분 트리의 순회가 끝난 것이다. 부모 노드로 돌아가기 전에 부분 트리의 루트 노드가 무엇인지 기록함으로써 이 문제를 풀 수 있다. 예를 들어 그림 9.1을 보면 C를 루트로 한 부분 트리의 순회가 끝난 뒤 B로 돌아갈 때 C에서 왔다고 기록한다. C가 B의 왼쪽 자식이라면 이제 B의 오른쪽 자식을 순회해야 한다. 만약 F에서 B로 돌아왔다면, F는 B의 왼쪽 자식이 아니기 때문에 B의 오른쪽 자식이 되고, 따라서 B를 루트로 한 부분 트리의 순회를 마쳤다고 할 수 있다.

```
vector<int> InorderTraversal(const unique_ptr<BinaryTreeNode<int>>& tree) {
  BinaryTreeNode<int>*prev = nullptr, *curr = tree.get();
  vector<int> result;

  while (curr != nullptr) {
    BinaryTreeNode<int>* next;
    if (curr->parent == prev) {
      // prev에서 curr로 내려왔다.
      if (curr->left != nullptr) {  // 왼쪽으로 계속 내려간다.
        next = curr->left.get();
      } else {
        result.emplace_back(curr->data);
        // 왼쪽은 끝났으므로, 오른쪽이 비어 있지 않으면 오른쪽으로 내려간다.
        // 아니면 위로 올라간다.
        next = (curr->right != nullptr) ? curr->right.get() : curr->parent;
      }
    } else if (curr->left.get() == prev) {
      // 왼쪽 자식으로부터 curr까지 올라간다.
      result.emplace_back(curr->data);
      // 왼쪽은 끝났으므로 오른쪽이 비어 있지 않으면 오른쪽으로 내려간다.
      // 아니면 위로 올라간다.
      next = (curr->right != nullptr) ? curr->right.get() : curr->parent;
    } else {  // 왼쪽과 오른쪽 둘 다 끝났으므로 위로 올라간다.
      next = curr->parent;
    }

    prev = curr;
    curr = next;
  }
  return result;
}
```

시간 복잡도는 $O(n)$이고, 공간 복잡도는 $O(1)$이다.

다른 방법도 있다. 노드의 후임 노드가 중위 순회의 노드 방문 순서와 같으므로 가장 왼쪽에 있는 노드에서 시작해서 다음 노드를 계속 호출하면 된다. 이 방법을 사용하면 문제 9.10의 해법을 재사용할 수 있다.

응용: $O(1)$의 공간을 사용해서 전위 순회와 후위 순회도 구현해 보라. 트리는 수정하면 안 된다. 각 노드에는 부모를 가리키는 참조 변수가 포함되어 있다.

문제 9.11 순회한 데이터를 사용해 이진 트리 복원하기

모양이 다른 이진 트리라 하더라도 중위 순회, 전위 순회, 후위 순회의 결과가 같을 수 있다. 하지만 전위 순회나 후위 순회 중 하나의 결과가 주어지고, 중위 순회의 결과가 주어진다면 유일한 이진 트리를 만들어 낼 수 있다. 단, 각 노드는 서로 다른 키값을 사용해야 한다. 예를 들어 중위 순회가 ⟨F, B, A, E, H, C, D, I, G⟩이고, 전위 순회가 ⟨H, B, F, E, A, C, D, G, I⟩라면 이를 만족하는 이진 트리는 그림 9.5와 같은 형태로 유일하다.

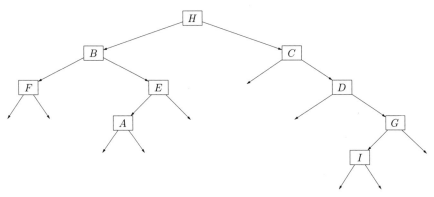

그림 9.5 이진 트리-노드가 붙어 있지 않은 간선은 비어 있는 부분 트리라고 생각하면 된다.

어떤 이진 트리의 중위 순회와 전위 순회의 결과가 주어졌을 때, 해당 트리를 복원해 내는 프로그램을 작성하라. 각 노드는 서로 다른 키값을 가지고 있다고 가정해도 좋다.

힌트: 루트 노드에 관심을 기울이라.

해법: 완전히 무식한 방법을 생각해 보자. 중위 순회로 구할 수 있는 모든 이진 트리를 나열한 뒤에 주어진 전위 순회와 일치하는 트리를 찾는다. 이 방법은 복잡도가 어마어마할 것이다.

예제를 좀 더 주의 깊게 살펴보면, 전위 순회를 통해 루트 노드를 구할 수 있다는 사실을 알 수 있다. 왜냐하면 전위 순회의 첫 번째 노드가 루트가 되기 때문이다. 이를 통해 중위 순회의 수열을 왼쪽 부분 트리, 루트 노드, 오른쪽 부분 트리로 나눌 수 있다.

그다음 중위 순회의 왼쪽 부분 트리의 수열을 사용해서 왼쪽 부분 트리의 전위 순회 수열을 계산할 수 있다. 전위 순회는 루트에서 시작해서 왼쪽 부분 트리, 오른쪽 부분 트리 순서대로 순회를 한다. 중위 순회 수열에서 루트의 위치를 알 수 있으므로 왼쪽 부분 트리의 노드의 개수인 k를 알 수 있다. 따라서 전위 순회 수열에서 루트 다음으로 나오는 k개의 부분수열이 왼쪽 부분 트리의 전위 순회 수열이 된다.

예를 들어 살펴보자. 중위 순회 수열이 $\langle F, B, A, E, H, C, D, I, G \rangle$이고 전위 순회 수열이 $\langle H, B, F, E, A, C, D, G, I \rangle$라면(그림 9.5), 전위 순회 수열에서 처음 등장하는 H가 루트가 된다. 중위 순회 수열을 통해 $\langle F, B, A, E \rangle$가 왼쪽 부분 트리의 중위 순회 수열이라는 사실을 알 수 있다. 따라서 전위 순회 수열인 $\langle H, B, F, E, A, C, D, G, I \rangle$에서 루트 노드 H 다음에 나오는 4개의 노드 $\langle B, F, E, A \rangle$가 왼쪽 부분 트리의 전위 순회 수열과 같다는 사실을 알 수 있다. 비슷한 방법으로 오른쪽 부분 트리도 구할 수 있다. 단말 노드에 도달할 때까지 이 방법을 재귀적으로 적용하면 트리를 구할 수 있다.

단순하게 구현한다면 노드가 n개일 때 시간 복잡도는 $O(n^2)$이 된다. 최악의 경우는 비스듬한 트리(skewed tree)가 입력으로 들어올 때다. 중위 순회 수열에서 루트를 찾는 방법은 $O(n)$ 시간이 걸린다. 해시 테이블을 사용해서 초반에 노드와 중위 순회 수열에서 해당 노드의 위치를 미리 구해 놓는다면 시간 복잡도를 좀 더 개선할 수 있다. 다음은 이 방법을 구현한 코드이다.

```
unique_ptr<BinaryTreeNode<int>> BinaryTreeFromPreorderInorder(
    const vector<int>& preorder, const vector<int>& inorder) {
  unordered_map<int, int> node_to_inorder_idx;
  for (int i = 0; i < size(inorder); ++i) {
    node_to_inorder_idx.emplace(inorder[i], i);
  }
  return BinaryTreeFromPreorderInorderHelper(
      preorder, /*preorder_start=*/0, size(preorder), /*inorder_start=*/0,
      size(inorder), node_to_inorder_idx);
}

// preorder[preorder_start, preorder_end - 1]와
// inorder[inorder_start, inorder_end - 1]을 사용해서 부분 트리를 구한다.
unique_ptr<BinaryTreeNode<int>> BinaryTreeFromPreorderInorderHelper(
    const vector<int>& preorder, int preorder_start, int preorder_end,
    int inorder_start, int inorder_end,
    const unordered_map<int, int>& node_to_inorder_idx) {
  if (preorder_end <= preorder_start || inorder_end <= inorder_start) {
    return nullptr;
  }
  size_t root_inorder_idx = node_to_inorder_idx.at(preorder[preorder_start]);
  size_t left_subtree_size = root_inorder_idx - inorder_start;

  return make_unique<BinaryTreeNode<int>>(
      preorder[preorder_start],
      // 재귀적으로 왼쪽 부분 트리를 구한다.
      BinaryTreeFromPreorderInorderHelper(
```

```
            preorder, preorder_start + 1,
            preorder_start + 1 + left_subtree_size,
            inorder_start, root_inorder_idx, node_to_inorder_idx),
        // 재귀적으로 오른쪽 부분 트리를 구한다.
        BinaryTreeFromPreorderInorderHelper(
            preorder, preorder_start + 1 + left_subtree_size, preorder_end,
            root_inorder_idx + 1, inorder_end, node_to_inorder_idx));
}
```

시간 복잡도는 $O(n)$이다. 해시 테이블을 구하는 데 $O(n)$ 시간이 소요되고 재귀에서는 각 노드마다 $O(1)$ 시간을 소요한다. h가 트리의 높이일 때, 공간 복잡도는 $O(n + h) = O(n)$이 된다. 즉, 공간 복잡도는 해시 테이블의 크기와 함수 호출 스택의 최대 깊이의 합과 같다.

응용: 중위 순회 수열과 후위 순회 수열이 주어졌을 때 같은 문제를 풀어 보라.

응용: A에 서로 다른 정수가 n개 들어 있다고 하자. A에서 최대 원소가 들어 있는 인덱스를 m이라 하자. A의 최대-트리를 다음과 같이 정의한다. 이 트리는 이진 트리로서 A의 원소들로 구성되어 있고, 루트는 A의 최대 원소, 왼쪽 자식은 $A[0, m - 1]$, 오른쪽 자식은 $A[m + 1, n - 1]$이 된다. 만약 A의 길이가 O이면 최대-트리는 비어 있는 트리다. A의 최대-트리를 구하는 $O(n)$ 알고리즘을 설계해 보라.

문제 9.12 마커가 포함된 전위 순회를 사용해 이진 트리 복원하기

이진 트리의 모양이 다르더라도 전위 순회 수열의 결과는 같을 수 있다.

여기서는 전위 순회를 계산할 때 왼쪽 혹은 오른쪽 자식이 비어 있는지 알려 주는 마커를 사용할 것이다. 예를 들어 그림 9.5의 이진트리의 전위 순회 수열은 다음과 같다.

⟨H, B, F, null, null, E, A, null, null, null, C, null, D, null, G, I, null, null, null⟩

널(null) 마커가 포함된 전위 순회 수열이 주어졌을 때 이진 트리를 복원하는 알고리즘을 설계하라.

힌트: 전위 순회 수열을 왼쪽에서 오른쪽으로 훑어 나가면서 문제를 풀려고 하다 보면 어려울 수 있다.

해법: 한 가지 무식한 방법은 이진 트리를 모두 나열한 뒤에 주어진 전위 순회 수열과 같은 트리를 찾는 것이다. 그런데 이 방법은 시간 복잡도가 감당할 수 없을 만큼크다.

더 나은 알고리즘을 찾으려면 수열의 첫 번째 노드가 루트라는 점과 루트 다음에는 왼쪽 부분 트리와 오른쪽 부분 트리가 차례로 나온다는 사실을 직관적으로 알고있어야 한다. 왼쪽 부분 트리의 수열이 언제 끝나는지 알기란 쉽지 않다. 하지만 이문제를 재귀적으로 푼다면, 왼쪽 부분 트리를 올바르게 계산할 수 있다는 가정하에오른쪽 부분 트리가 어디서 시작하는지 알 수 있을 것이다.

```cpp
unique_ptr<BinaryTreeNode<int>> ReconstructPreorder(
    const vector<int*>& preorder) {
  int subtree_idx_pointer = 0;
  return ReconstructPreorderHelper(preorder, &subtree_idx_pointer);
}

// subtreeIdx를 루트로 한 부분 트리 복원하기.
unique_ptr<BinaryTreeNode<int>> ReconstructPreorderHelper(
    const vector<int*>& preorder, int* subtree_idx_pointer) {
  int& subtree_idx = *subtree_idx_pointer;
  int* subtree_key = preorder[subtree_idx];
  ++subtree_idx;
  if (subtree_key == nullptr) {
    return nullptr;
  }
  // ReconstructPreorderHelper에서 subtree_idx를 갱신한다는 사실을 명심하라.
  // 따라서 다음 두 개의 호출의 순서는 매우 중요하다.
  auto left_subtree = ReconstructPreorderHelper(preorder, subtree_idx_pointer);
  auto right_subtree = ReconstructPreorderHelper(preorder, subtree_idx_pointer);
  return make_unique<BinaryTreeNode<int>>(*subtree_key, move(left_subtree),
                                          move(right_subtree));
}
```

트리의 노드가 n개일 때 시간 복잡도는 $O(n)$이다.

응용: 후위 순회 수열로 주어진 경우에 같은 문제를 풀어 보라. 해당 수열이 중위순회 수열인 경우에도 이 문제를 풀 수 있는가?

문제 9.13 이진 트리의 단말 노드에서 연결리스트 구성하기

이진 트리를 사용한 애플리케이션 중에서 실제 정보는 단말 노드에만 저장되어 있는 경우가 있다. 예를 들어 테니스 토너먼트의 매치는 이진 트리로 표현되어 있지만 선수들은 단말 노드에만 표시되어 있다. 중간 노드들은 승자가 올라가는 용도로 사용된다. 이러한 트리의 경우에는 단말 노드를 서로 연결하면 참가자의 리스트를 얻을 수 있다.

이진 트리가 주어졌을 때 단말 노드를 연결하는 연결리스트를 계산하라. 단말 노드는 왼쪽에서 오른쪽 순서대로 나타나야 한다. 예를 들어 그림 9.1에 나와 있는 이진 트리의 결과는 ⟨D, E, H, M, N, P⟩가 된다.

힌트: 점차적으로 리스트를 만들어 나가면 된다. 부분 리스트가 전역으로 주어진다면 쉽다.

해법: 아주 단순한 해법은 트리를 두 번 읽는 것이다. 처음에는 단말 노드를 구하고, 두 번째는 가장 왼쪽의 단말 노드가 가장 낮은 점수를 얻는 식으로 각 단말의 점수를 결정한다. 이렇게 해서 오름차순으로 정렬된 단말을 구할 수 있다.

그러나 트리를 꼭 두 번 읽을 필요는 없다. 트리를 왼쪽에서 오른쪽 순서대로 처리하면, 단말 노드는 우리가 원하는 순서대로 등장할 것이고 차례대로 리스트에 넣어 주면 된다. 다음은 이 방법을 구현한 코드이다.

```cpp
vector<const unique_ptr<BinaryTreeNode<int>>*> CreateListOfLeaves(
    const unique_ptr<BinaryTreeNode<int>>& tree) {
  vector<const unique_ptr<BinaryTreeNode<int>>*> leaves;
  AddLeavesLeftToRight(tree, &leaves);
  return leaves;
}

void AddLeavesLeftToRight(
    const unique_ptr<BinaryTreeNode<int>>& tree,
    vector<const unique_ptr<BinaryTreeNode<int>>*>* leaves_ptr) {
  if (tree != nullptr) {
    if (tree->left == nullptr && tree->right == nullptr) {
      leaves_ptr->emplace_back(&tree);
    } else {
      AddLeavesLeftToRight(tree->left, leaves_ptr);
      AddLeavesLeftToRight(tree->right, leaves_ptr);
    }
  }
}
```

노드가 n개일 때 시간 복잡도는 $O(n)$이다.

문제 9.14 이진 트리의 테두리 구하기

이진 트리의 테두리는 다음 순서대로 노드를 나열한 것과 같다. 루트에서 왼쪽 끝에 있는 단말 노드까지 나열된 노드, 왼쪽에서 오른쪽으로 순서대로 나열된 단말 노드, 오른쪽 끝에 있는 단말 노드에서 루트까지 나열된 노드. (왼쪽 혹은 오른쪽 끝에 있는 단말 노드는 중위 순회를 했을 때 처음 혹은 가장 마지막에 나타나는 단말 노드를 뜻한다.) 예를 들어 그림 9.1에 나와 있는 이진 트리의 테두리는 $\langle A, B, C, D, E, H, M, N, P, O, I \rangle$가 된다. J가 루트인 트리의 경우 테두리는 $\langle J, M, N, K \rangle$다. J는 왼쪽 부분 트리가 없으므로 J가 왼쪽 끝 노드다.

이진 트리의 테두리를 구하는 프로그램을 작성하라.

힌트: 루트의 왼쪽 자식과 오른쪽 자식을 거울에 비추어 보듯이 다룰 수 있다.

해법: 무식한 방법 중 하나는 케이스 분석을 사용하는 것이다. 여기서 필요한 정보는 루트에서 왼쪽 끝에 있는 단말 노드까지의 경로, 루트에서 오른쪽 끝에 있는 단말 노드까지의 경로, 왼쪽에서 오른쪽 순서대로 나열된 단말 노드들이다.

단말 노드를 왼쪽에서 오른쪽 순서대로 구하는 방법은 이미 알고 있다(9.14의 해법). 루트에서 왼쪽 끝에 있는 단말 노드까지의 경로를 구하는 방법은 다음과 같다. 왼쪽 자식이 있는 경우에는 언제나 왼쪽으로 내려가고, 아닌 경우에만 오른쪽으로 내려가면 된다. 같은 방식으로 루트에서 오른쪽 끝에 있는 단말 노드까지의 경로도 구할 수 있다. n이 노드의 개수이고 h가 트리의 높이일 때 이 방법의 시간 복잡도는 $O(h + n + h)$이다. 서로 다른 경로에서 노드가 중복해서 등장할 수 있기 때문에 실제로 구현하기에는 살짝 까다로울 수 있다. 예를 들어 그림 9.1에서 루트에서 왼쪽 끝에 있는 단말 노드까지의 경로는 $\langle A, B, C, D \rangle$이고, 단말 노드를 왼쪽에서 오른쪽 순서대로 나열한 경로는 $\langle D, E, H, M, N, P \rangle$이고, 루트에서 오른쪽 끝에 있는 단말 노드까지의 경로는 $\langle A, I, O, P \rangle$이다. 왼쪽 끝에 있는 단말 노드 D, 오른쪽 끝에 있는 단말 노드 P, 루트 노드 A는 경로 두 개에 중복해서 등장하는 걸 볼 수 있다.

단 한 번의 순회를 통해 루트에서 왼쪽 단말 노드까지의 경로와 왼쪽 부분트리의 단말 노드들을 한번에 구함으로써 이 방법을 조금 단순화할 수 있다. 그다음 트리를 다시 한번 더 순회해서 오른쪽 부분트리의 단말 노드들과 오른쪽 단말 노드에서 루트까지의 경로를 구하면 된다. 그림 9.1을 예로 들면, 첫 번째 순회를 통해 $\langle B,$

C, D, E, H〉를 구할 수 있고 두 번째 순회를 통해 〈M, N, P, O, I〉를 구할 수 있다. 루트 노드인 A 뒤에 앞에서 구한 두 경로를 덧붙이면 트리의 테두리가 된다. 나음은 이를 구현한 코드이다.

```cpp
vector<const unique_ptr<BinaryTreeNode<int>>*> ExteriorBinaryTree(
    const unique_ptr<BinaryTreeNode<int>>& tree) {
  if (tree == nullptr) {
    return {};
  }

  vector<const unique_ptr<BinaryTreeNode<int>>*> exterior{&tree};
  LeftBoundary(tree->left, &exterior);
  Leaves(tree->left, &exterior);
  Leaves(tree->right, &exterior);
  RightBoundary(tree->right, &exterior);
  return exterior;
}

// 루트와 왼쪽 끝에 있는 단말 노드 사이의 노드를 구한다.
void LeftBoundary(
    const unique_ptr<BinaryTreeNode<int>>& subtree,
    vector<const unique_ptr<BinaryTreeNode<int>>*>* exterior_ptr) {
  if (subtree == nullptr ||
      (subtree->left == nullptr && subtree->right == nullptr)) {
    return;
  }
  exterior_ptr->emplace_back(&subtree);
  if (subtree->left != nullptr) {
    LeftBoundary(subtree->left, exterior_ptr);
  } else {
    LeftBoundary(subtree->right, exterior_ptr);
  }
}

// 오른쪽 끝에 있는 단말 노드와 루트 사이의 노드를 구한다.
void RightBoundary(
    const unique_ptr<BinaryTreeNode<int>>& subtree,
    vector<const unique_ptr<BinaryTreeNode<int>>*>* exterior_ptr) {
  if (subtree == nullptr ||
      (subtree->left == nullptr && subtree->right == nullptr)) {
    return;
  }
  if (subtree->right != nullptr) {
    RightBoundary(subtree->right, exterior_ptr);
  } else {
    RightBoundary(subtree->left, exterior_ptr);
  }
}
```

```
      exterior_ptr->emplace_back(&subtree);
}

// 왼쪽에서 오른쪽 순서로 단말 노드를 구한다.
void Leaves(const unique_ptr<BinaryTreeNode<int>>& subtree,
            vector<const unique_ptr<BinaryTreeNode<int>>*>* exterior_ptr) {
  if (subtree == nullptr) {
    return;
  }
  if (subtree->left == nullptr && subtree->right == nullptr) {
    exterior_ptr->emplace_back(&subtree);
    return;
  }
  Leaves(subtree->left, exterior_ptr);
  Leaves(subtree->right, exterior_ptr);
}
```

시간 복잡도는 $O(n)$이다.

문제 9.15 오른쪽 형제 트리 구하기

이진 트리의 각 노드에 다른 노드를 가리키는 next라는 변수가 있다고 가정하자(이 변수는 왼쪽 자식과 오른쪽 자식을 가리키는 변수와는 다른 변수이다). next 변수는 현재 노드의 오른쪽에 있는 형제 노드를 가리킬 때 사용된다. 입력은 그림 9.6처럼 포화 이진 트리(perfect binary tree)라고 가정하자.

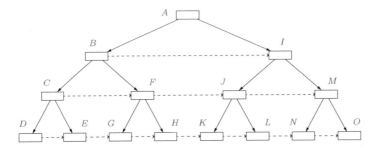

그림 9.6 포화 이진 트리에서 각 노드의 next 변수가 오른쪽 형제 노드(right sibling tree)를 가리키도록 한다. 점선으로 그려진 화살표는 갱신 후에 next 변수가 가리키는 값을 말한다. 루트에서 오른쪽 끝에 있는 단말 노드까지의 노드, 즉 A, I, M, O는 오른쪽 형제 노드가 없으므로 점선 화살표가 없다.

포화 이진 트리가 주어졌을 때, 각 노드의 next 변수가 오른쪽 노드를 가리키도록 하는 프로그램을 작성하라.

힌트: 적합한 순회 순서를 생각해 보라.

해법: 무식하게 생각해 보자. 각 노드의 깊이를 계산한 뒤 이를 해시 테이블에 저장한다. 그 다음 깊이가 같은 노드들을 중위 순회로 방문했을 때의 순서대로 정렬한다. 그리고 이 순서대로 next 변수를 채워 나간다. 노드의 개수가 n이라고 했을 때 이 방법의 시간 및 공간 복잡도는 $O(n)$이 된다.

공간 복잡도를 개선하려면 트리의 구조를 살펴봐야 한다. 입력으로 포화 이진 트리가 주어지기 때문에 왼쪽 자식 노드의 오른쪽 형제 노드는 언제나 부모의 오른쪽 자식 노드와 같다. 그리고 오른쪽 자식 노드의 오른쪽 형제 노드는 부모의 오른쪽 형제 노드의 왼쪽 자식과 같다. 예를 들어 그림 9.6을 살펴보자. C의 오른쪽 형제 노드는 B의 오른쪽 자식 노드인 F와 같다. F는 B의 오른쪽 자식이기 때문에 F의 오른쪽 형제 노드는 B의 오른쪽 형제 노드의 왼쪽 자식인 J와 같다.

각 높이별로, 왼쪽에서 오른쪽 순서대로 각 노드에 이 규칙을 적용한다. 깊이가 같은 노드들을 순회하면서 next 변수를 채워 넣는 건 간단하다. 차례대로 순회를 하면서 앞에서 언급한 방법대로 각 노드의 next 변수를 채워 넣으면 된다. 다음 깊이의 노드를 구하기 위해선 각 깊이의 시작 노드를 기록해 놓으면 된다. 각 깊이의 순회를 끝마친 뒤, 다음 깊이의 시작 노드는 기록된 시작 노드의 왼쪽 자식이 된다.

```cpp
void ConstructRightSibling(BinaryTreeNode<int>* tree) {
  while (tree && tree->left) {
    PopulateLowerLevelNextField(tree);
    tree = tree->left.get();
  }
}
```

```cpp
void PopulateLowerLevelNextField(BinaryTreeNode<int>* start_node) {
  while (start_node) {
    // 왼쪽 자식 노드의 next 변수를 채워 넣는다.
    start_node->left->next = start_node->right.get();
    // start_node가 같은 높이에 있는 노드 중에서 가장 마지막에 있는 노드가 아니라면
    // 오른쪽 자식 노드의 next 변수를 채워 넣는다.
    if (start_node->next) {
      start_node->right->next = start_node->next->left.get();
    }
    start_node = start_node->next;
  }
}
```

각 노드에서 $O(1)$의 연산을 수행하므로 전체 시간 복잡도는 $O(n)$이 된다. 공간 복잡도는 $O(1)$이다.

응용: next 변수가 없는 경우에 같은 문제를 풀어 보라. 대신 오른쪽 자식을 가리키는 변수에 그 결과를 저장하면 된다.

응용: 그림 9.7과 같은 일반적인 이진 트리에서 같은 문제를 풀어 보라.

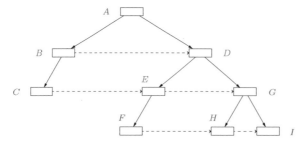

그림 9.7 일반적인 이진 트리가 주어졌을 때, 각 노드의 next 변수가 오른쪽 형제 노드를 가리키도록 한다. 점선으로 된 화살표가 바로 next 변수가 가리키는 오른쪽 형제 노드이다.

10장

힙

F-힙을 사용하면 몇 가지 네트워크 최적화 알고리즘의 수행시간을 개선할 수 있다.
⟨Fibonacci heaps and their uses⟩,
마이클 프레드만(M. L. Fredman), 로버트 타전(R. E. Tarjan), 1987

힙(heap)은 특별한 이진 트리이다. 우선순위 큐(priority queue)도 마찬가지다. 힙은 9장 앞 부분에서 설명했듯이 완전 이진 트리이며, 각 노드의 키값은 자식의 키값보다 크거나 같아야 한다는 힙의 속성을 반드시 만족해야 한다. 그림 10.1(a)에 최대힙(max-heap)의 예제가 나와 있다. 최대힙은 배열로 구현할 수 있는데, i번째 노드의 자식 노드를 $2i + 1$과 $2i + 2$번째 위치에 배열하면 된다. 그림 10.1(a)에 나와 있는 최대힙을 배열로 구현하면 ⟨561, 314, 401, 28, 156, 359, 271, 11, 3⟩이 된다.

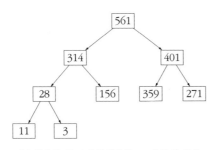

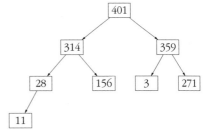

(a) 최대힙. 루트에 최댓값인 561이 들어 있다.

(b) (a)의 힙에서 최댓값을 삭제했다. 삭제 연산은 루트의 키값과 마지막 단말 노드의 키값을 교환한 뒤 힙의 속성이 만족되도록 루트를 자식노드와 반복적으로 교환해 나가는 방식으로 구현할 수 있다.

그림 10.1 최대힙과 최대힙에서의 삭제 연산

최대힙에서 삽입 연산은 $O(\log n)$, 최댓값을 찾는 연산은 $O(1)$, 최댓값을 삭제하는 연산은 $O(\log n)$이 된다. extract-max 연산은 최댓값을 반환함과 동시에 삭제하는 연산을 의미한다. 그림 10.1(b)에 최댓값을 삭제하는 예제가 나와 있다. 임의의 키값을 탐색하는 연산의 시간 복잡도는 $O(n)$이 된다.

최소힙(min-heap)은 최대힙의 정반대 버전의 자료구조이고, 최솟값을 찾는 연산의 시간 복잡도가 $O(1)$이다.

힙 부트캠프

문자열이 '스트리밍' 방식으로 들어온다고 가정하자. 앞에서 입력된 문자열은 뒤로 돌아가서 읽을 수가 없다는 뜻이다. 이때 길이가 k번째로 긴 문자열을 찾는 프로그램을 작성해 보자. 문자열 길이를 모두 알아야 하는 게 아니므로 입력된 문자열을 순서대로 재배치하지 않아도 된다.

입력을 처리함과 동시에 현재까지 문자열 중에서 k번째로 긴 문자열이 무엇인지 추적하려고 한다. 현재 k개의 문자열이 있다고 가정해 보자. 길이가 더 긴 문자열이 입력으로 들어온다면 길이가 가장 작은 문자열을 지워야 한다. 최소힙(최대힙이 아니다!) 자료구조를 사용하면 최솟값 찾는 연산, 최솟값 삭제하는 연산, 삽입 연산을 효율적으로 할 수 있기 때문에 이 문제를 푸는 데 적합하다. 다음 코드는 길이에 따라 문자열에 순서를 매길 수 있는 비교 함수가 포함된 힙을 구현했다.

```cpp
vector<string> TopK(int k, vector<string>::const_iterator stream_begin,
                    const vector<string>::const_iterator& stream_end) {
  priority_queue<string, vector<string>, function<bool(string, string)>>
    min_heap([](const string& a, const string& b) {
      return size(a) >= size(b);
    });
  while (stream_begin != stream_end) {
    min_heap.emplace(*stream_begin);
    if (size(min_heap) > k) {
      // 길이가 가장 작은 문자열을 삭제한다.
      // 앞의 비교 함수를 통해 문자열을 길이 순서대로 나열할 수 있음을 기억하라.
      min_heap.pop();
    }
    stream_begin = next(stream_begin);
  }
  vector<string> result;
  while (!empty(min_heap)) {
    result.emplace_back(min_heap.top());
```

```
        min_heap.pop();
    }
    return result;
}
```

각 문자열을 처리하려면 해당 문자열을 힙에 삽입하고 최소 원소를 삭제해야 하므로 총 $O(\log k)$ 시간이 걸린다. 따라서 n개의 문자열이 입력으로 주어진다면, 총 시간 복잡도는 $O(n \log k)$가 된다.

최선의 경우에는 시간 복잡도가 개선된다. 만약 입력된 새로운 문자열의 길이가 힙의 맨 위 문자열(이 문자열을 얻는 데 $O(1)$의 시간이 걸린다)의 길이보다 작다면 삽입 연산을 건너뛸 수 있기 때문이다.

> ☑ **힙 문제를 풀기 전 꼭 알고 있어야 할 내용**
>
> **최대 혹은 최소 원소만이 중요**하고, 임의의 원소를 빠르게 읽거나 삭제하거나 탐색할 필요가 없다면 힙을 사용하라. [문제 10.1]
>
> 컬렉션에서 k번째로 큰 원소 혹은 k번째로 작은 원소를 찾고자 한다면 힙은 좋은 자료구조가 될 수 있다. k번째로 큰 원소를 찾으려면 최소힙을 사용하고, k번째로 작은 원소를 찾으려면 최대힙을 사용하라. [문제 10.4]

힙 라이브러리 이해하기

C++에서는 힙이 priority_queue 클래스로 구현되어 있다. 주요 함수는 push("Gauss") (또는 emplace("Gauss")), top(), pop()이다. 비어 있는 스택에 top()과 pop()을 호출하면 예외를 던진다. 앞에서 설명한 대로 힙 생성자에 사용자 지정 비교 함수를 지정할 수 있다.

문제 10.1 정렬된 파일 합치기

여러분에게 500개의 파일이 주어져 있다. 이 파일에는 S&P 500회사의 주식 거래 정보가 들어 있다. 각 거래 정보는 한 줄에 1232111, AAPL, 30, 456.12의 형태로 작성되어 있다.

첫 번째 숫자(1232111)는 그날 거래를 시작한 이후 걸린 시간을 밀리세컨드(milliseconds)로 표현한 값이다. 각 파일의 각 줄은 시간 순서대로 정렬되어 있다. 여러분은 500개의 파일에 나와 있는 거래 정보를 시간 순서대로 정렬해서 하나의 파일로 작성하려고 한다. 각 파일의 크기는 대략 5~100 메가바이트(megabytes)이고, 이들을 모두 합친 파일의 크기는 대략 5 기가바이트(gigabyte)이다.

내용을 간단히 하기 위해 조금 더 추상적인 형태로 문제를 제시하겠다.

정렬된 시퀀스의 집합이 입력으로 주어졌을 때, 이들을 하나의 정렬된 시퀀스로 합치는 프로그램을 작성하라. 예를 들어 ⟨3, 5, 7⟩, ⟨0, 6⟩, ⟨0, 6, 28⟩이 입력으로 주어진다면, 결과는 ⟨0, 0, 3, 5, 6, 6, 7, 28⟩이 된다.

힌트: 각 시퀀스의 어떤 부분이 알고리즘을 수행하는 데 중요한 역할을 하는가?

해법: 무식한 방법을 사용하면 이들 시퀀스를 하나의 배열에 합친 뒤 정렬하면 된다. 전체 원소의 개수가 n개일 때 이 방법의 시간 복잡도는 $O(n \log n)$이 된다.

하지만 이 방법은 각각의 시퀀스가 정렬되어 있다는 사실을 이용하지 않았다. 따라서 이 특성을 활용하면, 각 시퀀스에서 첫 번째 원소를 뽑아낸 뒤 이들 중에서 가장 작은 원소를 골라내는 과정을 반복하면 된다.

임의의 원소를 삽입하고 최솟값을 뽑아낼 수 있는 원소의 컬렉션을 유지하고 싶을 때는 최소힙이 적합하다.

여기서는 설명을 쉽게 하기 위해 파일 대신 배열을 이용한다. 3개의 정렬된 배열, ⟨3, 5, 7⟩, ⟨0, 6⟩, ⟨0, 6, 28⟩이 있을 때 이들을 합치는 과정을 살펴보자. 실제로는 해당 원소가 어떤 배열의 어느 위치에 있었는지에 대한 추가 정보가 필요하다. (파일을 대상으로 할 경우에는 각 시퀀스에서 처리되지 않은 원소의 인덱스를 알고 있을 필요가 없다. 왜냐하면 다음에 읽어야 할 위치는 파일 I/O 라이브러리가 알고 있기 때문이다.)

최소힙은 각 배열의 첫 번째 원소로 초기화한다. 즉, {3, 0, 0}이 된다. 가장 작은 원소인 0을 뽑아낸 뒤 이를 결과 리스트에 추가하면 ⟨0⟩이 된다. 그다음 6을 최소힙에 추가하면 {3, 0, 6}이 된다. (세 번째 배열에 있던 0 원소를 뽑았다고 가정했지만, 두 번째 배열을 선택해도 상관없다.) 그다음 0을 뽑아낸 뒤 이를 결과에 추가하면 ⟨0, 0⟩이 된다. 그다음 6을 최소힙에 추가하면 {3, 6, 6}이 된다. 그다음 3을 뽑아내고 이를 결과에 추가하면 ⟨0, 0, 3⟩이 된다. 그다음 5를 최소힙에 추가하면 {5, 6, 6}이 된다. 그다음 5를 뽑아내고 이를 결과에 추가하면 ⟨0, 0, 3, 5⟩가 된다. 그다음 7을 최소힙에 추가하면 {7, 6, 6}이 된다. 그다음 6을 뽑아서 결과에 추가하면

⟨0, 0, 3, 5, 6⟩이 된다. 6은 두 번째 배열에서 선택했다고 가정하자. 이제 두 번째 배열에 남아 있는 원소는 없으므로 최소힙은 {7, 6}이 된다. 그다음 6을 뽑아서 결과에 추가하면 ⟨0, 0, 3, 5, 6, 0⟩이 된다. 그다음 28을 최소힙에 추가하면 {7, 28}이 된다. 그다음 7을 뽑아서 결과에 추가하면 ⟨0, 0, 3, 5, 6, 6, 7⟩이 된다. 최소힙은 {28}이 된다. 그다음 28을 뽑아서 결과에 추가하면 ⟨0, 0, 3, 5, 6, 6, 7, 28⟩이 된다. 이제 모든 원소를 다 처리했고 결과 리스트에는 모든 원소가 정렬된 상태로 저장되어 있다.

```cpp
struct IteratorCurrentAndEnd {
  bool operator>(const IteratorCurrentAndEnd& that) const {
    return *current > *that.current;
  }

  vector<int>::const_iterator current;
  vector<int>::const_iterator end;
};

vector<int> MergeSortedArrays(const vector<vector<int>>& sorted_arrays) {
  priority_queue<IteratorCurrentAndEnd, vector<IteratorCurrentAndEnd>,
                 greater<>>
      min_heap;

  for (const vector<int>& sorted_array : sorted_arrays) {
    if (!empty(sorted_array)) {
      min_heap.emplace(
          IteratorCurrentAndEnd{cbegin(sorted_array), cend(sorted_array)});
    }
  }

  vector<int> result;
  while (!empty(min_heap)) {
    IteratorCurrentAndEnd smallest_array = min_heap.top();
    min_heap.pop();
    result.emplace_back(*smallest_array.current);
    if (next(smallest_array.current) != smallest_array.end) {
      min_heap.emplace(IteratorCurrentAndEnd{next(smallest_array.current),
                                             smallest_array.end});
    }
  }
  return result;
}
```

k가 입력으로 주어진 시퀀스의 개수라고 하자. 최소힙에는 k개보다 많은 원소가

들어 있을 수 없다. extract-min 연산과 insert 연산은 모두 $O(\log k)$ 시간이 걸린다. 따라서 합치는 작업을 $O(n \log k)$ 시간에 수행할 수 있다. 최종 결과를 쓸 때 필요한 공간을 제외하고서 $O(k)$ 공간 복잡도가 필요하다. 만약에 배열이 아닌 파일에서 읽고 파일에 쓴다면, 추가로 $O(k)$ 공간만 필요할 것이다.

한번에 두 개씩 병합 정렬(merge sort)을 사용해서 k개의 파일을 재귀적으로 합칠 수도 있다. 그러면 파일의 개수가 k, $k/2$, $k/4$의 방식으로 줄어들 것이다. 총 $\log k$번 반복하게 되고, 매번 $O(n)$의 시간 복잡도가 소요될 것이므로 전체 시간 복잡도는 힙을 사용했을 때와 마찬가지로 $O(n \log k)$가 된다. 공간 복잡도는 합리적인 방법으로 병합 정렬을 구현했을 때와 마찬가지로 $O(n)$이 된다. $k \ll n$일 때 힙을 사용했을 때의 공간 복잡도인 $O(k)$보다 상당히 크다.

문제 10.2 증가했다가 감소하는 배열 정렬하기

배열의 원소가 특정 인덱스까지 증가했다가 감소하고 다시 증가하는 과정이 k번 반복된다면 이 배열을 k-증가-감소라 한다. 그림 10.2에 자세히 나와 있다. k-증가-감소 배열을 정렬하는 효율적인 알고리즘을 설계하라.

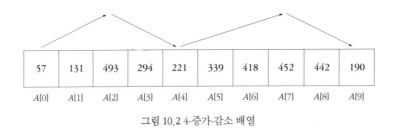

그림 10.2 4-증가-감소 배열

힌트: 이 문제를 k개의 정렬된 배열을 합치는 문제로 바꿀 수 있을까?

해법: 무식한 방법을 써 보자. k-증가-감소의 특성, 즉 배열의 원소들이 내림차순 또는 오름차순으로 부분적이나마 정렬되어 있다는 사실을 무시한 채 배열을 정렬한다. 배열의 길이가 n일 때 정렬의 시간 복잡도는 $O(n \log n)$이 된다.

만약 k가 n보다 굉장히 작다면 개선할 여지가 있다. k가 2라고 가정해 보자. 입력 배열은 증가하는 부분배열과 감소하는 부분배열, 이렇게 두 개의 부분배열로 이루어져 있다. 따라서 두 번째 부분배열을 뒤집어 두 개의 정렬된 배열을 만든 뒤 이 둘을 합쳐주면 된다. 두 개의 정렬된 배열을 하나로 합치는 작업은 간단하게 $O(n)$

시간에 할 수 있다.

따라서 일반화하면 감소하는 부분배열의 순서를 뒤집으면 된다. 부분배열을 뒤집으면 된다. 그림 10.2를 보면 A를 $\langle 57, 131, 493 \rangle$, $\langle 221, 294 \rangle$, $\langle 339, 418, 452 \rangle$, $\langle 190, 442 \rangle$ 이렇게 네 개의 정렬된 배열로 구분할 수 있다. 이제 문제 10.1의 해법을 사용해서 이들을 합치면 된다.

```cpp
vector<int> SortKIncreasingDecreasingArray(const vector<int>& A) {
  // A를 정렬된 배열의 집합으로 구분한다.
  vector<vector<int>> sorted_subarrays;
  enum class SubarrayType {
    kIncreasing,
    kDecreasing
  } subarray_type = SubarrayType::kIncreasing;
  int start_idx = 0;
  for (int i = 1; i <= size(A); ++i) {
    if (i == size(A) ||  // A가 끝났다. 마지막 부분배열을 추가한다.
        (A[i - 1] < A[i] && subarray_type == SubarrayType::kDecreasing) ||
        (A[i - 1] >= A[i] && subarray_type == SubarrayType::kIncreasing)) {
      if (subarray_type == SubarrayType::kIncreasing) {
        sorted_subarrays.emplace_back(cbegin(A) + start_idx, cbegin(A) + i);
      } else {
        sorted_subarrays.emplace_back(crbegin(A) + size(A) - i,
                                      crbegin(A) + size(A) - start_idx);
      }
      start_idx = i;
      subarray_type = subarray_type == SubarrayType::kIncreasing
                          ? SubarrayType::kDecreasing
                          : SubarrayType::kIncreasing;
    }
  }

  return MergeSortedArrays(sorted_subarrays);
}
```

문제 10.1의 해법과 같이 시간 복잡도는 $O(n \log k)$가 된다.

문제 10.3 거의 정렬된 배열 정렬하기

완벽하지는 않지만 대부분 정렬된 상태의 데이터를 다루는 경우가 종종 있다. 예를 들어 서버에 시간 정보가 찍힌 주식 자료가 들어오는 경우에 서버의 부하 정도와 네트워크의 경로에 따라서 시간순으로 이전 주식 자료가 다른 자료보다 살짝 늦게 들어올 수 있다. 여기서는 이러한 데이터를 효율적으로 정렬하는 문제를 다룰 것이다.

괭장히 길이가 긴 수열이 입력으로 주어졌을 때 이를 정렬된 순서로 출력하는 프로그램을 작성하라. 각 숫자의 위치는 정렬되었을 때의 위치보다 최대 k만큼 떨어져 있다(이런 배열을 k-정렬된 배열이라 한다). 예를 들어 $\langle 3, -1, 2, 6, 4, 5, 8 \rangle$은 최종 정렬된 숫자 위치보다 최대 2만큼 떨어져 있다.

힌트: i번째 숫자를 읽은 후에 몇 개나 더 읽어야 해당 숫자를 올바른 위치에 놓을 수 있을까?

해법: 무식한 방법은 주어진 수열을 배열에 넣은 후에 정렬하고 그 결과를 출력하는 것이다. 입력의 길이가 n일 때 이 방법의 시간 복잡도는 $O(n \log n)$이고 공간 복잡도는 $O(n)$이다.

하지만 거의 정렬되었다는 이점을 사용하면 복잡도를 더 개선할 수 있다. 즉, $k + 1$개의 숫자 중에서 가장 작은 숫자는 이후의 모든 숫자보다 반드시 작아야 한다. 주어진 예제에서 첫 숫자 세 개 3, −1, 2에서 가장 작은 숫자인 −1은 전체 숫자에서 가장 작은 숫자여야만 한다. 왜냐하면 입력으로 주어진 모든 숫자가 최종 정렬된 위치에서 최대 2만큼 떨어져 있다는 속성을 가지고 있고 정렬된 수열에서 가장 작은 숫자는 0번 인덱스에 위치해 있기 때문이다. 4를 읽은 후에는 3, 2, 4 중에서 가장 작은 숫자인 2가 두 번째로 작은 숫자가 된다.

이를 일반화해 보자. 우리는 $k + 1$개의 숫자를 저장하고, 그중에서 최솟값을 찾는 작업과 새로운 값을 추가하는 작업을 효율적으로 할 수 있는 자료구조가 필요하다. 따라서 이를 수행하는데 가장 적합한 자료구조는 최소힙일 것이다. 첫 번째 k개의 숫자를 최소힙에 추가한다. 그리고 다음 숫자를 최소힙에 추가한 뒤 최솟값을 찾는다. (숫자를 모두 소진해 버렸다면 최솟값 찾는 작업만 수행하면 된다.)

```cpp
vector<int> SortApproximatelySortedData(
    vector<int>::const_iterator sequence_begin,
    const vector<int>::const_iterator& sequence_end, int k) {
  priority_queue<int, vector<int>, greater<>> min_heap;
  // 첫 k개의 원소를 min_heap에 추가한다.
  // 만약 k개보다 적은 원소가 들어 있다면 멈춘다.
  for (int i = 0; i < k && sequence_begin != sequence_end; ++i) {
    min_heap.push(*sequence_begin++);
  }

  vector<int> result;
  // 새로운 원소가 들어오면, min_heap에 추가한 뒤 최솟값을 뽑아낸다.
  while (sequence_begin != sequence_end) {
```

```
    min_heap.push(*sequence_begin++);
    result.push_back(min_heap.top());
    min_heap.pop();
  }

  // 원소를 모두 읽었다면, 반복적으로 남아 있는 원소를 뽑아낸다.
  while (!empty(min_heap)) {
    result.push_back(min_heap.top());
    min_heap.pop();
  }

  return result;
}
```

시간 복잡도는 $O(n \log k)$이고, 공간 복잡도는 $O(k)$이다.

문제 10.4 k개의 가까운 별 찾기

지구가 (0, 0, 0)의 위치에 있는 은하계를 상상해 보자. 별은 점으로 표현하고 거리는 광년(light year)으로 나타낸다고 가정하자. 은하계에는 대략 10^{12}개의 별이 존재하고 별들의 위치가 파일에 저장되어 있다고 하자.

지구와 가장 가까운 별 k개를 찾으려면 어떻게 해야 할까?

힌트: n개의 별 중에서 가장 가까운 별 k개를 알고 있다고 가정하자. 만약 $n + 1$번째 별이 가까운 k개의 별 집합에 추가되었을 때 어떤 원소를 빼내야 할까?

해법: 만약 램(RAM)의 크기에 제한이 없다면 모든 자료를 배열에 넣은 다음, 정렬을 해서 k개의 원소를 찾으면 된다. 혹은 문제 11.8의 해법을 사용해서 k번째 작은 원소를 찾은 뒤, 간단하게 k개의 작은 원소를 찾으면 된다. 두 경우 모두 $O(n)$의 공간 복잡도를 사용하며, 데이터의 개수가 굉장히 많은 경우에는 램에 모두 저장할 수 없다는 문제가 있다.

직관적으로 생각해 보면 지구와 가까이 위치한 별에만 집중하면 된다. 즉, 별의 위치에 따라 반복적으로 후보 집합을 갱신하고, 필요한 후보 집합을 유지하면 된다. 여기서 후보 집합이란 지금까지의 별들 중에서 가장 가까운 별 k개를 의미한다. 새로운 별이 입력으로 늘어왔을 때 이 별을 후보 집합에 넣어도 되는지 확인한다. 이 작업은 후보 집합에 있는 별 중에서 지구와 가장 멀리 떨어진 별과 비교해 보면 된다. 이 별을 쉽게 찾기 위해선 효과적으로 최고값을 찾을 수 있고, 새로운 원소를 삽입할 수 있는 자료구조가 필요하다.

이 애플리케이션에 완벽한 자료구조는 최대힙이다. 먼저 첫 k개의 별을 최대힙에 삽입한다. 그 뒤 새로운 별을 하나씩 살펴보면서, 최대힙에 들어 있는 별 중에서 가장 거리가 먼 별보다 현재 별의 거리가 더 가깝다면 최대힙에서 원소를 하나 제거하고 새로운 원소를 삽입한다. 만약 그렇지 않다면 다음 별로 넘어간다. 아래의 코드는 각각의 별을 최대힙에 추가한 뒤에 $k + 1$번째 원소가 삽입된 순간부터 원소를 하나씩 제거했다.

```cpp
struct Star {
  bool operator<(const Star& that) const {
    return Distance() < that.Distance();
  }

  double Distance() const { return sqrt(x * x + y * y + z * z); }

  double x, y, z;
};

vector<Star> FindClosestKStars(vector<Star>::const_iterator stars_begin,
                               const vector<Star>::const_iterator& stars_end,
                               int k) {
  // 현재까지 중에서 가장 가까운 별 k개를 저장할 max_heap
  priority_queue<Star> max_heap;

  while (stars_begin != stars_end) {
    // 각각의 별을 최대힙에 추가한다. 만약 최대힙의 크기가 k보다 커진다면,
    // 최대힙에서 최대 원소를 삭제한다.
    max_heap.emplace(*stars_begin++);
    if (size(max_heap) == k + 1) {
      max_heap.pop();
    }
  }

  // 최대힙에서 반복적으로 추출하여 가장 먼 별부터 가장 가까운
  // 별 순서대로 정렬한다.
  vector<Star> closest_stars;
  while (!empty(max_heap)) {
    closest_stars.emplace_back(max_heap.top());
    max_heap.pop();
  }
  return {rbegin(closest_stars), rend(closest_stars)};
}
```

시간 복잡도는 $O(n \log k)$이고, 공간 복잡도는 $O(k)$이다.

응용: n개의 원소로 이루어진 시퀀스를 차례대로 읽는다. k번째 원소부터 시작해서 현재까지의 원소 중 k번째로 큰 원소가 무엇인지 출력하는 알고리즘을 설계하라. 단, 시간 복잡도는 $O(n \log k)$여야 한다. 시퀀스의 길이는 미리 알지 못한다. $O(k)$보다 많은 공간을 사용할 수 없다. 이 알고리즘의 최악의 입력은 무엇인가?

문제 10.5 실시간으로 주어진 데이터의 중앙값 찾기

어떤 시퀀스가 스트리밍으로 들어오는데 실시간으로 중앙값을 계산하려고 한다. 스트리밍이므로 이전 값을 어딘가에 저장해 놓고 읽을 수 없다. 따라서 새로운 원소를 읽을 때마다 중앙값을 출력해야 한다. 예를 들어 입력이 $1, 0, 3, 5, 2, 0, 1$이라면 출력은 $1, 0.5, 1, 2, 2, 1.5, 1$이 된다.

어떤 시퀀스의 중앙값을 실시간으로 찾아주는 알고리즘을 설계해 보라.

힌트: 새로운 값을 읽었을 때 이전의 모든 값은 읽지 않아도 된다.

해법: 무식한 방법은 문제 11.8의 해법과 같다. 현재까지의 모든 원소를 배열에 저장한 뒤 k번째 원소를 찾는 방법으로 중앙값을 계산하면 된다. n개의 원소가 스트리밍으로 주어진다면 이 방법의 시간 복잡도는 $O(n^2)$이 된다.

이 방법은 계산해 둔 값을 재사용하지 않고 매번 다시 계산하는 단점이 있다. 어떤 집단의 중앙값은 이 집단을 두 개의 동일한 부분 집단으로 나눈다. 즉, 중앙값보다 작은 집단과 중앙값과 같거나 큰 집단으로 나눈다. 여기에 새로운 원소가 들어오면, 부분 집단의 입장에서는 최대 하나의 원소만 바뀐다. 또한 어떤 부분집단에서 다른 부분집단으로 원소를 옮겨야 할 수도 있다. 작은 부분집단에서 가장 큰 원소이거나 큰 부분집단에서 가장 작은 원소를 옮기게 된다.

여기서 작은 부분집단을 위한 최대힙과 큰 부분집단을 위한 최소힙, 이렇게 두 개의 힙을 사용할 것이다. 그리고 이 둘의 크기가 균형이 맞도록 유지할 것이다. 최대힙은 작은 부분 집단에서 가장 큰 원소를 효과적으로 빼낼 수 있다는 장점이 있고, 최소힙도 이와 비슷한 장점이 있다.

예를 들어 입력이 $1, 0, 3, 5, 2, 0, 1$이고, L과 H가 가각 최소힙과 최대힙이라고 하자. 중앙값을 찾는 과정은 다음과 같다.

1. 1을 읽음: $L = [1]$, $H = [\,]$, 중앙값은 1
2. 0을 읽음: $L = [1]$, $H = [0]$, 중앙값은 $(1 + 0)/2 = 0.5$

3. 3을 읽음: $L = [1, 3]$, $H = [0]$, 중앙값은 1

4. 5를 읽음: $L = [3, 5]$, $H = [1, 0]$, 중앙값은 $(3 + 1)/2 = 2$

5. 2를 읽음: $L = [2, 3, 5]$, $H = [1, 0]$, 중앙값은 2

6. 0을 읽음: $L = [2, 3, 5]$, $H = [1, 0, 0]$, 중앙값은 $(2 + 1)/2 = 1.5$

7. 1을 읽음: $L = [1, 2, 3, 5]$, $H = [1, 0, 0]$, 중앙값은 1

```cpp
vector<double> OnlineMedian(vector<int>::const_iterator sequence_begin,
                            const vector<int>::const_iterator& sequence_end) {
  // min_heap은 현재까지의 값이 큰 절반을 저장한다.
  priority_queue<int, vector<int>, greater<>> min_heap;
  // max_heap은 현재까지의 값이 작은 절반을 저장한다.
  priority_queue<int, vector<int>, less<>> max_heap;
  vector<double> result;

  while (sequence_begin != sequence_end) {
    min_heap.emplace(*sequence_begin++);
    max_heap.emplace(min_heap.top());
    min_heap.pop();
    // 짝수 개의 원소를 읽었다면 min_heap과 max_heap에는 동일한 개수의 원소가
    // 들어 있어야 한다. 홀수 개의 원소를 읽었다면, min_heap이 언제나 max_heap보다
    // 원소 한 개를 더 많이 가지고 있어야 한다.
    if (size(max_heap) > size(min_heap)) {
      min_heap.emplace(max_heap.top());
      max_heap.pop();
    }

    result.emplace_back(size(min_heap) == size(max_heap)
                            ? 0.5 * (min_heap.top() + max_heap.top())
                            : min_heap.top());
  }
  return result;
}
```

매 원소마다 $O(\log n)$의 시간이 걸린다. 이는 힙에 원소를 삽입하거나 빼내는 시간 복잡도와 동일하다.

문제 10.6 최대힙에서 가장 큰 원소 k개 구하기

힙은 원소의 순서에 관해서 제한된 정보를 담고 있다. 그래서 가장 큰 원소 k개를 구하는 고지식한 알고리즘의 시간 복잡도는 정렬된 배열이나 균형 잡힌 이진 탐색 트리와 다르게 원소 개수에 따라 선형적으로 증가한다.

배열 A에 최대힙이 주어졌을 때, 여기서 가장 큰 k개의 원소를 구하는 알고리즘을 설계하라. 힙의 자료구조를 수정하면 안 된다. 예를 들어 주어진 힙이 그림 10.1(a)와 같다고 해 보자. 이를 배열로 표현하면 ⟨561, 314, 401, 28, 156, 359, 271, 11, 3⟩이 되고, 가장 큰 원소 네 개는 561, 314, 401, 359가 된다.

해법: 무식한 방법은 최댓값을 빼내는 연산을 k번 수행하는 것이다. 이때의 시간 복잡도는 $O(k \log n)$이고, 여기서 n은 힙에 들어 있는 원소의 개수이다. 이 알고리즘은 힙을 수정해야 한다.

다른 방법은 문제 11.8의 해법을 통해, 배열에서 k번째로 작은 원소를 찾는 알고리즘을 사용하는 것이다. 이 방법의 시간 복잡도는 거의 확실히 $O(n)$이고, 이 방법 역시 힙을 수정해야 한다.

여기서 소개할 알고리즘은 힙 안의 원소들은 부분적으로 정렬되어 있다는 사실을 사용한다. 부모 노드는 언제나 자식 노드보다 크거나 같다. 따라서 $A[0]$에 저장되어 있는 루트는 반드시 가장 큰 k개의 원소 중 하나, 정확히 말하면 가장 큰 원소와 같다. 두 번째로 큰 원소는 루트의 자식 노드인 $A[1]$과 $A[2]$ 중에서 큰 원소가 되어야 한다. 우리는 이러한 방식으로 인덱스를 계속 처리해 나갈 것이다.

다음에 처리해야 할 인덱스를 추적하는 데 가장 적합한 자료구조는 삽입을 빠르게 할 수 있고, 최댓값을 빠르게 찾아낼 수 있는 예를 들면 최대힙과 같은 자료구조이다. 따라서 최대힙을 통해 k개의 가장 큰 원소의 후보자들을 찾을 것이다. 초깃값은 $A[0]$을 참조하기 위해 인덱스 0으로 설정한다. 최대힙에 들어 있는 인덱스는 그 인덱스가 가리키는 A의 값을 통해 순서가 매겨진다. 그 뒤 최대힙에서 최댓값을 빼내는 연산을 k번 수행한다. i번째 인덱스를 빼낸 뒤에는 해당 인덱스의 왼쪽 자식인 $2i + 1$과 오른쪽 자식인 $2i + 2$를 최대힙에 삽입한다.

```cpp
vector<int> KLargestInBinaryHeap(const vector<int>& A, int k) {
  if (k <= 0) {
    return {};
  }

  struct HeapEntry {
    int index, value;
  };
  priority_queue<HeapEntry, vector<HeapEntry>,
                 function<bool(HeapEntry, HeapEntry)>>
      candidate_max_heap([](const HeapEntry& a, const HeapEntry& b) {
```

```
        return a.value < b.value;
    });
// A에서 가장 큰 원소는 인덱스 0에 있다.
candidate_max_heap.emplace(HeapEntry{0, A[0]});
vector<int> result;
for (int i = 0; i < k; ++i) {
  int candidate_idx = candidate_max_heap.top().index;
  result.emplace_back(candidate_max_heap.top().value);
  candidate_max_heap.pop();

  if (int left_child_idx = 2 * candidate_idx + 1; left_child_idx < size(A)) {
    candidate_max_heap.emplace(HeapEntry{left_child_idx, A[left_child_idx]});
  }
  if (int right_child_idx = 2 * candidate_idx + 2;
      right_child_idx < size(A)) {
    candidate_max_heap.emplace(
        HeapEntry{right_child_idx, A[right_child_idx]});
  }
}
return result;
}
```

삽입과 최댓값을 빼내는 전체 횟수는 $O(k)$이므로, 시간 복잡도는 $O(k \log k)$가 되고, 공간 복잡도는 $O(k)$가 된다. 이 알고리즘은 기존의 힙을 수정하지 않는다.

탐색

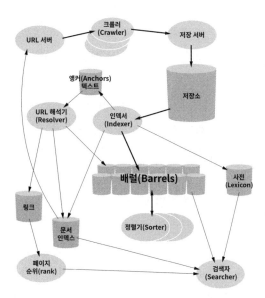

〈The Anatomy of A Large-Scale Hypertextual Web Search Engine〉,
세르게이 브린(S. M. Brin), 래리 페이지(L. Page), 1998

탐색 알고리즘은 다음과 같은 여러 가지 방법으로 분류할 수 있다. 탐색해야 할 컬렉션이 정적인가 동적인가? 예를 들어 삽입과 삭제가 탐색과 함께 수행되는가? 데이터 처리하는 비용을 사전에 사용하고 후속 쿼리에 빠르게 내저할 필요가 있는가? 우리가 이용할 수 있는 데이터의 통계적 속성이 존재하는가? 데이터를 그대로 사용할 것인가 아니면 변환할 것인가?

이번 장에서는 배열의 데이터가 정렬되어 있는 경우에 초점을 맞출 것이다. 동적인 상황에 적합한 자료구조는 10장, 12장, 14장에 나와 있다.

이번 장에서는 이진 탐색과 관련된 문제들을 만나 본다. 두 번째로 만날 문제들은 일반적인 탐색과 관련이 있다.

이진 탐색

임의의 키가 n개 주어졌을 때, 어떤 키를 탐색하는 방법은 모든 원소를 살펴보는 것밖에 없다. 이 방법의 시간 복잡도는 $O(n)$이다. 근본적으로 이진 탐색은 정렬된 배열에서 탐색을 해 나갈 때 필요 없는 부분을 없애 나가는 전략을 사용한다. 키를 정렬된 상태로 유지하면서 탐색하지 않아도 될 절반의 키를 없애 나가는 방법이다. 만약 탐색하고자 할 키가 배열의 중간 원소와 같지 않다면, 중간 원소를 기준으로 왼쪽 혹은 오른쪽 원소들은 탐색하지 않아도 된다.

이진 탐색과 관련된 질문은 면접관 입장에서 꽤 매력적이다. 왜냐하면 이진 탐색은 실력 있는 지원자들이 알고 있어야 할 기본적인 기술임과 동시에 몇 줄 안에 구현을 할 수 있는 알고리즘이기 때문이다. 게다가 이진 탐색은 올바르게 구현하기 생각보다 까다롭다. 따라서 이진 탐색을 구현하면서 코너 케이스에 대한 테스트도 함께 작성하는 게 좋다. 그래야 자신이 이진 탐색을 제대로 이해하고 있는지 확실히 알 수 있다.

공개된 구현 방법 중에서도 이진 트리가 미묘하게 잘못 구현된 것들이 종종 있다. 20권의 책 중에서 5권만이 이진 트리를 제대로 구현했다는 조사 결과도 있다.

《생각하는 프로그래밍》의 저자 존 벤틀리(Jon Bentley)는 전문 프로그래머를 대상으로 수업을 진행한 적이 있는데, 시간이 충분했음에도 불구하고 90%의 코드가 제대로 구현되지 않았다는 걸 발견하기도 했다. (벤틀리의 학생들은 그의 저서인 《Writing Correct Programs》에 실린 이진 탐색 코드에 버그가 있고 이 버그가 20년 동안 발견되지 않았다는 사실에 만족해 할지도 모른다.)

이진 탐색은 재귀, 반복, 조건에 따른 관용구 등 여러 방법으로 작성할 수 있다. 다음은 벤틀리의 책에서 가져온, 반복으로 구현한 이진 탐색 코드다. 여기에는 버그가 있다.

```
int bsearch(int t, const vector<int>& A) {
  int L = 0, U = A.size() - 1;
  while (L <= U) {
```

```
    int M = (L + U) / 2;
    if (A[M] < t) {
      L = M + 1;
    } else if (A[M] == t) {
      return M;
    } else {
      U = M - 1;
    }
  } return -1;
}
```

여기서 잘못된 부분은 4번째 줄이다. M = (L + U) / 2에서 잠재적인 오버플로가 발생할 수 있다. 이 오버플로는 식을 M = L + (U - L) / 2로 수정하면 피할 수 있다.

이진 탐색의 시간 복잡도는 $T(n) = T(n/2) + c$이다. 여기서 c는 상수항이다. 이 수식을 풀면 $T(n) = O(\log n)$이 되는데, 이는 키가 정렬되어 있지 않았을 때의 $O(n)$ 방법보다 훨씬 빠르다. 이진 탐색은 배열이 정렬되어 있어야 한다는 단점이 있다. 정렬에 $O(n \log n)$ 시간이 걸린다. 하지만 탐색 횟수가 많을 경우, 정렬에 걸리는 시간은 큰 문제가 되지 않을 수도 있다.

정렬된 배열에서 탐색하는 문제를 다룰 경우 좀 더 주의 깊게 생각해야 하며, 코너 케이스를 누락시키지 않도록 유의해야 한다.

탐색 부트캠프

객체끼리 비교할 수 있다면 정렬할 수 있고, 탐색 라이브러리를 이용할 수 있다. 일반적으로 대부분의 언어는 정수(integer), 문자열(string), 날짜 클래스, URL, SQL 타임스탬프 등과 같은 내장형 변수를 어떻게 비교해야 하는지 알고 있다. 하지만 사용자가 직접 정의한 자료형이라면, 사용자가 명시적으로 비교 함수를 작성해야 한다. 또한 이 비교 함수는 이행성(transitivity)을 만족해야 한다. (만약 비교 함수가 올바르게 구현되어 있지 않다면, 정렬된 컬렉션에 해당 아이템이 존재하더라도 찾지 못하는 경우가 발생할 수 있다.)

학생 정보로 이루어진 배열이 입력으로 주어지고, 이 배열은 GPA가 감소하는 순서대로 정렬되어 있다고 가정하자. GPA가 같다면 이름순으로 정렬된다. 다음 프로그램은 이진 탐색 라이브러리를 통해 배열을 빠르게 탐색한다. 특히, 학생의 GPA를 통한 맞춤형 비교 함수(높은 GPA가 먼저 오도록)를 이진 탐색 라이브러리에서 비교하는 데 사용했다.

```
struct Student {
  string name;
  double grade_point_average;
};

const static function<bool(const Student&, const Student&)> CompGPA =
    [](  const Student& a, const Student& b) {
      if (a.grade_point_average != b.grade_point_average) {
        return a.grade_point_average > b.grade_point_average;
      }
      return a.name < b.name;
    };

bool SearchStudent(
    const vector<Student>& students, const Student& target,
    const function<bool(const Student&, const Student&)>& comp_GPA) {
  return binary_search(students.begin(), students.end(), target, comp_GPA);
}
```

i번째 원소를 접근하는 데 $O(1)$ 시간이 걸린다면, 이 프로그램의 시간 복잡도는 $O(\log n)$이 된다.

☑ 탐색 문제를 풀기 전 꼭 알고 있어야 할 내용

이진 탐색은 효과적인 탐색 도구이다. 단지 **정렬된 배열**에서 탐색하는 것보다 더 많은 곳에서 응용 가능하다. 예를 들어 **정수 혹은 실수의 구간**을 탐색할 때 사용될 수도 있다. [문제 11.4]

만약 여러분의 해법에서 정렬을 사용하고, 그 후에 수행하는 연산이 정렬보다 빠르다고 가정해 보자. 후에 수행하는 연산의 시간 복잡도는 예를 들어 $O(n)$ 혹은 $O(\log n)$이다. **모든 원소를 정렬하지 않아도 해결할 수 있는 방법이 있는지 살펴보라.** [문제 11.8]

시간과 공간을 트레이드오프할 수 있는지 생각해 보라. 예를 들어 공간을 절약하는 대신 데이터를 여러 번 읽을 수도 있다. [문제 11.9]

탐색 라이브러리 이해하기

탐색은 굉장히 광범위한 개념이며 다양한 자료구조에 존재한다. 예를 들어, algo rithm 헤더의 find(A.begin(), A.end(), target)은 STL 컨테이너에서 첫 번째 원소를 찾는다. 여기서는 정렬된 STL 컨테이너의 이진 탐색에 초점을 맞추기로 한다.

- target 값이 존재하는지 확인하려면, binary_search(A.begin(), A.end(), target)을 사용한다. 이 함수는 인덱스가 아니라 값이 존재하는지 여부를 불값으로 반환한다.
- target 값보다 작지 않은 첫 번째 원소를 찾으려면 lower_bound(A.begin(), A.end(), target)을 사용한다. 즉, 찾으려는 값보다 크거나 같은 첫 번째 원소를 찾는다.
- target 값보다 큰 첫 번째 원소를 찾으려면 upper_bound(A.begin(), A.end(), target)을 사용한다.

실제 면접에서는 바이너리 탐색을 직접 구현하지 말고, 면접관의 허락을 구한 뒤이 함수들을 사용하라.

문제 11.1 정렬된 배열에서 k가 첫 번째로 등장한 위치 찾기

이진 탐색과 관련된 문제는 대부분 정렬된 배열에서 특정 원소의 위치를 찾는다. 다음 문제는 이진 탐색을 사용하되, 좀 더 추가적인 작업이 필요하다.

정렬된 배열과 찾고자 하는 키가 주어졌을 때, 해당 키가 첫 번째로 등장하는 배열의 인덱스를 찾는 메서드를 작성하라. 찾는 키가 없다면 −1을 반환한다. 예를 들어 그림 11.1의 배열에 주어진 키값이 108이면 3을 반환해야 한다. 주어진 키가 285라면 6을 반환한다.

-14	-10	2	108	108	243	285	285	285	401
A[0]	A[1]	A[2]	A[3]	A[4]	A[5]	A[6]	A[7]	A[8]	A[9]

그림 11.1 같은 원소가 반복되어 있는 정렬된 배열

힌트: 모든 엔트리가 k로 같다면 어떤 일이 발생하는가? k가 처음 등장했을 때 멈추면 안 된다.

해법: 단순한 방법을 생각해 보자. 이진 탐색을 사용해서 k와 같은 임의의 원소 위치를 찾는다. (만약 k가 배열에 없다면 −1을 반환하면 된다.) 원소를 찾았다면, 거꾸로 탐색하면서 해당 원소가 처음 나타난 위치를 찾는다. 배열에 n개의 원소가 들어 있을 때, 이진 탐색은 $O(\log n)$이 걸린다. 처음 나타난 원소의 위치를 찾기 위해

거꾸로 탐색하는 과정은 최악의 경우에 $O(n)$이 소요된다. (모든 원소가 k인 경우를 생각해 보라.)

이진 탐색의 근본적인 아이디어는 후보가 되는 집합을 유지하는 것이다. 이 문제에서 i번째 인덱스의 원소가 k라면, 해당 원소가 처음으로 k와 같은 원소인지는 모르더라도 그 뒤의 원소들은 후보에서 제외된다는 건 알 수 있다. 따라서 $i + 1$보다 크거나 같은 인덱스의 모든 원소를 후보 집합에서 제외해도 된다.

주어진 예제에 이 논리를 적용해 보자. $k = 108$이라고 가정한다. 최초의 후보는 모든 원소가 되므로 $[0, 9]$가 된다. 중간에 있는 인덱스 4의 원소는 k와 같다. 따라서 그 다음 후보는 $[0, 3]$이 되고, 인덱스 4를 기록해 둔다. 그 다음 중간 위치는 1이고, 이 인덱스의 원소값은 -10이다. 후보 집합을 $[2, 3]$으로 갱신한다. 그 중앙에 있는 인덱스 2의 값은 2이므로 후보 집합을 $[3, 3]$으로 갱신한다. 3 위치에 있는 값은 108이므로 처음으로 k가 등장한 인덱스를 3으로 갱신한다. 이제 후보 집합은 비어 있는 $[3, 2]$가 되므로 탐색을 종료하고 결과인 3을 반환한다.

```
int SearchFirstOfK(const vector<int>& A, int k) {
  int left = 0, right = size(A) - 1, result = -1;
  // A[left, right]가 후보 집합이다.
  while (left <= right) {
    if (int mid = left + ((right - left) / 2); A[mid] > k) {
      right = mid - 1;
    } else if (A[mid] == k) {
      result = mid;
      // mid보다 오른쪽에 있는 원소는 절대 정답이 될 수 없다.
      right = mid - 1;
    } else {  // A[mid] < k.
      left = mid + 1;
    }
  }
  return result;
}
```

매 반복마다 후보 집합의 크기가 반으로 줄어들기 때문에 복잡도의 상한은 $O(\log n)$이다.

응용: 정렬된 배열과 키가 주어졌을 때 키값보다 큰 원소가 처음으로 등장한 인덱스를 찾는 효율적인 알고리즘을 설계하라. 예를 들어 그림 11.1의 배열에서 키값이 285로 주어지면 9를 반환해야 한다. 주어진 키값이 -13이라면 1을 반환한다.

응용: 배열 A에 정렬되지 않은 정수가 n개 들어 있다고 가정하자. 이 배열은 $A[0]$ > $A[1]$과 $A[n-2] \leq A[n-1]$을 만족한다. $A[i]$가 이웃한 원소들보다 그기가 작거나 같으면 인덱스 i를 지역 최적해(local minimum)라 한다. 지역 최적해가 항상 존재한다고 가정했을 때, 어떻게 하면 효율적으로 찾을 수 있을까?

응용: 정수값이 정렬된 배열 A와 정수값 k가 주어졌을 때, k를 에워싸는 구간을 반환하는 프로그램을 작성하라. 예를 들어 한 쌍의 정수값 L과 U가 있을 때, L은 k가 배열 A에서 처음으로 등장하는 위치를 나타내고, U는 k가 배열 A에서 마지막으로 등장하는 위치를 나타낸다. k가 A에 없을 때는 $[-1, -1]$을 반환하면 된다. 예를 들어 $A = \langle 1, 2, 2, 4, 4, 4, 7, 11, 11, 13 \rangle$이고 $k = 11$이라면, $[7, 8]$을 반환해야 한다.

응용: p가 정렬된 문자열 배열의 접두사인지 확인하는 프로그램을 작성하라.

문제 11.2 정렬된 배열에서 인덱스와 값이 같은 엔트리 찾기

원소가 중복되지 않고 정렬되어 있는 배열이 주어졌을 때, 인덱스 i의 값이 i와 같은 원소를 반환하는 효율적인 알고리즘을 설계하라. 예를 들어 입력이 $\langle -2, 0, 2, 3, 6, 7, 9 \rangle$로 주어진다면, 2 혹은 3을 반환해야 한다.

힌트: 문제를 보통의 이진 탐색 문제로 바꾸어 보라.

해법: 무식한 방법은 배열을 전부 탐색하면서 i번째 원소의 값이 i와 같은지 확인하는 것이다. 배열의 길이가 n일 때, 이 방법의 시간 복잡도는 $O(n)$이다.

이 방법은 주어진 배열이 정렬되어 있다는 점과 중복된 원소가 없다는 점을 전혀 사용하지 않았다. 입력 배열의 특징을 잘 살펴보면, 인덱스의 크기가 늘어날수록 원소값과 인덱스는 적어도 하나씩 증가한다는 사실을 알 수 있다. $A[j] > j$라면, j 이후의 원소는 절대 정답이 될 수 없다. 왜냐하면 배열의 각 원소는 이전 원소보다 적어도 1만큼 크기 때문이다. 같은 이유로 $A[j] < j$인 경우에 j 이전의 원소는 절대 정답이 될 수 없다.

따라서 $A[i] = i$를 만족하는 i를 이진 탐색 알고리즘을 통해 찾으면 된다. 간단하게 말하자면, 각 엔트리의 값이 $A[i] - i$인 배열 B에서 0을 찾는 전형적인 이진 탐색 문제와 같다. 실제로 배열 B를 만들 필요는 없고, $B[i]$를 참조하려는 경우에 $A[i] - i$를 대신 참조하면 된다.

주어진 예제에서 배열 B는 $\langle -2, -1, 0, 0, 2, 2, 3 \rangle$과 같다. 이진 탐색으로 0을 찾는다면 그 결과는 인덱스 2 혹은 3이 될 것이다.

```cpp
int SearchEntryEqualToItsIndex(const vector<int>& A) {
  int left = 0, right = size(A) - 1;
  while (left <= right) {
    int mid = left + ((right - left) / 2);
    // difference == 0이면 A[mid] == mid가 된다.
    if (int difference = A[mid] - mid; difference == 0) {
      return mid;
    } else if (difference > 0) {
      right = mid - 1;
    } else {  // difference < 0.
      left = mid + 1;
    }
  }
  return -1;
}
```

시간 복잡도는 이진 탐색과 같은 $O(\log n)$이 된다.

응용: 배열 A가 정렬되어 있지만 중복된 값을 포함하고 있다고 할 때 이 문제를 풀어 보라.

문제 11.3 환형으로 정렬된 배열에서 탐색하기

배열을 환형으로 시프트했을 때 정렬된 배열을 만들 수 있다면 해당 배열을 환형으로 정렬되었다고 한다. 예를 들어 그림 11.2의 배열은 왼쪽으로 4번 시프트하면 정렬된 배열을 만들 수 있기 때문에 환형으로 정렬된 배열이다.

378	478	550	631	103	203	220	234	279	368
A[0]	A[1]	A[2]	A[3]	A[4]	A[5]	A[6]	A[7]	A[8]	A[9]

그림 11.2 환형으로 정렬된 배열

환형으로 정렬된 배열이 주어졌을 때 가장 작은 원소의 위치를 찾는 $O(\log n)$ 알고리즘을 설계해 보라. 중복된 원소는 없다고 가정해도 좋다. 예를 들어 그림 11.2의 배열이 주어진다면 4를 반환해야 한다.

힌트: 분할 정복법을 사용해 보라.

해법: 무식한 방법은 배열을 차례대로 읽으면서 최솟값을 찾는 것이다. 배열의 길이가 n일 때 이 방법의 시간 복잡도는 $O(n)$이 된다.

이 방법은 배열 A의 특별한 속성을 사용하지 않았다. 예를 들어 임의의 m에 대해서 $A[m] > A[n-1]$이라면 최솟값은 반드시 $[m+1, n-1]$ 사이에서 존재해야 한다. 역으로 $A[m] < A[n-1]$이라면 $[m+1, n-1]$ 사이에서는 절대 최소값이 나타날 수 없다(최소값은 적어도 $A[m]$이므로). 입력에서 중복된 원소는 존재하지 않는다고 했으므로 $A[m] = A[n-1]$은 될 수가 없다. 이 두 가지 사실을 이용하면 다음과 같은 이진 탐색 알고리즘을 사용할 수 있다.

```cpp
int SearchSmallest(const vector<int>& A) {
  int left = 0, right = size(A) - 1;
  while (left < right) {
    if (int mid = left + ((right - left) / 2); A[mid] > A[right]) {
      // 최솟값은 반드시 A[mid + 1, right]에서 존재한다.
      left = mid + 1;
    } else {  // A[mid] < A[right].
      // 최솟값은 절대 A[mid + 1, right]에 있을 수 없다.
      // A[left, mid]에 존재한다.
      right = mid;
    }
  }
  // left == right가 되면 루프를 종료한다.
  return left;
}
```

이 문제의 시간 복잡도는 이진 탐색의 시간 복잡도인 $O(\log n)$과 같다.

일반적으로 원소가 중복되어 나타난다면 이 문제는 선형시간보다 빠르게 풀 수 없다. 예를 들어 A에 $n-1$개의 1과 한 개의 0이 존재한다면 모든 원소를 탐색하지 않는 이상 0을 찾을 수 없다.

응용: 각 원소가 이전 원소보다 크다면 이 수열은 규칙적으로 증가하는 수열이다. 규칙적으로 증가하다가 규칙적으로 감소하는 수열을 생각해 보자. 이 수열에서 최 댓값을 찾는 알고리즘을 설계하라.

응용: 중복되는 원소가 없고 환형으로 증가하는 배열에서 원소 k의 위치를 찾는 $O(\log n)$ 알고리즘을 설계하라.

문제 11.4 정수의 제곱근 구하기

음이 아닌 정수가 주어졌을 때, 제곱한 값이 주어진 정수보다 작거나 같은 정수 중에서 가장 큰 정수를 찾는 프로그램을 작성하라. 예를 들어 16이 입력으로 주어지면 4를 반환해야 하고, 300이 입력으로 주어지면 17을 반환해야 한다. $17^2 = 289 < 300$이고, $18^2 = 324 > 300$이기 때문이다.

힌트: 코너 케이스를 살펴보라.

해법: 무식한 방법은 1부터 키값인 k까지 모두 제곱해 본 뒤 그 제곱값이 k를 넘는 순간 멈추면 된다. 이 방법의 시간 복잡도는 $O(k)$이다. 한 번 반복(iteration)하는데 걸리는 시간이 나노초(nanosecond)라고 했을 때, 64비트 환경에서 이 알고리즘은 500년이나 걸린다.

문제를 좀 더 자세히 살펴보자. 숫자를 하나씩 증가해 가면서 확인하는 방법이 쓸모 없다는 건 확실하다. 예를 들어 $x^2 < k$라면, x보다 작은 숫자는 절대 답이 될 수 없고, $x^2 > k$라면, x보다 같거나 큰 숫자 또한 답이 될 수 없다.

커다란 후보 집합을 한번에 제거할 수 있다는 점에서 이진 탐색을 생각해 볼 수 있다. 특히, 제곱값이 k보다 작거나 같은 범위 구간을 좁혀 나갈 것이다.

먼저 후보 집단의 구간을 $[0, k]$로 초기화한다. $m = \lfloor (l + r)/2 \rfloor$를 k와 비교한 뒤 구간 정보를 갱신한다. 만약 $m^2 \leq k$라면 m보다 작거나 같은 숫자의 제곱값은 언제나 k보다 작거나 같다. 따라서 구간을 $[m + 1, r]$로 갱신한다. 만약 $m^2 > k$라면, m보다 크거나 같은 모든 숫자의 제곱값은 k보다 크기 때문에 구간 정보를 $[l, m - 1]$로 갱신한다. 후보 집합 구간이 공집합이 될 때까지 반복한다. 즉, l보다 작은 모든 숫자의 제곱값이 k보다 작거나 같고 l의 제곱값이 k보다 클 때까지 반복한다. 이때 결괏값은 $l - 1$이 된다.

예를 들어 $k = 21$이라면, 후보 집단의 구간을 $[0, 21]$로 초기화한다. 중간값인 $m = \lfloor (0 + 21)/2 \rfloor = 10$의 제곱값은 $10^2 > 21$이므로, 구간을 $[0, 9]$로 갱신한다. 이제 $m = \lfloor (0 + 9)/2 \rfloor = 4$의 제곱값은 $4^2 < 21$이므로 구간을 $[5, 9]$로 갱신한다. 이제 $m = \lfloor (5 + 8)/2 \rfloor = 7$의 제곱값은 $7^2 > 21$이므로 구간을 $[5, 6]$으로 갱신한다. 이제 $m = \lfloor (5 + 6)/2 \rfloor = 5$의 제곱값은 $5^2 > 21$이므로 구간을 $[5, 4]$로 갱신한다. 구간의 오른쪽 값이 왼쪽값보다 작아졌으므로 후보 집합 구간이 공집합이 되었다. 따라서 $5 - 1 = 4$를 결과로 반환하면 된다.

$k = 25$인 경우에는 구간 정보가 $[0, 25]$, $[0, 11]$, $[6, 11]$, $[6, 7]$, $[6, 5]$와 같이 변하고, 반환되는 값은 $6 - 1 = 5$가 된다.

```cpp
int SquareRoot(int k) {
  int left = 0, right = k;
  // 후보 구간 [left, right]가 주어졌을 때, left보다 작은 모든 숫자의 제곱값 <= k이고,
  // right보다 큰 모든 숫자의 제곱값 > k이다.
  while (left <= right) {
    long long mid = left + ((right - left) / 2);
    if (long long mid_squared = mid * mid; mid_squared <= k) {
      left = mid + 1;
    } else {
      right = mid - 1;
    }
  }
  return left - 1;
}
```

시간 복잡도는 $[0, k]$에서 이진 탐색하는 것과 같으므로 $O(\log k)$가 된다.

문제 11.5 실수의 제곱근 구하기

제곱근은 반복법(iterative method) 혹은 로그와 같은 복잡한 수치 기법을 사용해서 구현할 수 있다. 하지만 면접관이 여러분에게 그러한 기법을 기대를 하고 제곱근 구하는 문제를 내는 것은 아니다.

부동소수점 값(floating point value)이 주어졌을 때 그 제곱근을 반환하는 함수를 구현하라.

힌트: 반복적으로 이전 구간 정보 안에서 정답을 좁혀 나가도록 구간 정보를 갱신한다.

해법: x를 입력이라고 하자. 한 가지 방법은, 11.4의 해법에 나온 방법을 사용해서 $n^2 \leq x$이고 $(n + 1)^2 > x$인 n을 찾는다. 그 뒤 $[n, n + 1]$ 사이에 있는 값 중에서 정해진 오차 내에서 x의 제곱근을 찾으면 된다.

하지만 이진 탐색을 문제에 곧바로 적용할 수 있으넌, 정수 계산과 소수 계산하는 부분을 분해하지 않을 수도 있다. 그 이유는 x의 제곱근보다 큰 숫자가 있을 때, 이 숫자보다 큰 숫자는 고려 하지 않아도 되기 때문이다. 비슷한 이유로 x의 제곱근보다 작은 숫자가 있을 때, 이보다 더 작은 숫자는 고려하지 않아도 된다.

정답 구간의 하한과 상한은 각각 0과 부동소수점이 표현할 수 있는 가장 큰 값이라고 간단하게 정할 수 있다. 하지만 이 경우는 유한 정밀 연산(finite precision arithmetic)에 대해 제대로 동작하지 않을 수 있다. 첫 중간값을 제곱했을 때 그 값이 오버플로될 것이기 때문이다.

제곱근이 x보다 클 수도 있기 때문에($\sqrt{1/4} = 1/2$) 초깃값을 $[0, x]$로 설정할 수도 없다. 하지만 $x \geq 1.0$일 때의 하한과 상한은 각각 1.0과 x라고 할 수 있다. 왜냐하면 $1.0 \leq x$이고, $x \leq x^2$이기 때문이다. 반대로 $x < 1.0$인 경우에는 x와 1.0을 각각 하한과 상한으로 설정할 수 있다. 왜냐하면 x의 제곱근이 x보다 크지만 1.0보다는 작기 때문이다. 부동소수점의 제곱근을 구하는 문제는 근본적으로 정수의 제곱근을 구하는 문제(11.4의 문제)와는 전혀 다르다는 사실을 명심하라. 앞의 문제에서는 정답이 포함된 초기 구간은 언제나 $[0, x]$였다.

```
typedef enum { kSmaller, kEqual, kLarger } Ordering;

double SquareRoot(double x) {
  // x와 1.0을 비교해서 탐색할 구간을 결정한다.
  double left, right;
  if (x < 1.0) {
    left = x, right = 1.0;
  } else {  // x >= 1.0.
    left = 1.0, right = x;
  }

  // 오차 범위 내에서 left < right를 만족하는 이상 탐색을 계속한다.
  while (Compare(left, right) != kEqual) {
    double mid = left + 0.5 * (right - left);
    if (double mid_squared = mid * mid; Compare(mid_squared, x) == kLarger) {
        right = mid;
    } else {
      left = mid;
    }
  }
  return left;
}

Ordering Compare(double a, double b) {
  // 정밀도를 체크할 때 정규화 과정을 거친다.
  double diff = (a - b) / max(abs(a), abs(b));
  return diff < -numeric_limits<double>::epsilon()
          ? kSmaller
          : diff > numeric_limits<double>::epsilon() ? kLarger : kEqual;
}
```

s를 오차범위라 할 때, 시간 복잡도는 $O(\log \frac{x}{s})$와 같다.

응용: 양의 부동소수점 두 개, x와 y가 주어졌을 때, 나눗셈 연산을 사용하지 않고 주어진 오차범위 e 내에서 $\frac{x}{y}$를 어떻게 계산할 수 있을까? log나 exp와 같은 라이브러리 함수를 사용할 수 없다. 덧셈이나 곱셈은 사용해도 된다.

일반적인 탐색

지금부터 이진 탐색을 사용하지 않는 다른 탐색 문제를 몇 가지 살펴본다. 예를 들어 램(RAM)과 계산 시간의 트레이드오프, 최솟값과 최댓값을 동시에 찾을 때의 불필요한 비교 연산 피하기, 무작위성을 이용한 효율적인 삭제 연산, 빠진 원소를 찾기 위한 비트 조작 등이 있다.

문제 11.6 정렬된 2차원 배열에서 탐색하기

2차원 배열에서 행과 열의 원소값이 감소하지 않는다면 정렬되어 있다고 하자. 그림 11.3은 정렬된 2차원 배열이다.

	C0	C1	C2	C3	C4
R0	-1	2	4	4	6
R1	1	5	5	9	21
R2	3	6	6	9	22
R3	3	6	8	10	24
R4	6	8	9	12	25
R5	8	10	12	13	40

그림 11.3 정렬된 2차원 배열

정렬된 2차원 배열과 임의의 숫자가 주어졌을 때, 해당 숫자가 배열에 존재하는지 확인하는 알고리즘을 설계하라. 예를 들어 그림 11.3 2차원 배열과 숫자 7이 입력으로 주어지면 false를 반환해야 한다. 주어진 숫자가 8이라면, true를 반환한다.

힌트: 비교할 때마다 행 혹은 열을 후보에서 제외해 나갈 수 있는가?

해법: 2차원 배열을 A라 하고, 입력으로 주어진 숫자를 x라 하자. 각 행에 대해 이진 탐색을 수행한다면 행의 개수가 m이고 열의 개수가 n일 때, 총 시간 복잡도는 $O(m \log n)$이 된다. (만약 각 열에 대해 이진 탐색을 수행한다면, 시간 복잡도는 $O(n \log m)$이 된다.)

하지만 이 방법은 행과 열이 모두 정렬되어 있다는 사실을 사용하지 않고, 각 행에 대해 독립적으로 연산을 수행하고 있다. 예를 들어 $x < A[0][0]$이라면, x는 어떤 행과 열에서도 존재하지 않을 것이다. 정렬된 2차원 배열의 속성에 따르면 $A[0][0]$이 배열 A에서 가장 작은 원소이기 때문이다.

하지만 $x > A[0][0]$이라면, 배열 A의 첫 번째 행 혹은 첫 번째 열을 정답 후보에서 제외할 수 없다. 행과 열을 모두 탐색하는 데 $O(mn)$ 시간이 걸리고, 이는 앞의 해법보다 훨씬 못한 방법이다. $x < A[m-1][n-1]$일 때도 같은 문제가 발생한다.

좋은 방법을 찾기 위해서는 꼭짓점 부분을 먼저 살펴보는 것이 좋다. $A[0][0]$과 $A[m-1][n-1]$은 뭔가 얻을 게 없었다. 하지만 2차원 배열의 꼭짓점에는 다른 부분도 존재한다. 예를 들어 x와 $A[0][n-1]$을 비교해 볼 수 있다. $x = A[0][n-1]$이라면 이미 정답을 찾은 꼴이 된다. 그게 아니라면, 다음과 같은 경우가 존재한다.

- $x > A[0][n-1]$이라면 x가 0번째 행의 모든 원소보다 크다는 말이 된다.
- $x < A[0][n-1]$이라면 x가 $n-1$번째 열의 모든 원소보다 작다는 말이 된다.

두 경우 모두 다음에 탐색할 2차원 배열의 행 혹은 열을 하나씩 줄여 준다. 이와 비슷하게 $A[m-1][0]$과 비교해 볼 수 있다.

그림 11.4(a)는 입력 숫자가 7일 때 알고리즘이 어떻게 진행되는지 보여 준다. 오른쪽 꼭대기에 있는 $A[0][4] = 6$과 7을 비교한다. $7 > 6$이므로 7은 0번 행에 존재할 수 없다. 이제 $A[1][4] = 21$과 비교한다. $7 < 21$이므로 7은 4번 열에 존재할 수 없다. $A[1][3] = 9$와 비교한다. $7 < 9$이므로 7은 3번 열에 존재할 수 없다. $A[1][2] = 5$와 비교한다. $7 > 5$이므로 7은 1번 행에 존재할 수 없다. $A[2][2] = 6$과 비교한다. $7 > 6$이므로 7은 2번 행에 존재할 수 없다. $A[3][2] = 8$과 비교한다. $7 < 8$이므로 7은 2번 열에 존재할 수 없다. $A[3][1] = 6$과 비교한다. $7 > 6$이므로 7은 3번 행에 존재할 수 없다. $A[4][1] = 8$과 비교한다. $7 < 8$이므로 7은 1번 열에 존재할 수 없다. $A[4][1] = 6$과 비교한다. $7 > 6$이므로 7은 4번 행에 존재할 수 없다. $A[5][0] = 8$과 비교한다. $7 < 8$이므로 7은 0번 열에 존재할 수 없다. 더 이상 비교할 원소가 없으므로 false를 반환한다.

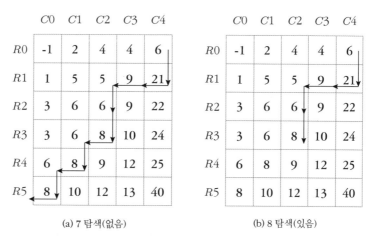

그림 11.4 2차원 배열에서 샘플 탐색

이제 주어진 숫자가 8이라고 가정하자. 앞에서와 비슷하게 진행하면서 0번 행, 4번 열, 1번 행, 3번 열, 2번 행을 지워 나간다. 그 다음 $A[3][2]$와 비교를 한 후에 true를 반환한다.

```cpp
bool MatrixSearch(const vector<vector<int>>& A, int x) {
  int row = 0, col = size(A[0]) - 1;  // 오른쪽 위에 있는 꼭짓점부터 시작한다.
  // 아직 분류되지 않은 행과 열이 있는 동안 탐색을 계속해 나간다.
  while (row < size(A) && col >= 0) {
    if (A[row][col] == x) {
      return true;
    } else if (A[row][col] < x) {
      ++row;  // 행을 제거한다.
    } else {  // A[row][col] > x.
      --col;  // 열을 제거한다.
    }
  }
  return false;
}
```

매번 행 혹은 열을 제거한다. 따라서 최대 $m + n - 1$개의 원소만 살펴보면 되므로 시간 복잡도는 $O(m + n)$이 된다.

문제 11.7 최솟값과 최댓값을 동시에 찾기

비교 가능한 객체로 이루어진 배열이 주어졌을 때 $n - 1$번의 비교 연산을 통해 최솟값 혹은 최댓값을 찾을 수 있다. 여기서 n은 배열의 길이와 같다.

비교 연산은 비용이 클 가능성이 있다. 예를 들어 여러 번 중첩된 호출을 해야 할 수도 있고, 길이가 긴 문자열을 비교할 수도 있다. 따라서 최솟값과 최댓값을 따로 찾을 때 소요되는 $2(n-1)$번보다 적은 비교 연산을 통해 최솟값과 최댓값을 동시에 찾을 수 있는지 묻는 것은 꽤 괜찮은 문제가 된다.

배열에서 최대 원소와 최소 원소를 찾는 알고리즘을 설계하라. 예를 들어 $A = \langle 3, 2, 5, 1, 2, 4 \rangle$인 경우 최솟값은 1이고 최댓값은 5이다.

힌트: $a < b$이고 $b < c$이면 $a < c$가 된다는 사실을 사용하면 무식한 방법의 연산 횟수를 줄일 수 있다.

해법: 무식한 방법은 최솟값과 최댓값을 각각 찾는 것이다. 이 방법은 비교 연산을 $2(n-1)$번 사용한다. 조금 더 최적화를 해 본다면, 최솟값을 찾은 뒤에 최댓값을 찾을 때 최솟값과 비교하지 않음으로써 비교 횟수를 한 번 줄일 수 있다.

이 문제를 어떤 선수 그룹에서 가장 강한 선수와 가장 약한 선수를 골라내는 문제라고 생각해 보자. 가장 약한 선수를 고르는 경우에는 시합에서 누가 이길지는 살펴볼 필요가 없다. 서로 다른 선수 쌍들끼리 $n/2$번의 시합을 붙여 보면 가장 약한 선수가 될 후보를 골라낼 수 있다. 가장 강한 선수는 경기에서 이긴 $n/2$명의 선수 중에 있을 테고, 가장 약한 선수는 경기에서 진 $n/2$명의 선수 중에 있을 것이다.

앞에서 유추한 결과 배열에서 인접한 쌍끼리 비교함으로써 최솟값 후보와 최댓값 후보를 나눌 수 있다. 즉, $n/2$번의 비교를 통해 $n/2$개의 최솟값 후보와 $n/2$개의 최댓값 후보를 찾는다. 최솟값 후보에서 $n/2 - 1$번의 비교를 통해 최솟값을 찾을 수 있고, 최댓값 후보에서 $n/2 - 1$번의 비교를 통해 최댓값을 찾을 수 있다. 따라서 총 $3n/2 - 2$번의 비교를 통해 최댓값과 최솟값을 찾을 수 있다.

간단하게 구현해 보면 위의 알고리즘은 $O(n)$의 공간을 추가로 사용해야 한다. 하지만 추가 공간을 사용하지 않고도 스트리밍 방법으로 구현할 수 있다. 입력 순서대로 두 쌍을 비교하면서 최솟값과 최댓값을 유지해 나가는 방법을 쓰면 된다. 각 쌍을 비교할 때 총 3번의 비교가 필요하다는 사실을 명심하라.

앞의 예제를 다시 살펴보자. 처음에는 3과 2를 비교한다. 3 > 2이므로 2가 최솟값, 3이 최댓값이 된다. 그다음 5와 1을 비교한다. 5 > 1이므로 5를 현재 최댓값인 3과 비교한 뒤 현재 최댓값을 5로 갱신한다. 1을 현재 최솟값인 2와 비교한 뒤 현재 최솟값을 1로 갱신한다. 그다음 2와 4를 비교한다. 4 > 2이므로 4를 현재 최댓값인

5와 비교한다. 4 < 5이므로 현재 최댓값을 그대로 둔다. 2를 현재 최솟값인 1과 비교한다. 2 > 1이므로 현재 최솟값을 그대로 둔다.

```cpp
struct MinMax {
  int smallest, largest;
};

MinMax FindMinMax(const vector<int>& A) {
  if (size(A) <= 1) {
    return {A.front(), A.front()};
  }

  int global_min, global_max;
  tie(global_min, global_max) = minmax(A[0], A[1]);
  // 두 원소를 한번에 처리한다.
  for (int i = 2; i + 1 < size(A); i += 2) {
    const auto& [local_min, local_max] = minmax(A[i], A[i + 1]);
    global_min = min(global_min, local_min);
    global_max = max(global_max, local_max);
  }
  // 배열에 원소의 개수가 홀수 개 존재했을 때,
  // 우리는 여전히 마지막 원소를 이미 구한 최솟값 및 최댓값과 비교해야 한다.
  if (size(A) % 2) {
    global_min = min(global_min, A.back());
    global_max = max(global_max, A.back());
  }
  return {global_min, global_max};
}
```

시간 복잡도는 $O(n)$이고, 공간 복잡도는 $O(1)$이다.

응용: 최악의 경우에 최댓값과 최솟값을 찾는 데 필요한 비교 연산의 최소 횟수는 얼마인가?

문제 11.8 k번째로 큰 원소 찾기

많은 알고리즘이 서브 루틴으로 배열에서 k번째로 큰 원소 찾는 연산이 필요하다. 첫 번째로 큰 원소 배열에서 가장 큰 원소이다. 배열의 길이가 n일 때 n번째로 큰 원소는 배열에서 가장 작은 원소이다. 공식적으로, k번째 가장 큰 요소는 배열이 내림차순으로 정렬된 후 $k - 1$에 있는 원소다.

예를 들어 $A = \langle 3, 2, 1, 5, 4 \rangle$가 입력으로 주어졌을 때, $A[3]$은 A에서 첫 번째로

큰 원소이고, $A[0]$은 세 번째로 큰 원소, $A[2]$는 다섯 번째로 큰 원소이다. 입력 배열은 $\langle 3, 2, 5, 3, 5 \rangle$처럼 중복을 가질 수 있다. 첫 번째와 두 번째로 큰 원소는 모두 5이고, 세 번째와 네 번째로 큰 원소는 3이며, 다섯 번째로 큰 원소는 2다.

배열에서 k번째로 큰 원소를 찾는 알고리즘을 설계하라.

힌트: 무작위성과 분할 정복법을 함께 사용하라.

해법: 무식한 방법으로 먼저 접근해 보자. 배열 A를 감소하는 순서대로 정렬한 뒤에 $k - 1$번째 인덱스에 있는 원소를 반환하면 쉽다. 배열 A의 길이가 n일 때 이 방법의 시간 복잡도는 $O(n \log n)$이 된다.

하지만 군이 배열을 정렬할 필요는 없다. 이 문제는 정렬하지 않아도 풀 수 있다. 예를 들어 첫 번째로 큰 원소는 배열을 한 번 훑으면 찾을 수 있다.

일반적인 k에 대한 답을 구할 때, 문제 10.4의 해법과 같이 k개의 후보 원소를 최소힙에 저장해 두어도 된다. 이 방법의 시간 복잡도는 $O(n \log k)$이고 공간 복잡도는 $O(k)$이다. 정렬보다 빠르지만 추가 공간을 사용한다. 하지만 이 방법 또한 필요 이상의 정보를 제공한다. 이 방법은 가장 큰 원소 k개를 정렬된 순서대로 계산하는데, 원하는 정보는 k번째로 큰 원소 하나뿐이다.

배열을 완전히 정렬하지 말고 k번째로 큰 원소를 주어진 배열 내에서 구해 보자. 임의의 원소(피벗)를 고른 뒤 피벗보다 큰 원소와 작은 원소로 나눈다. (문제에서 중복된 원소가 없다고 했기 때문에 피벗과 같은 원소는 존재하지 않는다.) 피벗보다 큰 원소가 $k - 1$개라면 피벗은 k번째로 큰 원소가 된다. 만약 피벗보다 큰 원소가 $k - 1$개보다 많다면, 피벗보다 작은 원소는 버려도 된다. 왜냐하면 이 경우에 k번째로 큰 원소는 반드시 피벗보다 크기 때문이다. 만약 피벗보다 큰 원소가 $k - 1$개보다 적다면, 피벗보다 큰 원소는 무시해도 된다.

이 방법은 확인해야 할 원소 수를 보통, 절반 가까이 줄이기 때문에 직관적으로 좋은 해결법이다.

단순하게 구현하면 추가 공간을 $O(n)$만큼 사용해야 한다. 하지만 분할된 위치를 기록할 수 있다면, 추가 공간을 사용하지 않고 주어진 배열 안에서 구현할 수 있다.

```
// 1에서부터 시작한다. 주어진 배열이 A = [3, 1, -1, 2]라면
// FindKthLargest(1, A)은 3을 반환하고, FindKthLargest(2, A)는 2를 반환한다,
// FindKthLargest(3, A)은 1을 반환하고, FindKthLargest(4, A)는 -1을 반환한다.
int FindKthLargest(int k, vector<int>* A_ptr) {
```

```
    return FindKth(k, greater<int>(), A_ptr);
}

template <typename Compare>
int FindKth(int k, Compare comp, vector<int>* A_ptr) {
  vector<int>& A = *A_ptr;
  int left = 0, right = size(A) - 1;
  default_random_engine gen((random_device())());
  while (left <= right) {
    // [left, right] 사이에서 임의의 피벗을 구한다.
    int pivot_idx = uniform_int_distribution<int>{left, right}(gen);

    if (int new_pivot_idx =
            PartitionAroundPivot(left, right, pivot_idx, comp, &A);
        new_pivot_idx == k - 1) {
      return A[new_pivot_idx];
    } else if (new_pivot_idx > k - 1) {
      right = new_pivot_idx - 1;
    } else {  // new_pivot_idx < k - 1
      left = new_pivot_idx + 1;
    }
  }
}

// A[left, right]을 pivot_idx를 기준으로 나누고, 나누는 작업이 끝난 뒤에
// 새로운 피벗의 인덱스인 new_pivot_idx를 반환한다. 따라서 해당 작업이 끝난 뒤에는
// A[left, new_pivot_idx - 1]에는 피벗보다 큰 원소들이 들어 있을 것이고,
// A[new_pivot_idx + 1, right]에는 피벗보다 작은 원소들이 들어 있을 것이다.
//
// 참고로, "~보다 크다"와 "~보다 작다"는 Compare 객체에 정의되어 있다.
//
// 나누는 작업이 끝난 뒤에 피벗의 새로운 인덱스를 반환한다.
template <typename Compare>
int PartitionAroundPivot(int left, int right, int pivot_idx, Compare comp,
                         vector<int>* A_ptr) {
  vector<int>& A = *A_ptr;
  int pivot_value = A[pivot_idx];
  int new_pivot_idx = left;
  swap(A[pivot_idx], A[right]);
  for (int i = left; i < right; ++i) {
    if (comp(A[i], pivot_value)) {
      swap(A[i], A[new_pivot_idx++]);
    }
  }
  swap(A[right], A[new_pivot_idx]);
  return new_pivot_idx;
}
```

처리해야 할 원소의 개수를 대략 절반씩 줄일 수 있기 때문에, 평균적인 시간 복잡도 $T(n) = O(n) + T(n/2)$를 만족한다. 이 수식을 풀면 $T(n) = O(n)$이 된다. 공간 복잡도는 $O(1)$이 된다. 최악의 경우는 임의로 선택한 피벗이 현재 부분배열에서 항상 최솟값이거나 최댓값인 경우이고, 이 경우의 시간 복잡도는 $O(n^2)$이 된다. 최악의 경우가 발생할 확률은 입력 배열의 길이에 비례해서 기하급수적으로 줄어들기 때문에 실무에서는 전혀 문제가 되지 않는다. 따라서 임의로 선택하는 알고리즘의 시간 복잡도는 $O(n)$이라고 말할 수 있다.

응용: 배열에서 중앙값을 찾는 알고리즘을 설계하라.

응용: 중복된 값이 존재할 때 배열 A에서 k번째로 큰 원소를 찾는 알고리즘을 설계하라. A가 안정된 방법(stable manner)으로 정렬되면, k번째로 큰 원소는 $A[k-1]$로 정의된다. 즉, $A[i] = A[j]$고 $i < j$인 상태에서 안정된 정렬을 수행하면, 두 원소의 순서가 그대로 유지되어 $A[i]$는 항상 $A[j]$ 앞에 놓인다.

응용: 아파트 여러 채가 길가에 새로 들어온다. 이 마을의 우체국에서는 각 길가에 우편함을 하나씩 설치하려고 한다. 우체국은 세입자들이 우편물을 찾으러 우편함까지 걸어오는 전체 거리를 최소화하고자 한다. (각 아파트의 세입자 수는 다를 수 있다.)

적절한 우체통의 위치를 구하는 알고리즘을 설계하라. 입력은 건물 객체로 이루어진 배열이 주어진다. 각 건물 객체에는 세입자의 수와 길가의 시작점과의 거리가 주어져 있다.

문제 11.9 빠진 IP 주소 찾기

하드 드라이브의 저장 용량은 램의 저장 용량보다 크다. 이 때문에 시간 및 공간에 트레이드오프(trade-off)가 발생한다.

32비트로 이루어진 IP 주소가 대략 10억 개 들어 있는 파일이 주어졌다고 가정하자. 파일에 들어 있지 않은 IP 주소를 찾는 프로그램을 어떻게 구현할 수 있을까?

힌트: 파일에 없는 주소가 있다고 확신할 수 있는가?

해법: 파일이 32비트 숫자로 구성되어 있다고 생각한다면, 입력 파일을 정렬한 뒤

에 하나씩 살펴보면서 빠진 숫자가 무엇인지 찾아보면 된다. 전체 IP 주소의 개수 가 n일 때 이 방법의 시간 복잡도는 $O(n \log n)$이 된다. 램을 적게 사용하기 위해 서는 정렬을 디스크 위에서 수행해야 하는데, 일반적으로 디스크에서의 연산은 굉 장히 느리다.

가장 큰 IP 주소가 255.255.255.255이므로 여기에 1을 더하면 오버플로가 발생한 다. 가장 작은 IP 주소에 1을 빼도 마찬가지로 오버플로가 발생한다.

파일에 있는 모든 IP 주소를 해시 테이블에 넣은 뒤, 0.0.0.0부터 시작해서 해시 테이블에 없는 IP 주소를 찾아볼 수도 있다. 각 정수값을 해시 테이블에 넣는 데 10 바이트 정도 필요하다고 했을 때, 이 방법은 대략 10기가 바이트가 필요하므로 상 당한 오버헤드가 걸린다.

모든 가능한 IP 주소를 비트 배열로 표현함으로써 필요한 저장 공간을 상당히 줄 일 수 있다. 다시 말해, 2^{32}비트의 배열을 할당한 뒤, 이 배열을 0으로 초기화하고, 해당 IP 주소에 상응하는 배열의 인덱스를 1로 표기한다. 그 다음에 비트 배열을 순 회하면서 0으로 세팅된 IP 주소를 찾는다. $2^{32} \approx 4 \times 10^9$개의 IP 주소가 존재할 수 있으므로 파일에는 빠진 IP 주소가 있다. 필요한 저장 공간은 $2^{32}/8$바이트, 즉 0.5 기가바이트 정도가 된다. 하지만 이 방법 또한 저장 공간의 한도를 조금 초과한다.

입력으로 주어진 파일을 여러 번 읽어도 된다. 파일을 읽을 때마다 다음과 같이 탐색할 IP 주소의 부분집합을 줄여 나가 보자. 먼저 파일을 한 번 읽으면서 1로 시 작하는 IP 주소와 0으로 시작하는 IP 주소의 개수를 센다. 적어도 파일에 빠져 있는 IP 주소가 하나 이상이므로, 둘 중 하나의 개수는 2^{31}보다 적을 것이다. 예를 들어, 이 방법을 통해 파일에 빠져 있는 IP 주소가 0으로 시작한다는 사실을 알아냈다고 가정해 보자. 그 다음에는 0으로 시작하는 IP 주소에 초점을 맞춘 뒤, 두 번째 비트 에 대해서도 같은 방식으로 빠진 IP 주소를 찾아낼 수 있다. 정수값 변수 두 개를 통 해 이와 같은 방식으로 32번 파일을 읽으면 빠진 IP 주소를 찾을 수 있다.

저장 공간을 더 사용하면 더 많은 비트에 대해 이 방식을 적용해 볼 수 있다. 즉, 크기가 2^{16}인 32비트 정수 배열을 사용해서 IP 주소가 $0, 1, 2, \ldots, 2^{16} - 1$로 시작하 는 개수를 각각 저장한다. 파일의 모든 IP 주소에 대해 IP 주소의 16MSB(most sig- niticant bit, 최상위 비트)를 배열의 인덱스로 사용해서 해당 IP 주소의 등장 횟수를 센다. 이를 통해 해당 16MSB로 시작하는 IP 주소 중에서 파일에 들어 있지 않은 IP 주소의 그룹을 찾는다. 그 다음 파일을 읽을 때에는, 크기가 2^{16}인 비트 배열을 사용해서 빠진 주소를 찾으면 된다.

```cpp
int FindMissingElement(vector<int>::const_iterator stream_begin,
                       const vector<int>::const_iterator& stream_end) {
  const int kNumBucket = 1 << 16;
  vector<size_t> counter(kNumBucket, 0);
  vector<int>::const_iterator stream_begin_copy = stream_begin;
  while (stream_begin != stream_end) {
    int upper_part_x = *stream_begin >> 16;
    ++counter[upper_part_x];
    ++stream_begin;
  }

  // (1 << 16) 미만의 원소를 포함하는 버킷을 찾는다.
  const int kBucketCapacity = 1 << 16;
  int candidate_bucket = 0;
  for (int i = 0; i < kNumBucket; ++i) {
    if (counter[i] < kBucketCapacity) {
      candidate_bucket = i;
      break;
    }
  }

  // 스트림에서 처음 16 비트가 candidate_bucket과 같은 모든 IP 주소를 찾는다.
  bitset<kBucketCapacity> candidates;
  stream_begin = stream_begin_copy;
  while (stream_begin != stream_end) {
    int x = *stream_begin++;
    if (int upper_part_x = x >> 16; candidate_bucket == upper_part_x) {
      // x의 하위 16비트를 구한다.
      int lower_part_x = ((1 << 16) - 1) & x;
      candidates.set(lower_part_x);
    }
  }

  // LSB 조합 중 하나 이상이 없으므로, 찾는다.
  for (int i = 0; i < kBucketCapacity; ++i) {
    if (candidates[i] == 0) {
      return (candidate_bucket << 16) | i;
    }
  }
}
```

카운트에 사용되는 배열의 크기만큼 추가 공간이 필요하다. 4바이트 원소가 2^{16}개 사용되므로, 약 0.25메가바이트다. 필요한 추가 공간은 배열의 크기, 즉 4바이트 원소 2^{16}개, 즉 0.25메가바이트 정도 된다.

문제 11.10 중복된 원소와 빠진 원소 찾기

배열에 0부터 $n-1$ 사이의 값이 $n-1$개 들어 있고 배열에 중복된 숫자가 없다면, 0에서 $n-1$ 사이의 숫자 중에 정확히 하나의 숫자가 빠져 있다는 말이다.

원소의 합을 통해 빠진 숫자를 $O(n)$ 시간과 $O(1)$ 공간에 찾을 수 있다. 0부터 $n-1$까지 숫자의 합은 $\frac{(n-1)n}{2}$이므로, 이 값에서 배열에 있는 숫자의 전체 합을 빼면 빠진 숫자가 된다.

예를 들어 배열이 $\langle 5, 3, 0, 1, 2 \rangle$라면, $n = 6$이 된다. $\frac{5(6)}{2} = 15$에서 $(5 + 3 + 0 + 1 + 2) = 11$을 빼면 4가 나오는데, 이 값이 배열에서 빠진 숫자이다.

이와 비슷하게 배열에 0부터 $n-1$ 사이의 숫자가 $n+1$개 들어 있다면, 정확히 한 원소가 두 번 등장한 것이므로 중복된 숫자는 배열의 전체 합에서 $\frac{(n-1)n}{2}$을 뺀 것과 같다.

다른 방법도 있다. 첫 번째 문제에서 0에서 $n-1$ 사이의 숫자와 배열의 모든 숫자를 모두 XOR함으로써 빠진 숫자를 찾는다. 빠진 원소를 제외한 모든 원소는 상쇄되어 없어지므로, XOR를 한 결과는 빠진 원소가 된다. 중복된 원소를 찾을 때도 같은 방법을 사용할 수 있다. 예를 들어, 배열 $\langle 5, 3, 0, 1, 2 \rangle$를 이진수로 표현하면 $\langle (101)_2, (011)_2, (000)_2, (001)_2, (010)_2 \rangle$이 된다. 이들을 모두 XOR하면 $(101)_2$이 된다. 0부터 5까지의 숫자를 모두 XOR하면 $(001)_2$이 된다. $(101)_2$과 $(001)_2$을 XOR하면 빠진 원소인 $(100)_2 = 4$가 된다.

좀 더 어렵고 복잡한 상황을 고려해 보자.

0부터 $n-1$ 사이의 숫자 n개가 들어 있는 배열이 주어졌을 때, 정확히 하나의 원소가 두 번 등장했다고 가정하자. 즉, 0부터 $n-1$ 사이의 원소 하나는 빠졌다는 뜻이 된다. 여기서 중복된 원소와 빠진 원소를 어떻게 구할 수 있을까?

힌트: 배열을 여러 번 읽는 방법을 생각해 보라.

해법: 무식한 방법은 해시 테이블에 배열의 값을 넣는 것이다. 두 번 들어간 값이 중복된 값이다. 0부터 $n-1$까지의 숫자가 해시 테이블에 들어 있는지 하나씩 확인하면서 빠진 숫자를 찾을 수 있다. 시간 복잡도 및 공간 복잡도는 $O(n)$이다. 사전에 배열을 정렬해 놓으면 공간 복잡도를 $O(1)$로 줄일 수 있다. 연속된 원소를 비교하면서 중복된 값과 빠진 값을 쉽게 찾을 수 있기 때문이다. 하지만 이 방법의 시간 복잡도는 $O(n \log n)$으로 증가한다.

숫자를 개별적으로 다룰 게 아니라, 배열 내부의 숫자라는 집합적 특성에 초점을 맞추면 구체적인 수식 적용이 가능하다. 예를 들어, 두 번 등장한 원소를 t라고 하고, 빠진 원소를 m이라 하자. 0부터 $n-1$까지의 합은 $\frac{(n-1)n}{2}$이므로 배열에 있는 원소의 합은 $\frac{(n-1)n}{2} + t - m$이 된다. t와 m은 미지수이므로, 이 수식을 풀기 위해선 독립적인 수식 하나가 더 필요하다.

원소의 곱이나 제곱의 합을 이용한 수식을 사용해 볼 수 있지만, 이들은 쉽게 오버플로가 발생하기 때문에 그다지 만족스러운 수식은 아니다.

이 문제의 초반부에 XOR를 사용해서 빠진 숫자를 찾는 방법을 소개했다. 이 방법을 지금 문제에 적용해 보자. 예를 들어 0부터 $n-1$까지의 값과 배열에 있는 원소를 모두 XOR하면 $m \oplus t$가 된다. m과 t를 모두 알아야 하기 때문에 이 식이 그다지 유용해 보이지 않는다. 하지만 $m \neq t$이므로 이 둘은 적어도 비트 하나가 다르고, 따라서 $m \oplus t$에는 반드시 1로 세팅된 비트가 존재한다는 사실은 알 수 있다. 예를 들어 $(01101)_2$과 $(11100)_2$을 XOR하면 $(10001)_2$이 된다. XOR에서 1로 세팅된 부분은 정확히 $(01101)_2$과 $(11100)_2$에서 비트가 다른 부분과 같다.

이를 통해 0에서 $n-1$ 사이의 숫자의 부분집합 중에서 m 혹은 t 중에 정확히 하나가 존재하는 부분집합을 찾을 수 있다. 예를 들어 m과 t의 k번째 비트가 다르다고 가정하자. 0에서 $n-1$ 사이의 숫자 중에서 k번째 비트가 1인 숫자와 배열의 숫자 중에서 k번째 비트가 1인 숫자들을 XOR한 결과를 h라고 가정하자. 문제에 언급한 논리에 따르면 h는 m 혹은 t 중의 하나가 된다. 그 다음 배열을 다시 훑으면서 h가 중복된 원소인지 빠진 원소인지를 찾으면 된다.

예를 들어 배열이 〈5, 3, 0, 3, 1, 2〉이면 중복된 원소 t는 3, 빠진 원소 m은 4가 된다. 이를 이진 배열로 표현하면 〈$(101)_2$, $(011)_2$, $(000)_2$, $(011)_2$, $(001)_2$, $(010)_2$〉이 된다. 이들을 XOR하면 $(110)_2$이 된다. 0부터 5까지의 숫자를 XOR하면 $(001)_2$이 된다. $(110)_2$과 $(001)_2$을 XOR하면 $(111)_2$이 된다. 이제 최하위 비트가 1인 원소에만 초점을 맞춰서 생각해 보자. 0부터 5까지의 숫자 중에서 최하위 비트가 1인 숫자는 $(001)_2$, $(011)_2$, $(101)_2$이고, 배열에서 최하위비트가 1인 숫자는 $(101)_2$, $(011)_2$, $(011)_2$, $(001)_2$이다. 이들을 모두 XOR하면 $(011)_2$이 된다. 따라서 $(011)_2 = 3$은 배열에서 빠진 숫자 혹은 중복된 숫자가 된다. 배열을 다시 한번 훑으면 해당 숫자가 중복된 숫자라는 사실을 알 수 있다. 이제 $(011)_2$과 배열의 원소들, 0부터 5까지의 숫자를 모두 XOR하면 $(100)_2 = 4$가 되고, 이 값이 바로 배열에서 빠진 숫자가 된다.

```
struct DuplicateAndMissing {
  int duplicate, missing;
};

DuplicateAndMissing FindDuplicateMissing(const vector<int>& A) {
  // 0부터 |A| − 1까지의 숫자와 A에 있는 모든 숫자의 XOR를 계산한다.
  int miss_XOR_dup = 0;
  for (int i = 0; i < size(A); ++i) {
    miss_XOR_dup ^= i ^ A[i];
  }

  // miss_XOR_dup에서 1로 세팅된 비트를 찾는다. 배열 A에 있는 숫자들 중에 빠진 숫자와
  // 중복된 숫자가 하나씩 있다고 하면 1로 세팅된 비트는 반드시 존재한다.
  //
  // 다음 수식은 miss_XOR_dup에서 1로 세팅된 최하위 비트를 제외한
  // 나머지 비트를 differ_bit에서 모두 0으로 세팅한다.
  int differ_bit = miss_XOR_dup & (~(miss_XOR_dup − 1));
  int miss_or_dup = 0;
  for (int i = 0; i < size(A); ++i) {
    // differ_bit의 위치에 있는 비트가 1인 모든 숫자와 원소에 초점을 맞춘다.
    if (i & differ_bit) {
      miss_or_dup ^= i;
    }
    if (A[i] & differ_bit) {
      miss_or_dup ^= A[i];
    }
  }

  // miss_or_dup은 빠진 원소 혹은 중복된 원소 중 하나이다.
  if (find(begin(A), end(A), miss_or_dup) != end(A)) {
    return {miss_or_dup, miss_or_dup ^ miss_XOR_dup};
  }
  // miss_or_dup은 빠진 원소이다.
  return {miss_or_dup ^ miss_XOR_dup, miss_or_dup};
}
```

시간 복잡도는 $O(n)$이고, 공간 복잡도는 $O(1)$이다.

12장

해시 테이블

새로운 방법은 해시 코드 정보를 사용할 때 필요한 공간을 줄이는 데 목적이 있다.
일부 애플리케이션에서 약간의 오류가 허용될 수 있는
가능성을 활용하면 공간을 축소할 수 있다.
〈Space/time trade-offs in hash coding with allowable errors〉,
버튼 블룸(B. H. Bloom), 1970

해시 테이블은 키를 저장하거나 해당 키와 관련된 값을 저장하는 데 사용되는 자료
구조다. 삽입, 삭제, 조회가 평균 $O(1)$ 시간에 수행된다.

기본 개념은 키를 배열에 저장하는 것이다. 배열에 저장되는 위치(슬롯)는, 키를
'해시 코드(hash code)'한 결과에 따라 결정된다. 해시 코드란 키값에 해시 함수를
적용해서 계산된 정수값을 말한다. 해시 함수를 잘 고른다면, 객체를 배열에 균일
하게 분배할 수 있다.

서로 다른 두 개의 키가 동일한 위치로 매핑되면 충돌이 발생했다고 한다. 충돌
을 처리하는 일반적인 방법 중 하나는 각 배열의 인덱스에서 연결리스트를 통해 객
체를 저장하는 것이다. 해시 함수가 객체를 충분히 균등하게 저장할 만큼 잘 동작
하고 해시 코드를 계산하는 데 $O(1)$ 시간이 걸린다면, 조회(lookup), 삽입(insert),
삭제(delete) 연산을 하는 데 평균적으로 $O(1 + n/m)$ 시간이 걸린다. 여기서 n은
객체의 개수이고 m은 배열의 길이이나. n은 계속 커지는데, m이 그대로면 n/m의
값도 증가한다. 이때는 해시 테이블에 재해싱(rehashing)을 적용해야 한다. 더 많
은 공간으로 이루어진 새로운 배열을 할당하고, 객체를 새로운 배열로 옮긴다. 재
해싱은 $O(n+m)$ 시간이 걸리는 만큼 비용이 큰 연산이지만, 재해싱이 드물게 발

생한다면(예를 들어 크기를 두 배로 늘릴 때마다), 분할 상환 비용(amortized cost)은 낮아진다.

해시 테이블은 정렬된 배열과 질적으로 다르다. 예를 들어 키가 순서대로 저장될 필요가 없으며, 랜덤화(특히, 해시 함수)가 중심 역할을 한다. 14장에서 다룰 이진 탐색 트리와 비교해 보면, (재해싱이 드물게 발생한다는 가정하에) 해시 테이블에서의 삽입과 삭제 연산이 훨씬 효율적이다. 해시 테이블에 단점이 있다면 좋은 해시 함수가 필요하다는 점인데 실무에서는 크게 문제가 되지 않는다. 이와 비슷하게 재해싱도 실시간 시스템(realtime system)이 아니라면 큰 문제가 되지 않고, 설사 실시간 시스템이더라도 다른 스레드를 사용해서 재해싱을 하면 된다.

해시 함수의 필수 요구사항 중 하나는 키값이 같으면 해시 코드도 같아야 한다는 점이다. 당연해 보이지만 실수하기 쉬운 부분이다. 예를 들어 데이터 자체가 아닌 주소값을 이용해 해시 함수를 만든다든가 프로필 데이터를 포함해서 해시 함수를 만든다면 키값이 같더라도 해시 코드가 달라질 수 있다.

필수는 아니지만 좋은 해시 함수는 키를 가능한 한 널리 퍼뜨린다. 즉, 객체의 부분 집합에 대한 해시 코드가 배열 전체에 걸쳐 균등하게 분배되는 게 좋다. 또한 효율적으로 계산하는 해시 함수가 좋다.

쉽게 저지를 수 있는 실수는 해시 테이블에 있는 키값을 갱신할 때 발생한다. 잘못하면 해당 키가 해시 테이블에 있더라도 찾지 못할 수 있다. 키값을 갱신하고 싶으면 먼저 해당 키를 제거하고 갱신한 뒤, 해당 키값을 다시 해시 테이블에 추가해야 한다. 그래야 갱신된 키를 새로운 위치로 옮길 수 있다. 기본적으로 가변 객체(mutable object)를 키로 설정하면 안 된다.

이제 문자열에 적합한 해시 함수의 설계 방법에 대해 살펴보자. 먼저, 해시 함수는 문자열의 모든 문자를 사용해야 한다. 넓은 범위의 값을 생성해야 하고, 문자 하나가 해시 코드를 결정짓도록 해서는 안 된다. 예를 들어 문자를 숫자로 바꾼 뒤 이들을 모두 곱한값을 해당 문자열의 해시 코드라고 해 보자. 0으로 매핑되는 문자가 하나라도 있다면, 해시 코드가 언제나 0이 된다. 또한, 롤링 해시(rolling hash), 즉 문자열 맨 앞의 문자를 삭제하고 맨 뒤에 문자를 추가하는 방식의 해시 함수는 새로운 해시 코드를 $O(1)$ 시간 내에 계산할 수 있다(문제 6.13의 해법). 다음 해시 함수는 이러한 롤링 해시의 속성을 가지고 있다.

```
int StringHash(const string& str, int modulus) {
  const int kMult = 997;
```

```
  return accumulate(begin(s), end(s), 0, [kMult, modulus](int val, char c) {
    return (val * kMult + c) % modulus;
  });
}
```

해시 테이블은 사전, 즉 문자열 집합을 표현하기 좋은 자료구조이다. 트라이(trie)라는 트리 자료구조는 동적으로 변하는 문자열 집합을 저장할 때 유용한데, 애플리케이션이 트라이를 사용하면 계산이 효율적이다. 트라이는 이진 탐색 트리와 달리 노드에 키를 저장하지 않고 노드의 위치 자체가 키가 된다.

해시 테이블 부트 캠프

두 가지 예제를 통해 해시 테이블을 소개할 것이다. 하나는 애플리케이션에서 해시 테이블을 사용하여 알고리즘을 개선하는 경우고, 다른 하나는 클래스 설계에 관한 내용이다.

해시 테이블을 사용하는 애플리케이션

철자 바꾸는 놀이(anagram)는 일반적인 단어 퍼즐 중 하나이다. 단어 집합이 주어지면 철자의 순서를 바꿔서 새로운 단어 집합을 만드는 놀이이다. 예를 들어 "eleven plus two"의 철자를 바꾸면 "twelve plus one"이 된다. 스크래블이나 가로세로 퍼즐 맞추기를 좋아하는 사람이라면 주어진 문자 집합에서 바꾸어 볼 수 있는 모든 가능한 철자를 남들보다도 쉽게 찾을 수 있을 것이다.

단어 집합을 입력으로 받은 후 철자를 바꾸어 다른 단어가 될 수 있는 것들끼리 그룹으로 묶고, 그 그룹을 반환하는 프로그램을 작성해 보자. 각 그룹에는 적어도 두 단어 이상이 들어 있어야 한다.

예를 들어 입력이 "debitcard", "elvis", "silent", "badcredit", "lives", "freedom", "listen", "levis", "money"라면, 다음과 같은 세 개의 그룹이 나올 수 있다. (1) "debitcard", "badcredit", (2) "elvis", "lives", "levis", (3) "silent", "listen". ("money"는 철자를 바꾸어 만들 수 있는 다른 단어가 없으므로 어떤 그룹에도 속하지 않는다.)

먼저 두 개의 단어가 주어졌을 때, 한 단어의 철자를 바꾸어 다른 단어로 만들 수 있는지 확인하는 프로그램을 생각해 보자. 문자열에 등장하는 문자의 순서는 전혀 관계없으므로, 각 문자열을 문자 기준으로 정렬한 뒤에 둘을 비교해 볼 수 있다. 두 단어의 정렬 결과가 동일하다면, 이 둘은 철자를 재배치해서 서로를 만들 수 있다.

예를 들어 "logarithmic"과 "algorithmic"을 정렬하면 둘 다 "acghiilmort"가 된다.

이중 루프를 사용해 모든 문자열의 쌍을 비교하는 식으로 그룹을 만들 수도 있다. 철자를 바꾸어 서로 다른 두 문자열을 만들 수 있다면, 두 번째 문자열은 다시 고려하지 않는다. 전체 문자열이 n개이고 최대 문자열의 길이가 m일 때 이 알고리즘의 시간 복잡도는 $O(n^2 m \log m)$이 된다.

이 방법을 좀 더 자세히 살펴보자. 여기서 중요한 점은 어떤 문자열을 또 다른 대표 문자열로 매핑한다는 점이다. 즉, 임의의 문자열이 주어졌을 때, 이 문자열을 정렬한 문자열이 해당 그룹을 대표하는 고유한 식별자가 된다. 우리가 원하는 것은 정렬된 문자열과 이 문자열의 대표 문자열을 매핑시키는 것이다. 문자열 집합을 저장할 때는 해시 테이블을 사용하는 것이 좋다. 따라서 모든 문자열 s에 대해 sort(s)를 해시 테이블에 추가한다. 정렬된 문자열이 키값이 되고, 입력으로 주어진 문자열 리스트가 값이 된다.

```
vector<vector<string>> FindAnagrams(const vector<string>& dictionary) {
  unordered_map<string, vector<string>> sorted_string_to_anagrams;
  for (const string& s : dictionary) {
    // 문자열을 정렬한 뒤, 이 정렬된 문자열을 키값으로 사용한다.
    // 그 뒤에 기존 문자열을 해시 테이블의 값에 추가한다.
    string sorted_str(s);
    sort(begin(sorted_str), end(sorted_str));
    sorted_string_to_anagrams[sorted_str].emplace_back(s);
  }

  vector<vector<string>> anagram_groups;
  for (const auto& [key, group] : sorted_string_to_anagrams) {
    if (size(group) >= 2) {  // 그룹을 찾았다.
      anagram_groups.emplace_back(group);
    }
  }
  return anagram_groups;
}
```

이 방법은 정렬 알고리즘을 n번 호출하고 해시 테이블에 n번 삽입한다. 모든 키를 정렬하려면 $O(nm \log m)$ 시간 복잡도가 필요하고, 삽입을 하는 데 $O(nm)$ 시간이 걸리므로, 전체 시간 복잡도는 $O(nm \log m)$이 된다.

응용: 동일한 문제에 대해 $O(nm)$ 알고리즘을 설계해 보자. 문자열은 영어 소문자로만 이루어져 있다고 가정한다.

해시 테이블 클래스 설계하기

핸드폰의 연락처를 표현하는 클래스를 생각해 보자. 문제를 간단히 하기 위해 각 연락처는 문자열 하나로만 이루어져 있고, 리스트에 들어 있다고 가정하자. 또한 같은 연락처가 중복되어 저장될 수 있다. 만약 두 연락처 클래스의 내부 리스트가 순서에 상관없이 같은 문자열을 가지고 있다면 두 연락처 클래스는 동일하다고 볼 수 있다. 중복 여부는 중요하지 않다. 즉, 똑같은 연락처가 리스트에 세 번 중복해서 들어 있는 것과 해당 연락처가 리스트에 한 번 들어간 것은 모두 동일하게 다룬다. 연락처를 해시 테이블에 저장하기 위해서는 먼저 동등성(equality)을 정의해야 된다. 그래야 리스트의 집합을 표현할 수 있고, 집합끼리 비교를 할 수 있다.

이 경우에 해시 함수는 문자열의 순서가 아니라 문자열의 존재 유무에 따라 값으로 표현되어야 한다. 또한 동일한 연락처가 여러 개 존재하더라도 하나 있을 때와 결괏값이 동일해야 한다. 리스트를 집합으로 표현한 뒤, 집합에 대해서 해시 함수를 호출하면 가능하다. 집합에 대한 해시 함수 라이브러리는 순서에 독립적이고 집합에 대해선 자동으로 중복을 방지하므로, 우리가 원하는 해시 함수와 같다. 다음 코드에 나오는 해시 함수와 동등성 함수는 굉장히 비효율적이다. 실무에서는 집합과 해시 코드를 캐시에 저장하는 게 좋다. 단, 캐시를 사용할 때에는 갱신할 때마다 해당 값을 삭제해야 한다는 사실을 명심하라.

```cpp
struct ContactList {
  // 동등성 함수
  bool operator==(const ContactList& that) const {
    return unordered_set<string>(begin(names), end(names)) ==
           unordered_set<string>(begin(that.names), end(that.names));
  }
  vector<string> names;
};

// ContactList에 대한 해시 함수
struct HashContactList {
  size_t operator()(const ContactList& contacts) const {
    size_t hash_code = 0;
    for (const string& name :
         unordered_set<string>(begin(contacts.names), end(contacts.names))) {
      hash_code ^= hash<string>()(name);
    }
    return hash_code;
  }
};
```

```
vector<ContactList> MergeContactLists(const vector<ContactList>& contacts) {
  unordered_set<ContactList, HashContactList> unique_contacts(begin(contacts),
                                                              end(contacts));
  return {begin(unique_contacts), end(unique_contacts)};
}
```

연락처 리스트에 n개의 문자열이 들어 있을 때 해시값을 계산하려면 $O(n)$ 시간이 걸린다. 성능 향상을 위해 해시 코드를 캐시에 저장해도 된다. 단, 이때 해시 함수가 가리키는 객체가 갱신됐을 때 해당 캐시를 반드시 비워야 한다.

☑ 해시 테이블 문제를 풀기 전 꼭 알고 있어야 할 내용

해시 테이블은 **이론에서뿐 아니라 실무에서도** 탐색(lookup), 삽입(insert), 삭제(delete) 연산에 대해 최고의 성능을 나타낸다. 각 연산의 시간 복잡도는 $O(1)$이다. 삽입에 대한 $O(1)$ 시간 복잡도는 평균 시간 복잡도이다. 해시 테이블의 크기를 조정할 때 단일 삽입 연산은 $O(n)$ 시간이 걸릴 수 있다. [문제 12.2]

후보자를 걸러 내는 등의 상황에서 성능을 향상하고 싶다면 **해시 코드**를 사용해 볼 수 있다. [문제 12.12]

예를 들어 문자에서 값으로 혹은 문자에서 문자로의 매핑일 경우 if-then 코드를 나열해서 하나씩 매핑하기보단 룩업테이블을 미리 만들어 두는 게 좋다. [문제 6.9]

자신이 만든 자료형을 해시 테이블에 삽입할 때, **논리적 동등성**[1]과 해시 함수가 사용하게 될 필드의 관계를 이해하고 있어야 한다. 특히, 해당 자료형의 동등성을 구현하고자 할 때는 반드시 올바른 해시 함수가 구현되어 있어야 한다. 그렇지 않으면 해당 객체를 해시 함수에 삽입할 때 논리적으로 동일한 두 객체가 다르게 구분될 수도 있다. 이러면 해당 객체가 해시 테이블에 들어 있더라도 탐색에 실패할 수 있다.

종종 하나의 키가 하나 이상의 값에 매핑되는 멀티맵(multimap)을 사용할 때가 있다. 만약 지금 사용하는 언어에서 멀티맵에 대한 표준 라이브러리를 제공하지 않는다면, 리스트를 사용해서 멀티맵을 구현해야 한다. 혹은 멀티맵 라이브러리를 제공하는 **외부 라이브러리**를 찾아야 한다.

---

1 (옮긴이) 보통 두 객체의 비교를 동일성(identity) 비교와 동등성(equality) 비교로 구분한다. 동일성 비교는 참조 주소를 비교하는 것으로 == 연산자를 사용하고, 동등성 비교는 두 객체가 같다고 논리적으로 인정할 수 있는, 예를 들면 id나 name 등을 비교하는 것으로 equals()를 사용한다.

해시 테이블 라이브러리 이해하기

unordered_set와 unordered_map은 C++에서 흔하게 사용하는 해시 데이블 기반 자료구조다. unordered_map은 키와 값의 쌍을 저장하는데 반해 unordered_set은 키만 저장한다는 점이 다르다. 이 둘 모두 list와 priority_queue와는 다르게, 중복된 키를 저장할 수 없다.

unordered_set에서는 insert(42)(또는 emplace(42)), erase(42), find(42), size() 메서드가 가장 중요하다.

- insert(val)은 새 원소를 삽입하고 반복자와 불값의 쌍을 반환한다. 반복자는 새로 삽입된 원소 또는 키와 동등한 원소를 가리키고, 불값은 원소가 성공적으로 추가되었는지를 나타낸다.
- find(k)는 원소가 있는 경우 반복자를 반환한다. 그렇지 않으면 특별한 반복자인 end()를 반환한다.
- begin()에 의해 반환된 반복자가 키를 순회하는 순서는 정해져 있지 않으며, 시간이 지남에 따라 바뀔 수도 있다.

unordered_map에서는 insert({42, "Gauss"})(또는 emplace({42, "Gauss"})), erase(42), find(42), size() 메서드가 중요하다. 이러한 메서드는 unordered_set의 메서드와 사용 방법이 유사하다. pair<key, value> 타입은 맵을 순회할 때 유용한 키와 값의 쌍이다. 항목 세트, 키 세트, 값 세트에 대한 반복이 일치하더라도 반복 순서는 고정되어 있지 않다.

functional 헤더의 hash() 메서드는 C++의 기본 클래스, 예를 들면, int, bool, string, unique_ptr, shared_ptr 등을 해싱하는 편리한 함수를 제공한다. 사용자 정의 클래스에 대해 해시 함수를 설계하는 방법은 이번 장의 도입부 '해시 테이블 클래스 설계하기'에 나와 있다.

문제 12.1 회문 순열 확인하기

회문이란 "level", "rotator", "foobaraboof"처럼 앞으로 읽을 때와 뒤로 읽을 때가 같은 문자열을 말한다.

문자열을 구성하는 문자를 재배치해서 회문을 만들 수 있는지 확인하는 프로그램을 작성하라. 예를 들어 "edified"는 "deified"로 재배치가 가능하다.

힌트: 문자열의 문자들을 간단하게 재배치해서 회문으로 만들 수 있는지 확인해 보자.

해법: 무식한 방법 중 하나는 문자열의 모든 순열을 구한 뒤에 각각이 회문인지 확인하는 것으로 시간 복잡도가 굉장히 높다. 그런데 이 방법을 좀 더 자세히 살펴보면 'a'로 시작하는 문자열이 회문이 되려면, 'a'로 끝나야 한다는 사실을 알 수 있다. 이 사실을 이용해 무식한 방법을 조금 개선해 보자. 어떤 문자열이 회문이 되려면 (길이가 홀수인 경우에 가운에 문자를 제외한) 모든 문자가 쌍을 이루어야 한다. 예를 들어 "edified"의 길이는 홀수(7)이고, 'e', 'd', 'i'가 두 개씩 있고, 'f'가 한 개 있다. 따라서 "edified"의 순열 중에 회문이 존재한다는 사실을 알 수 있다.

좀 더 수학적으로 말해 보자. 길이가 짝수인 문자열이 회문이 되기 위한 필요충분조건은 문자열을 구성하는 모든 문자의 개수가 짝수여야 한다는 것이다. 만약 문자열의 길이가 홀수라면, 문자 하나를 제외한 모든 문자의 개수가 짝수여야 한다. 따라서 두 경우 모두, 홀수 번 나타나는 문자가 1개인지 확인하면 된다. 이는 해시 테이블을 통해 문자와 해당 문자의 등장 횟수를 매핑하는 방법으로 확인할 수 있다.

```
bool CanFormPalindrome(const string& s) {
  unordered_set<char> chars_with_odd_frequency;
  for (char c : s) {
    if (chars_with_odd_frequency.count(c)) {
      // c는 이제 짝수 번 나타났다.
      chars_with_odd_frequency.erase(c);
    } else {
      // c는 이제 홀수 번 나타났다.
      chars_with_odd_frequency.emplace(c);
    }
  }
  // 홀수 번 나타난 문자가 최대 1인 경우에만 문자열을 치환하여 회문을 만들 수 있다.
  return size(chars_with_odd_frequency) <= 1;
}
```

문자열의 길이가 n일 때 시간 복잡도는 $O(n)$이 된다. 문자열을 구성하는 서로 다른 문자의 개수가 c일 때 공간 복잡도는 $O(c)$가 된다.

문제 12.2 익명의 편지 작성하기

익명의 편지 텍스트와 잡지 텍스트가 주어졌을 때 해당 잡지를 사용해서 익명의 편지를 작성할 수 있는지 확인하는 프로그램을 작성하라. 익명의 편지를 쓰는 데 필요한 각각의 문자 개수가 잡지에 등장하는 문자의 개수보다 적다면, 잡지를 사용하여 익명의 편지를 작성할 수 있다.

힌트: 편지에 등장하는 서로 다른 문자의 개수를 세어 보라.

해법: 무식한 방법으로 생각해 보자. 일단 모든 문자에 대해 편지와 잡지에 등장하는 문자의 개수를 센다. 만약 어떤 문자가 잡지보다 편지에 더 많이 등장한다면 false를 반환하고, 그렇지 않으면 true를 반환한다. 언뜻 생각해 봐도 이 방법은 느릴 수밖에 없다. 왜냐하면 편지나 잡지에 등장하지 않는 문자에 대해서도 모두 확인해야 하기 때문이다. 또한 이 방법은 문자 집합에 포함된 문자의 개수만큼 편지와 잡지를 여러 번 읽어야 한다.

이보다 더 나은 방법은 편지를 기준으로 편지에 등장하는 문자와 그 횟수를 해시 테이블에 저장하는 것이다. 여기서 키는 문자가 되고, 값은 해당 문자가 등장한 횟수가 된다. 그다음 잡지를 한 번 읽는다. 잡지에 어떤 문자 c가 등장했고, c가 해시 테이블에 있다면 횟수를 1만큼 감소시킨다. 값이 0이 되는 순간 해당 문자를 해시 테이블에서 삭제한다. 최종적으로 해시 테이블이 비어 있다면 true를 반환한다. 만약 해시가 비어 있지 않다면, 해당 문자는 잡지에 등장한 횟수보다 많다는 뜻이기 때문에 false를 반환한다.

```cpp
bool IsLetterConstructibleFromMagazine(const string& letter_text,
                                       const string& magazine_text) {
  unordered_map<char, int> char_frequency_for_letter;
  // letter_text에 등장한 모든 문자의 횟수를 계산한다.
  for (char c : letter_text) {
    ++char_frequency_for_letter[c];
  }

  // magazine_text에 등장한 문자가 char_frequency_for_letter에 등장한 모든 문자를
  // 포함할 수 있는지 확인한다.
  for (char c : magazine_text) {
    if (auto it = char_frequency_for_letter.find(c);
        it != cend(char_frequency_for_letter)) {
      --it->second;
      if (it->second == 0) {
```

```
        char_frequency_for_letter.erase(it);
        if (empty(char_frequency_for_letter)) {
          // letter_text의 모든 문자를 사용했다.
          break;
        }
      }
    }
  }
  // char_frequency_for_letter가 비어 있다는 건 letter_text의 모든 문자를
  // magazine_text에 등장한 모든 문자로 대체할 수 있다는 뜻이다.
  return empty(char_frequency_for_letter);
}
```

최악의 경우는 편지를 작성할 수 없거나 잡지의 마지막 문자가 필요한 경우일 것이다. 따라서 편지의 길이가 m, 잡지의 길이가 n일 때 시간 복잡도는 $O(m + n)$이다. 공간 복잡도는 편지를 읽으면서 만든 해시 테이블의 크기와 같으므로, 편지에 등장한 서로 다른 문자의 개수가 L일 때 공간 복잡도는 $O(L)$과 같다.

만약 문자가 ASCII로 구성되어 있다면, 해시 테이블 대신에 길이가 256인 정수 배열 A를 사용해도 된다. $A[i]$는 문자 i가 편지에 등장한 횟수와 같다.

문제 12.3 ISBN 캐시 구현하기

국제 표준 도서 번호(ISBN)는 국제적으로 표준화된 방법에 따라 전세계에서 생산되는 도서에 부여된 고유번호이다. 길이가 10인 문자열로, 첫 아홉 개 문자는 숫자로 구성되어 있고, 마지막 문자는 확인용 문자로 구성되어 있다. 확인용 문자는 첫 아홉 개의 숫자를 합하여 11로 나눈 나머지와 같으며 이 값이 10인 경우에는 'X'로 표기한다. (현대 ISBN은 13자리를 사용하고 확인용 숫자는 10으로 나눈 나머지를 사용한다. 여기서는 10자리 ISBN에 대해서 다룬다.)

ISBN으로 책의 가격을 찾는 캐시를 만들라. 여기서는 ISBN과 가격을 양의 정수로 취급한다. 우선 탐색, 삽입, 삭제 메서드를 구현해야 한다. 캐시의 원소는 LRU(가장 오랫동안 참조되지 않은 페이지를 교체하는 방법) 정책을 사용해서 삭제하라.

- 삽입: 이미 존재하는 ISBN의 가격을 업데이트해서는 안 된다. 그리고 캐시 정책에 따라 새로 삽입한 원소는 가장 최근에 사용한 원소로 갱신해야 한다.
- 탐색: 주어진 ISBN에 해당하는 가격을 반환한다. 만약 ISBN이 존재하지 않는다

면 −1을 반환한다. 탐색된 원소는 가장 최근에 사용한 원소로 갱신한다.

- 삭제: ISBN과 해당 가격을 캐시에서 제거한다. ISBN이 존재하면 true, 그렇지 않으면 false를 반환한다.

힌트: 여분의 자료구조를 사용해도 된다.

해법: 해시 테이블은 빠르게 탐색하는 것이 목적이다. 해시 테이블을 사용하면 ISBN의 키값과 카운터를 통해 빠르게 가격을 확인할 수 있다. 카운터에는 작업을 언제 수행했는지 기록되는데, 삽입이나 탐색을 처리할 때마다 카운터를 증가시킨다. 그리고 ISBN마다 가격과 '타임스탬프'를 저장한다. 여기서 타임스탬프는 ISBN이 가장 최근에 삽입되거나 탐색된 시점에 해당한다.

이 방법은 캐시 탐색과 삭제에 $O(1)$ 시간이 걸린다. 캐시가 꽉 차기 전까지는 삽입 또한 $O(1)$이 소요된다. 캐시가 꽉 찼다면, LRU에 해당하는 원소를 찾아서 삭제한 뒤 해당 위치에 새로운 원소를 삽입해야 한다. 캐시의 크기가 n일 때, 해당 원소를 찾는 데 $O(n)$ 시간이 걸린다. 왜냐하면 가장 작은 타임스탬프를 가진 항목을 찾으려면 모든 항목을 살펴봐야 하기 때문이다. 그러므로 삽입의 시간 복잡도는 $O(n)$이 된다.

모든 항목을 확인하지 않도록 하면 성능을 개선할 수 있다. ISBN은 가장 최근에 사용된 시기에 따라 정렬되므로, 가장 오래된 ISBN만 효율적으로 찾아내면 된다. 이 방법은 해시 테이블에 큐를 추가하고 큐에 ISBN을 기록해서 구현할 수 있다.

큐에 각 ISBN의 위치를 저장한다. ISBN을 탐색할 때마다 이 ISBN을 큐의 가장 앞자리로 옮긴다. (큐의 중간에 있는 원소를 앞으로 옮길 수 있어야 하므로 연결리스트를 사용해서 큐를 구현해야 한다.) 같은 방식을 이미 존재하는 ISBN을 삽입하려고 할 때도 사용할 수 있다. 캐시에 새로운 원소를 삽입한 뒤 큐의 총 길이가 n을 넘어선다면, 큐의 가장 마지막에 있는 원소를 캐시, 즉 큐와 해시 테이블에서 제거한다.

```cpp
class LruCache {
 public:
  LruCache(size_t capacity) {}
  explicit LruCache(int capacity) : capacity_(capacity) {}

  int Lookup(int isbn) {
    if (auto it = isbn_price_table_.find(isbn); it == end(isbn_price_table_)) {
      return -1;
```

```
    } else {
      int price = it->second.second;
      // 방금 키에 접근했으므로 맨 앞으로 이동한다.
      MoveToFront(isbn, it);
      return price;
    }
  }

  void Insert(int isbn, int price) {
    // 키값이 존재하지 않는 경우에만 값을 추가한다.
    // 즉, 이미 존재하는 값을 갱신하지 않는다.
    if (auto it = isbn_price_table_.find(isbn); it != end(isbn_price_table_)) {
      // 문제에 따라 가장 최근에 사용된 ISBN을 만들어야 한다.
      MoveToFront(isbn, it);
    } else {
      if (size(isbn_price_table_) == capacity_) {
        // 공간 확보를 위해 가장 최근 사용한 ISBN을 제거한다.
        isbn_price_table_.erase(lru_queue_.back());
        lru_queue_.pop_back();
      }
      lru_queue_.emplace_front(isbn);
      isbn_price_table_[isbn] = {begin(lru_queue_), price};
    }
  }

  bool Erase(int isbn) {
    if (auto it = isbn_price_table_.find(isbn); it == end(isbn_price_table_)) {
      return false;
    } else {
      lru_queue_.erase(it->second.first);
      isbn_price_table_.erase(it);
      return true;
    }
  }

 private:
  using Table = unordered_map<int, pair<list<int>::iterator, int>>;

  // 키-값 쌍을 맨 앞으로 이동한다.
  void MoveToFront(int isbn, const Table::iterator& it) {
    lru_queue_.erase(it->second.first);
    lru_queue_.emplace_front(isbn);
    it->second.first = begin(lru_queue_);
  }

  int capacity_;
  Table isbn_price_table_;
  list<int> lru_queue_;
};
```

해시 테이블을 탐색하는 데 필요한 시간 복잡도와 큐를 갱신하는 데 걸리는 시간 복잡도는 모두 $O(1)$이므로, 총 시간 복잡도는 $O(1)$이 된다.

문제 12.4 최적화된 최소 공통 조상 찾기

문제 9.4에서는 부모를 참조할 수 있는 이진 트리에서 최적화된 최소 공통 조상 (LCA)을 찾았다. 이 문제 해법의 시간 복잡도는 트리의 높이에 비례한다. 문제 9.4 의 해법에서 보여 준 알고리즘은 최소 공통 조상을 계산하는 노드가 실제 최소 공통 조상에 매우 근접하더라도 루트까지 모든 경로를 탐색한다.

이진 트리에서 노드 두 개가 주어졌을 때, 이들의 최소 공통 조상을 구하는 알고리즘을 설계하라. 단, 알고리즘의 시간 복잡도는 두 노드에서 최소 공통 조상까지의 거리와 관련되어 있어야 한다.

힌트: 극단적인 경우에 초점을 맞춰서 생각해 보라.

해법: 무식한 방법은 다음과 같다. 한 노드에서 루트까지 순회하면서 해당 경로에 포함된 노드를 기록한 뒤, 다른 노드에서 다시 루트 방향으로 순회하면서 저장된 노드와 겹치는 노드가 나오는 순간 순회를 멈추면 된다. 이 방법의 문제점은 두 노드가 루트와 상당히 멀리 떨어져 있더라도, 최소한 루트까지 순회를 해야 한다는 것이다. 그림 9.1을 예로 들어 보자. 노드 L과 N은 서로 형제 노드라서 부모 노드인 K가 최소 공통 조상이다. 하지만 이 경우에도 루트까지 순회한다.

직관적으로 생각했을 때 무식한 방법은 최소 공통 조상을 찾는 데 필요한 노드보다 더 많은 노드를 처리하므로 차선의(suboptimal) 방법이라고 할 수 있다. 하지만 두 노드에서 번갈아 가면서 위로 올라가고, 방문한 노드를 해시 테이블에 저장하면, 불필요한 노드를 순회하지 않을 수 있다. 단, 노드에 매번 방문할 때마다 해당 노드를 방문했는지 확인해 봐야 한다.

```cpp
BinaryTreeNode<int>* Lca(const unique_ptr<BinaryTreeNode<int>>& node0,
                         const unique_ptr<BinaryTreeNode<int>>& node1) {
  BinaryTreeNode<int>*iter0 = node0.get(), *iter1 = node1.get();
  unordered_set<const BinaryTreeNode<int>*> nodes_on_path_to_root;
  while (iter0 || iter1) {
    // 두 노드에서 나란히 트리를 올라간다.
    if (iter0) {
      if (nodes_on_path_to_root.emplace(iter0).second == false) {
        return iter0;
```

```
    }
    iter0 = iter0->parent;
  }
  if (iter1) {
    if (nodes_on_path_to_root.emplace(iter1).second == false) {
      return iter1;
    }
    iter1 = iter1->parent;
  }
}
throw invalid_argument("node0 and node1 are not in the same tree");
}
```

공간을 더 사용했지만, 시간이 줄었다는 점에 주목하자. 문제 9.4의 해법은 $O(1)$ 공간과 $O(h)$ 시간을 사용했다. 반면에 이번에는 $O(D0+D1)$ 공간 및 시간을 사용했다. 여기서 $D0$은 첫 번째 노드에서 LCA까지의 거리와 같고, $D1$은 두 번째 노드에서 최소 공통 조상까지의 거리와 같다. 최악의 경우에는 두 노드가 단말 노드이고 최소 공통 조상이 루트인 경우이므로, 트리의 높이를 h라 했을 때 시간 및 공간 복잡도는 $O(h)$이다.

문제 12.5 배열에서 반복되는 가장 가까운 원소 찾기

사람들은 짧은 한 문단에서 같은 단어가 반복되는 걸 선호하지 않는다. 여기서는 주어진 문장에 같은 단어가 반복되는 문제가 있는지 확인하는 프로그램을 작성할 것이다.

　배열이 입력으로 주어졌을 때, 반복적으로 나타나는 원소 쌍의 거리 중 가장 가까운 거리를 찾는 프로그램을 작성하라. 예를 들어 s = 〈"All", "work", "and", "no", "play", "makes", "for", "no", "work", "no", "fun", "and", "no", "results"〉에서는 두 번째와 세 번째에 등장한 "no"의 거리가 가장 가까운 쌍이 된다.

힌트: 배열의 각 원소를 정답 후보라고 생각해 보자.

해법: 무식한 방법은 모든 원소 쌍을 순회하면서 같은 원소의 거리가 가장 짧은 경우를 구하는 것이다. 배열의 길이가 n일 때 이 방법의 시간 복잡도는 $O(n^2)$이다.

　이 방법을 개선해 보자. 동일 원소 사이의 거리만 알면 되므로, 이중 루프로 다른 모든 원소를 살펴볼 필요는 없다. 대신, 해시 테이블을 써서 원소가 발견된 인덱스들을 저장해 두면 된다. 하지만 모든 인덱스를 저장할 필요도 없다. 지금 관심 있는 건, 가장 최근 인덱스 하나다. 즉, 배열에서 해당 원소가 등장한 가장 최근의 인덱스를 해시 테이블에 저장한다면, 현재 원소와 같은 원소 중에서 가장 최근에 등장한 인덱스를 쉽게 구할 수 있다.

앞에서 예로 든 s를 다시 한번 살펴보자. 9번 인덱스에 있는 원소("no")를 처리하는 시점에서 해시 테이블에 "no"가 등장한 가장 최근의 인덱스는 7이므로, 가장 가까운 원소 쌍의 거리를 2로 갱신한다.

```cpp
int FindNearestRepetition(const vector<string>& paragraph) {
  unordered_map<string, int> word_to_latest_index;
  int nearest_repeated_distance = numeric_limits<int>::max();
  for (int i = 0; i < size(paragraph); ++i) {
    if (auto latest_equal_word = word_to_latest_index.find(paragraph[i]);
        latest_equal_word != end(word_to_latest_index)) {
      nearest_repeated_distance =
          min(nearest_repeated_distance, i - latest_equal_word->second);
    }
    word_to_latest_index[paragraph[i]] = i;
  }
  return nearest_repeated_distance != numeric_limits<int>::max()
             ? nearest_repeated_distance
             : -1;
}
```

배열의 각 원소에 대해 시간이 상수 시간만큼 걸리므로 전체 시간 복잡도는 $O(n)$이 된다. 배열 안의 서로 다른 원소의 개수를 d라 한다면 공간 복잡도는 $O(d)$가 된다.

문제 12.6 모든 값을 포함하는 가장 작은 부분 배열 구하기

검색 엔진에서 어떤 단어를 입력하면 인터넷창에 결과가 뜬다. 또한 각 결과 엔트리는 웹페이지에서 검색된 단어를 강조해서 보여 준다. 예를 들어 여러분이 노예 해방 성명서에서 "연방(Union)"과 "구하기(save)"를 검색한다면 그림 12.1과 같은 결과가 나올 것이다.

> 이 투쟁에서 가장 중요한 목표는 <u>**연방을 구하기**</u> 위함이지, 노예 제도를 구하기도 위함도 없애기 위함도 아닙니다. 노예를 해방시키지 않고 연방을 구할 수 있다면 나는 그렇게 할 것이고, 내가 모든 노예를 해방시켜 그것을 구할 수 있다면 나는 그렇게 할 것입니다. 그리고 내가 다른 사람들을 해방시켜서 그것을 구할 수 있다면 나는 또한 그렇게 할 것입니다.

그림 12.1 단어에 밑줄과 굵게 표시를 한 검색 결과

해당 페이지의 문장을 굵게 표시하고, 강조가 필요한 단어는 밑줄로 나타냈다. 굵게 표시된 부분 문자열은 검색한 모든 단어를 포함하는 가장 짧은 부분 문자열이다. 이 문제를 다음과 같이 추상적으로 나타내 보자.

문자열 배열과 검색어 집합이 주어졌을 때, 집합 안의 모든 검색어를 포함하는 가장 짧은 부분 문자열의 시작 인덱스와 끝 인덱스를 반환하는 프로그램을 작성하라.

힌트: 검색어를 모두 포함하는 가장 짧은 부분 배열의 개수는 최대 몇 개나 될까?

해법: 무식한 방법으로 먼저 생각해 보자. 가능한 모든 부분배열에 대해 해당 부분배열이 모든 검색어를 포함하는지 확인해 보면 된다. 배열의 길이가 n일 때, 부분배열의 개수는 $O(n^2)$이다. 검색어 집합은 해시 테이블에 넣어서 존재 유무를 확인할 수 있고 $O(n)$에 수행 가능하다. 따라서 총 시간 복잡도는 $O(n^3)$이 된다.

부분배열의 크기를 점차적으로 증가해 가면 시간 복잡도를 $O(n^2)$로 개선할 수 있다. i번째 인덱스에서 시작하는 모든 부분배열에 대해 길이를 점차적으로 증가하다가 모든 검색어 집합을 포함하는 순간 멈춘다. 남아 있는 검색어 집합을 기록하기 위해 해시 테이블을 사용한다. 부분배열의 길이를 증가할 때마다 나머지 검색어 집합을 갱신하는 데 $O(1)$ 시간이 소요된다.

부분배열의 시작 위치를 i에서 $i + 1$로 옮길 때도 같은 방식으로 복잡도를 개선할 수 있다. 즉, 시작 위치가 i인 부분배열 중에서 모든 검색어 집합을 포함하는 부분배열의 끝 위치가 j라 하자. 그렇다면 시작 위치가 $i + 1$인 부분배열 중에서 끝 위치가 j 이전인 부분배열은 고려할 필요가 없다. 따라서 부분배열의 시작 위치를 $i + 1$로 옮길 때 끝 위치는 j 그대로 유지하면 된다. 만약 해당 부분배열이 여전히 검색어 집합을 모두 포함한다면 시작 위치를 하나 증가시키고, 그렇지 않다면 끝 위치를 증가시키면 된다. 이렇게 i 혹은 j를 하나씩 증가시키면서 해법을 구하면 $O(n)$ 시간 안에 끝낼 수 있다.

좀 더 구체적인 예제를 통해 살펴보자. 주어진 배열이 ⟨*apple, banana, apple, apple, dog, cat, apple, dog, banana, apple, cat, dog*⟩이고 검색어 집합이 {*banana, cat*}이라 하자. 0번 위치에서 시작하는 부분 집합 중에서 모든 검색어를 포함하려면 부분배열의 끝 위치가 5여야 한다. 시작 위치를 1로 옮긴다. 0번째 원소는 집합에 들어 있지 않으므로 여전히 끝 위치는 5가 된다. 시작 위치를 2로 옮기면 검색어 집합을 모두 포함하지 않으므로 끝 위치를 5에서 8로 옮긴다. 즉, 2에서 8까지의 부분배열이 집합을 모두 포함한다. 부분배열의 시작 위치를 2, 3, 4, 5로 차례로 증가시킨다. 시작 위치가 6이 됐을 때 집합을 모두 포함하지 않게 되므로 끝 위치를 10으로 옮긴다. 시작 위치를 8로 옮겨도 여전히 집합을 모두 포함한다. 하지만 시작 위치를 더 증가시키면 집합을 포함하지 않게 된다. 따라서 모든 집합을 포함하는 가장 짧은 부분배열은 8에서 10이 된다.

```cpp
struct Subarray {
  int start, end;
};

Subarray FindSmallestSubarrayCoveringSet(
    const vector<string> &paragraph, const unordered_set<string> &keywords) {
  unordered_map<string, int> keywords_to_cover;
  for (const string &keyword : keywords) {
    ++keywords_to_cover[keyword];
  }

  Subarray result = Subarray{-1, -1};
  int remaining_to_cover = size(keywords);
  for (int left = 0, right = 0; right < size(paragraph); ++right) {
    if (keywords.count(paragraph[right]) &&
        --keywords_to_cover[paragraph[right]] >= 0) {
      --remaining_to_cover;
    }

    // keywords_to_cover가 모든 단어를 포함하지 못할 때까지
    // left를 증가시킨다.
    while (remaining_to_cover == 0) {
      if ((result.start == -1 && result.end == -1) ||
          right - left < result.end - result.start) {
        result = {left, right};
      }
      if (keywords.count(paragraph[left]) &&
          ++keywords_to_cover[paragraph[left]] > 0) {
        ++remaining_to_cover;
      }
      ++left;
    }
  }
  return result;
}
```

배열의 길이를 n이라 하자. 두 인덱스를 증가시키는 데 $O(1)$ 시간이 걸리고, 각 인덱스를 최대 $n - 1$번 증가시키므로 시간 복잡도는 $O(n)$이 된다.

— Elements of Programming

이 방법은 부분배열을 메모리에 저장해야 한다는 단점이 있는데, 다음과 같이 스트리밍으로 구현하는 방법도 있다. 배열 A를 처리할 때 최근에 등장한 검색어를 함께 추적해 보자. 즉, 이중 연결리스트 L을 사용해서 검색어 집합 Q에 들어 있는 단어의 최근 위치를 저장하고, 해시 테이블 H를 사용해서 Q의 단어를 L의 노드로 매핑시킨다. Q의 단어가 등장할 때마다 H를 통해 찾은 L의 노드를 삭제한다. A의 현재 위치를 저장할 새로운 노드를 만들고, 이를 L의 끝에 추가한다. H 또한 갱신한다. 이제 L에 저장된 단어의 순서는 A의 순서와 같게 된다. 따라서 L에 포함된 단어의 개수가 n_Q(등장한 모든 단어)이고, 현재 인덱스에서 L의 첫 번째 노드에 저장된 인덱스를 뺀 값이 현재까지의 최선보다 작다면, 현재까지의 최선을 갱신하면 된다. 시간 복잡도는 여전히 $O(n)$이다.

```
Subarray FindSmallestSubarrayCoveringSubset(
    vector<string>::const_iterator paragraph_begin,
    const vector<string>::const_iterator paragraph_end,
    const vector<string>& keywords) {
  // keywords에서 각 문자열의 마지막 발생(index)을 추적한다.
  list<int> loc;
  unordered_map<string, list<int >::iterator> dict;
  for (const string& s : keywords) {
      dict.emplace(s, end(loc));
  }

  Subarray result = Subarray{-1, -1};
  int idx = 0;
  while (paragraph_begin != paragraph_end) {
    string s = *paragraph_begin++;
    if (auto it = dict.find(s); it != end(dict)) { // s는 keywords에 있다.
      if (it->second != end(loc)) {
          // s를 추가할 때 가장 최근에 loc에 추가된 문자열이 되도록 명시적으로 제거한다.
          loc.erase(it->second);
      }
      loc.emplace_back(idx);
      it->second = --loc.end();

      if (size(loc) == size(keywords)) {
        // keywords의 모든 문자열이 등장했으므로, 필요한 작업을 수행한다.
        if ((result.start == -1 && result.end == -1) ||
            idx - loc.front() < result.end - result.start) {
          result = {loc.front(), idx};
        }
      }
    }
    ++idx;
```

```
    }
    return result;
}
```

응용: 배열 A가 주어졌을 때, 각각의 고유한 값이 포함된 가장 짧은 부분배열 $A[i, j]$를 구하라.

응용: 배열 A가 주어졌을 때, 모든 고유한 값이 포함된 가장 짧은 부분배열의 길이가 가능한 최대가 되도록 원소를 재배열(rearrange)하라.

응용: 배열 A와 양의 정수 k가 주어졌을 때, 동일한 두 원소가 k 또는 그 이하로 떨어져 있지 않도록 원소들을 재조정하라.

문제 12.7 모든 값을 순차적으로 포함하는 가장 작은 부분배열 구하기

문제 12.6에서는 검색어의 순서를 고려하지 않았다. 검색어가 등장한 순서대로 결과가 나와야 한다면 어떻게 해야 할까? 예를 들어 그림 12.1에서 "구하기"와 "연방"의 검색어가 순서대로 배열되어 있는 결과를 찾아야 한다면, 가장 짧은 부분 문자열은 "**구하기** 위함이지, 노예 제도를 구하기 위함도 없애기 위함도 아닙니다. 노예를 해방시키지 않고 **연방**"이 된다.

문자열 배열이 두 개 주어졌을 때, 첫 번째 배열('문단' 배열)에서 두 번째 배열('단어' 배열)의 모든 문자열을 '순차적으로 포함'하는 가장 작은 부분배열의 시작 위치와 끝 위치를 반환하는 프로그램을 작성하라. 주어진 단어 배열에 중복은 없다고 가정해도 좋다. 예를 들어 주어진 문단 배열이 〈apple, banana, cat, apple〉이고, 단어 배열이 〈banana, apple〉이라고 하자. 0번 인덱스에서 시작해서 1번 인덱스로 끝나는 문단 부분배열은 이 문제의 요구조건을 만족시키지 못한다. 문단 배열 안에 모든 단어가 등장하긴 했지만, 단어가 순서대로 등장하지는 않기 때문이다. 반면에, 1에서 3 사이의 부분배열은 이 문제의 요구조건을 만족한다.

힌트: 분단 배열의 각 인덱스에서 시작해서 모든 값을 순차적으로 포함하는 가장 짧은 부분배열을 구하라.

해법: 무식한 방법은 문단 배열의 모든 부분배열을 순회하는 것이다. 이때 문단 배

열의 부분배열이 단어 배열을 순차적으로 포함하는지 확인하려면 첫 번째 단어가 등장한 첫 번째 위치를 찾을 수 있어야 한다. 이후에 나타나는 첫 번째 단어는 고려할 이유가 없다. 왜냐하면 '단어' 배열의 두 번째 단어가 이어서 나타나야 하기 때문이다. 따라서 다음으로 할 작업은, 첫 번째 단어가 등장한 첫 번째 위치 이후에 두 번째 단어가 등장한 처음 위치를 찾는 것이다. 단어의 등장 순서가 중요하므로 첫 번째 단어의 첫 번째 위치보다 먼저 등장한 두 번째 단어는 고려 대상이 아니다. 이 방법으로 부분배열이 문제의 조건을 충족하는지 확인하면, 문단 배열의 길이가 n일 때 $O(n)$의 시간이 소요된다. 문단 배열의 부분배열의 개수가 $O(n^2)$이므로 총 시간 복잡도는 $O(n^3)$이 된다.

이 방법은 같은 작업을 반복해서 수행한다. 따라서 앞에서 설명했던 것과 비슷하게, 단어 배열을 순차적으로 포함하는 인덱스에서 시작하는, 가장 짧은 부분배열을 구한다면 시간 복잡도를 $O(n^2)$로 개선시킬 수 있다. 부분배열의 끝 위치를 증가시켜 나가면서 동시에 등장한 단어를 순서대로 포함시키는 방법을 쓰면 된다.

개선된 알고리즘 역시 같은 작업을 반복한다. 부분배열의 시작 위치를 증가시킬 때도 이전에 구해 놓았던 결과를 재사용하면 더 개선할 수 있다. 하지만 이 방법은 이전 결과를 저장할 자료구조가 추가로 필요하다.

즉, 해시 테이블을 사용해서 해당 단어가 문단 배열에서 등장한 최근 인덱스를 저장한다. 또 다른 해시 테이블을 사용해서 단어의 가장 최근에 등장한 인덱스가 끝인 부분배열의 길이를 저장한다.

이렇게 해시 테이블 두 개를 사용하면 첫 $k - 1$개의 단어를 순차적으로 포함하는 가장 짧은 부분배열이 주어졌을 때, 첫 k개의 단어를 순차적으로 포함하는 가장 짧은 부분배열을 구할 수 있다.

문단 배열에서 i번째 문자열을 처리할 때 해당 문자열이 j번째 단어라면, 해당 단어가 등장한 최근 위치를 i로 갱신한다. i에서 끝나는 부분배열 중에서 첫 j개의 단어를 순차적으로 포함하는 가장 짧은 부분배열은 첫 $j - 1$개의 단어를 순차적으로 포함하는 가장 짧은 부분배열의 시작 위치에서 i까지의 부분배열이 된다. 다음은 이를 구현한 코드이다.

```
struct Subarray {
    // 부분 배열을 시작 인덱스와 끝 인덱스를 사용해서 나타낸다.
    int start, end;
};
```

```cpp
Subarray FindSmallestSequentiallyCoveringSubset(
    const vector<string>& paragraph, const vector<string>& keywords) {
  // 각 단어와 단어 배열의 인덱스를 매핑인다.
  unordered_map<string, int> keyword_to_idx;
  // keyword_to_idx를 초기화 한다.
  for (int i = 0; i < size(keywords); ++i) {
    keyword_to_idx.emplace(keywords[i], i);
  }

  // 단어 배열의 인덱스를 통해 해당 단어가 무엇인지 알 수 있기 때문에 단어 대신
  // 인덱스를 통해 벡터를 탐색한다.
  vector<int> latest_occurrence(size(keywords), -1);
  // 각 단어에 대해(해당 단어는 단어 배열의 인덱스로 표기한다) 가장 최근에 등장한
  // 해당 단어의 위치를 끝 위치로 하면서 그 앞의 단어들을 순차적으로 포함하는
  // 부분 배열 중에서 가장 짧은 부분 배열의 길이를 저장한다.
  vector<int> shortest_subarray_length(size(keywords),
                                        numeric_limits<int>::max());

  int shortest_distance = numeric_limits<int>::max();
  Subarray result = Subarray{-1, -1};
  for (int i = 0; i < size(paragraph); ++i) {
    if (keyword_to_idx.count(paragraph[i])) {
      int keyword_idx = keyword_to_idx.find(paragraph[i])->second;
      if (keyword_idx == 0) {  // First keyword.
        shortest_subarray_length[keyword_idx] = 1;
      } else if (shortest_subarray_length[keyword_idx - 1] !=
                 numeric_limits<int>::max()) {
        int distance_to_previous_keyword =
            i - latest_occurrence[keyword_idx - 1];
        shortest_subarray_length[keyword_idx] =
            distance_to_previous_keyword +
            shortest_subarray_length[keyword_idx - 1];
      }
      latest_occurrence[keyword_idx] = i;

      // 마지막 단어, 개선된 부분 배열을 찾는다.
      if (keyword_idx == size(keywords) - 1 &&
          shortest_subarray_length.back() < shortest_distance) {
        shortest_distance = shortest_subarray_length.back();
        result = {i - shortest_subarray_length.back() + 1, i};
      }
    }
  }
  return result;
}
```

문단 배열의 각 엔트리를 처리하는 데 상수 번의 탐색과 갱신이 필요하므로, 문단

배열의 길이가 n일 때 시간 복잡도는 $O(n)$이 된다. 해시 테이블 세 개를 추가로 사용하므로, 단어의 개수가 m일 때 공간 복잡도는 $O(m)$이 된다.

문제 12.8 서로 다른 엔트리를 포함하는 가장 긴 부분배열 구하기

배열이 주어졌을 때, 중복된 원소가 없는 가장 긴 부분배열의 길이를 반환하는 프로그램을 작성하라. 예를 들어 $\langle f, s, f, e, t, w, e, n, w, e \rangle$가 주어졌을 때, 중복되지 않은 가장 긴 부분배열은 $\langle s, f, e, t, w \rangle$가 된다.

힌트: i에서 j까지의 부분배열은 이 조건을 만족하지만, i에서 $j + 1$까지의 부분배열은 그렇지 않다면 어떻게 해야 할까?

해법: 무식한 방법으로 먼저 생각해 보자. 해시 테이블을 사용해서 모든 부분배열에 중복된 원소가 존재하는지 확인하면 된다. 이 방법의 시간 복잡도는 배열의 길이가 n일 때 $O(n^3)$이 된다. 왜냐하면 부분 배열의 전체 개수는 $O(n^2)$이고, 이들의 평균 길이는 $O(n)$이기 때문이다.

이 방법을 개선해 보자. 어떤 부분배열에 중복된 원소가 존재한다면, 해당 부분배열을 포함하는 모든 배열은 중복된 원소를 가지고 있을 것이다. 따라서 주어진 시작 인덱스에 대해서 중복된 원소가 없는 가장 긴 부분배열은 $O(n)$ 시간에 구할 수 있다. 시작 지점에서 배열을 차례대로 훑으면서 이전에 등장하지 않았던 원소를 하나씩 해시 테이블에 추가해 보면 된다. 이 방법의 시간 복잡도는 $O(n^2)$이다. 중복된 원소를 발견하는 순간 시작 인덱스를 옮겨주면 된다.

이전 결과를 재사용하면 시간 복잡도를 더 개선할 수 있다. 예를 들어 어떤 인덱스로 끝나는 가장 긴 중복이 없는 부분배열을 알고 있다고 가정하자. 이때 그 다음 인덱스에서 끝나는 가장 긴 중복이 없는 부분배열은 다음 두 가지 경우 중 하나가 된다. 첫 번째는, 다음 인덱스의 원소가 현재 인덱스 기준으로 가장 긴 중복 없는 부분배열에 없는 원소라면, 단순히 이 부분배열 뒤에 다음 원소를 추가한다. 두 번째로 이미 부분배열에 존재한다면, 중복된 원소가 생기지 않도록 시작 인덱스를 앞으로 옮겨 준다. 이 케이스 분석을 배열을 순회하는 동시에 수행하면 된다. 그러기 위해선 해시 테이블에 각 원소가 등장한 가장 최근의 인덱스와 현재 원소에서 끝나는 가장 긴 부분배열을 저장하면 된다.

$\langle f, s, f, e, t, w, e, n, w, e \rangle$에서 두 번째 위치의 원소를 처리한다고 해 보자. 1번

인덱스에서 끝나고 중복이 없는 가장 긴 부분배열은 0에서 1까지의 부분배열이다. 해시 테이블에 2번 인덱스의 원소, 즉 f가 이미 존재하므로 2번 인덱스에서 끝나고 중복이 없는 가장 긴 부분배열은 1에서 2까지의 부분배열이다. 3에서 5 사이의 인덱스는 모두 처음 등장하는 원소이다. 6번 인덱스의 원소인 e는 5번 인덱스에서 끝나는 가장 긴 부분배열에 등장한다. 정확히 말하면 3번 인덱스에서 등장한다. 따라서 6번 인덱스에서 끝나는 가장 긴 부분배열은 4번 인덱스에서 시작해야 한다.

```cpp
int LongestSubarrayWithDistinctEntries(const vector<int>& A) {
  // 각 원소가 등장한 가장 최근의 위치를 기록한다.
  unordered_map<int, size_t> most_recent_occurrence;
  size_t longest_dup_free_subarray_start_idx = 0, result = 0;
  for (size_t i = 0; i < size(A); ++i) {
    const auto& [inserted_entry, inserted_happen] =
        most_recent_occurrence.emplace(A[i], i);
    // 중복이 나올 때까지 dup_idx 업데이트를 연기한다.
    if (!inserted_happen) {
      // A[i]의 원소가 이전에 등장한 적이 있다.
      // 현재의 가장 긴 부분배열에도 해당 원소가 존재하는가?
      if (inserted_entry->second >= longest_dup_free_subarray_start_idx) {
        result = max(result, i - longest_dup_free_subarray_start_idx);
        longest_dup_free_subarray_start_idx = inserted_entry->second + 1;
      }
      inserted_entry->second = i;
    }
  }
  return max(result, size(A) - longest_dup_free_subarray_start_idx);
}
```

각 원소를 처리하는 데 상수 시간이 걸리기 때문에 전체 시간 복잡도는 $O(n)$이 된다.

문제 12.9 가장 긴 구간의 길이 찾기

정수 배열이 입력으로 주어졌을 때, 다음 조건을 만족하는 가장 긴 부분 집합의 길이를 반환하는 프로그램을 작성하라. 어떤 부분 집합에서 임의의 두 정수를 선택했을 때, 두 정수 사이의 모든 정수가 해당 부분 집합에 존재해야 한다. 예를 들어 $\langle 3, -2, 7, 9, 8, 1, 2, 0, -1, 5, 8 \rangle$이 입력으로 주어지면, 이 조건을 만족하는 가장 긴 부분 집합은 $\{-2, -1, 0, 1, 2, 3\}$이므로 6을 반환한다.

힌트: 입력을 꼭 정렬할 필요가 있을까?

해법: 무식한 방법을 먼저 생각해 보자. 배열을 정렬한 뒤에 하나씩 차례대로 순회하면서 조건에 맞는지 확인한 후 가장 긴 부분 집합의 길이를 구하면 된다.

그런데 한번 더 생각해 보면 배열을 꼭 정렬할 필요가 없다는 걸 알 수 있다. 여기서는 인접한 원소가 얼마나 존재하는지를 알고 싶은 것이므로 전체를 정렬하지 않아도 된다. 정렬하는 대신 해시 테이블에 필요한 정보를 저장하면 된다. 배열의 원소를 순회하면서, 원소 e가 해시 테이블에 존재한다면 $e + 1, e + 2, ...$와 $e - 1$, $e - 2, ...$를 해시 테이블에서 차례대로 탐색한 뒤 e를 포함하는 가장 긴 구간을 구한다. 연산의 중복을 피하기 위해 이 작업이 끝난 뒤에 해당 구간에 속한 원소들은 해시 테이블에서 삭제한다. 이들이 속한 가장 긴 구간을 이미 구했기 때문이다.

구체적인 예제를 통해 이 문제를 살펴보자. $A = \langle 10, 5, 3, 11, 6, 100, 4 \rangle$가 있다. 해시 테이블을 {6, 10, 3, 11, 5, 100, 4}로 초기화하자. A의 첫 번째 원소가 10이므로 10의 양쪽 정수를 해시 테이블에서 하나씩 살펴보면서 10을 포함하는 가장 긴 구간을 구한다. 10을 포함하는 가장 긴 집합은 {10, 11}이므로 길이는 2가 된다. 이들을 삭제하면 해시 테이블은 {6, 3, 5, 100, 4}가 된다. 그 다음 A의 원소는 5이다. 5는 해시 테이블에 존재하므로 5가 포함된 가장 긴 구간은 아직 구하지 않았다는 뜻이 된다. 5와 인접한 정수 3, 4, 6은 해시 테이블에 존재하지만, 2와 7은 존재하지 않는다. 따라서 5가 포함된 가장 긴 집합은 {3, 4, 5, 6}이 되고 길이는 4가 된다. 이제 해시 테이블은 {100}이 된다. A 배열에는 5 뒤에 세 개의 정수 3, 11, 6이 있지만, 이들은 해시 테이블에 존재하지 않으므로 건너뛴다. 100을 포함하는 가장 긴 집합은 {100}이다. 해시 테이블을 {}로 갱신한다. A 배열의 원소 4는 해시 테이블이 존재하지 않으므로 건너뛴다. 따라서 가장 긴 집합은 {3, 4, 5, 6}이고, 길이는 4이다.

```
int LongestContainedRange(const vector<int>& A) {
  // unprocessed_entries는 A에 존재하는 원소들을 기록한다.
  unordered_set<int> unprocessed_entries(begin(A), end(A));

  int max_interval_size = 0;
  while (!empty(unprocessed_entries)) {
    int a = *begin(unprocessed_entries);
    unprocessed_entries.erase(a);

    // a를 포함하는 가장 긴 구간의 하한을 찾는다.
    int lower_bound = a - 1;
    while (unprocessed_entries.count(lower_bound)) {
      unprocessed_entries.erase(lower_bound);
```

```
      --lower_bound;
  }

  // a를 포함하는 가장 긴 구간의 상한을 찾는다.
  int upper_bound = a + 1;
  while (unprocessed_entries.count(upper_bound)) {
    unprocessed_entries.erase(upper_bound);
    ++upper_bound;
  }

  max_interval_size = max(max_interval_size, upper_bound - lower_bound - 1);
  }
  return max_interval_size;
}
```

배열의 길이가 n일 때 이 방법의 시간 복잡도는 $O(n)$이 된다. 왜냐하면 배열의 원소를 많아야 한 번, 해시 테이블에서 추가하거나 삭제하기 때문이다.

문제 12.10 모든 문자열 분해하기

이 문제는 '문장'과 '단어' 집합이 주어졌을 때, 모든 단어를 이어 붙인 부분 문자열을 '문장'에서 찾는다. 예를 들어 문장이 "amanaplanacanal"이고 단어 집합이 {"can", "apl", "ana"}라면, "aplanacan"이 모든 단어를 이어 붙인 부분 문자열이 된다.

'문장'과 '단어' 집합이 입력으로 주어졌을 때, 단어를 모두 이어 붙인 문자열이 문장의 어느 부분과 같은지 그 시작 위치를 반환하는 프로그램을 작성하라. 모든 단어는 한 번씩 등장해야 하며 이어 붙인 순서는 중요하지 않다. 모든 단어의 길이는 같다고 가정해도 좋다. 단어 배열에는 중복된 단어가 존재할 수도 있다.

힌트: 모든 단어의 길이가 같다는 사실을 이용하라.

해법: 어떤 문자열이 단어를 이어 붙인 문자열인지 확인하는 문제부터 생각해 보자. 재귀를 사용하면 쉽게 해결할 수 있다. 먼저, 문자열에서 단어와 일치하는 접두사를 찾는다. 문자열에서 접두사를 제거한 나머지 부분, 그리고 남아 있는 단어로 이 과정을 재귀 호출로 반복한다.

모든 단어의 길이가 n으로 같을 때 주어진 문자열의 접두사가 될 수 있는 단어는 오직 하나뿐이다. 따라서 문장에서 직접 단어를 찾으면 된다. 찾는 단어가 없으면, 그 뒤에 단어를 이어 붙인다고 해도 해당 문자열을 만들 수 없다. 찾는 단어가 있으

면 단어 집합에서 찾는 단어를 없애고, 일치하는 접두사를 문장에서 제거한 뒤 같
은 작업을 반복한다.

문장에서 단어를 이어 붙인 부분 문자열을 찾으려면 문장의 모든 인덱스에서 이
작업을 수행해 보면 된다.

```cpp
vector<int> FindAllSubstrings(const string& s, const vector<string>& words) {
  unordered_map<string, int> word_to_freq;
  for (const string& word : words) {
    ++word_to_freq[word];
  }

  int unit_size = size(words.front());
  vector<int> result;
  for (int i = 0; i + unit_size * size(words) <= size(s); ++i) {
    if (MatchAllWordsInDict(s, word_to_freq, i, size(words), unit_size)) {
      result.emplace_back(i);
    }
  }
  return result;
}

bool MatchAllWordsInDict(const string& s,
                         const unordered_map<string, int>& word_to_freq,
                         int start, int num_words, int unit_size) {
  unordered_map<string, int> curr_string_to_freq;
  for (int i = 0; i < num_words; ++i) {
    string curr_word = s.substr(start + i * unit_size, unit_size);
    if (auto iter = word_to_freq.find(curr_word); iter == end(word_to_freq)) {
      return false;
    } else {
      ++curr_string_to_freq[curr_word];
      if (curr_string_to_freq[curr_word] > iter->second) {
        // curr_word가 너무 많이 등장했다.
        return false;
      }
    }
  }
  return true;
}
```

시간 복잡도는 다음과 같이 분석할 수 있다. 단어의 개수를 m, 각 단어의 길이를 n,
문장의 길이를 N이라고 하자. 어떤 인덱스 i에서 시작하고 길이가 nm인 부분 문
자열이, 모든 단어를 이어 붙인 문자열과 같은지 확인하는 작업은 $O(nm)$ 시간 복
잡도가 걸린다. 단어 집합을 저장할 때 해시 테이블을 사용한다면 전체 시간 복잡

도는 $O(Nnm)$이 된다. 실무에서는 문자열을 비교할 때, 같지 않은 순간 곧바로 멈출 수 있으므로 대개 이보다는 훨씬 빠르다.

모든 단어의 길이가 같다고 가정하기 때문에 시간 복잡도나 구현 측면에서 문제 자체는 쉽다. 모든 단어의 길이가 같기 때문에 부분 문자열과 모든 단어를 이어 붙인 문자열이 같은지도 쉽게 확인할 수 있다.

문제 12.11 콜라츠 추측 테스트

콜라츠 추측이란 다음과 같다. 임의의 자연수를 선택한다. 이 숫자가 홀수이면 세 배를 한 뒤 1을 더한다. 짝수라면 절반으로 나눈다. 이 과정을 계속해서 반복하다 보면, 어떤 숫자에서 시작했든지 결국엔 1에 도달한다.

11을 예로 들면 숫자는 11, 34, 17, 52, 26, 13, 40, 20, 10, 5, 16, 8, 4, 2, 1이 된다. 많은 노력이 있었지만 콜라츠 추측은 아직까지 옳다는 게 증명되지도, 반례가 발견되지도 않았다.

첫 10억 개의 숫자에 대해서 콜라츠 추측을 해야 한다고 가정해 보자. 단순한 방법은 테스트할 집합에 있는 모든 숫자에 대해서 해당 규칙을 적용해 보는 것이다.

첫 n개의 자연수에 대해 콜라츠 추측을 테스트하라.

힌트: $m < n$의 조건을 만족하는 두 수가 있고 m에 대해서는 이미 콜라츠 추측을 증명했다. 어떻게 하면 숫자 n에 대한 콜라츠 추측을 효과적으로 할 수 있을까?

해법: 면접에서는 정답이 없는 문제를 내는 경우가 많다. 이럴 때는 좋은 휴리스틱을 보여 주고 코딩을 잘하면 된다.

콜라츠 추측은 두 가지 방식으로 실패할 수 있다. 수열이 이전 값으로 되돌아가서 무한 루프에 빠지든지, 무한대로 발산하든지 하는 경우다. 무한대로 발산하는 경우는 고정된 정수 길이로 테스트 할 수 없기 때문에 오버플로 플래그를 사용하면 된다.

모든 숫자에 대해서 콜라츠 추측의 룰을 반복적으로 적용하고 1로 수렴하는지 확인하는 방식으로 구현하면 된다. 좀 더 빠르게 확인할 수 있는 몇 가지 아이디어가 있는데, 다음과 같다.

- 콜라츠 추측을 통해 이미 1로 산출된 숫자를 저장해 놓고 재사용한다. 이렇게 하면, 저장된 숫자에 도달하는 순간 결국 1에 도달할 거라고 예상할 수 있다.

- 시간을 절약하기 위해 짝수는 건너뛴다. (짝수는 곧바로 절반으로 나누어야 하는데, 절반으로 나눈 값은 이미 확인한 숫자이기 때문이다.)
- k까지의 숫자를 모두 테스트했다면, k보다 작거나 같은 숫자에 도달하는 순간 멈춘다. k 이하의 숫자는 해시 테이블에 저장할 필요가 없다.
- 곱셈과 나눗셈이 느리다면 비트 시프트와 덧셈을 사용한다.
- 탐색해야 할 집합을 나누고 여러 컴퓨터를 사용해서 병렬로 처리한다. 문제 19.9의 해법을 참고하라.

수열 내의 숫자가 32비트를 넘어갈 수 있으므로 64비트 숫자를 사용하고 오버플로에 대비하라. 임의의 정밀도 정수(arbitrary precision integer)를 사용할 수도 있다.

```
bool TestCollatzConjecture(int n) {
  // 1로 수렴한다고 이미 확인된 홀수를 저장한다.
  unordered_set<long long> verified_numbers;

  // 1과 2는 간단하게 증명이 되므로 3부터 시작한다.
  for (int i = 3; i <= n; i += 2) {
    unordered_set<long long> sequence;
    long long test_i = i;
    while (test_i >= i) {
      if (!sequence.emplace(test_i).second) {
        // 이미 test_i에 도달한 적이 있으므로, 콜라츠 수열은 무한 루프에 빠질 것이다.
        // 이는 콜라츠 추측에 대한 반례가 되므로 바로 false를 반환한다.
        return false;
      }

      if (test_i % 2) {  // 홀수
        if (!verified_numbers.emplace(test_i).second) {
          break;  // test_i는 이미 1로 수렴한다는 사실이 증명되었다.
        }
        long long next_test_i = 3 * test_i + 1;  // 3을 곱하고 1을 더한다.
        if (next_test_i <= test_i) {
          throw overflow_error("Collatz sequence overflow for " + to_string(i));
        }
        test_i = next_test_i;
      } else {
        test_i /= 2;  // 짝수이므로 절반으로 나눈다.
      }
    }
  }
  return true;
}
```

시간 복잡도를 정확하게 계산하기는 어렵지만 적어도 n에 비례한다는 사실은 알 수 있다.

문제 12.12 체스에서 해시 함수 구현하기

체스 게임의 상태는 그림 12.2에서와 같이 어떤 말이 어떤 위치에 있는지에 따라서 정해진다. 각 위치는 비어 있을 수도 있고, 여섯 종류의 말 중 하나로 채워져 있을 수도 있다. 말은 검은색이거나 하얀색이다. 각 위치는 $\lceil \log(1 + 6 \times 2) \rceil = 4$비트로 표현할 수 있고, 전체 체스판은 $64 \times 4 = 256$비트로 표현할 수 있다. (실제로는 게임의 상태가 좀 더 복잡하다. 말이 움직일 수 있는 방향도 알아야 하고, 캐슬링(castling), 앙 파상(en passant) 등 체스만의 독특한 룰도 고려해야 하기 때문이다. 하지만 여기서는 문제를 단순히 하기 위해, 이런 규칙들은 제외한다.)

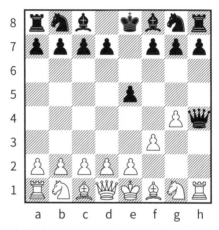

1. f3, e5 2. g4, ♛h4

그림 12.2 가장 빠르게 체크메이트가 된 경우를 풀스 메이트(Fool's Mate)라 한다.

컴퓨터는 체스 게임의 상태 집합을 저장할 수 있어야 한다. 특정 상태를 계산했는지, 이길 수 있는 상태인지 등을 알고 있어야 한다. 해시 함수를 사용하면 자연스럽게 저장 공간을 줄일 수 있다. 즉, 해시 함수를 통해 게임의 상태를 256비트로 나타내고 충돌은 무시한다. 해시 코드는 문자열을 통한 일반적인 해시 함수를 사용한다. 하지만 컴퓨터가 반복적으로 인접한 상태를 탐색할 것이므로 체스판의 점차적인 변화에 대해서 효율적으로 해시값을 계산할 수 있도록 해시 함수를 보완해야 한다.

체스 게임의 상태를 저장하는 해시 함수를 설계하라. 상태, 해시 코드, 말의 움직임이 주어졌을 때, 갱신된 상태에 대한 해시 코드를 효율적으로 계산할 수 있어야 한다.

힌트: XOR는 결합법칙, 교환법칙이 성립하고 계산 또한 빠르다. 또한 $a \oplus a = 0$ 이다.

해법: 간단한 해시 함수는 8×8 보드를 64개의 항목이 있는 1차원 배열 B로 처리하는 것이다. 특정 위치 (x, y)는 인덱스 $8 \times x + y$에 저장된다. 0에서 12 사이의 숫자로 각 사각형의 상태를 인코딩할 수 있다. 예를 들어 0은 공백, 1은 흰색 폰(pawn), 2는 흰색 룩(look), ..., 6은 흰색 킹, 7은 검은색 폰, ..., 12는 검은색 킹을 나타낸다. 이 1차원 배열에 대한, 단순하지만 비교적 효과적인 해시 함수의 수식은 $\sum_{k=0}^{63} B[i]p^i$이다. 여기서 p는 큰 소수다.

이 해시 함수는 상태의 변화에 따라 해시 코드를 점차적으로 갱신할 수 있다. 예를 들어 흰색 비숍이 검은색 기사를 잡았다면 기존의 해시 코드에서 기사와 비숍이 위치했던 자릿수의 값을 빼고, 비숍이 있던 자리에는 빈칸을 넣고 기사가 있던 자리에는 비숍을 넣어서 해당 값을 해시 코드에 더해 준다.

해시값을 좀 더 빠르게 갱신할 수 있는 해시 함수가 더 있다. 각 64개의 칸에 위치할 수 있는 13개의 상태를 표현하는 64비트 숫자 코드를 임의로 만든다. 이렇게 생성한 임의의 숫자 832개(13×64)는 이 프로그램에서 상수값으로 존재한다. 전체 체스판을 나타내는 해시 코드는 각 위치의 코드값을 XOR한 결과와 같다. 갱신은 굉장히 빠르다. 앞의 예제에서는 i_1 위치에 있는 검은색 기사, i_2 위치에 있는 흰색 비숍, i_1 위치에 있는 흰색 비숍, i_2 위치에 있는 빈칸에 해당하는 코드값을 모두 XOR하면 된다.

두 번째 함수가 첫 번째 함수보다 더 빠른 이유는 다음과 같다. 첫 번째 해시 함수에서는 XOR보다 연산 비용이 큰 p^i와 같은 값을 계산한다. 하지만 두 번째 해시 함수는 상대방 말을 잡거나 캐슬링 같은 경우에 최대 4번의 XOR연산을 통해 해시 코드를 갱신할 수 있다.

예를 들어 두 개의 말 P와 Q가 있는 2×2 체스판을 생각해 보자. 최대 하나의 말이 한 칸에 놓일 수 있다. 각 체스판의 칸을 $(0, 0), (0, 1), (1, 0), (1, 1)$이라고 하자. 각 위치를 다음과 같은 임의의 7비트 코드로 표시한다.

- $(0, 0)$: $(1100111)_2$는 빈칸, $(1011000)_2$는 P, $(1100010)_2$는 Q

- $(0, 1)$: $(1111100)_2$는 빈칸, $(1000001)_2$는 P, $(0001111)_2$는 Q
- $(1, 0)$: $(1100101)_2$는 빈칸, $(1101101)_2$는 P, $(0011101)_2$는 Q
- $(1, 1)$: $(0100001)_2$는 빈칸, $(0101100)_2$는 P, $(1001011)_2$는 Q

다음과 같은 상태를 생각해 보자. P는 $(0, 0)$에, Q는 $(1, 1)$에 있고 나머지 칸은 비어 있다. 이 상태에 대한 해시 코드는 $(1011000)_2 \oplus (1111100)_2 \oplus (1100101)_2 \oplus (1001011)_2 = (0001010)_2$이 된다. Q가 $(0, 1)$로 움직였다면 $(1, 1)$에서 $(1001011)_2$ (Q를 $(1, 1)$에서 삭제), $(0100001)_2$ ($(1, 1)$에 빈칸 삽입), $(1111100)_2$ ($(0, 1)$에서 빈칸 삭제), $(0001111)_2$ ($(0, 1)$에 Q 삽입)을 모두 XOR한다. 체스판의 크기와 말의 개수에 관계없이 이 방법은 상태를 갱신하기 위해 4번의 XOR만 사용한다.

응용: 캐슬링과 앙 파상의 상태까지 고려해 보자. 캐슬링은 킹과 룩을 한번에 동시에 움직이는 특수한 수를 가리키며, 앙 파상은 폰으로 폰을 잡을 경우에 적용되는 룰을 말한다. 자세한 규칙은 인터넷에서 검색해 보기 바란다.

13장

정렬

문제 14(메싱) 길이가 각각 n, m인 두 개의 단조 시퀀스 S와 T가 있다.
각각은 $n(p + 1), m(p + 1)$만큼의 연속된 메모리 공간을 사용한다.
즉, S는 $s, s + 1, ..., s + n(p + 1) - 1$의 메모리 공간을 사용하고,
T는 $t, t + 1, ..., t + m(p + 1) - 1$의 메모리 공간을 사용한다.
$[S, T]$를 더한 시퀀스에서 단조 순열 R을 찾은 뒤
$r, r + 1, ..., r + (n + m)(p + 1) - 1$의 메모리 공간에 저장하라.
⟨Planning And Coding Of Problems For An Electronic Computing Instrument⟩,
헤르만 골드스틴(H. H. Goldstine), 본 뉴만(J. Von Neumann), 1948

원소의 컬렉션을 증가 혹은 감소하는 순서로 정렬하는 문제는 흔하다. 정렬은 컬렉션의 탐색을 빠르게 하거나(배열에서의 이진 탐색) 비슷한 원소를 찾기 위한(성적 순으로 학생 정렬) 전처리 과정으로 사용되곤 한다.

단순한 정렬 알고리즘의 시간 복잡도는 $O(n^2)$이다. $O(n \log n)$에 동작하는 정렬 알고리즘도 몇 가지 존재한다. 예를 들어 힙정렬, 병합 정렬, 퀵정렬이 있다. 각각은 장단점이 존재한다. 예를 들어 힙정렬은 추가 공간 없이 정렬할 수 있지만 안정적(stable)으로 정렬하지는 못한다. 여기서 안정적인 정렬이란 원소가 같은 경우에 원래 순서를 유지하는 정렬을 말한다. 병합 정렬은 안정적으로 정렬을 할 수 있지만 추가 공간이 필요하다. 퀵정렬은 최악의 경우에 $O(n^2)$이 소요된다.

보통의 경우에는 잘 작성된 퀵정렬을 사용하는 게 가장 좋다. 하지만 특정한 상황에서는 더 나은 대안이 있기도 하다. 이에 대해서도 간략하게 소개할 것이다.

길이가 10 이하인 짧은 배열은 삽입정렬(insertion sort)이 코딩하기 쉽고 점근적으로 다른 정렬 알고리즘보다 빠르다. 만약 모든 원소의 위치가 최종 위치보다 최

대 k만큼 떨어져 있다면 최소힙을 사용해서 $O(n \log k)$ 시간에 정렬할 수 있다(문제 10.3의 해법). [0..255] 범위의 정수처럼, 서로 다른 원소의 개수가 적다면 계수정렬(counting sort)을 사용해서 각 원소와 그 원소의 등장횟수를 저장하면 된다. 각 원소를 저장할 때에는 배열(만약 최댓값이 원소의 전체 개수에 상응한 경우) 혹은 이진 탐색 트리에 저장하면 된다. 이진 탐색 트리에 저장할 때에는 키는 숫자가 되고 값은 해당 숫자가 등장한 횟수가 된다. 중복된 키가 많다면 키를 이진 탐색 트리에 추가하고 연결리스트를 통해 같은 키의 원소를 저장하면 된다. 정렬된 결과는 이진 탐색 트리를 중위 순회(in order traversal)함으로써 구할 수 있다.

대부분의 정렬 알고리즘은 안정된 정렬이 아니다. 병합 정렬을 주의 깊게 구현한다면 안정되게 만들 수 있다. 혹은 키에 현재 위치의 인덱스를 추가해서 그 순서를 정해 주면 된다.

대부분의 정렬 루틴은 비교 함수에 있다. 비교 함수는 두 원소가 주어졌을 때, 첫 번째 원소가 두 번째 원소보다 작으면 −1, 두 원소가 같으면 0, 아니면 1을 반환한다. 혹은 기수정렬(radix sort)과 같이 숫자의 속성을 직접적으로 사용해서 정렬할 수도 있다.

10장에서 힙 자료구조에 대해 자세하게 설명했다. 최대힙(최소힙)은 정렬된 집합의 키를 저장한다. 힙은 삽입에 $O(\log n)$, 최대 (최소) 원소를 찾는 데 $O(1)$ 시간, 최대(최소) 원소를 삭제하는 데 $O(\log n)$ 시간이 걸린다. 문제 10.1, 문제 10.2, 문제 10.3을 보면 힙 자료구조가 정렬 문제에서 어떻게 도움이 되는지 알 수 있다.

정렬 부트 캠프

언어에서 제공하는 정렬 함수를 효과적으로 사용할 수 있어야 한다. 학생의 이름을 비교 함수로 사용하는 학생 클래스가 있다고 하자. 그러면, 정렬 함수는 이름 기준으로 동작한다. 학생 배열을 학점(GPA) 기준으로 정렬하고 싶다면 명시적인 비교 함수를 정렬 함수에 전달해야 한다.

```
struct Student {
  bool operator <(const Student& that) const { return name < that.name; }

  string name;
  double grade_point_average;
};

void SortByName(vector<Student>* students) {
```

```
  // Student에 정의된 operator<를 사용한다.
  sort(begin(*students), end(*students));
}

void SortByGPA(vector<Student>* students) {
  sort(begin(*students), end(*students),
      [](const Student& a, const Student& b) {
        return a.grade_point_average >= b.grade_point_average;
      });
}
```

합리적으로 작성된 라이브러리라면 n개의 원소를 정렬하는 데 걸리는 시간 복잡도는 $O(n \log n)$이 된다. 대부분의 정렬 라이브러리는 퀵소트를 사용하고, $O(1)$의 공간 복잡도를 사용한다.

정렬 라이브러리 이해하기

배열을 정렬하려면 algorithm 헤더의 sort()를 사용하고 리스트를 정렬하려면 list::sort() 멤버 함수를 사용한다.

- 정렬의 시간 복잡도는 $O(n \log n)$이며 여기서 n은 배열의 길이다. 표준은 공간 복잡도를 보장하지 않는다. 실제로 대부분의 퀵정렬 변형은 추가 메모리를 할당하지 않지만 함수 호출 스택에서 $O(\log n)$ 공간을 사용한다.
- algorithm의 sort()와 list::sort()는 모두 operator<()를 구현하는 객체의 배열 및 리스트에서 동작한다.
- algorithm의 sort()와 list::sort()는 모두 앞서 설명한 것처럼 명시적으로 제공된 비교 함수 객체에 따라 정렬을 한다.

☑ **정렬 문제를 풀기 전 꼭 알고 있어야 할 내용**

정렬에 관한 문제는 다음과 같은 두 가지 경우로 구분된다. (1) **정렬을 통해 알고리즘의 후속 단계를 더 간단하게 한다.** (2) **사용자 정의 정렬 루틴을 설계한다.** (1)의 경우는 상황에 맞는 비교 함수를 작성해서 라이브러리 정렬 함수에 전달한다. (2)의 경우에는 이진 탐색 트리, 힙, 값으로 인덱싱된 배열과 같은 자료구조를 사용한다. [문제 13.5, 13.8]

정렬을 사용하는 이유는 **입력이 임의의 순서**로 주어져 있기 때문이다. 또한 정렬을 사전에 수행하면 **탐색의 속도를 높일 수** 있다. [문제 13.6]

> **특별한 입력**, 예를 들어 값의 범위가 작거나 값의 개수가 작을 때에는 $O(n \log n)$이 아니라 $O(n)$ 시간의 정렬을 사용하는 것이 좋다. [문제 5.1, 13.8]
>
> 무식한 방법을 사용하면 정렬을 구현할 때 필요한 공간보다 **더 적은 공간**을 사용하는 경우가 종종 있다. [문제 13.2]

문제 13.1 정렬된 두 배열의 교집합 구하기

일반적인 검색 엔진은 역 인덱스를 사용해서 입력으로 주어진 단어와 매치되는 문서들을 찾는다. 각 문서에는 해당 문서를 식별할 수 있는 고유한 문서 ID가 주어진다. 역 인덱스는 단어 w가 포함된 문서 ID를 정렬된 순서로 반환한다. 정렬 순서는 검색 알고리즘에 따라 다를 것이다. 예를 들면 페이지랭크(page rank)가 감소하는 순서가 될 수도 있다. 검색 엔진은 여러 개의 단어가 쿼리로 주어졌을 때 각 단어별로 정렬된 문서 배열을 찾은 뒤 배열 사이의 교집합을 구해서 모든 단어를 포함하는 문서를 찾는다. 여기서 가장 계산 집약적인 단계는 정렬된 배열의 교집합을 찾는 부분이다.

정렬된 배열 두 개가 주어졌을 때, 두 배열에 동시에 존재하는 원소를 새로운 배열 형태로 반환하라. 입력 배열에는 원소가 중복해서 나타날 수 있지만, 반환되는 배열에선 원소가 중복되면 안 된다. 예를 들어 입력이 $\langle 2, 3, 3, 5, 5, 6, 7, 7, 8, 12 \rangle$ 와 $\langle 5, 5, 6, 8, 8, 9, 10, 10 \rangle$이라면, 그 결과는 $\langle 5, 6, 8 \rangle$이 되어야 한다.

힌트: 입력 배열의 길이 차이가 큰 경우의 문제를 풀어 보라. 길이 차이가 많이 나지 않을 경우에는 어떻게 풀 것인가?

해법: 무식한 방법은 '루프 조인(loop join)' 방법을 사용하는 것이다. 즉, 한 배열의 모든 원소를 순회하면서 다른 배열의 원소와 비교한다. 두 배열의 길이를 각각 m 과 n이라 하자.

```
vector<int> IntersectTwoSortedArrays(const vector<int>& A,
                                     const vector<int>& B) {
  vector<int> insersection_A_B;
  for (int i = 0; i < size(A); ++i) {
    if ((!i || A[i] != A[i - 1]) && find(begin(B), end(B), A[i]) != end(B)) {
      insersection_A_B.emplace_back(A[i]);
    }
```

```
  }
  return insersection_A_B;
}
```

무식한 방법의 시간 복잡도는 $O(mn)$이다.

두 배열 모두 정렬되어 있으므로 최적화를 좀 더 해 보자. 먼저 첫 번째 배열을 순회하면서 두 번째 배열에서 해당 원소를 찾을 때 이진 탐색을 사용해 볼 수 있다.

```
vector<int> IntersectTwoSortedArrays(const vector<int >& A,
                                     const vector<int >& B) {
  vector<int> intersection_A_B;
  for (int i = 0; i < A.size(); ++i) {
    if ((i == 0 || A[i] != A[i - 1]) &&
      binary_search(B.cbegin(), B.cend(), A[i])) {
    intersection_A_B.emplace_back(A[i]);
    }
  }
  return intersection_A_B;
}
```

순회하는 배열의 길이가 m일 때 시간 복잡도는 $O(m \log n)$이 된다. 길이가 짧은 배열을 바깥 루프로 사용하면 좀 더 개선할 수 있다. n이 m보다 훨씬 작다면, $n \log (m)$이 $m \log (n)$보다 훨씬 작다.

배열 하나의 크기가 다른 하나보다 굉장히 작다면 이 방법은 가장 나은 해법이 된다. 하지만 두 배열의 길이가 비슷할 때는, 두 배열 모두 정렬되었다는 사실을 사용하지 않았기 때문에 좋은 방법이라고 볼 수 없다. 만약 두 입력 배열을 동시에, 순서를 증가시키면서 전진시키면 선형 시간에 문제를 풀 수 있다. 즉, 두 배열의 원소가 다르다면 더 작은 원소는 제거해도 괜찮다. 두 배열의 원소가 같다면 해당 값을 교집합에 추가한 뒤 둘 다 앞으로 나아간다. (중복된 값은 현재 원소와 이전 원소를 비교함으로써 해결할 수 있다.) 예를 들어 $A = \langle 2, 3, 3, 5, 7, 11 \rangle$이고 $B = \langle 3, 3, 7, 15, 31 \rangle$일 때, 두 배열의 첫 번째 원소를 살펴보자. 2는 교집합에 포함될 수 없으므로 A에서 가리키는 원소를 두 번째 원소로 바꾼다. 3은 두 배열에 모두 존재하므로 두 배열에서 가리키는 원소를 모두 증가시킨다. 여전히 두 배열 모두 3을 가리키지만 3은 이미 결과에 추가했으므로 지나친다. 이제 A는 5를 가리키고 B는 7을 가리킨다. 5를 제거하고 A에서 가리키는 원소를 하나 증가시킨다. A와 B 모두 7을 가리키므로 결과 배열에 추가한다. 그 뒤에 11을 제거하면 A배열에는 원소가 남아 있지 않으므로 $\langle 3, 7 \rangle$을 반환하면 된다.

```
vector<int> IntersectTwoSortedArrays(const vector<int >& A,
                                     const vector<int >& B) {
  vector<int> intersection_A_B;
  int i = 0, j = 0;
  while (i < A.size() && j < B.size()) {
    if (A[i] == B[j] && (i == 0 || A[i] != A[i - 1])) {
      intersection_A_B.emplace_back(A[i]);
      ++i, ++j;
    } else if (A[i] < B[j]) {
      ++i;
    } else { // A[i] > B[j].
      ++j;
    }
  } return intersection_A_B;
}
```

입력 배열의 각 원소마다 $O(1)$의 시간을 사용했으므로 전체 알고리즘의 시간 복잡도는 $O(m + n)$이 된다.

문제 13.2 정렬된 두 배열 합치기

정수값이 정렬된 배열 두 개가 있다. 그중 하나의 배열은 배열 뒤에 충분히 많은 공간이 있어서 두 배열을 정렬된 순서로 합쳐서 저장하는 데 사용할 수 있다. 예를 들어 $\langle 5, 13, 17, \_, \_, \_, \_, \_\rangle$과 $\langle 3, 7, 11, 19\rangle$가 있다고 하자(여기서 '$\_$'는 빈칸을 뜻한다). 이 두 배열을 하나로 합쳐 첫 번째 배열에 정렬된 순서로 나열한다면 첫 번째 배열은 $\langle 3, 5, 7, 11, 13, 17, 19, \_\rangle$이 될 것이다.

정렬된 정수 배열 두 개가 주어졌을 때, 두 배열을 정렬된 순서로 합친 뒤 그 결과를 첫 번째 배열에 넣는 프로그램을 작성하라. 첫 번째 배열의 끝에는 두 번째 배열을 모두 넣을 수 있을 만큼 충분한 빈칸이 있다고 가정해도 좋다.

힌트: 배열의 원소를 반복해서 옮기지 말기 바란다.

해법: 이 문제에서는 첫 번째 배열에 결괏값을 쓰는 부분이 까다롭다. 만약 결과를 담을 세 번째 배열이 존재한다면, 두 배열을 앞에서부터 동시에 순회하면서 더 작은 값을 결과 배열에 작성해 주면 된다. 첫 번째 배열과 두 번째 배열의 길이가 각각 m과 n일 때 이 방법의 시간 복잡도는 $O(m + n)$이 된다.

첫 번째 배열에 결과를 저장한다면, 이 방법으로는 $O(m + n)$ 시간에 풀 수 없다. 왜냐하면 두 번째 배열의 값이 첫 번째 배열의 값보다 작을 때, 첫 번째 배열의 모든 값을 오른쪽으로 한 칸씩 옮겨줘야 하기 때문이다. 최악의 경우에는 두 번째 배열의 값이 전부 첫 번째 배열보다 작은 경우인데, 이때의 시간 복잡도는 $U(mn)$이 된다.

하지만 배열의 뒤쪽은 비어 있다. 따라서 첫 번째 배열의 끝에서부터 값을 채워 나가도 된다. 마지막 원소는 $m + n - 1$번째 인덱스에 쓰여질 것이다. 예를 들어 $A = \langle 5, 13, 17, \_, \_, \_, \_, \_ \rangle$이고 $B = \langle 3, 7, 11, 19 \rangle$라면 A를 다음과 같은 방법으로 갱신할 수 있다. $\langle 5, 13, 17, \_, \_, \_, 19, \_ \rangle$, $\langle 5, 13, 17, \_, \_, 17, 19, \_ \rangle$, $\langle 5, 13, 17, \_, 13, 17, 19, \_ \rangle$, $\langle 5, 13, 17, 11, 13, 17, 19, \_ \rangle$, $\langle 5, 13, 7, 11, 13, 17, 19, \_ \rangle$, $\langle 5, 5, 7, 11, 13, 17, 19, \_ \rangle$, $\langle 3, 5, 7, 11, 13, 17, 19, \_ \rangle$.

뒤에서부터 처리한다면 아직 처리하지 않은 원소 위에 덮어쓰는 일은 절대 없다. 두 번째 배열의 값이 전부 첫 번째 배열의 값보다 크다고 하더라도 두 번째 배열의 값이 위치할 인덱스는 m에서 $m + n - 1$까지고, 이 인덱스는 첫 번째 배열의 원소와 겹치지 않는다. 다음은 이를 작성한 프로그램이다. 문제 6.4의 해법도 이와 비슷하게 값을 뒤에서부터 채워 넣었다.

```cpp
void MergeTwoSortedArrays(vector<int>& A, int m, const vector<int>& B, int n) {
  int a = m - 1, b = n - 1, write_idx = m + n - 1;
  while (a >= 0 && b >= 0) {
    A[write_idx--] = A[a] > B[b] ? A[a--] : B[b--];
  }
  while (b >= 0) {
    A[write_idx--] = B[b--];
  }
}
```

시간 복잡도는 $O(m + n)$이다. 추가로 사용한 공간은 $O(1)$이다.

문제 13.3 H-인덱스 계산하기

양의 정수 배열이 주어졌을 때, 배열에 h보다 크거나 같은 항목이 적어도 h개 이상 있는 가장 큰 h를 찾으라. (이 문제는 서문에서 소개한 H-인덱스 문제의 추상화 버전이다.)

해법: 이 문제와 해법은 서문에 나와 있다. 다음은 해법을 코드로 옮긴 것이다.

```cpp
int HIndex(vector<int> citations) {
  sort(begin(citations), end(citations));
```

```
  const int n = citations.size();
  for (int i = 0; i < citations.size(); ++i) {
    if (citations[i] >= n - i) {
      return n - i;
    }
  }
  return 0;
}
```

서문에서 설명했듯이, 시간 복잡도는 $O(n \log n)$이고 공간 복잡도는 $O(1)$이다.

응용: 입력 배열을 수정할 수 없고 추가 메모리를 할당할 수 없다고 할 때, H-인덱스를 계산하는 빠른 알고리즘을 설계하라.

응용: 입력 배열이 정렬되었다고 할 때, H-인덱스를 계산하는 빠른 알고리즘을 설계하라.

응용: 필요한 만큼의 추가 메모리 공간을 할당할 수 없다고 할 때, H-인덱스를 계산하는 빠른 알고리즘을 설계하라.

문제 13.4 성을 제외한 중복되는 이름 제거하기

배열에서 성을 제외한 중복된 이름을 삭제하는 효율적인 알고리즘을 설계하라. 예를 들어 입력이 ⟨(Ian, Botham), (David, Gower), (Ian, Bell), (Ian, Chappell)⟩이라면, 결과는 ⟨(Ian, Bell), (David, Gower)⟩이나 ⟨(David, Gower), (Ian, Botham)⟩이 될 수 있다.[1]

힌트: 같은 이름을 가까이 두라.

해법: 무식한 방법은 해시 테이블을 사용하는 것이다. 이때 성을 제외한 이름만으로 동등성을 판단하는 함수가 필요하다. 해시 테이블에 이름을 넣은 뒤 차례대로 순회하면서 결과 배열에 작성하면 된다. 시간 복잡도는 $O(n)$이다.

입력 배열에 결과를 작성한다면 추가 공간을 사용하지 않아도 된다. 먼저 배열을 정렬해서 같은 원소를 가까이에 둔다. 정렬의 시간 복잡도는 $O(n \log n)$이다. 중복된 원소는 서로 붙어 있으므로 이들을 제거하는 데는 $O(n)$의 시간이 걸린다. 단,

---

1 (옮긴이) 미국에선 성이 뒤에오고 이름이 앞에 나오기 때문에 (Ian, Bell)의 성은 Bell이고 이름은 Ian 이다.

배열을 정렬하려면 원소 비교가 가능해야 한다.

```cpp
struct Name {
  bool operator==(const Name& that) const {
    return first_name == that.first_name;
  }

  bool operator<(const Name& that) const {
    return first_name != that.first_name ? first_name < that.first_name
                                         : last_name < that.last_name;
  }

  string first_name, last_name;
};

void EliminateDuplicate(vector<Name>* names) {
  sort(begin(*names),
       end(*names));   // 같은 원소를 가까이에 놓는다.

  // unique()는 인접한 중복을 제거하고,
  // 제거되지 않은 마지막 원소 다음 위치에 대한 반복자를 반환한다.
  // erase()는 고유한 원소로 이름을 제한하는 역할을 한다.
  names->erase(unique(begin(*names), end(*names)), end(*names));
}
```

시간 복잡도는 $O(n \log n)$이고, 공간 복잡도는 $O(1)$이다.

문제 13.5 동전으로 만들 수 없는 가장 작은 숫자 구하기

몇 개의 동전을 가지고 있다고 할 때, 이 동전들을 조합해서 만들 수 없는 숫자가 있다. 예를 들면, 동전들을 모두 합친 것보다 더 큰 숫자를 만들 수는 없다. 또, 가지고 있는 동전이 1, 1, 1, 1, 1, 5, 10, 25라면 이 동전들을 조합해서 21을 만들 수 없고, 21은 만들 수 없는 숫자 중 가장 작다.

양의 정수 배열을 입력받고 부분 배열의 합으로 만들 수 없는 가장 작은 숫자를 반환하는 프로그램을 작성하라.

힌트: 짧은 배열 몇 개를 예제로 삼아 직접 풀어 보자.

해법: 무식한 방법은 모든 가능한 숫자를 나열하는 것이다. 1부터 시작해서 각 숫자가 부분 배열의 합과 일치하는지 검사한다. 하지만 어떤 숫자가 부분 배열의 합과 일치하는지 검사하는 쉽고 효과적인 알고리즘은 없다. 휴리스틱(Heuristic)을 쓸 수

도 있지만, 프로그램이 너무 크고 복잡해서 다루기 힘들어진다.

몇 개의 구체적인 예를 보면서 일반적인 규칙을 찾을 수 있는지 살펴보자. 배열 $\langle 1, 2 \rangle$는 1, 2, 3을 만들 수 있고, $\langle 1, 3 \rangle$은 1, 3, 4를 만들 수 있다. 이를 통해, 배열의 가장 작은 요소가 배열에서 생성할 수 있는 숫자의 최솟값을 결정한다는 것을 알 수 있다. 따라서 배열에 1이 없다면 숫자 1을 만들 수 없다. 하지만 숫자 2는 다르다. 설령 배열 내에 2가 없더라도, 원소 1이 두 개라면 숫자 2를 만들 수 있기 때문이다.

계속해서 더 큰 범위의 예제를 보자. $\langle 1, 2, 4 \rangle$는 1, 2, 3, 4, 5, 6, 7을 만들 수 있고, $\langle 1, 2, 5 \rangle$는 1, 2, 3, 5, 6, 7, 8을 만들 수 있다. 얼핏 보면, 배열 원소들의 합으로 $V + 1$을 제외한 V까지의 모든 값을 생성할 수 있는 것처럼 보인다. 여기서 V는 원소들의 합을 나타낸다. 그렇지만 $\langle 1, 2, 5 \rangle$로 만들 수 있는 숫자 중에 4가 빠져 있다. 이와 관련된 규칙을 알아내기 위해, 이번에는 배열에 새로운 원소 u를 추가했을 때의 결과를 살펴보자.

$u \leq V + 1$이면 $V + u$까지의 모든 값을 만들 수 있으며 $V + u + 1$을 만들 수는 없다. 반면에 $u > V + 1$이면 u를 추가하더라도 $V + 1$을 생성할 수 없다. $\langle 1, 2, 5 \rangle$로 4를 만들 수 없었던 이유는, 1과 2로 만들 수 있는 합이 3(V)이고 추가되는 수가 5(u)이므로, 5(u) > 3(V) + 1에 해당되기 때문이다.

또 하나의 규칙은 배열 내의 원소 순서는 만들 수 있는 숫자에 아무런 영향을 끼치지 않는다는 것이다. 하지만 배열을 정렬하면 어떤 원소 이후의 모든 값은, 적어도 이전 원소보다 크다는 걸 알 수 있다. 너무 큰 값[2]에 도달했을 때는 연산을 멈추면 된다.

예를 들어 $M[i - 1]$을, 정렬된 배열의 처음 i 원소에서 구할 수 있는 가장 큰 숫자라고 하자. 배열의 다음 요소 x가 $M[i - 1] + 1$보다 크다면 $M[i - 1]$이 여전히 가장 큰 숫자이다. 따라서 연산을 중단하고 $M[i - 1] + 1$을 결과로 반환한다. x가 $M[i - 1] + 1$보다 작거나 같다면, $M[i] = M[i - 1] + x$로 설정하고 $(i + 1)$의 원소로 계속 진행한다.

$\langle 12, 2, 1, 15, 2, 4 \rangle$를 예로 들어 보자. 원소들을 정렬하면 $\langle 1, 2, 2, 4, 12, 15 \rangle$가 된다. 첫 번째 원소로 만들 수 있는 최댓값은 1이다. 두 번째 원소인 2는 1 + 1과 같거나 작으므로 3을 포함한 모든 값을 만들 수 있다. 세 번째 원소인 2는 5를 포함한

---

2 (옮긴이) 여기서 '너무 큰 값'이란, 바로 $u > V + 1$ 조건을 만족하는 u를 가리킨다.

모든 값을 만들 수 있다. 네 번째 원소인 4는 9까지의 모든 값을 만들 수 있다. 다섯 번째 원소인 12는 9 + 1보다 커서 10을 만들 수 없기 때문에, 여기서 연산을 멈춘 다. 10은 배열의 원소들로 만들 수 없는 가장 작은 숫자다.

이 규칙을 구현한 코드는 다음과 같다.

```cpp
int SmallestNonconstructibleValue(vector<int> A) {
  sort(begin(A), end(A));
  int max_constructible_value = 0;
  for (int a : A) {
    if (a > max_constructible_value + 1) {
      break;
    }
    max_constructible_value += a;
  }
  return max_constructible_value + 1;
}
```

배열의 길이를 n이라고 할 때 정렬은 $O(n \log n)$, 반복은 $O(n)$의 시간이 필요하므로 시간 복잡도는 $O(n \log n)$이다.

문제 13.6 달력 만들기

온라인 달력 애플리케이션을 설계하는 문제를 생각해 보자. 설계할 구성요소 중 하나는 달력을 렌더링해서 시각적으로 표시하는 것이다.

매일 여러 개의 이벤트가 있고 각 이벤트는 시작 시간과 끝나는 시간이 있다고 가정하자. 이벤트는 닫힌 구간으로 표시되는 시작 시간과 종료 시간이 있다. 각 이벤트는 서로 겹치지 않는 직사각형 모양이며 X축과 Y축에 평행하다. X축을 시간이라고 하자. 이벤트의 시작시간이 b이고 끝나는 시간이 e라면, 직사각형의 양쪽 모서리는 b와 e에 있어야 한다. 그림 13.1에 이벤트의 집합을 표현했다.

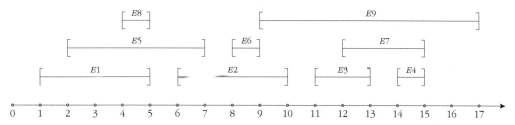

그림 13.1 9개의 이벤트. 가장 일찍 시작하는 이벤트는 1시에 시작하고, 가장 늦게 끝나는 이벤트는 17시에 끝난다. 동시에 진행되는 이벤트의 최댓값은 3이다. [$E1$, $E5$, $E8$] 및 기타

이벤트의 Y축은 반드시 0과 L(미리 정의된 상수값) 사이에 있어야 하고, 각 이벤트의 직사각형의 '높이'(X축에 평행한 변과 변 사이의 길이)는 같아야 한다. 이제 각이벤트 직사각형의 최대 높이를 계산해야 한다. 즉, 다음과 같은 문제를 살펴보자.

이벤트 집합이 주어졌을 때, 동시에 발생할 수 있는 이벤트의 최대 개수를 구하는 프로그램을 작성하라.

힌트: 끝나는 시점에 집중하라.

해법: 동시에 발생하는 이벤트의 개수는 오직 이벤트가 시작하는 시점 혹은 이벤트가 끝나는 시점에만 바뀔 수 있다. 따라서 다음과 같은 무식한 알고리즘을 생각해 볼 수 있다. 모든 이벤트의 시작점 혹은 끝나는 점에 있는 이벤트의 개수를 세어 보면 동시에 진행할 수 있는 이벤트의 최대 개수를 구할 수 있다. 만약 n개의 구간이 있다면, 전체 $2n$개의 점을 살펴보아야 한다. 각 이벤트가 포함하는 점을 확인하려면 $O(1)$ 시간이 걸리므로, 해당 점을 지나는 모든 이벤트의 개수를 세려면 $O(n)$ 시간이 필요하다. 따라서 전체 시간 복잡도는 $O(2n \times n) = O(n^2)$이다.

이 무식한 알고리즘이 비효율적인 이유는 이벤트가 서로 인접(locality)해 있다(따라서 하나의 끝점에서 다른 이벤트로 이동한다)는 특징을 사용하지 않았기 때문이다. 직관적으로 모든 점을 시간이 증가하는 순서대로 정렬할 수 있다면, 전체 수행 시간을 개선할 수 있다. 만약 같은 시간에 점이 두 개이고 하나는 시작점, 하나는 끝나는 점이라면, 시작점이 먼저 등장해야 한다. 만약 둘 다 시작점이거나 끝나는 점이라면 아무 순서로 배열해도 상관없다.

카운터 변수를 사용해서 각 점을 지나는 이벤트의 개수를 점차적으로 추적해 나간다. 즉, 이벤트 구간이 시작되는 점을 만나면 카운터를 1만큼 증가시키고, 이벤트 구간이 끝나는 점을 만나면 카운터를 1만큼 감소시킨다. 카운터 변수가 최댓값이 될 때가 바로 이벤트 수가 최대인 경우다.

예를 들어 앞의 그림 13.1에서 첫 7개의 점은 1(시작), 2(시작), 4(시작), 5(끝), 5(끝), 6(시작), 7(끝)이 된다. 카운터 값은 1, 2, 3, 2, 1, 2, 1의 순서로 갱신된다.

```
struct Event {
  int start, finish;
};

int FindMaxSimultaneousEvents(const vector<Event>& A) {
  struct Endpoint {
    int time;
```

```
    bool is_start;
  };

  // 모든 점을 포함하는 배열을 만든다.
  vector<Endpoint> E;
  for (const Event& event : A) {
    E.push_back({event.start, true});
    E.push_back({event.finish, false});
  }
  // 시간순으로 끝점을 정렬한다.
  // 점의 위치가 같을 때는 시작점을 끝점보다 앞에 오도록 한다.
  sort(begin(E), end(E), [](const Endpoint& a, const Endpoint& b) {
    // 시간이 같다면, 간격을 시작하는 끝점이 앞에 오도록 한다.
    return a.time != b.time ? a.time < b.time : (a.is_start && !b.is_start);
  });

  // 동시에 발생하는 이벤트의 개수를 추적한다.
  // 그리고 그중에서 가장 많은 이벤트의 개수를 저장한다.
  int max_num_simultaneous_events = 0, num_simultaneous_events = 0;
  for (const Endpoint& endpoint : E) {
    if (endpoint.is_start) {
      ++num_simultaneous_events;
      max_num_simultaneous_events =
          max(num_simultaneous_events, max_num_simultaneous_events);
    } else {
      --num_simultaneous_events;
    }
  }
  return max_num_simultaneous_events;
}
```

배열의 길이를 n이라고 했을 때, 이 배열을 정렬하려면 $O(n \log n)$의 시간이 걸린다. 정렬된 배열을 한 번 순회하는 데 $O(n)$ 시간이 걸리므로, 총 시간 복잡도는 $O(n \log n)$이 된다. 공간 복잡도는 $O(n)$이다.

응용: 1, 2, ..., n명의 사용자가 인터넷 모뎀을 공유하고 있다. i번째 사용자는 b_i의 대역폭을 s_i 시간부터 f_i 시간까지 사용한다. 대역폭을 최대로 많이 사용할 때는 언제인가?

문제 13.7 구간 합치기

어떤 사람의 하루 스케줄을 겹치지 않는 시간 구간으로 표현한다고 해 보자. 만약 어떤 이벤트가 이 사람의 일정에 추가된다면, 그날의 전체 스케줄을 갱신해야 한다.

우리가 원하는 것은 겹치지 않는 시간 구간의 집합에 새로운 시간 구간을 추가하는 것이다. 하지만 집합 안에서 시간 구간은 서로 겹치면 안 되므로 이 집합을 새롭게 다시 만들어야 한다. 예를 들어 기존의 집합이 [−4, −1], [0, 2], [3, 6], [7, 9], [11, 12], [14, 17]이고 [1, 8]을 추가한다면, 새로운 집합은 [−4, −1], [0, 9], [11, 12], [14, 17]이 된다.

정수 좌표로 이루어진 구간의 집합과 새로 추가될 구간이 입력으로 주어졌을 때, 새로 갱신된 구간의 집합을 반환하는 프로그램을 작성하라. 단, 입력으로 주어지는 구간의 집합은 서로 겹치지 않고, 왼쪽 점의 위치가 증가하는 순서대로 배열에 정렬되어 있다고 가정해도 좋다. 새롭게 갱신한 구간의 집합도 왼쪽 점의 위치가 증가하는 순서대로 정렬되어 있어야 한다.

힌트: 어떻게 두 개의 구간을 합칠 수 있을까?

해법: 무식한 방법으로 생각해 보자. 우선 구간 집합에서 가장 왼쪽에 있는 점과 가장 오른쪽에 있는 점의 위치를 찾고, 새롭게 추가되는 구간에서도 가장 왼쪽 점과 가장 오른쪽 점을 찾는다. 그리고 그 사이에 있는 모든 정수값에 대해서 겹치는 구간이 있는지 없는지 확인해 본다. 이 방법의 시간 복잡도는 $O(Dn)$이다. 여기서 D는 가장 왼쪽에 있는 점과 가장 오른쪽에 있는 점의 차이가 되고, n은 전체 구간의 개수이다. D가 n보다 훨씬 클 수도 있다. 예를 들어 구간 배열 정보가 ⟨[0, 1], [999999, 1000000]⟩으로 주어진다면, 이 방법을 사용하면 0부터 1000000까지 순회해야 한다.

사실 끝점이 아닌 값도 전부 살펴볼 필요는 없다. 왜냐하면 어떤 정수값 p가 끝점이 아니라면 $p − 1$도 끝점이 아니기 때문이다. 따라서 끝점을 찾는 데 초점을 맞추고, 정렬된 속성을 사용해서 구간 배열을 빠르게 처리하면 더 나은 방법이 된다.

배열의 구간을 처리할 때는 다음 세 가지 단계를 거친다.

1. 새롭게 추가할 구간보다 확실히 앞에 있는 구간들은 결과 배열에 곧바로 추가한다.

2. 새롭게 추가할 구간과 겹치는 구간을 만나면, 이 둘을 합친 구간을 새롭게 구한다. 그 뒤 계속해서 구간 집합을 순회하면서 합치는 작업을 계속한다. 더 이상 구간이 겹치지 않는다면 새롭게 합친 구간 하나를 결과 배열에 추가한다.

3. 마지막으로 남은 구간을 계속해서 순회한다. 기존의 배열이 정렬되어 있으므

로, 더 이상 새로운 구간과 겹치는 구간은 없다. 따라서 곧바로 결과 배열에 추가해 주면 된다.

정렬된 구간 배열이 [−4, −1], [0, 2], [3, 6], [7, 9], [11, 12], [14, 17]이고 새롭게 추가되는 구간이 [1, 8]이라고 가정하자. 첫 번째 단계를 시작한다. [−4, −1]은 [1, 8]과 겹치지 않으므로 바로 결과 집합에 추가한다. 그 다음에 [0, 2]는 [1, 8]과 겹치므로 두 번째 단계에 진입한다. 이 둘을 합쳐서 새로운 구간 [0, 8]을 만든다. 그 다음 [3, 6]은 [0, 8]에 속하므로 [7, 9]로 넘어간다. 이 구간은 [0, 8]과 겹치므로 이 둘을 합쳐 새로운 구간 [0, 9]를 만든다. 그 다음 [11, 12]는 [0, 9]와 겹치지 않으므로 세 번째 단계로 진입한다. 남은 구간을 전부 결과 배열에 추가하면 최종적으로 [−4, −1], [0, 9], [11, 12], [14, 17]이 된다. 이 알고리즘이 '지역적'인 정보를 어떻게 사용했는지 다시 살펴보자. 정렬의 속성에 의해 빠진 구간의 조합이 없다는 사실을 보장할 수 있다.

다음은 이를 구현한 코드이다.

```cpp
struct Interval {
  int left, right;
};

vector<Interval> AddInterval(const vector<Interval>& disjoint_intervals,
                             Interval new_interval) {
  size_t i = 0;
  vector<Interval> result;

  // disjoint_intervals에서 new_interval보다 앞에 등장하는 구간들을 처리한다.
  while (i < size(disjoint_intervals) &&
         new_interval.left > disjoint_intervals[i].right) {
    result.emplace_back(disjoint_intervals[i++]);
  }

  // disjoint_intervals에서 new_interval와 겹치는 구간들을 처리한다.
  while (i < size(disjoint_intervals) &&
         new_interval.right >= disjoint_intervals[i].left) {
    // 만약 [a, b]와 [c, d]가 겹친다면,
    // 이들을 합친 결과는 [min(a, c), max(b, d)]가 된다.
    new_interval = {min(new_interval.left, disjoint_intervals[i].left),
                    max(new_interval.right, disjoint_intervals[i].right)};
    ++i;
  }
  result.emplace_back(new_interval);
```

```
// disjoint_intervals에서 new_interval보다 뒤에 등장하는 구간들을 처리한다.
result.insert(end(result), begin(disjoint_intervals) + i,
              end(disjoint_intervals));
return result;
}
```

각 구간을 처리하는 데 $O(1)$ 시간을 사용하므로 전체 시간 복잡도는 $O(n)$이 된다.

문제 13.8 구간의 합 구하기

끝점이 정수값으로 주어진 구간의 집합을 생각해 보자. 구간의 끝은 열린 구간일 수도 있고 닫힌 구간일 수도 있다. 이런 구간의 집합을 하나로 합치려고 한다. 좀 더 자세한 예제는 그림 13.2에서 확인할 수 있다.

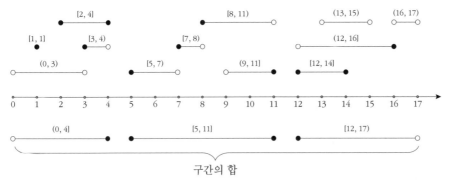

그림 13.2 구간의 집합과 그들을 합한 결과

구간의 집합이 입력으로 주어졌을 때, 이들을 합친 결과를 서로 중복되지 않는 구간 집합으로 출력하는 알고리즘을 설계하라.

힌트: 케이스 분석을 해 보라.

해법: 문제 13.7의 해법에서 언급했던 무식한 방법을 여기에도 적용해 볼 수 있다. 즉, 가장 왼쪽 점과 가장 오른쪽 점 사이의 모든 숫자를 확인해 보면 된다. 이전과 마찬가지로 이 방법의 시간 복잡도는 $O(Dn)$이다. 여기서 D는 가장 왼쪽에 위치한 점과 가장 오른쪽에 위치한 점의 차이와 같고 n은 구간의 개수와 같다. D는 받아들이기 힘들 정도로 엄청 클 수도 있다.

　이 문제에서도 구간 사이의 모든 값보다는 구간 자체에 초점을 맞추면 시간 복잡도를 개선할 수 있다. 우리는 다음 과정을 반복할 것이다. 임의의 구간을 선택한 뒤 이 구간과 겹치는 모든 구간을 찾는다. 만약 어떤 구간과도 겹치지 않는다면 이 구간을 입력 집합에서 삭제하고 결과 집합에 추가한다. 만약 겹치는 구간이 존재한다면, 이들을 모두 합한 뒤 겹쳤던 모든 구간을 입력 집합에서 삭제하고 결과 집합에 합한 결과 구간을 추가한다. 이때 합한 결과는 반드시 하나의 구간이어야 한다. 매번 적어도 하나의 구간을 삭제하고, 각 구간과 겹치는 구간을 찾고 합치는 데 $O(n)$의 시간이 걸리므로 전체 시간 복잡도는 $O(n^2)$이 된다.

이 방법을 좀 더 빠르게 하고 싶다면, 구간을 정렬한 뒤 차례대로 처리해 나가면 된다. 그럼 우리가 처리해야 할 구간의 부분 집합에 좀 더 집중할 수 있다. 예를 들어, 구간 집합을 왼쪽 점을 기준으로 정렬하면, 현재 구간보다 왼쪽에 있는 구간은 다시 방문할 필요가 없어진다.

왼쪽이 열린 구간이라면 그 점은 구간에 포함되지 않는다. 왼쪽 닫힌 구간, 오른쪽 열린 구간, 오른쪽 닫힌 구간도 마찬가지다. 정렬을 할 때, 두 구간의 왼쪽 점이 같다면, 닫힌 구간의 왼쪽 점을 먼저 두도록 한다.

정렬된 구간 배열을 순회하면서 다음과 같이 처리한다.

- 가장 최근에 결과 배열로 추가된 구간이 현재 구간과 겹치지 않으며, 결과 배열에 들어 있는 구간의 오른쪽 끝점과 현재 구간의 왼쪽 끝점이 겹치지 않는다. 이 경우에는 단순히 현재 구간을 결과 배열에 추가하면 된다.
- 가장 최근에 결과 배열로 추가된 구간이 현재 구간과 겹친다. 이 경우에는 최근에 추가한 구간과 현재 구간을 합쳐 준다.
- 가장 최근에 결과 배열로 추가된 구간의 오른쪽 끝점과 현재 구간의 왼쪽 끝점이 같고, 그중 하나 혹은 둘 다 닫힌 구간이다. 이 경우에도 역시 최근에 추가한 구간과 현재 구간을 합쳐준다.

예를 들어 그림 13.2의 결과 배열은 다음과 같이 갱신된다. $\langle (0,3) \rangle$, $\langle (0,4) \rangle$, $\langle (0,4], [5,7) \rangle$, $\langle (0,4], [5,8) \rangle$, $\langle (0,4], [5,11) \rangle$, $\langle (0,4], [5,11] \rangle$, $\langle (0,4], [5,11], [12,14] \rangle$, $\langle (0,4], [5,11], [12,16] \rangle$, $\langle (0,4], [5,11], [12,17) \rangle$.

```cpp
struct Interval {
  struct Endpoint {
    bool is_closed;
    int val;
  };
```

```
        Endpoint left, right;
};

vector<Interval> UnionOfIntervals(vector<Interval> intervals) {
  // 입력인 비어 있는 경우
  if (empty(intervals)) {
    return {};
  }

  // 왼쪽 끝점을 기준으로 구간을 정렬한다.
  sort(begin(intervals), end(intervals),
      [](const Interval& a, const Interval& b) {
        if (a.left.val != b.left.val) {
          return a.left.val < b.left.val;
        }
        // 왼쪽 끝점이 같으면서 하나는 닫힌 구간이고 다른 하나는 열린 구간일 경우에는,
        // 닫힌 구간이 먼저 등장해야 한다.
        return a.left.is_closed && !b.left.is_closed;
      });
  vector<Interval> result;
  for (Interval i : intervals) {
    if (!empty(result) &&
        (i.left.val < result.back().right.val ||
        (i.left.val == result.back().right.val &&
        (i.left.is_closed || result.back().right.is_closed)))) {
      if (i.right.val > result.back().right.val ||
          (i.right.val == result.back().right.val && i.right.is_closed)) {
        result.back().right = i.right;
      }
    } else {
      result.emplace_back(i);
    }
  }
  return result;
}
```

시간 복잡도는 정렬에 필요한 $O(n \log n)$이다.

문제 13.9 반복되는 원소가 많은 배열, 정렬하고 나누기

중복되는 원소가 존재하고, 크기가 굉장히 큰 배열을 재배치해야 한다고 생각해
보자. 예를 들어 입력 배열이 $\langle b, a, c, b, d, a, b, d \rangle$일 때, $\langle a, a, b, b, b, c, d, d \rangle$와
$\langle d, d, c, a, a, b, b, b \rangle$ 모두 올바른 정렬이라고 가정하자.

원소가 정수값이라면 단순히 배열을 정렬하면 된다. 만약 배열의 크기에 비해 서

로 다른 정수값의 개수가 얼마 안 된다면, 단순히 정렬 알고리즘을 적용하기보단 서로 다른 정수값이 등장한 횟수를 센 뒤 정렬된 순서료 배열에 다시 써 준다. 만약 배열의 원소가 하나의 키와 다수의 변수로 이루어진 객체라면, 이 문제는 어려워 진다.

학생 객체로 이루어진 배열이 주어졌다고 가정하자. 각 학생의 나이 정보가 주어 져 있고, 나이가 학생의 키값이 된다. 나이가 같은 학생들을 함께 두도록 배열을 재 정렬하고자 한다. 나이가 다른 학생의 순서는 중요하지 않다. 만약 나이가 정렬된 순서로 등장해야 하는 경우엔 또 어떻게 할 것인가?

힌트: 각 나이에 해당하는 학생수를 센다.

해법: 무식한 방법은 나이를 기준으로 배열을 정렬하는 것이다. 만약 배열의 길이가 n이라면 시간 복잡도는 $O(n \log n)$이 되고, 공간 복잡도는 $O(1)$이 된다. 이 방법 이 비효율적인 이유는 문제에서 요구하는 것보다 더 많은 처리를 수행하기 때문이 다. 단순히 나이가 같은 학생을 옆에 두기만 하면 된다.

문제에서 언급한 방법을 사용해 보자. 하지만 우리는 정수값이 아닌 객체를 사용 하므로 이 방법을 그대로 사용할 수는 없다. 즉, 두 학생의 나이가 같더라도 이 둘 은 다른 학생으로 처리해야 한다.

예를 들어, 다음 배열을 생각해 보자. 〈(Greg, 14), (John, 12), (Andy, 11), (Jim, 13), (Phil, 12), (Bob, 13), (Chip, 13), (Tim, 14)〉. 배열을 순회하면서 각 나이의 학생을 해시에 기록한다. 즉, 해시의 키는 학생의 나이가 되고, 값은 해당 나이의 학생수가 된다. 이 예제의 최종 해시값은 (14, 2), (12, 2), (11, 1), (13, 3)이 된다. 이 해시 결과에 따르면 우리는 14세인 학생 두 명, 12세인 학생 두 명, 11세인 학생 한 명, 13세인 학생 세 명이 있다. 나이가 같은 학생을 인접하게만 두면 이들을 어 떤 순서로 쓰든 관계없다.

결과를 저장할 배열에서 14세인 학생 두 명은 0번, 12세인 학생 두 명은 $0 + 2 =$ 2번, 11세인 학생 한 명은 $2 + 2 = 4$번, 13세인 학생 세명은 $4 + 1 = 5$번 인덱스에 서 시작한다. 기존 입력 배열을 순회하면서 각 학생의 나이에 맞는 인덱스에 작성 히기만 하면 된다. 예를 들어 입력 배열의 첫 4명의 학생을 결과 배열에 작성하면, 결과 배열은 〈(Greg, 14), _, (John, 12), _, (Andy, 11), (Jim, 13), _, _〉이 된다.

시간 복잡도는 $O(n)$이고, 그 결과를 새로운 배열에 작성해야 하므로 공간 복잡 도도 $O(n)$이 된다. 결과 배열을 새로 할당하지 않고 기존 입력 배열 내에서 갱신을 할 수 있으면 공간 복잡도를 줄일 수 있다. 이렇게 하려면 서로 다른 원소를 부분배열에 유지하고 있으면 된다. 각 부분배열은 아직 제자리를 찾지 못한 원소를 표시하고 있다. 부분배열의 요소를 교체하여 올바른 위치로 이동시킨다.

다음 프로그램은 부분배열을 추적하기 위해 해시테이블을 두 개 사용했다. 하나는 부분배열의 시작 지점을 기록하고, 다른 하나는 부분배열의 크기를 기록한다. 부분배열이 비면 즉시 제거한다.

```cpp
struct Person {
  int age;
  string name;
};

void GroupByAge(vector<Person>* people) {
  unordered_map<int, int> age_to_count;
  for (const Person& p : *people) {
    ++age_to_count[p.age];
  }
  unordered_map<int, int> age_to_offset;
  int offset = 0;
  for (const auto& [age, count] : age_to_count) {
    age_to_offset[age] = offset;
    offset += count;
  }

  while (!empty(age_to_offset)) {
    auto from = begin(age_to_offset);
    auto to = age_to_offset.find((*people)[from->second].age);
    swap((*people)[from->second], (*people)[to->second]);
    // age_to_count를 사용해서 해당 나이의 학생을 언제 전부 처리하는지 확인한다.
    --age_to_count[to->first];
    if (age_to_count[to->first] > 0) {
      ++to->second;
    } else {
      age_to_offset.erase(to);
    }
  }
}
```

처음에 해시테이블의 n번의 삽입연산을 수행하고, 두 번째에 한 원소를 올바른 위치로 옮기는 데 $O(1)$의 연산을 수행하였으므로 전체 시간 복잡도는 $O(n)$이 된다. 서로 다른 나이가 m개일 때 추가 공간 복잡도는 해시 테이블을 사용하는 데 필요한 $O(m)$이 된다.

만약 나이를 정렬된 순서로 배치하고 싶다면, 14장에서 소개할 이진 탐색 트리 방식의 맵을 사용하면 된다. 이진 탐색 트리 방식의 맵은 나이를 정렬된 순서대로 저장한다. 예를 들어, 나이-학생수의 쌍을 이진 탐색 트리 방식의 맵에 저장하면 그 순서는 $(11, 1), (12, 2), (13, 3), (14, 2)$가 된다. 시간 복잡도는 $O(n + m \log m)$이 된다. 왜냐하면 이진 탐색 트리에서 삽입 연산은 $O(\log m)$이 소요되기 때문이다. 이런 방식의 정렬을 계수정렬(counting sort)이라 한다.

문제 13.10 팀 사진 찍는 날 - 1

어떤 팀과 그 팀의 상대팀을 쌍으로 함께 사진을 찍으려고 한다. 양팀의 팀원 수는 동일하다. 팀 사진은 앞줄과 뒷줄에 선수들을 배치시킨 뒤 사진을 찍는다. 그림 13.3에 나와 있듯이 뒷줄의 선수는 반드시 앞의 선수보다 키가 커야 한다. 한줄의 선수들은 모두 같은 팀이어야 한다.

뒷줄
앞줄

그림 13.3 각 팀의 선수는 11명이고, 뒷줄의 각 선수는 자신보다 앞에 있는 선수보다 키가 크다.

두 팀의 키 정보가 입력으로 주어졌을 때, 이 같은 방식으로 선수들을 배치시킬 수 있는지 확인하라.

힌트: 구체적인 입력값으로 몇 번 테스트 해 보고 일반적인 결론을 만들라.

해법: 무식한 방법은 하나의 배열의 순열을 모두 생성한 뒤에 다른 배열의 원소와 하나씩 비교해 보는 것이다. 각 팀에 n명의 선수가 있을 때, 이 방법은 한 팀의 순열을 모두 생성하는 데 $O(n!)$ 시간이 걸리고 다른 팀과 키를 비교하는 데 $O(n)$의 시간이 걸리므로 전체 시간 복잡도는 $O(n! \times n)$이 된다. 너무 오래 걸린다.

직관적으로 가장 배치시키기 어려운 선수에 초점을 맞춰서 탐색 범위를 줄여 나가 보자. A팀이 B팀 뒤에 서야 한다고 가정해 보자. A팀에서 가장 큰 선수가 B팀에서 가장 큰 선수보다 키가 크지 않다면 A팀을 B팀 뒤에 세울 수 없다. 반대로 A팀의 가장 큰 선수가 B팀에서 가장 큰 선수보다 크다면, A팀의 이 선수를 B팀에서 키가 가장 큰 선수 뒤에 세울 수 있다. 같은 논리를 다른 선수들에도 적용할 수 있다. 즉, A팀에서 두 번째로 키가 큰 선수는 B에서 두 번째로 키가 큰 선수와 비교하면 된다.

이를 효율적으로 비교하기 위해선 키를 기준으로 *A*팀과 *B*팀의 선수를 정렬하면 된다. 그림 13.4는 키를 기준으로 그림 13.3의 선수를 정렬한 결과이다.

그림 13.4 그림 13.3의 팀을 정렬한 결과

다음은 이 방법을 사용해서 어떤 팀을 상대 팀의 앞에 세울 수 있는지 확인하는 프로그램이다.

```
class Team {
 public:
  explicit Team(const vector<int>& height) {
    transform(begin(height), end(height), back_inserter(players_),
              [](int h) { return Player{h}; });
  }

  // team0을 team1의 앞에 줄세울 수 있는지 확인한다.
  static bool ValidPlacementExists(const Team& team0, const Team& team1) {
    vector<Player> team0_sorted(team0.SortPlayersByHeight());
    vector<Player> team1_sorted(team1.SortPlayersByHeight());
    for (int i = 0; i < size(team0_sorted) && i < size(team1_sorted); ++i) {
      if (!(team0_sorted[i] < team1_sorted[i])) {
        // team0_sorted[i]는 team1_sorted[i] 뒤에 세울 수 없다.
        return false;
      }
    }
    return true;
  }

 private:
  struct Player {
    bool operator<(const Player& that) const { return height < that.height; }

    int height;
  };

  vector<Player> SortPlayersByHeight() const {
    vector<Player> sorted_players(players_);
    sort(begin(sorted_players), end(sorted_players));
    return sorted_players;
  }

  vector<Player> players_;
};
```

시간 복잡도는 정렬에 필요한 $O(n \log n)$이다.

문제 13.11 리스트를 빠르게 정렬하는 알고리즘 구현하기

리스트를 효율적으로 정렬하는 루틴을 작성하라. 그 결과는 안정된 정렬이어야 한다. 즉, 원소가 같은 경우에도 그들의 상대적인 위치가 변하지 않아야 한다.

힌트: 리스트가 배열보다 효과적인 부분은 무엇인가?

해법: 무식한 방법은 반복적으로 리스트에서 가장 작은 원소를 삭제한 뒤 새로운 리스트에 추가하는 것이다. 이 방법의 시간 복잡도는 $O(n^2)$이고 공간 복잡도는 $O(n)$이다. 여기서 n은 리스트의 노드의 개수와 같다. 새로운 리스트를 만들지 않고 기존 리스트에서 순서만 재배치하는 방법으로 공간 복잡도는 $O(1)$로 만들 수도 있다.

```cpp
shared_ptr<ListNode<int>> InsertionSort(const shared_ptr<ListNode<int >>& L) {
  auto dummy_head = make_shared<ListNode<int >>(ListNode<int>{0, L});
  auto iter = L;
  // 부분 리스트는 iter까지의 노드를 정렬된 순서로 저장하고 있다.
  // iter->next를 통해 다음 노드로 옮겨 간 이후에도 반드시 정렬되어 있어야 한다는
  // 속성을 만족해야 한다. iter->next가 올바른 위치로 이동할 때까지
  // 바로 전 노드와 맞바꿔 나가는 과정을 반복한다.
  while (iter && iter->next) {
    if (iter->data > iter->next->data) {
      auto target = iter->next, pre = dummy_head;
      while (pre->next->data < target->data) {
        pre = pre->next;
      }
      auto temp = pre->next;
      pre->next = target;
      iter->next = target->next;
      target->next = temp;
    } else {
      iter = iter->next;
    }
  }
  return dummy_head->next;
}
```

리스트가 역순으로 정렬되어 있는 경우에 이 방법의 시간 복잡도는 $O(n^2)$이 된다. 공간 복잡도는 $O(1)$이다.

배열에 관해 알고 있는 내용을 리스트에 적용해서 수행시간을 개선해 보자. 퀵정렬은 배열을 정렬하는 가장 좋은 방법이다. 시간 복잡도는 $O(n \log n)$이고 추가 공간을 사용하지 않는다. 하지만 안정된 정렬은 아니다. 병합 정렬은 안정된 $O(n \log n)$ 알고리즘이다. 하지만 정렬된 두 배열을 하나로 합치는 데 추가 공간을 사용하지 않고 선형시간에 수행하기 힘들기 때문에 추가 공간이 필요하다.

배열과 달리 리스트에선 병합과정을 추가공간 없이 수행할 수 있다. 개념적으로 리스트에서 삽입연산은 $O(1)$ 시간이 걸린다. 다음은 리스트에서 병합 정렬을 수행하는 프로그램이다. 리스트를 크기가 동일한 두 개의 부분 리스트로 나눈다. 리스트의 중앙을 찾기 위해 두 개의 반복자를 사용해서 하나의 반복자가 다른 반복자보다 두 배 빠르게 움직인다. 빠른 반복자가 리스트의 끝에 도달했을 때 느린 반복자는 리스트의 중앙에 위치한다. 부분 리스트를 재귀적으로 절반으로 나눈 뒤 문제 7.1의 해법(정렬된 두 리스트를 병합하는 방법)을 사용해서 정렬된 두 개의 부분 리스트를 합쳐준다.

```cpp
shared_ptr<ListNode<int>> StableSortList(shared_ptr<ListNode<int>> L) {
  // 기저 사례: L이 비어 있거나 노드가 하나인 경우에는 단순히 반환한다.
  if (L == nullptr || L->next == nullptr) {
    return L;
  }

  // 느린 포인터와 빠른 포인터를 사용해서 L의 중앙을 찾는다.
  shared_ptr<ListNode<int>> pre_slow = nullptr, slow = L, fast = L;
  while (fast && fast->next) {
    pre_slow = slow;
    fast = fast->next->next, slow = slow->next;
  }

  if (pre_slow) {
    pre_slow->next = nullptr;  // 크기가 동일한 두 개의 리스트로 나눈다.
  }
  return MergeTwoSortedLists(StableSortList(L), StableSortList(slow));
}
```

시간 복잡도는 병합 정렬과 마찬가지로 $O(n \log n)$이 된다. 재귀적으로 함수를 호출할 때 리스트의 크기를 절반씩 줄여 나가기 때문에, 함수 호출 스택의 깊이가 $\log n$이 되고, 따라서 명시적으로 추가 메모리를 사용하지 않았더라도 공간 복잡도는 $O(\log n)$이 된다.

문제 13.12 급여의 한계 구하기

여러분은 ABC 회사의 재무팀에서 일하고 있다. ABC 회사는 전체 급여에 들어가는 지출을 특정 지점까지 줄이려고 한다. CEO는 작년 급여에 한도를 설정해서 지출을 줄이려고 한다. 작년에 이 한도보다 많은 급여를 받은 직원은 올해 이 한도만큼만 급여를 받게 된다. 작년에 이 한도보다 적게 받은 직원의 급여는 변하지 않는다.

예를 들어 작년에 직원 다섯 명의 급여가 $90, $30, $100, $40, $20이고 올해 급여지출의 한계가 $210이라면, $60이 올해 급여의 한계가 된다. 왜냐하면 60 + 30 + 60 + 40 + 20 = 210이기 때문이다.

기존 급여와 전체 급여지출의 한도가 주어졌을 때, 각 직원이 받게 될 급여의 한도를 구하는 알고리즘을 설계하라.

힌트: 한도에 따라 급여가 어떻게 변하는가?

해법: 가능한 급여의 한도는 무한하기 때문에 여기서 무식한 방법은 도움이 되지 않는다.

급여의 한도는 0에서 현재 급여의 최댓값 사이가 된다. 한도에 따라 급여가 증가하므로 이 범위에서 이진 탐색을 할 수 있다. 만약 한도가 너무 커지면 한도를 그보다 올릴 필요가 없다. 한도가 너무 낮더라도 마찬가지이다.

n명의 직원의 급여 정보가 배열 A에 주어졌다고 가정하자. 급여를 나타내는 $P(c)$는 $\sum_{i=0}^{n-1} \min(A[i], c)$가 된다. 매번 이진탐색을 할 때마다 $P(c)$를 구하려면 $O(n)$의 시간이 걸린다. 문제 11.5의 해법에서 말했듯이 이진 탐색을 수행하는 횟수는 가장 높은 급여와 얼마나 정확한 값을 찾고 싶은지에 따라 달라진다.

좀 더 분석적인 방법을 사용해서 특정 오차에 대한 필요를 없애보자. 직관적으로 전체 급여의 한도를 증가할 때, 이 한도가 어떤 직원의 급여를 넘지 않는다면 전체 급여는 선형적으로 증가한다. 따라서 직원들의 급여를 증가하는 순서대로 순회함으로써 문제를 해결할 수 있다. 직원의 급여가 배열 A에 정렬된 순서로 주어졌다고 가정하자. 전체 급여의 한도 T는 k번째와 $k+1$번째 직원의 급여 사이에 있을 것이다. 따라서 $\sum_{i=0}^{k-1} A[i] + (n-k)c$이 T가 되는 c를 찾으면 되고, 이 c는 $(T - \sum_{i=0}^{k-1} A[i]) / (n-k)$이 된다.

주어진 예제를 살펴보자. $A = \langle 20, 30, 40, 90, 100 \rangle$이고 $T = 210$이다. 각 직원의 급여를 전체 급여의 한도라고 설정했을 때 배열 A는 $\langle 100, 140, 170, 270, 280 \rangle$

이 된다. $T = 210$이고, 이는 170과 270 사이의 값이므로 급여의 전체 한도는 40과 90 사이의 값이 될 것이다. 급여의 전체 한도 c가 40과 90 사이에 있으므로 전체 급여는 $20 + 30 + 40 + 2c$가 된다. 이 값이 210이 되어야 하므로 $20 + 30 + 40 + 2c = 210$을 계산하면 $c = 60$이 된다.

```
double FindSalaryCap(int target_payroll, vector<int> current_salaries) {
  sort(begin(current_salaries), end(current_salaries));
  double unadjusted_salary_sum = 0.0;
  for (int i = 0; i < size(current_salaries); ++i) {
    const int adjusted_people = size(current_salaries) - i;
    const double adjusted_salary_sum = current_salaries[i] * adjusted_people;
    if (unadjusted_salary_sum + adjusted_salary_sum >= target_payroll) {
      return (target_payroll - unadjusted_salary_sum) / adjusted_people;
    }
    unadjusted_salary_sum += current_salaries[i];
  }
  // target_payroll > 기존의 급여이므로 해법이 존재하지 않는다.
  return -1.0;
}
```

가장 비용이 많이 드는 연산은 A를 정렬하는 부분이다. 따라서 전체 시간 복잡도는 $O(n \log n)$이 된다. A를 정렬한 뒤에는 단순하게 배열을 순회하면서 전체 급여의 한도를 넘어서는 첫 번째 급여가 무엇인지 찾은 뒤 수식을 계산하면 된다.

만약 급여가 이미 정렬되어 있고 누적 합계가 주어져 있다면, 전체 급여의 한도 T에 대해 이진 탐색을 수행할 수 있으므로 시간 복잡도는 $O(\log n)$이 된다.

응용: $O(1)$ 공간을 사용해서 이 문제를 풀어 보라.

14장

이진 탐색 트리

$n + 1$개의 노드 α, β, γ, ...가 주어졌을 때 만들 수 있는 트리는 $(n + 1)^{n-1}$개이다.
〈A Theorem on Trees〉, 아서 케일리(A. Cayley), 1889

이진 탐색 트리(BST)는 배열과 비슷하지만 저장된 값(키)이 정렬되어 있다. 이진 탐색 트리에서 키값을 탐색할 수도 있고 최솟값 혹은 최댓값을 찾을 수도 있다. 탐색할 키값(꼭 이진 탐색 트리에 없어도 된다)의 전임자(predecessor) 혹은 후임자(successor)를 찾을 수도 있고, 정해진 범위에서 키값을 정렬된 상태로 나열할 수도 있다. 또한 정렬된 배열과 다르게 이진 탐색 트리에서는 원소를 추가하거나 삭제하는 작업을 효율적으로 할 수 있다.

이진 탐색 트리는 9장에서 말한 것처럼 비교 가능한(예를 들어 정수값이나 문자열) 키가 노드에 저장된 이진 트리를 말한다. 노드에 저장된 키는 이진 탐색 트리의 속성을 만족해야 한다. 어떤 노드의 키값은 그 노드보다 왼쪽에 놓인 부분 트리의 노드 키값보다 커야 하고, 오른쪽에 놓인 부분 트리의 노드 키값보다 작거나 같아야 한다. 그림 14.1에는 첫 16개의 소수를 키값으로하는 이진 탐색 트리가 예제로 주어졌다.

탐색, 삽입, 삭제 연산의 시간 복잡도는 트리의 높이에 비례한다. 따라서 삽입과 삭제를 단순하게 구현하면 최악의 경우에 $O(n)$이 될 수도 있다. 하지만 트리의 높이 상한을 $O(\log n)$으로 유지하는 삽입 및 삭제 구현방식이 존재한다. 이를 위해선 트리의 노드에서 추가적인 데이터를 저장하거나 갱신하기도 한다. 레드-블랙 트리는 높이가 균형 잡힌 이진 탐색 트리의 한 예제이며 자료구조 라이브러리에서 널리 사용되고 있다.

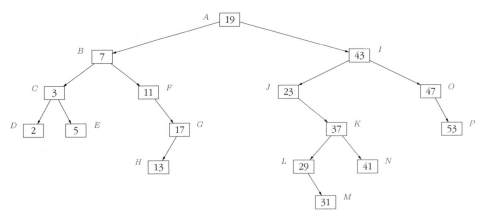

그림 14.1 이진 탐색 트리의 예제

이진 탐색 트리의 흔한 실수 중 하나는 이진 탐색 트리의 객체를 갱신할 때 생긴다. 객체가 이진 탐색 트리에 존재하더라도 제대로 찾지 못하는 경우가 발생하는 것이다. 이진 탐색 트리의 객체를 갱신할 때는, 일단 트리에서 해당 객체를 삭제한 뒤 다시 추가해야 한다. (일반적으로 수정 가능한 객체는 이진 탐색 트리에 집어 넣지 않도록 하자.)

다음은 이진 탐색 트리의 프로토타입이다.

```
template <typename T>
struct BSTNode {
  T data;
  unique_ptr<BSTNode<T>> left, right;
};
```

이진 탐색 트리 부트 캠프

이진 탐색 트리가 사용되는 가장 기본적인 예는 탐색이다. 해시 테이블과 달리 이진 탐색 트리에서는 최솟값과 최댓값을 찾을 수 있고, 그 다음으로 큰 원소 혹은 그 다음으로 작은 원소를 찾을 수도 있다. 이러한 연산은 라이브러리에 구현된 이진 탐색 트리를 사용하면 탐색, 삭제, 찾기 연산과 마찬가지로 $O(\log n)$의 시간이 걸린다. 이진 탐색 트리와 해시 테이블 모두 $O(n)$의 공간을 사용하지만, 실제로 이진 탐색 트리는 공간을 그보다 조금 더 사용한다.

다음 프로그램은 주어진 값이 이진 탐색 트리에 존재하는지 확인하는 프로그램이다. 이진 탐색 트리에서 연산을 수행할 때 재귀가 얼마나 강력한지 보여 준다.

```
BstNode<int>* SearchBST(const unique_ptr<BstNode<int>>& tree, int key) {
  if (tree == nullptr) {
    return nullptr;
  }
  return tree->data == key ? tree.get()
                           : key < tree->data ? SearchBST(tree->left, key)
                                              : SearchBST(tree->right, key);
}
```

이 프로그램은 각 단계마다 트리의 밑으로 내려가고, 각 높이에서 $O(1)$ 시간을 사용하므로 전체 시간 복잡도는 $O(h)$가 된다. 여기서 h는 트리의 높이를 말한다.

☑ **이진 탐색 트리 문제를 풀기 전 꼭 알고 있어야 할 내용**

이진 탐색 트리에서는 $O(n)$ 시간에 원소를 **정렬된 순서**로 순회할 수 있다. (균형이 잡혀 있지 않아도 된다.) [문제 14.2]

어떤 문제는 **이진 탐색 트리와 해시 테이블을 함께 사용**해야 한다. 예를 들어 학생 객체를 GPA를 기준으로 정렬해 이진 탐색 트리에 삽입했다고 가정하자. 이때 학생의 GPA를 갱신해야 한다면, 그리고 주어진 정보가 학생의 이름과 새로운 GPA뿐이라면, 학생의 이름으로 트리를 모두 순회해야 한다. 하지만 추가로 해시테이블을 사용한다면 필요한 노드에 직접 도달할 수 있다.

때로는 간격(interval)과 같은 더 복잡한 데이터를 제어하고, 범위의 요소 개수와 같은 더 복잡한 쿼리를 효과적으로 지원하기 위해 이진 탐색 트리를 **보강(augment)**할 필요가 있다. [문제 14.11]

이진 탐색 트리의 속성은 **전역적인(global) 속성**이다. 즉, 이진 트리는 각 노드의 키가 왼쪽 자식 키보다 크고 오른쪽 자식 키보다 작은 속성을 가질 수 있지만, 그렇더라도 이진 탐색 트리가 아닐 수 있다. [문제 14.1]

이진 탐색 트리 라이브러리 이해하기

C++에서 흔하게 사용하는 이진 탐색 트리 기반 자료구조는 set와 map이다. '12장 해시테이블'에서 설명한 unordered_set, unordered_map과 비슷하게 set는 키를 저장하고 map은 키와 값 쌍을 저장한다.

unordered_set 이외에, set에 추가된 기능은 다음과 같다. map에 추가된 기능도 유사하다.

- begin()에 의해 반환되는 반복자는 오름차순으로 키를 순회한다.(내림차순으로 키를 반복하려면 rbegin()을 사용한다.)
- *begin()/*rbegin()은 이진 탐색 트리에서 가장 작은 키와 가장 큰 키를 생성한다.
- lower_bound(12)/upper_bound(3)은 인수보다 크거나, 같거나 큰 첫 번째 원소를 반환한다.
- equal_range(10)은 인수와 동일한 값의 범위를 반환한다.

이러한 동작은 기본적으로 트리에 기반하기 때문에 시간 복잡도가 $O(\log n)$이라는 사실이 특히 중요하다.

set와 map의 생성자는 키의 순서를 정하는 데 필요한 비교 객체를 명시적으로 지정할 수 있으므로, 이 구문에 익숙해져야 한다. (13장 앞부분에 비교 객체의 구문이 예제로 나와 있다.)

문제 14.1 이진 트리가 이진 탐색 트리의 속성을 만족하는지 확인하기

이진 트리가 입력으로 주어졌을 때 해당 트리가 이진 탐색 트리의 속성을 만족하는지 확인하는 프로그램을 작성하라.

힌트: 각 노드에 대해서 해당 노드의 키가 왼쪽 자식의 키보다 크거나 같은지 확인하고 오른쪽 자식의 키보다 작거나 같은지 확인하는 게 맞는 걸까?

해법: 직접적인 접근 방법은 먼저 이진 탐색 트리의 정의에 따라 루트에서 시작해서 루트의 왼쪽 부분 트리에서 가장 큰 키를 구하고 루트의 오른쪽 부분 트리에서 가장 작은 키를 구하는 것이다. 그다음 루트의 키가 왼쪽 부분 트리에서 가장 큰 키보다 크거나 같고 오른쪽 부분 트리에서 가장 작은 키보다 작거나 같은지 확인한다. 만약 두 조건을 모두 만족하면 루트의 왼쪽 부분 트리와 오른쪽 부분 트리를 재귀적으로 확인한다. 만약 하나라도 조건을 만족하지 않으면 false를 반환한다.

이진 트리에서 가장 작은 키를 찾는 작업은 단순하다. 루트, 왼쪽 부분 트리, 오른쪽 부분 트리에 저장된 키 중에서 가장 작은 키를 찾으면 된다. 가장 큰 키를 찾는 작업도 비슷하다. 일반적인 이진 트리는 이진 탐색 트리의 속성을 만족하지 않을 수도 있으므로 최솟값을 찾을 때는 부분 트리의 키를 모두 확인해야 한다.

이 방법의 문제는 부분 트리를 반복해서 탐색한다는 점이다. 최악의 경우에 한쪽으로 기울어져 있는 이진 탐색 트리의 경우에는 $O(n^2)$ 시간이 걸린다. 여기서 n은 노드의 개수이다. 캐시를 사용해서 각 노드에서 가장 작은 키와 가장 큰 키를 저장하고 있으면 $O(n)$ 시간으로 개선할 수 있다. 하지만 캐시를 사용하느라 $O(n)$의 추가 공간이 든다.

트리의 높이가 h일 때, 시간 복잡도는 $O(n)$이고 공간 복잡도는 $O(h)$가 되는 두 가지 방법을 소개할 것이다.

첫 번째 방법은 각 부분 트리에서 주어진 제약조건을 확인하는 것이다. 처음에는 루트에서 시작한다. 각 노드의 왼쪽(오른쪽) 부분 트리는 반드시 루트의 키보다 작거나 같아야(크거나 같아야) 한다. 이 사실을 일반화하면 다음과 같다. 트리에 있는 모든 노드의 키값 범위를 $[l, u]$라고 하고 루트의 키를 w라고 했을 때, w는 반드시 $[l, u]$ 사이에 있어야 하고, 왼쪽 부분 트리의 모든 키는 $[l, w]$ 사이에 있어야 하고, 오른쪽 부분 트리의 모든 키는 $[w, u]$ 사이에 있어야 한다.

예제를 살펴보자. 그림 14.1의 이진 탐색 트리에 적용해 보면, 처음 키의 범위는 $[-\infty, \infty]$이다. B를 루트로 하는 부분 트리를 재귀 호출하면 키의 범위가 $[-\infty, 19]$가 된다. 여기서 19는 A의 왼쪽 부분 트리가 가질 수 있는 키의 상한이 된다. F를 루트로 하는 부분 트리를 재귀 호출하면 키의 범위는 $[7, 19]$가 된다. K를 루트로 하는 부분 트리를 재귀 호출하면 키의 범위는 $[23, 43]$이 된다. 그림 9.1에 나와 있는 이진 트리는, 재귀 호출을 통해 C까지 내려가 보면 이진 탐색 트리가 아니라는 사실을 알 수 있다. C의 키의 범위는 $[-\infty, 6]$이지만 F의 키는 271이므로 이진 탐색 트리의 속성을 만족하지 못한다.

```cpp
bool IsBinaryTreeBST(const unique_ptr<BinaryTreeNode<int>>& tree) {
  return AreKeysInRange(tree, numeric_limits<int>::min(),
                        numeric_limits<int>::max());
}


bool AreKeysInRange(const unique_ptr<BinaryTreeNode<int>>& tree,
                    int low_range, int high_range) {
  if (tree == nullptr) {
    return true;
  } else if (tree->data < low_range || tree->data > high_range) {
    return false;
  }
```

```
    return AreKeysInRange(tree->left, low_range, tree->data) &&
        AreKeysInRange(tree->right, tree->data, high_range);
}
```

시간 복잡도는 $O(n)$이고, 추가적인 공간 복잡도는 $O(h)$다. h는 트리의 높이다.

중위 순회를 사용하는 방법도 있다. 중위 순회는 키값을 정렬된 순서로 방문한다. 따라서 중위 순회의 결과가 정렬되어 있다면, 해당 이진 트리는 반드시 이진 탐색 트리이다. (이것은 이진 탐색 트리의 정의와 중위 순회의 정의를 그대로 따른다.) 따라서 중위 순회를 통해 가장 최근에 방문한 노드의 키를 저장함으로써 이진 탐색 트리의 속성을 확인할 수 있다. 새로운 노드를 방문할 때마다 바로 이전에 방문했던 키와 비교한다. 만약 이전에 방문한 키보다 현재 노드의 키가 크다면 이진 탐색 트리의 속성을 위반한 것이다.

두 방법 모두 왼쪽 부분 트리를 먼저 순회한다. 따라서 이진 탐색 트리의 속성을 만족하지 않는 노드가 루트에 가까이 있다고 하더라도(예를 들어 오른쪽 자식의 키가 루트의 키보다 작은 경우), 시간 복잡도는 여전히 $O(n)$이 된다.

너비 우선 탐색과 같은 방식으로 이진 탐색 트리의 속성을 위반하는 경우를 찾아보자. 이 방법은 이진 탐색 트리의 속성을 만족하지 않는 노드가 루트에 가까이 있는 경우를 보다 빠르게 찾을 수 있다.

구체적으로, 큐에 인접한 노드와 해당노드의 하한값과 상한값을 함께 삽입한다. 처음에는 큐에 루트 노드와 하한 $-\infty$와 상한 ∞를 함께 삽입한다. 반복적으로 각 노드에서 범위의 조건을 확인한다. 만약 해당 조건을 만족하지 않는 노드를 발견하면 탐색을 중지한다. 조건을 만족한 경우에는 자식 노드와 자식 노드의 하한을 함께 큐에 삽입한다.

예를 들어 그림 14.1을 살펴보자. 큐에는 초깃값으로 $(A, [-\infty, \infty])$를 삽입한다. 매번 큐에서 노드를 꺼내고 조건을 확인한다. 첫 번째 엔트리 $(A, [-\infty, \infty])$를 꺼낸 뒤 A 노드의 자식 노드를 알맞은 범위와 함께 큐에 삽입한다. 예를 들면 $(B, [-\infty, 19])$와 $(I, [19, \infty])$다. 계속해서, $(B, [-\infty, 19])$ 노드를 꺼내서 자식 노드를 더한다. 즉, $(C, [-\infty, 7])$과 $(D, [7, 19])$를 삽입한다. 이 과정을 반복한다. 모든 노드가 조건을 만족하면 해당 트리는 이진 탐색 트리의 조건을 만족하게 된다.

만약 특정 깊이에서 이진 탐색 트리의 속성을 만족하지 않는 부분 트리가 발견됐다면, 더 이상 깊이 들어가지 않아도 된다. 왜냐하면 각 노드의 키가 될 수 있는 하한과 상한을 가능한 아주 엄격하게 설정했기 때문이다. 해당 조건을 만족하지 않는 순간 해당 트리는 이진 탐색 트리의 속성을 만족하지 않게 된다.

```cpp
struct Queue Entry {
  const unique_ptr<BinaryTreeNode<int>>& tree_node;
  int lower_bound, upper_bound;
};

bool IsBinaryTreeBST (const unique_ptr<BinaryTreeNode<int>>& tree) {
  queue<QueueEntry> bfs_queue;
  bfs_queue.emplace(QueueEntry{tree, numeric_limits<int>::min(),
                              numeric_limits<int>::max()});
  while (!empty(bfs_queue)) {
    if (bfs_queue.front().tree_node.get() ) {
      if (bfs_queue.front().tree_node->data < bfs_queue.front().lower_bound ||
          bfs_queue.front().tree_node->data > bfs_queue.front().upper_bound) {
        return false ;
      }
      bfs_queue.emplace(QueueEntry{bfs_queue.front().tree_node->left,
                                   bfs_queue.front().lower_bound,
                                   bfs_queue.front().tree_node->data});
      bfs_queue.emplace(QueueEntry{bfs_queue.front().tree_node->right,
                                   bfs_queue.front().tree_node->data,
                                   bfs_queue.front().upper_bound});
    }
    bfs_queue.pop();
  }
  return true;
}
```

시간 복잡도는 $O(n)$이고, 추가적인 공간 복잡도도 $O(n)$이다.

문제 14.2 이진 탐색 트리에서 주어진 값보다 큰 첫 번째 키 찾기

이진 탐색 트리와 값 하나가 입력으로 주어졌을 때, 중위 순회의 결과 해당 값보다 큰 첫 번째 키를 반환하는 프로그램을 작성하라. 예를 들어 그림 14.1의 이진 탐색 트리와 입력값 23이 주어진다면 29를 반환해야 한다.

힌트: 추가적인 상태를 유지하면서 이진 탐색을 수행하라.

해법: 이진 탐색 트리의 노드가 n개일 때, 단순하게 중위 순회를 하면 $O(n)$ 시간에 해당 노드를 찾을 수 있다. 하지만 이 방법은 이진 탐색 트리의 속성을 사용하지 않았다.

이보다 더 나은 접근법은 이진 탐색 트리의 탐색 특성을 사용하는 것이다. 가장 적합한 후보를 저장한 뒤 트리를 한 칸씩 내려가면서 해당 후보를 반복적으로 갱신한다. 부분 트리의 키와 입력값을 비교한 뒤 탐색하지 않아도 될 부분 트리를 제거해 나간다. 즉, 현재 부분 트리의 루트값이 입력값보다 작거나 같으면 오른쪽 부분 트리를 탐색한다. 만약 현재 부분 트리의 루트값이 입력값보다 크다면, 후보를 현재 루트로 갱신한 뒤 왼쪽 부분 트리를 탐색해 나간다. 우리가 원하는 결과는 현재 노드를 루트로 하는 트리 내에 반드시 존재해야 하기 때문에 이 알고리즘은 올바르게 동작한다.

예를 들어 그림 14.1의 이진 탐색 트리에서 23보다 큰 첫 번째 노드를 찾아야 한다고 하면, A, I, J, K, L의 순서로 노드를 방문하게 될 것이다. L은 왼쪽 자식이 없고 이 노드의 키는 29이기 때문에 29가 결과가 된다.

```
BstNode<int>* FindFirstGreaterThanK(const unique_ptr<BstNode<int>>& tree,
                                    int k) {
  BstNode<int>*subtree = tree.get(), *first_so_far = nullptr;
  while (subtree) {
    if (subtree->data > k) {
      first_so_far = subtree;
      subtree = subtree->left.get();
    } else {  // 루트와 왼쪽 부분 트리의 모든 키는 k보다 작거나 같으므로 이들은 건너뛴다.
      subtree = subtree->right.get();
    }
  }
  return first_so_far;
}
```

트리의 높이가 h일 때 시간 복잡도는 $O(h)$가 된다. 공간 복잡도는 $O(1)$이다.

응용: 이진 탐색 트리와 입력값 하나가 주어졌을 때, 입력값과 키가 같은 노드 중에서 중위 순회로 처음 등장하는 노드를 반환하는 프로그램을 작성하라. 예를 들어 그림 14.2의 이진 탐색 트리가 주어졌을 때, 입력값이 108이면 노드 B, 285면 노드 G, 143이면 null을 반환해야 한다.

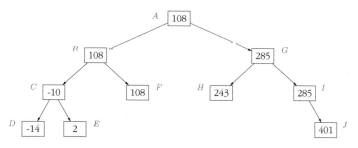

그림 14.2 중복된 키를 가지고 있는 이진 탐색 트리

문제 14.3 이진 탐색 트리에서 가장 큰 k개의 원소 찾기

이진 탐색 트리는 정렬된 자료구조이므로 k번째로 큰 원소를 찾는 작업은 쉽다.

이진 탐색 트리와 정수값 k가 입력으로 주어졌을 때, 이진 탐색 트리에서 가장 큰 k개의 원소를 반환하는 프로그램을 작성하라. 예를 들어 이진 탐색 트리가 그림 14.1로 입력되고 $k = 3$이라면 $(53, 47, 43)$을 반환해야 한다.

힌트: 중위 순회로 얻을 수 있는 결과는 무엇인가?

해법: 무식한 방법으로 접근해 보자. 중위 순회를 통해 키를 오름차순으로 순회하면서 그중에서 마지막 k개의 키를 반환하면 된다. 큐를 사용하면 k번 이전에 방문했던 노드를 손쉽게 빼낼 수 있으므로, 방문한 노드를 저장할 때 큐를 사용하면 좋다. 하지만 이 방법은 불필요한 노드 또한 처리한다는 단점이 있다. 예를 들어 k값이 작으면서 왼쪽 부분 트리가 큰 경우다.

이보다 더 나은 방법은 원하는 노드에서 시작해서 거꾸로 찾아 나가는 방법이다. 먼저 가능한 오른쪽 부분 트리로 재귀적으로 내려간다. 만약 오른쪽 부분 트리가 존재하지 않은 경우에는 왼쪽 부분 트리로 내려간다. 이 방법은 거꾸로 중위 순회를 하는 것과 같다. 그림 14.1의 이진 탐색 트리를 거꾸로 중위 순회를 한다면 그 결과는 $\langle P, O, I, N, K, M, L, J, A, G, H, F, B, E, C, D \rangle$가 된다.

k개의 노드를 모두 방문한 순간 순회를 중단한다. 다음은 찾고자 하는 키를 동적 배열에 저장하는 코드이다. 배열의 원소가 k개가 되는 순간 해당 배열을 반환한다. 문제에 나와 있는 대로 새롭게 방문하는 노드를 배열의 끝에 저장한다.

```
vector<int> FindKLargestInBST(const unique_ptr<BstNode<int>>& tree, int k) {
  vector<int> k_largest_elements;
```

```
  FindKLargestInBSTHelper(tree, k, &k_largest_elements);
  return k_largest_elements;
}

void FindKLargestInBSTHelper(const unique_ptr<BstNode<int>>& tree, int k,
                             vector<int>* k_largest_elements) {
  // 중위 순회를 거꾸로 수행한다.
  if (tree && size(*k_largest_elements) < k) {
    FindKLargestInBSTHelper(tree->right, k, k_largest_elements);
    if (size(*k_largest_elements) < k) {
      k_largest_elements->emplace_back(tree->data);
      FindKLargestInBSTHelper(tree->left, k, k_largest_elements);
    }
  }
}
```

그림 14.1에서 가장 큰 5개의 키를 찾고자 할 때, 먼저 재귀적으로 A, I, O, P를 순서대로 방문한다. 그 다음에 P, O, I의 순서대로 방문하고 이들을 결과에 추가한다. 그리고 재귀적으로 J, K, N을 순서대로 방문한다. 마지막에 N과 K를 방문한 순간 이들을 결과에 저장한다. 배열에 저장한 키가 다섯 개가 되었으므로 순회를 중단한다.

시간 복잡도는 $O(h + k)$이다. 이는 트리가 균형 잡혀 있고 k가 작은 경우에 일반적인 중위 순회보다 더 빠르다. 복잡도의 상한은 다음과 같이 구할 수 있다. 이 프로그램은 많아야 h번 트리를 내려가고, 그 횟수는 적어도 트리를 다시 올라가는 횟수보다 많다. 또한 결과에 추가할 노드를 방문을 한 뒤에야 트리를 다시 올라간다. k개의 노드를 결과에 넣은 뒤에는 프로그램이 종료된다.

문제 14.4 이진 탐색 트리에서 최소 공통 조상 구하기

이진 탐색 트리는 특별한 이진 트리이므로 문제 9.4에 나와 있는 것처럼 최소 공통 조상(LCA)의 개념이 적용된다.

이진 탐색 트리에서 두 노드의 최소 공통 조상을 구하는 것이 일반적인 이진 트리에서 최소 공통 조상을 구하는 것보다 보통 더 쉽지는 않다. 왜냐하면 구조적으로 이진 트리의 키값이 모두 같다고 했을 때 모든 이진 트리를 이진 탐색 트리로 볼 수 있기 때문이다. 하지만 중복된 키가 없는 경우에는 최소 공통 조상을 찾는 알고리즘을 개선할 수 있다.

이진 탐색 트리와 노드 두 개가 입력으로 주어졌을 때, 두 노드의 최소 공통 조상을 반환하는 알고리즘을 설계하라. 예를 들어 그림 14.1의 이진 탐색 트리와 노드 C와 G가 입력으로 주어졌을 때, 여러분의 알고리즘은 B를 만환해야 한다. 중복된 키는 없다고 가정해도 좋다. 노드 안에 부모를 가리키는 참조 변수는 없다.

힌트: 이진 탐색 트리의 속성을 활용하라.

해법: 문제 9.3의 해법을 살펴보면 이진 트리에서 이 문제를 해결하는 알고리즘을 확인할 수 있다. 이 알고리즘은 후위 순회를 통해 문제를 해결한다. 두 노드의 최소 공통 조상은 두 노드를 방문한 이후에 가장 먼저 방문하는 노드가 된다. 노드의 개수가 n일 때 이 방법의 시간 복잡도는 $O(n)$이 된다.

이 방법은 이진 탐색 트리에 중복된 키가 없는 경우에 좀 더 개선될 여지가 있다. 그림 14.1의 이진 탐색 트리와 노드 C, G를 확인해 보자. C와 G의 키는 A의 키보다 작으므로 최소 공통 조상은 A의 왼쪽 부분 트리에 있어야 한다. B를 살펴보면 C의 키는 B의 키보다 작고 B의 키는 G의 키보다 작다. 따라서 B가 C와 G의 최소 공통 조상이 된다.

두 노드 s와 b의 최소 공통 조상을 구해 보자. 일반성을 잃지 않고 s의 키가 b의 키보다 작다고 가정한다(중복된 키가 없다고 가정했기 때문에 s와 b의 키가 같을 수는 없다). 이진 탐색 트리의 루트에 저장된 키를 살펴보면 다음과 같은 네 가지 가능성이 존재한다.

- 루트의 키가 s 혹은 b의 키와 같으면, 루트가 최소 공통 조상이 된다.
- s의 키가 루트의 키보다 작고 b의 키가 루트의 키보다 크다면, 루트가 최소 공통 조상이 된다.
- s와 b의 키가 모두 루트보다 작다면, 최소 공통 조상은 루트의 왼쪽 부분 트리에서 찾을 수 있다.
- 두 노드의 키가 모두 루트보다 크다면, 최소 공통 조상은 루트의 오른쪽 부분 트리에서 찾을 수 있다.

```cpp
// 입력 노드는 null이 아니고 노드 s의 키값이 노드 b의 키값보다 작거나 같다.
BstNode<int>* FindLca(const unique_ptr<BstNode<int>>& tree,
                      const unique_ptr<BstNode<int>>& s,
                      const unique_ptr<BstNode<int>>& b) {
  auto* p = tree.get();
  while (p->data < s->data || p->data > b->data) {
    // p가 [s, b]의 범위 안에 없으므로 계속 탐색한다.
```

```
    while (p->data < s->data) {
      p = p->right.get();  // 최소공통조상은 p의 오른쪽 부분 트리에 있다.
    }
    while (p->data > b->data) {
      p = p->left.get();  // 최소공통조상은 p의 왼쪽 부분 트리에 있다.
    }
  }
  // 이제 s->data <= p->data && p->data <= b->data이다.
  return p;
}
```

매번 트리를 한 칸씩 내려가므로, 트리의 높이가 h일 때 시간 복잡도는 $O(h)$가 된다.

문제 14.5 순회한 데이터를 통해 이진 탐색 트리 재구성하기

문제 9.12에서 얘기했듯이 중위 순회로 방문한 노드의 수열은 같지만 실제 이진 트리의 모양은 다른 경우가 무수히 많다. 전위 순회와 후위 순회도 마찬가지이다. 하지만 중위 순회로 방문한 노드의 수열과 전위 순회 혹은 후위 순회로 방문한 노드의 수열이 함께 주어졌다면, 유일한 이진 트리를 찾을 수 있다. 여기서는 트리가 이진 탐색 트리라는 사실을 알고 있을 때, 한 가지 방문 수열만으로 트리를 재구성할 수 있는지 살펴볼 것이다.

중요한 사실은 트리에 저장된 원소가 중복되지 않았다는 점이다. 만약 루트의 키가 v이고 다른 노드의 키도 v가 될 수 있다면, v 이후의 수열이 v의 왼쪽 부분 트리인지 오른쪽 부분 트리인지 판별할 수가 없다. 예를 들어 그림 14.2에서 G가 해당 트리의 루트라고 했을 때, 이를 전위 순회한다면 그 수열은 285, 243, 285, 401이 된다. 하지만 285가 왼쪽 부분 트리 243의 오른쪽 자식노드이고 401이 루트의 오른쪽 자식노드인 경우에도 전위 순회의 결과는 같다.

이진 탐색 트리를 중위 순회로 방문한 키의 시퀀스가 주어졌다고 가정하자. 중복된 키값은 없다. 이 시퀀스를 통해 이진 탐색 트리를 재구성할 수 있을까? 만약 그렇다면 프로그램을 작성해 보라. 전위 순회와 후위 순회의 결과가 주어졌을 때도 같은 문제를 풀어 보라.

힌트: 키가 1, 2, 3인 다섯 개의 이진 탐색 트리를 그린 후 그에 해당하는 순회 순서를 살펴보라.

해법: 먼저, 실험을 통해 중위 순회 결과만으로는 트리를 재구성하기 부족하다는 사실을 알 수 있다. 예를 들어, 키의 시퀀스가 ⟨1, 2, 3⟩인 경우에는 그림 14.3에 나와 있듯이 다섯 개의 서로 다른 이진 탐색 트리가 존재한다.

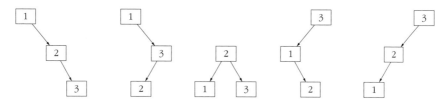

그림 14.3 순회한 시퀀스가 ⟨1, 2, 3⟩일 때 다섯 개의 서로 다른 이진 탐색 트리

하지만 전위 순회의 경우에는 얘기가 달라진다. 예를 들어 전위 순회의 키 방문 시퀀스가 ⟨43, 23, 37, 29, 31, 41, 47, 53⟩이라고 하자. 가장 먼저 방문한 노드가 43이므로 이 노드는 반드시 루트가 된다. 왼쪽 부분 트리는 43보다 작은 23, 37, 29, 31, 41이 되고, 오른쪽 부분 트리는 43보다 큰 47, 53이 된다. 또한 ⟨23, 37, 29, 31, 41⟩은 왼쪽 부분 트리의 전위 순회 결과이고 ⟨47, 53⟩은 오른쪽 부분 트리의 전위 순회 결과이다. 재귀적인 이유에 의해 23과 47이 왼쪽 부분 트리와 오른쪽 부분 트리의 루트라는 사실을 알 수 있고, 이를 계속해 나가면 전체 트리를 그릴 수 있다. 그 결과는 그림 14.1에서 I를 루트로 한 부분 트리와 같다.

이를 일반화하면 임의의 전위 순회 시퀀스가 주어졌을 때, 첫 번째 노드가 루트가 된다. 그 뒤에 두 번째 원소부터 시작해서 루트의 키보다 작은 원소까지의 부분 시퀀스가 루트의 왼쪽 부분 트리를 전위 순회한 결과와 같다. 그 뒤의 나머지 시퀀스, 즉 루트보다 큰 키의 부분 시퀀스는 루트의 오른쪽 부분 트리를 전위 순회한 결과와 같다. 이 두 부분 시퀀스를 통해 왼쪽과 오른쪽 부분 트리를 재귀적으로 만들어 가면 전체 이진 탐색 트리를 만들 수 있다.

```cpp
unique_ptr<BstNode<int>> RebuildBSTFromPreorder(
    const vector<int>& preorder_sequence) {
  return RebuildBSTFromPreorderHelper(preorder_sequence, 0,
                                      size(preorder_sequence));
}

// preorder_sequence[start, end - 1]로부터 이진 탐색 트리를 만들어 낸다.
unique_ptr<BstNode<int>> RebuildBSTFromPreorderHelper(
    const vector<int>& preorder_sequence, int start, int end) {
  if (start >= end) {
```

```
    return nullptr;
  }

  int transition_point = distance(
      cbegin(preorder_sequence),
      find_if_not(cbegin(preorder_sequence) + start, cend(preorder_sequence),
                  [&](int a) { return a <= preorder_sequence[start]; }));
  return make_unique<BstNode<int>>(
      BstNode<int>{preorder_sequence[start],
                   RebuildBSTFromPreorderHelper(preorder_sequence, start + 1,
                                                transition_point),
                   RebuildBSTFromPreorderHelper(preorder_sequence,
                                                transition_point, end)});
}
```

이 알고리즘에서 최악은 입력으로 왼쪽으로 치우친 트리의 전위 순회 시퀀스가 주어졌을 경우다. 최악의 경우에 시간 복잡도는 $W(n) = W(n - 1) + O(n)$이므로 $O(n^2)$이 된다. 최선의 입력은 오른쪽으로 치우진 트리이고, 이 경우의 시간 복잡도는 $O(n)$이다. 균형 잡힌 이진 탐색 트리의 경우에는 $B(n) = 2B(n/2) + 0(n)$이 되고, 이는 $O(n \log n)$과 같다.

이 구현 방법은 노드를 여러 번 반복해서 순회하므로 잠재적인 낭비가 존재한다. 왼쪽 부분 트리에 속한 노드가 무엇인지 확인하는 순간 왼쪽 부분 트리를 함께 만들어 나가면 알고리즘을 더 개선할 수 있다. 다음은 이 방법을 구현한 코드이다. 이 방법의 핵심은 루트보다 작은 원소 중에 가장 뒤에 있는 원소를 찾고, 그다음 다시 첫 번째 원소로 돌아가지 않는 것이다. 즉, 루트의 왼쪽 부분 트리에 해당하는 부분을 다시 반복하지 않는 것이다. 우리가 만들고 싶은 부분 트리의 키의 범위를 알고 있으면 다시 돌아가지 않아도 부분 트리를 만들 수 있다. 예를 들어 부분 시퀀스 ⟨23, 37, 29, 31, 41⟩을 재귀적으로 다시 순회하지 말고 전체 시퀀스 ⟨43, 23, 37, 29, 31, 41, 47, 53⟩을 살펴보자. 부분 시퀀스를 구하려면 부분 시퀀스의 마지막 원소를 찾기 위해 순회하는 작업이 필요하다. 그보다는 전체 시퀀스 ⟨23, 37, 29, 31, 41, 47, 53⟩에서 43보다 작은 키만을 사용해서 재귀적으로 부분 트리를 만들어 나가면 된다.

```
unique_ptr<BSTNode<int>> RebuildBSTFromPreorder(
    const vector<int>& preorder_sequence) {
  return RebuildBSTFromPreorderOnValueRange(
      preorder_sequence, numeric_limits<int >::min(),
      numeric_limits<int>::max(), make_unique<int>(0).get());
}
```

```
// preorder_sequence에서 (lower_bound, upper_bound) 사이에 있는 키값을 통해
// root_idx를 루트로 한 부분 이진 탐색 트리를 만든다.
unique_ptr<BSTNode<int>> RebuildBSTFromPreorderOnValueRange(
    const vector<int>& preorder_sequence, int lower_bound, int upper_bound,
    int* root_idx_pointer) {
  int& root_idx = *root_idx_pointer;
  if (root_idx == preorder_sequence.size()) {
    return nullptr;
  }

  int root = preorder_sequence[root_idx];
  if (root < lower_bound || root > upper_bound) {
    return nullptr;
  }
  ++root_idx;
  // RebuildBSTFromPreorderOnValueRange는 root_idx를 갱신한다는 점에 주의하자.
  // 따라서 다음 두 함수의 호출 순서는 굉장히 중요하다.
  auto left_subtree = RebuildBSTFromPreorderOnValueRange(
      preorder_sequence, lower_bound, root, root_idx_pointer);
  auto right_subtree = RebuildBSTFromPreorderOnValueRange(
      preorder_sequence, root, upper_bound, root_idx_pointer);
  return make_unique<BSTNode<int>>(
      BSTNode<int>{root, move(left_subtree), move(right_subtree)});
}
```

각 노드에서 상수만큼의 작업을 수행하므로 최악의 경우에 시간 복잡도는 $O(n)$이
된다. 문제 24.20의 해법과 비슷한 점을 발견할 수 있다.

후위 순회가 주어졌을 때도 유일한 이진 탐색 트리를 만들 수 있고, 그 알고리즘
은 전위 순회를 사용했을 때와 굉장히 비슷하다.

문제 14.6 세 개의 정렬된 배열에서 가장 가까운 원소 찾기

정렬된 정수 배열 세 개가 주어졌을 때, 각 배열에서 하나 이상의 항목을 포함하는
가장 짧은 간격의 길이를 반환하라. 어떤 값이 둘 이상의 배열에 있을 수 있지만,
단일 배열 내에서는 중복된 값이 없다고 가정해도 된다. 예를 들어 세 개의 배열이
각각 〈5, 10, 15〉, 〈3, 6, 9, 12, 15〉, 〈8, 16, 24〉라면 답은 1이다. 즉, 첫 번째, 두 번
째 배열의 15, 세 번째 배열의 16을 포함하는 간격 [15, 16]에 해당한다.

힌트: 하나의 정렬된 배열에서 위의 조건을 만족하는 원소 세 개를 고른다면 어떻게
할 것인가?

해법: 무식한 방법은 삼중 루프를 사용해서 모든 가능한 경우를 다 살펴보는 것이다. 어떤 숫자 집합이 있을 때 이들 사이의 거리는 단순하게 그 집합의 최댓값과 최솟값의 차이와 같다. 배열 세 개의 길이가 각각 l, m, n일 때 시간 복잡도는 $O(lmn)$이 된다.

이 무식한 방법은 입력 배열이 정렬되어 있다는 사실을 사용하지 않았다. 문제에서 언급한 예제에서 $\langle 5, 3, 16 \rangle$과 $\langle 5, 3, 24 \rangle$에서의 최소 거리는 $\langle 5, 3, 8 \rangle$을 함께 고려했을 때보다 반드시 커야 한다. 왜냐하면 5, 3, 8의 최댓값은 8이고 8 < 16 < 24이기 때문이다.

먼저 각 배열의 가장 작은 값부터 시작하자. s는 이 세 개의 값 중에서 가장 작은 값을 나타내고 t는 가장 큰 값을 나타낸다고 하자. 그럼 이 세 개의 숫자 사이의 거리는 $[s, t]$가 된다.

이제 s를 후보에서 지운 뒤 s가 들어 있던 배열에서 그 다음으로 작은 값을 꺼낸다. s'와 t'가 숫자 세 개 중에서 그 다음으로 가장 작은 숫자와 가장 큰 숫자라고 했을 때 s'는 숫자 세 개의 거리를 나타낼 때 왼쪽 끝이 된다. 왜냐하면 다른 두 값이 반드시 s'보다 크거나 같기 때문이다. 세 개의 숫자 중에서 가장 작은 원소를 꺼내고 해당 원소가 들어 있던 배열에서 그 다음으로 작은 값을 꺼내는 걸 반복한다.

예를 들어 $\langle 5, 3, 8 \rangle$에서 시작해 보자. 이들의 구간은 왼쪽 끝이 3이고 그 길이는 8 − 3 = 5가 된다. 3 다음으로 가장 작은 원소는 6이므로 그 다음 숫자 세 개는 $\langle 5, 6, 8 \rangle$이 된다. 이들의 구간은 왼쪽 끝이 5이고 그 길이는 8 − 5 = 3이 된다. 5 다음으로 가장 작은 원소는 10이므로 그 다음 숫자 세 개는 $\langle 10, 6, 8 \rangle$이 된다. 이들의 구간은 왼쪽 끝이 6이고 그 길이는 10 − 6 = 4가 된다. 6 다음 원소는 9이므로 그 다음 숫자 세 개는 $\langle 10, 9, 8 \rangle$이 된다. 이를 반복해 나가면 $\langle 10, 9, 16 \rangle$, $\langle 10, 12, 16 \rangle$, $\langle 15, 12, 16 \rangle$, $\langle 15, 15, 16 \rangle$의 순서대로 선택하게 된다. 이들 중에서 숫자 사이의 거리가 가장 짧은 숫자 세 개는 $\langle 15, 15, 16 \rangle$이 된다.

다음은 이 문제를 일반화한 코드이다. k개의 정렬된 배열에서 가장 가까운 원소 k개를 찾는다. k개의 원소에서 반복적으로 삽입, 삭제, 최솟값 찾기, 최댓값 찾기와 같은 연산을 해야 하므로 자연스럽게 이진 탐색 트리를 사용했다.

```
int FindClosestElementsInSortedArrays(
    const vector<vector<int>>& sorted_arrays) {
  struct IterTail {
    vector<int>::const_iterator iter, tail;
  };
```

```
// 각 항목에 두 개의 반복자를 저장한다. 하나는 추적을 위해, 다른 하나는 끝에
// 도달했는지 확인하기 위해 사용한다.
multimap<int, IterTail> iter_and_tail;
for (const vector<int>& sorted_array : sorted_arrays) {
  iter_and_tail.emplace(sorted_array.front(),
                        IterTail{cbegin(sorted_array), cend(sorted_array)});
}

int min_distance_so_far = numeric_limits<int>::max();
while (true) {
  int min_value = cbegin(iter_and_tail)->first,
      max_value = crbegin(iter_and_tail)->first;
  min_distance_so_far = min(max_value - min_value, min_distance_so_far);
  const auto next_min = next(cbegin(iter_and_tail)->second.iter),
             next_end = cbegin(iter_and_tail)->second.tail;
  // 배열에 남은 원소가 없으면 반환한다.
  if (next_min == next_end) {
    return min_distance_so_far;
  }
  iter_and_tail.emplace(*next_min, IterTail{next_min, next_end});
  iter_and_tail.erase(cbegin(iter_and_tail));
}
}
```

전체 원소가 n개이고 배열의 개수가 k일 때 시간 복잡도는 $O(n \log k)$가 된다. 이 문제는 특별히 $k = 3$이므로 $O(n \log 3) = O(n)$이 된다.

문제 14.7 $a + b\sqrt{2}$ 꼴의 숫자 나열하기

a와 b가 음이 아닌 정수이고 q는 어떤 정수의 제곱이 아닌 정수값이라고 했을 때 $a + b\sqrt{q}$는 덧셈과 곱셈에 닫혀 있다는 특별한 속성이 있다. 그림 14.4에 이와 같은 꼴의 숫자 몇 가지를 나열했다.

$(0+0\sqrt{2})$		$(1+0\sqrt{2})$	$(0+1\sqrt{2})$		$(2+0\sqrt{2})$	$(1+1\sqrt{2})$	$(0+2\sqrt{2})$		$(2+1\sqrt{2})$	$(1+2\sqrt{2})$		$(2+2\sqrt{2})$
0.0		1.0	1.414		2.0	2.414	2.828		3.414	3.828		4.828

그림 14.4 $a + b\sqrt{2}$꼴의 숫자. (인쇄상의 이유로 0과 $2 + 2\sqrt{2}$ 사이의 $a + b\sqrt{2}$꼴의 숫자를 모두 나타내지 못했다. 예를 들어 $3 + 0\sqrt{2}, 4 + 0\sqrt{2}, 0 + 3\sqrt{2}, 3 + 1\sqrt{2}$가 범위에 포함되지만, 그림에는 표시되지 않았다.

음이 아닌 정수 a와 b로 이루어진 $a + b\sqrt{2}$의 숫자 중에서 가장 작은 k개의 숫자를 효율적으로 찾는 알고리즘을 설계하라.

힌트: 그래프상의 점을 체계적으로 나열하라.

해법: 중요한 사실은 $\sqrt{2}$가 무리수라는 점이다. 즉, 어떤 정수 a, b에 대해서 $\frac{b}{a}$와 같을 수 없다. 따라서 x와 y가 정수이고 $x + y\sqrt{2} = x' + y'\sqrt{2}$를 만족한다면 $x = x'$이고 $y = y'$가 된다. (그렇지 않으면 $\sqrt{2} = \frac{x - x'}{y - y'}$가 되기 때문이다.)

무식한 방법은 $0 \le a, b \le k - 1$ 사이의 모든 a와 b에 대해서 $a + b\sqrt{2}$을 만족하는 숫자를 전부 나열하는 것이다. 이 숫자는 정확히 k^2개이고, k개의 작은 숫자는 반드시 이 중에 존재한다. 이 숫자를 정렬한 뒤에 k개의 가장 작은 숫자를 골라내면 된다. 시간 복잡도는 $O(k^2 \log(k^2)) = O(k^2 \log k)$가 된다.

직관적으로 k^2개의 숫자를 모두 나열하는 건 낭비가 심하다. 우리가 필요한 건 오직 k개의 숫자이다.

가장 작은 숫자는 $0 + 0\sqrt{2}$이다. 그 다음으로 작은 숫자는 $1 + 0\sqrt{2}$ 혹은 $0 + 1\sqrt{2}$이다. 여기서 다음 알고리즘을 추론할 수 있다. 가장 작은 숫자 k개를 뽑아내려고 한다. 이 실수 컬렉션은 $0 + 0\sqrt{2}$에서 시작한다. $a + b\sqrt{2}$를 뽑았다면 그 다음에는 $(a + 1) + b\sqrt{2}$와 $a + (b + 1)\sqrt{2}$를 후보 컬렉션에 넣어야 한다.

여기서 사용하는 연산은 컬렉션에서 가장 작은 원소를 뽑아내고 새로운 원소를 삽입하는 연산이다. 같은 값을 여러 번 넣을 수도 있으므로, 같은 숫자를 여러 번 삽입했을 때 해당 숫자를 여러 개 만들지 않아야 한다. 이진 탐색 트리는 이런 연산을 다음과 같이 효과적으로 수행한다. 먼저 $0 + 0\sqrt{2}$으로 초기화한다. 이진 탐색 트리에서 최솟값인 $0 + 0\sqrt{2}$를 뽑아내고 $1 + 0\sqrt{2}$와 $0 + 1\sqrt{2}$를 이진 탐색 트리에 새로 넣는다. 이진 탐색 트리에서 그다음 최솟값인 $1 + 0\sqrt{2}$를 뽑아내고, $2 + 0\sqrt{2}$와 $1 + 1\sqrt{2}$를 넣는다. 이제 이진 탐색 트리에는 $0 + 1\sqrt{2} = 1.414$, $2 + 0\sqrt{2} = 2$, $1 + 1\sqrt{2} = 2.414$ 가 들어 있다. 최솟값인 $0 + 1\sqrt{2}$를 뽑아내고 $1 + 1\sqrt{2}$와 $0 + 2\sqrt{2}$를 집어넣는다. 첫 번째 값은 이미 존재하므로 최종적으로 $2 + 0\sqrt{2} = 2$, $1 + 1\sqrt{2} = 2.414$, $0 + 2\sqrt{2} = 2.828$이 이진 탐색 트리에 들어 있게 된다. (이 작은 예제에선 보이지 않았지만, 이진 탐색 트리에 넣는 값이 이미 존재하는 값보다 더 작을 수도 있으므로, 이진 탐색 트리는 모든 값을 들고 있어야 한다.)

```
struct Number {
  Number(int a, int b) : a(a), b(b), val(a + b * sqrt(2)) {}
  int a, b;
  double val;
};
```

```
vector<double> GenerateFirstKABSqrt2(int k) {
  // 0 + 0 * sqrt(2)에 대한 초기화
  set<Number, function<bool(Number, Number)>> candidates(
      {{0, 0}}, [](const Number &a, const Number &b) { return a.val < b.val; });

  vector<double> result;
  while (size(result) < k) {
    auto next_smallest = cbegin(candidates);
    result.emplace_back(next_smallest->val);
    // next_smallest에서 파생된 다음 두 개의 수를 더한다.
    candidates.emplace(next_smallest->a + 1, next_smallest->b);
    candidates.emplace(next_smallest->a, next_smallest->b + 1);
    candidates.erase(next_smallest);
  }
  return result;
}
```

반복할 때마다 한 번의 삭제와 두 번의 삽입 연산을 수행한다. 이런 삽입을 k번 시도하므로 시간 복잡도는 $O(k \log k)$가 된다. 최대 $2k$번의 삽입을 시도하므로 공간 복잡도는 $O(k)$가 된다.

이제 $O(n)$ 시간의 해법을 소개할 것이다. 구현하기는 쉽지만 이진 탐색 트리를 기반으로 하는 방법보다 이해하기는 쉽지 않다. 기본적으로 $(n+1)$번째 값은 1 혹은 $\sqrt{2}$와 이전 값을 더한 결과이다. 모든 결과를 순회하면서 n번째 값보다 큰 값 중에서 가장 작은 값을 구할 수도 있지만, 이렇게 하면 $(n+1)$번째 결과를 구하는 데 $O(n)$ 시간이 소요된다.

직관적으로 $(n+1)$번째 값을 구하는 데 이전의 값을 전부 살펴볼 필요는 없다. 배열 A에 결과를 저장하고 있다고 하자. 우리는 여기서 두 개의 엔트리만 추적하면 된다. $A[i] + 1 > A[n-1]$을 만족하는 가장 작은 인덱스 i와 $A[j] + \sqrt{2} > A[n-1]$을 만족하는 가장 작은 인덱스 j. $(n+1)$번째 값은 $A[i] + 1$과 $A[j] + \sqrt{2}$ 중에서 작은 값이 된다. $(n+1)$번째 값이 $A[i] + 1$이라면 i를 증가시키고, $A[j] + \sqrt{2}$라면 j를 증가시킨다. 만약 이 둘의 값이 같다면 i와 j 모두 증가시킨다.

A가 $\langle 0 \rangle$으로 초기화되어 있고 i와 j가 0이라고 가정했을 때 계산 과정은 다음과 같다.

1. $A[0] + 1 = 1 < A[0] + \sqrt{2} = 1.414$이므로 1을 A에 넣고 i를 증가시킨다. 이제 $A = \langle 0, 1 \rangle, i = 1, j = 0$이 된다.

2. $A[i] + 1 = 2 > A[0] + \sqrt{2} = 1.414$이므로 1.414를 A에 넣고 j를 증가시킨다. 이제 $A = \langle 0, 1, 1.414 \rangle, i = 1, j = 1$이 된다.

3. $A[1] + 1 = 2 < A[1] + \sqrt{2} = 2.414$이므로 2를 A에 넣고 i를 증가시킨다. 이제 $A = \langle 0, 1, 1.414, 2 \rangle$, $i = 2$, $j = 1$이 된다.

4. $A[2] + 1 = 2.414 = A[1] + \sqrt{2} = 2.414$이므로 2.414를 A에 넣고 i와 j 모두 증가시킨다. 이제 $A = \langle 0, 1, 1.414, 2, 2.414 \rangle$, $i = 3$, $j = 2$가 된다.

5. $A[3] + 1 = 3 > A[2] + \sqrt{2} = 2.828$이므로 2.828을 A에 넣고 j를 증가시킨다. 이제 $A = \langle 0, 1, 1.414, 2, 2.828 \rangle$, $i = 3$, $j = 3$이 된다.

6. $A[3] + 1 = 3 < A[3] + \sqrt{2} = 3.414$이므로 3을 A에 넣고 i를 증가시킨다. 이 제 $A = \langle 0, 1, 1.414, 2, 2.828, 3 \rangle$, $i = 4$, $j = 3$이 된다.

```cpp
vector <double> GenerateFirstKABSqrt2 (int k) {
  // a + b * sqrt(2) 꼴인 숫자 중에서 처음 k개의 숫자를 저장한다.
  vector<Number> cand;
  cand.emplace_back(0, 0);
  int i = 0, j = 0;
  for (int n = 1; n < k; ++n) {
    Number cand_i_plus_1(cand[i].a + 1, cand[i].b);
    Number cand_j_plus_sqrt2(cand[j].a, cand[j].b + 1);
    cand.emplace_back(
        min(cand_i_plus_1, cand_j_plus_sqrt2,
          [](const Number &a, const Number &b) { return a.val < b.val; }));
    if (cand_i_plus_1.val == cand.back().val) {
      ++ i ;
    }
    if (cand_j_plus_sqrt2.val == cand.back().val) {
      ++j;
    }
  }
  vector<double> result;
  transform(begin(cand), end(cand), back_inserter(result),
            [](const Number &c) { return c.val; });
  return result;
}
```

각 원소를 구하는 데 $O(1)$ 시간이 걸리므로 $a + b\sqrt{2}$ 꼴의 숫자 중에서 처음 n개의 숫자를 구하는 데는 $O(n)$ 시간이 걸린다.

문제 14.8 정렬된 배열에서 높이가 최소인 이진 탐색 트리 만들기

정렬된 배열이 주어졌을 때, 만들 수 있는 이진 탐색 트리의 개수는 배열의 크기가 커질수록 무지막지하게 증가한다. 어떤 트리는 한쪽으로 기울어져 있거나 심지어 리스트에 가깝다. 또 다른 트리는 균형 잡혀 있다. 예제는 그림 14.3에서 찾아볼 수 있다.

정렬된 배열에서 높이가 가능한 최소가 되는 이진 탐색 트리를 어떻게 만들 수 있는가?

힌트: 어떤 원소가 루트가 되어야 할까?

해법: 무식한 방법은 별로 도움이 되지 않는다. 주어진 배열로 만들 수 있는 모든 이진 탐색 트리를 나열한 뒤에 높이가 최소가 되는 트리를 탐색한다. 이 방법은 재귀로 구현하기도 쉽지 않고 시간 복잡도 또한 무지막지하다.

직관적으로 높이가 최소가 되는 이진 탐색 트리는 가능한 부분 트리가 최대한 균형 잡혀 있어야 한다. 트리의 높이는 부분 트리 중 높이가 긴 부분 트리에 의해 결정되므로 하나를 다른 하나보다 짧게 만들 이유가 없다. 더 엄밀히 말해서 부분 트리의 노드 개수를 가능하면 비슷하게 유지해야 한다.

배열의 길이를 n이라 하자. 최적으로 균형 잡힌 트리를 만들기 위해선 배열의 중앙에 있는 원소 $\lfloor \frac{n}{2} \rfloor$을 루트로 하고 양쪽의 부분배열을 사용해서 재귀적으로 높이가 최소인 이진 탐색 트리를 만들어 나가면 된다.

예제를 통해 살펴보자. 만약 배열이 $\langle 2, 3, 5, 7, 11, 13, 17, 19, 23 \rangle$이라면 루트는 중앙의 원소인 11이 된다. 왼쪽 부분 트리는 $\langle 2, 3, 5, 7 \rangle$을 통해 만들고 오른쪽 부분 트리는 $\langle 13, 17, 19, 23 \rangle$을 통해 만든다. 부분 트리의 높이를 최소로 만들기 위해 같은 함수를 재귀적으로 호출한다.

```
unique_ptr<BstNode<int>> BuildMinHeightBSTFromSortedArray(
    const vector<int>& A) {
  return BuildMinHeightBSTFromSortedSubarray(A, 0, size(A));
}

// A[start, end - 1]를 이용해서 높이가 최소가 되는 이진 탐색 트리를 만든다.
unique_ptr<BstNode<int>> BuildMinHeightBSTFromSortedSubarray(
    const vector<int>& A, int start, int end) {
  if (start >= end) {
    return nullptr;
  }
  int mid = start + ((end - start) / 2);
  return make_unique<BstNode<int>>(
      A[mid], BuildMinHeightBSTFromSortedSubarray(A, start, mid),
      BuildMinHeightBSTFromSortedSubarray(A, mid + 1, end));
}
```

시간 복잡도 $T(n)$은 재귀적으로 $T(n) = 2T(n/2) + O(1)$이므로 $T(n) = O(n)$이 된다. 다른 방식으로 설명하자면, 재귀 함수를 정확히 n번 호출했고 매번 $O(1)$의 시간을 사용했으므로 총 시간 복잡도는 $O(1)$이 된다.

문제 14.9 이진 탐색 트리의 노드 세 개가 완전히 정렬되어 있는지 확인하기

이진 탐색 트리의 노드 두 개와 '중간' 노드인 또 다른 세 번째 노드가 주어졌을 때, 두 노드 중 하나가 '중간' 노드의 조상이고 다른 하나는 '중간' 노드의 자손인지 확인하는 프로그램을 작성하라. (조상 노드는 '중간' 노드와 동일하지 않으며, 자손 노드도 마찬가지다.) 예를 들어 그림 14.1에서 '중간' 노드가 J이고, 두 노드가 $\{A, K\}$ 혹은 $\{I, M\}$인 경우에는 true를 반환해야 한다. 두 노드가 $\{I, P\}$ 혹은 $\{J, K\}$라면 false를 반환한다. 중복된 키는 없다고 가정해도 좋다. 각 노드에는 부모를 가리키는 포인터가 존재하지 않는다.

힌트: 세 개의 노드가 어떻게 배열되어 있어야 하는가?

해법: 무식한 방법은 먼저 첫 번째 노드가 중간 노드의 조상인지 확인하고 두 번째 노드가 중간 노드의 자손인지 확인한다. 만약 참이라면, 그대로 true를 반환한다. 참이 아니라면, 첫 번째 노드와 두 번째 노드를 교환한 뒤에, 동일한 작업을 반복한다. 그림 14.1에 나오는 이진 탐색 트리에서 두 노드가 $\{L, I\}$이고 중간 노드가 K라면, L에서 시작해서 K를 찾을 순 없지만, I에서 시작해 K를 찾을 순 있다. 또한 K에서 시작해 L을 찾을 수 있으므로 true를 반환한다.

트리의 높이가 h일 때 한 번 탐색하는 데 걸리는 시간은 $O(h)$이다. 이진 탐색 트리의 속성을 사용하면 두 자식 노드 중에서 하나를 제거할 수 있다. 탐색을 최대 세 번 반복하므로 전체 시간 복잡도는 $O(h)$가 된다.

이 방법은 두 노드 중 어떤 노드가 중간 노드의 조상인지 모른다는 단점이 있다. 따라서 실제로는 자손인 노드에서 시작해서 중간 노드를 찾는 경우에는 최대 $O(h)$의 시간이 소요된다. 아무리 세 노드가 가까이 놓여 있더라도 말이다. (예를 들어 중간 노드는 I고 두 노드가 $\{A, J\}$인 경우다.)

따라서 두 노드를 번갈아 가며 중간 노드를 찾는다면 이런 단점을 보완할 수 있다. 둘 중 하나가 중간 노드를 만났다면, 곧바로 중간 노드에서 시작해서 자손 노드를 탐색하면 된다. 이렇게 하면 부분 트리가 큰 경우에 탐색에 성공하지 못하는 상황을 피할 수 있다. 예를 들어 그림 14.1에서 두 노드가 $\{A, J\}$이고 중간 노드가 I일 때, A이 J에서 동시에 시작해서 I를 찾는다. A에서 시작해서 I를 찾은 순간 탐색을 그만둘 수 있으므로 J에서 시작한 탐색이 끝내 I를 찾지 못하는 상황을 피할 수 있다. (하지만 여전히 I에서 시작해서 J를 찾는 탐색을 수행해야 한다.)

```cpp
bool PairIncludesAncestorAndDescendantOfM(
    const unique_ptr<BstNode<int>>& possible_anc_or_desc_0,
    const unique_ptr<BstNode<int>>& possible_anc_or_desc_1,
    const unique_ptr<BstNode<int>>& middle) {
  auto* search_0 = possible_anc_or_desc_0.get();
  auto* search_1 = possible_anc_or_desc_1.get();

  // possible_anc_or_desc_0과 possible_anc_or_desc_1에서 시작해서 번갈아 가며
  // 중간 노드를 찾는다.
  while (search_0 != possible_anc_or_desc_1.get() && search_0 != middle.get() &&
         search_1 != possible_anc_or_desc_0.get() && search_1 != middle.get() &&
         (search_0 || search_1)) {
    if (search_0) {
      search_0 = search_0->data > middle->data ? search_0->left.get()
                                               : search_0->right.get();
    }
    if (search_1) {
      search_1 = search_1->data > middle->data ? search_1->left.get()
                                               : search_1->right.get();
    }
  }

  // 두 노드 모두 탐색에 실패하거나, possible_anc_or_desc_0에서 시작해서 중간 노드를 찾지
  // 못하고 possible_anc_or_desc_1에 도달했거나, possible_anc_or_desc_1에서 시작해서
  // 중간 노드를 찾지 못하고 possible_anc_or_desc_0에 도달했다면, 중간 노드는
  // possible_anc_or_desc_0과 possible_anc_or_desc_1 사이에 놓여 있지 않다.
  if ((search_0 != middle.get() && search_1 != middle.get()) ||
      search_0 == possible_anc_or_desc_1.get() ||
      search_1 == possible_anc_or_desc_0.get()) {
    return false;
  }

  // 코드가 여기에 도달했다면, possible_anc_or_desc_0 혹은
  // possible_anc_or_desc_1 중의 하나에서 중간 노드에 도달했다는 의미이다.
  // 이제 중간 노드에서 possible_anc_or_desc_1 혹은
  // possible_anc_or_desc_0 노드에 도달할 수 있는지 확인한다.
  return SearchTarget(middle, search_0 == middle.get()
                                  ? possible_anc_or_desc_1
                                  : possible_anc_or_desc_0);
}
```

```
bool SearchTarget(const unique_ptr<BstNode<int>>& from,
                  const unique_ptr<BstNode<int>>& target) {
  auto* iter = from.get();
  while (iter && iter != target.get()) {
    iter = iter->data > target->data ? iter->left.get() : iter->right.get();
  }
  return iter == target.get();
}
```

중간 노드와 한 쌍의 노드가 자손과 조상의 관계에 있다면 시간 복잡도는 $O(d)$가 된다. 여기서 d는 조상과 자손 사이의 높이 차를 말한다. 왜냐하면 두 노드가 번갈아 가며 중간 노드를 탐색할 때 최대 $O(d)$번 뒤에 탐색을 종료하고, 중간 노드에서 자손 노드를 탐색할 때도 최대 $O(d)$번 탐색을 하면 자손을 찾을 수 있기 때문이다. 만약 이들이 자손과 조상의 관계가 없다면, 전체 시간 복잡도는 트리의 높이와 같은 $O(h)$가 된다. 이는 이진 탐색 트리의 탐색에 필요한 시간 복잡도와 같다.

문제 14.10 범위 확인 문제

지리적 위치 정보가 주어졌을 때, 가장 가까운 레스토랑을 반환하는 웹 서비스를 개발하는 문제를 생각해 보자. 이 서비스는 레스토랑의 위치 정보로 X와 Y좌표를 사용한다. 위치와 관련된 쿼리가 들어오면 가장 가까운 레스토랑을 반환해야 한다. (거리가 같은 레스토랑이 여러 개라면 아무거나 반환해도 된다.)

한 가지 접근법은 두 개의 이진 탐색 트리를 사용해서 레스토랑의 위치를 저장하는 것이다. T_X에는 X 좌표가 정렬되어 있고, T_Y에는 Y좌표가 정렬되어 있다. (p, q)의 위치가 쿼리로 들어오면, X 좌표가 $[p - D, p + D]$ 구간에 포함된 모든 레스토랑과 Y좌표가 $[q - D, q + D]$ 구간에 포함된 모든 레스토랑 중 교집합을 골라낸 뒤, 그중에서 (p, q)와 가장 가까운 레스토랑을 찾으면 된다. D만 잘 결정하면 선택된 부분 집합의 크기가 작아서 무식하게 탐색해도 가장 가까운 레스토랑을 빠르게 찾을 수 있다. 작은 값에서 시작해서 교집합이 공집합이 아닐 때까지 D의 값을 두 배씩 늘려가며 탐색한다.

물론 더 적합한 다른 자료구조, 예를 들어 쿼드트리(Quadtrees)와 k-d 트리가 있긴 하지만 이 접근법으로도 실무에서 잘 동작한다.

이진 탐색 트리와 구간이 입력으로 주어졌을 때, 해당 구간 안에 존재하는 이진 탐색 트리의 키를 반환하는 프로그램을 작성하라. 예를 들어 그림 14.1의 트리에서 구간이 [16, 31]이라면 17, 19, 23, 29, 31을 반환해야 한다.

힌트: 후임자(successor) 함수를 m번 빈복적으로 호출했을 때 얼마나 많은 간선을 순회하는가?

해법: 무식한 방법은 이진 탐색 트리를 순회(전위 순회, 중위 순회, 후위 순회)하면서 해당 구간 안에 있는 키를 모두 기록하면 된다. 노드가 n개일 때 이 방법의 시간 복잡도는 $O(n)$이다.

하지만 이 방법은 보통의 이진 트리에서도 동작하므로 이진 탐색 트리의 속성을 제대로 활용하지 않았다.

불필요한 순회를 제거하기 위해 다음과 같은 이진 탐색 트리의 속성을 사용해 보자.

- 만약 루트의 키가 구간의 왼쪽 끝보다 작다면, 왼쪽 부분 트리의 어떤 노드도 구간 안에 속하지 않는다.
- 만약 루트의 키가 구간의 오른쪽 끝보다 크다면, 오른쪽 부분 트리의 어떤 노드도 구간 안에 속하지 않는다.
- 만약 루트의 키가 구간 안에 속한다면, 왼쪽과 오른쪽 부분 트리 모두 구간 안에 속할 가능성이 있다.

예를 들어 그림 14.1의 트리와 [16, 42]가 입력으로 주어졌다고 가정하자. 키값이 19인 A에서 순회를 시작한다. 19는 [16, 42]에 속하므로 A의 자식인 B와 I를 모두 탐색한다. B의 키값인 7은 16보다 작으므로 B의 왼쪽 부분 트리는 [16, 42] 구간에 속하지 않는다. 비슷하게 I의 키값인 43은 42보다 크기 때문에 I의 오른쪽 부분 트리는 탐색할 필요가 없다.

```cpp
struct Interval {
  int left, right;
};

vector<int> RangeLookupInBST(const unique_ptr<BstNode<int>>& tree,
                             const Interval& interval) {
  vector<int> result;
  RangeLookupInBSTHelper(tree, interval, &result);
  return result;
}
```

```
void RangeLookupInBSTHelper(const unique_ptr<BstNode<int>>& tree,
                            const Interval& interval, vector<int>* result) {
  if (tree == nullptr) {
    return;
  }
  if (interval.left <= tree->data && tree->data <= interval.right) {
    // tree->data는 구간 안에 속한다.
    RangeLookupInBSTHelper(tree->left, interval, result);
    result->emplace_back(tree->data);
    RangeLookupInBSTHelper(tree->right, interval, result);
  } else if (interval.left > tree->data) {
    RangeLookupInBSTHelper(tree->right, interval, result);
  } else {  // interval.right > tree->data
    RangeLookupInBSTHelper(tree->left, interval, result);
  }
}
```

시간 복잡도 분석은 살짝 까다롭다. 시간 복잡도를 특정 구간에 속한 키의 개수인 m과 관련있다고 생각할 수 있다. 노드를 두 그룹으로 나눠보자. 하나는 재귀 호출을 했던 그룹이고 다른 하나는 호출하지 않았던 그룹이라고 하자. 우리의 예제에서 프로그램은 $A, B, F, G, H, I, J, K, L, M, N$을 재귀적으로 호출한다. 이 키들이 전부 특정 구간에 속하는 건 아니지만, 이 키들 외의 노드들은 절대 구간에 속하지 않는다. 잘 살펴보면 이들을 세 가지 부분 집합으로 나눌 수 있다. 16의 탐색경로상에 있는 노드, 42의 탐색경로상에 있는 노드, 나머지 노드. 세 번째 부분 집합에 속한 노드들은 반드시 구간 안에 존재하지만, 앞의 두 부분 집합에 있는 노드들은 그럴 수도 있고 아닐 수도 있다. 처음 두 부분 집합을 구하는 데 걸리는 시간은 $O(h)$이고 세 번째 부분 집합을 구하는 데 걸리는 시간은 $O(m)$이다. 모든 간선은 트리를 밑으로 순회할 때와 위로 돌아올 때 두 번씩 방문한다. 따라서 전체 시간 복잡도는 $O(m + h)$가 된다. 이 방법은 트리가 균형 잡혀 있고 특정 구간 안에 속한 키의 개수가 적다면, 무식한 방법인 $O(n)$보다 훨씬 낫다.

이진 탐색 트리 보강

지금까지 우리가 생각했던 이진 탐색 트리는 각 노드가 키, 왼쪽 자식, 오른쪽 자식, 가능하면 부모 정보까지 가지고 있는 트리였다. 노드에 변수를 추가하면 특정 쿼리를 빠르게 처리할 수 있다. 예를 들어 다음 문제를 생각해 보겠다.

삽입, 삭제, 정수값인 키 탐색, 구간 검색(해당 구간에 존재하는 키의 개수)을 효율적으로 수행하는 자료구조가 필요하다고 가정해 보자.

이진 탐색 트리를 사용하면 삽입, 삭제, 탐색을 효율적으로 수행할 수 있다. $[U,$ $V]$ 구간에 존재하는 키의 개수를 셀 때는 U보다 크거나 같은 첫 번째 노드를 찾은 뒤 V보나 키값이 큰 노드(혹은 더 이상 노드가 없을 때까지)를 만날 때까지 후임자 함수(문제 9.10)를 호출하면 된다. h가 트리의 높이고 m이 구간 안에 속한 노드의 개수일 때 전체 시간 복잡도는 $O(h + m)$이 된다. m이 크다면 이 방법은 느릴 수밖에 없다.

이진 탐색 트리의 노드에 변수를 추가하면 더 빠르게 할 수 있다. 특히, 각 노드를 루트로 하는 부분 트리의 전체 노드의 개수를 저장하는 size 변수를 추가한다.

특정 값보다 작은 원소의 개수를 찾는 경우만 우선 생각해 보자. 예를 들어 그림 14.1의 이진 탐색 트리의 각 노드가 size 정보를 가지고 있을 때, 40보다 작은 키의 개수를 찾는다. 루트 A의 키값인 19는 40보다 작으므로 이진 탐색 트리의 속성에 의해 A의 왼쪽 부분 트리는 모두 40보다 작다. 따라서 7(왼쪽 자식의 size를 통해 알 수 있다.)과 1(A 자신)을 더한 뒤에 A의 오른쪽 자식을 재귀 호출하면 된다.

이를 일반화해서 v보다 작은 모든 원소를 세어 보자. 일단 count 변수를 0으로 초기화한다. 트리에 중복된 키가 있을 수 있으므로 문제 14.2의 해법인 중위 순회를 사용해서 처음 등장하는 v를 찾는다. (만약 v가 존재하지 않는다면 그 사실을 알았을 때 탐색을 중지한다.) 왼쪽 자식을 순회할 때 count는 변하지 않는다. 오른쪽 자식을 순회할 때, '1 + 왼쪽 자식의 크기'만큼 count 변수에 더한다. 만약 v가 존재한다면 첫 번째 등장하는 v에 도달했을 때, v의 왼쪽 자식의 크기만큼 더해 준다. 같은 방법으로 v보다 큰 원소의 개수, v보다 작거나 같은 원소의 개수, v보다 크거나 같은 원소의 개수를 셀 수도 있다.

예를 들어 그림 14.1의 이진 탐색 트리에서 40보다 작은 원소의 개수를 세어 보자. A의 키값인 19는 40보다 작으므로 7 + 1 = 8을 count에 더해 주고 I로 넘어간다. I의 키값인 43은 40보다 크므로 I의 왼쪽 자식인 J로 넘어간다. J의 키값인 23은 40보다 작으므로 count를 8 + 1 = 9로 갱신하고 K로 넘어간다. K의 키값인 37은 40보다 작으므로 count를 9 + 2 + 1 = 12로 갱신하고 N으로 넘어간다. N의 키값인 41은 40보다 크므로 N의 왼쪽 자식으로 넘어간다. 40보다 작은 키값이 더 이상 존재하지 않으므로 12를 반환한다. 여기서 어떻게 A와 K의 왼쪽 부분 트리를 탐색하지 않게 되었는지 잘 살펴보길 바란다.

탐색을 할 때마다 트리 아래로 내려가므로 시간 복잡도의 상한은 $O(h)$이다. m 값이 큰 경우에는(예를 들어 m값이 전체 노드 개수와 비슷한 경우) 이 방법이 반복적으로 후임자를 호출하는 것보다 훨씬 빠르다.

[L, U] 구간 사이에 있는 키의 개수를 셀 때는 L보다 작은 키의 개수를 세고, U 보다 큰 키의 개수를 센 뒤에 전체 노드의 개수(루트에 저장된 size값)에서 이들을 뺀다.

size 변수는 삽입 혹은 삭제를 할 때 갱신되는데, 그 시간 복잡도가 $O(h)$를 벗어나지 않는다. 본질적으로, size 변수를 수정해야 하는 노드는 추가된 노드 혹은 삭제된 노드의 탐색 경로상에 있는 노드들뿐이다. 이 경로상에 있는 각 노드에 대해 일부 조건부 검사가 필요하지만 상수 시간에 해결되므로 삽입/삭제에 소요되는 $O(h)$ 시간 복잡도를 벗어나지 않는다.

문제 14.11 신용 정보 관리 서버 설계하기

많은 수의 고객과 연결되어 있는 서버를 생각해 보자. 각 고객은 문자열로 구별한다. 각 고객은 음이 아닌 정수값인 '신용' 정보가 있다. 이 서버에는 어떤 고객이 추가됐는지, 삭제됐는지, 갱신됐는지, 탐색을 했는지 알 수 있는 자료구조가 필요하다. 추가로 이 서버는 모든 고객의 신용에 특정 값을 동시에 더할 수 있어야 한다.

다음 메서드를 구현하는 자료구조를 설계하라.

- 삽입: 특정 신용값과 함께 고객을 추가한다. 해당 고객이 존재한다면 새로운 고객 정보로 대체한다.
- 삭제: 특정 고객을 삭제한다.
- 탐색: 특정 고객의 신용값을 반환한다.
- 모두의 신용값에 더하기: 모든 고객의 신용값에 특정 값을 더한다.
- 최댓값: 신용값이 최대인 고객을 반환한다.

힌트: 전역 상태를 추가로 사용해서 필요한 정보를 저장하라

해법: 이런 애플리케이션에서는 자연스럽게 해시 테이블을 떠올리게 된다. 하지만 해시 테이블은 최댓값을 효율적으로 찾는 연산이 없고, 모든 원소를 순회하면서 동시에 값을 더하는 확실한 방법도 없다. 이진 탐색 트리를 사용하면 최댓값을 효율적으로 찾을 수 있지만, 기본적으로 전체에 특정값을 더하는 연산을 지원하지 않는다.

객체에 어떤 행동을 추가하는 일반적인 원칙은 객체를 감싸는 래퍼(wrapper)를 만들어서 여기에 함수를 추가하는 것이다. 그리고 그 결과를 반환하기 전이나 후에 래핑 행동을 적용한다. 여기서는 이진 탐색 트리에 고객을 저장하고, 전체 증가한 양을 추적하는 래퍼를 사용할 것이다.

예를 들어 고객이 A, B, C이고, 각각 신용이 1, 2, 3이라고 해 보자. 전체 신용에 5를 더하려면 래퍼에 총 증가한 양이 5라고 설정한다. 이진 탐색 트리에서 B의 신용값을 탐색하면 2를 반환하고, 여기에 5를 더한값을 최종적으로 반환한다. 전체 신용에 4만큼 더 더하고 싶으면 단순하게 전체 증가한 양을 9로 갱신하면 된다.

그런데 '모두에게 더하기' 연산을 호출한 후에 고객이 추가되면 문제가 발생한다. 앞의 예제를 계속해서 살펴보자. 이제 신용값이 6인 D를 추가한 뒤, D의 신용값을 탐색하면 6 + 9를 반환하게 된다. 실제로는 6을 반환해야 한다.

이를 해결하는 해법은 간단하다. 전체 증가한 양을 신용값에서 빼면 된다. 즉, D를 추가할 때, 신용값을 6으로 설정하지 않고 6 – 9 = –3으로 설정한 뒤 이진 탐색 트리에 삽입한다. 이제 D의 신용값을 탐색하면 올바르게 –3 + 9 = 6을 반환한다.

이진 탐색 트리의 키는 신용값이고, 이에 상응하는 값은 고객이 된다. 이렇게 하면 최댓값을 빠르게 찾을 수 있다. 하지만 고객을 빠르게 탐색하거나 삭제하려면, 이진 탐색 트리만으로는 부족하다. (고객 ID가 아닌 신용값으로 순서가 매겨져 있기 때문에). 이때 키가 고객이고, 값이 신용값인 해시 테이블을 추가로 사용하면 이 문제를 해결할 수 있다. 탐색은 간단하다. 삭제를 하려면 해시 테이블을 통해 해당 고객의 신용값을 얻은 뒤, 이진 탐색 트리에서 해당 신용값과 같은 고객의 집합을 찾고 최종적으로 해당 고객을 집합에서 제거한다.

```cpp
class ClientsCreditsInfo {
 public:
  void Insert(const string& client_id, int c) {
    Remove(client_id);
    client_to_credit_.emplace(client_id, c - offset_);
    credit_to_clients_[c - offset_].emplace(client_id);
  }

  bool Remove(const string& client_id) {
    if (auto credit_iter = client_to_credit_.find(client_id);
        credit_iter != end(client_to_credit_)) {
      credit_to_clients_[credit_iter->second].erase(client_id);
      if (empty(credit_to_clients_[credit_iter->second])) {
        credit_to_clients_.erase(credit_iter->second);
      }
```

```
      client_to_credit_.erase(credit_iter);
      return true;
    }
    return false;
  }

  int Lookup(const string& client_id) const {
    auto credit_iter = client_to_credit_.find(client_id);
    return credit_iter == cend(client_to_credit_)
              ? -1
              : credit_iter->second + offset_;
  }

  void AddAll(int C) { offset_ += C; }

  string Max() const {
    auto iter = crbegin(credit_to_clients_);
    return iter == crend(credit_to_clients_) || empty(iter->second)
              ? ""
              : *cbegin(iter->second);
  }

  friend std::ostream& operator<<(std::ostream& os,
                                  const ClientsCreditsInfo& info) {
    PrintTo(os, info.credit_to_clients_);
    return os;
  }

 private:
  int offset_ = 0;
  unordered_map<string, int> client_to_credit_;
  map<int, unordered_set<string>> credit_to_clients_;
};
```

삽입과 삭제 연산은 이진 탐색 트리의 특징에 따라 $O(\log n)$이 된다. 여기서 n은 자료구조 내의 고객 수에 해당된다. 탐색과 '모두에게 더하기' 연산은 해시테이블만 사용하므로 $O(1)$ 시간이 걸린다. 라이브러리의 이진 탐색 트리 구현은 최댓값 찾는 연산을 $O(1)$에 수행하기 위해 캐시를 사용한다.

15장

재귀

재귀의 강점은 무한한 객체 집합을 유한한 상태로 정의할 수 있다는 것이다.
프로그램에 명시적인 반복이 없더라도, 무한한 연산 횟수를
동일한 방법의 유한한 재귀 프로그램으로 설명할 수 있다.
《Algorithms + Data Structures = Programs》, 니클라우스 비르트(N. E. Wirth), 1976

재귀는 부분 문제의 해법을 통해 전체 문제에 대한 해법을 구하는 것으로, 컴퓨터 문법처럼 반복 규칙을 사용해서 입력을 표현하는 데 적절하다. 더 일반적으로 얘기하면 탐색, 열거, 분할 정복(divide-and-conquer), 그리고 복잡한 문제를 유사한 작은 문제로 분해할 수 있는 모든 경우에 재귀를 사용할 수 있다.

재귀는 기저 사례(base case)로 구성되며, 다른 인수를 써서 동일 함수를 호출한다. 재귀를 성공적으로 사용하기 위한 두 가지 주요 요소는 곧바로 풀 수 있는 기저 사례를 식별하는 것과 재귀가 한데 모아져 전체 해법이 완성되도록 보장하는 것이다.

분할 정복 알고리즘도 곧바로 풀 수 있을 정도로 간단해질 때까지 반복적으로 하나의 문제를 두 개 이상의 비슷하면서도 독립된 부분 문제로 쪼개 나간다. 그 뒤 부분 문제의 해법을 하나로 합쳐서 기존 문제에 대한 해법을 찾는다. 병합 정렬이나 퀵정렬은 분할 정복 알고리즘의 기본적인 예제이다.

분할 정복과 재귀가 같은 말이 아니다. 분할 성복은 하나의 문제를 두 개 이상의 독립된 문제로 쪼개 나가지만, 독립된 부분 문제가 기존 문제와 비슷한 형태여야 한다. 재귀는 좀 더 일반적인 뜻이다. 이진 탐색과 같이 부분 문제가 하나일 수도 있고, 동적 프로그래밍과 같이 부분 문제가 독립된 형태가 아닐 수도 있다. 또한

정규표현식을 찾는 문제처럼 부분 문제가 기존의 문제와 같은 형태가 아닐 수도 있다. 시간 복잡도 혹은 공간 복잡도를 개선하기 위해서 분할 정복 알고리즘을 재귀가 아닌 반복적인 형태로 구현하기도 한다.

재귀 부트 캠프

두 숫자의 최대공약수(GCD)를 찾는 유클리드 알고리즘은 재귀의 기본적인 예제이다. $y > x$인 경우에 x와 y의 최대공약수는 x와 $y - x$의 최대공약수와 같다는 사실에서 출발한다. 예를 들면 $GCD(156, 36) = GCD((156 - 36) = 120, 36)$이다. 이를 확장하면 x와 y의 최대공약수는 x와 $y \bmod x$의 최대공약수와 같다는 사실을 알 수 있다. 예를 들어 $GCD(156, 36) = GCD((156 \bmod 36) = 12, 36) = GCD(12, (36 \bmod 12) = 0) = 12$가 된다.

```
long long Gcd(long long x, long long y) {
  return y == 0 ? x : Gcd(y, x % y);
}
```

재귀의 단계를 거칠 때마다 둘 중 하나의 숫자가 적어도 절반씩 줄어들게 되므로, 시간 복잡도는 $O(\log \max(x, y))$가 된다. 다른 방법으로는 n이 입력 숫자를 표현하는 데 필요한 비트의 개수라고 했을 때 $O(n)$이 된다. 공간 복잡도 또한 함수 호출 스택의 최대 깊이와 같으므로 $O(n)$이 된다. (이 문제를 반복적 방법으로 바꾸면 공간 복잡도를 $O(1)$로 줄일 수 있다.)

이번에는 재귀적인 분할 정복 알고리즘으로 우아하게 해결할 수 있는 문제를 설명한다. 트리오미노(triomino)는 3개의 정사각형을 L자 모양으로 결합해서 만든다.

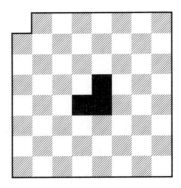

(a) 8 × 8 보드   (b) 4개의 4 × 4 보드

그림 15.1 훼손된 체스판

훼손된 체스판(이하 8×8 보드)은 그림 15.1(a)에 표시된 것처럼, 왼쪽 상단 사각형을 뺀 8×8 사각형으로 배열된 64개의 사각형으로 구성된다.

8×8 보드에 21개이 트리오미노를 배치하는 알고리즘을 설계해 보자. 8×8 보드에는 63개의 사각형이 있고 배치해야 할 트리오미노는 21개이므로, 트리오미노는 서로 겹칠 수 없으며 보드 밖으로 벗어날 수 없다.

분할 정복은 이 문제를 풀 수 있는 좋은 전략이다. $n \times n$ 보드로 일반화해 생각해 보자. 2×2 보드는 같은 모양이므로 트리오미노로 덮을 수 있다. 왼쪽 상단 정사각형이 빠진 $n \times n$ 보드에 대한 트리오미노 배치를 사용하면, $(n+1) \times (n+1)$ 보드의 배치도 계산할 수 있다고 가정할 수 있다. 하지만 이 가정으로 문제를 풀 수 없다는 걸 곧 알게 될 것이다.

또 다른 가정은 $n \times n$ 보드에 대한 배치가 가능하다면, $2n \times 2n$ 보드에 대한 배치도 가능하다는 것이다. 여기에 분할 정복을 적용할 수 있다. 그림 15.1(b)에서와 같이 4개의 $n \times n$ 보드를 가져와서 3개의 보드는 누락된 정사각형이 중앙을 향하도록 하고, 1개의 보드는 $2n \times 2n$ 보드의 빠진 모서리와 일치하도록 바깥쪽으로 향해 배열한다. 중앙의 공백은 트리오미노로 덮을 수 있고, 앞에서 세운 가설에 따라 4개의 $n \times n$개의 보드도 트리오미노로 덮을 수 있다. 그러므로 2의 거듭제곱인 n에 대한 배치가 가능하다. 특히 $2^3 \times 2^3$ 보드에 대한 배치가 가능하며, 증명에 사용된 재귀를 통해 배치를 직접 산출한다.

☑ 재귀 문제를 풀기 전 꼭 알고 있어야 할 내용

재귀는 특히 **입력이 재귀적인 규칙에 따라 표현**될 때 유용하다. [문제 24.23]

재귀는 **탐색, 열거, 분할 정복**을 해야 하는 경우에 좋은 선택이다. [문제 15.2, 15.9, 24.24]

중첩된 반복문이 여러 개일 경우 재귀를 사용할 수 있다. 필요한 반복문의 개수가 정확하지 않을 경우에는 재귀가 더 나은 선택이 될 수 있는데, IP 주소 문제에서 IP 주소 대신 k개의 부분 문자열을 입력으로 사용하는 경우를 예로 들 수 있다. [문제 6.10]

프로그램에서 **재귀를 삭제**하라는 요구가 있다면 **스택 자료구조**를 사용해서 호출 스택을 흉내 낼 수 있다. [문제 24.13]

꼬리-재귀(tail-recursive) 프로그램은 while을 사용해서 간단하게 재귀를 없앨 수 있다. 스택을 사용하지 않아도 된다. (컴파일러가 자동으로 최적화를 해 준다.) [문제 4.7]

동일한 인자(arguments)로 재귀 함수를 한 번 이상 호출할 일이 생긴다면, 그 결과를 캐시에 저장하라. 이것이 바로 동적 프로그래밍이다. (16장)

문제 15.1 하노이 타워 문제

한 말뚝에 고리(ring)가 큰 것부터 작은 것 순으로 정렬되어 있다. 그림 15.2의 (a) 상태에서 (b) 상태로 옮기고 싶다. 이때 크기가 큰 고리를 작은 고리 위에 둘 수 없다.

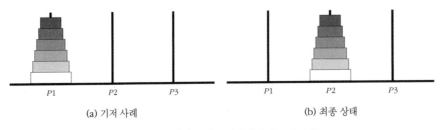

(a) 기저 사례   (b) 최종 상태

그림 15.2 6개의 고리로 이루어진 하노이 타워

n개의 고리를 다른 말뚝으로 옮기는 연산을 차례대로 출력하는 프로그램을 작성하라. 세 번째 말뚝은 비어 있다. 맨 처음 수행할 수 있는 유일한 연산은 가장 위에 있는 하나의 고리를 꺼낸 뒤 다른 말뚝으로 옮기는 것이다.

힌트: $n - 1$개의 고리를 옮기는 방법을 안다고 가정했을 때, n번째 고리는 어떻게 옮기겠는가?

해법: 몇 개의 예를 통해 문제를 해결할 수 있는 통찰력을 얻을 수 있다. 고리가 세 개 있다면, 위에 있던 고리 두 개를 세 번째 말뚝으로 옮긴 뒤에, 가장 아래(가장 큰)에 있던 고리를 두 번째 말뚝으로 옮긴다. 그다음 첫 번째 말뚝을 사용해서 세 번째 말뚝에 있던 고리 두 개를 두 번째 말뚝으로 옮기면 된다. 고리 네 개를 옮기려면 위에 있던 고리 세 개를 세 번째 말뚝으로 옮긴 뒤에 가장 아래(가장 큰)에 있던 고리를 두 번째 말뚝으로 옮긴다. 그다음 첫 번째 말뚝을 사용해서 세 번째 말뚝에 있던 고리 세 개를 두 번째 말뚝으로 옮기면 된다. 세 개의 고리를 옮기는 방법과 네 개의 고리를 옮기는 방법에서 첫 번째와 세 번째 단계가 같은 문제를 의미하므로 재귀를 떠올리게 된다. 그림 15.3은 이 방법을 나타내며, 구현 코드는 다음과 같다.

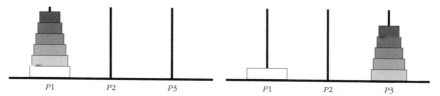

(a) $P2$를 사용해서 $P1$의 가장 아래에 있는 고리를 제외한 나머지를 모두 $P3$로 옮긴다.

(b) $P1$의 가장 아래에 있던 고리를 $P2$로 옮긴다.

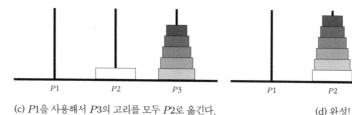

(c) $P1$을 사용해서 $P3$의 고리를 모두 $P2$로 옮긴다.

(d) 완성!

그림 15.3 $n = 6$일 때 하노이 타워를 재귀적으로 푸는 방법

```cpp
const int kNumPegs = 3;

vector<vector<int>> ComputeTowerHanoi(int num_rings) {
  array<stack<int>, kNumPegs> pegs;
  // 말뚝의 상태를 초기화한다.
  for (int i = num_rings; i >= 1; --i) {
    pegs[0].push(i);
  }

  vector<vector<int>> result;
  ComputeTowerHanoiSteps(num_rings, pegs, 0, 1, 2, &result);
  return result;
}

void ComputeTowerHanoiSteps(int num_rings_to_move,
                            array<stack<int>, kNumPegs>& pegs, int from_peg,
                            int to_peg, int use_peg,
                            vector<vector<int>>* result_ptr) {
  if (num_rings_to_move > 0) {
    ComputeTowerHanoiSteps(num_rings_to_move - 1, pegs, from_peg, use_peg,
                           to_peg, result_ptr);
    pegs[to_peg].push(pegs[from_peg].top());
    pegs[from_peg].pop();
    result_ptr->emplace_back(vector<int>{from_peg, to_peg});
    ComputeTowerHanoiSteps(num_rings_to_move - 1, pegs, use_peg, to_peg,
                           from_peg, result_ptr);
  }
}
```

실제 고리를 옮긴 횟수는 $T(n) = T(n-1) + 1 + T(n-1) = 1 + 2T(n-1)$과 같다. 처음 $T(n-1)$은 $P1$에서 $P3$으로 $n-1$개의 고리를 옮긴 것을 뜻하고, 두 번째 $T(n-1)$은 $P3$에서 $P2$로 $n-1$개의 고리를 옮긴 것을 뜻한다. 이 수식을 풀면 $T(n) = 2^n - 1$이 된다. 이 수식을 나열해 보면 다음과 같다. $T(n) = 1 + 2 + 4 + \ldots + 2^k T(n-k)$가 된다. 고리를 하나 옮기는 데 $O(1)$ 시간이 걸리므로 전체 시간 복잡도는 $O(2^n)$이다.

응용: 재귀를 사용하지 않고 같은 문제를 풀어 보라.

응용: 모든 연산에서 $P3$을 사용해야 한다고 했을 때, 필요한 연산의 최소 횟수를 구하라.

응용: 고리를 옮길 때는 항상 $P1$에서 $P2$로, $P2$에서 $P3$로, $P3$에서 $P1$으로 옮겨야 한다고 했을 때 필요한 연산의 최소 횟수를 구하라.

응용: $P1$에서 $P2$로는 고리를 절대 옮길 수 없다고 했을 때 필요한 연산의 최소 횟수를 구하라. (단, $P2$에서 $P1$으로는 옮길 수 있다.)

응용: 크기가 가장 큰 고리는 반드시 가장 아래에 위치해야 한다는 규칙만 빼고 나머지 고리는 임의의 순서대로 놓일 수 있다고 했을 때 필요한 연산의 최소 횟수를 구하라. (즉, 두 번째로 크기가 큰 고리가 세 번째로 크기가 큰 고리 위에 위치해도 괜찮다.)

응용: 크기가 다른 고리 n개가 두 개씩, 총 $2n$개 있다고 가정하자. 크기가 큰 고리는 작은 고리 위에 놓을 수 없지만, 크기가 같은 고리는 서로 위에 놓을 수 있다고 하자. 이때 모든 고리를 $P1$에서 $P2$로 옮기는 데 필요한 연산의 최소 횟수를 구하라.

응용: 검은색 혹은 흰색으로 색칠된 고리가 $2n$개 있다. 흰색 고리를 검은색 고리 위에 놓을 수 없다고 하자. 이때 $2n$개의 고리를 $P1$에서 $P2$로 옮기는 데 필요한 연산의 최소 횟수를 구하라.

응용: 네 번째 말뚝 $P4$가 있을 때 필요한 연산의 최소 횟수를 구하라.

문제 15.2 전화번호에 대한 모든 연상기호 계산하기

그림 15.4와 같이 전화 키패드에서 0과 1을 제외한 각 숫자는 알파벳의 세 개 또는 네 개 문자 중 하나에 해당한다. 단어는 숫자보다 기억하기 쉽기 때문에, 7자리 또는 10자리 전화번호를 영어 단어로 표현해 볼 수 있다. 예를 들어 "2276696"은 "ACRONYM"이나 "ABPOMZN"으로 나타낼 수 있다. 이렇게 숫자를 기억하기 쉽도록 문자로 매칭한 것을 연상기호(mnemonics)라 한다.

그림 15.4 전화 키패드

숫자 문자열로 이루어진 전화번호를 입력받아서 각 숫자에 해당하는 모든 가능한 문자 집합을 반환하는 프로그램을 작성하라. 휴대 전화 키패드는 숫자를 가져와 해당 문자 집합을 반환하는 매핑으로 지정된다. 문자 집합이 올바른 단어이거나 구(phrase)일 필요는 없다.

해법: 무식한 방법은 7자리 전화번호의 각 숫자마다 하나씩 총 7개의 문자 범위를 구하는 것이다. 예를 들어 번호가 "2276696"이라면 7개의 문자 범위는 'A'-'C', 'A'-'C', 'P'-'S', 'M'-'O', 'M'-'O', 'W'-'Z', 'M'-'O'다. 중첩된 for-loop 7개를 사용하면 모든 가능한 문자 집합을 열거할 수 있다. 그러나 이 방법은 코드가 반복적이고 유연하지 못하다는 단점이 있다.

보통 이러한 열거 형태는 재귀를 사용하는 것이 가장 좋다. 실행 경로는 무식한 방법과 유사하지만 컴파일러가 루프를 처리한다. 재귀는 반복에 비해 가독성이 좋으며, 변수 사용도 줄어드는 장점이 있지만, 스택 오버플로의 위험이 있고 속도도 느리다. 만약 컴파일러가 꼬리 재귀를 지원하면 꼬리 재귀 함수가 내부적으로 반복문으로 변경되기 때문에 성능이 개선되고 스택 오버플로의 위험도 줄어든다.

```
vector<string> PhoneMnemonic(const string& phone_number) {
  vector<string> mnemonics;
  PhoneMnemonicHelper(phone_number, 0,
                      make_unique<string>(size(phone_number), 0).get(),
                      &mnemonics);
  return mnemonics;
}

const int kNumTelDigits = 10;

// 각 숫자에 매칭되는 문자 집합
const array<string, kNumTelDigits> kMapping = {
    {"0", "1", "ABC", "DEF", "GHI", "JKL", "MNO", "PQRS", "TUV", "WXYZ"}};

void PhoneMnemonicHelper(const string& phone_number, int digit,
                         string* partial_mnemonic, vector<string>* mnemonics) {
  if (digit == size(phone_number)) {
    // 모든 숫자가 처리되므로, partial_mnemonic을
    // mnemonics에 추가한다.
    // (이후 호출은 partial_mnemonic을 수정하므로 복사본을 추가한다.)
    mnemonics->emplace_back(*partial_mnemonic);
  } else {
    // 숫자에 매칭 가능한 모든 문자를 시도한다.
    for (char c : kMapping[phone_number[digit] - '0']) {
      (*partial_mnemonic)[digit] = c;
      PhoneMnemonicHelper(phone_number, digit + 1, partial_mnemonic, mnemonics);
    }
  }
}
```

각 숫자에 대해 가능한 문자가 4개 이하이므로 재귀 호출 수 $T(n)$은 $T(n) \leq 4T(n-1)$을 만족한다. 여기서 n은 숫자의 자릿수다. 그러면 $T(n) = O(4^n)$이 된다. 재귀를 수반하는 함수 호출의 경우, 재귀 호출을 제외한 함수 내에서 소요된 시간은 $O(1)$이다. 기저 사례는 문자열 사본을 만들고 결과에 추가해야 한다. 각 문자열의 길이는 n이므로 기저 사례는 $O(n)$의 시간이 걸린다. 따라서 시간 복잡도는 $O(4^n n)$이다.

응용: 재귀를 사용하지 말고 문제를 풀어 보라.

문제 15.3 n개의 퀸이 서로 공격하지 못하는 상황을 모두 나열하기

퀸을 공격받지 않는 안전한 상태로 두려면 같은 행, 열, 대각선상에 다른 퀸을 놓지 않아야 한다. 그림 15.5는 퀸이 안전하게 놓여 있다.

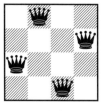 

(a) 해법 1   (b) 해법 2

그림 15.5 4 × 4 체스판에서 네 개의 퀸을 서로 공격하지 못하게 놓는 방법은 두 개뿐이다.

입력으로 n이 주어졌을 때, $n \times n$ 크기의 체스판에 n개의 퀸이 안전하게 놓이는 모든 가능한 경우의 수를 반환하라.

힌트: 첫 번째 퀸을 (i, j)에 놓았을 때, 나머지 퀸을 놓을 수 없는 곳은 어디인가?

해법: 무식한 방법은 n개의 퀸을 가능한 모든 위치에 놓아 보는 것이다. 모든 가능한 횟수는 $\binom{n^2}{n}$이므로 n이 커지면 그 경우의 수가 빠르게 증가한다.

퀸 두 개를 같은 행에 놓을 수 없으므로 모든 퀸을 다른 행에 놓도록 하면 좀 더 빠르게 풀 수 있다. 이렇게 하면 행이 겹치는 상황은 없지만, 열과 대각선에서 겹칠 수 있다. 이를 해결하기 위해 길이가 n인 배열을 사용해, i번째 행에서 퀸을 어디에 놓았는지 표현할 수 있다.

예를 들어 $n = 4$인 경우에 첫 번째 행의 퀸을 0번 열에 놓았다고 가정하자. 이를 배열로 표현하면 $(0, \_, \_, \_)$이 된다. 두 번째 행에서는 첫 번째 열에 퀸을 놓으면 안 되므로 $(0, 0, \_, \_)$의 상황을 전부 제외한다. 두 번째 행에서 두 번째 열에 퀸을 놓으면 대각선으로 겹치므로 $(0, 1, \_, \_)$의 상황을 전부 제외한다. 이제 $(0, 2, 0, \_)$의 상황으로 넘어 가자. 이렇게 놓으면 첫 번째 열이 겹치게 된다, $(0, 2, 1, \_)$는 첫 번째 행의 두 번째 열 혹은 두 번째 행의 첫 번째 열의 퀸과 겹치게 된다. $(0, 2, 2, \_)$는 두 번째 행의 두 번째 열과 겹치게 된다. $(0, 2, 3, \_)$ 또한 대각선에서 겹치므로 $(0, 3, \_, \_)$으로 넘어간다. $(0, 3, 1, \_)$과 $(0, 3, 2, \_)$ 모두 겹치게 되므로 첫 번째 행의 첫 번째 열에 퀸을 놓으면 안 된다는 사실을 알 수 있다. 이를 반복하다 보면 서로 공격하지 않도록 퀸을 놓는 방법은 (1, 3, 0, 2)와 (2, 0, 3, 1)뿐이라는 사실을 알 수 있다.

```cpp
vector<vector<int>> NQueens(int n) {
  vector<vector<int>> result;
  SolveNQueens(n, 0, make_unique<vector<int>>().get(), &result);
  return result;
}

void SolveNQueens(int n, int row, vector<int>* col_placement,
                  vector<vector<int>>* result) {
  if (row == n) {
    // 모든 퀸을 놓을 수 있다.
    result->emplace_back(*col_placement);
  } else {
    for (int col = 0; col < n; ++col) {
      col_placement->emplace_back(col);
      if (IsValid(*col_placement)) {
        SolveNQueens(n, row + 1, col_placement, result);
      }
      col_placement->pop_back();
    }
  }
}

// 새로운 위치에 놓인 퀸이 기존에 있던 다른 퀸들에서 잡아먹히는 상황이 나오는지 확인한다.
bool IsValid(const vector<int>& col_placement) {
  int row_id = size(col_placement) - 1;
  for (int i = 0; i < row_id; ++i) {
    if (int diff = abs(col_placement[i] - col_placement[row_id]);
        diff == 0 || diff == row_id - i) {
      // 열 또는 대각선 제약 조건을 위반했다.
      return false;
    }
  }
  return true;
}
```

시간 복잡성은 서로 공격하지 않도록 퀸을 배치하는 방법의 수에 따라 낮은 범위로 제한된다. n의 함수로 얼마나 많은 배치가 가능한지는 알 수 없지만, n에 따라 매우 빠르게 증가하고 $n!$을 넘지 않는다. (왜냐하면 퀸은 서로 다른 행에 있어야 하기 때문이다.)

응용: n개의 퀸이 서로 공격하지 못하도록 $n \times n$ 체스판에 놓을 수 있는 방법의 개수를 구하라.

응용: 체스판의 모든 위치를 공격하도록 퀸을 배치한다고 했을 때, 최소 몇 개의 퀸이 필요한지 구하라.

응용: 32개의 기사(knight) 혹은 14개의 비숍(bishop) 혹은 16개의 왕(king) 혹은 8개의 룩(rook)을 8×8 체스판에 서로 공격하지 못하도록 놓는 방법을 구하라.

문제 15.4 순열 구하기

이번에는 배열의 모든 순열을 구하는 문제를 풀어 보자. 예를 들어 배열 〈2, 3, 5, 7〉이 있을 때 그 결과는 〈2, 3, 5, 7〉, 〈2, 3, 7, 5〉, 〈2, 5, 3, 7〉, 〈2, 5, 7, 3〉, 〈2, 7, 3, 5〉, 〈2, 7, 5, 3〉, 〈3, 2, 5, 7〉, 〈3, 2, 7, 5〉, 〈3, 5, 2, 7〉, 〈3, 5, 7, 2〉, 〈3, 7, 2, 5〉, 〈3, 7, 5, 2〉, 〈5, 2, 3, 7〉, 〈5, 2, 7, 3〉, 〈5, 3, 2, 7〉, 〈5, 3, 7, 2〉, 〈5, 7, 2, 3〉, 〈5, 7, 2, 3〉, 〈7, 2, 3, 5〉, 〈7, 2, 5, 3〉, 〈7, 3, 2, 5〉, 〈7, 3, 5, 2〉, 〈7, 5, 2, 3〉, 〈7, 5, 3, 2〉가 된다. 결과의 순서는 상관하지 않는다.

중복된 정수가 없는 배열이 입력으로 주어졌을 때, 모든 가능한 순열을 나열하는 프로그램을 작성하라. 같은 순열이 두 번 이상 등장하면 안 된다.

힌트: 첫 번째 원소가 정해졌을 때, 얼마나 많은 경우의 수가 존재하는가?

해법: 입력 배열을 A라고 하고 그 길이를 n이라 하자. 무식한 방법은 A의 원소로 이루어진, 길이가 n인 배열을 전부 나열한 뒤 해당 배열이 A의 순열인지 확인하는 것이다. 이 문제는 A의 원소로 이루어진, 길이가 $n - 1$인 배열을 모두 나열하는 문제와 비슷하므로 재귀를 사용하면 된다. 즉, 길이가 $n - 1$인 배열을 모두 나열한 다음 배열의 끝에 숫자를 하나 추가하면 된다. 모든 가능한 배열이 n^n개이므로 시간 및 공간 복잡도가 매우 높다.

이 방법을 좀 더 개선해 보자. 숫자 하나가 정해지면, 해당 숫자를 다시 사용할 필요가 없다. 즉, A의 모든 순열은 $A[0]$, $A[1]$, ..., $A[n - 1]$을 한 번씩만 사용한 결과이다. 모든 순열을 나열하는 방법은 먼저 $A[0]$으로 시작하는 모든 순열을 나열하고, 그 다음에 $A[1]$으로 시작하는 모든 순열을 나열하는 작업을 반복하면 된다. $A[0]$으로 시작하는 모든 순열을 나열하려면 $A[1, n - 1]$의 모든 순열을 구해야 하므로 재귀를 떠올리게 된다. $A[1]$로 시작하는 모든 순열을 나열할 때는 $A[1]$과 $A[0]$을 맞바꾼 뒤 $A[1, n-1]$의 모든 순열을 계산한다. $A[2]$로 시작하는 모든 순열을 구할 때는 A 배열을 다시 원래 상태로 만든 뒤에 같은 방법으로 구한다.

예를 들어 배열 $\langle 7, 3, 5 \rangle$가 있을 때, 7로 시작하는 모든 순열을 나열해 보자. 그러기 위해선 $\langle 3, 5 \rangle$의 모든 순열을 구해야 한다. $\langle 3, 5 \rangle$의 모든 순열을 구하기 위해서는 3으로 시작하는 모든 순열을 구해야 한다. 부분배열 $\langle 5 \rangle$의 길이는 1이므로 순열이 한 개 존재한다. 따라서 3으로 시작하는 $\langle 3, 5 \rangle$의 순열은 하나뿐이다. 그다음에는 $\langle 3, 5 \rangle$에서 5로 시작하는 순열을 구한다. 3과 5를 맞바꾼뒤 앞에서 했던 것처럼 순열을 찾아보면, $\langle 3, 5 \rangle$에서 5로 시작하는 순열은 $\langle 5, 3 \rangle$ 하나뿐이라는 사실을 알 수 있다. $\langle 7, 3, 5 \rangle$에서 7로 시작하는 순열은 $\langle 7, 3, 5 \rangle$와 $\langle 7, 5, 3 \rangle$ 두 개뿐이다. 이제 7과 3을 맞바꾼 뒤 3으로 시작하는 모든 순열을 구해 보자. $\langle 3, 7, 5 \rangle$와 $\langle 3, 5, 7 \rangle$이 된다. 5로 시작하는 순열도 $\langle 5, 3, 7 \rangle$과 $\langle 5, 7, 3 \rangle$ 이렇게 두 개 있으므로 전체 순열은 6개가 된다.

```cpp
vector<vector<int>> Permutations(vector<int> A) {
  vector<vector<int>> result;
  DirectedPermutations(0, &A, &result);
  return result;
}

void DirectedPermutations(int i, vector<int> *A_ptr,
                          vector<vector<int>> *result) {
  vector<int> &A = *A_ptr;
  if (i == size(A) - 1) {
    result->emplace_back(A);
    return;
  }

  // A[i]로 시작하는 모든 가능한 경우 찾기
  for (int j = i; j < size(A); ++j) {
    swap(A[i], A[j]);
    // A[i + 1, size(A) - 1]의 모든 가능한 순열 구하기
    DirectedPermutations(i + 1, A_ptr, result);
    swap(A[i], A[j]);
  }
}
```

시간 복잡도는 재귀 호출의 횟수에 의해 결정된다. 부분 호출을 제외하고 각 함수에서 사용한 시간은 $O(1)$이다. 함수 호출 횟수 $C(n)$은 $C(0) = 1$이고 $n \geq 1$일때, 재귀 $C(n) = 1 + nC(n-1)$을 충족한다.. 이를 확장하면 $C(n) = 1 + n + n(n -$

$1) + n(n-1)(n-2) + \ldots + n! = n!(1/n! + 1/(n-1)! + 1/(n-2)! + \ldots + 1/1!)$이 된다. $(1 + 1/1! + 1/2! + \ldots + 1/n!)$을 구하면 오일러의 수 e가 되므로 $C(n) = (e-1)n!$, 즉 $O(n!)$과 같다. 재귀 호출 말고도 $O(n)$의 연산을 수행하므로 $T(n)$의 시간 복잡도는 $O(n \times n!)$이 된다.

이번에는 이 문제를 푸는 완전히 다른 알고리즘을 알아본다. 문제 5.11의 해법에서 어떤 순열이 주어졌을 때 그 다음 순열을 어떻게 효율적으로 구하는지 소개했다. 즉, $\langle 2, 3, 1, 4 \rangle$의 다음 순열은 $\langle 2, 3, 4, 1 \rangle$이 된다. 이 알고리즘을 사용해서 현재 문제를 풀 수 있다. 배열에서 n개의 서로 다른 원소를 $1, 2, 3, \ldots$으로 매핑한다. 1은 가장 작은 원소에 해당한다. 예를 들어 $\langle 7, 3, 5 \rangle$를 정렬해서 $\langle 3, 5, 7 \rangle$로 만든다. 문제 5.11의 해법을 사용해서 $\langle 3, 5, 7 \rangle$의 다음 순열은 $\langle 3, 7, 5 \rangle$가 되고, 그 다음 순열은 차례대로 $\langle 5, 3, 7 \rangle$, $\langle 5, 7, 3 \rangle$, $\langle 7, 3, 5 \rangle$, $\langle 7, 5, 3 \rangle$이 된다. 다음은 이를 구현한 프로그램이다.

```
vector<vector<int>> Permutations(vector<int> A) {
  vector<vector<int>> result;
  // 사전 순으로 처음 등장하는 순열을 구한다.
  sort (begin(A), end(B));
  do {
    result.emplace_back(A);
  } while (next_permutation(begin(A), end(B)));
  return result;
}
```

순열은 $n!$개이고 각 순열을 저장하는 데 $O(n)$의 시간을 사용하므로 전체 시간 복잡도는 $O(n \times n!)$이 된다.

응용: 중복된 수가 존재할 때 같은 문제를 풀어 보라. 순열이 반복되면 안 된다. 예를 들어 $A = \langle 2, 2, 3, 0 \rangle$일 때 결과는 $\langle 2, 2, 0, 3 \rangle$, $\langle 2, 2, 3, 0 \rangle$, $\langle 2, 0, 2, 3 \rangle$, $\langle 2, 0, 3, 2 \rangle$, $\langle 2, 3, 2, 0 \rangle$, $\langle 2, 3, 0, 2 \rangle$, $\langle 0, 2, 2, 3 \rangle$, $\langle 0, 2, 3, 2 \rangle$, $\langle 0, 3, 2, 2 \rangle$, $\langle 3, 2, 2, 0 \rangle$, $\langle 3, 2, 0, 2 \rangle$, $\langle 3, 0, 2, 2 \rangle$가 된다.

문제 15.5 멱집합 구하기

S의 멱집합(power set)은 S의 공집합과 S를 포함한 모든 부분 집합과 같다. $\{0, 1, 2\}$의 멱집합을 그림으로 표현하면 그림 15.6과 같다.

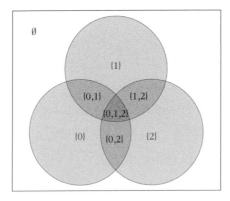

그림 15.6 {0, 1, 2}의 멱집합은 {∅, {0}, {1}, {2}, {0, 1}, {1, 2}, {0, 2}, {0, 1, 2}}가 된다.

집합이 입력으로 주어졌을 때 멱집합을 반환하는 함수를 작성하라.

힌트: 집합 S의 크기가 n일 때 부분 집합은 2^n이다. k비트의 모든 가능한 경우는 2^k 이다.

해법: 무식한 방법으로 시작해 보자. 특정 원소를 포함하지 않는 모든 부분 집합, U 를 먼저 구한다(원소의 개수가 하나일 수도 있다). 그다음 해당 원소를 포함하는 모든 부분 집합, V를 구한다. 모든 부분 집합은 U 혹은 V에 포함되므로 최종 결과 는 $U \cup V$가 된다. 재귀적으로 집합을 만들 수 있으며, 기저 사례는 입력 집합이 공 집합인 경우, {{}}를 반환한다.

예를 들어 $S = \{0, 1, 2\}$라고 하자. 임의의 원소, 예를 들어 0을 선택한다. 먼저 재귀적으로 {1, 2}의 모든 부분 집합을 구한다. 먼저 1을 선택하면 다음에 선택할 수 있는 집합은 {2}가 된다. 그 뒤에 2를 선택하면 공집합만 남게 되므로 기저 사 례에 도달한다. {2}의 부분 집합의 집합은 {}와 {2}, 즉 {{}, {2}}이다. 같은 이유 로 {1, 2}의 부분 집합의 집합은 {{}, {2}}와 {{1}, {1, 2}}, 즉 {{}, {2}, {1}, {1, 2}}가 된다. {0, 1, 2}의 부분 집합의 집합은 {{}, {2}, {1}, {1, 2}}와 {{0}, {0, 2}, {0, 1}, {0, 1, 2}}, 즉 {{}, {2}, {1}, {1, 2}, {0}, {0, 2}, {0, 1}, {0, 1, 2}}가 된다.

```cpp
vector<vector<int>> GeneratePowerSet(const vector<int>& input_set) {
  vector<vector<int>> power_set;
  DirectedPowerSet(input_set, 0, make_unique<vector<int>>().get(), &power_set);
  return power_set;
}

// input_set[0], ..., input_set[to_be_selected - 1]의 교집합이
```

```
// selected_so_far와 같은 모든 부분 집합을 생성한다.
void DirectedPowerSet(const vector<int>& input_set, int to_be_selected,
                      vector<int>* selected_so_far,
                      vector<vector<int>>* power_set) {
  if (to_be_selected == size(input_set)) {
    power_set->emplace_back(*selected_so_far);
    return;
  }
  // input_set[to_be_selected]를 포함하는 모든 부분 집합을 생성한다
  selected_so_far->emplace_back(input_set[to_be_selected]);
  DirectedPowerSet(input_set, to_be_selected + 1, selected_so_far, power_set);
  // input_set[to_be_selected]를 포함하지 않는 모든 부분 집합을 생성한다.
  selected_so_far->pop_back();
  DirectedPowerSet(input_set, to_be_selected + 1, selected_so_far, power_set);
}
```

재귀 호출의 횟수 $C(n) = 2C(n-1)$과 같고 이를 풀어 보면 $C(n) = O(2^n)$이 된다. 매번 $O(n)$의 시간을 사용하므로 전체 시간 복잡도는 $O(n2^n)$이 된다. 부분 집합의 개수가 2^n이고, 평균적으로 부분 집합의 크기가 $n/2$이므로 공간 복잡도도 $O(n2^n)$이 된다. 부분 집합을 전부 반환하지 않고 단순히 출력만 한다면, 부분 집합을 결과에 추가하지 않아도 되므로 공간 복잡도는 $O(n)$으로 줄어든다. 시간 복잡도는 변하지 않는다.

S 집합에서 원소의 순서를 유지하려면, 길이가 n인 비트 배열 2^n개와 S의 부분 집합의 집합 사이에 일대일 상관관계를 만들 수 있다. 길이가 n인 비트 배열 v에서 1로 표기된 부분은 집합 S의 원소를 나타낸다. 예를 들어 $S = \{a, b, c, d\}$일 때 비트 배열이 $\langle 1, 0, 1, 1 \rangle$이라면, 이는 부분 집합 $\{a, c, d\}$를 뜻한다. 이를 사용하면 재귀를 사용하지 않고 부분배열을 모두 열거하는 알고리즘을 개발할 수 있다.

즉, n이 컴퓨터 구조(혹은 언어)에서 허용하는 정수 비트의 개수보다 작거나 같다면 $[0, 2^n - 1]$의 숫자를 순회하면서 어떤 비트가 1로 세팅되어 있는지 확인한 뒤, 비트 배열을 만들 수 있다. 1로 세팅되어 있는 비트를 찾는 방법은 '4장 기본 자료형'에서 소개한 $y = x \;\&\; \sim(x - 1)$을 통해 최하위 비트를 찾은 뒤 $\log y$를 통해 그 인덱스를 구하는 것이다.

```
vector<vector<int>> GeneratePowerSet(const vector<int>& input_set) {
  vector<vector<int>> power_set;
  for (int int_for_subset = 0; int_for_subset < (1 << size(input_set));
       ++int_for_subset) {
    int bit_array = int_for_subset;
    vector<int> subset;
```

```
    while (bit_array) {
      subset.emplace_back(input_set[log2(bit_array & ~(bit_array - 1))]);
      bit_array &= bit_array - 1;
    }
    power_set.emplace_back(subset);
  }
  return power_set;
}
```

각 집합을 구하는 데 $O(n)$ 시간이 걸리므로 전체 시간 복잡도는 $O(n2^n)$이 된다. 실무에서 이 방법은 굉장히 빠르다. 또한 전체 부분 집합을 반환하지 않고, 부분 집합을 단순히 열거한다면 공간 복잡도는 $O(n)$이 된다.

응용: 입력 배열에 중복된 원소가 존재하는 경우(다수집합이라 하자) 같은 문제를 풀어 보라. 다수집합이 중복되면 안 된다. 예를 들어 $A = \langle 1, 2, 3, 2 \rangle$라 한다면 $\langle \langle \rangle, \langle 1 \rangle, \langle 2 \rangle, \langle 3 \rangle, \langle 1, 2 \rangle, \langle 1, 3 \rangle, \langle 2, 2 \rangle, \langle 2, 3 \rangle, \langle 1, 2, 2 \rangle, \langle 1, 2, 3 \rangle, \langle 2, 2, 3 \rangle, \langle 1, 2, 2, 3 \rangle \rangle$이 된다.

문제 15.6 크기가 k인 모든 부분 집합 생성하기

일부 테스트 애플리케이션에서는 특정 집합의 크기가 주어졌을 때 모든 부분 집합을 구해야 되는 경우가 있다.

　k와 n이 입력으로 주어졌을 때, $\{1, 2, ..., n\}$의 부분 집합 중에서 크기가 k인 모든 부분 집합을 구하는 프로그램을 작성하라. 예를 들어 $k = 2$이고 $n = 5$일 때 그 결과는 $\{\{1, 2\}, \{1, 3\}, \{1, 4\}, \{1, 5\}, \{2, 3\}, \{2, 4\}, \{2, 5\}, \{3, 4\}, \{3, 5\}, \{4, 5\}\}$가 된다.

힌트: 재귀 함수의 서명(signature)을 어떻게 구성할지 생각해 보라.

해법: 무식한 방법 중 하나는 $\{1, 2, ..., n\}$의 모든 부분 집합을 구한 뒤, 크기가 k인 부분 집합만 결과에 추가하는 것이다. 이 방법은 문제 15.5의 해법을 통해 모든 부분 집합을 구할 수 있으므로 편리한 점이 있다. 시간 복잡도는 k에 관계없이 $O(n2^n)$이다. k가 n보다 많이 작거나 혹은 n에 근접하더라도 불필요한 부분 집합을 굉장히 많이 계산해야 한다.

　좀 더 효율적으로 문제를 풀기 위해선 문제에 초점을 맞춘 해법을 생각해 봐야 한다. 즉, 여기서는 케이스 분석이 유용할 수 있다. 부분 집합에는 두 가지 경우의 수가 존재한다. 1을 포함하지 않은 부분 집합과 1을 포함한 부분 집합이다. 첫 번째 경우에는 $\{2, 3, ..., n\}$에서 크기가 k인 모든 부분 집합을 구하고, 두 번째 경우에는 $\{2, 3, .., n\}$에서 크기가 $k - 1$인 모든 부분 집합을 구한 뒤에 1을 더해 준다.

예를 들어 $n = 4$이고 $k = 2$인 경우를 생각해 보자. $\{2, 3, 4\}$에서 크기가 2인 모든 부분 집합을 구하고 $\{2, 3, 4\}$에서 크기가 1인 모든 부분 집합을 구한 뒤 1을 마지막에 더해 준다. 결과는 이 두 부분 집합의 합집합인 $\{\{2, 3\}, \{2, 4\}, \{3, 4\}\} \cup \{\{1, 2\}, \{1, 3\}, \{1, 4\}\}$가 된다.

```cpp
vector<vector<int>> Combinations(int n, int k) {
  vector<vector<int>> result;
  DirectedCombinations(n, k, 1, make_unique<vector<int>>().get(), &result);
  return result;
}

void DirectedCombinations(int n, int k, int offset,
                          vector<int>* partial_combination,
                          vector<vector<int>>* result) {
  if (size(*partial_combination) == k) {
    result->emplace_back(*partial_combination);
    return;
  }

  // 집합 {offset, ..., n - 1}에서 크기가 num_remaining이 되는
  // 남아 있는 조합을 생성한다.
  const int num_remaining = k - size(*partial_combination);
  for (int i = offset; i <= n && num_remaining <= n - i + 1; ++i) {
    partial_combination->emplace_back(i);
    DirectedCombinations(n, k, i + 1, partial_combination, result);
    partial_combination->pop_back();
  }
}
```

시간 복잡도는 $O(n\binom{n}{k})$이다. 그 이유는 재귀적으로 멱집합을 모두 나열하는 해법과 비슷하다. (문제 15.5)

문제 15.7 괄호의 짝이 맞는 문자열 생성하기

괄호의 짝이 맞는 문자열이란, 다음 세 가지 규칙에 의해 정의된다.

- 빈 문자열, "",은 괄호의 짝이 맞는 문자열이다.
- 짝이 맞는 문자열의 왼쪽 끝에 왼쪽 괄호를 추가하고 오른쪽 끝에 오른쪽 괄호

를 추가한 문자열은 괄호의 짝이 맞는 문자열이다. 예를 들어 "(())()"은 짝이 맞는 문자열이므로 "((())())"도 짝이 맞는 문자열이다.

- 짝이 맞는 문자열 두 개를 이어 붙인 문자열도 짝이 맞는 문자열이다. 예를 들어 "(())()"와 "()"는 짝이 맞는 문자열이므로 "(())()()"도 짝이 맞는 문자열이다.

예를 들어 두 쌍의 괄호가 짝이 맞는 문자열 집합은 {(()), ()()}이고, 세 쌍의 괄호가 짝이 맞는 문자열 집합은 {((())), (()()), (())(), ()(()), ()()()}이다.

숫자가 입력으로 주어졌을 때, 해당 숫자쌍의 괄호가 짝이 맞는 모든 문자열을 반환하는 프로그램을 작성하라.

힌트: 괄호의 짝이 맞는 문자열의 접두사가 어떻게 생겼는지 생각해 보라.

해법: 무식한 방법은 괄호의 개수가 $2k$인 모든 문자열을 나열하는 것이다. 괄호의 짝이 맞는지 확인하기 위해선 괄호의 종류를 하나로 설정한 뒤 문제 8.3의 해법을 사용하면 된다. 시간 복잡도의 하한인 2^{2k}만큼의 문자열이 가능하다. 왼쪽 괄호와 오른쪽 괄호의 개수가 같은 문자열만 나열한다고 하더라도 그 수는 $\binom{2k}{k}$에 이른다.

문자열을 좀 더 직접적으로 나열한다면 시간 복잡도를 굉장히 개선할 수 있다. 예를 들어 ")"로 시작하는 문자열처럼, 어떤 문자열들은 절대 k개의 일치하는 괄호쌍이 있는 문자열로 완성될 수 없다. 따라서 문자열을 점차적으로 만들어 가는 방법이 있다. 잠재적으로 k개의 괄호쌍이 짝이 맞는 경우의 문자열만 만들 수 있도록 문자를 점차적으로 추가해 나간다.

길이가 $2k$ 이하인 문자열이 주어져 있고, 이 문자열은 잠재적으로 k개의 괄호쌍이 짝이 맞는 문자열이 될 수 있다고 가정하자. 문자열을 계속해서 짝이 맞는 문자열로 유지하려면 어떤 문자를 추가해야 할까?

왼쪽 괄호를 추가하거나 오른쪽 괄호를 추가하는 두 가지 경우가 있다.

- 왼쪽 괄호를 추가했을 때 k개의 일치하는 괄호쌍이 있는 문자열로 만들려면, 필요한 왼쪽 괄호의 개수가 0보다 커야 한다.
- 오른쪽 괄호를 추가했을 때 k개의 일치하는 괄호쌍이 있는 문자열로 만들려면, 필요한 왼쪽 괄호의 개수가 필요한 오른쪽 괄호의 개수보다 작아야 한다(즉, 짝이 맞지 않는 왼쪽 괄호가 문자열에 존재해야 한다).

실제 예제를 살펴보자. $k = 2$일 때, 우리는 다음과 같은 문자열의 수열을 따라가게 된다. "", "(", "((", "(()", "(())", "()", "()(", "()()". 이 중에서 "(())"와 "()()"는 완성된 문자열이므로 결과에 추가한다.

```cpp
vector<string> GenerateBalancedParentheses(int num_pairs) {
  vector<string> result;
  DirectedGenerateBalancedParentheses(num_pairs, num_pairs,
                                      /*valid_prefix=*/"", &result);
  return result;
}

void DirectedGenerateBalancedParentheses(int num_left_parens_needed,
                                         int num_right_parens_needed,
                                         const string& valid_prefix,
                                         vector<string>* result) {
  if (!num_right_parens_needed) {
    result->emplace_back(valid_prefix);
    return;
  }

  if (num_left_parens_needed > 0) {  // '('를 추가할 수 있다.
    DirectedGenerateBalancedParentheses(num_left_parens_needed - 1,
                                        num_right_parens_needed,
                                        valid_prefix + '(', result);
  }
  if (num_left_parens_needed < num_right_parens_needed) {
    // ')'를 추가할 수 있다.
    DirectedGenerateBalancedParentheses(num_left_parens_needed,
                                        num_right_parens_needed - 1,
                                        valid_prefix + ')', result);
  }
}
```

k개의 괄호쌍이 짝이 맞는 경우의 수 $C(k)$는 k가 증가할 때마다 굉장히 빠르게 증가한다. 정확히 말해서 $C(k+1) = \sum_{i=0}^{k} \binom{k}{i}/(k+1)$이 된다. 이 결과는 $\frac{(2k)!}{k!(k+1)!}$과 같다.

문제 15.8 회문 분해하기

앞으로 읽으나 뒤로 읽으나 결과가 같은 문자열을 회문이라 한다. 문자열 분해란 여러 문자열 집합으로 나뉜 문자열을 이어 붙였을 때 기존의 문자열이 되는 것을 말한다. 예를 들어 "611116"은 회문이고, "611", "11", "6"은 이 문자열을 분해한 결과이다.

주어진 문자열을 회문 문자열로 분해한 모든 결과를 구하라. 예를 들어 입력 문자열이 "0204451881"이라 한다면 "020", "44", "5", "1881"로 분해된 문자열은 회문이고 "020", "44", "5", "1", "88", "1"로 분해된 문자열도 회문이다. 하지만 "02044", "5", "1881"로 분해된 문자열은 회문이 아니다.

힌트: 분해된 문자열 중 첫 번째 회문 문자열에 집중하라.

해법: 무식한 방법으로 접근해 보면, 문자열을 가능한 모든 방법으로 분해한 뒤 분해된 문자열이 회문인지 확인해 보면 된다. 문자열을 모든 가능한 방법으로 분해하려면 첫 번째 분해된 문자열 접두사의 길이를 1, 2, ...로 시도해 보고, 나머지 접미사 문자열을 통해 이 과정을 재귀적으로 반복하면 된다. 문자열의 길이가 n일 때 분해되는 문자열의 개수는 2^{n-1}이 된다. (모든 n-비트 벡터를 유일한 분해 방법이라고 이해하면 쉽다. 즉, 비트 벡터에서 연속된 1 혹은 연속된 0을 부분 문자열이라고 생각하자.)

물론 이 무식한 방법은 회문이 아닌 문자열도 분해해 본다는 점에서 비효율적이다. 예를 들어 주어진 문자열이 "0204451881"이고, 처음 분해한 문자열이 "02"인 경우에도 나머지 문자열을 이용해서 재귀적으로 분해한다. 따라서 회문으로 시작하는 문자열만을 분해하는, 보다 직접적인 접근 방법이 필요하다.

주어진 예제인 "0204451881"을 살펴보자. "0"이 회문이므로 재귀적으로 "204451881"을 살펴보고, "020"이 회문이므로 재귀적으로 "4451881"을 살펴본다. "204451881"의 회문 분해를 구할 때는 "2"가 회문이 되는 접두사이므로 "04451881"을 재귀적으로 확인한다. "04451881"의 회문 분해를 구할 때는 "0"이 회문이 되는 접두사이므로 "4451991"을 확인한다. "4451991"의 회문 분해를 구할 때는 "4"가 회문이므로 "451991"을 재귀적으로 살펴보고, 또한 "44"가 회문이므로 "51991"을 살펴본다.

```
vector<vector<string>> PalindromeDecompositions(const string& text) {
  vector<vector<string>> result;
  DirectedPalindromeDecompositions(
      text, /*offset=*/0, make_unique<vector<string>>().get(), &result);
  return result;
}

void DirectedPalindromeDecompositions(const string& text, int offset,
                                      vector<string>* partial_partition,
                                      vector<vector<string>>* result) {
```

```
  if (offset == size(text)) {
    result->emplace_back(*partial_partition);
    return;
  }

  for (int i = offset + 1; i <= size(text); ++i) {
    if (string prefix = text.substr(offset, i - offset); IsPalindrome(prefix)) {
      partial_partition->emplace_back(prefix);
      DirectedPalindromeDecompositions(text, i, partial_partition, result);
      partial_partition->pop_back();
    }
  }
}

bool IsPalindrome(const string& prefix) {
  for (int i = 0, j = size(prefix) - 1; i < j; ++i, --j) {
    if (prefix[i] != prefix[j]) {
      return false;
    }
  }
  return true;
}
```

최악의 경우의 시간 복잡도는 여전히 $O(n \times 2^n)$이다. 여기서 최악은 문자 하나로 이루어진, 길이가 n인 문자열이 입력으로 들어온 경우이다. 하지만 최선의 경우에는 시간 복잡도가 많이 줄어든다. 여기서 최선은 회문으로 분해되는 문자열이 많지 않은 경우다.

문제 15.9 이진 트리 생성하기

노드의 개수가 주어졌을 때, 모든 가능한 이진 트리를 반환하는 프로그램을 작성하라. 예를 들어 노드가 세 개라면 그림 15.7에 나와 있는 트리를 반환하면 된다.

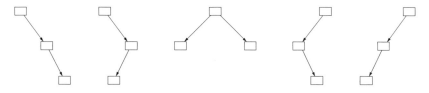

그림 15.7 노드 세 개로 이루어진 다섯 개의 이진 트리

힌트: 왼쪽 부분 트리 크기가 서로 다른, 두 개의 이진 트리가 동일할 수 있는가?

해법: 무식한 방법은 노드가 $n - 1$개 이하인 모든 이진 트리를 생성한 뒤에 노드가 n개인 이진 트리를 구한다. 루트 노드를 하나 두고 왼쪽 자식을 노드가 $n - 1$개 이하인 이진 트리로 설정하고 오른쪽 자식을 노드가 $n - 1$개 이하인 이진 트리로 설정한다. 왼쪽 자식과 오른쪽 자식이 모두 같은 경우가 없으므로 이렇게 생성된 모든 트리는 중복되지 않을 것이다. 하지만 이렇게 트리를 생성하면 어떤 경우에는 노드가 $n - 1$개보다 적을 수도 있고, 어떤 경우에는 그것보다 많을 수도 있다.

노드가 n개인 트리를 직접 탐색하면 더 효율적으로 구할 수 있다. 즉, 왼쪽 자식의 노드의 개수가 k개이면서 전체 노드가 n개인 이진 트리를 구하려면, 오른쪽 자식의 노드의 개수는 반드시 $n - 1 - k$여야 한다. 다시 말해 노드가 n개인 모든 이진 트리를 구하려면 노드의 개수가 i개인 모든 왼쪽 부분 트리를 구하고 노드가 $n - 1 - i$개인 모든 오른쪽 부분 트리를 구하면 된다. i는 0부터 $n - 1$ 사이의 값이 된다.

그림 15.6을 자세히 살펴보면 처음 트리 두 개는 왼쪽 부분 트리의 크기가 0이고 오른쪽 부분 트리의 크기가 2라는 사실을 알 수 있다. 세 번째 트리는 왼쪽 부분 트리의 개수와 오른쪽 부분 트리의 개수가 1인 유일한 트리이다. 마지막 트리 두 개는 왼쪽 부분 트리의 크기가 2이고 오른쪽 부분 트리의 크기가 0인 트리이다. 두 노드에 있는 두 개의 트리 집합은 자체적으로 재귀로 계산할 수 있다. 한 노드에 단일 이진 트리가 있으며, 루트의 양쪽에 있을 수 있다.

```cpp
vector<unique_ptr<BinaryTreeNode<int>>> GenerateAllBinaryTrees(int num_nodes) {
  vector<unique_ptr<BinaryTreeNode<int>>> result;
  if (num_nodes == 0) {  // 비어 있는 트리이므로 nullptr을 추가한다.
    result.emplace_back(nullptr);
  }

  for (int num_left_tree_nodes = 0; num_left_tree_nodes < num_nodes;
      ++num_left_tree_nodes) {
    int num_right_tree_nodes = num_nodes - 1 - num_left_tree_nodes;
    auto left_subtrees = GenerateAllBinaryTrees(num_left_tree_nodes);
    auto right_subtrees = GenerateAllBinaryTrees(num_right_tree_nodes);
    // left_subtrees와 right_subtrees로 이루어진 모든 조합을 생성한다.
    for (auto& left : left_subtrees) {
      for (auto& right : right_subtrees) {
        result.emplace_back(
            make_unique<BinaryTreeNode<int>>(0, Clone(left), Clone(right)));
      }
    }
  }
}
```

```
        return result;
}

unique_ptr<BinaryTreeNode<int>> Clone(
    const unique_ptr<BinaryTreeNode<int>>& tree) {
  return tree ? make_unique<BinaryTreeNode<int>>(0, Clone(tree->left),
                                                    Clone(tree->right))
              : nullptr;
}
```

재귀 함수에 대한 $C(n)$의 호출 수는 $C(n) = \sum_{i=1}^{n} C(n-i)C(i-1)$을 만족한다. $C(n)$을 n번째 카탈란 수(Catalan number)라 한다. 이 값은 $\dfrac{(2n)!}{n!(n+1)!}$과 같다고 알려져 있다. 문제 15.6의 해법과 비교해 보면 값이 상당히 비슷한 것을 알 수 있다. 카탈란 수는 조합 문제에 자주 등장한다.

문제 15.10 스도쿠 해법 구현하기

스도쿠를 푸는 코드를 구현하라. 문제 5.17의 해법에서 스도쿠의 정의에 대해 살펴보라.

힌트: 무식한 방법의 속도를 개선하기 위해 제약조건을 추가해 보라.

해법: 무식한 방법은 비어 있는 칸에 모든 가능한 숫자를 대입해 본 뒤 문제 5.17의 해법을 통해 스도쿠의 조건을 만족하는지 확인해 보는 것이다. 하지만 대입한 어떤 값이 스도쿠 조건을 위반했을 때는 더 이상 진행할 필요가 없으므로, 모든 숫자를 대입하는 것은 낭비가 심하다. 따라서 백트래킹(back tracking)의 원리를 적용해야 한다.

구체적으로, 2차원 배열을 한번에 하나씩 순회한다. 만약 비어 있는 칸을 발견한다면, 숫자를 하나씩 대입해 보면서 스도쿠의 제약조건을 위반하는지 확인한다. 제약조건을 위반하지 않는다면 재귀적으로 다음 칸에 숫자를 대입해 본다. 만약 비어 있는 칸을 모두 채웠다면 탐색에 성공한 것이다. 스도쿠의 조건을 만족하는지 확인하는 단순한 방법은 문제 5.17의 해법을 호출해 보는 것이다. 하지만 이미 조건을 만족하는 숫자만을 대입해 본다면 수행 시간을 상당히 단축시킬 수 있다. 다시 말하면, 추가된 항목의 행, 열, 부분 사각형만 확인하는 것이다.

예를 들어 그림 5.2(a)의 판에서 왼쪽 아래부터 시작한다고 가정하자. 1을 빈칸에 채워도 행, 열, 부분 사각형 어느 것도 스도쿠의 조건에 위반하지 않으므로 같은

행에서 그 다음 칸으로 넘어간다. 같은 행에 이미 존재하므로 1은 안되지만, 2는 가
능하다.

```cpp
const int kEmptyEntry = 0;

bool SolveSudoku(vector<vector<int>>* partial_assignment) {
  return SolvePartialSudoku(0, 0, partial_assignment);
}

bool SolvePartialSudoku(int i, int j, vector<vector<int>>* partial_assignment) {
  if (i == size(*partial_assignment)) {
    i = 0;  // 새로운 행에서 시작한다.
    if (++j == size((*partial_assignment)[i])) {
      return true;  // 행렬의 모든 칸을 올바르게 채웠다.
    }
  }

  // 빈칸이 아닌 곳은 넘어간다.
  if ((*partial_assignment)[i][j] != kEmptyEntry) {
    return SolvePartialSudoku(i + 1, j, partial_assignment);
  }

  for (int val = 1; val <= size(*partial_assignment); ++val) {
    // (i, j)에 해당 값을 채운 다음에 그 결과가 유효한지 확인하는 것보다
    // 해당 값을 채우기 전에 스도쿠의 제약조건을 모두 만족하는지 확인하는 게 더 빠르다.
    // 왜냐하면 이미 주어진 환경은 제약조건을 위반하지 않으므로,
    // 문제가 발생할 수 있는 부분은 (i, j)뿐이기 때문이다.
    if (ValidToAddVal(*partial_assignment, i, j, val)) {
      (*partial_assignment)[i][j] = val;
      if (SolvePartialSudoku(i + 1, j, partial_assignment)) {
        return true;
      }
    }
  }

  (*partial_assignment)[i][j] = kEmptyEntry;  // 할당을 취소한다.
  return false;
}

bool ValidToAddVal(const vector<vector<int>>& partial_assignment, int i, int j,
                   int val) {
  // 행의 제약조건을 확인한다.
  if (any_of(begin(partial_assignment), end(partial_assignment),
             [val, j](const vector<int>& row) { return val == row[j]; })) {
    return false;
  }
```

```
  // 열의 제약조건을 확인한다.
  if (find(begin(partial_assignment[i]), end(partial_assignment[i]), val) !=
      end(partial_assignment[i])) {
    return false;
  }

  // 부분 사각형의 제약조건을 확인한다.
  int region_size = sqrt(size(partial_assignment));
  int I = i / region_size, J = j / region_size;
  for (int a = 0; a < region_size; ++a) {
    for (int b = 0; b < region_size; ++b) {
      if (val == partial_assignment[region_size * I + a][region_size * J + b]) {
        return false;
      }
    }
  }
  return true;
}
```

프로그램이 9×9의 판에 한정되어 있으므로, 크기를 나타내는 입력값이 없다. 그러므로 시간 복잡도를 말하기 애매하다. 하지만 스도쿠를 $n \times n$의 크기로 일반화시키면 NP-완전(NP-complete) 문제가 된다. 일반적인 $n \times n$ 크기에서 스도쿠를 푸는 알고리즘이 지수 시간 복잡도라는 사실을 증명하는 건 어렵지 않다.

문제 15.11 그레이 코드 구하기

n-비트 그레이 코드란 $\{0, 1, 2, \ldots, 2^n - 1\}$로 이루어진 순열 중에서 연속된 두 숫자의 비트가 오직 하나만 다른 순열을 말한다. (또한 처음 숫자와 마지막 숫자도 비트 하나만 달라야 한다.) 예를 들어 $\langle (000)_2, (100)_2, (101)_2, (111)_2, (110)_2, (010)_2, (011)_2, (001)_2 \rangle = \langle 0, 4, 5, 7, 6, 2, 3, 1 \rangle$과 $\langle 0, 1, 3, 2, 6, 7, 5, 4 \rangle$는 $n = 3$일 때의 그레이 코드이다.

n이 입력으로 주어졌을 때 n-비트의 그레이 코드를 반환하는 프로그램을 작성하라.

힌트: $n = 2, 3, 4$인 경우의 그레이 코드를 구해 보라.

해법: 무식한 방법은 길이가 n비트로 이루어진 정수 2^n개를 나열하는 방법이다. 그리고 나열된 수열이 그레이 코드인지 확인한 뒤, 그레이 코드가 맞다면 바로 멈춘다. 시간 복잡도는 $2^{n \times 2^n}$으로 천문학적이다. 이를 조금 더 개선할 수는 있다. 수열

내에서 각 엔트리는 중복이 없어야 하므로 $0, 1, 2, \ldots, 2^n - 1$의 순열을 구하면 된다. 하지만 여전히 비효율적이다.

수열을 직접적으로 나열하면 좀 더 빠르게 할 수 있다. 즉, 이전 수열에서 딱 한 개의 비트만 다른 숫자를 찾아서 점차적으로 수열을 만들어 나가면 된다. (제일 마지막에는, 첫 번째 숫자와도 비트가 하나만 다른지 비교를 해야 한다.) 예를 들어 $n = 4$인 경우에 $(0000)_2$에서 시작한다. 그 뒤에 $(0000)_2$에서 비트를 하나씩 바꿔보면서 수열에 추가하지 않았던 숫자를 찾는다. 그렇게 $(0001)_2$을 수열에 추가한다. 이제 $(0001)_2$의 비트를 하나씩 바꿔본다. $(0000)_2$은 이미 수열에 있는 숫자이므로 넘어간다. 그렇게 $(0011)_2$을 수열에 추가하면, 현재 수열은 $\langle(0000)_2, (0001)_2, (0011)_2\rangle$이 된다. 이와 같은 방법으로 다음에 추가되는 숫자는 $(0010)_2, (0011)_2, (0111)_2$이다.

```cpp
vector<int> GrayCode(int num_bits) {
  vector<int> result({0});
  DirectedGrayCode(num_bits,
                   make_unique<unordered_set<int>>(unordered_set<int>{0}).get(),
                   &result);
  return result;
}

bool DirectedGrayCode(int num_bits, unordered_set<int>* history,
                      vector<int>* result) {
  if (size(*result) == (1 << num_bits)) {
    // 첫 번째와 마지막 코드가 1비트씩 다른지 확인한다.
    return DiffersByOneBit(result->front(), result->back());
  }

  for (int i = 0; i < num_bits; ++i) {
    int previous_code = result->back();
    int candidate_next_code = previous_code ^ (1 << i);
    if (history->emplace(candidate_next_code).second) {
      result->emplace_back(candidate_next_code);
      if (DirectedGrayCode(num_bits, history, result)) {
        return true;
      }
      result->pop_back();
      history->erase(candidate_next_code);
    }
  }
  return false;
}
```

```
bool DiffersByOneBit(int x, int y) {
  int bit_difference = x ^ y;
  return bit_difference && !(bit_difference & (bit_difference - 1));
}
```

좀 더 분석적인 해법을 소개한다. 작은 입력으로 케이스 분석을 하다 보면 어떤 영감을 얻을 수 있다. $\langle (00)_2, (01)_2, (11)_2, (10)_2 \rangle$은 2비트 그레이 코드이다. $n = 3$의 그레이 코드를 구할 때 단순히 $\langle (00)_2, (01)_2, (11)_2, (10)_2 \rangle$의 앞에 0 혹은 1을 덧붙인 뒤 이들을 이어 붙이면 안 된다. 이들을 단순히 이어 붙이면 $(010)_2$ 다음에 $(100)_2$이 되므로 그레이 코드의 속성을 만족하지 못한다. 하지만 이 외의 나머지 모든 부분에서는 그레이 코드의 속성을 만족한다.

그레이 코드는 비트 하나만 달라야 하므로 $\langle (00)_2, (01)_2, (11)_2, (10)_2 \rangle$을 역순으로 배열한 뒤 1을 앞에 덧붙이면 문제를 해결할 수 있다. 예를 들어 $n = 3$의 수열은 $\langle (000)_2, (001)_2, (011)_2, (010)_2, (110)_2, (111)_2, (101)_2, (100)_2 \rangle$이 된다. 일반적인 해법은 재귀를 사용하면 된다.

```
vector<int> GrayCode(int num_bits) {
  if (num_bits == 0) {
    return {0};
  }

  // 암묵적으로 (num_bits - 1)의 위치에서 0부터 시작한다.
  vector<int> gray_code_num_bits_minus_1 = GrayCode(num_bits - 1);

  // 이제 (num_bits - 1)의 비트-인덱스에 1을 추가한 뒤
  // grayCodeNumBitsMinus1의 모든 엔트리에 이를 더해 준다.
  int leading_bit_one = 1 << (num_bits - 1);
  // gray_code_num_bits_minus_1을 역순으로 순회하면서 처리한다.
  for (int i = gray_code_num_bits_minus_1.size() - 1; i >= 0; --i) {
    gray_code_num_bits_minus_1.emplace_back(leading_bit_one |
                                   gray_code_num_bits_minus_1[i]);
  }
  return gray_code_num_bits_minus_1;
}
```

정수의 범위 안에서 연산을 수행한다고 가정했을 때, $T(n) = T(n-1) + O(2^{n-1})$이므로 시간 복잡도는 $O(2^n)$이 된다.

16장

동적 프로그래밍

중요한 사실은, 먼저 임의의 값 x와 N에 대한 일반적인 문제를 해결한 뒤에
특정한 값 x와 N에 대한 최대화 문제를 푼다는 점이다.
《Dynamic Programming》, 리처드 벨만(R. E. Bellman), 1957

동적 프로그래밍은 부분 문제로 분해할 수 있는 최적화, 탐색, 계산 문제를 해결하기 위한 일반적인 방법을 말한다. 해법에 도달하기 위해 선택을 해야 할 때마다 (특히 해법이 부분 문제와 관련이 있는 경우) 동적 프로그래밍을 고려해 봐야 한다.

분할 정복법처럼 동적 프로그래밍은 작은 문제 여러 개를 합쳐서 큰 문제를 풀 수 있다. 하지만 분할 정복과는 다르게, 동적 프로그래밍에서는 동일한 하위 문제가 반복해서 발생할 수 있다. 따라서 동적 프로그래밍을 효율적으로 작성하려면 반복해서 발생하는 하위 문제의 결괏값을 캐싱(caching)해 두어야 한다. 면접에서는 어려운 문제를 출제하려고 할 때, 동적 프로그래밍 문제를 선택하는 경향이 있다.

우선 피보나치 수열을 구하는 문제를 통해 동적 프로그래밍의 기본 개념을 살펴보자. 피보나치 수열은 0, 1로 시작한다. 그 다음 숫자는 이전 숫자 두 개의 합이다. 따라서 0, 1, 1, 2, 3, 5, 8, 13, 21, ...이 된다. 이 수열은 생물학, 자료구조 분석, 병렬 컴퓨팅 등 다양한 애플리케이션에서 활용된다.

수학적으로 표현하자면 n번째 피보나치 수열은 $F(n) = F(n-1) + F(n-2)$이고, $F(0) = 0$, $F(1) = 1$이다. 이때 $F(n)$을 재귀적으로 계산하는 함수의 시간 복잡도는 기하급수적으로 증가한다. 왜냐하면 재귀 함수가 $F(i)$를 반복적으로 호출하기 때문이다. 그림 16.1을 보면 같은 함수가 어떻게 반복적으로 호출되는지 알 수 있다.

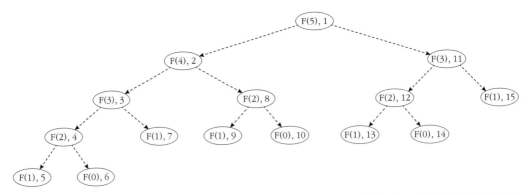

그림 16.1 5번째 피보나치 수열인 $F(5)$를 단순하게 계산했을 때의 재귀 호출 트리이다. 각 노드는 함수 호출을 뜻한다. $F(x)$는 x라는 매개변수로 함수를 호출했다는 의미이고, 오른쪽의 숫자는 해당 함수를 호출한 순서다. 각 노드의 자식들은 해당 노드에서 호출한 함수를 의미한다. $F(3)$을 2번 호출했고, $F(2)$, $F(1)$, $F(0)$을 3번씩 호출했다는 사실을 주목하라.

중간 결과를 캐시에 저장했을 때 n번째 피보나치 수열을 구하는 시간 복잡도는 n에 선형적으로 비례하지만, 추가적인 공간 복잡도는 $O(n)$이 된다.

```
unordered_map<int, int> cache;

int Fibonacci(int n) {
  if (n <= 1) {
    return n;
  } else if (!cache.count(n)) {
    cache[n] = Fibonacci(n - 1) + Fibonacci(n - 2);
  }
  return cache[n];
}
```

캐시 공간을 최소화하는 것은 동적 프로그래밍에서 중요한 이슈이다. 이번에는 같은 프로그램을 $O(n)$ 시간과 $O(1)$ 공간에 구해 보자. 다음 코드는 앞에서 살펴본 프로그램과 개념적으로는 반대다. 상향식 방식으로 캐시를 반복적으로 채워 공간 복잡성을 줄이고, 캐시를 재사용할 수 있게 한다.

```
int Fibonacci(int n) {
  if (n <= 1) {
    return n;
  }

  int f_minus_2 = 0, f_minus_1 = 1;
  for (int i = 2; i <= n; ++i) {
    int f = f_minus_2 + f_minus_1;
    f_minus_2 = f_minus_1;
```

```
        f_minus_1 = f;
    }
    return f_minus_1;
}
```

동적 프로그래밍을 효율적으로 푸는 핵심은 하나의 문제를 부분 문제로 나누는 방법을 찾는 것이다. 부분 문제는 다음과 같은 특징이 있다. 이 특징을 잘 이용하면 부분 문제를 쉽게 찾을 수 있다.

- 부분 문제의 해법을 찾으면 원래 문제도 비교적 쉽게 해결할 수 있다.
- 부분 문제의 해법을 캐시에 저장할 수 있다.

이번에는 좀 더 복잡한 문제를 다루어 보자. 정수 배열이 주어졌을 때 합이 가장 큰 부분배열을 동적 프로그래밍으로 구하라. 그림 16.2의 배열이 주어졌을 때 합이 최대가 되는 부분배열은 0번 인덱스에서 3번 인덱스까지다.

904	40	523	12	-335	-385	-124	481	-31
$A[0]$	$A[1]$	$A[2]$	$A[3]$	$A[4]$	$A[5]$	$A[6]$	$A[7]$	$A[8]$

그림 16.2 최대 부분합이 1479인 배열

모든 부분배열의 합을 구해야 하므로 무식하게 풀면 시간 복잡도가 $O(n^3)$이 된다. 부분배열의 개수는 $\frac{n(n-1)}{2}$이고, 각 부분배열의 합을 구하는 데 $O(n)$의 시간이 걸리기 때문이다. 하지만 추가로 $O(n)$의 공간을 사용해서 모든 k에 대한 $S[k] = \sum A[0, k]$를 저장할 수 있다면, 무식한 방법의 시간 복잡도를 $O(n^2)$으로 개선할 수 있다. $A[i, j]$의 합은 $S[j] - S[i-1]$이고, $S[-1]$은 0이 된다.

분할 정복법으로도 이 문제를 풀 수 있다. 먼저 A의 중간 인덱스인 $m = \lfloor \frac{n}{2} \rfloor$을 구한다. 부분배열 $L = A[0, m]$과 $R = A[m+1, n-1]$에 대해서 같은 문제를 푼다. 최대 부분배열은 다음 중 하나다.

- L에서의 최대 부분배열. 예를 들어 $A = \langle 2, 3, -1, 1, -3, 0, 1 \rangle$이고 $m = 3$일 때, 최대 부분배열은 $A[0, 1]$이다.
- R에서 최대 부분배열. 예를 들어 $A = \langle -2, 3, -2, -1, 3, -2, 5 \rangle$고 $m = 3$일 때, 최대 부분배열은 $A[4, 6]$이다.
- L에서 시작하고 R에서 끝나는 최대 부분배열. 이 부분배열은 $m+1$에서 시작

하는 최대 부분 배열과 연결되어 있으며, 인덱스 m에서 끝나는 최대 부분배열이다. 예를 들어 $A = \langle -2, 3, 1, -1, 3, 2, -1 \rangle$이고 $m = 3$일 때, 인덱스 m에서 끝나는 최대 부분배열은 $A[1, 3]$이고, 인덱스 $m + 1$에서 시작하는 최대 부분배열은 $A[4, 5]$다. 여기서 전체 최대 부분배열은 $A[1, 5]$다.

시간 복잡도를 분석하는 방법은 퀵정렬의 시간 복잡도를 분석하는 방법과 비슷하며, 시간 복잡도는 $O(n \log n)$이다. 인덱스를 다루는 작업이 까다로워 프로그램을 올바르게 작성하는 데 시간이 걸릴 것이다.

이제 동적 프로그래밍을 사용해서 문제를 풀어 보자. 모든 $i < j$에 대해 i를 포함해서 끝나는 최대 하위배열을 알고 있다고 가정하자. 이 최대 하위배열의 합계를 $B[i]$라고 하자. 그러면 j를 포함해서 끝나는 최대 하위배열에 대한 두 가지 가능성만 존재한다.

- 원소 $A[i]$이거나,
- 이전 항목이 포함되는 경우 $B[i - 1] + A[i]$다.

그러므로 $B[i] = \max(A[i], B[i - 1] + A[i])$다. 최대 하위배열이 일부 인덱스에서 끝나기 때문에 답은 B의 최대 항목이다. (만약, 항목이 음수라면 0이다.)

예를 들어, $A = \langle -2, 3, 1, -7, 3, 2, -1 \rangle$이고 $B = \langle -2, 3, 4, -3, 3, 5, 4 \rangle$라면 최대 부분배열은 $A[4, 5]$고 합은 5다.

각 인덱스에서 상수시간이 걸리므로 시간 복잡도는 $O(n)$이고, 공간을 재활용하므로 공간 복잡도는 $O(1)$이다.

```
int FindMaximumSubarray(const vector<int>& A) {
  int max_seen = 0, max_end = 0;
  for (int a : A) {
    max_end = max(a, a + max_end);
    max_seen = max(max_seen, max_end);
  }
  return max_seen;
}
```

동적 프로그래밍 부트 캠프

방금까지 살펴본 피보나치 수열과 최대 부분합을 구하는 문제는 동적 프로그래밍을 연습하기에 좋은 예제다.

> ☑ **동적 프로그래밍 문제를 풀기 전 꼭 알고 있어야 할 내용**
>
> 문제가 부분 문제와 관련이 있는 경우에는 더더욱 동적 프로그래밍을 고려해 봐야 한다.
>
> 동적 프로그래밍은 최적화 문제뿐 아니라 **개수를 세는 문제, 의사 결정 문제**를 푸는 데도 쓸 수 있다. 동일한 계산을 재귀적으로 사용하는 작은 부분 문제들로 전체 문제를 표현할 수 있다면, 동적 프로그래밍으로 풀 수 있다.
>
> 이와 같은 개념으로 보자면, 동적 프로그래밍에는 재귀가 포함된다. 하지만 캐시는 효율성을 위해 **상향식**, 즉 반복적으로 구축되는 경우가 많다. [문제 16.3]
>
> 동적 프로그래밍이 재귀적으로 구현될 때, 캐시는 보통 해시 테이블이나 이진 탐색 트리 같은 동적 자료구조로 구현된다. 반복적으로 구현되는 캐시는 보통 1차원이나 다차원 배열이다.
>
> 공간을 절약하기 위해 다시 사용하지 않게 될 **캐시 공간을 재사용**할 수도 있다. [문제 16.1, 16.2]
>
> 가끔은 **상향식 동적 프로그래밍 해법보다 재귀가 더 효율적**일 때가 있다. 예를 들어 해법을 빨리 찾을 수 있거나 **가지치기**를 통해 탐색해야 할 부분 문제의 개수를 줄이는 경우다. [문제 16.5]
>
> 동적 프로그래밍은 부분 문제에 대한 **해법을 결합**하여 원래 문제에 대한 **해법을 제시**한다. 하지만 동적 프로그래밍으로 풀 수 없는 문제도 있다. 예를 들어 가장 긴 경로를 구하는 문제다. 여기서는 어떤 노드도 반복하지 않는, 주어진 노드 쌍 사이의 가장 긴 경로를 찾아야 한다. 노드가 a, b, c, d고 간선이 (a, b), (b, c), (c, d), (d, a)인 경우, a에서 d로 가는 가장 긴 경로는 $\langle a, b, c, d \rangle$다. 하지만 여기서 일부 하위 경로 자체는 가장 긴 경로가 아니다. 예를 들어, c에서 d로 가는 가장 긴 경로는 $\langle c, d \rangle$가 아니라 $\langle c, b, a, d \rangle$다. 반면에 가장 짧은 경로의 각 하위 경로는 그 자체가 가장 짧은 경로다.

문제 16.1 가능한 점수가 몇 개인지 구하기

미국 미식축구는 각 게임당 2점(세이프티), 3점(필드골), 7점(터치다운, 추가점수)을 낼 수 있다. 시합이 끝난 후 획득한 점수를 모두 합한 결과가 최종 점수가 된다. 예를 들어 12점을 내는 방법은 다음과 같이 네 가지 경우의 수가 존재한다.

- 세이프티 6번 ($2 \times 6 = 12$)
- 세이프티 3번과 필드골 2번 ($2 \times 3 + 3 \times 2 = 12$)
- 세이프티 1번, 필드골 1번, 터치다운 1번 ($2 \times 1 + 3 \times 1 + 7 \times 1 = 12$)
- 필드골 4번 ($3 \times 4 = 12$)

최종 점수와 각 게임에서 낼 수 있는 점수가 주어졌을 때, 주어진 최종 점수를 만들 수 있는 조합의 개수를 반환하라.

힌트: 점수 w_0을 0번 냈을 때, 점수 w_0을 1번 냈을 때 등의 조합의 개수를 세어 보라.

해법: 낮은 점수를 통해 해법에 대한 감을 잡을 수 있다. 예를 들어 9점을 내는 경우는 다음과 같다.

- 7점을 낸 다음에 2점을 내기
- 6점을 낸 다음에 3점을 내기
- 2점을 낸 다음에 7점을 내기

이를 일반화해 보면, s점수를 내는 방법은 $s - 2$점을 낸 뒤에 2점을 내거나, $s - 3$점을 낸 뒤에 3점을 내거나, $s - 7$점을 낸 뒤에 7점을 내는 것이다. 이 방법을 통해 모든 가능한 점수의 수열을 재귀적으로 나열할 수 있다. 7점을 낸 뒤에 2점을 내도 9점이 되고, 2점을 낸 뒤에 7점을 내도 9점이 되므로 수열이 다르더라도 최종적으로 같은 점수를 만들 수 있다. 무식한 방법은 이 수열을 모두 나열한 뒤에 서로 다른 조합의 수열의 개수를 센다. 서로 다른 조합의 수열을 셀 때는 수열을 정렬하거나 해시 테이블을 사용할 수 있다.

수열의 개수가 굉장히 많을 것이므로 이 방법의 시간 복잡도는 굉장히 높다. 우리가 원하는 건 단지 조합의 개수일 뿐이므로 조합을 모두 구하지 않고도 답을 얻을 수 있는 방법을 생각해 보자.

예를 들어 최종 점수가 12점이고 각 경기에서 2점밖에 낼 수 없다면, 12점을 내는 방법은 한 가지뿐이다. 이제 각 경기에서 2점 혹은 3점을 낼 수 있다고 가정해 보자. 우리가 원하는 건 조합이므로 2점을 내는 경기는 3점을 내는 경기 전에 발생한다고 가정한다. 2점이 0번일 때 3점으로 12점을 만들 수 있는 경우의 수는 하나이다. 2점이 1번일 때 3점으로 12점을 만들 수 있는 경우의 수는 존재하지 않는다. (12 – 2는 3으로 나누어 떨어지지 않는다.) 2점이 2번일 때 3점으로 12점을 만들 수 있는 경우의 수는 존재하지 않는다. (12 – 2 × 2 또한 3으로 나누어 떨어지지 않는다.) 2점이 3번일 때 3점으로 12점을 만들 수 있는 경우의 수는 하나이다. (12 – 2 × 3은 3으로 나누어 떨어진다.) 여기에 7점을 추가해 보자. 그러면 2점과 3점의 경기로 12점을 만들거나 5점을 만드는 조합의 개수를 더해 주면 된다. (이들이 7점 경기를 추가했을 때 만들 수 있는 점수이다.)

예를 들어, 각 경기 점수가 $W[0], W[1], ...,W[n-1]$이고 최종 점수가 s라고 가정하자. 앞에서 설명한 고지식한 접근법은 동일한 문제를 반복적으로 해결하기 때문에 일반적으로 지수적인(exponential) 복잡성을 가진다.

이때 동적 프로그래밍을 이용하면 복잡도를 줄일 수 있다. 2차원 배열 $A[i][j]$에 $W[0], W[1], ..., W[i-1]$의 조합으로 점수 j를 만들 수 있는 개수를 저장해 보자. 예를 들어 $A[1][12]$에는 2점과 3점으로 12점을 만들 수 있는 조합의 개수가 들어 있다. $A[i+1][j]$는 단순하게 $A[i][j]$ (즉, $W[i+1]$을 사용하지 않은 경우), $A[i][j - W[i+1]]$ ($W[i+1]$을 한 번 사용한 경우), $A[i][j - 2W[i+1]]$ ($W[i+1]$을 두 번 사용한 경우) 등을 모두 더한 값이 된다.

이 알고리즘을 구현하려면 3중 루프를 사용해야 한다. 첫 번째 반복문은 구하고자 하는 점수, 두 번째 반복문은 각 게임의 점수가 될 것이다. i와 j가 주어졌을 때, 세 번째 반복문은 $j/W[i] + 1$번 반복한다. (예를 들어 $j = 10, i = 1, W[i] = 3$일 때, 세 번째 반복문은 $A[0][10], A[0][7], A[0][4], A[0][1]$의 값을 살펴본다.) 따라서 세 번째 반복문은 반복 횟수의 상한이 s와 같다. 따라서 전체 시간 복잡도는 $O(sns) = O(s^2 n)$이 된다. (첫 번째 반복문이 n, 두 번째 반복문은 s, 세 번째 반복문의 상한은 s이다.)

$A[i+1]$의 행을 구하는 부분을 자세히 살펴보면, 좀 더 효율적으로 구할 수 있을 것 같다. 예를 들어 2점과 3점으로만 이루어진 게임을 생각해 보자. 2점 게임의 개수는 이미 구했다고 가정하자. 따라서 $A[0]$은 2점 게임의 결과를 포함한 행이 된다. 즉, $A[0][j]$는 2점으로 최종 점수 j를 만들 수 있는 조합의 개수이다. 여기에 3점 게임을 추가해서 최종 점수 12점을 만들 수 있는 조합의 개수는 $A[0][0] + A[0][3] + A[0][6] + A[0][9] + A[0][12]$와 같다. 2점과 3점 게임으로 최종 점수를 15점으로 만들 수 있는 조합의 개수는 $A[0][0] + A[0][3] + A[0][6] + A[0][9] + A[0][12] + A[0][15]$와 같다. 여기서 확실히 알 수 있는 건 $A[0][0] + A[0][3] + A[0][6] + A[0][9] + A[0][12]$를 다시 구하고 있다는 것이다. 이 점수는 최종 점수 12점을 구할 때 이미 계산했던 값이다.

$A[1][15] = A[0][15] + A[1][12]$와 같다. 이 점을 이용하면 $A[1]$의 행을 좀 더 효율적으로 구할 수 있다. $A[1][0] = A[0][0], A[1][1] = A[0][1], A[1][2] = A[0][2],$

$A[1][3] = A[0][3] + A[1][0]$, $A[1][4] = A[0][4] + A[1][1]$, $A[1][5] = A[0][5] + A[1][2]$, ...이 되므로 $A[1][i] = A[0][i] + A[1][i-3]$과 같다. 따라서 $A[1][i]$를 구하는 데 $O(1)$의 시간이 걸린다. 그림 16.3의 표를 살펴보길 바란다.

	0	1	2	3	4	5	6	7	8	9	10	11	12
2	1	0	1	0	1	0	1	0	1	0	1	0	1
2,3	1	0	1	1	1	1	2	1	2	2	2	2	3
2,3,7	1	0	1	1	1	1	2	2	2	3	3	3	4

그림 16.3 2점, 3점, 7점 게임(행)과 최종 점수 0 – 12 (열)을 구하는 동적 프로그래밍 표이다. 예제에서 2점, 3점, 7점 게임을 통해 최종 점수 9점을 구하는 방법은 2점과 3점을 통해 9점을 구하는 방법의 개수(7점 게임이 없는 경우)와 2점, 3점을 통해 최종 점수 2점(7점 게임이 하나 있는 경우)를 방법의 개수를 합한 값과 같다.

다음은 이를 구현한 코드이다.

```
int NumCombinationsForFinalScore(int final_score,
                                 const vector<int>& individual_play_scores) {
  vector<vector<int>> num_combinations_for_score(
      size(individual_play_scores), vector<int>(final_score + 1, 0));
  for (int i = 0; i < size(individual_play_scores); ++i) {
    num_combinations_for_score[i][0] = 1;  // 0점이 될 수 있는 방법의 개수
    for (int j = 1; j <= final_score; ++j) {
      int without_this_play = i >= 1 ? num_combinations_for_score[i - 1][j] : 0;
      int with_this_play =
          j >= individual_play_scores[i]
              ? num_combinations_for_score[i][j - individual_play_scores[i]]
              : 0;
      num_combinations_for_score[i][j] = without_this_play + with_this_play;
    }
  }
  return num_combinations_for_score.back().back();
}
```

시간 복잡도는 $O(sn)$이다(하나는 s, 다른 하나는 n인 반복문 두 개). 공간 복잡도 또한 $O(sn)$이다(2차원 배열의 크기).

응용: 같은 문제를 $O(s)$의 공간을 사용해서 풀어 보라.

응용: 최종 점수와 각 게임에서 낼 수 있는 점수가 주어졌을 때, 최종 점수를 만들 수 있는 수열의 개수를 반환하라. 예를 들어 12점을 낼 수 있는 수열은 ⟨2, 2, 2, 3,

$3\rangle$, $\langle 2, 3, 2, 2, 3\rangle$, $\langle 2, 3, 7\rangle$, $\langle 7, 3, 2\rangle$를 포함해서 총 열여덟 가지다.

응용: 최종 점수가 (s, s')의 꼴로 주어진다고 가정하자. 1번 팀은 최종적으로 s점을 내고 2번 팀은 최종적으로 s'점을 낸다는 뜻이다. 이와 같은 결과를 만들 수 있는 서로 다른 점수 수열의 개수를 어떻게 구할 수 있을까? 예를 들어 최종 점수 (6, 3)을 만들 수 있는 한 가지 방법은 1번 팀이 3점을 내고, 그 다음 2번 팀이 3점을 내고, 1번 팀이 다시 3점을 내는 것이다.

응용: 최종 점수가 (s, s')의 꼴로 주어졌을 때, 경기 중간에 역전되는 상황이 최대 몇 번이나 일어날 수 있는지 계산하라. 예를 들어 $s = 10$이고 $s' = 6$일 때, 역전은 네 번 발생할 수 있다. 1번 팀이 2점을 낸 뒤 2번 팀이 3점으로 역전, 1번 팀이 2점을 내서 다시 역전, 2번 팀이 3점을 내서 다시 역전, 1번 팀이 3점을 내서 다시 역전, 마지막으로 1번 팀이 3점을 내면 10대 6으로 게임이 끝난다.

문제 16.2 레벤슈타인 거리 구하기

철자가 틀린 문자열이 주어졌을 때, 맞춤법 검사기는 사전에서 해당 문자열과 가장 가까운 단어를 반환한다.

　1965년에 블라디미르 레벤슈타인은 두 단어의 거리를, 철자가 틀린 단어에서 철자가 올바른 단어로 변환하는 데 필요한 최소 편집 횟수라고 정의했다. 여기서 편집이란 문자의 삽입, 삭제, 치환을 말한다. 예를 들어 "Saturday"에서 "Sundays"로 변환하려면 첫 번째 'a'와 't'를 삭제하고, 'r'을 'n'으로 치환하고, 마지막에 's'를 삽입해야 하므로, 이 둘 사이의 레벤슈타인 거리는 4가 된다.

　문자열 두 개가 입력으로 주어졌을 때, 첫 번째 문자열에서 두 번째 문자열로 변환하는 데 필요한 최소 편집 횟수를 구하라.

힌트: 범위를 좁혀서 두 문자열의 접두사를 대상으로 동일한 문제를 풀어 보자.

해법: 무식한 방법은 두 번째 문자열과 같은 문자열을 찾을 때까지 첫 번째 문자열과 거리가 1, 2, 3, ...인 모든 문자열을 나열한다. 이 방법은 나열해야 할 문자열의 개수가 방대해진다. 예를 들어 첫 번째 문자열이 길이가 n인 0이고 두 번째 문자열이 길이가 n인 1이라고 했을 때, 모든 가능한 2^n개의 문자열을 살펴봐야 한다.

　이보다 더 나은 방법은 탐색 도중 '가지치는' 방법이다. 예를 들어 첫 번째 문자열의 마지막 문자가 두 번째 문자열의 마지막 문자와 같다면, 이 문자는 무시해도 된다. 만약 이들이 다르다면, 기존 문자열에 초점을 맞춰서 최종 편집을 수행하면 된다. (곧 설명하겠지만, 최종 편집은 삽입, 삭제, 치환 중의 하나가 된다.)

a와 b가 각각 문자열 A와 B의 길이라고 했을 때, $E(A[0, a - 1], B[0, b - 1])$이 A와 B의 레벤슈타인 거리이다. ($A[0, a - 1]$은 A와 같지만, 설명을 위해 이렇게 표기했다. B도 마찬가지다.)

여기서 다음과 같은 사실을 알 수 있다.

- A의 마지막 문자가 B의 마지막 문자와 같다면, $E(A[0, a - 1], B[0, b - 1]) = E(A[0, a - 2], B[0, b - 2])$와 같다.

- A의 마지막 문자가 B의 마지막 문자가 다르다면 다음과 같다.

$$E(A[0, a - 1], B[0, b - 1]) = 1 + \min \begin{pmatrix} E(A[0, a - 2], B[0, b - 2]), \\ E(A[0, a - 1], B[0, b - 2]), \\ E(A[0, a - 2], B[0, b - 1]), \end{pmatrix}$$

A에서 B로 변환하는 방법에는 다음 세 가지가 있다.

- $A[0, a - 1]$에서 $B[0, b - 1]$로 변환하려면 $A[0, a - 2]$에서 $B[0, b - 2]$로 변환한 뒤에 A의 마지막 문자를 B의 마지막 문자로 치환하면 된다.

- $A[0, a - 1]$에서 $B[0, b - 1]$로 변환하려면 $A[0, a - 1]$에서 $B[0, b - 2]$로 변환한 다음에 B의 마지막 문자를 뒤에 추가하면 된다.

- $A[0, a - 1]$에서 $B[0, b - 1]$로 변환하려면 $A[0, a - 2]$에서 $B[0, b - 1]$로 변환한 뒤에, A의 마지막 문자를 삭제하면 된다.

꽤 직관적이므로 증명 방법을 여기서 소개하진 않는다. 간단하게만 언급하자면, 증명은 임의의 최적해를 선택한 뒤에 그 순서를 재배치하는 방법에 기반을 두고 있다.

동적 프로그래밍은 이 문제를 재귀적으로 푸는 좋은 방법이다. $E(A[0, a - 1], B[0, b - 1])$을 구하는 중간 결과를 캐시에 저장해 두자.

그림 16.4는 단어 "Carthorse"와 "Orchestra"의 레벤슈타인 거리(E)를 통해 알고리즘을 보여준다. 여기서 대문자와 소문자는 다른 문자로 취급한다. 이 두 문자열의 레벤슈타인 거리는 8이다.

	C	a	r	t	h	o	r	s	e
	0	1	2	3	4	5	6	7	8	9
O	1	1	2	3	4	5	6	7	8	9
r	2	2	2	2	3	4	5	6	7	8
c	3	3	3	3	3	4	5	6	7	8
h	4	4	4	4	4	3	4	5	6	7
e	5	5	5	5	5	4	4	5	6	6
s	6	6	6	6	6	5	5	5	5	6
t	7	7	7	7	6	6	6	6	6	6
r	8	8	8	7	7	7	7	6	7	7
a	9	9	8	8	8	8	8	7	7	8

그림 16.4 단어 "Carthorse"와 "Orchestra"의 라벤슈타인 거리 표

이를 구현한 코드는 다음과 같다.

```cpp
int LevenshteinDistance(const string& A, const string& B) {
  vector<vector<int>> distance_between_prefixes(size(A),
                                                vector<int>(size(B), -1));
  return ComputeDistanceBetweenPrefixes(
      A, size(A) - 1, B, size(B) - 1,
      make_unique<vector<vector<int>>>(size(A), vector<int>(size(B), -1))
        .get());
}

int ComputeDistanceBetweenPrefixes(
    const string& A, int A_idx, const string& B, int B_idx,
    vector<vector<int>>* distance_between_prefixes_ptr) {
  vector<vector<int>>& distance_between_prefixes =
    *distance_between_prefixes_ptr;
  if (A_idx < 0) {
    // A가 비어 있으므로 B의 모든 문자를 추가한다.
    return B_idx + 1;
  } else if (B_idx < 0) {
    // B가 비어 있으므로 A의 모든 문자를 삭제한다.
```

```
      return A_idx + 1;
    }
    if (distance_between_prefixes[A_idx][B_idx] == -1) {
      if (A[A_idx] == B[B_idx]) {
        distance_between_prefixes[A_idx][B_idx] = ComputeDistanceBetweenPrefixes(
            A, A_idx - 1, B, B_idx - 1, distance_between_prefixes_ptr);
      } else {
        int substitute_last = ComputeDistanceBetweenPrefixes(
            A, A_idx - 1, B, B_idx - 1, distance_between_prefixes_ptr);
        int add_last = ComputeDistanceBetweenPrefixes(
            A, A_idx, B, B_idx - 1, distance_between_prefixes_ptr);
        int delete_last = ComputeDistanceBetweenPrefixes(
            A, A_idx - 1, B, B_idx, distance_between_prefixes_ptr);
        distance_between_prefixes[A_idx][B_idx] =
            1 + min({substitute_last, add_last, delete_last});
      }
    }
    return distance_between_prefixes[A_idx][B_idx];
}
```

$k < a, l < b$에 대해서 $E(A[0, k], B[0, l])$을 이미 알고 있다면 $E(A[0, a-1], B[0, b-1])$을 구하는 데 걸리는 시간은 $O(1)$이다. 따라서 이 알고리즘의 전체 시간 복잡도와 공간 복잡도는 $O(ab)$가 된다.

응용: $O(\min(a, b))$ 공간 복잡도와 $O(ab)$ 시간 복잡도의 레벤슈타인 거리를 구하라.

응용: A와 B가 주어졌을 때, 가장 긴 A와 B의 부분 수열을 구하라. 예를 들어 그림 16.4에 나온 문자열에서 가장 긴 부분 수열은 $\langle r, h, s \rangle$이다.

응용: 문자열 A가 주어졌을 때, 회문을 만들기 위해 삭제해야 하는 최소 문자의 개수를 구하라.

응용: 문자열 A와 정규표현식 r이 주어졌을 때, r로 표현할 수 있는 문자열 중에서 A와 가장 가까운 문자열은 무엇인가? 문자열 사이의 거리는 레벤슈타인 거리를 사용한다.

응용: 문자열 t는 문자열 s_1과 s_2를 왼쪽에서 오른쪽 순서대로 번갈아 배치시켜서 만들 수 있는 문자열을 말한다. 예를 들어 s_1이 "gtaa"이고, s_2가 "atc"라고 했을 때, "gattaca"와 "gtataac"는 s_1과 s_2를 번갈아 배치시켜서 만들 수 있지만, "gatacta"는 만

들 수 없다. 문자열 s_1, s_2, t가 주어졌을 때, t가 문자열 s_1, s_2를 번갈아 배치시켜서 만들 수 있는지 확인하는 알고리즘을 설계하라.

문제 16.3 2차원 배열을 순회할 수 있는 방법의 개수 구하기

2차원 배열의 왼쪽 위에서 오른쪽 아래까지 순회할 수 있는 방법의 개수를 구하라. 배열에서는 오른쪽이나 아래로만 움직일 수 있다. 그림 16.5에서는 5×5 크기의 2차원 배열에서 순회하는 세 가지 방법을 보여 주고 있다. (이 예제에서 가능한 순회 방법의 전체 횟수는 70개이다.)

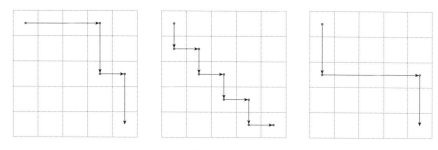

그림 16.5 2차원 배열을 순회하는 경로

2차원 배열의 왼쪽 위에서 오른쪽 아래까지 순회하는 방법의 개수를 구하는 프로그램을 작성하라.

힌트: $i > 0$이고 $j > 0$일 때, (i, j)에 도달할 수 있는 방법은 $(i - 1, j)$ 혹은 $(i, j - 1)$에서 출발하는 방법뿐이다.

해법: 무식한 방법은 재귀적으로 모든 가능한 경로를 나열하는 것이다. 하지만 경로의 조합 개수는 굉장히 많아서 시간 복잡도가 거대해질 수 있다.

이 문제를 풀기 위해서 경로를 알아야 하는 건 아니므로 개수에 초점을 맞춰 보자. 오른쪽이나 아래로만 움직이기 때문에, 오른쪽 아래에 도달하는 경로의 개수는 바로 위에서 오는 횟수와 바로 왼쪽에서 오는 횟수의 합과 같다. (($0, 0$)을 왼쪽 위의 지점이라고 하자.) 이를 일반화하면 (i, j)에 도달할 수 있는 경로의 개수는 $(i - 1, j)$까지 경로의 개수와 $(i, j - 1)$까지 경로의 개수를 합한 것과 같다. (만약 $i = 0$이거나 $j = 0$이면 (i, j)까지 도달할 수 있는 경로의 개수는 하나이다.) 이게 바로 경로의 개수를 찾는 재귀적 알고리즘의 기반이다. 캐시를 사용하지 않고 구현한다면, 시간 복잡도가 기하급수적으로 늘어날 것이다. 반복적으로 같은 위치를 방문하기 때문이다. 따라서 그림 16.5에서 (i, j)까지의 경로의 개수를 그림 16.6의 행렬에 캐시로 저장한다.

1	1	1	1	1
1	2	3	4	5
1	3	6	10	15
1	4	10	20	35
1	5	15	35	70

그림 16.6 $(0, i)$에서 (i, j)까지 도달하는 경로의 개수 $(0 \leq i, j \leq 4)$

```
int NumberOfWays(int n, int m) {
  return ComputeNumberOfWaysToXY(
      n - 1, m - 1,
      make_unique<vector<vector<int>>>(n, vector<int>(m, 0)).get());
}

int ComputeNumberOfWaysToXY(int x, int y,
                            vector<vector<int>>* number_of_ways_ptr) {
  if (x == 0 && y == 0) {
    return 1;
  }

  vector<vector<int>>& number_of_ways = *number_of_ways_ptr;
  if (number_of_ways[x][y] == 0) {
    int ways_top =
        x == 0 ? 0 : ComputeNumberOfWaysToXY(x - 1, y, number_of_ways_ptr);
    int ways_left =
        y == 0 ? 0 : ComputeNumberOfWaysToXY(x, y - 1, number_of_ways_ptr);
    number_of_ways[x][y] = ways_top + ways_left;
  }
  return number_of_ways[x][y];
}
```

n을 행의 개수, m을 열의 개수라고 했을 때, 시간 복잡도와 공간 복잡도 모두 $O(nm)$이다.

이 문제를 좀 더 분석적으로 접근해 보면 $(0, 0)$에서 $(n - 1, m - 1)$까지의 경로는 $m - 1$번 오른쪽으로 이동하고 $n - 1$번 아래로 이동한 것과 같다. 이러한 경로를 만들 수 있는 경우의 수는 $\binom{n+m-2}{n-1} = \binom{n+m-2}{m-1} = \frac{(n+m-2)!}{(n-1)!(m-1)!}$이다.

응용: 같은 문제를 $O(\min(n, m))$ 공간에 풀어 보라.

응용: 2차원 불(boolean) 배열로 장애물이 주어졌을 때, 같은 문제를 풀어 보라. 불 배열에 true로 세팅되어 있는 부분은 지나갈 수 없다.

응용: 직사각형 모양의 바다가 있다. 이 바다는 $n \times m$ 크기의 2차원 배열 A로 표현되어 있고, 물고기의 위치는 (i, j)로 주어진다. 어부가 왼쪽 위에서 오른쪽 아래로 움직인다고 했을 때, 가장 많이 잡을 수 있는 물고기의 개수를 구하는 프로그램을 작성하라. 단 어부는 그림 16.7에 나와 있는 대로 오른쪽 혹은 아래로만 움직일 수 있다.

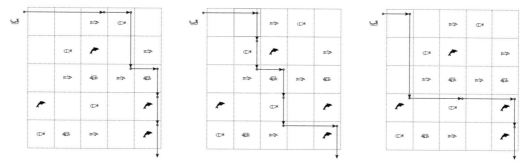

그림 16.7 어부가 움직일 수 있는 서로 다른 경로를 나타낸다. 다른 종류의 물고기는 값이 다르고, 어부는 이미 그 값을 알고 있다.

응용: 어부의 시작 위치와 끝 위치가 임의로 주어졌을 때 같은 문제를 풀어 보라. 어부는 여전히 오른쪽이나 아래로만 움직일 수 있다. ((i, j)가 음수일 수도 있다.)

응용: 10진수는 {0, 1, 2, ..., 9}로 이루어진 수열이다. 이 수열의 길이는 1 혹은 그 이상일 수 있고, 수열의 첫 번째 숫자는 0이 될 수 없다. $0 \le i \le |D|$에 대해서 $D[i] \le D[i + 1]$을 만족하는 10진수 D를 '단조롭다'고 표현한다면, 길이가 k인 십진수 중에서 단조로운 숫자의 개수를 구하는 프로그램을 작성하라. k는 양의 정수로, 입력으로 주어진다.

응용: 앞에서 정의한 10진수 D에 대해서 $D[i] < D[i + 1]$ ($0 \le i \le |D|$)인 경우 이 숫자를 '엄격하게 단조롭다'고 표현하자. 양의 정수 k가 주어졌을 때, 길이가 k인 10진수 중에서 엄격하게 단조로운 숫자의 개수를 구하는 프로그램을 작성하라.

문제 16.4 이항계수 구하기

$\frac{n(n-1)\cdots(n-k+1)}{k(k-1)\cdots(3)(2)(1)}$ 을 간단하게 $\binom{n}{k}$ 로 표현할 수 있다. 이는 n개의 원소 집합에서 k개의 원소로 이루어진 부분 집합을 고르는 개수와 같다. $\binom{n}{k}$ 의 결과가 항상 정수 값이 되지는 않는다. 정수형을 사용해서 $\binom{n}{k}$ 를 직접 구한다면, 최종 결과가 32비트 정수값으로 표현이 가능할지라도, 분모값 혹은 분자값을 구하는 도중에 곧바로 오버플로가 날 것이다. 부동소수점을 사용한다고 해도 32비트 정수로 표현 가능하지 않을 수 있다.

최종 결과를 정수형으로 표현할 수 있을 때 $\binom{n}{k}$ 를 계산하는 효율적인 알고리즘을 설계하라.

힌트: 수식을 써 보라.

해법: 무식한 방법은 $n(n-1)\cdots(n-k+1)$을 구하고 $k(k-1)\cdots(3)(2)(1)$을 구한 뒤에 앞의 값을 뒤의 값으로 나누는 것이다. 문제를 소개할 때 언급했듯이 이 방법은 오버플로가 발생할 수 있다.

분자와 분모의 값에서 공통 인자를 찾은 뒤에 이들을 쌍으로 묶어서 없앨 수도 있다. 하지만 공통 인자를 찾는 것도 쉽지 않으므로, 좋은 방법이라고 볼 수 없다.

이보다 더 나은 방법은 곱셈과 나눗셈을 완전히 피하는 것이다. 근본적으로 이항계수는 크기가 n인 집합에서 크기가 k인 부분 집합의 개수와 같다. 문제 15.5의 해법에서처럼 재귀를 사용해서 $\{0, 1, 2, \ldots, n-1\}$의 집합에서 크기가 k인 부분 집합을 나열할 수도 있다. 초기 집합에서 n번째 원소를 생각해 보자. 크기가 k인 부분 집합은 n번째 원소를 포함할 수도 있고, 그렇지 않을 수도 있다. 이를 바탕으로 재귀를 사용할 수 있다. $n-1$개의 원소 중에서 크기가 $k-1$인 모든 부분 집합을 찾은 뒤에 n번째 원소를 해당 집합에 추가하거나, $n-1$개의 원소 중에서 크기가 k인 모든 부분 집합을 찾으면 된다. 이 둘을 합한 결과가 바로 크기가 k인 모든 부분 집합이 된다.

하지만 우리가 원하는 것은 부분 집합의 개수이므로, 복잡도 측면에서 이보다 더 빠르게 정답을 구할 수 있다. 재귀적으로 나열하는 방법 또한 이항 계수가 다음 수식을 만족해야 함을 의미한다.

$$\binom{n}{k} = \binom{n-1}{k} = \binom{n-1}{k-1}$$

이를 통해 $\binom{n}{k}$를 간단하게 재귀로 표현할 수 있다. 기저 사례는 $\binom{r}{r}$과 $\binom{r}{0}$이고, 그 값은 1이다. $\binom{n}{k}$를 32비트 정수로 표현힐 수 있나닌 하위 재귀의 호출 결과도 32비트 정수로 표현될 수 있다. 따라서 중간에 오버플로가 발생하지 않는다.

예를 들어 $\binom{5}{2} = \binom{4}{2} + \binom{4}{1}$이다. $\binom{4}{2}$를 확장하면 $\binom{4}{2} = \binom{3}{2} + \binom{3}{1}$이 된다. $\binom{3}{2}$을 확장하면 $\binom{3}{2} = \binom{2}{2} + \binom{2}{1}$이 된다. $\binom{2}{2}$는 기저 사례이므로 1을 반환한다. 결과적으로 $\binom{4}{2}$는 6, $\binom{4}{1}$은 4이므로 $\binom{5}{2} = 6 + 4 = 10$이 된다.

이를 단순하게 구현한다면, 인자가 같은 재귀 호출을 반복하게 되므로 시간 복잡도가 기하급수적으로 늘어난다. 따라서 중간 결과를 캐시에 저장해서 반복을 피한다.

```cpp
int ComputeBinomialCoefficient(int n, int k) {
  return ComputeXChooseY(
      n, k,
      make_unique<vector<vector<int>>>(n + 1, vector<int>(k + 1, 0)).get());
}

int ComputeXChooseY(int x, int y, vector<vector<int>>* x_choose_y_ptr) {
  if (y == 0 || x == y) {
    return 1;
  }

  vector<vector<int>>& x_choose_y = *x_choose_y_ptr;
  if (x_choose_y[x][y] == 0) {
    int without_y = ComputeXChooseY(x - 1, y, x_choose_y_ptr);
    int with_y = ComputeXChooseY(x - 1, y - 1, x_choose_y_ptr);
    x_choose_y[x][y] = without_y + with_y;
  }
  return x_choose_y[x][y];
}
```

부분 문제의 개수가 $O(nk)$이고 $\binom{n-1}{k}$와 $\binom{n-1}{k-1}$이 주어졌을 때 $\binom{n}{k}$는 $O(1)$ 시간에 구할 수 있으므로 전체 시간 복잡도는 $O(nk)$가 된다. 공간 복잡도 또한 $O(nk)$이지만, 쉽게 $O(k)$로 줄일 수 있다.

문제 16.5 2차원 배열에서 수열 찾기

정수로 이루어진 2차원 배열(격자)과, 1차원 배열(패턴)이 주어졌다고 가정하자. 격자의 어떤 지점에서 시작해서 인접한 엔트리로 탐색한다고 했을 때, 패턴의 순서대로 탐색할 수 있다면 해당 패턴을 격자에서 발견했다고 한다. 인접한 엔트리란 임의의 지점과 맞닿은 위, 아래, 왼쪽, 오른쪽의 엔트리를 말한다. 예를 들어 $(3, 4)$ 는 $(3, 3)$, $(3, 5)$, $(2, 4)$, $(4, 4)$와 인접해 있다. 같은 엔트리를 한 번 이상 방문할 수 있다.

격자가 다음과 같다고 하자.

$$\begin{bmatrix} 1 & 2 & 3 \\ 3 & 4 & 5 \\ 5 & 6 & 7 \end{bmatrix}$$

그리고 패턴이 $\langle 1, 3, 4, 6 \rangle$일 때, $\langle \langle 0, 0 \rangle, \langle 1, 0 \rangle, \langle 1, 1 \rangle, \langle 2, 1 \rangle \rangle$ 순서대로 움직이면 해당 패턴과 같으므로, 이 패턴은 격자에서 발견할 수 있다고 한다. $\langle 1, 2, 3, 4 \rangle$의 경우 격자에서 발견할 수 없다.

2차원 배열과 1차원 배열이 입력으로 주어졌을 때, 1차원 배열을 2차원 배열에서 발견할 수 있는지 확인하는 프로그램을 작성하라.

힌트: 1차원 배열의 접두사의 길이를 1부터 시작해서 2, 3, ...으로 길이를 차례대로 늘려 보라.

해법: 무식한 방법은 2차원 배열의 모든 1차원 부분배열을 나열하는 것이다. 가능한 부분배열이 너무 많으므로 시간 복잡도가 크게 늘어날 수 있다. 찾고자 하는 1차원 배열을 직접 사용해서 탐색하지 않았기 때문에 이 방법은 비효율적일 수밖에 없다.

2차원 배열을 A라 하고, 1차원 배열을 S라 하자. 다음은 1차원 배열을 직접 사용해서 일치하는 부분을 찾는 방법이다. 탐색해야 할 S의 접미사가 있고, 그 시작점이 주어졌다고 가정한다. 접미사가 비어 있다면, 이미 정답을 찾은 꼴이다. 그게 아니라면 접미사의 맨 앞의 글자와 시작 지점의 글자가 같아야 하고, 나머지 접미사는 시작 지점의 인접한 곳에서 시작해서 찾을 수 있어야 한다.

예를 들어 $(0, 0)$에서 시작하는 $\langle 1, 3, 4, 6 \rangle$의 패턴을 찾는다고 하자. $A[0][0]$과 1이 같으므로 $(0, 1)$ 혹은 $(1, 0)$에서 시작하는 $\langle 3, 4, 6 \rangle$을 찾는다. 이때, $A[0][1] \neq 3$이므로 $(0, 1)$에서 시작하는 것은 정답이 될 수 없다. $A[0][1] = 3$이므로 $(0, 1)$과 인접한 엔트리인 $(0, 0)$과 $(1, 1)$에서 시작하는 $\langle 4, 6 \rangle$을 찾는다. $(0, 0)$은 정답이 될 수 없고, 결과적으로 $(1, 1)$이 정답으로 가는 길이 된다.

다음 프로그램은 중간 결과를 캐시에 저장함으로써, 동일한 인수를 사용하여 반복적으로 재귀를 호출하지 않도록 한다.

```cpp
struct HashTuple {
  size_t operator()(const tuple<int, int, int>& t) const {
    return hash<int>()(get<0>(t) ^ get<1>(t) * 1021 ^ get<2>(t) * 1048573);
  }
};

bool IsPatternContainedInGrid(const vector<vector<int>>& grid,
                             const vector<int>& pattern) {
  for (int i = 0; i < size(grid); ++i) {
    for (int j = 0; j < size(grid[i]); ++j) {
      if (IsPatternSuffixContainedStartingAtXY(
              grid, i, j, pattern, /*offset=*/0,
              make_unique<unordered_set<tuple<int, int, int>, HashTuple>>()
                  .get())) {
        return true;
      }
    }
  }
  return false;
}

// previous_attempts에 있는 모든 엔트리는
// 격자의 특정 지점에서 발생한 패턴의 접미사를 표현한다.
// 이는 오프셋으로 알 수 있다.
// previous_attempts에 존재한다는 건
// 해당 지점에서 시작하는 접미사는 존재하지 않다는 뜻이다.
bool IsPatternSuffixContainedStartingAtXY(
    const vector<vector<int>>& grid, int x, int y, const vector<int>& pattern,
    int offset,
    unordered_set<tuple<int, int, int>, HashTuple>* previous_attempts) {
  if (size(pattern) == offset) {
    // 더 이상 남아 있는 게 없다.
    return true;
  }
  // (x, y)가 grid 밖에 있거나 문자가 일치하지 않거나 이미 이 조합을 시도했다면 빨리 반환한다.
  if (x < 0 || x >= size(grid) || y < 0 || y >= size(grid[x]) ||
      previous_attempts->find(make_tuple(x, y, offset)) !=
          cend(*previous_attempts) ||
      grid[x][y] != pattern[offset]) {
    return false;
  }

  for (const auto& [next_x, next_y] :
       vector<pair<int, int>>{{x - 1, y}, {x + 1, y}, {x, y - 1}, {x, y + 1}}) {
```

```
    if (IsPatternSuffixContainedStartingAtXY(grid, next_x, next_y, pattern,
                                     offset + 1, previous_attempts)) {
      return true;
    }
  }
  previous_attempts->emplace(x, y, offset);
  return false;
}
```

n과 m이 2차원 배열 A의 행과 열의 개수일 때, 시간 복잡도는 $O(nm|S|)$와 같다. 재귀 호출을 제외하면 함수 내에서 일정한 양의 작업을 수행하며, 호출 수는 2차원 배열의 항목 수를 초과하지 않는다.

응용: A의 엔트리를 한 번 이상 방문할 수 없다고 했을 때 같은 문제를 풀어 보라.

응용: A의 엔트리를 한 번 이상 방문할 수 없다고 했을 때 모든 가능한 해법을 나열하라.

문제 16.6 배낭 문제

시계점에 침입한 도둑이 값어치가 최대가 되도록 시계를 훔치려고 한다. 이 도둑은 각 시계의 무게와 값어치를 알고 있다. 도둑이 가져온 배낭에는 특정 무게 이상을 담을 수 없다.

그림 16.8을 보면 문제를 더 잘 이해할 수 있다. 만약 도둑의 배낭에 130온스(ounce)까지만 담을 수 있다면, 시계를 전부 훔칠 수는 없다.

A, \$65, 20온스 B, \$35, 8온스 C, \$245, 60온스 D, \$195, 55온스 E, \$65, 40온스 F, \$150, 70온스 G, \$275, 85온스 H, \$155, 25온스

I, \$120, 30온스 J, \$320, 65온스 K, \$75, 75온스 L, \$40, 10온스 M, \$200, 95온스 N, \$100, 50온스 O, \$220, 40온스 P, \$99, 10온스

그림 16.8 시계의 가격과 무게

도둑이 그리디(greedy) 방법으로, 그러니까 값어치-무게 비율이 높은 순서대로 시

계를 담는다면 P, H, O, B, I, L의 시계가 가방에 담길 것이다. 그 값어치는 \$669 가 된다. 하지만 $\{H, J, O\}$를 선택해야 값어치(\$695)가 최대기 된다.

배낭에 담을 수 있는 무게 조건이 주어졌을 때, 값어치가 최대가 되는 부분 집합을 찾는 배낭 문제를 구현하라. 모든 아이템의 무게와 값어치는 정수값으로 표현된다. 부분 집합의 값어치를 반환하면 된다.

힌트: 그리디로 풀 수 없다.

해법: 그리디는 값이 가장 비싼 시계를 고르거나 값어치-무게의 비율이 높은 것을 먼저 고르는 방법인데, 둘 다 최적 해법을 찾을 수 없다.

문제 15.5의 해법을 사용해서 모든 부분 집합을 고려해 볼 수 있다. 이렇게 하면 항상 최적 해법을 찾을 수 있지만, 시간 복잡도는 시계의 개수에 대해 기하 급수적으로 증가한다. 이 무식한 방법은 가방에 담을 수 있는 무게 조건을 고려하지 않았기 때문에 효율적이지 못하다. 예를 들어 시계 F와 G를 포함한 모든 부분 집합은 무게 조건을 만족하지 못한다.

더 나은 방법은 무게 조건을 함께 고려하는 것이다. 어떤 시계를 선택했을 때의 최적 해법은 무엇이고, 선택하지 않았을 때의 최적 해법은 무엇인지 생각해 보자. 이 해법은 무게 조건과 함께 재귀적으로 풀 수 있다.

앞의 예제에서 시계 A를 선택했다고 하자. 그러면 \$65를 최종 값어치에 더하고 무게 조건은 130에서 20만큼 줄인다. 이제 시계 $B \sim P$ 중에서 값어치가 최대가 되는 부분 집합을 찾으면 된다. 만약 시계 A를 선택하지 않았다면 무게 조건이 130일 때 시계 $B \sim P$ 중에서 값어치가 최대가 되는 부분 집합을 찾는다. 이 둘 중에서 최종 값어치가 더 큰 것이 최종 해법이 된다.

이를 수학적으로 표현해 보자. 시계는 0부터 $n-1$까지의 숫자로 표기하고, i번째 시계의 무게와 값어치는 각각 w_i와 v_i라고 하자. $V[i][w]$는 무게가 w가 되도록 시계 $0, 1, \ldots, i-1$의 부분 집합을 골랐을 때의 최대 값어치와 같다. $V[i][w]$는 다음 재귀적 수식을 만족한다.

$$V[i][w] = \begin{cases} \max(V[i-1][w], V[i-1][w-w_i] + v_i), & \text{if } w_i \leq w; \\ V[i-1][w], & \text{otherwise} \end{cases}$$

$i = 0$이거나 $w = 0$인 경우는 기저 사례이고 $V[i][w] = 0$이 된다.

위 수식에 대한 예시를 그림 16.9에 나타냈다. 각 아이템의 값어치와 무게가 그림 16.9(a)와 같은 아이템 🐘, 🕯, 🧤, 🦆가 있다고 가정하자. 그때 V의 결과는 그림 16.9(b)와 같다. 예를 들어 가장 오른쪽 맨 아래 값은, 그 위의 값(70) 혹은 🦆의 가치인 30과 5 − 2(🦆의 무게)의 무게 조건으로 🐘, 🕯, 🧤를 담을 수 있는 최대 값어치(50)의 합 중에서 큰 값이 되므로 80이 된다.

아이템	값어치	무게
🐘	$60	5 온스
🕯	$50	3 온스
🧤	$70	4 온스
🦆	$30	2 온스

(a) 아이템의 값어치와 무게

	0	1	2	3	4	5
🐘	0	0	0	0	0	60
🐘🕯	0	0	0	50	50	60
🐘🕯🧤	0	0	0	50	70	70
🐘🕯🧤🦆	0	0	30	50	70	80

(b) 각 열은 무게 제한별로 담을 수 있는 아이템의 최대 가치를 나타낸다.

그림 16.9 배낭 문제의 간단한 예제. 배낭에는 5온스까지만 담을 수 있다.

```
struct Item {
  int weight, value;
};

int OptimumSubjectToCapacity(const vector<Item>& items, int capacity) {
  return OptimumSubjectToItemAndCapacity(
      items, size(items) - 1, capacity,
      make_unique<vector<vector<int>>>(size(items),
                                       vector<int>(capacity + 1, -1))
          .get());
}

// 무게의 제한조건이 available_capacity이고 items[0, k]에서 선택을 했을 때,
// 최대가 되는 값어치를 반환한다.
int OptimumSubjectToItemAndCapacity(const vector<Item>& items, int k,
                                    int available_capacity,
                                    vector<vector<int>>* V_ptr) {
  if (k < 0) {
    // 아이템을 선택하지 않았다.
    return 0;
  }

  // V[i][j]는 items[0, i]에서 전체 무게의 합이 j가 되도록 선택했을 때,
  // 최대의 값어치와 같다.
  vector<vector<int>>& V = *V_ptr;
  if (V[k][available_capacity] == -1) {
```

```
    int without_curr_item = OptimumSubjectToItemAndCapacity(
        items, k - 1, available_capacity, V_ptr);
    int with_curr_item =
        available_capacity < items[k].weight
            ? 0
            : items[k].value + OptimumSubjectToItemAndCapacity(
                                    items, k - 1,
                                    available_capacity - items[k].weight, V_ptr);
    V[k][available_capacity] = max(without_curr_item, with_curr_item);
  }
  return V[k][available_capacity];
}
```

$V[n - 1][w]$를 구하는 데 $O(nw)$의 시간이 걸리고 $O(nw)$의 공간을 사용한다.

응용: 공간을 $O(w)$만큼 사용해서 같은 문제를 풀어 보라.

응용: 0부터 w 사이에서 만들 수 있는 무게의 개수를 C라고 했을 때, $O(C)$의 공간을 사용해서 같은 문제를 풀어 보라. 예를 들어 $w = 853$이고 무게는 100, 200, 200, 500일 때, 853보다 작은 무게 중에서 만들 수 있는 무게는 모두 0, 100, 200, 300, 400, 500, 600, 700, 800이므로 $C = 9$가 된다.

응용: 분할 가능한 배낭 문제(fractional knapsack problem)를 풀어 보라. 도둑은 아이템을 쪼개서 가져갈 수 있다. 쪼갠 아이템의 값어치는 분할된 비율 곱하기 해당 아이템의 값어치와 같다고 가정하자.

응용: '공정하게 물건 나누기' 문제를 풀어 보자. 두 명의 도둑이 성공적으로 물건을 훔친 뒤, 훔친 물건을 두 그룹으로 나누려고 한다. 이때 두 그룹의 값어치의 차이가 최소가 되어야 한다. 예를 들어 그림 16.8에 나와 있는 시계를 훔친 뒤, 시계 값어치의 차이가 최소가 되도록 두 그룹으로 나눈다고 하자. 이를 나눈 최적의 결과는 $\{A, G, J, M, O, P\}$와 그 나머지가 된다. 첫 번째 집합의 값어치는 $1179이고, 나머지 집합의 값어치는 $1180이다. 모든 시계의 값어치의 합이 홀수이므로 완전히 동일하게 나눌 수는 없다. 공정하게 물건을 나누는 문제를 해결하는 프로그램을 작성하라.

응용: '공정하게 물건 나누기' 문제에서 물건의 개수를 동일하게 나눠야 하는 조건이 추가됐을 때, 해당 문제를 풀어 보라.

응용: 미국 대통령은 선거인단에 의해 선출된다. 각 주의 선거인 수와 워싱턴 D.C의 선거인 수는 표 16.1에 나와 있다. 각 주와 워싱턴 D.C.의 모든 선거인은 같은 후보에게 투표를 한다. 두 명의 대통령 후보가 있을 때, 투표 결과가 비길 수 있는지 확인하는 프로그램을 작성하라.

주	선거인	주	선거인	주	선거인
알라바마	9	루이지애나	8	오하이오	18
알래스카	3	메인	4	오클라호마	7
애리조나	11	매릴랜드	10	오레건	7
아칸소	6	메사추세츠	11	펜실베니아	20
캘리포니아	55	미시건	16	로드 아일랜드	4
콜로라도	9	미네소타	10	사우스캐롤라이나	9
코네티컷	7	미시시피	6	사우스다코다	3
델라웨어	3	미주리	10	테네시	11
플로리다	29	몬타나	3	텍사스	38
조지아	16	네브레스카	5	유타	6
하와이	4	네바다	6	버몬트	3
아이다호	4	뉴햄프셔	4	버지니아	13
일리노이	20	뉴저지	14	워싱턴	12
인디애나	11	뉴멕시코	5	웨스트버지니아	5
아이오와	6	뉴욕	29	위스콘신	10
캔사스	6	노스캐롤라이나	15	와이오밍	3
켄터키	8	노스다코다	3	워싱턴 D.C.	3

표 16.1 투표 선거인단

문제 16.7 BEDBATHANDBEYOND.COM 문제

여러분이 검색 엔진을 설계한다고 가정하자. 페이지의 내용에서 검색 키워드를 가져오는 것뿐만 아니라 URL주소에서도 키워드를 가져오려고 한다. 예를 들어 bedbathandbeyond.com에는 "bed, bath, beyond, bat, hand"와 같은 키워드가 들어 있다. 처음 세 단어는 "bed bath beyond"로 분해한 결과이고 뒤의 두 단어는 "bed bat hand beyond"로 분해한 결과이다.

문자열로 이루어진 사전과 이름이 주어졌을 때, 주어진 이름을 사전에 있는 단어를 이어 붙여서 만들 수 있는지 확인하는 알고리즘을 설계하라. 만약 사전에 있는 단어를 찾을 수 있다면, 그 결과를 반환하라. 사전의 단어는 한 번 이상 등장할 수 있다. 예를 들어 "a", "man", "a", "plan", "a", "canal"을 이어 붙이면 "amanaplanaca-nal"을 만들 수 있다.

힌트: 일반화된 문제를 풀어 보라. 즉, 사전의 단어를 이어 붙여서 주어진 이름의 접두사를 만들 수 있는지 먼저 확인해 보라.

해법: 여기에서는 재귀를 사용하는 것이 자연스럽다. 이름과 접두사가 일치하는 단어를 사전에서 찾은 뒤, 남아 있는 접미사를 통해 재귀적으로 문제를 풀어 가면 된다. 이를 단순하게 구현하면, 입력에 따라 시간 복잡도가 굉장히 높을 수 있다. 예를 들어 이름이 "AB"가 N번 반복된 뒤 "C"가 나온 것과 같고, 사전에는 "A", "B", "AB"가 있다면, 시간 복잡도는 N에 기하급수적으로 증가한다. 예를 들어 "ABABC"가 이름으로 주어졌을 때, "ABC"의 부분 문자열을 두 번 호출한다. (한 번은 "A"와 "B", 다른 한 번은 "AB")

해결책은 간단하다. 중간 결과를 캐시에 저장하면 된다. 캐시의 키는 문자열의 접두사가 될 것이고, 값은 불값이 될 것이다. 불값은 해당 접두사가 단어를 이어 붙여서 만들 수 있는지 알려 준다.

문자열이 유효한 단어인지는 쉽게 확인할 수 있다. 사전에 있는 단어를 해시 테이블에 저장하면 된다. 주어진 문자열의 접두사는 다음과 같은 경우에 사전에 나와 있는 단어로 분해할 수 있다. 해당 접두사가 사전에 나와 있는 단어와 같거나, 해당 접두사의 접두사가 사전에 나와 있고 해당 접두사의 접미사를 사전에 나와 있는 단어로 분해할 수 있는 경우이다.

예를 들어 "amanaplanacanal"을 생각해 보자.

1. 접두사 "a"는 분해 가능하다. ("a"가 사전에 나와 있다.)
2. 접두사 "am"는 분해 가능하다. ("am"은 사전에 나와 있다.)
3. "ama"는 분해 가능하다. ("a"가 분해 가능하고 "am"은 사전에 나와 있다.)
4. "aman"은 분해 가능하다. ("am"은 분해 가능하고 "an"은 사전에 나와 있다.)

중간 과정을 조금 건너뛰자.

5. "amanapl"은 분해 가능하지 않다. ("l", "pl", "apl", … 등이 모두 사전에 나와 있지 않다.)

6. "amanapla"는 분해 가능하지 않다. ("a"로 끝나는 단어는 사전에 "a"뿐이고, "amanapl"은 분해 가능하지 않다.)

이 알고리즘은 주어진 문자열을 사전 속의 단어로 분해 가능한지만 알려 줄 뿐, 어떤 단어로 구성되어 있는지는 알려 주지 않는다. 더 많은 장부 기록(book-keeping)을 이용하면 어떤 단어로 구성되어 있는지도 알 수 있다. 어떤 접두사가 분해 가능하다면, 마지막 단어의 길이를 기록하면 된다.

```
vector<string> DecomposeIntoDictionaryWords(
    const string& domain, const unordered_set<string>& dictionary) {
  // 알고리즘이 끝났을 때, last_length[i] != -1인 경우를 생각해 보자.
  // domain.substring(0, i + 1)이 분해 가능하고, 분해 가능한 마지막 단어의 길이는
  // last_length[i]가 된다는 뜻이다.
  vector<int> last_length(size(domain), -1);
  for (int i = 0; i < size(domain); ++i) {
    // 만약 domain.substr(0, i + 1)이 사전 속의 단어와 같다면,
    // last_length[i]에 해당 단어의 길이를 저장한다.
    if (dictionary.count(domain.substr(0, i + 1))) {
      last_length[i] = i + 1;
      continue;
    }

    // 만약, domain.substr(0, i + 1)이 사전 속의 단어가 아니면,
    // domain.substr(0, j + 1)이 분해 가능하고,
    // domain.substr(j + 1, i + 1)이 사전 속의 단어가 되는 j < i를 찾는다.
    // 찾았다면, last_length[i]에 단어의 길이를 저장한다.
    for (int j = 0; j < i; ++j) {
      if (last_length[j] != -1 &&
          dictionary.count(domain.substr(j + 1, i - j))) {
        last_length[i] = i - j;
        break;
      }
    }
  }

  vector<string> decompositions;
  if (last_length.back() != -1) {
    // 단어를 조립해서 domain을 만든다.
    int idx = size(domain) - 1;
    while (idx >= 0) {
      decompositions.emplace_back(
          domain.substr(idx + 1 - last_length[idx], last_length[idx]));
      idx -= last_length[idx];
    }
    reverse(begin(decompositions), end(decompositions));
```

```
    }
    return decompositions;
}
```

n을 입력 문자열 s의 길이라고 하자. $k < n$과 $j < k$에 대해서 $s[j + 1, k]$가 사전 속의 단어인지 확인하는 작업을 수행하는 데 걸리는 시간은 $O(k - j)$이다. 따라서 전체 시간 복잡도는 $O(n^3)$이 된다.

분해 가능한 모든 경우의 수를 알고 싶다면, 가능한 모든 j를 저장하면 된다. 단, 분해 가능한 모든 경우의 수는 기하급수적으로 증가한다는 사실을 명심하라. (예를 들어 "itsitsitsits…"와 같은 문자열)

응용: 회문 분해에 대해서 문제 15.8에 소개했다. 모든 문자열 s는 적어도 하나의 회문 분해 방법을 가지고 있는데, 바로 문자 하나씩 분해하는 방법이다. 예를 들어, "0204451881"은 단순하게 "0", "2", "0", "4", "4", "5", "1", "8", "8", "1"로 분해할 수 있다. s를 최소한의 개수로 분해하는 방법은 "020", "44", "5", "1881"과 같다. 부분 문자열의 개수가 최소가 되도록 문자열 s를 회문 분해하려면 어떻게 해야 할까?

문제 16.8 삼각형에서 무게가 가장 작은 경로 찾기

그림 16.10처럼 숫자로 된 삼각형을 생각해 보자. 이 삼각형은 n번째 배열이 n개의 항목으로 구성된 정수 배열들로 구성되어 있다.

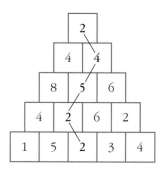

그림 16.10 숫자 삼각형

삼각형에서 경로는 인접한 엔트리로의 이동을 뜻한다. 경로는 항상 삼각형의 꼭대기에서 시작해서 차례대로 내려간 뒤 가장 바닥의 행에서 끝나야 한다. 경로의 무게는 경로상에 있는 엔트리의 합과 같다.

숫자 삼각형이 주어졌을 때, 최소가 되는 경로의 무게를 반환하는 프로그램을 작성하라. 그림 16.10에서 최소 무게의 경로는 선으로 표시하였고, 그 합은 15이다.

힌트: 최소 무게 경로의 접두사가 가지고 있는 속성은 무엇일까?

해법: 무식한 방법은 모든 경로를 나열하는 것이다. 모든 경로를 나열하는 게 어렵진 않지만, 행의 길이가 n일 때 모든 경로의 개수는 2^{n-1}개만큼 많다.

이보다 더 나은 방법은 i번째 행을 생각해 보면 알 수 있다. i번째 행의 각 엔트리에서 끝나는 경로가 최소 무게가 되려면 바로 전 행까지의 경로 또한 최소 무게여야 한다. 여기서 동적 프로그래밍을 떠올릴 수 있다. 반복적으로 i번째 행의 각 엔트리에서 끝나는 경로의 무게가 최소가 되는 경우를 찾으면 된다. i번째 행까지 구한 뒤에 $i + 1$번째 행을 계산할 때 $i - 1$번째 행의 결과는 중요치 않으므로 공간을 재사용할 수 있다.

```
int MinimumPathWeight(const vector<vector<int>>& triangle) {
  if (empty(triangle)) {
    return 0;
  }

  // 반복을 할 때마다, prev_row에는 triangle[i - 1]의 각 엔트리까지의
  // 경로 중에서 무게가 최소가 되는 경로를 저장하고 있다.
  vector<int> prev_row(triangle.front());
  for (int i = 1; i < size(triangle); ++i) {
    // triangle[i]에 각 엔트리의 최소 경로 합을 저장한다.
    vector<int> curr_row(triangle[i]);
    curr_row.front() += prev_row.front();  // 첫 번째 원소
    for (int j = 1; j < size(curr_row) - 1; ++j) {
      curr_row[j] += min(prev_row[j - 1], prev_row[j]);
    }
    curr_row.back() += prev_row.back();  // 마지막 원소

    // 스왑을 사용해서 O(1) 시간에 curr_row의 내용을 prev_row에 할당한다.
    prev_row.swap(curr_row);
  }
  return *min_element(cbegin(prev_row), cend(prev_row));
}
```

각 원소를 처리하는 데 걸리는 시간은 $O(1)$이고 총 $1 + 2 + \cdots + n = n(n + 1)/2$ 만큼의 원소가 존재하므로, 전체 시간 복잡도는 $O(n^2)$이 된다. 공간 복잡도는 $O(n)$이 된다.

문제 16.9 합이 최대가 되도록 동전 선택하기

동선을 고르는 게임을 살펴보자. 그림 16.11과 같이 한 줄에 짝수 개의 동전이 놓여 있다. 두 명의 플레이어가 번갈아 가며 동전을 하나씩 고른다. 동전을 고를 때는 줄의 양 끝에 있는 두 개의 동전 중에서 하나만 고를 수 있다. 더 이상 선택할 동전이 없을 때 게임은 끝나고, 각자 고른 동전들의 금액을 더한 액수가 더 높은 플레이어가 이기게 된다. 동전을 선택하지 않으면, 상대방에게 차례를 넘길 수 없다.

그림 16.11 한 줄에 놓인 동전

처음 시작하는 플레이어가 고른 동전의 합이 최대가 되도록 하는 알고리즘을 설계하라.

힌트: 첫 번째 플레이어의 선택은 두 번째 플레이어의 선택에도 영향을 미친다는 것을 기억하자.

해법: 먼저 양 끝에 있는 동전 중에서 값이 큰 동전을 그리디하게 선택하는 방법은 해법이 아니다. 동전이 5, 25, 10, 1의 순서대로 놓여 있을 때, 그리디적인 방법을 사용하면 첫 번째 플레이어는 5를 선택하게 되고, 두 번째 플레이어는 25를 선택하게 된다. 그 다음에 첫 번째 플레이어가 10을 선택하고 두 번째 플레이어가 1을 선택하면, 첫 번째 플레이어의 동전 합은 15이고 두 번째 플레이어의 동전 합은 26이 된다. 첫 번째 플레이어가 처음에 1을 선택하는 것이 더 나은 접근법이다. 그러면 두 번째 플레이어는 5나 10 중의 하나를 선택해야 되므로, 절대 25를 선택할 수 없다. 이제, 다음 턴에서 첫 번째 플레이어가 25를 선택할 수 있으므로 동전 합을 26으로 만들 수 있다.

그리디의 단점은 첫 번째 플레이어의 선택 결과가 두 번째 플레이어의 선택에 미치는 영향을 고려하지 않는다는 것이다. 첫 번째 플레이어는 자신의 동전 합을 최대로 하면서 두 번째 플레이어가 선택할 수 있는 동전 합은 최소로 해야 한다.

두 번째 플레이어도 자신의 총합이 최대가 되도록 동전을 선택할 것이다. 플레이어가 선택한 동전의 합을 플레이어의 수익이라고 하자. 그리고 $R(a, b)$는 양쪽 끝의 인덱스가 a, b일 때 플레이어가 만들 수 있는 최대 수익이라고 한다. C는 한 줄에 놓여 있는 동전 배열이다. 즉, $C[i]$는 i번째 동전의 액수를 뜻한다. 첫 번째 플레이어가 a를 선택했을 때 두 번째 플레이어 또한 최선의 선택을 하므로, 첫 번째 플레이어의 수익은 $C[a] + S(a + 1, b) - R(a + 1, b)$가 된다. 여기서 $S(a, b)$는 a에서 b까지의 동전의 합과 같다. 만약 첫 번째 플레이어가 b를 선택했다면, 수익은 $C[b] + S(a, b - 1) - R(a, b - 1)$이 된다. 첫 번째 플레이어는 자신의 수익을 최대화하고 싶으므로 둘 중에 큰 값, 즉 $R(a, b) = \max(C[a] + S(a + 1, b) - R(a + 1, b), C[b] + S(a, b - 1) - R(a, b - 1))$이 된다. 동적 프로그래밍을 사용해서 재귀적으로 R을 구하면 된다.

이제 조금 다른 방식으로 R에 대한 재귀식을 만들어 보자. 두 번째 플레이어 또한 자신의 수익을 최대화하고 싶어 한다. 그리고 전체 수익은 동전의 합과 같으므로 상수값이 된다. 따라서 두 번째 플레이어는 첫 번째 플레이어의 수익을 최소화하도록 움직인다고 생각해도 된다. 따라서 $R(a, b)$는 다음 수식을 만족한다.

$$
R(a,b) = \begin{cases} \max \begin{pmatrix} C[a] + \min \begin{pmatrix} R(a + 2, b), \\ R(a + 1, b - 1) \end{pmatrix}, \\ C[b] + \min \begin{pmatrix} R(a + 1, b - 1), \\ R(a, b - 2) \end{pmatrix} \end{pmatrix}, & \text{if } a \le b; \\ 0, & \text{otherwise.} \end{cases}
$$

이 전략은 상대방이 얻을 수 있는 최대 수익을 최소화하는 전략이다. $R(a, b)$를 'min-max' 방법으로 정의했을 때의 장점은 $S(a + 1, b)$와 $S(a, b - 1)$을 계산하지 않아도 된다는 점이다.

동전이 $\langle 10, 25, 5, 1, 10, 5 \rangle$로 주어졌을 때, 첫 번째 플레이어가 만들 수 있는 최대 수익은 31이다. 최대 수익을 구하기 위해, 부분 문제로서 $\langle 10, 25 \rangle$, $\langle 5, 1 \rangle$, $\langle 5, 1, 10, 5 \rangle$의 최적 수익을 구해야 한다. 각각 최적 수익은 25, 5, 15가 된다.

그림 16.11에 나와 있는 동전의 경우 첫 번째 플레이어의 최대 수익은 두 번째 플레이어가 어떤 선택을 하든 최소한 140센트가 된다고 보장할 수 있다. 그와 반대로 두 플레이어 모두 양쪽 끝에 있는 동전 중 항상 액수가 더 큰 동전을 선택한다면, 첫 번째 플레이어가 만들 수 있는 수익은 고작 120센트가 된다. 다음은 동적 프로그래밍을 사용해서 R을 구하는 프로그램이다.

```cpp
int MaximumRevenue(const vector<int>& coins) {
  vector<vector<int>> maximum_revenue_for_range(size(coins),
                                                vector<int>(size(coins), 0));
  return ComputeMaximumRevenueForRange(
      coins, 0, size(coins) - 1,
      make_unique<vector<vector<int>>>(size(coins), vector<int>(size(coins), 0))
          .get());
}

int ComputeMaximumRevenueForRange(
    const vector<int>& coins, int a, int b,
    vector<vector<int>>* maximum_revenue_for_range_ptr) {
  if (a > b) {
    // 남아 있는 동전이 없다.
    return 0;
  }

  vector<vector<int>>& maximum_revenue_for_range =
      *maximum_revenue_for_range_ptr;
  if (maximum_revenue_for_range[a][b] == 0) {
    int max_revenue_a =
        coins[a] + min(ComputeMaximumRevenueForRange(
                           coins, a + 2, b, maximum_revenue_for_range_ptr),
                       ComputeMaximumRevenueForRange(
                           coins, a + 1, b - 1, maximum_revenue_for_range_ptr));
    int max_revenue_b =
        coins[b] + min(ComputeMaximumRevenueForRange(
                           coins, a + 1, b - 1, maximum_revenue_for_range_ptr),
                       ComputeMaximumRevenueForRange(
                           coins, a, b - 2, maximum_revenue_for_range_ptr));
    maximum_revenue_for_range[a][b] = max(max_revenue_a, max_revenue_b);
  }
  return maximum_revenue_for_range[a][b];
}
```

n이 동전의 개수일 때 가능한 $R(a, b)$의 개수는 $O(n^2)$이고, R의 각 엔트리를 계산하는 데 필요한 시간은 $O(1)$이다. 따라서 R을 구하는 데 걸리는 시간은 $O(n^2)$이된다.

문제 16.10 계단을 올라가는 방법의 개수 구하기

계단이 있고 정확히 n번째 계단 위에 올라가고 싶다고 해 보자. 한번에 $1 \sim k$개의 계단을 건너뛸 수 있다.

n과 k가 주어졌을 때 도착 지점에 도달할 수 있는 방법의 개수를 세는 프로그램

을 작성하라. 예를 들어 $n = 4$이고 $k = 2$일 때는 총 다섯 가지 방법으로 계단을 오를 수 있다.

- 한 칸씩 네 칸을 올라가기
- 한 칸씩 두 칸을 올라간 뒤에 두 칸을 한번에 올라가기
- 한 칸을 올라간 뒤에 두 칸을 올라가고 마지막으로 한 칸을 올라가기
- 두 칸을 올라간 뒤에 한 칸씩 두 번 올라가기
- 두 칸을 두 번 올라가기

힌트: 마지막 발걸음을 떼기 전까지 계단을 오르는 방법은 얼마나 될까?

해법: 무식한 방법은 모든 해법을 나열하는 것이지만, 가능한 방법이 기하급수적으로 많으므로 적절하지 않다.

맨 처음에 한 칸, 두 칸, ..., k칸을 올라갈 것이다. 그리고 그 뒤에 꼭대기까지 올라가는 방법이 다양하므로, $F(n, k)$를 통해 계단을 올라가는 방법을 수식으로 나타낼 수 있다.

$$F(n, k) = \sum_{i=1}^{k} F(n - i, k)$$

앞의 예제에서 $F(4, 2) = F(4 - 2, 2) + F(4 - 1, 2)$가 된다. 이를 재귀적으로 풀어 보면 $F(4 - 2, 2) = F(4 - 2 - 2, 2) + F(4 - 2 - 1, 2)$가 된다. $F(0, 2)$와 $F(1, 2)$는 기저 사례이므로 그 값은 1이 되고, 따라서 $F(4 - 2, 2) = 2$가 된다. 계속해 보면 $F(4 - 1, 2) = F(4 - 1 - 2, 2) + F(4 - 1 - 1, 2)$가 된다. 첫 번째 항은 기저 사례이므로 1이 되고, 두 번째 항은 계속 계산해 보면 2가 된다. 따라서 $F(4 - 1, 2) = 3$이 되고, $F(4, 2) = 3 + 2$가 된다.

다음 프로그램은 $0 \leq i \leq n$에 대해 $F(i, k)$의 값을 캐시로 저장해서 시간 복잡도를 개선한다.

```
int NumberOfWaysToTop(int top, int maximum_step) {
  return ComputeNumberOfWaysToH(top, maximum_step,
                    make_unique<vector<int>>(top + 1, 0).get());
}

int ComputeNumberOfWaysToH(int h, int maximum_step,
                    vector<int>* number_of_ways_to_h_ptr) {
  if (h <= 1) {
```

```
        return 1;
    }

    vector<int>& number_of_ways_to_h = *number_of_ways_to_h_ptr;
    if (number_of_ways_to_h[h] == 0) {
      for (int i = 1; i <= maximum_step && h - i >= 0; ++i) {
        number_of_ways_to_h[h] +=
            ComputeNumberOfWaysToH(h - i, maximum_step, number_of_ways_to_h_ptr);
      }
    }
    return number_of_ways_to_h[h];
}
```

각 엔트리를 구하는 데 $O(k)$의 시간이 필요하므로 전체 시간 복잡도는 $O(kn)$이 된다. 공간 복잡도는 $O(n)$이다.

문제 16.11 텍스트를 예쁘게 배치하기

폰트의 너비가 고정되어 있을 때 텍스트를 배치하는 문제를 생각해 보자. 각 줄에 는 정해진 개수의 문자를 나열할 수 있다. 같은 줄에서 각 단어는 정확히 한 칸만큼 떨어져 있다. 따라서 단어가 남아 있는 칸에 들어가지 못할 경우 각 라인의 마지막 칸이 빈칸이 될 수도 있다. 빈칸은 눈에 보이지 않는다.

각 줄의 끝에 빈칸이 지저분하다는(messiness) 사실을 다음과 같이 정의할 수 있 다. 각 줄에서 마지막에 빈칸의 개수가 b인 경우에 지저분한 정도는 b^2과 같다. 전 체 텍스트의 지저분한 정도는 각 줄의 지저분한 정도의 합과 같다. 그림 16.12와 같이 연속된 단어들은 다양한 방법으로 여러 줄에 걸쳐 나타날 수 있고, 지저분한 정도도 모두 다르다.

I have inserted a large number of␣␣␣
new examples from the papers for the
Mathematical Tripos during the last␣
twenty years, which should be useful
to Cambridge students.␣␣␣␣␣␣␣␣␣␣␣␣␣␣

(a) 지저분한 정도 $= 3^2 + 0^2 + 1^2 + 0^2 + 14^2 = 206$

I have inserted a large number␣␣␣␣␣␣
of new examples from the papers␣␣␣␣␣
for the Mathematical Tripos during␣␣
the last twenty years, which should␣
be useful to Cambridge students.␣␣␣␣

(b) 지저분한 정도 $= 6^2 + 5^2 + 2^2 + 1^2 + 4^2 = 82$

그림 16.12 같은 단어를 나열한 것이지만, 배치하는 방법이 다르다. 각 줄의 길이 L은 36이다.

각 단어가 빈칸 하나로 나누어져 있는 텍스트가 주어졌을 때 하나의 단어를 두 줄 에 나누어 배치하지 않으면서 지저분한 정도가 최소일 때를 예쁘게 배치되었다고 한다. 예쁘게 배치한 텍스트를 출력하는 프로그램을 작성하라. 각 줄에는 특정 개수만큼만 글자가 쓰일 수 있다.

힌트: 마지막 줄의 마지막 단어를 생각해 보자.

해법: 그리디 방법은 각 줄에 넣을 수 있는 단어를 최대한 넣는 것이다. 하지만 몇 개의 예를 생각해 보면, 이 방법은 부분 최적화로 풀어야 된다는 걸 금방 알 수 있다. 그림 16.13의 예제를 살펴보자. 그리디 알고리즘은 단어를 모든 라인에 균일하게 분배하지 않는다. 이 문제의 핵심은 바로 모든 라인에 단어를 균일하게 분배하는 것이다. 새로운 단어를 추가하면 이전 단어를 옮겨야 될 수도 있다.

	0	1	2	3	4
첫 번째 줄	a		b		c
두 번째 줄	d				

	0	1	2	3	4
첫 번째 줄	a		b		
두 번째 줄	d		d		

(a) 그리디 배치: 첫 번째 줄의 지저분한 정도는 0^2이고, 두 번째 줄의 지저분한 정도는 4^2이다.

(b) 최적 배치: 첫 번째 줄의 지저분한 정도는 2^2이고, 두 번째 줄의 지저분한 정도는 2^2이다.

그림 16.13 텍스트 "a b c d"가 있고, 각 줄의 길이는 5라고 해 보자. 단어를 그리디하게 배치하면 전체 지저분한 정도는 (a)에서와 같이 16이 된다. 하지만 최적은 (b)이고 이때의 지저분한 정도는 8이다.

i번째 단어를 최적으로 배치하는 방법을 찾는다고 해 보자. 앞에서 봤듯이 단순하게 $i - 1$번째까지의 단어를 최적으로 배치한 결과를 그대로 사용할 수 없다. 다시 말해, i번째 단어까지의 최적의 배치에서 i번째 단어를 제거한 결과가 $i - 1$번째 단어까지의 최적의 배치가 되지 않는다. 하지만 마지막 줄에서 $j, j + 1, ..., i$의 단어를 사용해서 최적 배치를 찾는다고 했을 때, $j - 1$번째 단어까지는 이미 최적으로 배치되어 있어야 한다.

첫 i개의 단어를 최적으로 배치하려면, 마지막 줄은 i번째 단어를 포함한 부분 집합이 되어야 한다. 또한 첫 i개의 단어가 최적으로 배치되어 있다면, 마지막 줄을 제외한 이전 줄까지의 배치 또한 반드시 최적이어야 한다. 따라서 i번째 단어까지를 배치했을 때, 지저분한 정도를 최소화하는 재귀 수식 $M(i)$를 다음과 같이 작성할 수 있다. 즉, $M(i)$는 $\min_{j \leq i} f(j, i) + M(j - 1)$과 같다. 여기서 $f(j, i)$는 j번째 단어에서 i번째 단어까지를 마지막 줄에 배치했을 때의 지저분한 정도이다.

그림 16.14의 예제를 통해 다시 살펴보자. "aaa bbb c d ee"의 최적 배치는 그림

16.14(a)와 같다. "aaa bbb c d ee ff"의 최적 배치는 그림 16.14(b)와 같다.

"aaa bbb c d ee ff ggggggg"의 최적 배치를 찾기 위해서는 마지막 줄이 "ff gggg ggg"이거나 "ggggggg"인 경우를 생각해야 한다. ("ee ff ggggggg"는 한 줄에 들어갈 수 없으므로 이 두 가지 경우밖에 없다.)

마지막 줄이 "ff ggggggg"라면 "aaa bb c d ee"는 그림 16.14(a)와 같이 배치되어 있어야 한다. 마지막 줄이 "ggggggg"라면 "aaa bbb c d ee ff"는 그림 16.14(b)와 같이 배치되어 있어야 한다. 이 두 가지 경우는 그림 16.14(c)와 그림 16.14(d)이다. 이 둘을 비교해 보면 그림 16.14(c)의 지저분한 정도가 더 낮다는 사실을 알 수 있다.

0	1	2	3	4	5	6	7	8	9	10
a	a	a		b	b	b				
c		d		e	e					

(a) "aaa bbb c d ee"의 최적 배치

0	1	2	3	4	5	6	7	8	9	10
a	a	a		b	b	b				
c		d		e	e		f	f		

(b) "aaa bbb c d ee ff"의 최적 배치

0	1	2	3	4	5	6	7	8	9	10
a	a	a		b	b	b				
c		d		e	e		f	f		
g	g	g	g	g	g	g				

(c) 마지막 줄이 "ggggggg"일 때
"aaa bbb c d ee ff ggggggg"의 최적 배치

0	1	2	3	4	5	6	7	8	9	10
a	a	a		b	b	b				
c		d		e	e					
f	f		g	g	g	g	g	g	g	

(d) 마지막 줄이 "ff ggggggg"일 때
"aaa bbb c d ee ff ggggggg"의 최적 배치

그림 16.14 텍스트가 "aaa bb c d ee ff ggggggg"이고 각 줄의 길이가 11일 때 예쁘게 출력된다.

단순하게 재귀로 작성하면 시간 복잡도가 기하급수적으로 증가한다. 따라서 M에 대한 값을 캐시에 저장해서 시간 복잡도를 줄일 수 있다.

```cpp
int MinimumMessiness(const vector<string>& words, int line_length) {
  // minimum_messiness[i]는 words[0, i]를 배치할 때 지저분한 정도의 최솟값이 된다.
  vector<int> minimum_messiness(size(words), numeric_limits<int>::max());
  int num_remaining_blanks = line_length - size(words[0]);
  minimum_messiness[0] = num_remaining_blanks * num_remaining_blanks;
  for (int i = 1; i < size(words); ++i) {
    num_remaining_blanks = line_length - size(words[i]);
    minimum_messiness[i] =
        minimum_messiness[i - 1] + num_remaining_blanks * num_remaining_blanks;
    // words[i - 1], words[i - 2], ...의 단어를 추가해 본다.
```

```
      for (int j = i - 1; j >= 0; --j) {
        num_remaining_blanks -= (size(words[j]) + 1);
        if (num_remaining_blanks < 0) {
          // 더 이상 단어를 추가할 공간이 없다.
          break;
        }
        int first_j_messiness = j - 1 < 0 ? 0 : minimum_messiness[j - 1];
        int current_line_messiness = num_remaining_blanks * num_remaining_blanks;
        minimum_messiness[i] =
            min(minimum_messiness[i], first_j_messiness + current_line_messiness);
      }
    }
    return minimum_messiness.back();
}
```

L을 각 줄의 길이라고 하자. 한 줄에는 L개 이상의 단어를 놓을 수 없으므로 각 단어를 처리하는 데 필요한 시간은 $O(L)$이 된다. 따라서 n개의 단어가 있을 때, 이 알고리즘의 시간 복잡도는 $O(nL)$이 된다. 공간 복잡도는 캐시를 사용하는데 필요하므로 $O(n)$이 된다.

응용: 지저분한 정도를 계산할 때 마지막 줄을 제외한다고 했을 때 같은 문제를 풀어 보라.

응용: 각 줄의 마지막에 b개의 빈칸이 남아 있을 때 지저분한 정도를 b라고 하자. 이 경우에 지저분한 정도를 최소화하는 문제를 $O(n)$ 시간과 $O(1)$ 공간에 풀 수 있는가?

문제 16.12 감소하지 않는 가장 긴 부분 수열 찾기

감소하지 않는 가장 긴 부분 수열을 찾는 문제는 문자열 매칭이나 카드 게임 분석 등 다양한 분야에서 암묵적으로 사용된다. 예를 들어 그림 16.15의 배열에서 가장 길면서 감소하지 않는 부분 수열의 길이는 4이다. ⟨0, 4, 10, 14⟩, ⟨0, 2, 6, 9⟩ 등과 같이 이러한 수열이 여러 개 존재한다. 여기서 부분 수열이란 연속된 수열이 아님을 명심하라.

0	8	4	12	2	10	6	14	1	9
A[0]	A[1]	A[2]	A[3]	A[4]	A[5]	A[6]	A[7]	A[8]	A[9]

그림 16.15 감소하지 않는 가장 긴 부분 수열의 길이는 4이다.

숫자 배열이 입력으로 주어졌을 때, 감소하지 않는 가장 긴 부분 수열의 길이를 반환하는 프로그램을 작성하라.

힌트: 특정 인덱스에서 끝나는 감소하지 않는 가장 긴 부분 수열을 표현할 때, 그 앞의 부분배열에서의 수열을 통해 표현해 보라.

해법: 무식한 방법은 모든 가능한 부분 수열을 나열한 뒤, 감소하지 않는 수열을 찾는 것이다. 배열의 길이가 n일 때 부분 수열의 개수는 2^n개나 되므로 시간 복잡도가 굉장히 크다. 휴리스틱을 사용해서 가지치기를 할 수 있지만, 프로그램이 복잡해질 수 있다.

입력 배열의 처음 엔트리에 대한 전처리를 해 놓았다면, 그 다음 엔트리를 처리할 때 도움이 될 수 있다. 앞의 예제에서 인덱스 0, 1, ..., 5에 대해서 감소하지 않으면서 가장 긴 부분 수열을 이미 구해 놓았다면, 인덱스 6에 대한 수열을 구할 때는 $A[0, 5]$에서 끝나는 가장 긴 부분 수열 중에서 끝나는 값이 $A[6]$보다 작은 것을 찾으면 된다. 그림 16.15를 살펴보면, 인덱스 2와 인덱스 4에서 끝나는 가장 긴 부분 수열을 선택할 경우 인덱스 6에서 끝나는 가장 긴 부분 수열의 길이는 3이 된다는 걸 알 수 있다.

일반화해 보자. $L[i]$를 인덱스 i에서 끝나는 부분 수열 중 길이가 가장 긴 수열의 길이라고 하자. 예를 들어 그림 16.15에서 $L[6] = 3$이 된다. 인덱스 i에서 끝나는 가장 길면서 감소하지 않는 부분 수열의 길이는 1이거나 ($A[i]$가 앞의 모든 원소들보다 작은 경우) 1보다 큰 어떤 값일 것이다. 1보다 어떤 큰 값일 경우에는 $A[j] < A[i]$이면서 j로 끝나는 가장 긴 부분 수열이 존재하는 경우이다. 따라서 $L[i]$는 1이거나 ($A[i]$가 앞의 모든 원소들보다 작은 경우) $1 + \max\{L[j], j < i$이고 $A[j] \leq A[i]\}$가 된다.

이 관계를 이용해서 L을 재귀적으로 혹은 반복적으로 구할 수 있다. 길이뿐만 아니라 수열도 구하고 싶다면, 모든 인덱스 i에서 i로 끝나는 가장 긴 부분 수열의 길이뿐만 아니라 바로 이전 수열의 위치, 즉 j도 함께 저장하면 된다.

이 알고리즘을 그림 16.15의 예제에 적용하면 다음과 같이 L을 구할 수 있다.

1. $L[0] = 1$ // 0 이전에는 원소가 존재하지 않으므로
2. $L[1] = 1 + \max(L[0]) = 2$ // $A[0] \leq A[1]$이므로
3. $L[2] = 1 + \max(L[0]) = 2$ // $A[0] \leq A[2]$이고 $A[1] > A[2]$이므로

4. $L[3] = 1 + \max(L[0], L[1], L[2]) = 3$ // $A[0], A[1], A[2] \leq A[3]$이므로

5. $L[4] = 1 + \max(L[0]) = 2$ // $A[0] \leq A[4], A[1], A[2]$이고 $A[3] > A[4]$이므로

6. $L[5] = 1 + \max(L[0], L[1], L[2], L[4]) = 3$ // $A[0], A[1], A[2], A[4] \leq A[5]$이고 $A[3] > A[5]$이므로

7. $L[6] = 1 + \max(L[0], L[2], L[4]) = 3$ // $A[0], A[2], A[4] \leq A[6]$이고 $A[1], A[3], A[5] > A[6]$이므로

8. $L[7] = 1 + \max(L[0], L[1], L[2], L[3], L[4], L[5], L[6]) = 4$ // $A[0], A[1], A[2], A[3], A[4], A[5], A[6] \leq A[7]$이므로

9. $L[8] = 1 + \max(L[0]) = 2$ // $A[0] \leq A[8]$이고 $A[1], A[2], A[3], A[4], A[5], A[6], A[7] > A[8]$이므로

10. $L[9] = 1 + \max(L[0], L[1], L[2], L[4], L[6], L[8]) = 4$ // $A[0], A[1], A[2], A[4], A[6], A[8] \leq A[9]$이고 $A[3], A[5], A[7] > A[9]$이므로

따라서 감소하지 않으면서 길이가 가장 긴 부분 수열의 길이는 4이다. 길이가 4인 수열은 $\langle 0, 8, 12, 14 \rangle$, $\langle 0, 2, 6, 9 \rangle$, $\langle 0, 4, 6, 9 \rangle$ 등 여러 개 존재한다.

다음은 이 알고리즘을 반복적으로 구현한 코드이다.

```
int LongestNondecreasingSubsequenceLength(const vector<int>& A) {
  // max_length[i]에는 A[0, i]의 부분 수열 중에서 i에서 끝나면서 동시에 길이가
  // 가장 긴 부분 수열의 길이가 들어 있다.
  vector<int> max_length(size(A), 1);
  for (int i = 1; i < size(A); ++i) {
    for (int j = 0; j < i; ++j) {
      if (A[i] >= A[j]) {
        max_length[i] = max(max_length[i], max_length[j] + 1);
      }
    }
  }
  return *max_element(begin(max_length), end(max_length));
}
```

$L[i]$를 계산하는 데 $O(n)$의 시간이 걸리므로 시간 복잡도는 $O(n^2)$이다. L이 필요하므로 공간 복잡도는 $O(n)$이 필요하다.

응용: 정수 배열이 주어졌을 때, 감소하지 않으면서 가장 긴 배열을 반환하는 프로그램을 작성하라.

응용: $\langle a_0, a_1, ..., a_{n-1} \rangle$의 수열이 있을 때, i가 짝수인 경우에는 $a_i < a_{i+1}$이고, 홀수인 경우에는 $a_i > a_{i+1}$인 수열을 교대수열이라고 하자. 길이가 n인 정수 배열 A가 주어졌을 때, $\langle A[i_0], A[i_1], ..., A[i_{k-1}] \rangle$이 교대수열이 되는 가장 긴 인덱스 $\langle i_0, ..., i_{k-1} \rangle$을 구하라.

응용: $\langle a_0, a_1, ..., a_{n-1} \rangle$의 수열이 있을 때, 연속된 세 개의 항이 증가하거나 감소하지 않는 경우 이를 약한 교대수열이라고 하자. 길이가 n인 정수배열 A가 주어졌을 때, $\langle A[i_0], A[i_1], ..., A[i_{k-1}] \rangle$이 약한 교대수열이 되는 가장 긴 인덱스 $\langle i_0, ..., i_{k-1} \rangle$을 구하라.

응용: $\langle a_0, a_1, ..., a_{n-1} \rangle$이 볼록한 수열이기 위해서는 $1 \le i \le n-2$에 대해서 $a_i < \frac{a_{i-1} + a_{i+1}}{2}$를 만족해야 한다. 길이가 n인 정수 배열 A가 주어졌을 때, $\langle A[i_0], A[i_1], ..., A[i_{k-1}] \rangle$이 볼록한 수열이 되는 가장 긴 인덱스 $\langle i_0, ..., i_{k-1} \rangle$을 구하라.

응용: $\langle a_0, a_1, ..., a_{n-1} \rangle$이 바이토닉(bitonic) 수열이 되기 위해서는 $0 \le i < k$에 대해 $a_i < a_{i+1}$을 만족하고, $k \le i < n-1$에 대해서 $a_i > a_{i+1}$을 만족해야 한다. 길이가 n인 정수 배열 A가 주어졌을 때, $\langle A[i_0], A[i_1], ..., A[i_{k-1}] \rangle$이 바이토닉 수열이 되는 가장 긴 인덱스 $\langle i_0, ..., i_{k-1} \rangle$을 구하라.

응용: 평면상에서 어떤 점이 다른 점보다 오른쪽 위에 있을 때, 증가하는 위치에 있다고 정의하자. 평면상에 점의 집합이 주어졌을 때, 가장 긴 증가하는 점의 부분 집합을 어떻게 찾을 것인가?

응용: 감소하지 않는 가장 긴 부분 수열을 $O(n \log n)$ 시간에 구하라.

17장

그리디 알고리즘과 불변식

프로그램 혹은 프로그램 일부의 의도된 기능은
프로그램 실행 후 관련 변수가 취해야 할 값을 지정하는 데 있다.
⟨An Axiomatic Basis for Computer Programming⟩, 토니 호어(C. A. R. Hoare), 1969

그리디 알고리즘 　　　　　　　　　　　　　　　　　　 문제 17.1 ～ 문제 17.3

그리디 알고리즘은 해법을 단계적으로 계산한다. 각 단계마다 지역적으로(locally) 최적의 결정을 내리며, 이 결정은 절대 변경되지 않는다.

그리디 알고리즘이 늘 최적의 해법을 생성하는 것은 아니다. 과거 영국은 1, 3, 6, 12, 24, 30펜스를 사용했다. 이 동전을 사용해서 48펜스의 거스름돈을 만든다고 해 보자. 동전의 수는 최소한으로 사용해야 한다. 자연스러운 그리디 알고리즘은 가장 액수가 큰 동전을 선택한 뒤 잔돈을 그보다 작거나 같은 동전을 반복해서 선택할 것이다. 48펜스를 만든다고 한다면 30 + 12 + 6, 이렇게 세 개의 동전을 사용할 것이다. 하지만 최적해법은 24펜스짜리 두 개의 동전을 이용하는 것이다.

　일반적인 형태의 동전 교환 문제는 NP-난해(hard) 문제이다. 하지만 일부 동전 교환 문제는 그리디 알고리즘으로 풀 수 있다. 예를 들어 동전의 단위가 $\{1, r, r^2, r^3\}$인 경우다. (미국 동전도 그리디 알고리즘으로 최적해를 구할 수 있다.) 일반적인 문제는 동적 프로그래밍을 사용해서 유사-다항(pseudo-polynomial) 시간에 풀 수 있는데, 문제 16.6과 비슷한 방법을 사용한다.

때로는 문제에 대한 그리디 알고리즘이 여러 개 존재하며, 이들 중 일부만 최적의 해법을 제공하기도 한다. 예를 들어 $2n$의 도시가 한 줄로 늘어 서 있고, 이 중 절반은 흰색, 남은 절반은 검은색이라고 하자. 흰색 도시와 검은색 도시를 일대일 방식으로 짝지어서, 짝지어진 도시를 연결하는 데 필요한 도로 구간의 총 길이가 최소화되도록 해야 한다. 여러 쌍의 도시가 하나의 단일 구간을 공유할 수 있다. 예를 들어 $(0, 4)$와 $(1, 2)$를 짝지으면, 도시 0과 4 사이의 도로 구간을 도시 1과 2에서 사용할 수 있다.

이 문제에 대한 가장 단순한 그리디 알고리즘은 흰색 도시를 순회하면서, 각 흰색 도시와 가장 인접한 검은색 도시 중에 아직 짝이 없는 도시를 짝짓는 것이다. 하지만 이 알고리즘은 가장 최적의 해법이 아니다. 예를 들어 흰색 도시가 0과 3에 있고, 검은색 도시가 2와 5에 있다고 하자. 흰색 도시 3이 먼저 처리되면, 검은색 도시 2와 짝을 이룬다. 그러면 남아 있는 흰색 도시 0은 검은색 도시 5와 짝을 이루게 되므로, 도로 길이는 5가 된다. 반면에 도시 0과 2를 짝짓고, 3과 5를 짝지었다면 도로 길이는 4가 된다.

이렇게 보면, 약간 더 복잡한 그리디 알고리즘이 더 나은 결과를 가져온다. 모든 도시를 왼쪽에서 오른쪽 순서로 반복하면서, 아직 짝이 없는 다른 색깔의 도시와 짝짓는 것이다.

첫 번째 도시에 대한 짝은 최적의 해법이어야 한다. 만약 최적의 짝이 아닌 다른 도시와 짝지어지면, 도로를 추가할 필요가 없는 가장 가까운 검은색 도시와 짝을 이루도록 항상 변경될 수 있기 때문이다. 이러한 관찰은 전체적인 최적성의 귀납적 증거에 사용될 수 있다.

그리디 알고리즘 부트 캠프

미국 동전은 1, 5, 10, 25, 50, 100센트짜리가 있다. 그리디 알고리즘을 쓰면 최소 개수의 동전으로 필요한 거스름돈을 만들 수 있다. 다음은 이 알고리즘을 구현한 코드다. 특정 값의 동전 수를 한번 선택한 뒤에는, 절대 이 선택을 변경하지 않는 것이 그리디 알고리즘의 특징이다.

```
int ChangeMaking(int cents) {
  const array<int, 6> kCoins = {100, 50, 25, 10, 5, 1};
  int num_coins = 0;
```

```
  for (int coin : kCoins) {
    num_coins += cents / coin;
    cents %= coin;
  }
  return num_coins;
}
```

매번 일정한 양의 계산을 하고, 그 과정을 총 여섯 번 반복했으므로 시간 복잡도는 $O(1)$이 된다.

☑ 그리디 알고리즘 문제를 풀기 전 꼭 알고 있어야 할 내용

그리디 알고리즘은 보통, **각 단계에서 가장 최선의 선택**을 할 수 있는 **최적화 문제**에 적합한 선택이다. [문제 17.1]

그리디 알고리즘을 재귀적으로 추상화한 뒤에, 성능 향상을 위해 반복문을 써서 **구현**하면 더 쉬운 경우가 많다. [문제 24.31]

그리디 방법이 최적 해법을 찾지 못하더라도, 최적 알고리즘을 찾는 통찰력 혹은 휴리스틱에 대한 힌트가 될 수 있다.

때로는 어떤 그리디 알고리즘을 선택해야 올바른지 **명확하지 않은** 경우도 있다.

문제 17.1 최적의 업무 할당 구하기

노동자에게 업무를 할당하는 문제에 관해 생각해 보자. 각 노동자는 정확히 두 개의 업무를 할당받아야 한다. 각 업무를 완료하는 데 걸리는 시간은 고정되어 있으며, 각 업무는 서로 독립적이다. "3번 업무가 끝나기 전에 4번 업무를 수행할 수 없다"와 같은 제약사항은 없다. 누구나 어떤 업무든 할당받을 수 있다.

모든 업무를 완료하는 데 걸리는 시간이 최소가 되도록 노동자에게 업무를 할당해야 한다. 예를 들어 각각 5, 2, 1, 6, 4, 4시간이 걸리는 6개의 업무가 있을 때, 이를 최적으로 할당하는 방법은 처음 두 업무(5시간, 2시간짜리 업무)를 첫 번째 노동자에게 할당하고, 그 다음 두 업무(1시간, 6시간짜리 업무)를 두 번째 노동자에게 할당하고, 그 다음 두 업무(4시간, 4시간짜리 업무)를 세 번째 노동자에게 할당하는 것이다. 이렇게 하면, 모든 업무를 완료하는 데 걸리는 시간은 $\max(5 + 2, 1 + 6, 4 + 4) = 8$시간이 된다.

업무 집합이 입력으로 주어졌을 때, 최적 할당을 반환하는 알고리즘을 설계하라.

힌트: 가장 오랜 시간이 걸리는 업무를 할당받은 노동자에게, 얼마만큼의 시간이 필요한 업무를 두 번째로 할당하는 것이 좋을까?

해법: 모든 가능한 업무의 쌍을 나열하는 방법은 실행 불가능하다. 그러한 쌍의 개수가 너무 많기 때문이다(n개의 업무가 있을 때 정확히 $\binom{n}{2}\binom{n-2}{2}\binom{n-4}{2}...\binom{4}{2}$ $\binom{2}{2} = n!/2^{n/2}$의 개수가 존재한다).

이 문제의 구조를 좀 더 자세히 살펴보자. 극단적인 값을 잘 처리하는 게 중요하다. 가장 오래 걸리는 일은 그만큼 많은 도움이 필요하다. 특히, 가장 오래 걸리는 업무를, 가장 빨리 끝낼 수 있는 업무와 쌍으로 묶는 것이 타당해 보인다. 이 사실은 가장 오래 걸리는 업무를 그 외의 업무와 쌍을 이루도록 할당했을 때와 비교해 보면 알 수 있다. 가장 긴 시간이 걸리는 업무와 가장 짧은 시간이 걸리는 업무를 쌍으로 묶으면 최소한 더 좋은 결과를 얻을 수 있다.

물론 가장 오래 걸리는 업무와 가장 짧게 걸리는 업무의 합이 늘 최적이 되는 건 아니다. 가장 긴 업무 두 개는 걸리는 시간이 비슷하지만, 가장 짧은 업무 두 개는 걸리는 시간이 많이 차이 나는 경우를 생각해 보면 쉽다. 예를 들어 업무에 걸리는 시간이 각각 1, 8, 9, 10인 경우 모든 업무를 마치는 데 걸리는 시간은 $1 + 10$이 아니고 $8 + 9 = 17$이다.

결론적으로 업무에 걸리는 시간순으로 정렬한 뒤, 가장 짧게 걸리는 업무와 가장 오래 걸리는 업무끼리 차례대로 쌍으로 묶어 주면 된다. 예를 들어 업무에 걸리는 시간이 각각 5, 2, 1, 6, 4, 4라고 하자. 이를 정렬하면 1, 2, 4, 4, 5, 6이 되고, 따라서 $(1, 6), (2, 5), (4, 4)$를 쌍으로 묶어 주면 된다.

```
struct PairedTasks {
  int task_1, task_2;
};

vector<PairedTasks> OptimumTaskAssignment(vector<int> task_durations) {
  sort(begin(task_durations), end(task_durations));
  vector<PairedTasks> optimum_assignments;
  for (int i = 0, j = size(task_durations) - 1; i < j; ++i, --j) {
    optimum_assignments.emplace_back(
        PairedTasks{task_durations[i], task_durations[j]});
  }
  return optimum_assignments;
}
```

시간 복잡도는 정렬하는 데 걸리는 시간인 $O(n \log n)$과 같다.

문제 17.2 기다리는 시간을 최소화하기

데이터베이스는 SQL 쿼리에 대한 응답을 반환해야 한다. 각 쿼리를 처리하는 데 걸리는 시간은 이미 알고 있다. 이 애플리케이션에서 데이터베이스는 임의의 순서대로 한번에 하나의 쿼리만 처리해야 한다. 따라서 각 쿼리를 처리하기 전에 기다리는 시간이 존재한다.

각 쿼리를 처리하는 데 걸리는 시간이 주어졌을 때, 총 대기 시간이 최소화되려면 어떤 순서로 쿼리를 실행해야 하는지 알아보자. 예를 들어 각 쿼리를 처리하는 데 걸리는 시간이 $\langle 2, 5, 1, 3 \rangle$일 때, 이대로 쿼리를 처리하면 전체 기다리는 시간은 $0 + (2) + (2 + 5) + (2 + 5 + 1) = 17$이다. 하지만 가장 오래 걸리는 쿼리부터 시간이 감소하는 순서대로 처리한다면 기다리는 시간은 $0 + (5) + (5 + 3) + (5 + 3 + 2) = 23$이다. 아래에서 보겠지만, 가장 최소로 기다리는 시간의 합은 10이다.

힌트: 극단적인 값에 초점을 맞추라.

해법: 모든 가능한 스케줄을 나열한 뒤에 가장 적게 기다리는 것을 고르면 된다. 그런데 이 방법의 복잡도는 굉장히 높다. n개의 쿼리가 있을 때, $O(n!)$ 시간이 걸린다.

직관적으로 생각하면 시간이 적게 걸리는 쿼리를 먼저 처리하는 게 나아 보인다. 왜냐하면 각 쿼리를 처리하는 데 걸리는 시간은 남아 있는 모든 쿼리의 기다리는 시간에 추가되기 때문이다. 따라서 시간이 오래 걸리는 쿼리가 시간이 적게 걸리는 쿼리 앞에 있을 때, 이 둘을 맞바꾸면 이 둘 사이에 존재하는 모든 쿼리의 기다리는 시간을 줄일 수 있고, 다른 쿼리의 기다리는 시간에 영향을 미치지도 않는다. 물론 시간이 오래 걸리는 쿼리 자체의 기다리는 시간은 증가하지만, 그만큼 시간이 적게 걸리는 쿼리의 기다리는 시간이 줄어들어서 상쇄된다. 따라서 처리 시간이 증가하는 순서대로 쿼리를 정렬한 뒤 차례대로 실행하면 된다.

주어진 예제에서 최적의 스케줄은 처리 시간이 증가하는 순서대로 쿼리를 배치했을 때이다. 따라서 전체 기다리는 시간은 $0 + (1) + (1 + 2) + (1 + 2 + 3) = 10$이 된다. 가장 오래 걸리는 쿼리부터 시간이 감소하는 순서대로 스케줄링한 결과는 최악의 방법이었다.

```
int MinimumTotalWaitingTime(vector<int> service_times) {
  // service_times을 증가하는 순서대로 정렬한다.
  sort(begin(service_times), end(service_times));

  int total_waiting_time = 0;
  for (int i = 0; i < size(service_times); ++i) {
    int num_remaining_queries = size(service_times) - (i + 1);
    total_waiting_time += service_times[i] * num_remaining_queries;
  }
  return total_waiting_time;
}
```

시간 복잡도는 정렬하는 데 걸리는 시간과 같은 $O(n \log n)$이다.

문제 17.3 모든 구간을 커버하기

공장에서 몇 가지 업무를 책임져야 하는 현장감독을 생각해 보자. 각 업무는 정해진 시간에 시작해서 정해진 시간에 끝난다. 현장감독은 공장에 직접 방문해서 업무가 잘 돌아가는지 확인하고 싶어 한다. 여러분이 해야 할 일은 현장감독이 공장을 방문하는 횟수를 최소화하는 것이다. 현장감독은 매번 방문할 때마다, 현재 진행 중인 모든 업무를 확인한다. 현장감독은 특정 시간에 현장을 방문하고, 정확히 그 시간에 진행 중인 업무만을 확인할 수 있다. 예를 들어 [0, 3], [2, 6], [3, 4], [6, 9]의 시간에 수행되는 업무 4개가 있을 때, 현장감독이 0, 2, 3, 6시간에 방문하면 모든 업무를 확인할 수 있다. 하지만 3, 6시간에만 방문해도 모든 업무를 확인할 수 있다. 이 문제를 추상화하면 다음과 같다.

닫힌 구간의 집합이 주어졌을 때, 가장 적은 숫자로 모든 구간을 커버할 수 있는 알고리즘을 설계하라.

힌트: 극단적인 입력값을 생각해 보라.

해법: 각 구간의 끝에 있는 숫자만 고려해도 이 문제를 풀 수 있다는 사실을 기억하길 바란다. 무식한 방법은 모든 가능한 끝부분의 숫자의 부분 집합을 나열한 뒤, 해당 부분 집합이 모든 구간을 커버하는지 확인하는 것이다. 만약 모든 구간을 커버하고 현재의 부분 집합의 크기가 이전보다 작다면 그 결과를 갱신한다. 모든 부분 집합의 개수는 2^k이므로 이 방법의 시간 복잡도는 굉장히 높다.

간단하게 모든 구간의 왼쪽 끝지점을 반환해도 된다. 이렇게 하면 굉장히 빠르게 부분 집합을 구할 수 있지만 앞에서도 살펴봤듯이 그 결과가 항상 최소의 개수는 아니다. 이와 비슷하게, 가장 많은 구간을 지니치는 지점을 그리디하게 선택하더라도 그 결과가 부분최적이 될 가능성이 있다. 예를 들어 [1, 2], [2, 3], [3, 4], [2, 3], [3, 4], [4, 5]의 경우를 생각해 보자. 3은 여섯 개의 구간 중, 네 개의 구간에서 등장한다. 하지만 3을 선택한다면 [1, 2]와 [4, 5]를 커버하지 못하므로 추가로 두 개의 지점을 더 선택해야 한다. 그런데 2와 4 지점을 선택한다면, 각각 3개의 구간을 커버해서 단 두 개의 지점으로 모든 구간을 커버할 수 있다.

극단적인 경우에 초점을 두는 것이 좋다. 특히 첫 번째로 끝나는 지점, 즉 구간의 오른쪽 끝점의 위치가 가장 작은 것에 집중해 보자. 이 지점을 커버하기 위해서는 해당 구간을 지나는 부분을 선택해야 한다. 그중에서도 반드시 오른쪽 끝 지점을 선택해야 한다. 왜냐하면 그 앞의 어떤 지점을 선택하든지 끝 지점을 선택하는 것보다 더 나은 선택이 아니기 때문이다. (이게 참이 아니라면, 우리가 선택한 그 구간의 끝지점이 첫 번째로 끝나는 지점이 아니라는 뜻이 된다.) 끝 지점을 선택한 뒤에, 커버되는 모든 구간을 삭제한 뒤 남아 있는 구간들로 앞의 과정을 반복한다.

앞의 과정을 다음 알고리즘으로 나타낼 수 있다. 모든 구간을 오른쪽 끝 지점을 기준으로 정렬한다. 첫 번째 구간의 오른쪽 끝 지점을 선택한다. 커버되지 않는 첫 번째 구간이 나올 때까지 정렬된 구간을 차례대로 순회한다. 커버되지 않는 구간을 발견하는 순간 해당 구간의 오른쪽 끝 지점을 선택하고 앞의 과정을 반복한다.

[1, 2], [2, 3], [3, 4], [2, 3], [3, 4], [4, 5]의 예제가 있을 때, 이를 오른쪽 끝점을 기준으로 정렬하면 [1, 2], [2, 3], [2, 3], [3, 4], [3, 4], [4, 5]가 된다. 첫 번째 구간의 오른쪽 끝 지점은 2이고, 이 지점은 처음 세 개의 구간을 커버한다. 다음에 [3, 4]를 만나게 되면 이 구간의 오른쪽 끝 지점인 4를 선택해서 [3, 4], [3, 4], [4, 5]를 커버한다. 남아 있는 구간이 더 이상 없으므로 {2, 4}가 모든 구간을 커버하는 가장 적은 숫자의 집합이 된다.

```cpp
struct Interval {
  int left, right;
};

int FindMinimumVisits(vector<Interval> intervals) {
  // 오른쪽 끝점을 기준으로 구간을 정렬한다.
  sort(begin(intervals), end(intervals),
      [](const Interval& a, const Interval& b) { return a.right < b.right; });
  int last_visit_time = numeric_limits<int>::min(), num_visits = 0;
```

```
  for (const Interval& interval : intervals) {
    if (interval.left > last_visit_time) {
      // 현재의 오른쪽 끝점인 last_visit_time은 더 이상 커버하는 구간이 없다.
      last_visit_time = interval.right;
      ++num_visits;
    }
  }
  return num_visits;
}
```

각 인덱스에서 걸린 시간은 $O(1)$이므로 정렬을 한 이후에 걸린 시간은 총 $O(n)$이다. 여기서 n은 구간의 개수이다. 하지만 그전에 정렬을 해야 하므로 이 알고리즘의 전체 시간 복잡도는 정렬을 하는 데 필요한 $O(n \log n)$과 같다.

응용: 여러분은 성(castle)의 보안을 책임지고 있다. 성은 원형의 둘레로 이루어져 있다. n개의 로봇이 성의 둘레를 순찰하는데, 각 로봇은 아치 형태의 구간을 담당한다. (각 아치를 담당하는 로봇들은 서로 겹칠 수 있다.) 성의 중앙에 카메라를 설치해서 성의 둘레를 순찰하는 로봇을 감시하려고 한다. 각 카메라는 광선이 지나는 길을 따라 볼 수 있다. 비용을 줄이기 위해 카메라의 개수는 최소화해야 한다. 그림 17.1을 참고하자.

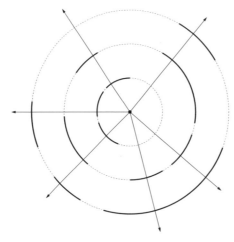

그림 17.1 최소 광선 커버(minimal ray covering) 문제의 한 예이다. 12개의 아치(arc)가 서로 부분적으로 겹쳐 있다. 여기서는 이해를 돕기 위해 아치의 거리를 다르게 표현했다. 이 예제에서는 여섯 개의 카메라, 즉 여섯 개의 광선으로 모든 아치를 커버할 수 있다.

응용: 평면상에 관측하고자 하는 점이 여러 개 놓여 있다. 여러분은 $(0, 0)$의 위치에 서 있다. 고정된 각도 안에서만 점을 관측할 수 있다고 했을 때, 어느 방향을 향하도록 서 있어야 가장 많은 점을 볼 수 있겠는가?

불변식

문제 17.4 ~ 문제 17.8

효과적인 알고리즘을 설계하는 일반적인 방법은 불변식(invariants)을 사용하는 것이다. 불변식은 간단히 말하면, 프로그램이 실행되는 동안 참인 조건을 뜻한다. 이 조건은 프로그램의 변수 값이나 제어 논리에 있을 수 있다.

불변식을 잘 선택하면 차선책이나 다른 방법에 의존하는 해법들을 배제하여 좀 더 최적의 해결책을 찾을 수 있다.

예를 들어 이진탐색은 알고리즘이 실행되는 동안 모든 가능한 후보자를 고려한다는 불변식을 유지한다.

정렬 알고리즘은 불변식을 사용한 알고리즘 설계를 잘 보여 준다. 선택 정렬을 예로 들어 보자. 선택 정렬은 가장 작은 원소를 차례대로 찾은 뒤 그들을 올바른 위치로 옮기는 과정을 반복한다. 0번 인덱스에서 시작하는 부분배열의 크기를 점차 키워가면서 해당 부분배열이 언제나 정렬되어 있다는 불변식을 유지하고 있는 셈이다. 따라서 불변식을 만족하는 부분배열의 원소는 나머지 원소보다 작거나 같고, 전체 배열은 기존 배열을 재배열한 결과와 같다.

더 복잡한 예제를 다뤘던 문제 14.7의 해법을 생각해 보자. 이 방법은 $a + b\sqrt{2}$ 꼴을 만족하는 첫 k개의 숫자를 $O(k)$ 시간에 찾는다. 이 해법의 핵심은 이러한 숫자를 정렬된 순서대로 처리한다는 점이다. 코드에 나와 있는 큐는 여러 가지 불변식을 만족하는데, 예를 들어 큐 안의 원소들은 정렬되어 있고 중복된 원소가 있어선 안 되며, 원소 사이의 분리는 제한적이라는 것이다.

불변식 부트 캠프

정렬된 배열과 숫자 하나가 주어졌을 때 배열 안의 숫자 두 개를 더해서 주어진 숫자를 만들 수 있는지 확인하는 프로그램을 작성한다고 해 보자. 예를 들어 ⟨-2, 1,

2, 4, 7, 11〉이 주어졌을 때, 해당 배열의 숫자 두 개를 더해서 6, 0, 13은 만들 수 있지만, 10은 만들 수 없다.

이 문제를 푸는 방법은 여러 가지다. 그중 하나는 모든 쌍을 순회하거나 주어진 숫자에서 해당 항목을 뺀 값이 배열의 원소에 존재하는지 찾는 것이다. 가장 효율적인 방법은 불변식을 사용하는 것이다. 해법이 존재한다면, 해법이 항상 존재하는 부분배열을 찾는다. 부분배열은 처음에 전체배열로 초기화되고, 한쪽 또는 다른 쪽부터 반복해서 줄어든다. 축소는 배열의 정렬을 사용하는데, 가장 왼쪽 값과 가장 오른쪽 값을 더한 값이 대상보다 작다면 가장 왼쪽 값은 배열의 다른 어떤 원소와 더하더라도 대상 값을 만들 수 없다. 오른쪽 끝 원소에 대해서도 비슷한 논리를 적용할 수 있다.

```cpp
bool HasTwoSum(const vector<int>& A, int t) {
  int i = 0, j = size(A) - 1;
  while (i <= j) {
    if (A[i] + A[j] == t) {
      return true;
    } else if (A[i] + A[j] < t) {
      ++i;
    } else {  // A[i] + A[j] > t.
      --j;
    }
  }
  return false;
}
```

배열의 길이가 n일 때 시간 복잡도는 $O(n)$이다. 변수 두 개로 부분배열을 표현할 수 있으므로 공간 복잡도는 $O(1)$이다.

☑ **불변식 문제를 풀기 전 꼭 알고 있어야 할 내용**

알고리즘을 설계할 때, 불변식 사용 여부를 결정하는 핵심 전략은 **작은 예제**를 통해 불변식의 가설이 맞는지 확인하는 것이다. [문제 17.4, 문제 17.6]

종종 불변식은 가능한 입력 집합의 부분 집합(예를 들어 부분배열)이 된다. [문제 17.4, 문제 17.7]

문제 17.4 세 개의 원소를 합해 원하는 숫자를 얻을 수 있는지 확인하기

배열과 숫자 하나가 주어졌을 때, 배열 안의 원소 세 개를 더해서 주어진 숫자를 만들 수 있는지 확인하는 알고리즘을 설계하라. 배열 안의 원소는 중복이 가능하다. 예를 들어 〈11, 2, 5, 7, 3〉이 있을 때, 3, 7, 11 혹은 5, 5, 11을 합하면 21을 만들 수 있다. 21을 만들 때 5를 두 번 사용한 것처럼, 같은 원소를 여러 번 사용해도 된다. 하지만 어떤 세 원소를 더하더라도 22를 만들 수는 없다.

힌트: 두 개 이상의 원소를 더해서 주어진 숫자가 되는지 확인하려면 어떻게 해야 할까?

해법: 무식한 방법은 삼중 루프를 사용해서 모든 가능한 경우를 살펴보는 것이다. 배열의 길이가 n일 때 이 방법의 시간 복잡도는 $O(n^3)$이고 공간 복잡도는 $O(1)$이다.

입력 배열을 A, 주어진 숫자를 t라고 하자. 배열의 원소를 해시테이블에 저장하면 알고리즘의 시간 복잡도를 $O(n^2)$까지 개선할 수 있다. 그다음 원소쌍을 순회하면서 $A[i] + A[j]$에 대해 $t - (A[i] + A[j])$가 해시테이블에 있는지 확인하면 된다. 공간 복잡도는 $O(n)$이 필요하다.

입력 배열을 정렬하면 추가 공간 복잡도를 사용하지 않을 수 있다. A를 정렬한 뒤 $A[i]$에 대해 $A[j] + A[k] = t - A[i]$를 만족하는 j와 k를 찾으면 된다. $A[j]$를 순회하는 동시에 이진 탐색을 사용해서 $A[k]$를 찾으면 $O(n \log n)$에 j와 k를 찾을 수 있다.

$A[0] + A[n-1]$에서 시작하면 시간 복잡도를 $O(n)$으로 개선할 수 있다. 만약 이 값이 $t - A[i]$와 같다면 여기서 바로 끝낸다. 만약 $A[0] + A[n-1] < t - A[i]$라면 $A[1] + A[n-1]$로 옮겨 간다. 왜냐하면 $A[n-1]$이 배열 A에서 가장 큰 값이므로 $A[0]$과 쌍을 이루어서 $t - A[i]$를 만족할 수 없기 때문이다. 비슷하게 $A[0] + A[n-1] > t - A[i]$라면, $A[0] + A[n-2]$로 넘어간다. 이 방법은 반복적으로 원소를 하나씩 제거해 나간다. 매번 $O(1)$ 시간을 사용하므로 $A[j] + A[k] = t - A[i]$를 만족하는 $A[j]$와 $A[k]$를 찾는 데 $O(n)$ 시간이 걸린다. 여기서 원하는 값을 원소 두 개의 합으로 만들 수 있으려면, 현재의 부분배열 안에 반드시 그 두 개의 원소가 존재해야 한다.

앞의 예제에서 배열을 정렬하면 〈2, 3, 5, 7, 11〉이 된다. $A[0] = 2$에 대해 $A[0] +$

$A[j] + A[k] = 21$이 되는 $A[j]$와 $A[k]$를 찾으려면 두 원소의 합이 $21 - 2 = 19$가 되는 j와 k를 찾으면 된다.

다음은 이를 구현한 코드이다.

```
bool HasThreeSum(vector<int> A, int t) {
    sort(begin(A), end(A));
    // 두 원소의 합이 t-a가 되는 원소가 A에 있는지 확인한다.
    return any_of(begin(A), end(A), [&](int a) { return HasTwoSum(A, t - a); });
}
```

추가 공간 복잡도는 $O(1)$이다. 전체 시간 복잡도는 우선 정렬에 $O(n \log n)$ 시간이 소요된다. 그다음 정렬된 배열에서 두 원소의 합이 특정값이 되는지 확인하는 $O(n)$을 n번 수행하므로 $O(n^2)$이 된다.

응용: 세 원소가 중복되지 않는 경우에 같은 문제를 풀어 보라. 예를 들어 $A = \langle 5, 2, 3, 4, 3 \rangle$이고 $t = 9$라면, $A[2] + A[2] + A[2]$ 혹은 $A[2] + A[2] + A[4]$는 가능한 해법이 아니다. 대신 $A[1] + A[2] + A[3]$ 혹은 $A[1] + A[3] + A[4]$는 가능한 해법이다.

응용: 합하는 원소의 개수가 k일 때 같은 문제를 풀어 보라.

응용: 정수 배열 A와 정수값 T가 주어졌을 때, $|T - (A[p] + A[q] + A[r])|$을 최소화하는 $(A[p], A[q], A[r])$을 반환하라. 단 p, q, r은 서로 다른 값이고 $A[p] \leq A[q] \leq A[s]$를 만족해야 한다.

응용: 정수 배열 A와 정수값 T가 주어졌을 때, $A[p] + A[q] + A[r] \leq T$이고 $A[p] \leq A[q] \leq A[r]$을 만족하는 (p, q, r)을 반환하는 프로그램을 작성하라.

문제 17.5 다수 원소 찾기

어떤 애플리케이션에서는 주어진 수열에서 일정 비율보다 많이 등장하는 원소를 찾아야 하는 경우가 발생한다. 예를 들어 네트워크 대역폭을 과도하게 사용하거나 HTTP 요청을 가장 많이 한 사용자를 찾아내고 싶을 수 있다. 이를 간단하게 표현한 다음 문제를 생각해 보자.

어떤 문자열을 읽고 있다고 가정하자. 특정 문자가 문자열의 절반 이상에서 등장한다. 이 문자를 '다수(majority) 원소'라고 부르자. '다수 원소'가 있다는 건 알지만,

문자열 내의 위치까지는 알지 못한다. 문자열이 스트리밍 형태로 입력된다고 했을 때, 한 번만 읽어서 어떤 원소가 '다수 원소'인지 확인하는 프로그램을 작성하라. 예를 들어 입력이 ⟨b, a, c, a, a, b, a, a, c, a⟩라면 a가 '다수 원소'가 된다(10번 중 6번 등장했으므로).

힌트: 입력에 '다수 원소'가 있다는 사실을 미리 알고 있으므로 이를 바탕으로 다수가 아닌 원소를 제거해 나가보자.

해법: 무식한 방법은 해시 테이블에 해당 원소가 몇 번이나 반복됐는지 기록하는 것이다. 이 방법은 원소의 개수가 n개일 때 시간 복잡도가 $O(n)$이고 공간 복잡도 또한 $O(n)$이다.

무작위 샘플링 방법은 적은 공간으로 다수 원소를 찾는 데 종종 쓰인다. 정확도가 높은 편이지만 완벽하진 않다.

더 나은 알고리즘에 대한 생각은 다음과 같다. 원소들을, 다수 원소로 구성된 그룹과 그렇지 않은 그룹으로 나눈다. 다수 원소로 구성된 그룹이 두 번째 그룹의 크기보다 크고 다수 원소는 단 하나뿐이므로, 서로 다른 원소 두 개를 임의로 선택했을 때 최대 하나의 원소가 다수 원소가 될 수 있다. 두 원소를 모두 제거하더라도 첫 번째 그룹과 두 번째 그룹의 크기 차이는 동일하게 유지되므로 다수 원소는 남아 있는 항목들에서 변하지 않고 그대로 유지된다.

이 알고리즘은 다음과 같이 진행된다. 엔트리를 순회하면서 다수 원소 후보자와 그 후보자가 몇 번 등장했는지 개수를 센다. 다수 원소 후보자는 첫 번째 엔트리로 초기화한다. 남아 있는 엔트리를 순회하면서 현재 후보자와 같은 엔트리를 발견하면 그 개수를 증가시킨다. 만약 후보자와 다른 엔트리를 만나면 개수를 감소시킨다. 카운트된 개수가 0이 되면 후보자를 그 다음 엔트리로 바꾼다.

이를 수학적으로 증명해 보자. n개의 엔트리에서 다수 원소가 m번 등장했다고 하자. 다수 원소의 정의대로 $\frac{m}{n} > \frac{1}{2}$가 된다. 서로 다른 두 개의 원소를 선택했을 때 둘 다 다수 원소가 될 수는 없다. 둘 중 하나가 다수 원소인 경우에 이 둘을 삭제했을 때 전체 원소에 대한 다수 원소의 비율은 $\frac{(m-1)}{(n-2)}$이 되고, 둘 다 다수 원소가 아니라면 그 비율이 $\frac{m}{(n-2)}$이 된다. $\frac{m}{n} > \frac{1}{2}$일 때 $\frac{m}{(n-2)} > \frac{1}{2}$이고 $\frac{(m-1)}{(n-2)} > \frac{1}{2}$을 증명하는 건 간단하다.

앞에서 나온 예제인 ⟨b, a, c, a, a, b, a, a, c, a⟩를 살펴보자. 먼저 다수 원소를

b로 초기화한다. 그 다음 원소인 a와 b가 다르므로 다수 원소의 개수는 0이 된다. 따라서 그 다음 원소인 c를 다수 원소 후보자로 선택하고 그 개수를 1로 설정한다. 그 다음 원소가 a이므로 다수 원소의 개수를 0으로 감소한다. 이제 a가 새로운 후보자가 되었다. 하지만 그 다음 원소가 b이므로 다수 원소의 개수를 0으로 감소시키고, 그 다음 원소인 a를 다시 새로운 후보자로 설정한다. 이 후보자의 개수는 마지막까지 0보다 크기 때문에 a가 최종 다수 원소가 된다.

```cpp
string MajoritySearch(vector<string>::const_iterator stream_begin,
                      const vector<string>::const_iterator stream_end) {
  string candidate;
  int candidate_count = 0;
  while (stream_begin != stream_end) {
    string it = *stream_begin++;
    if (candidate_count == 0) {
      candidate = it;
      candidate_count = 1;
    } else if (candidate == it) {
      ++candidate_count;
    } else {
      --candidate_count;
    }
  }
  return candidate;
}
```

각 엔트리를 처리하는 데 $O(1)$ 시간을 사용하므로 전체 시간 복잡도는 $O(n)$이다. 추가 공간 복잡도는 $O(1)$이다.

앞의 코드는 다수 원소가 언제나 존재한다는 가정하에 동작한다. 만약 다수 원소가 존재하지 않다면, 앞에서 반환하는 결과는 아무 의미 없는 결과일 것이다. 마지막에 한 번 더 입력을 읽으면서 해당 단어가 다수 원소인지 확인하는 과정을 넣을 수도 있다. 문제 24.33에서도 이야기했듯이, 입력에서 n/k번보다 많이 등장하는 원소를 찾을 때도 비슷한 방법을 사용하면 된다.

문제 17.6 주유소 문제

모든 도시를 방문한 뒤 시작 도시로 되돌아오려 한다. 도시는 환형으로 연결되어 있고, 각 도시에서는 특정 양의 가스를 구할 수 있다. 모든 도시에서 얻을 수 있는 가스의 총 양은 환형 도로를 한 번 순회하는 데 필요한 가스의 양과 같다. 가스 탱크는 무제한이라고 가정한다. 어떤 도시에서 가스 탱크가 비어 있는 상태로 시작해 환형 도로를 한 번 순회한 다음, 다시 해당 도시로 돌아올 수 있으면 그 도시를 '풍부한(ample) 도시'라고 하자. 그림 17.2에 예제가 표시되어 있다.

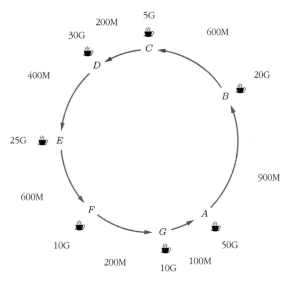

그림 17.2 환형 도로의 길이는 3,000마일이고, 여러분의 자동차는 1갤런으로 20마일을 달릴 수 있다. 각 간선에 표시되어 있는 숫자는 두 도시 사이의 거리를 뜻하고, 각 도시에 표시되어 있는 숫자는 해당 도시에서 구할 수 있는 가스의 양을 뜻한다. 앞의 예제에서는 D 도시에서 가스 탱크가 비어 있는 상태로 시작해서 환형 도로를 한 번 순회한 뒤에 다시 D 도시로 돌아올 수 있다. 따라서 D 도시는 풍부한 도시가 된다.

주유소 문제에서 어떻게 하면 풍부한 도시를 효율적으로 찾을 수 있을까? 풍부한 도시는 반드시 존재한다고 가정해도 좋다. 입력은 두 개의 배열 형태로 제공된다. 하나는 각 도시의 가스 양이고 다른 하나는 다음 도시에 대한 거리다. 그림 17.2를 예로 들면, ⟨50, 20, 5, 30, 25, 10, 10⟩과 ⟨900, 600, 200, 400, 600, 200, 100⟩이다. (여기서 풍부한 도시는 D 하나만 존재한다.)

힌트: 가스를 충분히 채운 상태에서 한 바퀴 순회한다고 생각해 보라. 그리고 도로를 순회하면서 사용한 가스의 양과 각 도시에서 채울 수 있는 가스의 양을 추적해 보라.

해법: 무식한 방법은 각 도시에서 시작해서 도로를 순회해 보는 것이다. 도시가 n개일 때 이 방법의 시간 복잡도는 $O(n^2)$이다.

　　다음과 같은 그리디 알고리즘을 생각해 볼 수도 있다. 예를 들어 가스를 가장 많이 얻을 수 있는 도시에서 시작하거나, 그 다음 도시와 가장 가까운 도시에서 시작하거나, 도시-가스의 비율이 가장 좋은 도시에서 시작해 보는 것이다. 하지만 전부 올바른 방법이 아니다. 앞의 예제를 살펴보자. A 도시에서 가스를 가장 많이 구할 수 있지만 C 도시에 도달할 수 없다. G 도시에서 그 다음인 A 도시까지 가장 가깝고, 거리-가스의 비율 $(100/10)$이 가장 좋지만 D 도시에 도달할 수 없다.

　　도시 간 도로를 순회하면서 사용한 가스의 양을 그래프로 그려 보면 어떤 통찰을 얻을 수 있을 것이다. 앞의 예제를 그래프로 표현한 그림 17.3을 살펴보자. 가스 탱크에 들어 있는 가스의 양은 음수가 될 수 있지만 물리적으로 불가능한 것은 무시하기로 한다. 이 그래프는 X축을 기준으로 환형 시프트를 하거나 Y축을 기준으로 위아래로 옮겨도 동일한 그래프가 된다.

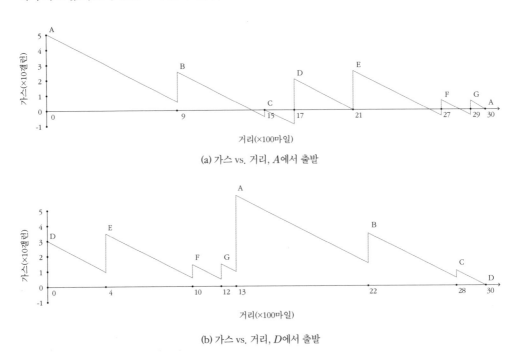

(a) 가스 vs. 거리, A에서 출발

(b) 가스 vs. 거리, D에서 출발

그림 17.3 그림 17.2에서 시작 도시를 다르게 설정한 뒤 표현한 거리 간 가스 함수

　　진입 당시의 가스 양이 최소가 되는 도시를 살펴보자. 어느 도시에서 출발했는지와 상관없이 가스 양이 최소가 되는 도시는 항상 동일하다. 왜냐하면 이 그래프는 양옆으로 환형 시프트를 하거나 위아래로 옮겨도 동일하기 때문이다. 진입 당시의 가

스 양이 최소가 되는 도시를 z라 하자. 여기서 진입 당시의 가스 양이란, 도시에 도
착해서 주유를 하기 전의 가스 양을 뜻한다. z에서 시작한 것보다 가스의 양이 더
적은 적이 없었고, z로 돌아갔을 때 가스의 양이 0이 되므로(즉, 도로를 순환하는
데 필요한 전체 가스의 양이 충분하므로) 가스가 바닥나기 전에 도로를 순환할 수
있다. 단, 풍부한 도시가 항상 존재한다는 가정이 있을 때에만 이 논리가 가능하다.

모든 도시를 통과하면서 가스 양의 변화를 시뮬레이션하면 진입 당시 가스 양이
최소가 되는 도시 z를 쉽게 구할 수 있다.

```cpp
const int kMPG = 20;

// gallons[i]는 i 도시에서 구할 수 있는 가스의 양이다.
// distances[i]는 i 도시에서 다음 도시까지의 거리를 뜻한다.
int FindAmpleCity(const vector<int>& gallons, const vector<int>& distances) {
  int remaining_gallons = 0;
  struct CityAndRemainingGas {
    int city = 0, remaining_gallons = 0;
  };
  CityAndRemainingGas city_remaining_gallons;
  const int num_cities = size(gallons);
  for (int i = 1; i < num_cities; ++i) {
    remaining_gallons += gallons[i - 1] - distances[i - 1] / kMPG;
    if (remaining_gallons < city_remaining_gallons.remaining_gallons) {
      city_remaining_gallons = {i, remaining_gallons};
    }
  }
  return city_remaining_gallons.city;
}
```

시간 복잡도는 $O(n)$이고 공간 복잡도는 $O(1)$이다.

응용: 풍부한 도시가 존재한다는 가정이 없을 때 같은 문제를 풀어 보라.

문제 17.7 수직선 쌍에 담을 수 있는 물의 최대 양 구하기

$x = 0$에서 시작하는 Y축에 평행한 수직선의 집합을 표현한 정수 배열이 있다. 그
림 17.4(a)를 살펴보자. 이 문제의 목적은 X축에 위치한 가장 많은 물을 담을 수 있
는 수직선의 쌍을 구하는 것이다. 그림 17.4(b)에 그 예제가 나와 있다.

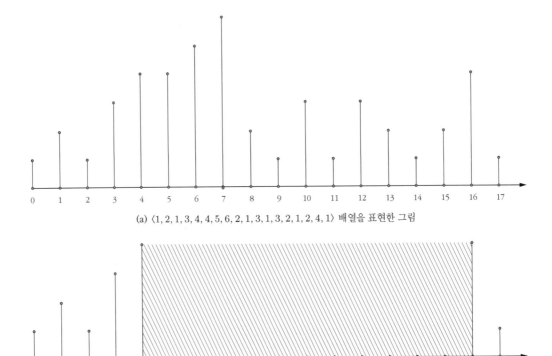

(a) $\langle 1, 2, 1, 3, 4, 4, 5, 6, 2, 1, 3, 1, 3, 2, 1, 2, 4, 1 \rangle$ 배열을 표현한 그림

(b) 4와 16 사이에 음영 처리된 부분이 (a) 배열에서 최대로 물을 담을 수 있는 부분이다.

그림 17.4 두 수직선의 쌍으로 담을 수 있는 물의 최대 양

정수 배열이 주어졌을 때 물을 최대로 담을 수 있는 수직선 쌍을 반환하는 프로그램을 작성하라.

힌트: 0과 $n - 1$을 시작점으로 해서 이동하라.

해법: A를 배열이라 하고 그 길이를 n이라 하자. 간단하게 생각할 수 있는 무식한 방법으로는 $O(n^2)$ 해법이 있다. $i < j$의 쌍 (i, j)에 대해 $(j - i) \times \min(A[i], A[j])$ 사이에 물을 담을 수 있는지 확인한다. 물을 담을 수 있는지 확인하는 과정은 $O(1)$ 시간에 해결할 수 있다. 물을 담을 수 있는 (i, j) 쌍 중에 최댓값이 최종 해법이 된다.

시간 복잡도를 개선하기 위해 분할 정복법을 생각해 볼 수 있다. A의 왼쪽 절반, A의 오른쪽 절반, 그리고 A의 중간 지점에 걸쳐서 담을 수 있는 물의 최대양을 구할 수 있다. 중간 지점에 걸쳐서 담을 수 있는 최대양을 구할 때는 왼쪽 절반의 $n/2$

개와 오른쪽 절반의 $n/2$개의 조합을 통해 구할 수 있다. 따라서 이 분할 정복법의 시간 복잡도 $T(n) - 2T(n/2) + O(n^2/4)$가 되고, 따라서 $T(n) = O(n^2)$이나. 이 방법은 무식한 방법보다 나은 점이 없고 코딩하기도 까다롭다.

좋은 시작점은 가장 넓은 폭인 0과 $n - 1$을 고려하는 것이다. 여기에 담을 수 있는 최대 양, 즉 $((n - 1) - 0) \times \min(A[0], A[n - 1])$을 기록한다. $A[0] > A[n - 1]$이라면, $k > 0$인 경우 k와 $n - 1$ 사이에 담은 물은 0과 $n - 1$ 사이에 담은 물보다 작다. 따라서 앞으로는 0과 $n - 2$ 사이에 담을 수 있는 물의 양에 집중하면 된다. $A[0] \leq A[n - 1]$인 경우에는 반대다. 이때는 0을 다시 고려할 필요가 없다.

이를 반복적으로 적용하면서 최대로 담을 수 있는 물의 양을 기록하고, 반드시 고려해야 할 부분배열의 범위를 좁혀나간다. 본질적으로 너비와 높이를 절충할 수 있는 가장 좋은 방법을 찾는 것이다.

앞의 예제에서는 $(0, 17)$에서 시작한다. 이 사이에 담을 수 있는 물의 양은 $1 \times 17 = 17$이 된다. 왼쪽 수직선이 오른쪽 수직선보다 작거나 같으므로 $(1, 17)$로 이동한다. 담을 수 있는 물의 양은 $1 \times 16 = 16$이다. $2 > 1$이므로 $(1, 16)$으로 이동한다. 이제 담을 수 있는 물의 양은 $2 \times 15 = 30$이다. $2 < 4$이므로 $(2, 16)$으로 범위를 좁힌다. 담을 수 있는 물의 양은 $1 \times 14 = 14$가 된다. $1 < 4$이므로 $(3, 16)$으로 범위를 좁힌다. 담을 수 있는 물의 양은 $3 \times 13 = 39$가 된다. $3 < 4$이므로 $(4, 16)$으로 범위를 좁힌다. 담을 수 있는 물의 양은 $4 \times 12 = 48$이 된다. 더 반복하더라도 48보다 물을 더 담을 수 없다. 따라서 최종 결과는 48이 된다.

```cpp
int GetMaxTrappedWater(const vector<int>& heights) {
  int i = 0, j = size(heights) - 1, max_water = 0;
  while (i < j) {
    int width = j - i;
    max_water = max(max_water, width * min(heights[i], heights[j]));
    if (heights[i] > heights[j]) {
      --j;
    } else {  // heights[i] <= heights[j].
      ++i;
    }
  }
  return max_water;
}
```

반복적으로 수직선을 하나 혹은 두 개씩 제거해 나가고, 매번 $O(1)$의 시간을 사용하므로 전체 시간 복잡도는 $O(n)$이 된다.

문제 17.8 스카이라인에서 가장 큰 직사각형 구하기

인접하게 배열된 건물의 리스트가 주어져 있다. 각 건물은 일정한 단위 폭과 높이를 가지고 있다. 이 건물들이 도시의 스카이라인을 표현한다고 했을 때, 어떤 건축사가 이 스카이라인에 포함되는 가장 큰 직사각형의 면적을 알고 싶어 한다. 그림 17.5에 예제가 표현되어 있다.

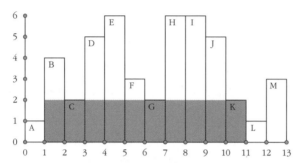

그림 17.5 단위 폭의 건물 컬렉션과 그 안에 포함된 가장 큰 직사각형을 음영으로 표시했다. 각 문자는 건물의 식별자를 나타낸다. 음영으로 표시된 부분이 스카이라인에 포함된 가장 큰 직사각형을 뜻하고, 그 넓이는 2 × (11 − 1)이다. 높이가 가장 높은 직사각형은 7에서 9까지의 직사각형이고, 폭이 가장 넓은 직사각형은 0에서 13까지의 직사각형이다. 하지만 이 둘 모두 면적이 가장 넓은 직사각형은 아니다.

일정한 폭을 가지는 인접한 건물들의 높이를 나타내는 배열 A가 있다고 하자. 스카이라인 안에서 면적이 가장 넓은 직사각형을 구하는 알고리즘을 설계하라.

힌트: i번째 건물의 높이가 $A[i]$일 때, 이 건물을 포함하면서 넓이가 가장 넓은 직사각형을 어떻게 효율적으로 찾을 수 있을까?

해법: 무식한 방법은 모든 (i, j) 쌍에 대해 $A[i, j]$의 부분배열에서 높이가 가장 작은 건물을 구한 뒤 이 높이에 $j − i + 1$을 곱하는 것이다. A의 길이가 n일 때 이 방법의 시간 복잡도는 $O(n^3)$이 된다. 이 방법은 $j > i$인 j를 순회할 때 현재까지의 가장 낮은 높이를 저장해 나간다면 $O(n^2)$으로 손쉽게 개선할 수 있다. 하지만 이 방법으로는 $O(n^2)$보다 더 개선할 만한 여지가 보이지 않는다.

또 다른 무식한 방법은 모든 i에 대해 $A[i]$의 높이보다 낮은 건물이 나올 때까지 왼쪽과 오른쪽으로 확장해 나가는 것이다. 본질적으로 가장 큰 직사각형의 기둥 역할을 하는 어떤 건물 i를 찾는 과정이다. 앞의 예제에서 G를 기둥으로 하는 가장 큰 직사각형은 1과 11 사이의 직사각형이고, F를 기둥으로 하는 가장 큰 직사각형은 3과 6 사이의 직사각형이다.

i번째 건물을 포함하는 가장 큰 직사각형은 i를 기준으로 왼쪽 오른쪽으로 한 번씩 순회하면 손쉽게 찾을 수 있다. 0과 $n - 1$ 사이의 모든 i에 대해 앞의 과정을 수행해야 하므로 이 방법의 시간 복잡도는 $O(n^2)$이다.

이 방법은 시간 복잡도를 개선할 여지가 보인다. 즉, 어떤 건물을 기준으로 왼쪽과 오른쪽으로 순회하는 경우를 생각해 보자. i번째 건물을 처리한다고 했을 때, 오른쪽으로 얼마나 순회해야 하는지 알지 못한다. 하지만 왼쪽에 있는 건물들 중 $A[i]$보다 높이가 높았기 때문에 i를 넘어서 더 이상 확장을 하지 못했던 건물들은 알 수 있다. 예를 들어 그림 17.5에서 B, D, E(F보다 건물의 높이가 높은 건물들)는 F를 넘어서 확장하지 못했던 건물들이다.

예제를 좀 더 자세히 살펴보면, F가 기준일 때 B는 더 이상 고려할 필요가 없다는 것을 알 수 있다. 왜냐하면 그 사이에 위치한 C가 이미 건물 B의 확장을 방해했기 때문이다. C 또한 고려할 필요가 없다. 왜냐하면 G의 높이가 C의 높이와 같고 G가 C의 확장을 방해하지 않았으므로 G와 C를 포함한 가장 큰 직사각형은 같을 것이기 때문이다. 이를 일반화하면, 건물을 하나씩 살펴보면서 아직 확장을 방해받지 않은 건물들을 추적하는 작업이 필요하다. 또한, 현재 건물과 높이가 같은 이전의 건물을 현재 건물로 교체할 수 있다. 이러한 건물들을 유효한 건물 기둥 집합이라고 하자.

초기에 유효한 건물 기둥 집합은 존재하지 않는다. 0에서 12까지 순회하면서 유효한 건물 기둥 집합은 다음과 같이 변한다. $\{A\}$, $\{A, B\}$, $\{A, C\}$, $\{A, C, D\}$, $\{A, C, D, E\}$, $\{A, C, F\}$, $\{A, G\}$, $\{A, G, H\}$, $\{A, G, I\}$, $\{A, G, J\}$, $\{A, K\}$, $\{L\}$, $\{L, M\}$.

건물이 유효한 건물 기둥 집합에서 제거될 때마다 해당 건물이 오른쪽으로 얼마만큼 확장되었는지 알 수 있다. 예를 들어 C에 도달했을 때 B를 기둥으로 하는 직사각형은 2에서 끝났고, F에 도달했을 때 D와 E를 기둥으로 하는 직사각형은 5에서 끝났다.

유효한 건물 기둥 집합에서 건물을 제거했을 때, 해당 건물을 기준으로 왼쪽으로 얼마만큼 확장했는지는 어떻게 찾을 수 있을까? 단순하게 유효한 건물 기둥 집합에서 해당 건물보다 낮은 건물 중에 가장 가까운 건물이 무엇인지 찾아보면 된다. 예를 들어 우리가 F에 도달했을 때 유효한 건물 기둥 집합은 $\{A, C, D, E\}$가 된다. E와 D가 F보다 높이가 높으므로 집합에서 삭제한다. E가 기둥이 되는 가장 큰 직사각형의 높이는 6이고 D 이후, 즉 4 위치에서 시작하므로 그 넓이는 $6 \times (5 - 4)$ $= 6$이 된다. D가 기둥이 되는 가장 큰 직사각형의 높이는 5이고 C 이후, 즉 3 위치에서 시작하므로 그 넓이는 $5 \times (5 - 3) = 10$이 된다.

유효한 건물 기둥 집합을 저장하는 여러 가지 자료구조가 존재한다. 그중에서 이 알고리즘을 효율적으로 구현할 수 있는 자료구조를 사용해야 한다. 새로운 건물을 처리할 때, 확장이 불가능한 건물을 유효한 건물 기둥 집합에서 찾아야 한다. 유효한 건물 기둥 집합에 건물을 삽입하거나 집합에서 건물을 삭제할 때 후입선출법을 사용하므로, 이 집합을 유지하는 데는 스택 자료구조를 선택하는 게 합리적이다. 유효한 건물 기둥 집합에서 가장 오른쪽에 있는 건물이 스택의 가장 위에 있다. 스택을 사용하면 왼쪽으로 얼마나 확장 가능한지를 확인할 때도 유용하다. 스택에 들어 있는 건물을 차례대로 살펴보면 된다. 예를 들어 F를 처리한다고 했을 때 스택에는 A, C, D, E가 차례로 들어 있다. F와 E의 높이를 비교하면 E가 F에 의해 확장을 방해받으므로(즉, E의 높이가 F의 높이보다 높으므로) E를 기둥으로 하는 직사각형은 5까지 확장할 수 있다. 그 다음 건물은 D가 된다. D의 높이는 E의 높이보다 낮으므로 E를 기둥으로 하는 건물은 D의 끝점인 4에서 시작한다는 사실을 알 수 있다.

알고리즘이 거의 완성되었다. 남은 건 순회가 끝나는 지점에서 어떻게 해야 할지에 대한 부분이다. 순회가 끝났을 때, 스택에 최소한 마지막 건물이 들어 있을 것이므로 스택은 비어 있지 않은 상태다. 앞에서 설명한대로 이 건물을 처리하면 된다. 다만 마지막까지 남아 있는 건물을 기둥으로 하는 직사각형의 오른쪽 끝은 항상 n이다. 여기서 n은 배열의 건물 개수를 말한다. 앞의 예제에서 L과 M은 마지막까지 스택에 남아 있는 건물이고, 이들을 기둥으로 하는직사각형의 오른쪽 끝점은 13이다.

```
int CalculateLargestRectangle(const vector<int>& heights) {
  stack<int> pillar_indices;
  int max_rectangle_area = 0;
  // size(heights) - 1이 아닌 size(heights)만큼 순회를 한다.
  // 그렇게 해야 직사각형의 넓이를 균일하게 처리할 수 있다.
  for (int i = 0; i <= size(heights); ++i) {
    while (!empty(pillar_indices) &&
           IsNewPillarOrReachEnd(heights, i, pillar_indices.top())) {
      int height = heights[pillar_indices.top()];
      pillar_indices.pop();
      int width = empty(pillar_indices) ? i : i - pillar_indices.top() - 1;
```

```
        max_rectangle_area = max(max_rectangle_area, height * width);
      }
      pillar_indices.emplace(i);
    }
    return max_rectangle_area;
}

bool IsNewPillarOrReachEnd(const vector<int>& heights, int curr_idx,
                           int last_pillar_idx) {
    return curr_idx < size(heights)
              ? heights[curr_idx] <= heights[last_pillar_idx]
              : true;
}
```

시간 복잡도는 $O(n)$이다. 건물을 처리할 때 각 건물에서 사용한 시간은 스택에 삽입한 건물과 스택에서 제거한 건물의 개수에 비례한다. 어떤 건물에서는 여러 번의 삭제를 수행하지만, 전체 수행한 삽입과 삭제의 횟수는 각각 n이다. 왜냐하면 각건물 i는 최대 한 번 스택에 삽입될 것이고, 스택에서 삭제되는 횟수가 하나 이상이 될 수 없기 때문이다. 스택에 남아 있는 원소를 처리하는 데 필요한 시간 복잡도 또한 $O(n)$이 된다. 왜냐하면 결국 스택에 남게 될 원소의 개수는 $O(n)$이고 각 원소를 처리하는 데 $O(1)$ 시간이 걸리기 때문이다. 따라서 전체 시간 복잡도는 $O(n)$이 된다. 스택에 최대로 들어갈 원소의 개수는 n개이므로 전체 공간 복잡도는 $O(n)$이 된다. 스택에 n개의 원소가 들어갈 경우는 건물의 높이가 증가하는 순서로 입력될 때이다.

응용: 스카이라인에 포함되는 가장 큰 정사각형을 찾아보라.

18장

Elements of Programming Interviews in C++

그래프

주어진 지도에서 모든 다리를 정확히 한 번만 건너는 길을 만들 수 있는가?
⟨The solution of a problem relating to the geometry of position⟩,
레온하르트 오일러(L. Euler), 1741

비공식적으로 그래프는 노드(vertex)와 연결된 간선(edge)의 집합을 말한다. 공식적으로 방향 그래프(directed graph)는 노드의 집합 V와 간선의 집합 $E \subset V \times V$를 말한다. 간선 $e = (u, v)$가 주어졌을 때, u는 소스(source) 노드라고 하고, v는 싱크(sink) 노드라 한다. 기본적인 그래프 위에 여러 가지 장식을 얹을 수 있는데 예를 들어 간선에 길이를 추가하거나, 노드에 가중치를 추가하거나, 시작 노드를 설정한다. 방향 그래프는 그림 18.1과 같이 표현할 수 있다.

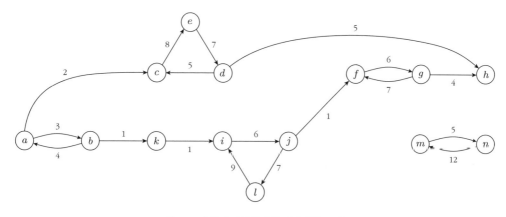

그림 18.1 간선에 가중치가 주어진 방향 그래프

방향 그래프에서 u에서 v까지의 경로(path)는 노드의 수열인 $\langle v_0, v_1, ..., v_{n-1} \rangle$로 나타낼 수 있다. 여기서 $v_0 = u$이고, $v_{n-1} = v$가 된다. 그리고 (v_i, v_{i+1})은 간선을 나타낸다. 경로상의 수열은 하나의 노드로만 이루어질 수도 있다. 경로 $\langle v_0, v_1, ..., v_{n-1} \rangle$의 길이는 $n - 1$이다. 직관적으로 경로의 길이는 경로상의 간선의 개수와 같다. u에서 v로의 경로가 존재한다면, v는 u에서 도달 가능하다고 말한다. 예를 들어 그림 18.1에서 $\langle a, c, e, d, h \rangle$는 하나의 경로를 나타낸다.

비순환 방향 그래프(directed acyclie graph, DAG)는 사이클(cycle)이 없는(즉, 하나 이상의 간선을 포함하며, 동일한 노드에서 시작하고 끝나는 경로가 존재하지 않는) 방향 그래프를 말한다. 그림 18.2에 비순환 방향 그래프에 대한 예제가 나와 있다. 비순환 방향 그래프의 노드 중에서 유입 간선(incoming edge)이 없는 노드를 소스(source)라 한다. 또한 유출 간선(outgoing edge)이 없는 노드를 싱크(sink)라 한다. 비순환 방향 그래프 노드를 위상적 순서로 배치한다는 뜻은 모든 간선에 대해서 시작 노드를 끝 노드보다 앞에 놓는 것을 말한다. 문제 18.8의 해법에서 위상적 순서 개념을 사용한다.

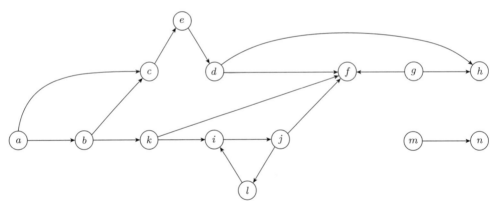

그림 18.2 비순환 방향 그래프의 예이다. 노드 a, g, m은 소스, 노드 l, f, h, n은 싱크이다. 노드를 위상적 순서로 배열하면 $\langle a, b, c, e, d, g, h, k, i, j, f, l, m, n \rangle$이 된다.

무방향 그래프(undirected graph) 또한 (V, E)로 나타낸다. 하지만 여기서 E는 순서가 없는 노드 쌍의 집합을 뜻한다. 그림 18.3에서 볼 수 있듯이 시각적으로 두 노드 사이에 방향이 없는 간선을 그린 것과 같다.

G가 무방향 그래프일 때 노드 u와 v가 연결되어 있다는 뜻은 u에서 v로의 경로가 존재한다는 뜻이다. 이 둘이 연결되어 있지 않다면 u와 v는 연결이 끊어졌다고

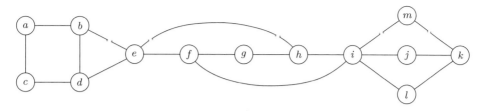

그림 18.3 무방향 그래프

말한다. 연결된 컴포넌트(connected component)란 G의 노드의 부분 집합인 C가 있을 때 C에 포함된 모든 노드 쌍이 서로 연결되어 있는 최대집합을 말한다. 모든 노드는 정확히 하나의 연결된 컴포넌트에 속해 있다.

예를 들어 그림 18.3의 그래프는 모두 연결되어 있으므로 단 하나의 연결된 컴포넌트로 구성되어 있다. 만약 간선 (h, i)를 제거하더라도 이 그래프는 여전히 연결되어 있다. 만약 추가로 (f, i)를 제거한다면 이 그래프는 끊어지고 두 개의 연결된 컴포넌트가 된다.

방향 그래프의 모든 간선을 무방향 간선으로 바꾸었을 때 모든 노드가 연결되어 있다면 이러한 방향 그래프를 약하게 연결되어 있다(weakly connected)고 말한다. 모든 노드의 쌍 $\{u, v\}$에 대해 u에서 v로의 방향 경로 혹은 v에서 u로의 방향 경로가 존재한다면 이 그래프를 연결되어 있다고 말한다. 만약 u에서 v로의 방향 경로와 v에서 u로의 방향 경로가 동시에 존재한다면 이러한 그래프를 강하게 연결되어 있다(strongly connected)고 말한다.

그래프는 자연스럽게 기하학 문제를 모델링할 때 사용된다. 예를 들면 도시의 연결 여부를 확인하는 문제다. 하지만 더 일반적으로 말하면 그래프는 다양한 종류의 관계를 모델링하기 위해 사용한다.

그래프는 인접 리스트(adjacency list) 혹은 인접 행렬(adjacency matrix), 이렇게 두 가지 방법으로 구현할 수 있다. 인접 리스트는 모든 노드 v에 대해 v와 연결된 간선을 리스트로 표현하며, 인접 행렬은 $|V| \times |V|$의 불 행렬로 표현한다. 즉, 각 노드에 인덱스를 부여해서 i번째 노드와 j번째 노드가 연결되어 있으면 (i, j)에 1로 표시한다. 그래프 알고리즘의 시간 혹은 공간 복잡도는 노드와 간선의 함수로 표현한다.

자유 트리(free tree)라고도 부르는, 트리는 그래프의 특별한 종류다. 트리는 방향이 없는 그래프로 연결되어 있지만 사이클이 존재하지 않는다. (트리에 대한 정의를 다양한 방법으로 내릴 수 있다. 예를 들어 모든 노드 쌍 사이에 유일한 경로가 존재하는 그래프를 자유 트리라 한다.) 트리에 대한 기본적인 생각에는 여러 가지 변형이 존재한다. 루트 트리(rooted tree)는 특정한 노드를 루트로 표기한 뒤, 노드 사이의 관계를 부모-자식의 관계로 표현한다. 순서 트리(ordered tree)는 루트 트리의 한 종류로서 각 노드의 자식들 사이에 순서가 존재한다. 9장에서 언급한 이진 트리(binary tree)는 순서 트리와 다르다. 이진 트리의 각 노드는 하나의 자식을 가지고 있을 수 있지만, 그 자식이 왼쪽 자식일 수도 있고 오른쪽 자식일 수도 있다. 하지만 순서트리에서는 자식이 한 명일 경우에 이와 비슷한 표기법이 존재하지 않는다. 특히 이진 트리에서는 자식 노드와 관련된 위치뿐 아니라 순서도 존재한다.

예를 들어 그림 18.4의 그래프는 트리이다. 이 트리의 간선 집합은 그림 18.3의 무방향 그래프에서 사용된 간선 집합의 부분 집합과 같다. 그래프 $G = (V, E)$가 주어지고 $E' \subset E$인 간선 E'에 대해 $G' = (V, E')$가 트리라면, 트리 G'를 그래프 G에 대한 신장 트리(spanning tree)라 한다.

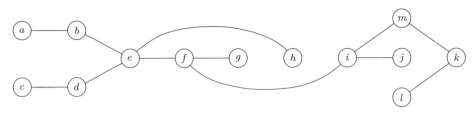

그림 18.4 트리

그래프 부트 캠프

그래프는 두 객체 사이의 관계를 모델링하거나 분석할 때 적합하다. 예를 들어 두 팀 간의 경기 결과 리스트가 주어졌다고 하자. 자연스럽게 이기고 지는 관계를 방향 간선으로 표현한 뒤 A팀에서 시작해서 B팀으로 끝나는 경로가 존재하는지 질문할 수 있을 것이다.

그래프를 사용해서 모델링하면 문제를 매끄럽게 풀 수 있다. 각 팀이 노드가 되고, 팀 사이의 관계를 간선으로 만든다. 즉, 이긴 팀에서 진 팀으로의 방향 간선을 만든다. 이제 두 팀이 도달 가능한지 깊이 우선 탐색(Depth-First Search)이나 너비 우선 탐색(Breadth-First Search)으로 확인해 보면 된다. 다음 프로그램은 깊이 우선 탐색을 사용했다.

```
struct MatchResult {
  string winning_team, losing_team;
};

bool CanTeamABeatTeamB(const vector<MatchResult>& matches,
                       const string& team_a, const string& team_b) {
  return IsReachableDFS(BuildGraph(matches), team_a, team_b,
                        make_unique<unordered_set<string>>().get());
}

unordered_map<string, unordered_set<string>> BuildGraph(
    const vector<MatchResult>& matches) {
  unordered_map<string, unordered_set<string>> graph;
  for (const MatchResult& match : matches) {
    graph[match.winning_team].emplace(match.losing_team);
  }
  return graph;
}

bool IsReachableDFS(const unordered_map<string, unordered_set<string>>& graph,
                    const string& curr, const string& dest,
                    unordered_set<string>* visited_ptr) {
  unordered_set<string>& visited = *visited_ptr;
  if (curr == dest) {
    return true;
  } else if (visited.count(curr) || !graph.count(curr)) {
    return false;
  }
  visited.emplace(curr);
  const unordered_set<string>& team_list = graph.at(curr);
  return any_of(begin(team_list), end(team_list), [&](const string& team) {
    return IsReachableDFS(graph, team, dest, visited_ptr);
  });
}
```

경기 결과의 개수가 E일 때 이 문제의 시간 및 공간 복잡도는 $O(E)$이다.

☑ 그래프 문제를 풀기 전 꼭 알고 있어야 할 내용

공간상에서 객체가 **연결**되어 있는 문제, 예를 들어 두 도시가 도로로 연결되어 있는 경우에는 자연스럽게 그래프를 사용하면 된다. [문제 18.1, 18.2]

실무에서 웹페이지 간의 연결 관계, 소셜 그래프에서의 팔로워 같은 **객체 간의 이진 관계**를 분석해야 한다면, 그래프 사용을 고려해 보기 바란다. [문제 18.7, 18.8]

> 어떤 그래프 문제는 **구조를 분석**해야 할 필요도 있다. 예를 들어 컴포넌트 사이의 연결 관계 혹은 사이클의 존재 유무 등이다. **깊이 우선 탐색**은 이러한 애플리케이션에 특히 유용하다. [문제 18.4]
>
> 어떤 그래프 문제는 **최적화** 문제와 관련이 있다. 예를 들면 한 노드에서 다른 노드로의 최단 경로를 찾는 문제가 있다. **너비 우선 탐색, 다익스트라(Dijkstra) 최단 경로 알고리즘, 최소 신장 트리**와 같은 그래프 알고리즘들이 최적화 문제를 풀 때 유용하다.

그래프 탐색

어떤 노드에서 다른 노드로 도달 가능한지 확인할 때 사용하는 두 가지 전통적인 방법이 있다. 바로 깊이 우선 탐색(DFS)과 너비 우선 탐색(BFS)이다. 둘 다 정확히 $O(|V| + |E|)$의 선형 시간 복잡도를 가진다. 깊이 우선 탐색에서 최악은 어떤 노드에서 시작해서 중복 없이 모든 노드를 전부 지나는 패스가 존재하고, 경로상의 모든 간선을 선택하게 되는 경우이다. 이때의 공간 복잡도는 $O(|V|)$가 된다. (여기서 공간 복잡도는 함수 호출 스택에 사용된 암묵적인 존재다.) 최악의 경우에 너비 우선 탐색의 공간 복잡도 또한 $O(|V|)$가 된다. 왜냐하면 너비 우선 탐색에서 최악의 경우는 하나의 노드에서 모든 노드로의 연결이 존재할 때이고, 이러한 경우에 너비 우선 탐색 큐에 모든 노드를 삽입해야 하기 때문이다.

깊이 우선 탐색과 너비 우선 탐색은 추가로 알 수 있는 정보가 다르다. 예를 들어 너비 우선 탐색은 시작 지점에서의 거리를 계산할 때 쓰이지만, 깊이 우선 탐색은 사이클이 존재하는지 확인할 때 쓰인다. 깊이 우선 탐색의 핵심 개념에는 노드의 탐색 시간과 종료 시간 개념이 포함된다.

문제 18.1 미로 찾기

공간 문제를 마주한다면 그래프 모델 및 알고리즘을 떠올리게 된다. 흑백 이미지로 이루어진 미로를 생각해 보자. 흰색 픽셀은 열린 공간이고 검은색 픽셀은 벽을 뜻한다. 특별한 흰색 픽셀이 두 개 존재하는데, 하나는 입구이고, 하나는 출구이다. 입구에서 시작해서 출구로 빠져나가는 경로가 존재하는지 확인해 보자. 자세한 내용은 그림 18.5를 참조하길 바란다.

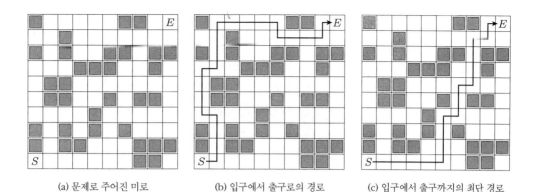

|(a) 문제로 주어진 미로 | (b) 입구에서 출구로의 경로 | (c) 입구에서 출구까지의 최단 경로|

그림 18.5 S가 입구, E가 출구일 때 미로 찾기의 두 가지 해법을 보여 준다.

미로를 나타내는 흑백의 2차원 배열이 주어졌을 때, 입구에서 출구로 빠져나가는 경로를 출력하라. 문제에서 입구와 출구도 주어진다.

힌트: 미로를 그래프로 모델링하라.

해법: 무식한 방법은 입구에서 출구로의 모든 가능한 경로를 나열하는 것이다. 하지만 문제 16.3의 해법에서도 알 수 있듯이 가능한 모든 경로의 개수는 천문학적으로 많다. 검은색 픽셀을 만나는 순간 멈추어 가지치기를 할 수도 있지만, 최악의 경우에 가능한 모든 경로를 나열하는 방법은 여전히 아주 비효율적이다.

또 다른 방법은 흰색 픽셀에서 시작해서 임의의 인접한 흰색 픽셀로 무작위로 이동하는 것이다. 시간이 충분하다고 했을 때, 이렇게 하면 경로를 찾을 수 있다. 하지만 이 방법은 같은 장소를 반복해서 방문하므로 진행이 더딜 수 있다. 이때 이미 방문한 장소를 기록해 놓으면 무작위로 이동하는 알고리즘을 좀 더 개선할 수 있다. 이것이 바로 알고리즘의 진행을 확실히 보장하기 위해 깊이 우선 탐색과 너비 우선 탐색이 하는 일이다.

이러한 사실에 기반하여 미로를 그래프로 모델링할 수 있다. 각 노드는 흰색 픽셀이 된다. 픽셀의 위치에 따라 노드에 번호를 매길 수 있다. 즉, $v_{i,j}$는 2차원 배열의 (i, j)를 나타낸다. 간선은 인접한 두 흰색 픽셀을 나타낸다.

이제 입구에서부터 깊이 우선 탐색을 시작할 것이다. 깊이 우선 탐색 중간에 출구를 발견한다면, 입구에서 출구까지의 경로가 존재한다고 볼 수 있다. 깊이 우선 탐색을 재귀로 구현하면 호출 스택에 들어 있는 모든 노드가 입구에서 출구로의 경로가 될 것이다.

이 문제는 너비 우선 탐색으로 풀 수도 있다. 물론 같은 그래프 모델링 방법을 사용하며 시작 지점 또한 동일하다. 너비 우선 탐색 트리의 속성 중 하나는 발견된 경로가 최단 경로라는 점이다. 하지만 깊이 우선 탐색보다 구현하기 더 어려운 부분이 있다. 깊이 우선 탐색의 경우에는 컴파일러가 암묵적으로 깊이 우선 탐색 스택을 자동으로 처리해 주는 반면, 너비 우선 탐색의 경우에는 명시적으로 큐(queue)를 사용하는 코드를 직접 써 줘야 하기 때문이다. 여기서는 최단 경로를 찾을 필요가 없기 때문에 깊이 우선 탐색을 사용하는 것이 더 낫다.

```cpp
typedef enum { kWhite, kBlack } Color;
struct Coordinate {
  bool operator==(const Coordinate& that) const {
    return x == that.x && y == that.y;
  }

  int x, y;
};

vector<Coordinate> SearchMaze(vector<vector<Color>> maze, const Coordinate& s,
                              const Coordinate& e) {
  vector<Coordinate> path;
  SearchMazeHelper(s, e, &maze, &path);
  return path;
}

// 가능한 경로를 찾기 위해 깊이 우선 탐색을 수행한다.
bool SearchMazeHelper(const Coordinate& cur, const Coordinate& e,
                      vector<vector<Color>>* maze_ptr,
                      vector<Coordinate>* path_ptr) {
  auto& maze = *maze_ptr;
  // cur가 maze 안에 있는지, 그리고 흰색 픽셀 위에 있는지 확인한다.
  if (cur.x < 0 || cur.x >= size(maze) || cur.y < 0 ||
      cur.y >= size(maze[cur.x]) || maze[cur.x][cur.y] != kWhite) {
    return false;
  }
  auto& path = *path_ptr;
  path.emplace_back(cur);
  maze[cur.x][cur.y] = kBlack;
  if (cur == e) {
    return true;
  }

  for (const Coordinate& next_move :
      {Coordinate{cur.x, cur.y + 1}, Coordinate{cur.x, cur.y - 1},
       Coordinate{cur.x + 1, cur.y}, Coordinate{cur.x - 1, cur.y}}) {
    if (SearchMazeHelper(next_move, e, maze_ptr, path_ptr)) {
```

```
            return true;
        }
    }

    // 경로를 찾을 수 없으므로, path.emplace_back(cur)에 추가된 항목을 제거한다.
    path.pop_back();
    return false;
}
```

시간 복잡도는 깊이 우선 탐색과 같다. $O(|V| + |E|)$이다.

문제 18.2 불 행렬 색칠하기

흑백 사진으로 이루어진 2차원 불 배열 A가 있다고 하자. $A(a, b)$는 (a, b) 픽셀의 색깔을 말한다. 두 픽셀이 사방으로 연결되어 있다면(즉 왼쪽, 오른쪽, 위, 아래와 연결되어 있는 경우) 이 둘을 인접했다고 말한다. 이 정의에 따르면 픽셀 하나는 최대 네 개의 픽셀과 인접할 수 있다. 또한 이 인접 관계는 대칭성을 띤다. 즉, e_0이 e_1과 인접하다면 e_1도 e_0과 인접하다.

e_0에서 e_1로의 경로는 인접한 픽셀을 따라서 나타낼 수 있으며, e_0에서 시작해서 e_1로 끝나는 경로를 말한다. 경로상의 연속된 픽셀들은 서로 인접해야 한다. 어떤 지점 (i, j)에서 인접한 모든 지점 (i', j')의 색깔이 같다면 이를 하나의 지역이라고 말할 수 있다. 특히, 이것은 (i, j)와 (i', j')가 같은 색이어야 함을 의미한다.

$n \times m$의 불 배열 A와 (x, y)가 주어졌을 때, (x, y)와 연관된 지역의 색깔을 바꾸는 루틴을 구현하라. 그림 18.6에 색깔을 바꾼 예제가 나와 있다.

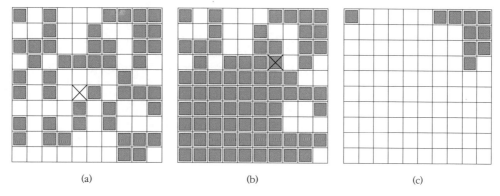

(a) (b) (c)

그림 18.6 (a)에서 ×로 표시된 지점과 연결된 지역을 다른 색깔로 색칠하면 (b)의 결과가 나온다. (b)에서 ×로 표시된 지점과 연결된 지역을 다른 색깔로 색칠하면 (c)의 결과가 나온다.

힌트: 개념적으로 문제를 푼 뒤에 최적화된 구현 방법에 대해 생각해 보라.

해법: 문제 18.1의 해법을 통해 그래프 탐색을 하면, 모든 경우를 나열하거나 무작위로 탐색했을 때의 천문학적인 복잡도를 극복할 수 있다는 사실을 알았다. 여기서는 각 픽셀을 노드로 생각하고 인접한 픽셀을 연결된 간선으로 생각하자.

이 문제에서는 (x, y)와 동일한 색깔이면서 (x, y)에서 도달 가능한 모든 노드를 찾고 싶어 한다. 시작 노드가 여러 개라면 너비 우선 탐색이 더 낫다. 노드들은 큐에 저장하면 된다.

큐를 (x, y)로 초기화한 뒤, 반복적으로 원소를 꺼낸다. 꺼낸 원소인, 픽셀 지점 p를 처리한다. 먼저, p의 초기 색깔을 기록하고 그 색깔을 뒤집는다. 그 다음에 p의 인접한 픽셀들을 살펴본다. p의 초기 색깔과 동일한 색깔인 이웃들은 다시 큐에 추가한다. 그리고 큐가 빌 때까지 이를 반복한다. 큐에 삽입된 모든 지점은 (x, y)에서 도달 가능하고 모두 같은 색깔로 이루어져 있다. 그리고 (x, y)와 색깔이 동일하면서 도달 가능한 모든 지점은 결국 큐에 삽입된다. 따라서 이 알고리즘은 올바르게 동작한다고 말할 수 있다.

```cpp
void FlipColor(int x, int y, vector<deque<bool>>* image_ptr) {
  vector<deque<bool>>& image = *image_ptr;
  const bool color = image[x][y];

  queue<pair<int, int>> q;
  image[x][y] = !color;  // 색깔을 뒤집는다.
  q.emplace(x, y);
  while (!empty(q)) {
    const auto [x, y] = q.front();
    q.pop();
    for (const auto& [next_x, next_y] : initializer_list<pair<int, int>>{
           {x, y + 1}, {x, y - 1}, {x + 1, y}, {x - 1, y}}) {
      if (next_x >= 0 && next_x < size(image) && next_y >= 0 &&
          next_y < size(image[next_x]) && image[next_x][next_y] == color) {
        // 색깔을 뒤집는다.
        image[next_x][next_y] = !color;
        q.emplace(next_x, next_y);
      }
    }
  }
}
```

시간 복잡도는 너비 우선 탐색과 같고 $O(mn)$이 된다. 공간 복잡도는 최악의 경우의 너비 우선 탐색보다 좀 낫다. 특정 시점에 주어진 지점과 거리가 같은 노드는 최대 $O(m + n)$이므로 공간 복잡도 또한 $O(m + n)$이 된다.

깊이 우선 탐색을 사용해서 재귀적인 해법을 구현할 수도 있다. 큐를 사용할 필요가 없지만 함수 호출 스택을 암묵적으로 사용한다.

```cpp
void FlipColor(int x, int y, vector<deque<bool >>* A_ptr) {
  vector<deque<bool >>& image = *image_ptr;
  const bool color = image[x][y];

  image[x][y] = !color; // 색깔을 뒤집는다.
  for (const auto& [next_x, next_y] : initializer_list<pair<int, int>>{
          {x, y + 1}, {x, y - 1}, {x + 1, y}, {x - 1, y}}) {
    if (next_x >= 0 && next_x < size(image) && next_y >= 0 &&
        next_y < size(image[next_x]) && image[next_x][next_y] == color) {
      FlipColor(next_x, next_y, &image);
    }
  }
}
```

시간 복잡도는 깊이 우선 탐색과 동일하다.

앞의 두 알고리즘은 전통적인 너비 우선 탐색과 깊이 우선 탐색 알고리즘과는 조금 다르다. 왜냐하면 배열을 통해 색깔 정보를 얻어 낼 수 있으므로, 일반적인 방법처럼 너비 우선 탐색과 깊이 우선 탐색의 노드에 색깔 정보를 넣지 않아도 되기 때문이다. 또한 단순히 도달 가능성만 확인하므로 두 가지 색깔만 사용하는 반면에, 너비 우선 탐색과 깊이 우선 탐색은 전통적으로 세 가지 색깔을 사용해서 그 상태를 기록한다. (예를 들어 방향 그래프에서 사이클을 확인하기 위해 추가 색깔을 사용할 수는 있지만 이 문제와는 관련이 없다.)

응용: 가장 많은 픽셀을 포함하고 있는 검은색 지역을 찾는 알고리즘을 설계하라.

응용: (a, b)가 주어졌을 때 $A(a, b)$를 검은색으로 색칠한 뒤 가장 많은 픽셀을 포함하는 검은색 지역을 찾는 알고리즘을 설계하라. 이 알고리즘은 여러 번 호출될 수 있으므로 전체 수행시간을 가능한 최소한으로 만들어야 한다.

문제 18.3 닫힌 지역 찾기

이 문제에서는 2차원 격자판에서 닫힌 지역을 찾는다. 닫힌 지역의 뜻은 그림 18.7의 설명을 통해 알 수 있다.

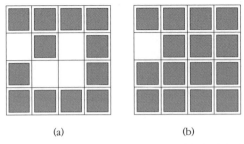

(a)   (b)

그림 18.7 (a)에서 4개의 흰색 사각형 중에 세 개가 닫혀 있다. 따라서 흰색 사각형만을 통해서 경계 지점에 도달할 수 없다. (b)에는 닫힌 흰색 사각형이 존재하지 않는다.

이 문제는 2차원 배열에 B(검은색)와 W(흰색)을 사용해서 구할 수 있다. 그림 18.7(a)는 다음과 같이 구성할 수 있다.

$$A = \begin{bmatrix} B & B & B & B \\ W & B & W & B \\ B & W & W & B \\ B & B & B & B \end{bmatrix}$$

그림 18.7(b)는 다음과 같이 구성할 수 있다.

$$\begin{bmatrix} B & B & B & B \\ W & B & B & B \\ B & B & B & B \\ B & B & B & B \end{bmatrix}$$

2차원 배열 A는, W 혹은 B로 구성되어 있다고 하자. A가 주어졌을 때 경계 지점에 도달할 수 없는 모든 W를, B로 바꾸는 프로그램을 작성하라.

힌트: 우리가 원하는 결과의 정반대를 구하는 것이 더 쉬울 수 있다.

해법: 우선 이 문제의 역(inverse)에 초점을 맞추어 보자. 즉, 경계 지점에 도달할 수 있는 W를 찾는 것이다. 왜냐하면 경계 지점에 도달할 수 있는 W와 인접한 W의 역이 경계 지점에 도달할 수 있기 때문이다. 따라서 경계 지점에 인접한 W들이 초기 집합이 된다. 그 뒤 이들과 인접한 W를 찾고 반복적으로 이 집합을 늘려나간다. 경계 지점에서 도달 가능한 W를 찾을 때마다 이를 기록하고 그 다음 인접한 W를 찾

는다. 처리할 W를 기록하는 데는 큐가 적합할 것이다. 이 방법은 단일 노드에서 시작하는 것이 아니라 어떤 노드 집합에서 시작하는 너비 우선 탐색이 된다.

```cpp
void FillSurroundedRegions(vector<vector<char>>* board_ptr) {
  vector<vector<char>>& board = *board_ptr;
  // 첫 번째 또는 마지막 열에서 시작해서 흰색 경로를 통해 도달 가능한 지역을 찾는다.
  for (int i = 0; i < size(board); ++i) {
    MarkBoundaryRegion(i, /*j=*/0, board_ptr);
    MarkBoundaryRegion(i, size(board[i]) - 1, board_ptr);
  }
  // 첫 번째 또는 마지막 행에서 시작해서 흰색 경로를 통해 도달 가능한 지역을 찾는다.
  for (int j = 0; j < size(board.front()); ++j) {
    MarkBoundaryRegion(/*i=*/0, j, board_ptr);
    MarkBoundaryRegion(size(board) - 1, j, board_ptr);
  }

  // 인접한 흰색 지역을 검은색으로 칠한다.
  for (vector<char>& row : board) {
    for (char& c : row) {
      c = c != 'T' ? 'B' : 'W';
    }
  }
}

void MarkBoundaryRegion(int i, int j, vector<vector<char>>* board_ptr) {
  queue<pair<int, int>> q(deque<pair<int, int>>(1, {i, j}));
  vector<vector<char>>& board = *board_ptr;
  // 너비 우선 탐색을 사용해서 지역을 찾는다.
  while (!empty(q)) {
    const auto [x, y] = q.front();
    q.pop();
    if (x >= 0 && x < size(board) && y >= 0 && y < size(board[x]) &&
        board[x][y] == 'W') {
      board[x][y] = 'T';
      q.emplace(x - 1, y);
      q.emplace(x + 1, y);
      q.emplace(x, y + 1);
      q.emplace(x, y - 1);
    }
  }
}
```

시간 및 공간 복잡도는 너비 우선 탐색과 같은 $O(mn)$이다. 여기서 m은 A의 행, n은 열을 나타낸다.

문제 18.4 데드락 찾기

고성능 데이터베이스 시스템은 다중 프로세스를 사용하며 필요할 경우 리소스에 락(lock)을 건다. 이러한 시스템은 반드시 데드락을 감지할 수 있어야 하며 데드락에 빠졌을 때 이를 복구하는 알고리즘 또한 구현되어 있어야 한다. 데드락(deadlock)이란 둘 이상이 동시에 상대방이 종료되길 기다림으로써 진행이 멈춰버린 상황을 말하며, 보통 여러 스레드에서 공유하는 리소스에 락을 잘못 설정했을 때 발생한다.

데드락을 감지하는 한 가지 알고리즘은 '기다리는' 그래프를 사용해서 어떤 프로세스가 다른 어떤 프로세스에 의해 진행이 막혀 있는지 확인하는 방법이다. 기다리는 그래프에선 각 프로세스가 노드이며 P에서 Q로의 간선은 P에게 필요한 리소스를 Q가 현재 사용 중이라는 뜻이다. 즉, Q가 리소스에 걸린 락을 해제하기를 P가 기다린다는 뜻이다. 이 그래프에서 사이클이 존재한다면 데드락이 발생했을 가능성이 있다. 따라서 다음 문제를 생각해 볼 수 있다.

방향 그래프가 주어졌을 때 해당 그래프에 사이클이 포함되어 있는지 확인하는 프로그램을 작성하라.

힌트: '뒷' 간선에 집중하라.

해법: 깊이 우선 탐색을 사용해서 G에 사이클이 존재하는지 확인할 수 있다. 깊이 우선 탐색은 색깔을 사용해서 각 노드의 상태를 표현했다. 초기에는 모든 노드를 흰색으로 칠한다. 어떤 노드를 만나면 해당 노드를 회색으로 칠한다. 마지막으로 모든 처리가 끝나서 깊이 우선 탐색이 더 이상 방문하지 않을 노드는 검은색으로 칠한다.

회색 노드에서 회색 노드로의 간선을 발견하는 순간, G에는 사이클이 존재한다는 뜻이므로 탐색을 멈춘다. 이 말은 사이클이 존재할 경우 사이클의 첫 번째 노드(v라 하자)를 방문한 뒤 v에 대한 처리가 끝나기 전에 v의 이전 노드(u라 하자)를 만나게 되고, 따라서 회색 노드에서 회색 노드로의 간선이 존재한다는 뜻이 된다. 정리하자면 깊이 우선 탐색이 회색 노드에서 회색 노드로의 간선을 발견했을 때만 사이클이 존재한다. 그래프가 강하게 연결되어 있지 않을 수 있으므로 방문하지 않은 모든 노드에 대해서 깊이 우선 탐색을 수행해야 한다.

```
struct GraphVertex {
  enum Color { kWhite, kGray, kBlack } color = kWhite;

  vector<GraphVertex*> edges;
};

bool IsDeadlocked(vector<GraphVertex>* graph) {
  return any_of(begin(*graph), end(*graph), [](GraphVertex& vertex) {
    return vertex.color == GraphVertex::kWhite && HasCycle(&vertex);
  });
}

bool HasCycle(GraphVertex* cur) {
  // 회색 노드를 만난다는 뜻은 사이클이 존재한다는 뜻이다.
  if (cur->color == GraphVertex::kGray) {
    return true;
  }

  cur->color =
      GraphVertex::kGray;  // 현재 노드를 회색으로 칠한다.
  // 현재 노드의 이웃 노드들을 순회한다.
  for (GraphVertex*& next : cur->edges) {
    if (next->color != GraphVertex::kBlack && HasCycle(next)) {
      return true;
    }
  }
  cur->color = GraphVertex::kBlack;  // 현재 노드를 검은색으로 칠한다.
  return false;
}
```

깊이 우선 탐색의 시간 복잡도는 $O(|V| + |E|)$이다. 모든 노드를 순회하고, 각 간선을 처리하는 데 상수만큼의 시간이 걸린다. 공간 복잡도는 최대로 사용하게 될 스택의 깊이인 $O(|V|)$이다. $|V|$보다 더 깊게 들어간다면 반복 호출된 노드가 반드시 존재하므로 해당 그래프에 사이클이 존재한다는 뜻이 된다. 즉, 이런 경우에 탐색을 일찍 종료시킬 수 있다.

응용: 무방향 그래프에 대해 같은 문제를 풀어 보라.

응용: 연결되어 있는 무방향 그래프가 입력으로 주어졌을 때, 임의의 간선 하나를 제거하더라도 여전히 그래프가 연결되어 있는지 확인하는 프로그램을 작성하라.

문제 18.5 그래프 복제하기

방향 그래프의 노드에 두 가지 정보가 들어 있다고 하자. 하나는 정수 레이블이고 다른 하나는 다른 노드로의 참조 리스트이다. 노드 u에 대한 참조가 주어졌을 때, u에서 도달 가능한 노드들로 이루어진 그래프를 복제하는 알고리즘을 설계하라. 노드 u를 복제한 노드를 반환하면 된다.

힌트: 기존 그래프의 노드에서 복제된 그래프로의 매핑을 만든다.

해법: u에서 시작해서 그래프를 순회한다. 아직 복제되지 않은 노드 혹은 간선을 만날 때마다 이를 복제된 그래프에 추가한다. 해시 테이블을 사용해서 기존 그래프의 노드에 상응하는 노드를 복제된 그래프에서 찾을 수 있도록 매핑을 만들어 놓으면 아직 방문하지 않은 노드나 간선이 무엇인지 쉽게 알 수 있다. 표준 그래프 순회 알고리즘이면 어느 것을 사용해도 무방하다. 다음은 너비 우선 탐색을 사용한 코드이다.

```cpp
struct GraphVertex {
  int label;
  vector<GraphVertex*> edges;
};

GraphVertex* CloneGraph(GraphVertex* graph) {
  if (!graph) {
    return nullptr;
  }

  unordered_map<GraphVertex*, GraphVertex*> vertex_map;
  queue<GraphVertex*> q(deque<GraphVertex*>(1, graph));
  vertex_map.emplace(graph, new GraphVertex({graph->label}));
  while (!empty(q)) {
    auto v = q.front();
    q.pop();
    for (GraphVertex* e : v->edges) {
      // 노드 e를 복제한다.
      if (vertex_map.emplace(e, new GraphVertex({e->label})).second) {
        q.emplace(e);
      }
      // 간선을 복제한다.
      vertex_map[v]->edges.emplace_back(vertex_map[e]);
    }
  }
  return vertex_map[graph];
}
```

공간 복잡도는 결과 그래프와 같은 $O(|V| + |E|)$이다. 결과 그래프에 대한 공간을 제외한다면 공간 복잡도는 해시테이블과 너비 우선 탐색의 큐에서 사용되는 만큼인 $O(|V|)$가 된다.

문제 18.6 와이어로 회로 연결하기

인쇄 회로 기판(PCB)에 달린 수많은 전자 핀(electrical pin)을 생각해 보자. 각 핀의 쌍은 서로 연결되어 있을 수도 있고 연결되어 있지 않을 수도 있다. 그림 18.8에서 각 노드는 핀을 나타내고, 간선은 두 핀 사이에 와이어의 존재 유무를 나타낸다. (노드의 색깔이 가지는 의미는 뒤에서 설명한다.)

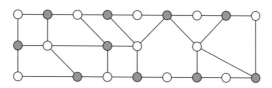

그림 18.8 핀의 집합과 이들 간의 연결

핀의 집합과 각 핀의 쌍을 연결하는 와이어의 집합이 주어졌을 때, 노드의 절반을 왼쪽, 나머지 절반을 오른쪽에 배치시킴으로써 모든 와이어를 왼쪽과 오른쪽이 연결되도록 배치할 수 있는지 확인하는 알고리즘을 설계하라. 이렇게 노드를 나눌 수 있으면 그 결과를 반환하라. 그림 18.8의 밝은색 노드와 어두운색 노드는 이렇게 분할된 결과를 보여 준다.

힌트: 그래프로 모델링한 후에 사이클의 길이가 홀수인 경우에 대해 생각해 보라.

해법: 가능한 모든 방법으로 핀을 두 개의 집합으로 나누어 볼 수 있다. 하지만 가능한 모든 방법의 개수가 너무 많다.

이보다 나은 방법은 노드를 나눌 때 노드 사이의 연결 정보를 사용하는 것이다. 핀에 0부터 $p - 1$까지 숫자를 부여한 뒤, 이들로 이루어진 무방향 그래프 G를 만든다. 두 핀 사이에 와이어가 존재한다면 간선을 추가한다. 문제를 간단히 하기 위해 그래프 G는 연결되어 있다고 가정하자. 그래프가 연결되어 있지 않다면, 연결된 컴포넌트들을 독립적으로 처리하면 된다.

임의의 노드 v_0에서 시작해서 너비 우선 탐색을 수행한다. 임의의 v_0을 왼쪽 집합에 배치하고, v_0으로부터 거리가 홀수인 모든 노드를 오른쪽 집합에 배치한다.

무방향 그래프에서 너비 우선 탐색을 수행한다고 하자. v_0으로부터 거리가 d만큼 떨어져 있는 노드에서 아직 방문하지 않았던 간선에 대해 탐색을 시작한다고 했을 때, 다음과 같은 두 가지 경우가 있을 수 있다. 간선에 연결된 노드가 이전에 방문하지 않았던 노드라면 v_0에서 해당 노드까지의 거리는 $d + 1$이 된다. 만약 이미 발견했던 노드라면 v_0에서 해당 노드까지의 거리 또한 d일 것이다. 여기서는 거리가 k인 노드에서 탐색을 수행할 때 거리가 k인 노드를 방문하게 될 일은 없다고 가정한다. 그러면 거리가 k인 노드와 연결된 노드의 거리는 $k + 1$이 되고, 따라서 모든 와이어는 왼쪽과 오른쪽을 연결하게 된다.

거리가 k인 노드에서 또 다른 거리가 k인 노드를 발견하는 순간 탐색을 멈춘다. 왜냐하면 이런 경우에는 핀을 왼쪽 절반과 오른쪽 절반으로 나눌 수 없기 때문이다. 그 이유는 다음과 같다. u와 v가 그러한 노드라고 가정하자. 너비 우선 탐색 트리에서 u와 v의 첫 번째 공통 조상이 a라고 하자. (너비 우선 탐색을 v_0에서 시작했으므로 공통 조상은 반드시 존재한다.) 너비 우선 탐색 트리에서의 경로 p_u와 p_v는 각각 a에서 u로의 경로와 a에서 v로의 경로를 말하고 이 둘의 길이는 같다. 따라서 p_u, 간선 (u, v), p_v에 의해 길이가 홀수인 사이클이 하나 형성된다. 노드를 두 개의 집합으로 나누려면 사이클에 존재하는 간선의 개수가 짝수여야 한다. 사이클의 간선을 따라가며 두 집합에 노드를 하나씩 번갈아 놓고, 시작 노드로 돌아왔을 때 시작 노드가 속한 집합이 바뀌면 안 된다. 따라서 사이클의 길이가 홀수이면 모든 간선이 두 집합 사이를 연결하도록 노드를 배치시킬 수 없다.

```cpp
struct GraphVertex {
  int d = -1;
  vector<GraphVertex*> edges;
};

bool IsAnyPlacementFeasible(vector<GraphVertex>* graph) {
  return all_of(begin(*graph), end(*graph),
                [](GraphVertex& v) { return v.d != -1 || Bfs(&v); });
}

bool Bfs(GraphVertex* s) {
  s->d = 0;
  queue<GraphVertex*> q;
  q.emplace(s);

  while (!empty(q)) {
    for (GraphVertex*& t : q.front()->edges) {
      if (t->d == -1) {  // 방문하지 않은 노드
```

```
        t->d = q.front()->d + 1;
        q.emplace(t);
      } else if (t->d == q.front()->d) {
        return false;
      }
    }
    q.pop();
  }
  return true;
}
```

시간 복잡도는 너비 우선 탐색과 같은 $O(p + w)$가 된다. 여기서 w는 와이어의 개수이다. 공간 복잡도는 $O(p)$가 된다.

그림 18.8처럼 칠할 수 있는 그래프를 이분 그래프라 한다. 또는 2색 그래프라고도 하는데, 이웃 노드끼리 같은 색이 되지 않도록 그래프 전체를 칠할 때 두 가지 색이면 충분하기 때문이다.

문제 18.7 문자열을 다른 문자열로 바꾸기

s와 t를 문자열이라 하고 D를 문자열 집합으로 이루어진 사전이라고 하자. 사전 P = $\langle s_0, s_1, ..., s_{n-1} \rangle$에서 첫 번째 문자열은 s, 마지막 문자열은 t, 인접한 문자열의 길이는 같고 오직 하나의 문자만 다를 때 s에서 t를 생성했다고 한다. 이러한 P를 생성 수열이라 한다. 예를 들어 사전 {bat, cot, dog, dag, dot, cat}이 있을 때, 생성 수열은 $\langle cat, cot, dot, dog \rangle$이다.

사전 D와 두 개의 문자열 s와 t가 있을 때, s에서 t를 생성할 수 있는지 확인하는 프로그램을 작성하라. 모든 문자는 소문자로 이루어져 있다고 가정해도 좋다. s가 t를 생성할 수 있다면 그 생성 수열 중 가장 짧은 길이를 출력하라. 그런 생성 수열이 존재하지 않는다면 -1을 출력하라.

힌트: 문자열을 무방향 그래프의 노드로 생각하고, 문자열 u와 v의 차이가 문자 하나일 때 간선을 연결하라.

해법: 처음 문자열과의 차이가 문자 하나인 모든 문자열을 확인하고, 그다음 차이가 문자 두 개인 문자열을 모두 확인한다. 이 과정을 반복해 나가면 된다. 그러나 이 방법은 사전에 없는 문자열을 많이 확인하게 된다는 단점이 있다.

이보다 나은 방법은 사전에 존재하는 단어만 확인해 보는 것이다. 즉, 자연스럽게 이 문제를 그래프로 모델링하면 된다. 노드는 사전에 등장하는 문자열이 되고, 간선 (u, v)는 문자열 u와 v가 오직 문자 하나만 차이가 났을 때 연결시켜주면 된다. 문자 하나만 차이가 난다는 것에는 방향이 없으므로 이 그래프는 무방향 그래프가 된다.

앞의 예제에서 노드는 {bat, cot, dog, dag, dot, cat}이 된다. 그리고 간선은 {(bat, cat), (cot, dot), (cot, cat), (dog, dag), (dog, dot)}이 된다.

생성 수열은 그래프 G에서의 경로와 같다. 따라서 s에서 t로의 최단 경로를 찾으면 된다. 무방향 그래프에서 최단 경로는 단순하게 너비 우선 탐색을 사용해서 찾을 수 있다.

```
// 너비 우선 탐색을 사용해서 문자열 변환에 필요한 최소 단계를 찾는다.
int TransformString(unordered_set<string> D, const string& s, const string& t) {
  struct StringWithDistance {
    string candidate_string;
    int distance;
  };
  queue<StringWithDistance> q;
  D.erase(s);  // D에서 s를 삭제함으로써 s를 방문했다고 표시한다.
  q.emplace(StringWithDistance{s, 0});

  while (!empty(q)) {
    StringWithDistance f(q.front());
    // 찾았다면 반환한다.
    if (f.candidate_string == t) {
      return f.distance;  // t에 도달하는 단계의 수
    }

    // f.candidate_string의 모든 가능한 변환을 시도해 본다.
    string str = f.candidate_string;
    for (int i = 0; i < size(str); ++i) {
      for (char c = 'a'; c <= 'z'; ++c) {  // 'a'에서 'z'를 반복한다.
        str[i] = c;
        if (auto it = D.find(str); it != end(D)) {
          D.erase(it);
          q.emplace(StringWithDistance{str, f.distance + 1});
        }
      }
      str[i] = f.candidate_string[i];  // str의 변경을 되돌린다.
    }
    q.pop();
  }

  return -1;  // 가능한 변환을 찾지 못했다.
}
```

노드의 개수는 사전에 있는 단어의 개수인 d와 같다. 간선의 개수는 최악의 경우에 $O(d^2)$이 된다. 너비 우선 탐색의 시간 복잡두는 $O(d + d^2) = O(d^2)$이 된다. 만약 문자열의 길이 n이 d보다 작다면 각 노드에 연결된 간선의 최대 개수는 $O(n)$이고, 따라서 시간 복잡도는 $O(nd)$이다.

응용: 추가 체인 지수 프로그램(addition chain exponentiation program)은 x^n을 구하는 데 사용된다. 유한 수열인 $\langle x, x^{i_1}, x^{i_2}, \ldots, x^n \rangle$으로 이루어져 있고, 첫 번째 원소 이후로는 이전 원소의 제곱 혹은 이전 원소 두 개의 곱으로 표현된다. x^{15}에 대한 추가 체인 지수 프로그램의 예제로 다음 두 가지 방법이 있을 수 있다.

$P1 = \langle x, x^2 = (x)^2, x^4 = (x^2)^2, x^8 = (x^4)^2, x^{12} = x^8 x^4, x^{14} = x^{12} x^2, x^{15} = x^{14} x \rangle$
$P2 = \langle x, x^2 = (x)^2, x^3 = x^2 x, x^5 = x^3 x^2, x^{10} = (x^5)^2, x^{15} = x^{10} x^5 \rangle$

증명되지는 않았지만[1], $P2$는 x^{15}을 구하는 가장 짧은 추가 체인 지수 프로그램이다.

양의 정수 n이 주어졌을 때, x^n을 구하는 가장 짧은 추가 체인 지수 프로그램을 어떻게 구할 수 있을까?

고급 그래프 알고리즘

지금까지 그래프에서의 간단한 탐색과 조합의 속성에 대해 살펴보았다. 알고리즘은 모두 선형 시간 복잡도이며 상대적으로 간단했다. 가장 어려웠던 건 문제를 적절하게 모델링하는 부분이었다.

다항 시간(polynomial time)에 복잡한 그래프 문제를 효율적으로 풀 수 있는 네 가지 부류가 있다. 대부분의 그래프 문제는 이들의 변형 문제이거나 다항 시간 알고리즘으로 풀지 못하는 문제일 가능성이 크다. 네 가지 부류는 다음과 같다.

- 최단 경로: 간선에 비용이 포함된 방향 혹은 무방향 그래프가 주어졌을 때, 주어진 노드에서 모든 노드로의 경로 중에서 최소 비용의 경로를 구하라. 비용이 음이 아닌 정수인 경우에 모든 노드 쌍에 대한 최단 비용 경로를 찾는 응용 문제도 있을 수 있다.
- 최소 신장 트리(MST): 간선에 가중치가 실려 있는 연결된 무방향 그래프 $G = (V, E)$가 주어졌을 때, 가중치가 최소가 되는 간선의 부분 집합 E'로 이루어진

---

1 (옮긴이) 가장 짧은 추가 체인 지수를 찾는 문제는 NP 완전성이 입증됐다.

부분그래프 $G' = (V, E')$를 구하라. 단, G' 또한 연결되어 있어야 한다.

- 매칭: 무방향 그래프가 주어졌을 때, 각 노드에 연결된 간선이 최대 한 개인 조건에서 최대한 많은 간선의 컬렉션을 찾으라. 특히 이분 그래프에서의 매칭 문제는 흔하고 이 문제를 푸는 알고리즘 또한 일반적인 경우보다 간단하다. 이 문제에 대한 흔한 응용 문제로는 최대 가중치 매칭 문제가 있다. 이 문제에서는 간선에 가중치가 주어져 있을 때, 같은 조건하에서 간선의 가중치를 최대로 한다.

- 최대 흐름: 각 간선에 용량이 표시된 방향 그래프가 주어졌을 때, 소스 노드에서 싱크 노드로 흐를 수 있는 최대 흐름을 구하라. 소스 노드와 싱크 노드에 대해서는 이번 장의 도입부에서 설명했다. 여기서 흐름은 각 간선에 주어진 용량을 넘지 않으면 안 되고, 반드시 각 노드에 유입된 양만큼 유출되어야 한다. 최소 비용 순환 문제는 최대 흐름 문제를 일반화한 것이다. 각 간선에 흐르는 양에 비례해서 비용이 발생하는데, 그 비용을 최소화해야 한다.

네 가지 문제는 전부 다항 시간 알고리즘이 존재하며 크기가 큰 그래프에 대해서도 효율적으로 풀 수 있다. 이러한 문제에 대한 알고리즘은 문제 맞춤형인 경우가 많고 일반적인 접근 방법으로 항상 최적의 해법을 구할 수는 없다. 예를 들어 최소 신장 트리를 구할 때 다음과 같은 분할 정복법을 사용할 수도 있다. 노드를 두 개의 집합으로 나누고, 각 부분 집합에 대해서 최소 신장 트리를 구한 뒤에 두 최소 신장 트리를 연결하는 최소 가중치의 간선을 찾아서 연결한다. 그림 18.9를 보면 어떻게 이 알고리즘이 부분 최적에 도달하게 되는지 알 수 있다.

여기서는 최단 경로 문제에만 초점을 맞추도록 하겠다.

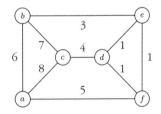

(a) 가중치가 있는 무방향 그래프

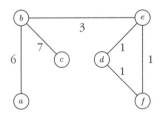

(b) 분할 정복법을 통해 {a, b, c}와 {d, e, f}의 최소 신장 트리를 구한 뒤 최종적으로 찾은 최소 신장 트리이다. 간선 (b, e)는 두 최소 신장 트리를 연결하는 간선 중 가중치가 가장 작다.

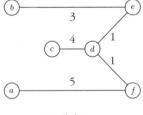

(c) 최적 MST

그림 18.9 최소 신장 트리 문제를 분할 정복법으로 접근하면 부분 최적에 도달한다. (b)의 최소 신장 트리는 가중치가 18이지만, (c)의 최소 신장 트리는 가중치가 14이다.

문제 18.8 팀 사진 찍는 날 - 2

문제 13.9를 다시 떠올려 보자. 같은 조건에서 가장 많은 팀이 동시에 사진을 찍을
수 있도록 하려면 문제 13.9를 어떻게 일반화해야 할까?

힌트: 유효한 배치에 따라 경로를 구성하는 비순환 방향 그래프(DAG)를 만들라.

해법: 각 팀이 노드가 되고, 팀 X를 팀 Y 뒤에 배치해도 될 때, X와 Y 사이에 간선
을 만들어서 비순환 방향 그래프 G를 만들자.

팀 X를 팀 Y 뒤에 배치할 때 가능한 순서는 그래프 G의 경로에 해당한다. 따라
서 비순환 방향 그래프 G에서 가장 긴 경로를 찾으면 된다. 예를 들어 G의 노드를
위상 순서대로 정렬해서 찾을 수 있다. 노드 v에서 끝나는 가장 긴 경로는 v 바로
이전에서 끝나는 경로들 중, 가장 긴 경로 뒤에 v를 덧붙인 것과 같다.

```cpp
struct GraphVertex {
  vector<GraphVertex*> edges;
  // 방문하지 않은 노드를 가르키기 위해 max_distance = 0으로 설정한다.
  int max_distance = 0;
};

int FindLargestNumberTeams(vector<GraphVertex>* graph) {
  int max_level = 0;
  for (GraphVertex& g : *graph) {
    if (g.max_distance == 0) {
      max_level = max(max_level, Dfs(&g));
    }
  }
  return max_level;
}

int Dfs(GraphVertex* curr) {
  curr->max_distance = 1;
  for (GraphVertex* vertex : curr->edges) {
    curr->max_distance =
        max(curr->max_distance,
            (vertex->max_distance ? vertex->max_distance : Dfs(vertex)) + 1);
  }
  return curr->max_distance;
}
```

위상 순서로 정렬하는 데 걸리는 시간은 $O(|V| + |E|)$이고 이 복잡도가 문제를 푸
는 데 걸리는 시간의 대부분을 차지한다. $|V|$는 팀의 개수를 말한다. $|E|$의 개수는

선수의 키에 따라 달라지는데, 길이가 $|V| - 1$인 경로가 존재할 때 $O(|V|^2)$보다 많을 수도 있다.

응용: $T = \{T_0, T_1, ..., T_{n-1}\}$을 해야 할 작업의 집합이라고 하자. 각 작업은 하나의 서버에서 돌아간다. 작업 T_i를 수행하는 데 걸리는 시간 τ_i이 존재하고, T_i를 수행하려면 작업 집합 P_i(공집합일 수도 있다)가 반드시 끝나야 한다. 먼저 시작해야 하는 작업을 순서대로 나열했을 때, $\langle T_0, T_1, ..., T_{n-1}, T_0 \rangle$처럼 시작하는 작업과 끝나는 작업이 같은 상황이 발생하지 않는다면 이를 끝낼 수 있는 작업 집합이라고 말한다.

이 작업 스케줄링 문제가 주어졌을 때 모든 작업을 수행하는 데 걸리는 최단 시간을 구하라. 단, 서버의 개수는 무한하다고 가정해도 좋다. 이 시스템이 작업을 끝낼 수 있는지 명백히 확인하길 바란다.

19장

병렬 컴퓨팅

> 컴퓨터는 예측하지 못한 순간에 쏟아지는 다양한 메시지에 적절하게 반응해야 한다.
> 이런 상황은 여러 대의 컴퓨터가 서로 맞물려 있는 모든 정보 시스템에서 발생할 수 있다.
> 〈Cooperating sequential processes〉, 에츠허르 데이크스트라(E. W. Dijkstra), 1965

병렬 컴퓨팅은 점차 많이 사용되고 있다. 노트북과 데스크톱에는 이미 다중 프로세서가 공유 메모리를 통해 통신하고 있으며, 네트워크를 통해 통신하는 여러 컴퓨터의 집합인 클러스터는 복잡한 계산에 이용된다.

병렬화는 다음과 같은 장점이 있다.

- 고성능: 하나의 작업을 수행하는 프로세서가 많을수록 (보통) 작업을 더 빨리 끝낼 수 있다.
- 더 나은 리소스 사용: 프로그램을 수행하는 동안 다른 프로그램은 디스크나 네트워크를 기다릴 수 있다.
- 공정성: 하나의 프로그램만 돌아가는 것이 아니라, 동시간대에 다른 사용자나 프로그램이 하나의 컴퓨터를 공유한다.
- 편리성: 여러 프로그램이 동시에 부분 작업을 수행하는 것이 하나의 프로그램이 모든 부분 작업을 관리하는 것보다 개념적으로 더 간단할 수 있다.
- 실패 허용(fault tolerance): 웹 페이지를 보여 주는 컴퓨터가 어떤 클러스터 내에서 고장났을 때, 다른 컴퓨터가 이를 대신할 수 있다.

병렬 컴퓨팅의 실제 애플리케이션의 예제로는 그래픽 사용자 인터페이스(GUI)가 있다. 그래픽 사용자 인터페이스는 사용자 인터페이스를 담당하는 전담 스레드가 있다. 같은 시간에 다른 스레드는 네트워크 통신을 담당하거나 그 결과를 UI 스레드에 넘겨주는 역할을 한다. 이렇게 하면 반응성을 높일 수 있다. 또한 Java의 가상 머신(하나의 스레드가 사용자의 코드를 수행하는 동안 다른 스레드가 가비지 컬렉션을 수행한다), 웹 서버(하나의 논리적 스레드가 하나의 사용자의 요청을 담당한다), 과학적 수식 계산(커다란 행렬 곱셈은 여러 개의 컴퓨터로 나누어서 계산한다), 웹 검색(여러 컴퓨터가 웹문서를 읽어오고, 인덱스를 만들고, 결과를 사용자에게 반환한다) 등의 예제가 있다.

병렬 컴퓨팅의 두 가지 주요 모델은 프로세서가 같은 메모리 장소를 공유할 수 있는 메모리 공유 모델과 프로세서가 다른 프로세서에게 메시지를 명시적으로 보내야 하는 분산 메모리 모델이다. 메모리 공유 모델은 다중 코어의 경우에 더 적합하고 분산 메모리 모델은 클러스터의 경우에 더 적합하다. 이번 장의 문제는 공유 메모리 모델에 초점을 맞출 것이다.

병렬 프로그램을 올바르게 작성하는 것은 어려운 일이다. 왜냐하면 두 컴포넌트 간의 상호작용을 파악하기가 꽤 어렵기 때문이다. 그중에서도 경쟁(race) 문제가 가장 까다롭다. 경쟁이란 두 개의 명령이 동시에 같은 메모리 주소에 접근하고, 하나의 명령어가 무엇인가를 쓰려고(write) 하는 상황을 말한다. 병렬 프로그램을 올바르게 작성하기 어렵게 하는 요인들은 몇 가지가 더 있다.

- 고갈: 자원이 필요하지만 확보할 수 없을 때(문제 19.6)
- 데드락: A 스레드가 락 L1을 취득하고 B 스레드가 락 L2를 취득한 상태에서 A는 L2를 취득하려 하고, B는 L1을 취득하려 할 때
- 라이브락: 프로세서가 어떤 연산을 반복 실행하지만 계속 실패할 때

이러한 이유로 발생하는 버그는 테스트에서 찾기 어렵다. 또한 이러한 버그는 요청 패턴에 따라 달라질 수 있어서 재현하기 힘들기 때문에 디버깅도 어렵다. 그리고 병렬화에 따른 성능을 인지하기도 어렵다. 프로세서의 개수가 많아도 중요한 작업을 병렬화시키기 어려워서 성능을 향상시킬 수 없을 때도 있다. 또한 프로세서 간의 중간 결과를 공유하는 비용이 병렬화로 인한 성능 향상보다 클 때도 있다.

이번 장에서는 스레드를 사용한 병렬화에 초점을 맞출 것이다. 분산 메모리 구조에서 병렬화와 관련된 문제, 예를 들어 클러스터 컴퓨팅과 같은 문제의 경우 지원

자에게 코딩을 하라고 요구하지는 않는다. 보통은 설계와 관련된 문제로 출제된다. 문제 20.9, 문제 20.10, 문제 20.11, 문제 20.17의 경우에는 클러스터 레벨에서의 병렬화와 관련되어 있다.

병렬 컴퓨팅 부트 캠프

세마포어는 동기화를 구성할 때 굉장히 유용하다. 세마포어는, 일종의 '출입 허가' 집합을 유지하는 개념으로 생각하면 된다. 세마포어에서 acquire()를 호출하는 스레드는 허가를 받을 때까지 기다린 후에야 필요한 자원을 취득한다. 세마포어에서 release()를 호출하는 스레드는 허가를 반납한 뒤 해당 허가를 기다리고 있는 스레드들에게 통보함으로써, 결과적으로 대기하는 스레드가 계속해서 작업을 이어갈 수 있게 한다. 다음 프로그램은 C++의 언어 특성을 사용하여 세마포어를 구현하는 방법을 보여 준다. (C++에서는 세마포어의 모든 기능을 구현한 라이브러리를 제공하고 있고, 실제 업무에서도 사용할 수 있다.)

```cpp
class Semaphore {
  public:
    Semaphore(int max_available) : max_available_(max_available), taken_(0) {}

    void Acquire() {
      unique_lock<mutex> lock(mx_);
      while (taken_ == max_available_) {
        cond_.wait(lock);
      }
      ++taken_;
    }

  void Release() {
    lock_guard<mutex> lock(mx_);
    --taken_;
    cond_.notify_all();
  }

  private:
    int max_available_;
    int taken_;
    mutex mx_;
    condition_variable cond_;
};
```

☑ **동시성 문제를 풀기 전 꼭 알고 있어야 할 내용**

먼저 **락을 적극적으로** 사용해서 알고리즘이 올바르게 작동하는지 쉽게 판단할 수 있도록 한다. 그 뒤 **중요한 공유 자원에 확실하게 락이 걸렸는지** 유의하면서 락을 **하나씩 제거**해 나간다. [문제 19.1, 19.6]

병렬화된 코드를 분석할 때는 언제나 최악의 상황을 생각하라. 예를 들어 같은 스레드를 반복해서 실행할 수도 있고, 두 스레드를 번갈아가며 실행할 수도 있고, 스레드가 고갈될 수도 있다. 이 모든 상황을 고려하라.

높은 추상화 수준에서 작업하라. 특히 **병렬화 라이브러리**에 익숙해져야 한다. **세마포어, 스레드 풀, 실행 지연시키기(deferred execution)** 등은 직접 구현하지 말라. (이들을 어떻게 구현하는 지는 알고 있어야 하고, 면접관이 요구하면 구현할 수 있어야 한다.) [문제 19.4]

문제 19.1 다중 스레드 사전을 위한 캐시 구현하기

다음은 실시간으로 오타를 정정해 주는 프로그램의 한 부분이다. 클라이언트가 문자열을 전송하면 사전에서 입력 문자열과 가장 가까운 문자열을 찾아 문자열 배열을 반환해야 한다. (이 배열은 문제 16.2의 해법을 사용해서 구할 수 있다.) 캐시를 사용해서 성능을 향상하려고 했지만 다음 코드에 문제점이 있다. 그 문제점을 찾고, 해결책을 제시하라.

```cpp
class SpellCheckService {
  public:
    static void Service(ServiceRequest& req, ServiceResponse& resp) {
      if (string w = req.ExtractWordToCheckFromRequest(); w != w_last_) {
        w_last_ = move(w);
        closest_to_last_word_ = ClosestInDictionary(w_last_);
      }
      resp.EncodeIntoResponse(closest_to_last_word_);
    }
  private:
    static string w_last_;
    static vector<string> closest_to_last_word_;
};
```

힌트: 경쟁(race)이 발생하는 곳을 찾아보라. 그리고 처리량을 늘리기 위해 락을 최대한 적게 사용하라.

해법: 이 코드에는 경쟁 조건(race condition)이 존재한다. 클라이언트 A와 B가 각각 요청 A와 B를 동시에 요청하고, 각 요청을 담당하는 스레드가 하나씩 존재한다고 가정하자. 요청 A를 담당하는 스레드가 캐시에 입력 문자열이 존재한다는 사실을 발견한 뒤 스레드 B가 곧바로 실행됐다. 그리고 이 스레드는 캐시에서 문자열을 찾지 못해서 결과를 계산한 뒤 캐시에 넣는 작업을 한다. 만약 캐시가 꽉 찼다면 그중 하나를 버리는데, 그 엔트리가 요청 A가 원하는 엔트리일 수도 있다. 이제 요청 A를 담당하는 스레드가 다시 실행된다. 캐시에 입력 문자열이 존재한다고 알고 있었지만, 그 값을 읽으려고 하면 널(null)을 반환한다.

스레드-안전 해법은 앞의 서비스를 호출할 때마다 동기화를 하는 것이다. 이 경우에는 한 번에 하나의 스레드만 service() 메서드를 실행할 수 있게 해서, 캐시를 읽을 때와 쓸 때 경쟁 조건이 없도록 한다. 하지만 한 번에 하나의 스레드만 실행된다면 전체 성능이 굉장히 안 좋을 것이다.

이럴 때는 꼭 필요한 부분에만 락을 설정하고 캐시 값을 사용하는 게 좋다. 캐시를 확인할 때와 캐시값을 갱신할 때만 락을 설정하는 것이다.

다음 프로그램은 다중 스레드가 동시에 가장 가까운 문자열들을 구하는 코드이다. 요청 처리에 걸리는 시간을 줄이기 위해 꼭 필요한 곳에만 락을 설정했다. 캐시를 사용하는 이유 역시 처리 시간을 줄이기 위해서다. 락을 사용하기 때문에 캐시를 읽거나 갱신하는 작업은 단일(atomic) 작업이 된다.

```cpp
class SpellCheckService {
  public:
    static void Service(ServiceRequest& req, ServiceResponse& resp) {
      string w = req.ExtractWordToCheckFromRequest();
      vector<string> result;
      bool found = false;
      {
        lock_guard<mutex> lock(mx);
        if (w == w_last_) {
          result = closest_to_last_word_;
          found = true;
        }
      }
      if (!found) {
        result = ClosestInDictionary(w);
        lock_guard<mutex> lock(mx);
        w_last_ = move(w);
        closest_to_last_word_ = result;
      }
```

```
      resp.EncodeIntoResponse(result);
    }

  private:
    static string w_last_;
    static vector<string> closest_to_last_word_;
    static mutex mx;
};
```

응용: 1번부터 n번까지의 스레드가 메서드 critical()을 실행한다. 그전에는 메서드 rendezvous()를 실행한다. 여기서 동기화 조건은 다음과 같다. critical()은 한 번에 하나의 스레드만 실행할 수 있고, 모든 스레드는 critical()을 실행하기 전에 rendezvous()를 끝마쳐야 한다. 변수 n은 모든 스레드가 접근할 수 있다고 가정해도 된다. 이를 만족하는 스레드의 동기화 기법을 설계하라. 모든 스레드는 같은 코드를 실행해야 한다. 각 스레드는 critical()을 여러 번 실행할 수도 있다. 하지만 어떤 스레드가 $k + 1$번째로 critical()을 호출하려면, 그전에 모든 스레드가 critical()에 대한 k번째 실행을 완료한 상태여야 한다.

문제 19.2 두 개의 스레드가 동기화되지 않은 채 번갈아 수행되는 경우 분석하기

다음 코드에서 볼 수 있듯이 스레드 $t1$과 $t2$는 각각 정수값을 N번 증가시킨다. 하지만 이 프로그램의 결과는 일정하지 않다. 보통은 $2N$을 출력하지만 가끔 이보다 더 작은 값을 출력하기도 한다. N의 값이 커지면 이러한 현상이 더 자주 발생한다. 실제로 $N = 1000000$이 입력으로 주어졌을 때 1320209를 출력하는 경우도 있다.

```
static int counter = 0;

void IncrementThread(int n) {
  for (int i = 0; i < n; ++i) {
    ++counter;
  }
}

void TwoThreadIncrementDriver(int n) {
  thread T1(IncrementThread, n);
  thread T2(IncrementThread, n);
  T1.join();
  T2.join();
```

```
    cout << counter << endl;
}
```

N이 주어졌을 때 출력될 수 있는 최솟값과 최댓값은 무엇인가?

힌트: 스레드를 스케줄링할 때는 극단적인 경우를 생각하라.

해법: 먼저, 숫자를 증가시키는 부분이 락에 의해 보호받지 못하고 있으므로 스레드 스케줄러가 카운터를 증가시키는 스레드를 어떻게 배치시키느냐에 따라 그 값이 결정된다.

언제나 하나의 스레드가 끝난 뒤 다음 스레드가 실행된다면 이 프로그램이 출력할 수 있는 최댓값은 $2N$이다.

$N = 1$일 때, 출력될 수 있는 최솟값은 1이다. $t1$이 값을 읽고, $t2$가 값을 읽고, $t1$이 값을 증가한 뒤 갱신하고, $t2$가 값을 증가한 뒤 갱신하면 그렇게 된다. $N > 1$인 경우에 최종값은 적어도 2보다 크거나 같게 된다. 그 이유는 다음과 같이 두 가지 가능성이 존재한다. 첫 번째 가능성은 $T1$이 먼저 실행되는 경우다. $T2$라는 스레드가 값을 갱신하기 전에 스레드 $T1$이 읽고-증가하고-갱신하고-읽고-증가하고-갱신하는 작업을 수행한다면 그 결과는 적어도 2가 된다. 그다음 $T2$가 1을 쓰면, 아직 완료되지 않았으므로 적어도 한 번 더 증가한다. 두 번째 가능성은, $T2$가 먼저 실행되고 $T1$이 두 번째로 값을 읽는 경우다. 이때는 1 혹은 그 이상의 값을 읽는다. 왜냐하면 $T2$가 적어도 한번 값을 갱신했기 때문이다.

스레드가 다음과 같이 스케줄링될 때 가능한 최소한의 결괏값은 2가 된다.

- $t1$이 초깃값인 0을 읽는다.
- $t2$가 $N-1$번 갱신 작업을 실행한다.
- $t1$은 그 사이에 값이 어떻게 바뀌었는지 모르므로 1로 갱신한다.
- $t2$가 최근에 갱신된 값인 1을 읽는다.
- $t1$이 $N-1$번 갱신 작업을 실행한다.
- $t2$는 그 사이에 값이 어떻게 바뀌었는지 모르므로 2로 갱신한다.

이 스케줄링의 결과는 그림 19.1에 나와 있다.

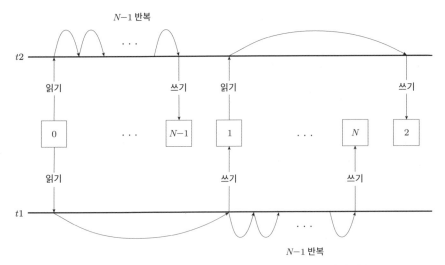

그림 19.1 동기화되지 않은 스레드 두 개가 스케줄링되는 최악의 경우

문제 19.3 두 개의 스레드가 번갈아 수행될 때 동기화 구현하기

스레드 $t1$은 1부터 100까지의 홀수를 출력한다. 스레드 $t2$는 1에서 100까지의 짝수를 출력한다. 두 개의 스레드가 동시에 수행될 때 1부터 100까지 차례대로 출력하는 코드를 작성하라.

힌트: 두 개의 스레드가 작업이 끝나면 서로에게 알려 줘야 한다.

해법: 무식한 방법은 두 개의 스레드가 번갈아 가며 락을 사용하는 것이다. 락을 사용해서 현재 어떤 스레드가 변수를 출력할 차례인지 확인을 한다. 그러나 이 방법은 프로세서가 다른 작업을 처리하는 데 쓸 수 있는 시간을 낭비하는 바쁜 대기(busy waiting)를 사용한다.

다음은 이 아이디어를 코드로 구현하되 C++의 조건 변수를 사용해서 바쁜 락을 회피하는 것이다. wait()를 호출하면 알림 받은 현재 스레드의 실행을 차단하고, notify_one()을 호출하면 이 조건을 기다리는 스레드 중 하나를 차단 해제한다.

```
class OddEvenMonitor {
  public:
    static const bool ODD_TURN = true;
    static const bool EVEN_TURN = false;

    OddEvenMonitor() : turn_(ODD_TURN) {}
```

Interviews in C++ —

```
      void WaitTurn(bool old_turn) {
        unique_lock<mutex> lock(mx_);
        while (turn_ != old_turn) {
          cond_.wait(lock);
        }
      }

      void ToggleTurn() {
        lock_guard<mutex> lock(mx_);
        turn_ = !turn_;
        cond_.notify_one();
      }

    private:
      bool turn_;
      condition_variable cond_;
      mutex mx_;
  };

void OddThread(OddEvenMonitor& monitor) {
  for (int i = 1; i <= 100; i += 2) {
    monitor.WaitTurn(OddEvenMonitor::ODD_TURN);
    cout << i << endl;
    monitor.ToggleTurn();
  }
}

void EvenThread(OddEvenMonitor& monitor) {
  for (int i = 2; i <= 100; i += 2) {
    monitor.WaitTurn(OddEvenMonitor::EVEN_TURN);
    cout << i << endl;
    monitor.ToggleTurn();
  }
}
```

문제 19.4 스레드 풀 구현하기

다음 프로그램은 간단한 HTTP 서버를 구현한 코드이다.

```
const unsigned short SERVERPORT = 8080;

int main(int argc, char* argv[]) {
  asio::io_service io_service;
  tcp::acceptor acceptor(io_service, tcp::endpoint(tcp::v4(), SERVERPORT));
  while (true) {
    tcp::socket sock(io_service);
    acceptor.accept(sock);
```

문제 19.4 스레드 풀 구현하기   **447**

```
      ProcessReq(sock);
  }
  return 0;
}
```

이 프로그램이 I/O를 자주 차단해서 성능이 굉장히 나쁘다고 가정하자. 어떻게 하면 프로그램의 성능을 향상시킬 수 있을까? 동기화 클래스를 포함해서 표준 라이브러리는 얼마든지 사용해도 좋다.

힌트: 다중 스레드를 사용하라. 단, 스레드의 개수를 무한정 늘려서는 안 된다.

해법: 가장 먼저 할 수 있는 작업은 요청을 직접 처리하기보다 각 요청을 담당하는 새로운 스레드를 만드는 것이다.

```
const unsigned short SERVERPORT = 8080;

int main(int argc, char* argv[]) {
  asio::io_service io_service;
  tcp::acceptor acceptor(io_service, tcp::endpoint(tcp::v4(), SERVERPORT));
  while (true) {
    shared_ptr<tcp::socket> sock(new tcp::socket(io_service));
    acceptor.accept(*sock);
    thread(ProcessReq, sock).detach();
  }
  return 0;
}
```

이 방법의 문제는 스레드의 개수를 직접 조절할 수 없다는 점이다. 각 스레드는 꽤 많은 양의 자원을 사용한다. 스레드를 시작하거나 끝날 때 필요한 시간과 각 스레드가 사용하는 메모리 공간이 매우 많이 필요하다. 요청이 많지 않은 서버일 경우에는 문제가 되지 않을 수 있지만, 요청의 개수가 많아지면 처리하기 어려운 예외가 발생할 수 있다.

이를 보완하기 위해 스레드 풀을 사용한다. 이름에서 알 수 있듯이 처음에 스레드의 개수를 한정한 뒤 그만큼의 컬렉션을 사용한다. 블록 큐(blocking queue)를 사용하면 상대적으로 쉽게 스레드 풀을 구현할 수 있다. 블록 큐란 큐가 비어 있는 상태가 될 때까지 스레드의 갱신 작업을 블록하는 것을 말한다. 하지만 문제에서 명시적으로 라이브러리를 사용해도 된다고 했기 때문에 여기서는 Boost의 sync_bounded_queue를 써서 스레드 풀을 유지한다.

```
void ThreadFunc(QueueType& q) {
  while (true) {
    unique_ptr<tcp::socket> sock;
    q >> sock;
    ProcessReq(sock);
  }
}

const unsigned short kServerPort = 8080;
const int kNThreads = 2;

int main(int argc, char* argv[]) {
  QueueType q(kNThreads);
  for (int i = 0; i < kNThreads; ++i) {
    thread(ThreadFunc, ref(q)).detach();
  }
  asio::io_service io_service;
  tcp::acceptor acceptor(io_service, tcp::endpoint(tcp::v4(), kServerPort));
  while (true) {
    unique_ptr<tcp::socket> sock(new tcp::socket(io_service));
    acceptor.accept(*sock);
    q << move(sock);
  }
  return 0;
}
```

문제 19.5 데드락 피하기

어떤 작업을 수행하기 위해서 스레드가 여러 개의 락을 취득해야 한다면 데드락이 발생할 가능성이 있다. 예를 들어 $T1$과 $T2$가 모두 L과 M을 취득해야 한다고 하자. $T1$이 먼저 L을 취득하고 $T2$가 그 다음에 M을 취득한다면 이 둘은 영원히 상대방을 기다리게 된다.

다음 프로그램에서 이와 같은 버그를 찾은 뒤 코드를 수정해서 그 문제를 해결하라.

```
class Account {
  public:
    Account(int balance) : balance_(balance), id_(++global_id_) {}

    int get_balance() { return balance_; }

    static void Transfer(Account& from, Account& to, int amount) {
      thread(&Account::Move, &from, ref(to), amount).detach();
    }
```

```
    private:
      bool Move(Account& to, int amount) {
        lock_guard<recursive_mutex> lock(mx_);
        {
          lock_guard<recursive_mutex> lock(to.mx_);
          if (amount > balance_) {
            return false;
          }
          to.balance_ += amount;
          balance_ -= amount;
          cout << "returning true" << endl;
          return true;
        }
      }

      int balance_;
      int id_;
      recursive_mutex mx_;
      static int global_id_;
};
```

해법: $U1$에서 $U2$로의 송금 바로 직후에 $U2$에서 $U1$으로 송금한다고 가정해 보자. 각 송금은 서로 다른 스레드가 담당하기 때문에 첫 번째 스레드가 $U1$에 락을 건 뒤 두 번째 스레드가 실행돼서 $U2$에 락을 걸 수도 있다. 그러면 이 프로그램은 데드락 상태에 빠지게 된다. 결국 두 스레드 모두 다른 스레드가 락을 해제하기를 기다리게 된다.

한 가지 가능한 해법은 송금을 할 때 전역으로 정의된 락을 사용하는 것이다. 이 방법의 단점은 아무 관련 없는 다른 송금에 대해서도 모두 블록하게 된다는 점이다. 즉, $U5$에서 $U6$으로 송금할 때 $U3$에서 $U4$로 송금할 수 없다.

데드락을 피할 수 있는 다른 방법은 락을 취득할 때 전역적인 순서대로 취득하게 하면 된다. 각 계좌에 유일한 ID가 부여되므로 다음과 같이 수정하면 데드락을 피할 수 있다.

```
recursive_mutex& mx1 = (id_ < to.id_) ? mx_ : to.mx_;
recursive_mutex& mx2 = (id_ < to.id_) ? to.mx_ : mx_;
lock_guard<recursive_mutex> lock(mx1);
{
  // lock1과 lock2가 같아도 된다.
  // recursive_mutex 락은 재진입이 가능하므로 lock2를 다시 획득한다.
  lock_guard<recursive_mutex> lock(mx2);
```

문제 19.6 읽는자-쓰는자 문제

여러 스레드가 읽기도 하고 쓰기도 하는 색제 s를 생각해 보자. (예를 들어 문제 19.1에서 s가 캐시가 될 수도 있었다.) 어떤 스레드가 s에 쓰는 동안에는 아무도 s를 읽거나 s에 쓰면 안 된다. (여러 개의 스레드가 동시에 읽는 건 가능하다.)

s를 보호할 수 있게 하려면 뮤텍스(mutex)를 사용해서 두 개의 스레드가 동시에 s에 접근할 수 없게 만들면 된다. 하지만 이 방법은 부분 최적일 뿐이다. 왜냐하면 $R1$이 s를 읽기 위해 락을 사용했지만 동시에 $R2$도 s를 읽고 싶을 수 있기 때문이다. $R2$는 $R1$의 읽는 작업이 끝날 때까지 기다릴 이유가 없다. $R1$이 읽을 때 $R2$도 동시에 읽을 수 있다.

여기서 읽는자-쓰는자 문제가 발생한다. s를 보호하되 갱신이 이루어지지 않을 때는 모두 읽을 수 있도록 해 보자.

첫 번째 읽는자-쓰는자 문제를 해결하는 동기화 기법을 구현하라.

힌트: 읽는 스레드의 개수를 기록하라.

해법: 현재 문자열을 읽는 스레드가 있는지 없는지, 그리고 해당 문자열을 갱신하려는 스레드가 있는지 없는지 추적하려고 한다. 또한 문자열을 읽고 있다면 몇 개의 스레드가 읽고 있는지 알고자 한다. 이를 위해 읽기 락과 쓰기 락 두 개를 사용한다. 그리고 읽기 락을 사용해서 읽는 스레드의 개수를 기록한다.

읽는 작업은 다음과 같다. 읽기 락을 취득한 뒤 카운터를 증가시키고 읽기 락을 해제한다. 읽는 작업이 끝난 뒤에는 읽기 락을 취득하고 카운터를 감소시킨 뒤 읽기 락을 해제한다. 값을 갱신할 때에는 쓰기 락을 취득한 뒤 다음을 무한히 반복한다. 우선 읽기 락을 취득하고 그 카운터가 0인지 확인한다. 만약 0이라면 쓰는 작업을 수행하고 읽기 락을 해제한 뒤 루프를 빠져나온다. 마지막으로 쓰기 락을 해제한다. 문제 19.3의 해법처럼 바쁜 대기(busy waiting)를 피하기 위해 wait/notify를 사용한다.

```cpp
// LR과 LW는 ReaderWriter 네임스페이스 안의 변수로, 각각 읽기 락과 쓰기 락을 표현한다.
// ReaderWriter 안에 있는 정수형 변수 read_count는 읽는 스레드의 개수를 추적하는 데 사용된다.
void Reader(string name) {
  while (true) {
    {
      lock_guard<mutex> lock(ReaderWriter::LRm);
      ++ReaderWriter::read_count;
```

```
      }
      cout << ReaderWriter::data << endl;
      {
        lock_guard<mutex> lock(ReaderWriter::LRm);
        --ReaderWriter::read_count;
        ReaderWriter::LR.notify_one();
      }
      DoSomethingElse();
    }
  }

  void Writer(string name) {
    while (true) {
      {
        lock_guard<mutex> lock_w(ReaderWriter::LW);
        bool done = false;
        while (!done) {
          unique_lock<mutex> lock(ReaderWriter::LRm);
          if (ReaderWriter::read_count == 0) {
            ++ReaderWriter::data;
            done = true;
          } else {
            // 바쁜 대기를 피하기 위해 wait/notify를 사용했다.
            while (ReaderWriter::read_count != 0) {
              ReaderWriter::LR.wait(lock);
            }
          }
        }
      }
      DoSomethingElse();
    }
  }
```

이 해법의 한가지 잠재적인 단점은 쓰는자가 고갈될 수 있다는 것이다. 문제 19.7
의 주제가 바로 여기에 관한 것이다.

문제 19.7 쓰는 작업에 선호도가 존재할 때 읽는자-쓰는자 문제

문제 19.6처럼 객체 s가 있다고 가정하자. 읽는자 $R1$은 락을 사용할 수 있다. 만약
쓰는자 W가 락을 기다리고 있는 동안 $R2$의 요청이 들어온다면, $R2$가 W보다 높
은 우선순위를 가진다. 만약 이러한 일이 자주 발생한다면 W는 작업을 수행하지
못하게 되므로 W를 가능한 한 빨리 처리해야 한다.

여기서 두 번째 읽는자-쓰는자 문제가 나온다. s를 '쓰는자 우선권'으로 보호한

다. 즉, 쓰는 작업이 큐에 삽입된 후에는 작업이 필요 이상으로 기다리지 않도록 보호하는 것이다.

두 번째 읽는자-쓰는자 문제의 동기화 기법을 구현하라.

힌트: 읽는자에게 쓰기 락을 취득하도록 해 보자.

해법: 쓰는자에게 우선권을 부여하려고 한다. 문제 19.6의 해법을 수정해서 읽기 시작할 때 쓰기 락을 취득한 후에 곧바로 해제하도록 한다. 이렇게 하면 쓰는 작업이 뒤따라 발생하는 읽는 작업보다 먼저 수행될 수 있다.

응용: 문제 19.6과 문제 19.7에는 고갈(starvation) 문제가 발생한다. 첫 번째 문제에서는 쓰기 작업이 수행되지 않을 수 있고, 두 번째 문제에서는 읽기 작업이 수행되지 않을 수 있다. 이번에는 읽는자-쓰는자 문제를 읽기 작업과 쓰기 작업 모두 고갈되지 않도록 풀어 보자. 읽는자-쓰는자 문제의 동기화 기법을 구현하라.

문제 19.8 타이머 클래스 구현하기

웹 기반 달력을 생각해 보자. 이 달력을 제공하는 서버는 이벤트가 발생하기 전에 이메일 혹은 문자 메시지(SMS)를 보내야 한다. 이러한 작업을 관리하는 시스템을 설계하라.

미뤄 두었던 일을 수행할 수 있도록 하는 타이머 클래스를 개발하라. 타이머 생성자는 실행할 메서드와 이름을 나타내는 문자열로 이루어진 객체를 인자로 받는다. 클래스는 반드시 다음 조건을 만족해야 한다. (1) 특정 시간에 특정 이름의 스레드를 실행해야 한다. (2) 특정 이름의 스레드를 취소할 수 있어야 한다. (스레드가 이미 실행되었다면 취소 요청을 무시해도 된다.)

힌트: 자료구조 설계와 병렬처리를 고려하자.

해법: 설계할 때 생각해야 할 두 가지 측면은 자료구조와 락 기법이다.

두 가지 자료구조를 사용할 것이다. 하나는 키와 값의 쌍으로 이루어진 최소힙이다. 키는 수행 시간을 나타내고 값은 헤딩 시간에 실행해야 할 스레드를 나타낸다. 또 다른 스레드는 잠자고 있다가 스레드가 추가되거나 삭제될 때 일어나 힙에 들어 있는 스레드를 실행할 것이다. 잠에서 깨어났을 때는 최소힙의 꼭대기에 있는 원소를 보고 잠자는 시간을 줄이거나 늘린다. 또한 최소힙의 꼭대기에 있는 스레드를 확인한 뒤 실행 시간이 현재 시간과 같다면 최소힙에서 꺼내어 실행한다. 그 뒤에는 최소힙에서 그 다음에 실행해야 할 스레드의 실행 시간까지 잠이 든다(삭제를 한 뒤에는 스레드가 잠에서 깨어나 아무 것도 할 게 없다는 사실을 알게 될 것이다).

두 번째 자료구조는 해시테이블이다. 이 해시테이블은 스레드의 ID를 키로 가지고 최소힙의 엔트리를 값으로 한다. 스레드를 취소해야 한다면 최소힙에서 이를 삭제해야 한다. 스레드가 추가될 때마다 해당 스레드를 최소힙에 추가한다. 삽입한 스레드가 최소힙의 꼭대기에 있다면 이들을 실행하는 스레드를 깨워 그 다음 일어나야 할 시간을 조정해야 한다.

최소힙은 갱신하는 메서드와 힙 안에 들어 있는 스레드를 실행하는 스레드가 참조한다. 따라서 락이 필요하다. 가장 간단한 방법은 최소힙과 해시테이블을 읽거나 수정할 때마다 하나의 락으로 보호하는 것이다.

문제 19.9 콜라츠의 추측 병렬로 확인하기

문제 12.11에서 콜라츠의 추측과 휴리스틱 해결법에 대해 소개했다. 여기서는 콜라츠의 추측을 병렬로 확인하는 프로그램을 만들고자 한다. 다중코어 환경에서는 프로그램이 여러 코어에 콜라츠의 추측을 수행하는 스레드를 분배시킨다. U가 입력으로 주어졌을 때, $[1, U]$ 사이의 모든 정수에 대해 콜라츠의 추측을 확인하는 프로그램을 작성하라.

콜라츠의 추측을 확인하는 다중-스레드 프로그램을 설계하라. 주어진 코어를 전부 사용할 수 있다. 시스템에 과부하가 걸리는 것을 방지하기 위해 n개 이상의 스레드를 동시에 수행하면 안 된다.

힌트: 성능 향상을 위해 다중스레드를 사용하지만 과부하는 최소화하라.

해법: 각 정수값에 대해 경험으로 가지치기하는 방법은 문제12.11의 해법에서 이야기했다. 이 문제의 목적은 다중스레드를 사용해서 이를 구현하는 것이다. 따라서 마스터 스레드를 사용해서 n개의 스레드를 만들어 낸다. 각 스레드는 하나의 정수값, 즉 1, 2, ..., x에 대해 차례대로 콜라츠의 추측을 확인한다. 마스터 스레드는 그 다음에 확인해야 할 숫자가 무엇인지 기록하고, 스레드가 작업이 끝났을 때 해당 스레드에 그 다음 숫자를 재할당한 뒤 콜라츠의 추측을 다시 수행한다.

이 방법의 문제점은 개별 스레드가 콜라츠의 추측을 수행하는 데 필요한 시간보다 스레드 사이에 의사소통하는 비용이 더 크다는 데 있다. 자연스러운 해결책은 각 스레드가 $[1, U]$이 부분 범위를 처리하도록 하는 것이다. $[1, U]$를 n으로 나눈 뒤에 i번째 스레드가 i번째 부분 범위를 처리하도록 하면 된다.

콜라츠의 추측을 확인하는 휴리스틱은 일부 정수에서 더 오래 걸린다. 따라서 이 방법을 사용하면 하나의 스레드가 다른 스레드보다 작업을 끝마치는 데 오래 걸리고 결국엔 코어가 몇 개만 빼고 전부 쉬는 상황에 빠질 수 있다.

더 작은 구간으로 나누어 작업을 처리하면 개선할 수 있다. 물론 스레드 사이의 의사소통 비용이 존재하므로, 이를 상쇄할 만큼의 작업 크기는 필요하다. 작업 큐를 사용해서 아직 처리되지 않은 구간이 무엇인지 기록하고 작업을 마친 스레드에게 다음에 처리해야 할 구간을 재할당한다.

```cpp
void ThreadFunc(QueueType& q) {
  pair<CollatzInt, CollatzInt> args;
  while (q.wait_pull_front(args) == queue_op_status::success) {
    Worker(args.first, args.second);
  }
}

// 기본적인 단일 작업을 수행한다.
void Worker(CollatzInt lower, CollatzInt upper) {
  for (CollatzInt i = lower; i <= upper; ++i) {
    assert(CollatzCheck(i, unordered_set<CollatzInt>()));
  }
  cout << '(' << lower << ',' << upper << ')' << endl;
}

// 개별 숫자를 확인한다.
bool CollatzCheck(CollatzInt x, unordered_set<CollatzInt>& visited) {
  if (x == 1) {
    return true;
  }
  if (!visited.emplace(x).second) {
    return false;
  }
  if (x & 1) {  // 홀수
    return CollatzCheck(3 * x + 1, visited);
  } else {  // 짝수
    return CollatzCheck(x >> 1, visited); // 2로 나눈다.
  }
}
```

```
int main(int argc, char* argv[]) {
  CollatzInt N = 10000000;
  CollatzInt RANGESIZE = 1000000;
  int NTHREADS = 4;
  // synchronized bounded queue를 사용해서
  // 작업 할당과 부하분산(load balancing)을 처리한다.
  QueueType q (NTHREADS);
  thread_group threads;
  for (int i = 0; i < NTHREADS ; ++ i) {
    threads.create_thread(bind(ThreadFunc, ref(q)));
  }
  for (CollatzInt i = 0; i < N / RANGESIZE; ++ i) {
    q << make_pair(i * RANGE_SIZE + 1, (i + 1) * RANGESIZE);
  }
  q.close();
  threads.join_all();

  return 0;
}
```

03

특정 도메인 문제

20장

Elements of Programming Interviews in C++

설계 문제

복잡한 책들을 접하거나, 어렵고 신비스러운 알고리즘을 접했을 때 당황하지 말라.
단순함에 관한 교과서는 없지만, 결국엔 복잡한 시스템이 아니라
단순한 시스템이 제대로 동작한다.
《Transaction Processing: Concepts and Techniques》, 짐 그레이(J. Gray), 1992

여러분이 설계한 알고리즘을 어떻게 여러 서비스 혹은 더 큰 시스템에 올릴 수 있는지 물어 볼 수도 있다. 이런 문제들은 보통 정답이 없다. 또한 많은 부분이 큰 규모의 소프트웨어 프로젝트를 시작하는 시작점이 된다.

면접에서 이러한 질문을 받는다면 창의적인 생각을 할 수 있는 능력이 있다는 것, 설계의 장단점을 분석하고 익숙하지 않은 문제를 해결할 수 있다는 점을 입증할 수 있도록 면접관과 대화를 해야 한다. 핵심 자료구조와 알고리즘을 간단히 설명하고 문제를 푸는 데 필요한 기술적 스택(프로그램 언어, 라이브러리, OS, 하드웨어, 서비스)을 설명해야 한다.

이번 장에서는 답을 대화 형태로 제시한다. 가장 좋은 해법이라기보다는 괜찮은 답의 예로 받아들이기 바란다.

시스템을 설계하는 데 유용한 패턴들을 표 20.1에 정리해 놓았다. 이 외에 시스템을 설계할 때 주의할 점은 구현 시간, 확장성(extensibility, scalability), 테스트 가능성(testability), 보안, 국제화(internationalization), IP문제와 같은 것들이 있다.

설계 원리	요점
알고리즘과 자료구조	기본적으로 필요한 알고리즘과 자료구조를 찾는다.
분해	기능, 구조, 코드를 관리 및 재사용 가능한 요소(component)로 쪼갠다.
확장성	하나의 문제를 여러 가지 부분 문제로 나눈다. 이때 각 부분 문제는 상대적으로 독립적이어야 여러 머신에서 처리가 가능하다. 각 머신에 맞게끔 데이터를 쪼갠다(sharding). 서버에서 쓰는 작업과 읽는 작업을 분리한다. 읽기 작업의 성능 향상을 위해 데이터를 여러 개로 복제(replication)해서 보관한다. 작업에 드는 비용을 줄이기 위해 캐시를 고려해 보라.

표 20.1 시스템 설계 패턴

분해

시스템 레벨의 설계 문제를 성공적으로 풀기 위해서는 기능, 구조, 코드를 잘 분해하는 것이 중요하다.

예를 들어 실시간 광고(문제 20.15) 시스템을 설계하는 문제를 살펴보자. 여기서 목적은 이해 관계에 따라 여러 카테고리로 분해하는 것이다. 따라서 구조를 프런트엔드(frontend)와 백엔드(backend)로 나누고, 프런트엔드는 다시 사용자 관리, 웹 페이지 디자인, 보고 기능 등으로 나누었다. 백엔드는 미들웨어, 저장소, 데이터베이스, 크론 서비스(cron service), 광고의 랭킹 알고리즘으로 나누었다. TEX(문제 20.6)와 사진 공유 서비스(문제 20.14)의 설계 문제도 이와 비슷하게 분해했다.

코드를 분해하는 것은 객체 지향 프로그래밍의 특징이다. 디자인 패턴의 주 관심은 코드를 재사용하기 위한 방법을 찾는 것이다. 전반적으로 말하자면, 디자인 패턴은 생성 패턴, 구조 패턴, 행동 패턴이 있다. 특정 패턴들은 자주 사용된다. 전략적 객체(strategy objects), 어댑터(adapter), 빌더(builder) 등은 실무에서 사용하는 코드에서 쉽게 찾아 볼 수 있다. 필자는 에릭 프리먼의 《Head First Design Pattern》(한빛미디어)이 디자인 패턴을 공부하기에 좋은 책이라고 생각한다.

확장성

병렬화에 대한 개념은 면접에서 확장성에 관한 내용을 이야기할 때 유용하다. 문제가 하나의 머신에 담기 너무 큰 경우 혹은 너무 오래 걸릴 경우에 해당한다. 핵심은 문제를 어떻게 분해할지를 이야기하는 것이다.

- 각 부분 문제는 상대적으로 독립적으로 풀 수 있어야 한다.
- 부분 문제의 해법을 사용해서 효율적으로 전체 문제의 해법을 만들 수 있어야 한다.

효율성은 보통 CPU 시간, RAM, 네트워크 대역폭(bandwidth), 메모리와 데이터베이스 접근 횟수 등을 통해 측정할 수 있다.

페타-스케일(peta-scale)의 정수 배열을 정렬하는 문제를 생각해 보자. 숫자가 어떻게 분포되어 있는지 알고 있을 때, 가장 좋은 방법은 같은 개수의 정수들을 순서대로 머신에 보낸 뒤 정렬하는 것이다. 그 뒤 각 머신에서 정렬된 숫자를 순서대로 합쳐 하나로 만든다. 만약 숫자의 분포를 알지 못한다면 임의의 부분 집합을 각 머신에 보낸 뒤 최소힙을 사용해서 하나의 정렬된 결과로 병합한다. 자세한 내용은 문제 20.9를 참조하면 된다. 문제 20.8과 문제 20.17 또한 병렬화를 사용하는 문제이다.

캐시는 반복되는 연산이 있을 때 사용할 수 있는 좋은 방법이다. 예를 들어 동적 프로그래밍의 핵심은 중간에 계산한 결과를 캐시에 저장하는 것이다. 캐시는 많은 요청을 받는 서비스를 구현할 때, 그리고 그 요청이 반복될 때 굉장히 유용하다. 웹 서비스가 처리해야 하는 양이 이 속성을 나타낸다. 문제 19.1의 해법은 실시간으로 맞춤법을 고쳐주는 서비스를 어떻게 디자인할 수 있는지 보여 준다. 캐시를 사용할 때 중요한 점은 동시에 여러 가지 호출이 입력되는 순간에 캐시의 정보를 어떻게 갱신할 것인가이다. 문제 19.9의 해법을 보면 콜라츠의 추측을 확인하는 문제에서 다중스레드와 캐시를 결합하는 방법을 보여 준다.

문제 20.1 맞춤법 검사 설계

훌륭한 맞춤법 검사 시스템을 설계하기란 어려운 일이다. 편집 거리(철자가 틀린 단어에서 철자가 올바른 단어로 변환하는 데 필요한 최소 편집 횟수)를 사용해서 맞춤법 검사하는 방법에 대해서는 문제 16.2에서 이야기했다. 하지만 그 문제에서는 오직 두 문자열의 레벤슈타인(Levenshtein) 거리만을 계산했다. 맞춤법 검사기에서는 전체 사전에서 주어진 문자열과 가장 가까운 단어의 집합을 반드시 찾아야 한다. 또한 레벤슈타인 거리는 맞춤법 검사기에 적합한 거리 측정 함수가 아닐 수도 있다. 레벤슈타인 거리는 흔한 철자 오류 혹은 키보드 위에서의 가까운 문자의 상황을 고려하지 않는다.

맞춤법 검사 시스템을 어떻게 만들 것인가?

힌트: 두 단어 사이의 거리에 대한 개념을 먼저 정의하라.

해법: 맞춤법 검사 시스템은 대부분 철자 오류가 발생한 단어와 의도한 단어 사이의 레벤슈타인 거리가 굉장히 작은(하나 혹은 두 개 차이) 경향이 있다는 데서 아이디어가 시작된다. 해시 테이블에 사전 안에 있는 모든 단어를 넣고 레벤슈타인 거리가 2인 단어만 탐색하면 높은 확률로 의도한 단어를 찾을 수 있다고 생각한다. 만약 주어진 알파벳의 개수가 m이고 탐색할 문자열의 길이가 n이라면 필요한 해시 테이블 탐색 횟수는 $O(n^2m^2)$만큼이 된다. 주어진 문자열의 길이가 n이라면 임의의 문자 두 개를 선택한 뒤 각 문자를 임의의 다른 알파벳으로 치환해 본다. 임의의 두 문자를 선택하는 방법의 개수는 $n(n-1)/2$이고, 각 문자를 $(m-1)$개의 다른 문자로 바꿔 봐야 하므로 총 $n(n-1)(m-1)^2/2$만큼 해시테이블을 탐색한다.

레벤슈타인 거리가 2 이하인 모든 문자열 집합과 사전 내의 모든 문자열 집합 사이의 교집합은 굉장히 클지도 모른다. 따라서 각 후보 문자열에 랭킹을 매기고, 가장 그럴듯한 문자열부터 차례대로 보여 주는 것이 좋다. 이를 위한 방법은 다양하다.

- 타이핑 오류 모델: 보통 맞춤법 오류는 타이핑을 잘못해서 발생한다. 타이핑 오류는 키보드 자판의 배열에 따라 모델링할 수 있다.
- 음성 모델링: 맞춤법 오류의 흔한 이유 중 하나는 단어를 들을 때와 실제 맞춤법 사이의 차이에서 온다. 이런 경우에는 문장의 음소와 같은 음성의 단어 리스트를 매핑하면 된다.
- 수정했던 기록: 사용자들은 처음부터 단어를 올바로 입력하기도 하지만, 잘못 입력한 뒤 수정하는 경우도 많다. 이를 모아 두면 가장 많이 틀리는 철자에 대한 방대한 데이터를 얻을 수 있다. 이러한 데이터는 맞춤법 오류를 수정하는 데 굉장히 많은 도움이 된다.
- 스테밍(stemming): 각 단어를 형태소별로 저장하면 사전의 크기를 줄일 수 있다. 이 경우에는 입력으로 들어온 문장에도 스테밍을 적용해야 한다.

문제 20.2 스테밍 문제의 해법 설계하기

"computation"이라는 단어를 검색 엔진에 입력하는 경우, "computers", "compute", "computing"과 같은 단어가 들어 있는 문서에도 관심이 있을 수 있다. 만약 하나의 쿼리에 여러 개의 키워드가 존재한다면, 모든 키워드의 활용형을 조합해서 검색하기란 어려울 것이다.

스테밍이란 주어진 단어의 활용형을 쿼리 문자열과 문서 모두에서 하나의 공통된 원형으로 줄이는 것이다. 예를 들어 {computers, computer, compute}는 compute라는 단어로 매핑할 수 있다. 영어에 존재하는 모든 단어의 모든 가능한 활용형을 간단하게 하나의 원형으로 줄이기란 거의 불가능하지만, 대부분의 경우에 적용할 수 있는 간단한 규칙이 몇 가지 있다.

빠르고 효과적인 스테밍 알고리즘을 설계하라.

힌트: 주어진 예제("computation", "computers", "compute", "computing")를 통해 일반적인 규칙을 찾아보라.

해법: 스테밍은 광범위한 주제이므로 여기서는 간단한 방법만 다룬다.

대부분의 스테밍 시스템은 간단한 재작성 규칙을 바탕으로 하고 있다. 예를 들어 "es", "s", "ation"과 같은 접미사는 제거한다. 하지만 이 방법이 언제나 맞는 건 아니다. 예를 들어, wolves의 스테밍 결과는 wolf이다. 따라서 "ves"는 "f"로 치환하는 규칙 또한 필요하다.

대부분의 규칙은 어떤 접미사 집합을 만나면 그에 상응하는 다른 문자열로 대체하는 것이다. 이를 효율적으로 하는 방법은 모든 규칙에 대해서 유한 상태 머신(finite state machine)을 만드는 것이다.

좀 더 정교한 시스템은 일반적인 규칙에서 벗어나는 단어를 예외상황으로 처리한다. 마틴 포터(Martin Porter)가 개발한 포터 스테머(stemmer)의 경우는 영어를 스테밍하는 권위 있는 알고리즘 중 하나이다. 이 알고리즘은 모음과 자음의 패턴을 바탕으로 여러 가지 규칙을 만들었다.

또 다른 방법은 스토캐스틱(stochastic) 방법을 사용해서 규칙을 재작성하는 것이다. M-그램(gram) 방법은 주변 단어를 통해 현재 단어의 올바른 스테밍 결과를 찾는다.

문제 20.3 표절 찾기

텍스트 파일의 집합이 입력으로 주어졌을 때 굉장히 비슷한 파일을 쌍으로 묶어 반환하는 효율적인 알고리즘을 설계하라.

힌트: 점차적으로 증가하는 해시값을 구하는 해시 함수를 설계하라. 즉, $i = 0, 1, 2, \dots$일 때 $S[i, i + k - 1]$을 구하면 된다.

해법: 각 파일을 문자열로 생각하자. 두 문서에서 동일한 부분 문자열의 길이가 k 이상이라면 두 문서를 '현저하게 비슷하다'고 한다. 여기서 k는 동일한 정도를 측정하는 길이가 된다. (이 모델의 유효성에 대해서는 나중에 더 깊게 논의하기로 하자.)

l_i는 i번째 파일의 길이이다. 각 파일에서 길이가 k인 모든 부분 문자열에 대한 해시 코드를 구해야 한다. 그 개수는 $l_i - k + 1$이 된다.

어떤 파일의 어느 위치를 나타내는지 기록하기 위해서 해당 해시 코드를 해시 테이블 G에 삽입한다. 길이가 k인 부분 문자열이 같은 경우에 해시 코드 사이에 충돌이 발생할 수 있다.

길이가 k인 모든 부분 문자열에 대해 해시 코드를 계산해야 하므로 문자를 하나 제거하거나 추가할 때마다 점차적으로 해시 값을 갱신할 수 있는 효율적인 해시 함수가 필요하다. 이러한 해시 함수에 대해선 문제 6.12의 해법에서 이야기했다.

또한 동일하지 않은 문자열이 충돌할 가능성을 줄이려면 해시 테이블 G의 크기가 충분히 커야 한다. 총 $\sum_{i=1}^{|S|} (l_i - k + 1)$의 문자열이 해시 테이블에 추가된다. 만약 k가 문자열의 길이에 비해 상대적으로 작거나 G가 문자열의 전체 길이보다 현저하게 작다면 충돌이 불가피하다.

정확한 답을 반환할 필요가 없다면 부분 문자열의 부분 집합만을 고려함으로써 공간을 절약할 수 있다. 예를 들어 해시 코드의 마지막 b비트가 모두 0인 경우이다. 이때는 해시 함수가 합리적으로 키를 분산시킨다는 가정하에, 평균적으로 전체 부분 문자열 집합의 $\frac{1}{2^b}$만큼만 고려한다.

앞에서 언급한 해법은 수많은 긍정 오류(false positive)를 야기시킨다. 예를 들어 각 파일이 HTML 페이지일 때, 길이가 k 이상인 스크립트가 포함된 모든 페이지를 현저하게 비슷하다고 말할 것이다. 이는 파싱 혹은 헤더를 삭제하는 등의 전처리를 통해서 해결할 수 있다(이 프로세스를 위해 수동으로 여러 번 파일을 검사해야 할 수도 있다). 하지만 이 방법은 어떤 경우에는 잘 동작하지 않는다. 예를 들어 동일한 프로그램인데 ID만 다른 경우 날이나(하지만 코드 블록의 위치를 옮긴 파일은 훌륭하게 찾아낼 수 있다). 하지만 이러한 경우에도 ID를 표준화한다면 가능하다.

앞에서 언급한 방법은 파일이 굉장히 많고 여러 서버에 흩어져 있는 경우에 특히 효율적으로 동작한다. 특히 맵리듀스(map-reduce) 프레임워크를 통해 G를 여러 서버에 효율적으로 퍼뜨릴 수 있다.

문제 20.4 속성에 따른 사용자의 쌍

소셜 네트워크 시스템을 만들려고 한다. 여기서 각 사용자는 일련의 속성 집합을 포함한다. 이때 같은 속성 집합으로 구성된 사용자들을 쌍으로 묶으려고 한다.

일련의 사용자가 몇 명 주어진다. 각 사용자는 유일한 32비트 정수값을 키로 하고 속성 집합이 문자열로 주어진다. 이전에 읽은 사용자 중에 속성이 동일하면서 아직 다른 사용자와 쌍을 이루지 않은 사용자가 존재한다면, 해당 사용자와 쌍을 이루어야 한다. 쌍을 이루지 못한 사용자는 별개의 집합으로 구분해야 한다.

힌트: 속성 집합을 문자열로 매핑하라.

해법: 먼저 이 문제의 핵심 알고리즘을 살펴보자. 그 뒤에 어떻게 구현할 건지, 특히 확장성에 관련된 부분을 생각해 볼 것이다.

무식한 방법은 새로운 사용자의 속성과 아직 쌍을 이루지 않은 사용자의 속성을 모두 비교해 보는 것이다. 이 방법은 사용자가 n명일 때 시간 복잡도가 $O(n^2)$이 된다.

시간 복잡도를 개선하기 위해 새로운 사용자와 속성이 같은 사용자를 효과적으로 찾을 수 있어야 한다. 해시 테이블의 키를 속성의 부분 집합이라 하고 값을 사용자라고 하자. 이 방법을 사용하려면 또 다른 문제를 풀어야 하는데, 바로 속성의 부분 집합을 키값으로 하는 해시 함수를 어떻게 설계해야 하느냐이다.

만약 가능한 속성의 전체 개수가 작다면 속성의 부분 집합을 비트 배열로 표현할 수 있다. 각 인덱스가 특정 속성을 표현하도록 말이다. 1로 표시된 인덱스는 해당 속성이 존재한다는 뜻이다. 이 비트 배열을 사용해서 해시 함수를 사용할 수 있다. n명의 사용자를 처리하는 데 걸리는 시간 복잡도는 $O(nm)$과 같다. 여기서 m은 서로 다른 속성의 개수이다. n명의 사용자가 m개의 속성을 가지고 있을 수 있기 때문에 공간 복잡도 또한 $O(nm)$과 같다.

가능한 속성 집합이 크고 대부분의 사용자가 적은 개수의 속성만을 가지고 있다면, 시간과 공간 면에서 비트 배열을 사용하는 것은 비효율적이다. 희소한 부분 집합은 원소를 직접 기록해서 표현하는 게 더 낫다. 해시 코드를 동일하게 만들기 위해서는 부분 배열을 고유한 방법으로 표현해야 한다. 한 가지 방법은 원소를 정렬하는 것이다. 정렬된 속성을 이어 붙여서 하나의 문자열로 나타낸 뒤 해시 함수를 사용하면 된다. 예를 들어 속성 집합이 {USA, Senior, Income, Prime Customer}이고 어떤 사용자의 속성이 {USA, Income}이라면 "Income,USA"라고 표현할 수 있다.

사용자의 속성 집합의 크기의 합을 M이라고 했을 때 이 방법의 시간 복잡도는 $O(M)$이 된다.

이제 구현 방법에 대해 생각해 보자. 소셜 네트워크 프로그램이 충분히 작아서 하나의 컴퓨터로도 충분히 운영할 수 있다고 가정하자. 이러한 시스템의 경우에는 일반 데이터베이스의 사용자 테이블, 속성 테이블, JOIN 테이블을 사용하면 된다. 그 뒤에 속성이 동일한 사용자를 JOIN할지 말지 여러분이 정한 기준에 따라 결정하면 된다. 데이터베이스를 사용하지 않고 처음부터 다시 개발하고 싶다면, 비슷한 방법으로 모든 속성에 대해 일치하는 사용자의 ID 리스트를 얻을 수 있다. 빠른 검색을 위해 문자열 해시를 통한 역인덱스(reverse index)를 사용하면 좋다. ID 리스트가 정렬된 형태로 반환된다고 가정하면 여러 속성에 대해 쉽게 이들을 병합할 수 있고, 매칭되는 그룹을 찾거나 새로운 그룹을 만들 수 있다.

이제 소셜 네트워크가 너무 커서 하나의 컴퓨터로는 운영이 불가능한 경우를 생각해 보자. 사용자가 많기 때문에 컴퓨터를 여러 대 사용해야 한다. 각 컴퓨터는 속성의 부분 집합을 저장하고 그 결과를 사용자의 ID로 반환한다. 또한 다음과 같은 두 가지의 병합 과정을 거쳐야 한다.

- 동일한 검색인 경우: 여러 대의 컴퓨터에서 하나의 속성을 검색했다면, 반환된 정렬 ID 리스트들을 하나의 커다란 정렬 ID 리스트로 병합해야 한다.
- 다른 속성을 검색한 경우: 이 속성들이 모든 리스트에 존재한다면 속성들을 모두 병합해야 한다. (혹은 매치되는 기준이 $X\%$를 넘는 경우)

일반적으로 실시간으로 매치를 찾아야 할 필요가 없는 경우가 많으므로 생산자 소비자 패턴(Consumer Producer pattern)을 사용해야 한다. 즉, 큐에서 사용자를 선택한 뒤 탐색을 수행한다. 그리고 동시에 가능한 요청의 개수를 제한한다.

문제 20.5 저작권 침해를 발견하는 시스템 설계하기

YouTV.com(실제로 존재하는 사이트는 아니다)은 온라인 비디오 공유 사이트로 성공한 웹사이트이다. 할리우드 스튜디오는 해당 웹사이트에 저작권을 침해하는 영상이 많이 올라온다는 점에 대해 불평하고 있다.

할리우드 스튜디오가 비디오 집합 *V*를 입력했을 때, *YouTV.com*의 데이터베이스에서 일치하는 비디오가 있는지 확인하는 시스템을 설계하라.

힌트: 비디오 포맷을 정규화한 뒤에 그에 상응하는 서명을 만들라.

해법: 비디오를 문서로 바꾼다면 문제 20.3의 해법에서 사용한 방법을 쓰면 된다. 길이가 *k*인 부분 문자열에 대한 해시 코드를 모두 계산해서 거의 중복되는 문서를 찾는다.

비디오는 같은 내용이더라도 수많은 포맷으로 인코딩될 수 있다는 점에서 문서와는 다르다. 즉, 해상도가 다를 수도 있고, 압축된 정도가 다를 수도 있다.

비디오 문제를 문서 문제로 바꾸기 위한 한 가지 방법은 모든 비디오를 동일한 포맷, 해상도, 압축수준으로 재인코딩하는 것이다. 하지만 초기 세팅이 다를 수 있으므로 내용이 동일한 두 개의 비디오가 같은 파일이 되는 건 아니다. 하지만 정규화된 비디오를 표현하는 '서명'을 얻을 수 있다.

간단한 서명 방법은 밝기 정도에 따라 각 프레임에 0 혹은 1을 할당하는 것이다. 더 복잡한 서명 방법은 빨간색, 녹색, 파란색의 정도에 따라 각 프레임을 3비트로 표현하는 것이다. 이보다 더 복잡한 방법을 개발할 수도 있다. 예를 들어 개별 프레임의 부분을 고려해 볼 수도 있다. 더 나은 서명이 필요한 이유는 잘못 매치하는 경우의 수를 줄임으로써 매치된 영상을 재검사하는 시간을 줄이기 위함이다.

앞에서 설명한 방법은 저작권 침해 비디오를 찾는 알고리즘과 관련된 내용이다. 하지만 효율적인 다른 방법들도 있다. 보상을 통해 사용자가 저작권을 침해한 비디오를 찾게끔 할 수도 있고, 이미 저작권이 침해된 비디오를 모아서 이와 동일한 비디오를 찾을 수도 있다. 또한 비디오의 메타 데이터 정보를 사용할 수도 있다.

응용: 실시간으로 동일한 음악을 찾아주는 서비스를 설계하라.

문제 20.6 TₑX 설계하기

TₑX는 도널드 커누스(Donald Knuth)가 설계한 문서 작성 조판 시스템이다. GUI 기반의 문서 작성 프로그램과는 달리 기계에 독립적인 중간 단계의 표현법으로 컴파일한다. TₑX는 마크업 언어로, 텍스트, 리스트, 표, 내장된 그림의 형태와 굉장히 많은 종류의 폰트 및 수학 기호를 지원한다. 섹션 번호, 상호참조, 인덱스 생성 등이 자동으로 구현되고, API를 제공하기도 한다. 이 외에도 다양한 기능이 있다.

어떻게 TₑX를 구현할 것인가?

힌트: 두 가지 관점이 존재한다. 하나는 구성요소(building block)(예를 들어 폰트, 심벌)이고, 다른 하나는 계층적 레이아웃이다.

해법: TₑX를 실제로 설계해야 하는 문제가 아니라는 걸 명심하자. TₑX 설계는 어떤 기능을 제공할 것인지, 언어를 어떻게 설계할 것인지 등의 복잡한 문제를 해결해야 한다. 게다가 TₑX를 작성할 때는 프로그래밍할 언어 선택, 입력 어휘(lexing) 및 구문(parsing) 분석, 오류 처리, 매크로 및 스크립트 등도 해결해야 한다.

특히 두 가지 주요 구현 문제는 폰트와 기호(예를 들어 $\mathbf{A}, \mathbf{b}, f, \sum, \oint, \mathtt{ㅂ}$)를 지정하고, 구성요소들을 모아서 문서로 나타내는 것이다.

이번에는 계층적 레이아웃에 초점을 맞춰 보자. 구성요소를 합리적으로 추상화하는 방법은 직사각형 모양의 경계 박스를 통해 구성요소를 설명하는 것이다. 설명은 계층적으로 할 수 있다. 각 기호는 직사각형으로, 선과 문단은 또 다른 직사각형으로 표현되며, 섹션 제목, 표, 표의 항목, 그림들도 마찬가지로 직사각형으로 표현된다. 이 문제의 핵심 알고리즘은 레이아웃의 엄격한 제한사항을 맞추고, 동시에 미적인 관점도 고려해서 이러한 직사각형을 모으는 것이다. 문제 16.11을 참고해 보길 바란다.

이제 기호에 대해 생각해 보자. 우선 2차원 배열을 사용해서 각 기호를 비트로 표현해 보자. 이러한 방법을 비트맵 표현 방법이라 한다. 비트맵 폰트의 문제점은 품질의 해상도가 매우 높아야 하고, 이 때문에 문서와 폰트의 라이브러리의 크기가 굉장히 커진다는 점이다. 크기가 다른 같은 기호들 또한 개별적인 비트맵으로 표현되어야 하고, 이탤릭 혹은 굵은 글씨체도 마찬가지이다.

이보다 더 나은 방법은 수학적 함수로 기호를 정의하는 것이다. 합리적인 접근법은 2차 혹은 3차 함수를 제공하고, 기본적인 그래픽 변환(회전, 보간법, 크기 조절)

이 가능한 언어를 사용하는 것이다. 이 방법은 비트맵 폰트의 단점을 극복할 수 있다. 비율, 기울기, 폭, 세리프의 크기 등을 내개변수로 사용할 수 있다.

이 외에도 구현 시 상호참조, 인덱스 자동 생성, 색상을 표현하는 부분과 표준 PDF로 출력 등을 해결해야 한다.

도널드 커누스가 쓴 《Digital Typography》에서 TEX를 어떻게 설계했고 구현했는지에 대한 자세한 설명을 볼 수 있다.

문제 20.7 검색 엔진 설계하기

키워드 기반 검색 엔진은 수십억 개의 문서를 보관하고 있다. 검색 엔진이 핵심적으로 수행하는 작업 중 하나는 쿼리로 입력된 키워드가 포함된 모든 문서를 찾는 것이다. 이 작업을 수십 밀리 초 내에 끝내야 하므로 결코 간단한 작업은 아니다.

문제를 간단히 해서 시작해 보자. 모든 문서를 하나의 컴퓨터 RAM에 올릴 수 있다고 가정한다.

각 문서의 평균 크기가 10킬로바이트이고 이러한 문서가 백만 개 주어졌을 때, 주어진 단어 집합이 포함된 문서의 부분 집합을 효율적으로 반환하는 프로그램을 설계하라.

힌트: 책의 인덱스에서 아이디어를 떠 올려 보자.

해법: 당장 생각할 수 있는 방법은 역 인덱스를 만드는 것이다. 역 인덱스는 각 단어에 대해 해당 단어의 위치를 순서대로 저장한다. 배열 혹은 연결리스트로 표현할 수 있고, 단어의 위치는 문서의 ID와 오프셋으로 정의할 수 있다. 역 인덱스는 단어가 나타난 위치 순서대로 저장한다(문서의 ID로 먼저 정렬한 뒤 문서의 ID가 같으면 오프셋으로 정렬한다). 단어 집합을 포함하는 문서를 찾을 때는 각 단어에 해당하는 리스트들의 교집합을 찾을 수 있어야 한다. 리스트가 이미 정렬되어 있기 때문에 교집합은 전체 리스트의 길이에 비례하는 시간에 찾을 수 있다. 다음에서 최적화할 수 있는 부분을 몇 가지 나열했다.

- 압축: 역 인덱스를 압축한다면 더 많은 문서의 인덱스를 만들 수 있고 메모리 지역성(캐시 미스를 줄임) 또한 높일 수 있다. 리스트를 정렬해서 저장하고 있기 때문에 압축할 수 있는 한 가지 방법은 연속된 엔트리의 차이만을 저장하는 것이다. 그 차이를 표현하는 데 필요한 비트 수가 더 적기 때문에 가능하다.

- 캐시: 보통은 일부 쿼리가 반복해서 발생하는 경우가 많다. 따라서 가장 자주 발생하는 쿼리 결과를 캐시에 저장하면 큰 도움이 된다.

- 빈도 기반 최적화: 검색의 결과로 모든 문서를 반환할 필요는 없다. 가장 그럴듯한(품질이 높은) 문서 일부분이 대부분의 결과에서 반환된다. 따라서 두 가지 종류의 역 인덱스를 만들 수 있다. 하나는 품질이 높은 문서들로 이루어진 역 인덱스로 RAM에 저장하고 다른 하나는 나머지 문서들로 이루어진 역 인덱스로 디스크에 저장한다. 만약 보조 인덱스가 필요한 쿼리를 적게 유지할 수 있다면 처리량(throughput)과 지연 속도(latency)를 만족스럽게 유지할 수 있을 것이다.

- 교집합 순서: 전체 교집합을 구하는 데 걸리는 시간은 리스트의 전체 길이에 비례하기 때문에 교집합의 개수가 더 적은 것부터 처리하는 게 빠르다. 예를 들어 "USA GDP 2009"에 대한 문서를 찾고자 한다면, USA에 관한 문서 리스트와 교집합을 구하기 전에 GDP와 2009의 교집합을 먼저 구하는 것이 낫다.

또한 문서의 정확도를 높이기 위해 다단계 인덱스를 사용할 수도 있다. 우선순위가 높은 웹 문서에 대해 각 페이지를 문단과 문장으로 분해하고 각각의 인덱스를 개별적으로 만든다. 이렇게 한다면 단어에 대한 교집합을 같은 문맥 안에서 찾을 수 있을 것이다. 즉, 교집합의 인덱스 위치가 더 가까운 결과를 선택할 수 있다. 정렬된 배열의 교집합은 문제 13.1에서 찾아볼 수 있고, 그와 연관된 문제는 문제 12.6에 있다.

문제 20.8 페이지 순위 매기기

페이지랭크(pagerank) 알고리즘은 웹 페이지에 연결되는 '중요한' 페이지의 수에 따라 웹 페이지에 순위를 매긴다. 이 알고리즘은 다음과 같이 동작한다.

1. 웹의 하이퍼링크(hyperlink)의 구조에 기반해서 행렬 A를 만든다. 페이지 j가 페이지 i로의 링크를 가지고 있을 때 $A_{ij} = \dfrac{1}{d_j}$가 된다. 여기서 d_j는 페이지 j가 가지고 있는 서로 다른 페이지의 링크의 개수이다.

2. $X = \varepsilon[\mathbf{1}] + (1 - \varepsilon)AX$를 만족하는 X를 찾는다. 여기서 ε는 $\dfrac{1}{7}$과 같은 상수가 되고, $[\mathbf{1}]$은 1로 이루어진 열 벡터(column vector)가 된다. $X[i]$의 값이 i번째 페이지의 순위가 된다.

이 수식을 풀 때 가장 많이 쓰이는 방법은 $\frac{1}{n}$로 구성된 X에서 시작해서(여기서 n은 페이지의 개수) $X_k - \varepsilon[\mathbf{1}] + (1 - \varepsilon)AX_{k-1}$을 반복 수행하는 것이나. X_k가 수렴할 때까지 이 작업을 반복 수행한다. X_k와 X_{k+1}의 차이가 어떤 한계치보다 작아질 때 X_k가 수렴했다고 한다.

백억 개의 웹페이지가 있을 때 이들의 순위를 합리적인 시간 안에 구하는 시스템을 설계하라.

힌트: 컴퓨터 여러 대를 사용해야 할 것이다. 적절한 자료구조를 사용한다면 연산을 간단하게 만들 수 있다.

해법: 웹 그래프의 노드의 개수가 십억 개가 넘을 것이고, 대부분 희소 그래프의 형태가 될 것이다. 따라서 인접 리스트를 사용해서 그래프를 표현하는 것이 좋다. 정보가 어떻게 주어지느냐에 따라 그래프를 인접 리스트로 표현하려면 연산을 굉장히 많이 해야 한다. 보통 다운로드한 웹페이지에서 하이퍼링크 정보를 뽑아 그래프를 만드는데, URL은 길이가 정해진 것이 아니므로 해시 코드로 표현한다.

페이지랭크 알고리즘에서 가장 비용이 많이 드는 작업은 반복적으로 행렬 곱셈을 수행하는 것이다. 보통 전체 그래프 정보를 단일 컴퓨터의 RAM에 모두 담기란 불가능하다. 따라서 이 문제를 푸는 데 다음과 같은 두 가지 방법이 존재할 수 있다.

- 디스크 기반 정렬: 메모리에 열 벡터 X를 저장하고 행을 하나씩 메모리에 올린다. i번째 행을 처리하려면 $A_{i,j}$가 0이 아닌 경우에 $A_{i,j} \times X_j$를 X_j에 더해 주면 된다. 이 방법의 장점은 열 벡터를 RAM에 올릴 수 있는 경우에 전체 연산을 단일 컴퓨터 내에서 수행할 수 있다는 점이다. 하지만 단일 컴퓨터를 사용하고 디스크에 의존적이라 속도가 느리다.

- 그래프 나누기: n개의 서버가 주어졌을 때 그래프의 노드(웹 페이지)를 n개의 집합으로 나눈다. 해시코드를 통해 n개의 집합으로 나눈다면 어떤 노드가 어떤 컴퓨터에 속해 있는지 알기 쉽다. 각 컴퓨터는 노드와 해당 노드의 진출 간선(outgoing edge)들을 RAM에 올린다. 또한 각 노드에 해당하는 페이지 순위를 RAM에 올린다. 그다음 각 컴퓨터는 지역 행렬 곱셈을 수행한다. 어떤 간선에 포함된 노드는 해당 컴퓨터 안에 있을 수도 있지만, 다른 컴퓨터에 속한 노드일 수도 있다. 따라서 결과 벡터에는 해당 컴퓨터에 속하지 않은 노드에 대한 결과(0

이 아닌)도 포함하고 있어야 한다. 지역 곱셈이 끝난 뒤에 그 결과를 다른 컴퓨터에 전송해서 전체 결과에 더해 준다. 이 방법은 임의의 크기가 큰 그래프에 대해서도 결과를 구할 수 있다는 장점이 있다.

위키피디아(Wikipedia)에 따르면 단일 컴퓨터에서 수백만 개의 웹페이지에 대한 페이지 순위를 구하는 데 몇 분이 걸린다고 한다. 그래프가 수렴하는 데 대략 70번의 반복이 필요하다. 한 가지 일화를 소개하자면, 월드 와이드 웹(WWW)을 구성하는 페이지의 개수는 수십억 개가 넘으며 이 그래프가 수렴하는 데 필요한 반복 횟수는 대략 200번이다.

웹그래프 수준의 그래프에 대한 페이지 순위를 구하려면 반드시 수천 대의 컴퓨터를 사용해야 한다. 그중 컴퓨터 한 대가 멈출 수 있는 가능성은 꽤 높다(예를 들어 전원 공급 기구에 결함이 생겨서). 흔하게 사용되는 맵리듀스(Map-Reduce) 프레임워크는 결함-허용(fault-tolerance)을 고려하면서 동시에 효율적으로 병렬 처리를 수행한다. 데이터를 여러 파일 시스템에 복제해서 결함-허용을 처리할 수 있고, 마스터 컴퓨터를 통해 응답이 없는 컴퓨터의 업무를 재할당하기도 한다.

문제 20.9 테라 정렬 및 페타 정렬 설계하기

데이터의 크기는 점점 커지고 있다. 예를 들어 인기 있는 소셜 네트워크에 조 단위의 아이템이 존재한다고 가정하자.

1000바이트 크기의 문자열 10억 개를 어떻게 정렬할 수 있을까? 1000바이트 크기의 문자열이 10조 개가 있을 때는 어떻게 정렬할 수 있을까?

힌트: 1000바이트 크기의 문자열 10조 개를 하나의 컴퓨터에 담을 수 있나?

해법: 1000바이트의 문자열 10억 개를 단일 컴퓨터의 RAM에 모두 담을 수는 없다. 하지만 디스크를 사용하면 가능하다. 따라서 한 가지 가능한 방법은 RAM에 담을 수 있을 만큼 데이터를 나누어서 각각을 정렬한 뒤 다시 디스크에 쓰고, 마지막으로 정렬된 부분들을 병합해 주는 것이다. 문제 10.1의 해법을 사용하면 정렬된 부분들을 병합할 수 있다. UNIX의 정렬 프로그램은 굉장히 많은 파일을 정렬할 때 이 원리를 사용한다. 또한 방금 설명한 병합 기반의 알고리즘을 직접 구현한 것보다 더 빠르다.

만약 데이터가 10조 개라면 하나의 컴퓨터에 담을 수 없다. 반드시 여러 컴퓨터 집단에 나누어 보관해야 한다. 이러한 경우, 가장 자연스러운 정렬 방법은 이진 탐색을 통해 조회가 가능하도록 데이터를 구성하는 것이다. 전체 순서를 알 수 있어야 하므로 개별적인 데이터집합을 정렬한다고 끝나는 것이 아니다. 그렇지 않으면 모든 컴퓨터에서 이진 탐색을 수행해야 할 것이다. 가장 직접적인 해법은 한 컴퓨터에서 정렬된 데이터 집합을 병합하도록 하는 것이다. 하지만 이렇게 할 경우 해당 컴퓨터가 병목이 될 것이다.

병목을 해결할 수 있는 한 가지 해법은 먼저 데이터를 재배치해서 i번째 컴퓨터가 특정 범위의 문자열을 보관하도록 하는 것이다. 즉, 3번 컴퓨터는 daily에서 ending까지의 문자열을 저장하도록 한다. 각 범위가 어떤 컴퓨터와 매칭하는지를 나타내는 R을 구하기 위해선 파일을 임의로 추출한 뒤 추출된 값을 정렬해 보면 된다. 추출된 부분 집합이 충분히 작다면, 개별 컴퓨터에서도 정렬할 수 있다. 문제 11.8의 해법을 사용하면 각 컴퓨터에 할당될 문자열의 범위를 구할 수 있다. $r_i = iA[n/M]$으로 정의하자. 여기서 n은 A의 길이를 말한다. i번째 컴퓨터는 $[r_i, r_{i+1})$ 사이의 문자열을 보관해야 한다. 데이터의 분포도를 미리 알고 있다면(데이터가 균일하게 분포되어 있을 수도 있다) 임의로 파일을 추출해 보지 않아도 된다.

데이터를 재배치할 때는 완전 분산 시스템 방식으로 수행할 수 있다. 각 컴퓨터가 문자열을 확인한 뒤 해당 문자열을 보관해야 하는 컴퓨터로 보내면 된다.

재배치가 끝난 후에 각 컴퓨터는 문자열을 정렬한다. 그다음에는 문자열 조회와 같은 쿼리가 입력으로 들어오면 R을 통해 어떤 컴퓨터에 해당 문자열이 들어 있는지 확인하고 해당 컴퓨터에 쿼리를 전송하면 된다.

문제 20.10 분산 서비스 조절하기

n개의 컴퓨터('크롤러')가 전체 웹을 다운로드하고 있다. URL이 주어지면 Hash(URL) mod n에 위치한 크롤러에게 다운로드 작업을 할당한다. 웹페이지를 다운로드할 때는 이를 호스팅하는 웹서버의 대역폭이 줄어든다.

크롤러가 웹사이트에 1분에 b바이트 이상 요청하지 않도록 크롤링 서비스를 구현하라.

힌트: 크롤링을 조절하는 역할을 담당하는 서버를 사용하라.

해법: 문제 자체가 상당히 모호하다.

- 보통 한 번의 요청으로 하나의 파일을 다운로드하기 때문에 파일 하나의 크기가 *b*바이트 이상이라면, 네트워크 스택의 전송 계층 혹은 네트워크 계층을 수정하지 않는 이상, 매 분마다 *b*바이트 이하로 다운로드 받아야 하는 제약조건을 충족시킬 수 없다. 종종 시스템 설계자들은 파일 크기의 분포도를 확인한 뒤에 우리가 신경 쓰지 않아도 될 만큼 드물게 발생하는 문제로 결론짓기도 한다. 혹은 파일의 첫 번째 *b*바이트 이상을 다운로드하지 않도록 할 수도 있다.

- 호스트의 대역폭이 문제가 되는 자원이라면, 시스템 설계 시 그 문제를 어떻게 해결할지 선택하는 게 중요하다. 요청을 선착순으로 처리할 것인가 아니면 우선순위를 둘 것인가? 종종 크롤러 시스템은 해당 문서가 사용자에게 얼마나 중요한지 혹은 현재 문서가 얼마나 새로운 문서인지에 따라 우선순위를 매겨 놓는다.

분당 *b*바이트 이상 요청하지 않도록 하는 한 가지 방법은 허가 전용 서버를 두고 각 크롤러가 특정 호스트에 요청을 보낼 때마다 요청을 보내도 되는지 확인받도록 할 수 있다. 이 서버는 1분 전에 해당 서버에서 몇 바이트를 다운로드했는지 기록해 두고 그 양이 정해진 할당량에 가깝다면 요청을 허가하지 않는다. 만약 우선순위가 없다면, 허가 요청이 들어왔을 때 허가할 것인지 말 것인지 알려 주는 인터페이스를 동기식으로 구현할 수 있다. 우선순위가 있다면 허가 요청을 큐에 넣은 뒤 파일을 다운로드할 수 있을 때 해당 크롤러에게 알려 주면 된다. 허가 전용 서버의 큐는 우선순위 기반 큐가 되어야 할 것이다.

만약 허가 전용 서버가 병목이 된다면 이러한 서버를 여러 대 두면 된다. 해시 함수를 사용해서 각 서버가 담당하는 호스트의 집합을 설정해 둔다.

문제 20.11 확장 가능한 우선순위 시스템 설계하기

분산 시스템에서 우선순위가 있는 작업들의 집합을 유지하기란 까다롭다. 이와 관련한 애플리케이션으로는 웹페이지를 크롤링하는 검색엔진 혹은 분자역학을 이벤트 중심으로 시뮬레이션하는 애플리케이션 등이 있다. 두 경우 모두 작업이 수십억 개에 달한다.

우선순위가 있는 작업의 집합을 유지하는 시스템을 설계하고 다음과 같은 API를 구현하라. (1) 우선순위가 주어진 새로운 작업을 삽입하기 (2) 작업 삭제하기 (3) 우선순위가 가장 높은 작업 찾기. 각 작업은 고유한 ID를 가지고 있다. 이 작업을 컴퓨터 한 대의 메모리에 모두 올릴 수는 없다고 가정하라.

작업을 여러 컴퓨터에 어떻게 나눌 것인가? 항상 우선순위가 가장 높은 작업만 수행하는 것이 필수인가?

해법: RAM의 크기가 충분하다면 가장 간단한 해법은 최소힙을 사용하는 것이다. 추가로 해시 테이블에 해당 작업의 위치를 저장함으로써 최소힙에서 삭제 연산을 빠르게 할 수 있다.

여러 컴퓨터에 작업을 나누어 저장하면 우선순위 시스템을 좀 더 확장할 수 있다. 한 가지 방법은 해시 함수를 통해 알맞은 컴퓨터에 작업을 할당하는 것이다. 삽입과 삭제를 위해선 하나의 서버와 통신을 해야 한다. 최솟값을 뽑아내기 위해선 모든 컴퓨터에 요청을 보내고 그중에서 최솟값을 유추한 뒤 해당 컴퓨터에서 최솟값을 삭제하면 된다.

우선순위가 가장 높은 이벤트를 원하는 클라이언트가 한꺼번에 몰릴 수 있을 것이다. 이를 잘 분산시키는 것도 어려운 일이다. 특정 시간대에 최솟값을 뽑아내는 연산을 원하는 클라이언트가 몰린다면, 그들이 찾고자 하는 최솟값이 시시각각 변할 수도 있다. 만약 서비스의 처리량을 하나의 컴퓨터가 온전히 감당할 수 있다면, 모든 요청에 대한 응답만 책임지는 전용 서버를 둬서 해결할 수 있다. 이 서버는 각 컴퓨터에서 우선순위가 높은 백 개의 작업을 미리 구해서 힙에 저장하고 있다가 요청에 따라 작업을 분배한다.

일반적인 애플리케이션에서는 일관성이 완벽하게 유지될 필요는 없다. 가지고 있는 자원을 사용해서 우선순위가 가장 높은 작업을 처리하는 데만 신경 쓰면 된다. 이러한 경우에 클라이언트는 임의로 하나의 컴퓨터를 선택한 뒤 우선순위가 가장 높은 작업이 무엇인지 요청한다. 이는 분산 크롤링 애플리케이션에서는 잘 작동하겠지만, 이벤트 중심 시뮬레이션에는 의존성 문제 때문에 적합하지 않다.

확장 가능한 우선순위 시스템 설계의 또 다른 문제점은 탄력성이다. 만약 어떤 한 노드의 작업이 실패했다면, 해당 노드에 있는 모든 작업 리스트 또한 실패하게 된다. 이러한 위험을 방지하기 위해 여러 노드에 작업 리스트를 중복해 배치해 두는 게 좋다. 그러면 한 노드가 실패하더라도 다른 노드에서 해당 작업을 수행할 수 있게 된다. 노드를 하나 잃어 버렸다고 해서 모든 해싱 작업을 다시 할 필요는 없다. 대체 노드는 새로운 작업만을 담당할 것이다. 일관된 해싱을 사용하면 된다.

프런트엔드의 캐시 서버가 병목이 될 수 있지만, 복제를 통해 해결할 수 있다. 같은 작업을 하는 서버를 여러 대 두는 것이다. 여러 가지 방법을 통해 이들을 조정할 수 있는데, 중복되지 않는 리스트를 사용하거나, 방해되는 작업 리스트를 저장하거나, 우선순위가 높은 작업 중에서 임의의 작업을 반환할 수도 있다.

문제 20.12 모자이크 사진 만들기

모자이크 사진은 '타일(tiles)'이라고 불리는 사진 조각 모음과 모자이크 처리할 대상(target) 사진을 사용해서 만들 수 있다. 모자이크 사진은 대상 사진에 근접한 또 다른 사진을 만들기 위해 타일을 적절히 배치하는 것이다. 모자이크 사진의 품질은 사람의 인지 정도에 따라 정의된다.

수행 시간을 최소화하면서 품질이 높은 모자이크를 생성하는 프로그램을 설계하라.

힌트: 두 사진 사이의 거리를 어떻게 정의할 것인가?

해법: 사진을 $s \times s$ 크기의 정사각형으로 나눈 뒤에 각 정사각형의 평균 색깔을 구한다. 그 뒤에 해당 색깔과 가장 가까운 타일을 찾아서 배치한다. 색 공간에서의 거리는 빨강색-녹색-파란색(RGB) 값을 통해 $L2$-거리를 구한다. 문제를 조금 더 자세히 살펴보면 각 사진의 부분과 비슷한 구조를 가진 타일을 찾아야 한다는 것을 알게 될 것이다. 이를 위해, 각 사진의 부분을 2×2 혹은 3×3 픽셀 크기로 바꾼 뒤에 이것과 가장 가까운 타일을 찾는다. 이제 이 문제는 k-차원에서 가장 가까운 점을 찾는 문제와 같아진다.

m개의 타일과 n개의 정사각형으로 나누어진 사진이 주어졌을 때, 무식한 방법을 사용하면 $O(mn)$ 시간 복잡도가 소요된다. 적절한 탐색 트리를 사용해서 타일을 먼저 인덱싱한다면 더 개선할 수 있다. 또한 기존 사진을 여러 부분으로 나누어서 병렬로 처리할 수도 있다.

문제 20.13 마일리지 이동 구현하기

어떤 항공사는 자격 조건에 따라 '회원 등급'을 구분해서 관리한다. 이 회원 등급에 따라 비행기에 일찍 탑승하거나, 수하물을 더 많이 가져가거나, 클래스를 업그레이드할 수 있다. 보통 회원 등급은 지난 12개월 동안 비행한 마일을 계산하는 함수로 구한다.

비행기로 자주 여행하는 승객들은 때때로 회원 등급을 유지하기 위해 왕복 티켓을 끊기도 한다. 이때 도착지는 중요하지 않다. 목표는 마일당 비용(cpm)을 최소화하는 것이다. 즉, 마일당 사용한 돈의 비율을 최소화해야 한다.

마일리지로 이동할 수 있는 거리를 구해 주는 시스템을 설계하라.

힌트: 함축된 특징을 독립된 작업으로 나누어라.

해법: 두 가지 설계 측면이 존재한다. 하나는 사용자가 조작하는(user-facing) 시스템이고, 다른 하나는 비행-비용-거리 정보를 구하는 백엔드와 사용자의 입력을 조합하여 알림(alert)을 생성하는 부분이다.

사용자가 조작할 부분을 먼저 살펴보자. 문제를 단순화하기 위해 웹앱(webapp)을 사용해서 설명할 것이다. 웹앱은 데스크톱이 될 수도 있고 모바일 앱이 될 수도 있다. 웹앱은 로그인 페이지, 알림 처리 페이지, 알림 생성 페이지, 결과 페이지로 구성되어 있다. 이러한 시스템의 경우 구글이나 페이스북에서 제공하는 통합 인증(single-sign-on) 로그인 서비스를 사용해도 괜찮다. 관리 페이지는 로그인 정보, 알림 리스트, 알림 생성 부분으로 구성되어 있을 것이다.

알림 생성을 위한 적절한 조건에는 출발 도시, 목표 cpm, 그 외에도 선택적으로 여행 날짜 혹은 기간이 포함될 수 있다. 결과 페이지는 이 조건을 만족하는 비행편을 보여 줄 것이다. 물론, 조건에 맞는 비행편을 얼마나 자주 확인할지 설정하거나 여러 개의 도착 도시나 여러 개의 출발 도시를 설정할 수도 있다.

웹앱 프런트엔드는 Java 서버 페이지처럼 보통 동적으로 HTML을 생성하는 서버를 사용해 구현한다. 폰트, 색깔, 위치를 조정할 수 있는 CSS를 사용하면 시각적으로 더 매력적인 페이지를 만들 수 있다. 자바스크립트를 사용하면 자동완성 혹은 날짜 선택을 멋지게 표현할 수 있어서 좀 더 효과적인 UI를 제공할 수 있다.

근래에는 서버에서 HTML을 생성하기보단 자바스크립트를 통해 JSON 객체를 서버에서 읽거나 서버에 쓰게 해서 단일 페이지를 갱신하는 단일-페이지 애플리케이션을 선호한다. AngularJS 프레임워크가 이 방법을 제공한다.

웹앱 백엔드 서버는 비행 데이터 모으기, 사용자가 생성한 알림과 매칭되는 비행 데이터 찾기, 데이터와 알림 저장하기, 요청한 브라우저에 결과 보여 주기와 같은 네 가지 컴포넌트로 구성되어 있다.

비행 데이터는 비행 데이터를 제공하는 서비스를 사용하거나 '스크래핑(scraping)'을 통해 모을 수 있다. 스크래핑은 웹사이트에서 데이터를 뽑아내는 과정을 말한다. 이 과정은 꽤 복잡하다. 웹사이트에서 결과를 파싱하기, 폼(form) 데이터 작성하기, 실제 결과를 생성하는 자바스크립트 실행하기 등을 거친다. 셀레니움(Selenium)의 Java 라이브러리는 파이어폭스(Firefox) 브라우저와의 인터페이스를 제공하며, 자바스크립트가 많이 포함된 사이트를 스크래핑하는 데 적합하다.

비행 데이터를 제공하는 서비스는 대부분 유료다. 가장 널리 사용되는 비행 데이터 서비스는 ITA 소프트웨어로, 통합 형태의 데이터를 제공한다. Kayak 사이트는 XML 형태로 최근 운임료를 무료로 제공한다. 비행 정보에 공항 사이의 거리가 포함되어 있지 않지만 공항 코드를 입력하면 공항 사이의 거리를 알려 주는 웹사이트도 있다. 이를 통해 비행의 cpm을 구할 수 있다.

흔하게 사용되는 웹 애플리케이션 프레임워크는 여러 가지가 존재한다. 특히 많은 공통된 작업을 처리하는 라이브러리를 통해 서버를 구현할 수 있다. 웹 애플리케이션 백엔드를 구현할 때 가장 흔하게 사용되는 언어는 Java 혹은 Python이다.

데이터를 저장할 때는 데이터베이스를 사용한다. 대부분의 웹 애플리케이션 프레임워크는 데이터베이스에서 객체를 읽거나 쓰는 작업을 자동으로 처리해 준다. 마지막으로, 웹 애플리케이션 프레임워크는 URL과 메서드를 연결하는 설정 파일을 통해 유입되는 HTTP요청에 대해 적절한 코드를 실행하도록 해 준다. 프레임워크는 HTTP 템플릿 메커니즘을 제공한다. 이를 통해 개발자는 HTML에 내용을 동적으로 추가할 수 있다.

웹 애플리케이션 프레임워크는 주로 크론(cron) 기능을 제공한다. 크론은 주기적으로 실행되는 함수를 말한다. 데이터를 스크래핑하거나 알림 조건이 현재 데이터와 맞는지 확인하는 작업을 주기적으로 수행할 때 사용한다.

웹앱을 다 만들었다면 아마존 웹 서비스(Amazon Web Service) 혹은 구글 앱 엔진(Google App Engine)과 같은 플랫폼 서비스를 통해 배포할 수 있다.

문제 20.14 사진 공유 서비스 구현하기

이번에는 사진 공유 서비스의 시스템을 설계해 보자. 접근 제어(특정 기능을 누구나 사용할 수 있는지, 자기 자신만 사용할 수 있는지), 사진 업로드, 사진 구성, 여러 사진을 하나의 테마로 묶기, 댓글 달기, 사진에 대한 지리적 또는 일시적인 정보 보여 주기 등을 구현해야 한다.

힌트: 제품을 매력적으로 만드는 UI 위젯을 어떻게 디자인할지 생각해 보라.

해법: 사진 공유 서비스에는 고려해야 할 세 가지 측면이 존재한다. 첫 번째는 사진, 작가, 댓글, 해시태그, GPS 등과 같은 메타데이터를 저장하거나 인기 급상승 주제를 주기적으로 식별하기 위해 크론 작업을 수행하는 서버 백엔드가 있다. 이는 문제 20.13의 해법, 마일리지 이동에서의 백엔드와 비슷하다. 단, 데이터베이스는 사진처럼 크기가 큰 객체를 저장하기에 적합하지 않다는 단점이 있다. 따라서 로컬 파일 시스템 혹은 원격 파일 시스템을 사용해서 그림을 저장해야 한다(데이터베이스에는 사진 파일에 대한 참조를 저장해 둔다).

두 번째 요소인 웹 UI는, 문제 20.13에서 살펴본 '마일리지 이동'의 웹 UI와 비슷하게 로그인 페이지, 관리 페이지, 사진을 보여 주는 페이지로 구성된다. 사진들은 특정 테마에 따라 그룹화할 수 있으며, 설명을 달 수 있다. 이를 페이스북에 통합한다면 사진 링크를 쉽게 공유할 수 있고, 새로운 사진을 업로드해서 상태를 갱신할 수 있다. 검색 기능과 토론 게시판을 제공한다면 사용자 경험을 더 높일 수 있을 것이다.

더 추가할 만한 UI 기능으로는 확대 축소가 가능한 지도 위에 사진을 배치하는 기능, 선택한 시간대에 해당되는 그림만 보여 주는 기능, 파일 업로드 상황을 보여 주는 다이얼로그, 여러 장의 사진을 동시에 업로드할 수 있는 기능, 드래그 앤 드롭으로 사진 업로드 기능 등이 있다. 이러한 UI 위젯은 모두 jQuery-UI 자바스크립트 라이브러리에서 제공한다(자동완성 기능도 제공한다).

세 번째로 고려할 요소는 모바일 환경이다. 사진 공유 서비스는 모바일 사용자에게 적합한 애플리케이션이다. 스마트폰에는 카메라, 위치 정보, 푸시 알림 기능이 들어 있다. 스마트폰을 사용하면 위치 정보가 들어 있는 사진을 즉시 업로드하기 편리하다. 또한 가장 인기 있는 모바일 플랫폼인 iOS와 안드로이드는 다양한 UI 위젯 API를 제공하며 미디어 정보에도 접근할 수 있게 해 준다. 두 플랫폼 모두 JSON 혹은 프로토콜 버퍼(protocol buffer)를 통해 HTTP 윗난에서 서버와 원격 프로시저 호출을 가능하게 한다.

문제 20.15 온라인 광고 시스템 설계하기

검색 엔진 스타트업인 Jingle은 높은 품질의 인터넷 검색 서비스 제공으로 인기가 높다. 많은 회사가 Jingle의 검색 결과에 제품 광고를 보여 주고 싶어 한다.

Jingle의 광고 시스템을 설계하라.

힌트: 이해관계자들을 별개로 고려하라.

해법: 다음과 같이 현실적인 목표를 세워 보자.

- 가장 적합한 광고를 사용자에게 보여 주기
- 광고주들이 비용을 지불한 만큼 최대의 효과를 내기
- Jingle의 비용을 최소화하고 수익을 최대화하기

이 시스템의 두 가지 핵심 컴포넌트는 다음과 같다.

- 광고주가 광고를 만들고, 일정을 계획하고, 언제 어디에 보여 줄지 설정하고, 예산을 정하고, 실적 보고서를 만들 수 있는 프런트엔드 컴포넌트
- 어떤 광고를 어떤 검색 결과에 보여 줄지 결정하는 광고 제공 시스템

프런트엔드 시스템은 여러 웹 페이지, 사용자 요청에 응답하는 미들웨어, 데이터베이스로 구성되어 있는 다분히 전통적인 웹 애플리케이션이다. 핵심 기능들은 다음과 같다.

- 사용자 인증: 계정을 만들거나 인증을 할 때 사용된다. 혹은 페이스북이나 구글에서 제공하는 통합 인증 로그인 서비스를 사용한다.
- 사용자 입력: 광고주가 광고를 설정하고, 광고의 예산을 잡고, 검색 키워드에 입찰할 수 있도록 도와주는 폼(form)이다.
- 실적 보고서: 광고주의 돈이 어떻게 쓰였는지 알려 주는 보고서를 생성한다.
- 고객 서비스: 자동화 시스템을 잘 만들었다 할지라도 때때로 사람과의 상호작용이 필요하다. 예를 들어 키워드의 제한을 바꾸는 일이 필요할 수도 있다. 따라서 광고주가 고객 서비스에 접촉할 수 있는 인터페이스가 필요하다. 또한 고객 서비스 센터에서 광고주의 시스템에 접근할 수 있는 인터페이스도 필요하다.

이 모든 프런트엔드 시스템은 HTML과 자바스크립트를 사용해서 만들 수 있다. 흔

한 방법은 LAMP 스택을 서버에서 사용하는 것이다. LAMP란 리눅스(Linux), 아파치(Apache), 데이터베이스(MySQL), PHP를 말한다.

프런트엔드에 비해 광고 제공 시스템은 그리 평범하지 않다. 이 시스템은 광고 데이터베이스에 결정 트리와 같은 특별한 자료구조가 필요하다. 광고 데이터베이스 검색 결과의 '관련성'에 따라 광고를 선택해야 한다. 광고 제공 시스템은 키워드 외에도 사용자의 이전 검색 정보를 사용하거나 광고주가 지불할 돈, 시간, 사용자의 위치, 브라우저의 종류 등의 정보를 사용한다. 관련성을 추측하기 위해 다양한 전략을 사용한다. 예를 들어 정보 검색(information retrieval) 혹은 과거에 사용자의 패턴을 이용해서 기계 학습(machine learning)을 사용하기도 한다.

자바스크립트를 사용해서 검색 결과 페이지에 광고를 추가할 수 있다. 이 자바스크립트는 광고 제공 시스템에서 직접 광고를 가져온다. 이렇게 함으로써 검색 결과를 제공하는 데 걸리는 시간과 광고 결과를 제공하는 데 걸리는 시간을 분리할 수 있다.

이 시스템에는 이보다 더 많은 문제가 존재한다. 그림 인식 API를 사용할 때 적절하지 않은 그림인지 판별하기, 링크를 확인해 해당 키워드가 정말로 실제 사이트에 상응하는 키워드인지 확인하기, 콘텐츠 전송 네트워크(CDN)을 사용해서 그림을 전송하기, 광고를 찾을 수 없을 때를 대비한 광고 준비하기 등이 있다.

문제 20.16 추천 시스템 설계하기

Jingle에서 일하는 제품관리자는 뉴스 사이트 조회수를 더 늘리고 싶어 한다. 이를 위해 제품관리자는 해당 기사를 읽는 고객이 관심 있어 할 만한 다른 기사를 한쪽에 배치하는 아이디어를 제안했다.

현재 기사와 관련 있는 기사를 자동으로 배치해 주는 시스템을 설계하라.

힌트: 이 문제는 다양한 수준의 정교한 알고리즘을 통해 풀 수 있다. 한번에 풀거나, 단순한 통계적 분석 혹은 머신 러닝으로 풀 수 있는 문제가 아니다.

해법: 이 문제의 기술적인 핵심은 관련 있는 기사의 리스트를 알아내는 것이다. 이 기사를 문서 옆에 추가하는 것은 단순한 작업이다.

한 가지 방법은 최근에 인기 있는 문서를 추가하는 것이다. 다른 방법은 최근 뉴스 기사를 추가하는 것이다. Jingle에서 사람을 고용해서 중요해 보이는 문서에 태그를 달도록 할 수 있다. 또한 금융, 스포츠, 정치와 관련된 태그를 문서에 추가할 수도 있다. 이러한 태그는 HTML의 메타 태그 혹은 페이지의 제목에서 얻어올 수도 있다.

혹은 임의로 선택한 기사를 임의의 독자에게 보낸 뒤 해당 기사들이 얼마나 인기 있는지 확인할 수도 있다. 인기 있는 기사는 더 자주 읽힐 것이다.

좀 더 정교한 방식으로 구현한다면, 자동 문서 분석(automatic textual analysis)을 통해 두 쌍의 기사가 얼마나 비슷한지 값을 구해 사용할 수도 있다. 비슷한 정도는 실수값이 될 것이고, 두 기사 사이에 공통된 단어가 얼마나 많은지를 측정할 것이다. 이 방법에는 몇 가지 고려해야 할 점이 있다. 예를 들어 "for"나 "the"와 같이 흔하게 등장하는 단어는 무시하고, 자주 등장하지 않는 "arbitrage"나 "diesel"과 같은 단어는 "sale"이나 "international"과 같이 흔한 단어보다는 더 중요하게 다뤄져야 한다.

문서를 분석하다 보면 여러 가지 문제를 직면하게 된다. 예를 들어 두 단어의 스펠링이 같아도 뜻이 다를 수도 있다(문맥에 따라, 즉 주제가 AIDS인지 컴퓨터 보안인지에 따라 anti-virus의 뜻이 달라질 수 있다). 이런 상황에서 도움이 되는 한 가지 방법은 많은 사용자의 정보를 모아 협업 필터링(collaborative filtering)을 적용하는 것이다. 예를 들어 웹 서버 로그 파일의 쿠키와 타임스탬프를 살펴보면 사용자가 어떤 기사를 읽었는지 알 수 있을 것이다. 같은 세션 안에서 A와 B를 함께 읽은 사용자가 많다면, A를 읽은 사용자에게 B를 추천해도 될 것이다. 협업 필터링을 적용하기 위해선 많은 사용자의 정보가 필요하다.

문제 20.17 많은 파일을 분산시킬 수 있는 최적화된 방법 설계하기

Jingle은 긴급 뉴스와 관련된 검색 기능을 개발하려고 한다. 새로운 기사는 Jingle 연구소에 있는 컴퓨터 한 대가 신문, 게시판, Jingle의 데이터베이스 등 다양한 온라인 뉴스 출처를 통해 수집한다. 매 분마다 대략 1,000개의 기사가 올라오고 각 기사 파일의 크기는 100킬로바이트 정도 된다.

Jingle은 1,000개의 서버로 이루어진 데이터 서버에서 이러한 기사들을 제공해 주려고 한다. 성능 문제로 인해 각 서버는 최근에 추가된 기사의 복사본을 가지고 있을 것이다. 데이터센터는 실험실의 컴퓨터와 멀리 떨어져 있다.

각 파일의 크기가 100킬로바이트 정도 되는 파일 1,000개를 연구실 서버 한 대에서 멀리 떨어져 있는 데이터센터의 서버 1,000대로 복사하는 효율적인 방법을 설계하라.

힌트: 데이터센터를 잘 사용해 보라.

해법: 연구실 컴퓨터의 대역폭이 제한 요소라고 가정하자. 여러 기사를 하나의 파일로 합치고, 압축하는 것처럼 작은 범위의 최적화를 먼저 시도해 볼 수 있다.

연구실 서버 한 대에서 데이터센터에 있는 1,000개의 서버와 연결을 맺은 뒤, 최근 뉴스 기사를 전송하는 것은 불가능하다. 압축을 하지 않았다고 가정했을 때, 대략 100기가바이트의 자료를 전송해야 하기 때문이다.

데이터센터 내에서 컴퓨터 간의 대역폭은 굉장히 크다. 따라서 데이터센터에 있는 하나의 컴퓨터로 연구실 컴퓨터의 파일을 먼저 복사한 뒤에, 나머지 999대는 데이터센터 내에서 복사되도록 한다. 이때도 하나의 컴퓨터가 나머지 999대의 컴퓨터로 복사를 하기보다는 각 컴퓨터가 복사된 파일을 받자마자 아직 파일을 받지 못한 컴퓨터로 복사하게 만들어 주자. 그러면 복사하는 데 걸리는 시간은 기하급수적으로 줄어든다.

아직 해결해야 할 문제점은 많이 남아 있다. 파일을 모두 전송받기 전에 다른 컴퓨터로의 복사를 시작해야 하는가?(링크가 없어지거나 서버로의 복사가 실패했을 경우에는 복잡해진다) 아직 파일을 복사받지 못한 컴퓨터의 리스트를 어떻게 알 수 있을까?(중심 저장소 혹은 서버를 놓은 뒤 확인해 볼 수 있다) 데이터센터에 있는 컴퓨터 사이의 대역폭이 상수값이 아니라면 복사할 컴퓨터를 어떻게 선택하겠는가?(물리적으로 가까이에 있는 컴퓨터, 예를 들어 같은 서버 랙(rack)에 있는 컴퓨터에 우선적으로 전송을 한다)

이러한 문제를 해결하는 오픈소스가 이미 존재한다는 사실을 언급하며 이 절을 끝맺겠다. Unison 혹은 BitTorrent를 먼저 살펴보길 바란다.

문제 20.18 월드 와이드 웹 설계하기

월드 와이드 웹을 설계하라. 그리고 URL을 브라우저의 주소창에 입력하면 어떤 일이 벌어지는지 설명하라.

힌트: 정보의 흐름을 따라가라.

해법: 네트워크 레벨에서 브라우저는 URL의 도메인 이름을 추출해 낸 뒤 서버의 IP 주소를 찾는다. 도메인 이름 서버(DNS)를 통해 알 수도 있고 캐시값을 찾아볼 수도

있다. 그 뒤에 HTTP 프로토콜을 통해 서버와 통신을 시작한다. HTTP는 TCP/IP 위에서 동작하고, 경로 설정(routing), 재조립(reassembling), 패킷 재전송, 전송 속도(transmission rate)를 조절하는 역할을 한다.

서버는 클라이언트가 URL의 도메인 이름 뒤에 붙은 내용과 HTTP 요청 메시지를 통해 어떤 정보를 원하는지 알아낸다. 요청은 웹서버가 반환하는 간단한 파일의 형태일 것이다. HTTP는 반환된 파일의 형식을 알려 준다. 예를 들어 URL *http://go.com/imgs/abc.png*는 웹서버가 지정한 기본 디렉터리 위에서 계층적 이름이 *imgs/abc.png*인 파일을 요청한다.

URL은 웹서버가 제공하는 서비스에 대한 요청을 담아내기도 한다. 예를 들어 *http://go.com/lookup/flight?num=UA37,city=AUS*는 두 개의 속성-값 쌍을 이용해서 비행 정보를 찾으려는 요청이다. 이 서비스는 다양한 방법으로 구현할 수 있다. 서버 내의 Java 코드를 사용하거나 Perl로 구현한 CGI 스크립트를 사용할 수도 있다. 이 서비스는 HTML 형태의 HTTP 응답을 생성해 낸 뒤 브라우저로 반환한다. 응답에는 브라우저에서 작동하는 스크립트가 사용하도록 데이터가 포함되어 있을 수도 있다. 흔하게 사용하는 데이터 포맷으로는 JSON 혹은 XML이 있다.

브라우저는 반환된 HTML을 클라이언트에게 보여 주어야 한다. 렌더링은 두 가지 과정을 통해 이루어진다. 하나는 HTML에서 생성된 DOM 트리를 파싱하는 것이고, 다른 하나는 렌더링 라이브러리로 실제 화면을 그리는 것이다. 반환된 HTML은 JavaScript로 구현된 스크립트가 포함되어 있을 수도 있다. 이들은 브라우저에서 실행되고 요청을 만들어 내거나 반환된 DOM을 갱신하는 일들을 수행할 수 있다. 이것이 바로 실시간 주식 시세 표시기를 구현하는 방법이다. 스타일 속성(CSS)은 보통 페이지를 꾸미는 데 사용된다.

여기까지 구현했다고 해도 해야 할 일은 많이 남아 있다. 보안, 쿠키, HTML의 폼(form), HTML 스타일, 멀티미디어 취급 방법 등 개선할 곳은 많다.

문제 20.19 사진 공유 앱의 하드웨어 비용 추측하기

지구상의 모든 사람이 사용하는 사진 공유 앱을 만드는 데 필요한 서버의 하드웨어 비용을 추측해 보라.

힌트: 변수를 통해 양과 비용을 나타내고, 이들 사이의 수식을 만들어 보라. 그리고 합리적인 값을 적어 보라.

해법: 비용은 서버의 CPU와 RAM의 자원, 저장공간, 대역폭, 매일 업로드되는 사진의 개수와 크기와 관련된 함수값일 것이다. 각각의 단일 비용을 바탕으로 전체 비용을 추측해 보자. 사진이 여러 서버에 퍼져 있는('쪼개졌다(sharded)'고 한다) 분산 아키텍처를 사용한다고 가정한다.

각 사용자가 매일 평균 크기가 s바이트인 사진을 i개만큼 업로드하고, 각 사진은 사용자에게 v번 노출된다고 가정하자. 전체 사용자를 N명이라 할 때, d일 이후에 필요한 저장공간은 $isdN$과 같다. $v \gg 1$이라고 가정했을 때(즉, 대부분의 사진이 사용자에게 많이 노출된다고 가정했을 때), 서버의 비용은 사진이 노출되는 횟수에 따라 증가한다. 서버는 매일 Niv개의 사진과 $Nivs$바이트 크기를 처리할 수 있어야 한다. 하나의 서버가 1초에 h개의 HTTP 요청을 처리할 수 있고 1초에 b바이트의 출력 대역폭을 사용할 수 있다고 한다면 필요한 서버의 개수는 $\max(Niv/Th, Nivs/Tb)$이다. 여기서 T는 하루를 초 단위로 표현했을 때의 값이다.

N, i, s, v의 합리적인 값은 $10^{10}, 10, 10^5, 100$이 될 것이다. h와 b의 합리적인 값은 10^4과 10^8이 될 것이다. 하루는 대략 10^5초와 같다. 따라서 필요한 서버의 개수는 $\max((10^{10} \times 10 \times 100)/(10^5 \times 10^4), (10^{10} \times 10 \times 100 \times 10^5)/(10^5 \times 10^8)) = 10^5$이 된다. 각 서버의 비용이 1,000달러라고 하면 전체 비용은 대략 1억 달러가 된다.

저장공간의 비용은 1기가바이트에 대략 0.1달러이고, 매일 $Nis = 10^{10} \times 10 \times 10^5$바이트가 추가되므로 매일 백만 달러 가치의 저장공간을 사용하는 것과 같다.

이 비용에는 서버를 운영하기 위한 전기세, 냉각장치, 네트워크 등 많은 비용이 생략되어 있다. 또한 인기 급상승 데이터를 계산하거나 스팸 분석을 하는 데 필요한 연산 또한 제외했다. 여분(redundancy)에 필요한 비용, 예를 들어 데이터를 복제해서 저장하거나 비균일 부하를 처리하는 데 필요한 비용 또한 제외했다. 그럼에도 이 값은 실제 비용을 추측하기 위한 괜찮은 시작점이 될 수 있다. 여기서 주목할 만한 사실은 전세계를 사진으로 연결하는 데 필요한 비용이 한 사람당 몇 센트 정도밖에 안 된다는 것이다.

21장

언어 관련 질문

> 언어의 한계는 세계의 한계다.
> 루트비히 비트겐슈타인(L. Wittgenstein)

여기서는 C++ 언어에 대해서 받을 수 있는 질문들을 소개한다. 이러한 문제들은 준비만 잘한다면 쉽게 대답할 수 있다. 이 장의 내용이 어렵게 느껴진다면 언어의 기초부터 다시 공부해야 한다.

문제 21.1 참조와 포인터

참조(reference)는 무엇이며 포인터와 어떻게 다른가?

해법: 참조와 포인터는 둘 다 다른 대상 개체를 가리킨다. 포인터는 대체로 별도의 변수인데 반해 참조는 대상에 대한 별칭이라는 차이가 있다.

- 포인터를 얻으면 가리키는 대상의 주소를 알 수 있다. ptr이 가리키는 대상의 실제 값을 얻으려면 역참조한다(*ptr).
- 참조값을 얻으면 컴파일러가 삽입한 코드에 의해 자동으로 역참조가 수행되고 대상값을 즉시 알 수 있다. ref의 주소를 얻으려면 주소 연산자를 명시적으로 호출해야 한다(&ref).
- 포인터에 다른 대상의 주소를 할당할 수 있으며 어떤 객체도 가리키지 않도록 nullptr 값을 줄 수도 있다. 포인터는 변수이기 때문에 다른 변수에 할당할 수 있는 자체 주소가 있다(int **intPtrPtr = &intPtr).

- 참조는 초기화만 가능하며 다시 할당할 수 없다. 참조 변수에 대한 할당은 참조하는 원래 개체에 대한 할당을 의미하기 때문이다.

문제 21.2 값에 의한 전달과 참조에 의한 전달

값에 의한 전달보다 참조에 의한 전달이 더 나은 이유는 무엇인가?

해법: 객체가 값으로 전달되면 객체의 새로운 사본이 생성되어 함수에 전달된다. 이 전달 방식은 굉장히 큰 벡터 객체를 전달하는 경우 사본을 생성하는 데 비용이 많이 든다. 그래서 클래스가 복사 생성자를 private으로 선언하는 등의 방법을 통해 클라이언트가 복사본을 생성하지 못하게 하는 경우도 있다.

참조로 전달하면 객체 자체가 전달된다. 정확히 말하면 함수는 객체의 주소를 받는다. 이 경우 함수는 목적에 따라 객체를 수정할 수 있다. 함수가 객체를 수정하지 못하게 하려면 const 참조로 객체를 전달해야 한다.

값으로 전달할 때 발생 가능한 또 다른 문제는 원하지 않는 암시적 변환이 일어날 수 있다는 점이다. 예를 들면 파생 클래스가 다형성을 방지하는 기본 클래스로 캐스팅될 수 있다. 다음 코드는 문제없이 컴파일된다.

```cpp
class Base {
  public:
    virtual string msg() { return "I am base"; }
};

class Child : public Base {
  public:
    virtual string msg() { return "I am child"; }
};

void cast(Base x) { cout << x.msg() << endl; }

int main() {
  Base f;
  Child b;
  cast(f);
  cast(b);
}
```

하지만 cast()를 호출하는 두 경우 모두 "I am base"를 출력한다. cast()를 다음과 같이 수정하면 첫 번째 호출은 "I am base"를, 두 번째 호출은 "I am child"를 출력한다.

```
void cast(Base& x) { cout << x.msg() << endl; }
```

문제 21.3 스마트 포인터

스마트 포인터는 무엇인가? 일반적으로 사용되는 세 가지 스마트 포인터의 유형과 적합한 사용 사례를 설명하라.

해법: 스마트 포인터는 동적으로 할당된 객체에 대한 실제 포인터를 캡슐화하고 사용을 추적한다. 그리고 적절한 순간에 메모리를 해제해 메모리/리소스 누출이 없도록 한다. 표준 라이브러리에는 다음과 같은 스마트 포인터 클래스가 있다.

- unique_ptr: 변수가 범위를 벗어나면 객체를 파괴한다. 값을 함수에 전달할 때 다른 unique_ptr로 소유권을 이전할 수 있다. 객체를 참조하는 포인터는 항상 하나다.
- shared_ptr: 많은 변수가 동일한 객체를 참조할 수 있도록 자유롭게 복사할 수 있다. 참조 횟수를 추적해서 객체가 더 이상 사용되지 않을 때 삭제한다.
- weak_ptr: shared_ptr에 의해 유지되지만 참조 카운트에 영향을 미치지 않는다. 따라서 weak_ptr이 참조하더라도 객체가 파괴될 수 있다. 순환 참조 문제를 해결하려면 weak_ptr이 필요하다. 만약 shared_ptr A가 B를 가리키고, shared_ptr B가 A를 가리키면 둘 다 파괴되지 않는다.

다음 예제는 shared_ptr과 weak_ptr의 차이를 설명한다.

```
struct Cycle1 {
  shared_ptr<Cycle2> next;
};

struct Cycle2 {
  shared_ptr<Cycle1> next;
};

auto head = make_shared<Cycle1>(); // head의 참조 카운트는 1이다.
auto tail = make_shared<Cycle2>(); // tail의 참조 카운트는 1이다.
head->next = tail; // tail의 참조 카운트는 이제 2다.
tail->next = head; // head의 참조 카운트는 이제 2다.
// head와 tail이 소멸되더라도 참조 카운트는 1이므로 그대로 유지된다.
```

head와 tail이 범위를 벗어나면 참조 카운트는 1만큼 감소하므로 두 참조 카운트 모두 1이 된다. 참조 카운트가 0이 될 때만 head와 tail이 소멸되므로 메모리 누수 가 발생한다. 이를 해결하려면 tail을 weak_ptr<Cycle2> 타입으로 선언하면 된다.

문제 21.4 반복자

반복자와 포인터의 유사점과 차이점을 설명하라.

해법: 둘 다 값을 얻기 위해 역참조할 수 있다는 점에서 비슷하다. 차이점은 다음과 같다.

- 포인터는 메모리에 주소를 보유한다. 반복자는 포인터를 보유할 수 있지만 훨씬 더 복잡할 수 있다. 예를 들어 반복자는 파일 시스템에 있거나 여러 시스템에 분 산되어 있거나 프로그래밍 방식으로 로컬에서 생성된 데이터를 반복할 수 있다. 적절한 예는 연결 리스트에 대한 반복자다. 반복자는 램의 여러 곳에 주소가 흩 어져 있는 노드의 원소를 통해 이동한다.
- 포인터에 증가, 감소, 정수 추가 같은 산술 연산을 수행할 수 있다. 하지만 모든 반복자가 이러한 작업을 허용하는 것은 아니다. 예를 들어, 순방향 반복자를 감 소시키거나 비-임의 접근 반복자에 정수를 추가할 수 없다.
- T* 타입의 포인터는 모든 T 타입의 객체를 가리킬 수 있다. 반복자는 좀 더 제한 적이다. 예를 들어, vector<double>::iterator는 vector<double> 컨테이너 내부 의 double만 참조할 수 있다.
- 반복자는 포인터와 다르게, 컨테이너의 객체를 참조하므로 반복자에 대한 삭제 개념이 없다. (컨테이너는 메모리 관리를 담당한다.)

문제 21.5 생성자

생성자란 무엇인가? 기본 생성자는 무엇이고, 복사 생성자, 이동 생성자는 서로 어 떻게 다른가?

해법: 객체 지향 프로그래밍에서 생성자는 객체를 만드는 데 사용되는 특수한 타입 의 서브 루틴이다. 생성자는 사용할 새 객체를 준비한다. 일반적으로 생성자는 필 드를 설정하기 위한 인수를 받는다. 필드 자체는 객체가 될 수 있으므로 생성자가 다른 생성자를 호출할 수 있다.

- 기본 생성자는 인수 없이 호출할 수 있고, 인스턴스가 초기화 없이 생성될 때 호출된다. 예를 들어 Foo x;라면, x는 기본 생성자에 의해 초기화된다. 만약 생성자를 명시적으로 직접 작성하지 않으면 컴파일러가 기본 생성자를 자동으로 만들어 낸다. 컴파일러가 만들어 낸 생성자는 큰 의미가 없을 수도 있다. 아무것도 하지 않을 수 있다는 것이다. 이러한 의미 없는(triviral) 클래스의 필드가 기본 타입이거나 마찬가지로 의미 없는 생성자를 가진 클래스일 때 생성되며, 클래스가 부모 클래스를 서브 클래싱하지 않거나 의미 없는 생성자를 가진 클래스를 서브 클래싱할 때 생성된다. 추가적으로, 의미 없는 생성자는 가상 함수나 멤버에 대한 기본 초기화 코드를 가질 수 없다. 객체에 직접 작성한 생성자가 있고, 그 객체를 멤버로 가진 클래스라면, 객체의 기본 생성자가 호출된다. 만약 클래스가, 직접 작성한 기본 생성자가 있는 클래스를 상속받으면 부모 클래스의 기본 생성자가 호출된다.
- 복사 생성자는 클래스 인스턴스에 대한 참조를 인수로 사용하여 호출할 수 있다. 보통 ClassName(const ClassName&) 형태로 구현한다. 인스턴스의 새 복사본이 ClassName new_instance(existing_instance)와 같이 명시적으로 초기화되거나 컴파일러에 의해 암시적으로 초기화될 때 호출된다. 예를 들면, 인스턴스가 값으로 함수에 전달되거나 값으로 반환될 때다.
- 이동 생성자는 클래스 인스턴스에 대한 rvalue 참조를 인수로 사용하여 호출할 수 있는 생성자다. 보통 ClassName(ClassName&&) 형태로 구현한다. 일반적으로 초기화 후에 소멸되는 임시 객체에서 새 인스턴스가 초기화될 때 호출된다. 예를 들어, ClassName new_instance(std::move(existing_instance))와 같이 함수 또는 명시적 호출에서 값을 반환할 때다.

문제 21.6 기본 함수

클래스에 멤버 함수가 없고, 다른 클래스를 상속하지도 않으면 컴파일러는 4개의 메서드를 자동으로 추가한다. 이 함수들은 무엇이며, 어떤 역할을 하는가?

해법: 컴파일러가 자동으로 생성하는 함수는 다음과 같다.

- 기본 생성자: 문제 21.5의 해법에서 설명한 기본 생성자와 같다.
- 소멸자: 기본 타입이 아닌 멤버에 대해 소멸자를 호출하며 슈퍼 클래스의 소멸자를 호출한다.

- 복사 생성자: 생성자 인수의 멤버를 사용하여 모든 인스턴스 멤버를 초기화하는 복사 생성자와 동일하다. 이로 인해 각 멤버의 복사 생성자가 호출될 수 있다.
- 복사 대입 연산자: 인수의 모든 멤버를 이 인스턴스의 해당 멤버에 대입하는 대입 연산자와 동일하다. 이로 인해 각 멤버의 복사 대입 연산자가 호출될 수 있다.

이 함수들에 대해 잘 알고 있는 것이 중요하다. 이 함수들을 직접 작성할 필요는 없기 때문에 복사나 초기화가 제대로 동작하지 않을 수도 있다. 예를 들어, 다음 코드는 1 다음에 −2를 출력한다. 그 이유는 컴파일러가 기본으로 생성한 복사 대입 연산자가 원시 포인터를 $b2$에 복사하기 때문이다.

```cpp
class Buffer {
  public:
    Buffer(int size, int* buffer) : size(size), buffer(buffer) {}
    int size;
    int* buffer;
};

const int kBufSize = 2;
int* buffer = new int[kBufSize]{1, 2};

Buffer b1 = Buffer(kBufSize, buffer);
cout << b1.buffer[0] << endl;

Buffer b2 = b1;
b2.buffer[0] = -2;
cout << b1.buffer[0] << endl;
```

기본 생성자 및 소멸자를 사용할 때도, 필드가 초기화되지 않거나 메모리가 회수되지 않는 등의 비슷한 문제가 발생한다.

C++11부터는 이동 시맨틱을 도입하여 모든 클래스에 두 개의 추가 함수인 이동 생성자와 이동 대입 연산자를 컴파일러가 생성한다. (실제로는 좀 더 복잡하다. 예를 들어 복사 대입 연산자를 작성하면 컴파일러는 이동 대입 연산자를 만들지 않는다.)

문제 21.7 malloc(), free(), new, delete

malloc()/free()와 new/delete의 유사점과 차이점은 무엇인가?

해법: malloc()/free()와 new/delete 둘 다 객체 및 배열에 대해 힙에 공간을 할당

힌다. 그런데 추상화 수준에서 큰 차이가 있다.

- `malloc()`은 타입에 구애받지 않는다. 필요한 크기의 초기화되지 않은 메모리 블록을 바이트 단위로 할당하고 void 포인터를 반환한다.
- new는 특정 타입의 객체를 생성하는 데 필요한 메모리 블록을 할당한다. 적절한 생성자를 사용하여 객체를 초기화하고 타입에 안전한 포인터를 반환한다.
- new에 대한 단일 호출은 할당되는 객체나 배열의 멤버 특성에 따라 new에 대한 여러 추가적인 호출로 이어질 수 있다.
- new는 사용 가능한 메모리가 없을 때 예외를 발생시킬 수 있다.
- delete는 메모리 해제 외에 객체의 소멸자가 호출되도록 한다.
- new에서는 `malloc()`을 사용하여 메모리를 할당하고 delete에서는 `free()`를 사용해서 할당을 해제하는 것이 일반적이다.

문제 21.8 문자열

C 스타일 문자열과 C ++ 문자열의 차이점은 무엇인가?

해법: 둘 다 문자 시퀀스를 조작하는 데 사용된다는 점에서 유사하다.

C 문자열은 자체 타입이 아니지만 규칙에 따라 '\0'문자로 끝나는 문자 배열이다. C++ 문자열은 문자열 클래스의 객체다. 문자열이 null로 종료되는 C 문자열의 특성을 사용하는 여러 개의 라이브러리 함수가 있다. 예를 들면, strlen(s), strcat(s, t), strrchr(str, 's') 등이다. 이 함수들은 안전성을 고려하지 않았다. 만약 넘겨 받은 인수가 null로 끝나지 않으면 액세스 오류로 크래시가 발생하거나 메모리가 손상될 수 있다. C 문자열의 경우 호출하는 쪽에서 대상 문자열의 크기를 확인해야 한다.

C++ 문자열 함수에는 훨씬 더 풍부한 연산자 집합이 있다.

- 문자열의 각 문자에 대해 범위 기반 루프를 사용할 수 있다.
- 문자열은 string t(u, 2, 4)처럼 다양한 방법으로 초기화할 수 있다.
- 문자열은 s.insert(s.size(), 3, '!')나 s.erase(11, 5)처럼 다양한 방법으로 갱신할 수 있다.
- 문자열은 name.find_first_of("0123")이나 river.rfind("ssi")와 같은 다양한 방법으로 검색할 수 있다.

- + 연산자는 s = "Carl" + g처럼 문자열에 적용할 수 있다.
- 비교 연산자 <, <=, ==, >=, >를 문자열에 적용할 수 있다. ==는 포인터의 동일성이 아니라 논리적 동일성을 테스트한다. (C 문자열의 경우처럼 strcmp(s, t) == 0 을 사용하여 논리적 동일성을 테스트해야 한다.)

C ++ 문자열 함수는 범위 검사를 일부 지원하므로 더 안전하다.

문제 21.9 push_back()과 emplace_back()

vs.push_back("xyzzy")와 vs.emplace_back("xyzzy")의 차이점은 무엇인가? 어느 쪽을 사용하는 것이 더 좋은가?

해법: push_back()과 emplace_back() 둘 다 벡터의 뒤쪽에 원소를 추가한다. 그런데 실제로 구현된 복사/이동 방식은 크게 다르며, 성능에서도 차이가 난다.

- vs.push_back(s)는 문자열을 벡터로 복사한다. 먼저, char *로 초기화된 새 문 자열 객체가 암시적으로 생성된다. 그다음 push_back()이 호출되는데, push_ back()은 이동 생성자를 이용해 임시 문자열을 벡터로 복사한다. 작업이 다 끝 나면 임시 객체를 없앤다.
- vs.emplace_back(s)는 임시 문자열을 생성하지 않는다. emplace_back()이 char *를 인수로 하여 직접 호출한다. 그런 다음 이 char *로 초기화된 벡터에 저장할 문자열을 생성한다. 따라서 불필요한 임시 문자열 객체를 생성하고 파괴할 필요 가 없다.

문제 21.10 맵 갱신하기

다음 코드는 맵의 키를 업데이트하는 방식 두 가지를 구현한 것이다. 두 가지 방식 의 코드를 비교해서 설명하라.

```
// 예시 1
unordered_map<Point, string, HashPoint> table;
Point p{1, 2};
table[p] = "Minkowski";
p.x = 3;

// 예시 2
unordered_map<Point, string, HashPoint> table;
```

```
Point p{1, 2};
table[p] = "Minkowski";
auto iter = table.find(p);
iter->first.x = 3;
```

해법: 예시 1의 코드는 키의 값을 변경하지 않는다. p 객체는 table에 복사되며 이를 변경하더라도 별도의 인스턴스이므로 키가 변경되지 않는다. iter->first는 const 이기 때문에 예시 2의 코드는 컴파일이 실패한다.

올바른 업데이트 방법은 다음과 같다.

```
Point p(1, 2);
unordered_map<Point, string, HashPoint> table;
table[p] = "Minkowski";
auto val = table[p];
table.erase(p);
p.x = 4;
table[p] = val;
```

하지만 이 코드는 val에 대해 불필요한 복사를 하고 있다. 크기가 큰 객체를 다룰 때 훨씬 더 효율적인 방법은 다음과 같다.

```
Point p(1, 2);
unordered_map<Point, string, HashPoint> table;
table[p] = "Minkowski";
auto it = table.find(p);
p.x = 4;
std::swap(table[p], it->second);
table.erase(it);
```

다음 코드도 동일한 방식으로 처리된다.

```
Point p(1, 2);
unordered_map<Point, string, HashPoint> table;
table[p] = "Minkowski";
auto it = table.find(p);
p.x = 4;
table[p] = std::move(it->second);
table.erase(it);
```

문제 21.11 빠른 함수 호출

어떤 개발자가 문자가 모음인지 확인하기 위해 다음과 같이 매크로를 작성했다. 코드의 잘못된 점을 설명하고 개선하라.

```
// 함수 호출에 대한 오버헤드를 피한다.
#define isvowel(c) (c == 'a' || c == 'e' || c == 'i' || c == 'o' || c == 'u')
```

해법: 이 코드를 작성한 개발자는 호출 스택 생성, 인수 전달 및 반환 주소 설정이 필요한 함수 호출 비용을 피해서 성능을 더 높이려고 했다.

하지만 매크로는 여기에(여기뿐 아니라 대부분의 경우에) 적합하지 않다. 함수 호출에 비해 제한적이고, 올바른 타입 검사도 없다. 또한 코드가 늘어나고 디버깅도 어려워진다. 예를 들어, isvowel(aChar++)는 aCharis가 무엇인지에 따라 1에서 5배까지 증가할 수 있다. 왜냐하면 코드가 aChar++ == 'a' || aChar++ == 'e' || aChar++ == 'i' || aChar++ == 'o' || aChar++ == 'u'로 확장되기 때문이다. isvowel()을 함수로 작성하면 이러한 제약을 극복할 수 있다. 또한 컴파일러에게 함수를 인라인 처리하도록 지시해서 동일한 성능을 얻을 수 있다.

```
inline bool isvowel(char c) {
  return (c == 'a' || c == 'e' || c == 'i' || c == 'o' || c == 'u');
}
```

문제 21.12 템플릿 함수

두 개의 인수를 받아서 첫 번째 인수가 두 번째 인수보다 작다면, 이를 교체하는 템플릿 함수를 작성하라. 인수가 매우 큰 객체일 수 있으므로 함수를 최적화하라.

해법: 간단한 템플릿 사용 예를 설명하자면, bool operator>(T y) 함수를 만들어 모든 타입에 적용할 수 있다. (만약, 이러한 함수를 구현하지 않은 타입에 이 코드를 사용하면 오류가 발생한다.)

```
template <typename T>
void minmax(T& x, T& y) {
  if (x > y) {
    T tmp = x;
    x = y;
    y = tmp;
  }
}
```

이 코드의 단점은 복사가 세 번이나 발생한다는 점이다. 이는 이동 생성자를 써서 개선할 수 있다.

```
template <typename T>
void minmax(T& x, T& y) {
  if (x > y) {
    T tmp = std::move(x);
    x = std::move(y);
    y = std::move(tmp);
    // 대안: std::swap(x, y) 호출
  }
}
```

첫 번째 함수는 길이가 10^4인 벡터에서 10^6번 실행될 때 6000ms이 걸리고, 두 번째 함수는 5ms이 걸린다.

문제 21.13 런타임 타입 식별

다음 코드는 어떤 처리를 하는가? 코드를 개선시킬 수 있는가?

```
class A {
  public:
    virtual void foo() { cout << "A's foo" << endl; }
};

class B : public A {
  public:
    void foo() override { cout << "B's foo" << endl ; }
    virtual void bar() { cout << "B's bar" << endl ; }
};

class C : public B {
  public:
    void bar() override { cout << "C's bar" << endl ; }
    void widget() { cout << "C's widget" << endl ; }
};

void bad (A* x) {
  if (typeid(*x) == typeid(A)) {
    x->foo();
  } else if (typeid(*x) == typeid(B)) {
    ((B*)x)->foo();
    ((B*)x)->bar();
  } else if (typeid(*x) == typeid(C)) {
    ((C*)x)->foo();
    ((C*)x)->bar();
    ((C*)x)->widget();
  }
}
```

```
int main () {
  // A, B, C 타입 객체에 대한 포인터를 무작위로 반환한다.
  A* x = random.Builder();
  bad(x);
}
```

해법: 이 코드는 인수의 런타임 타입을 확인해서 어떤 함수가 실행될지 결정한다.
예를 들어, 만약 x의 런타임 타입이 C라면 다음과 같이 출력된다.

```
B's foo
C's bar
C's Widget
```

그런데 이 코드는 유연하지 않다. 예를 들어, B를 상속하지만 추가할 함수가 없는
하위 클래스 D를 만들려면 다음과 같이 코드를 수정해야 한다.

```
class D : public B {
  public:
    void bar() override { cout << "D's bar" << endl ; }
};

void bad (A* x) {
  if (typeid(*x) == typeid(A)) {
    x->foo ();
  } else if (typeid(*x) == typeid(B) || typeid(*x) == typeid(D)) {
    ((B*)x)->foo();
    ((B*)x)->bar();
  } else if (typeid(*x) == typeid(C)) {
    ((C*)x)->foo();
    ((C*)x)->bar();
    ((C*)x)->widget();
  }
}
```

유지 관리가 더 쉽게 만드려면 객체의 런타임 타입을 검사할 수 있는 동적 캐스팅
을 사용해야 한다. 다음 함수는 D를 B의 하위 클래스로 추가했을 때 똑같이 잘 동
작한다.

```
void good (A* x) {
  x->foo();
  // D 타입 객체는 B로 캐스팅될 수 있으므로, 다음 코드는 D의 bar()를 호출한다.
  B* p = dynamic_cast<B*>(x);
  if (p) {
    p->bar();
```

```
  }
  C* q = dynamic_cast<C*>(x);
  if (q) {
    q->widget();
  }
}
```

문제 21.14 동적 링크

C++에서 동적 링크가 무엇인지 설명하고, 장단점을 말해 보라.

해법: 간단히 말해, C++ 컴파일러는 C++ 소스 파일을 이용해 오브젝트 파일을 만든다. 오브젝트 파일은 외부 함수 및 전역 변수의 주소로 채워지므로 실행할 수 없다. 링커(linker)가 오브젝트 코드와 라이브러리(객체 파일의 보관소)로 단일 실행 파일을 만들어 낸다고 생각하면 된다. 특히, 함수 호출 및 전역 변수에 대한 모든 주소를 확인하고 병합해서 실행 파일을 만든다.

링크는 정적으로 처리할 수도 있다. 그러면 연속된 기계어로 이루어진 단일 프로그램이 나온다. 하지만 프로세스가 시작될 때 정렬 루틴이나 입력-출력 등과 같은 라이브러리 코드가 추가되는 동적 링크를 사용하는 것이 훨씬 더 일반적이다. (흔하지 않지만 프로그램 실행이 시작된 후 필요한 라이브러리를 로드하는 경우도 있다. 이를 동적 로드라 한다.)

- 동적 링크는 실행 파일 크기가 작고, 라이브러리가 업데이트될 때마다 전체 바이너리를 업데이트할 필요가 없다는 장점이 있다.
- 동적 링크는 라이브러리가 독립적으로 업데이트될 수 있으므로, 제대로 확인하지 않으면 연동 시 호환성 문제가 발생할 수 있다. 호환성 문제가 발생하면 어제까지 정상 동작했던 프로그램이 갑자기 잘못 동작할 수도 있다. 그 외에도 라이브러리가 로드될 때 잠재적으로 약간의 런타임 오버 헤드가 발생한다는 사소한 단점이 더 있다.

22장

객체 지향 설계

> 전문 설계자가 알고 있는 한 가지 사실은 하나의 원리로 모든 문제를 풀려고 하면 안 된다는 점이다.
> 《GoF의 디자인 패턴: 재사용성을 지닌 객체지향 소프트웨어의 핵심 요소》,
> 에릭 감마(E. Gamma), 리차드 헬름(R. Helm),
> 랄프 존슨(R. E. Johnson), 존 블라시디스(J. M. Vlissides), 1994

클래스는 데이터와 해당 데이터를 연산하는 메서드를 포함하고 있다. 클래스의 캡슐화는 코드를 작성하는 데 필요한 개념적 부담을 줄여 주고, 상속과 다형성을 통해 코드 재사용을 가능하게 해 준다. 하지만 잘못된 객체 지향적 구조는 코드를 유지하기 어렵게 만들 수 있다.

설계 패턴(design pattern)은 흔하게 발생하는 문제를 해결하는 일반적이며 반복적인 해법이다. 바로 코드로 옮길 수 있는 완벽한 설계가 아니라, 다양한 상황에서 발생할 수 있는 문제를 어떻게 해결할 수 있는지 설명해 놓은 것이다. 객체 지향 프로그래밍이라는 문맥에서 설계 패턴은 재사용성과 유지 보수성을 중요하게 생각한다. 특히, 설계 패턴은 시스템의 한 부분을 다른 부분들과 독립적이게끔 만들어 준다.

이 책의 저자 중 한 명인, 아드난(Adnan)의 설계 패턴 수업 자료는 인터넷에서 무료로 볼 수 있다.[1] 강의록, 과제, 관련 자료도 볼 수 있는데, 이번 장을 공부할 때 도움이 되는 자료들도 구할 수 있다.

---

1 (옮긴이) 아드난의 홈페이지에서 읽어 볼 수 있다. *http://adnanaziz.com/classes/*

문제 22.1 템플릿 메서드 패턴 vs. 전략 패턴

템플릿 메서드 패턴(template method pattern)과 전략 패턴(strategy pattern)의 차이점에 대해 실제 예제를 들어 설명하라.

해법: 템플릿 메서드와 전략 패턴 둘 다 행동 패턴(behavioral pattern)이라는 면에서 비슷하다. 둘 다 알고리즘을 재사용하게끔 하고, 일반적인 패턴이며 굉장히 널리 사용된다. 하지만 다음과 같은 면에서 차이가 있다.

- 템플릿 메서드는 상위 클래스가 제공하는 알고리즘의 골격이다. 하위 클래스는 해당 메서드를 재정의한 뒤 알고리즘을 구현해야 한다.
- 전략 패턴은 기본적으로 여러 알고리즘들이 공통된 인터페이스를 구현하고자 할 때 사용된다. 이 알고리즘들은 클라이언트가 선택한다.

실제 예제로는 퀵정렬과 같은 정렬 알고리즘을 생각해 볼 수 있다. 퀵정렬에서의 두 가지 핵심은 피벗 선택과 이를 기준으로 분할하는 부분이다. 퀵정렬은 템플릿 메서드를 설명하는 아주 좋은 예제이다. 하위 클래스는 피벗 선택 알고리즘을 구현한다. 그 알고리즘은 임의의 중앙값을 찾는 방법일 수도 있고, 임의로 선택할 수도 있다. 또한 피벗을 기준으로 분할하는 메서드도 필요하다. 그 방법은 문제 5.1 네덜란드 국기 문제의 해법에서 소개한 알고리즘이 될 수도 있다.

원소를 정렬하는 방법은 많다. 예를 들어 학생 객체를 정렬할 때는 GPA, 전공, 이름 순서대로 정렬할 수도 있고, 이 정보를 모두 통합한 순서대로 정렬할 수도 있다. 따라서 정렬 알고리즘의 비교 연산을 퀵정렬의 인자로 전달하는 것이 좋다. 한 가지 방법은 비교 연산을 구현한 객체를 퀵정렬의 인자로 전달하는 것이다. 이러한 객체는 피벗 선택 및 분할을 구현하는 객체처럼 전략 패턴의 예제가 된다.

템플릿 메서드 패턴과 전략 패턴에는 미묘한 차이점이 존재한다. 예를 들어 템플릿 메서드 패턴에서는 상위 클래스가 '훅(hook) 메서드'를 가지고 있을 수 있다. 혹은 하위 클래스가 필요한 기능을 제공하기 위해 재정의 할 수 있는 메서드다. 상위 클래스의 훅 메서드는 기본 동작을 정의해 두거나 비워두는 경우도 있다. 때로는 훅 메서드를 구현하지 않고 하위 클래스에게 해당 기능을 구현하도록 강제하기도 한다. 전략 패턴에는 이러한 훅 메서드가 존재하지 않는다.

템플릿 메서드 패턴과 템플릿-메타 프로그래밍(C++에서 선호하는 '제네릭' 프로그래밍 형태) 사이에는 아무 관련이 없다.

문제 22.2 옵서버 패턴

옵서버 패턴(observer pattern)에 대해 예제를 들어 설명하라.

해법: 옵서버 패턴은 객체 사이에 일대다 관계를 형성한다. 하나의 객체 상태가 바뀌었을 때, 이 상태를 지켜보는 다른 객체들의 상태 또한 자동으로 갱신시켜 준다.

관찰 대상 객체는 다음 메서드를 구현해야 한다.

- 옵서버를 등록한다.
- 옵서버를 삭제한다.
- 현재 등록된 옵서버에게 통보한다.

관찰 대상을 지켜보는 옵서버 객체는 다음 메서드를 구현해야 한다.

- 옵서버를 갱신한다(통보한다고도 한다).

사용자의 요청을 로그로 남기는 서비스를 예로 생각해 보자. 사용자가 방문한 페이지를 최대 10개씩 기록하려고 한다. 리더보드 화면, 광고 게재 위치 알고리즘, 추천 시스템 등의 정보를 기록하는데, 이 정보를 사용하는 애플리케이션 클라이언트가 상당히 많다고 가정하자. 옵서버 패턴에서는 각 클라이언트가 매번 서비스에게 필요한 로그를 요청하지 않는다. 대신, 관찰 대상인 서비스가 등록, 삭제 기능을 제공하고, 로그가 필요한 클라이언트는 자신을 옵서버로 등록한다. 그러면 서비스의 상태가 바뀌는 즉시 등록된 옵서버를 순회하면서 옵서버의 갱신 메서드를 호출해 준다.

보통 옵서버 패턴은 단일 프로그램 내에서 객체간의 관계를 설명하지만, 분산 컴퓨팅에도 적용 가능하다.

문제 22.3 푸시 옵서버 패턴 vs. 풀 옵서버 패턴

앞에서 다룬 옵서버 패턴은 변경된 정보를 옵서버에게 전달하는 푸시(push) 방식이다. 그런데 옵서버가 필요한 정보를 가져오는 풀(pull) 방식도 있다.

해법: 푸시 방식과 풀 방식 모두 옵서버를 설계하기에 적절하며, 프로젝트의 특성에 따라 선택하면 된다. 푸시 설계의 경우에는 데이터와 관련 정보가 준비되었을 때 옵서버에게 정보를 통보하는 방식이다. 반면에 풀 설계의 경우에는 옵서버 구독자가 스스로 정보를 요청해서 받아오는 방식이다.

풀 설계는 옵서버가 자주 요청을 하면 부하가 상당히 커질 수도 있다. 여기서 옵서버가 정보를 받는 시점에 데이터가 바뀔 수도 있다는 점을 고려해야 한다. 이 사실은 애플리케이션에 따라 긍정적으로 작용할 수도 있고, 부정적으로 작용할 수도 있다. 풀 설계는 데이터를 전송하는 객체 입장에서 옵서버가 정확히 필요로 하는 정보를 추적할 책임이 푸시 방식보다 적다. 또한 옵서버가 데이터에 공개적으로 접근 가능하도록 해야 한다. 이 설계는 옵서버들이 자료를 요청하는 주기가 다르고 필요할 때마다 자료를 받아볼 수 있는 상황에서 유용하다.

푸시 설계는 정보를 제공하는 주체가 모든 제어를 담당한다. 관련 정보와 함께 각 객체가 데이터를 갱신하도록 호출하는 역할도 한다. 옵서버에게 접근 가능한 데이터를 열어 주기보단 객체 자신이 정보를 밖으로 내보낸다는 면에서 이 설계가 좀 더 객체 지향에 가깝다. 또한 정보를 제공하는 주체가 언제 데이터를 옵서버에게 전달하는지 모두 알고 있다는 점에서 더 간단하고 안전하다. 따라서 데이터가 갱신되는 중간에 옵서버가 데이터를 요청했는지와 같은 동기화에 대해 걱정할 필요가 없다.

문제 22.4 싱글턴 vs. 플라이웨이트

싱글턴(Singleton) 패턴과 플라이웨이트(Flyweight) 패턴의 차이점에 대해 실제 예제를 사용해서 설명하라.

해법: 싱글턴은 하나의 클래스가 하나의 인스턴스만을 갖도록 하고, 프로그램 내에서 전역적으로 접근 가능하도록 만드는 패턴이다. 플라이웨이트 패턴은 가능한 많은 데이터를 그와 비슷한 객체들과 공유함으로써 메모리의 사용을 최소화한다. 단순 반복 표현이 수용할 수 없을 만큼 많은 메모리를 사용하는 경우에 많은 객체가 하나의 객체를 가리키도록 한다.

싱글턴의 흔한 예제는 로그를 남기는 클래스이다. 많은 클라이언트가(콘솔, 파일, 메시지 서비스 등) 로그 데이터를 원할 것이고, 모든 코드는 동일한 장소에 로그를 남겨야 한다.

플라이웨이트는 문자열 인턴(interning)에 주로 쓰인다. 인턴이란 값이 동일한 경우에는 하나의 인스턴스만을 사용하는 방법이다. 문자열을 생성하거나 인턴할 때 시간이 더 많이 들지만, 일부 문자열 처리 작업의 경우에는 문자열 인턴이 시간적으로나 공간적으로 효율적이다. 값이 다른 문자열은 보통 해시 테이블에 저장된다. 많은 클라이언트가 같은 플라이웨이트 객체를 가리킬 것이기 때문에 해당 객체는 불변(immutable)해야 안전하다.

싱글턴과 플라이웨이트는 둘 다 하나의 객체에 대해 하나의 인스턴스만 유지한다는 유사점이 있다. 하지만 이 둘 사이에는 다음과 같이 차이점이 더 많다.

- 플라이웨이트는 메모리를 절약할 때 사용된다. 싱글턴은 모든 클라이언트가 같은 객체를 공유하게끔 할 때 사용된다.
- 싱글턴은 공유할 객체가 하나일 때 사용된다. 예를 들어 데이터베이스 연결, 서버의 환경설정, 로그 남기는 등의 경우가 있다. 플라이웨이트는 공유할 객체가 그룹으로 존재할 때 사용된다. 예를 들어 문자의 폰트를 설명하는 객체들, 복수의 이진 탐색 트리에서 공유하는 노드와 같은 경우가 있다.
- 플라이웨이트 객체는 불변이다. 싱글턴 객체는 대게 불변이 아니다. 싱글턴 객체를 예로 들면, 데이터베이스에 연결하는 객체에 요청을 추가할 수도 있다.
- 싱글턴 패턴은 생성 패턴(creational pattern)인 반면, 플라이웨이트는 구조 패턴(structural pattern)이다.

요약하자면 싱글턴은 전역변수와 같은 존재이고, 플라이웨이트는 표준 표현에 대한 포인터와 같은 존재이다.

때때로 싱글턴 객체를 플라이웨이트를 만들 때 사용하기도 한다. 클라이언트가 특정 객체를 싱글턴에 요청하면, 싱글턴은 내부적으로 해당 플라이웨이트가 존재하는지 공용 플라이웨이트 풀(pool)을 검색한다. 만약 해당 객체가 존재한다면 그 객체를 반환하고, 아니면 플라이웨이트를 생성한 뒤 풀에 넣고 해당 객체를 반환한다(즉, 싱글턴이 정적 팩터리의 게이트웨이와 같은 역할을 하는 것이다).

문제 22.5 클래스 어댑터 vs. 객체 어댑터

클래스 어댑터(class adapter)와 객체 어댑터(object adapter)의 차이는 무엇인가?

해법: 어댑터 패턴은 이미 존재하는 클래스를 다른 인터페이스에서 사용할 수 있게

하는 인터페이스를 말한다. 이미 존재하는 소스코드를 수정하지 않고 다른 클래스 가 사용할 수 있게끔 만들 때 보통 사용된다.

어댑터를 만드는 방법에는 두 가지가 있다. 하나는 하위 클래스(클래스 어댑터 패턴)를 사용하는 것이고, 하나는 혼합(객체 어댑터 패턴)하는 것이다. 클래스 어 댑터 패턴에서는 예상되는 인터페이스와 이미 존재하는 인터페이스를 모두 상속 한다. 객체 어댑터 패턴에서는 이미 존재하는 클래스의 인스턴스를 생성하고, 해당 인스턴스를 호출한다.

다음은 클래스 어댑터 패턴의 특징들이다.

- 클래스 어댑터 패턴은 기존의 코드를 재사용한다. 따라서 상용구 코드(boiler-plate)가 필요하지 않고, 이미 존재하는 코드를 복사, 붙여넣기할 필요도 없다.

- 클래스 어댑터 패턴은 상속 때문에 발생하는 단점이 존재한다(예를 들면 파생 클래스(derived class) 입장에서 기본 클래스(base class)가 어떻게 수정되었는 지 모른다). 기본 클래스가 복수 개 존재하면 상속의 단점은 더 악화된다. 또한 Java(Java 1.8 이전)와 같은 언어에서는 다중 상속을 지원하지 않는다.

- 클래스 어댑터는 대상(target) 혹은 어댑터를 적용하려는 곳인 어댑티(adaptee) 어느 곳에나 놓아도 괜찮다. 이러면 양방향 어댑터가 가능하다. 그러나 어댑티 를 어댑터로 대체해서 사용하는 것은, 어댑터를 사용하는 목적을 퇴색시키고 예 상치 못한 방식으로 사용될 경우 올바르지 않게 동작할 수 있다.

- 클래스 어댑터는 어댑티의 메서드를 재정의함으로써 어댑티의 행동에 대한 세 부사항을 변경할 수 있다. 클래스 계층 구조의 멤버인 클래스 어댑터는 특정 어 댑티 및 타깃의 구체적인 클래스에 연결된다.

객체 어댑터의 자세한 예제를 살펴보자. 우리에게 스택 객체를 반환하는 레거시 코 드가 있다고 가정하자. 새로운 코드에서는 스택보다는 좀 더 일반적인 덱(deque, 스택의 하위 클래스는 아닌)이 필요하다. 이때는 스택-어댑터라는 새로운 자료형 을 만든 뒤 덱 메서드를 새로 구현해서 필요한 곳에서 사용하면 된다. 스택-어댑터 클래스는 스택 자료형의 필드가 존재한다. 이를 객체 혼합(object composition)이 라고 한다. 스택 객체를 사용하던 메서드 코드를 사용해서 덱 메서드를 구현한다. 기본적으로 스택을 지원하지 않는 덱 메서드는 UnsupportedOperationException을 던진다. 스택-어댑터가 객체 어댑터의 예제이다.

다음은 객체 어댑터 패턴에 대한 몇 가지 의견이다.

- 객체 어댑터 패턴은 어댑티가 대상과 동일하게 동작하도록 하려는 목적을 '순수(pure)'한 방법으로 구현한다. 이는 대상의 인터페이스만을 구현하기 때문에 객체 어댑터는 오직 대상으로서만 사용 가능하다는 뜻이다.
- 대상에 대한 인터페이스를 사용하면 해당 인터페이스를 사용하는 클라이언트가 참조하는 대상 대신, 어댑티를 사용할 수 있다.
- 어댑티를 혼합해서 사용하면 구체적인 클래스를 유연하게 선택할 수 있다. 만약 어댑티가 구체적인 클래스라면, 어댑티의 어떤 하위클래스도 객체 어댑터 패턴 안에서 동일하게 동작한다. 만약 어댑티가 인터페이스라면 해당 인터페이스를 구현하는 임의의 구체적인 클래스도 제대로 동작할 것이다.
- 단점은 타깃이 인터페이스를 바탕으로 하지 않는다면 타깃 및 모든 클라이언트가 객체 어댑터를 대체할 수 있도록 변경해야 한다.

응용: UML 다이어그램에서 데코레이터(decorator), 어댑터(adapter), 프록시(proxy)는 모두 같은 모양을 하고 있다. 왜 이들을 다른 패턴이라 여기는지 설명해 보라.

문제 22.6 생성 패턴

생성 패턴(creational pattern), 즉 빌더(builder), 정적 팩터리(static factory), 팩터리 메서드(factory method), 추상 팩터리(abstract factory)에 대해 설명하라.

해법: 빌더는 복잡한 객체를 단계적으로 만드는 패턴이다. 이 패턴은 필요한 객체를 반환하는 빌드 메서드가 있는 가변 내부 클래스를 사용해서 가변성과 불일치 상태를 회피한다. 클래스를 만드는 과정을 여러 단계로 나누고, 각 단계에 이름을 붙인다는 장점이 있다. 인자 리스트가 굉장히 길다면 선택적인 인자를 생성자보다 더 잘 다룰 수 있다.

정적 팩터리는 객체를 생성하는 함수이다. 함수의 이름을 통해 어떻게 동작하는지 가늠할 수 있어서 생성자를 호출하는 것보다 이해하기가 더 쉽다. 함수는 반드시 새로운 객체를 생성해야 할 필요는 없다. 대신 플라이웨이트를 반환해도 된다. 아니면 더 최적화된 하위 자료형을 반환할 수도 있다. 예를 들어 불 배열의 크기가 정수형 단어보다 작다면 불 배열 대신 정수형 단어를 사용하는 객체를 만들 수도 있다.

팩터리 메서드는 객체를 생성하는 인터페이스를 정의하는데, 하위 클래스들은 어떤 클래스를 생성할지 결정한다. 일반적인 예제로는 두 가지 모드의 미로찾기 게임이 있다. 이 게임에는 두 가지 종류의 방이 있는데, 하나는 일반 방이고 다른 하나는 마술 방이다. 문제 22.1에서 설명한 것처럼, 다음 프로그램은 템플릿 메서드를 사용해서 두 가지 버전의 게임에서 공통된 로직을 하나로 합쳤다.

```
class MazeGameCreator {
  public:
    virtual Room* MakeRoom() = 0;
    // 이 팩터리 메서드는 MazeGame 객체를 생성하는 템플릿 메서드다.
    // MazeGameCreator의 하위 클래스는 생성되는 room의 유형에 맞게 MakeRoom()을 구현한다.
    MazeGame* FactoryMethod() {
      MazeGame* mazeGame = new MazeGame();
      Room* room1 = MakeRoom();
      Room* room2 = MakeRoom();
      room1->Connect(room2);
      mazeGame->AddRoom(room1);
      mazeGame->AddRoom(room2);
      return mazeGame;
    }
};
```

다음은 일반 방을 구현한 코드이다.

```
class OrdinaryMazeGameCreator : public MazeGameCreator {
  Room* MakeRoom() override { return new OrdinaryRoom(); }
};
```

다음은 마술 방을 구현한 코드이다.

```
class MagicMazeGameCreator : public MazeGameCreator {
  Room* MakeRoom() override { return new MagicRoom(); }
};
```

팩터리를 사용해서 일반 방과 마술 방을 호출해 보자.

```
MazeGame* ordinaryMazeGame =
    (new OrdinaryMazeGameCreator())->FactoryMethod();
MazeGame* magicMazeGame = (new MagicMazeGameCreator())->FactoryMethod();
```

팩터리 메서드 패턴의 단점은 하위클래스를 만드는 작업이 어렵다는 점이다.

추상 팩터리는 실제 클래스를 정의하지 않더라도 관련된 객체 집합을 만들 수 있는 인터페이스를 제공한다. 예를 들어 DocumentCreator 클래스는 createLetter()나

createResume()과 같은 여러 가지 제품을 만드는 인터페이스를 제공한다. 이 클래스에 대한 실제 구현은 각 제품마다 다른 방식으로 구현할 수 있다. 예를 들어 현대식 폰트 혹은 고전적 폰트에 따라 다르게 구현할 수도 있고, 레이아웃 방식에 따라 다르게 구현할 수도 있다. 클라이언트 코드는 DocumentCreator 객체의 팩터리 메서드를 호출하면 된다. 이 패턴은 코드를 바꾸지 않고도 구현방법을 바꿀 수 있다. 심지어 실행시간 중에도 말이다. 이런 유연성은 더 많은 계획과 선행(upfront) 코딩을 필요로 하며, 구체적인 하위 클래스의 인스턴스 대신 부모 클래스 인스턴스로 다루는 경우 코드 이해가 더 어려울 수 있다.

문제 22.7 라이브러리와 설계 패턴

왜 설계 패턴 라이브러리는 없는 걸까? 설계 패턴 라이브러리가 있다면 필요할 때마다 코드를 새로 작성하지 않고 라이브러리를 호출하면 될 텐데 말이다. 설계 패턴 라이브러리가 존재하지 않는 이유를 설명해 보라.

해법: 설계 패턴을 라이브러리 집합으로 만들 수 없는 데는 여러 가지 이유가 있다. 그중 하나는 객체 혹은 적용 가능한 과정을 깔끔하게 추상화하기 어렵기 때문이다. 라이브러리는 알고리즘의 구현을 제공해야 한다. 반면에 설계 패턴은 더 높은 단계에서 어떤 문제를 풀기 위해 클래스와 객체를 어떻게 구조화해야 하는지 이해하고 있어야 구현이 가능하다. 그리고 문제를 풀려면 여러 종류의 패턴을 조합해야 할때가 생긴다. 예를 들어 모델-뷰-컨트롤러(MVC)는 UI 설계에 자주 사용되는데, 옵서버 패턴, 전략 패턴, 혼합 패턴을 조합해야 한다. 이렇게 모든 가능한 경우에 대해서 라이브러리를 만들기란 매우 어렵다.

 물론 많은 라이브러리가 알고리즘을 구현하는 데 설계 패턴을 사용한다. 정렬과 검색 알고리즘은 템플릿 메서드 패턴을 사용하고, 맞춤형 비교 함수는 전략 패턴을 사용한다. 문자열 인터닝은 플라이웨이트 패턴의 한 예제이고, 타입-I/O는 데코레이터 패턴을 사용한다.

응용: 흔하게 사용되는 라이브러리 코드 중에서 템플릿, 전략, 옵서버, 싱글턴, 플라이웨이트, 정적 팩터리, 데코레이터, 추상 팩터리 패턴을 사용하는 예제를 말해보라.

응용: 반복자(iterator)와 혼합(composite) 패턴을 비교 및 대조하라.

23장

프로그래밍 관련 도구

> 유닉스(UNIX)는 Digital Equipment Corporation의 PDP 11/40과 11/45 컴퓨터를
> 다루기 위한 다용도의 운영체제다. 다중 사용자와 상호작용하며,
> 거대한 운영체제가 제공하지 못하는 다양한 기능을 제공한다.
> (1) 분리 가능한 양의 파일을 통합할 수 있는 계층적 파일 시스템,
> (2) 호환 가능한 파일, 장치, 프로세스 간 입출력,
> (3) 비동기식 프로세스를 시작하는 기능,
> (4) 사용자 단위로 선택할 수 있는 시스템 명령 언어,
> (5) 십여 개의 언어를 포함한 100개 이상의 하위 시스템
> 〈The UNIX Time-sharing System〉, 데니스 리치(D. Ritchie), 켄 톰슨(K. Thompson), 1974

이번 장에서는 도구(tool)와 관련된 문제를 다룬다. 예를 들어 버전 관리 시스템(version control system), 스크립트 언어, 시스템 빌더, 데이터베이스, 네트워크 스택 등이 있다. 여러분이 특정 분야의 전문가로 면접을 보거나 특정 분야의 지식(예를 들어 네트워크 보안 혹은 데이터베이스에 관한 지식)이 필요한 곳에서 면접을 보지 않는 이상, 이러한 문제를 접하지는 않을 것이다. 여기서 다루는 주제는 방대하다. 네트워크 하나만 하더라도 대학 커리큘럼에 여러 가지 수업이 존재한다. 따라서 여기서는 여러분이 면접에서 마주칠 법한 것들을 맛보기 형식으로만 보여 준다. 이 책의 저자인 아드난(Adnan)의 고급 프로그래밍 도구 수업 자료[1]는 인터넷에서 무료로 볼 수 있다. 강의 노드뿐만 아니라 과제 및 실습 자료도 살펴볼 수 있다.

---

1 (옮긴이) *http://adnanaziz.com/classes/*의 Advanced Programming Tools 항목에서 해당 내용을 볼 수 있다.

버전 관리

문제 23.1 ~ 문제 23.2

버전 관리 시스템은 소프트웨어 개발의 기본 토대이다. 개발자라면 이 도구를 효과적으로 사용하는 방법을 알고 있어야 한다.

문제 23.1 버전 관리 시스템의 병합

버전 관리 시스템에서 병합(merging)은 무엇인가? 줄 단위 병합의 한계와 그 한계를 어떻게 극복할 수 있는지 설명하라.

해법: 현대적인 버전 관리 시스템에서는 개발자들이 전체 코드베이스의 개인 복사본을 가지고 동시에 작업을 진행한다. 따라서 개발자들이 각자 독립적으로 일하는 것이 가능하다. 병합 비용은 개인 복사본에서 작업한 코드를 합쳐서 하나의 새로운 공유 버전을 주기적으로 만드는 데서 든다. 여러 명이 동일한 곳을 수정했다면 코드가 서로 충돌할 수 있기 때문에, 병합 과정에서 충돌 문제를 반드시 해결해야 한다.

병합 방법으로는 가장 흔하게 텍스트 기반 방식이 쓰인다. 이 방법은 소프트웨어를 하나의 텍스트로 간주한다. 줄 단위(line-based) 병합은 텍스트 기반 병합 방법 중 하나로, 줄 하나를 병합 단위로 본다. 병합은 세 방향(3-way)으로 이루어지는데, 최소 공통부분을 가지는 베이스 버전을 기준으로, 다른 2개의 버전을 병합한다. 줄 단위 병합은 여러 명이 동시에 텍스트 수정, 삽입, 삭제, 이동할 때, 텍스트의 공통된 부분을 감지할 수 있게 한다. 그림 23.1에 줄 단위 병합 방법의 예제가 나와 있다.

줄 단위 병합 방법의 한 가지 문제점은 같은 줄에 두 개의 수정이 동시에 발생했을 때 처리하지 못한다는 것이다. 두 개의 동시 수정을 합칠 수 없고, 반드시 둘 중 하나를 선택해서 반영해야 한다. 더 큰 문제는 줄 단위 병합이 성공하더라도, 구문적 혹은 논리적 충돌 때문에 프로그램의 결과가 잘못될 수 있다는 점이다. 그림 23.1은 두 개발자가 서로 다른 줄을 수정했고, 병합 과정에서 충돌이 없었지만, 결과적으로 잘못된 인자로 함수를 호출하는 바람에 컴파일에 실패했다.

그럼에도 줄 단위 병합이 널리 사용되는 이유는 효율성, 확장성, 정확성 때문이다. 줄 단위 병합 도구 중에서 세 방향 병합을 사용하는 도구는 정확도가 90% 정도이다. 남은 10%를 자동화하는 것이 해결해야 할 과제다.

```
int sum(int n) {
    int total = 0;
    for (int i = 0; i < n; i++) {
        total = total + i;
    }
    return total;
};
```
버전 1

```
int sum(int n) {
    if (n < 0) {
        return 0;
    }
    int total = 0;
    for (int i = 0; i < n; i++) {
        total += i;
    }
    return total;
};
...
int x = sum(10);
```
버전 1b

```
void sum(int n, int* result) {
    int total = 0;
    for (int i = 0; i < n; i++) {
        total = total + i;
    }
    *result = total;
};
```
버전 1a

```
void sum(int n, int* result) {
    if (n < 0) {
        return 0;
    }
    int total = 0;
    for (int i = 0; i < n; i++) {
        total = total + i;
    }
    *result = total;
};
...
int x = sum(10);
```
1a버전과 1b버전의 병합

그림 23.1 세 방향 줄 단위 병합의 예시

텍스트 기반 병합 방법은 코드의 구문이나 의미를 고려하지 않기 때문에 정확도에 한계가 있다.

구문 기반 병합은 프로그램 언어의 구문도 고려하여 병합한다. 텍스트 기반 병합에서는 종종 코드 주석이나 코드 재배치(reformatting) 과정에서 사소한 충돌이 발생한다. 구문 기반 병합에서는 병합된 결과가 구문적으로 올바르지 않는 경우에만 충돌이 발생하므로, 이런 상황을 방지할 수 있다.

다음은 구문 기반 병합과 관련한 간단한 예제이다.

```
if (n % 2 == 0)
  m = n / 2;
```

두 개발자가 코드를 다른 방식으로 수정했지만, 결과적으로는 같다고 가정하자. 첫 번째 개발자가 수정한 방법은 다음과 같다.

```
if (n % 2 == 0)
  m = n / 2
else
  m = (n - 1) / 2;
```

두 번째 개발자는 다음과 같이 수정했다.

```
m = n / 2;
```

두 가지 모두 같은 결과이다. 하지만 텍스트 기반 병합은 다음과 같은 결과를 낼 것이다.

```
m = n / 2;
else
  m = (n - 1) / 2;
```

이 구문은 문법적으로 틀렸다. 구문 기반 병합은 충돌이 발생했다는 걸 감지한다. else를 삭제해서 수동으로 해결하는 것은 병합을 수행하는 사람이 해야 한다.

구문 기반 병합 도구는 흔하게 발생하는 충돌을 감지하지 못한다. 예를 들어 그림 23.1에 있는 1a 버전과 1b 버전의 병합은 컴파일되지 않는다. 왜냐하면 sum(10)은 잘못된 함수 호출이기 때문이다. 하지만 이 코드는 구문적으로는 올바르기 때문에 구문 기반 병합은 충돌이라고 간주하지 않을 것이다. 이 충돌은 의미적 충돌이다. 좀 더 정확히 말하자면 컴파일 시간에 감지가 가능하므로, 정적(static) 의미 기반 충돌이다. (컴파일러는 "함수의 인자가 일치하지 않는다"는 오류를 반환할 것이다.)

기술적으로, 구문 기반 병합 알고리즘은 병합할 프로그램의 파싱 트리 위에서 동작한다. 더 강력한 정적 의미 기반 병합 알고리즘은 그래프로 나타낸 프로그램 위에서 동작한다. 즉, 정의(definition)와 실제 사용 사이에 연결관계를 만들어서 일치하지 않는 경우를 더 쉽게 탐지한다.

정적 의미 기반 병합에도 단점은 있다. 예를 들어 Point를 데카르트 좌표 위의

2차원 점을 나타내는 클래스라고 하자. 이 클래스의 거리 함수는 $\sqrt{x^2 + y^2}$을 반환한다. 이제, 개발자 엘리스가 프로젝트를 체크아웃하고, 극좌표를 지원하는 Point의 하위 클래스를 만든다. 그리고 Point의 거리 함수를 사용해서 극좌표의 반지름을 반환하도록 했다. 동시에 다른 개발자 밥이 프로젝트를 체크아웃하고, Point의 거리 함수를 $|x| + |y|$로 수정했다. 정적 의미 기반 병합은 충돌이 없다고 할 것이므로 병합된 프로그램은 아무 문제없이 컴파일된다. 하지만 그 결과는 원하는 것과 다르다.

구문 기반 병합과 의미 기반 병합 모두 수행시간이 굉장히 늘어난다. 또한 특정 프로그램 언어와 긴밀하게 연결되어 있어서 굉장히 제한적이다. 실제 업무에서 줄 단위 병합은 스모크 슈트(smoke suite)와 함께 사용된다. 스모크 슈트는 미리 커밋된 훅(hook) 스크립트에 의해 실행되는 작은 단위 테스트(unit test)이다.

문제 23.2 버전 관리 시스템의 훅

버전 관리 시스템의 훅(hook)은 무엇인가? 사용 예를 들어 설명하라.

해법: git이나 svn과 같은 버전 관리 시스템에서는 사용자가 커밋, 파일의 락 혹은 언락, 리비전(revision) 속성 변경 같은 이벤트가 발생할 때 실행되는 액션을 정의할 수 있다. 이러한 액션은 훅 스크립트와 같이 실행 가능한 프로그램으로 지정된다. 버전 관리 시스템이 이러한 이벤트를 받았을 때, 동일한 훅 스크립트가 존재하는지 확인하고, 있다면 그것을 실행한다.

훅 스크립트는 액션에 접근 가능하다. 또한 명령 행(command line) 인자를 넘길 수 있다. 예를 들어 사전 커밋 훅에 현재 실행되고 있는 커밋의 저장소(repository) 경로와 트랜잭션 ID를 넘길 수 있다. 만약 훅 스크립트에서 0이 아닌 종료 코드가 반환된다면 버전 관리 시스템은 해당 액션을 중단하고, 스크립트의 표준 오류 결과를 사용자에게 반환한다.

다음 훅 스크립트가 가장 흔하게 사용된다.

- 사전(pre)-커밋: 수정 사항이 저장소에 커밋되기 전에 수행된다. 보통 로그 혹은 파일 형식을 확인하거나, 테스트를 수행하거나, 사용자 정의 보안 혹은 정책을 확인한다.
- 사후(post)-커밋: 커밋이 완료된 후에 실행된다. 보통 사용자에게 커밋이 완료되

었다고 알려 줄 때 사용된다. 예를 들어 팀에게 이메일을 보내거나 버그 추적 시스템을 갱신한다.

혹을 사용해서 코드를 수정하는 일은 피해야 한다. 새로 합류한 개발자를 놀라게 하거나 최악의 경우 버그를 만들 수도 있기 때문이다.

스크립트 언어

문제 23.3 ~ 문제 23.4

AWK, Perl, Python 같은 스크립트 언어는 원래 빠른 핵(hack), 프로토타이핑, 혹은 서로 다른 프로그램을 이어 주기 위한 용도로 개발됐다. 그런데 이 언어들은 얼마 안 가 프로그램 언어의 주류로 성장했다. 이 언어들의 특징은 다음과 같다.

- 텍스트 문자열이 기본(혹은 유일한) 자료형이다.
- 연관 배열(associative array)은 언어에 통합된 기본 타입이다.
- 정규표현식이 보통 내재되어 있다.
- 컴파일이 필요하지 않은 인터프리터(interpreter) 방식이다.
- 보통의 경우 변수 선언이 필요하지 않다.

진입장벽이 낮고, 짧은 코드로도 굉장히 많은 일을 수행할 수 있다.

문제 23.3 스크립트가 더 효율적인가?

동일한 애플리케이션을 개발할 때 C++ 대신 파이썬으로 작업하는 게 개발 시간을 10배 빠르게 할 수 있다는 연구 결과가 있다고 치자. 그걸 본 매니저는 여러분에게 파이썬으로 프로그램을 개발하라고 요구했다. 매니저에게 알려 줄 다섯 가지 위험성을 생각해 보자.

해법: 첫 번째, 사례 연구는 전부 하나의 일화일 뿐이다. 사례 연구는 개발자의 숙련도, 프로그램의 성격 등에 따라 영향을 받는다. 따라서 언어를 바꿔야 하는 이유로 사례 연구 하나를 근거로 드는 건 충분하지 않다.

　두 번째, 어떤 팀에서든 개발 환경을 바꾸면 당장 속도가 늦어진다. 왜냐하면 개발자들도 새로운 기법을 배워야 하고, 이전 언어에서 습득한 것들을 모두 버려야 하기 때문이다. 팀에 이러한 변화를 도입하려면 긴 시간이 필요하다.

세 번째, 스크립트 언어가 적절하지 않은 경우도 있다. 예를 들어, 매우 높은 성능이 필요한 작업에는 타입 시스템이 없는 Python에 맞지 않다. 타입 시스템이 없으면 심각한 버그를 미리 감지할 수 없기 때문이다.

네 번째, 하나의 언어만을 선택하는 것은 위험한 시도다. 훌륭한 엔지니어 부서라면 업무 성격에 따라 최선의 도구를 선택해야 한다.

마지막으로, Python은 2.x 브랜치와 3.x 브랜치 중 하나를 선택해야 한다.[2] 2.x 브랜치를 선택한다면, 몇 년 후에 3.x 브랜치로 리팩터링할 때, 많은 비용이 필요할 것이다. 3.x 브랜치를 선택한다면, (2.x 브랜치에서는 제공되지만) 아직 제공하지 않는 라이브러리가 있을 수 있다.

문제 23.4 스크립트 언어의 다형성

간단히 말하면 Java의 인터페이스는 일종의 타입 지정이다. Java의 인터페이스는 비어 있는 본문을 가지면서, 관련된 메서드들의 그룹을 지정한다. (정적 메서드가 아니며 공개(public) 메서드이다.) 인터페이스는 클래스를 추상화할 수 있는 등 다양한 장점이 있다. 특히 Java 인터페이스는 다형 함수(polymorphic function)를 구현하기 좋은 도구이다.

Python과 Java의 다형성에 대한 장단점을 설명하라. Python에서 다형 함수를 어떻게 구현할 것인가?

해법: Java의 다형성은 1급(first) 클래스다. 컴파일러는 객체가 실제 인터페이스에서 파생되는지, 상위 클래스에서 파생되는지에 상관없이 객체가 노출하는 인터페이스를 컴파일 시간에 알고 있다. 따라서 Java의 다형성 함수는 해당 함수를 구현한 객체가 실행 중에 호출될 것을 보장한다.

하지만 Python에서는 이러한 안전성이 존재하지 않는다. 따라서 Python에서 다형 함수를 구현할 때 두 가지 기법을 쓴다. 먼저, 다중 상속을 사용하는 클래스를 정의한다. 이 경우에 대부분의 상위 클래스들은 단순히 인터페이스 명세다. 이러한 클래스들은 원하는 메서드를 구현했을 수도 있고, 하위 클래스가 구현하도록 남

2 (옮긴이) 파이썬 2.x는, 2020년 4월 20일 마지막 버전인 2.7.18이 배포된 후로 더 이상 업데이트되지 않으며 파이썬 3이 주로 이용된다. 따라서 현재 이 위험이 유효하지는 않다. 다만, 개발을 시작하려는 시기에 사용하려는 언어의 메이저 버전이 업그레이드되었다면, 버전에 따른 장단점은 고려해 보는 게 좋다.

겨 두었을 수도 있다. 따라서 Java 인터페이스와 비슷하지만 그만큼 정교하지는 못하다. 특히, 다중 상속 관계에서는 메서드 확인 순서가 까다롭다.

하지만 그보다 더 까다로운 문제가 있다. 클래스가 특정 메서드를 구현하였더라도 실행시간 중에 인자를 넘기기 전에 그 메서드를 None과 같은 것으로 덮어쓸 수 있다는 점이다. 따라서 여전히 결과를 보장할 수 없다.

이를 해결하기 위해 두 번째 기법을 쓴다. 바로 '덕 타이핑(duck typing)'이다. 덕 타이핑은 안전성을 확보하려고 하기보다는 실행시간에 객체를 검사해서 올바른 인터페이스가 노출됐는지 확인한다. (덕 타이핑이라는 이름은 다음 격언에서 왔다. "만약 오리처럼 생겼고, 오리처럼 소리내고, 오리처럼 행동한다면, 아마 오리일 것이다.") 따라서 Drawable 인터페이스 구현에 필요한 인자만 받아 함수를 작성하는 Java와는 다르게 해당 객체의 draw 메서드를 호출해서 결과를 낸다. 타입 검사가 실행 시간에 일어나도록 지연됐을 뿐이므로 예외가 발생할 수 있다. draw 메서드를 가지고 있는 어떤 객체든지 받아들일 수 있기 때문에 이 함수는 말 그대로 다형적 함수다.

빌드 시스템 [문제 23.5] ~ [문제 23.6]

프로그램을 수정했다면 일반적으로 몇 가지 과정을 거쳐야 실행할 수 있다. 프로그램을 빌드하고, 테스트하고, 배포하는 중간 과정을 거친다. 다른 컴포넌트들, 예를 들어 프로그램이 생성하는 문서들도 변경에 따른 영향을 받을 수 있다. 빌드 시스템은 이러한 과정을 자동으로 수행한다.

문제 23.5 의존성 분석

Make는 코드와 파생 제품의 타임스탬프를 기준으로 동작하는 빌드 시스템이다. 그런데 Make로 제품을 빌드할 경우 시간이 더 많이 걸린다고 한다. 이를 피할 수 있는 방법이 있는가? 여러분이 생각해 본 방법에 문제점은 없는가?

해법: 소스코드 파일이 수정되었지만 논리적으로 동일하게 동작하는 경우를 생각해 보자. 예를 들어 주석을 추가한 것이다. Make와 같은 빌드 시스템은 이 파일에 의존하고 있는 다른 파일에도 수정된 사항을 전달한다. 해당 파일을 건드리지 않았더라도 말이다.

이를 해결하는 한 가지 방법은 다음과 같다. A라는 컴포넌트를 다시 만들기 전에, A_{new}라는 컴포넌트를 만들고 이를 기존의 A와 비교한다. A_{new}와 A가 다르다면 A_{new}를 A로 복제한다. 만약 동일하다면, A를 그대로 사용하고 수정된 날짜만 갱신한다.

하지만 이 방법이 언제나 합리적으로 동작하는 것은 아니다. 예를 들어, 소스코드 파일이 수정되지 않았다 하더라도 환경이 변했거나 컴파일 과정이 수정되었을 수도 있다. 이런 경우에는 만들어야 하는 중간 타깃이 달라질 수도 있고, 이들을 다시 빌드해야 할 수도 있다. 따라서 기존 컴포넌트랑 비교하기 위해선 중간 타깃을 전부 다시 빌드해야 하는데, 새로운 객체를 사용하게 될지는 구성 전에 알 수 없다.

문제 23.6 Ant vs. Maven

Ant와 Maven을 비교해 보라.

해법: Ant는 Make의 단점을 보완하기 위해 Java의 초창기에 개발되었다. Ant는 파일 복사, 컴파일, 문서 생성 등 다양한 태스크를 기본으로 내장하고 있다. Make에서는 의사-대상(pseudo-target)이나 변수 등으로 이를 흉내 낼 수밖에 없었다. Ant는 또한, 크로스 플랫폼을 지원한다. Make는 명령줄에서 수행할 작업을 대부분 스크립트로 작성하므로, 유닉스 같은 플랫폼에서 만들어진 Makefile은 그 외의 플랫폼(예를 들어 윈도우)에서는 사용할 수 없었다.

Ant에는 몇 가지 단점이 있는데, 이 단점들을 개선한 것이 Maven이다.

- 기본적으로 Maven은 선언형(declarative)이고, Ant는 명령형(imperative)이다. Maven에서는 프로젝트의 의존성을 알려 주면 Maven이 의존성을 가져와서 war라는 파일을 만들어 낸다. Ant에서는 의존하는 모든 것의 위치를 알려 준 뒤 Ant에게 해당 위치에서 복사해 오라고 명령해야 한다.

- Maven은 프로젝트를 빠르게 설정할 수 있는 'Archetype'을 사용할 수 있다. 예를 들어 Java Enterprise Edition 프로젝트를 빠르게 설정한 뒤, 몇 분 내에 코딩을 시작할 수 있다. Maven은 이런 종류의 프로젝트 구조가 어떠한지 알고 있고, 여러분을 위해 설정을 해 줄 것이다.

- Maven은 의존 관리에 뛰어나다. Maven은 프로젝트의 의존성을 자동으로 검색한다. 또한 의존성이 의존하는 것들도 찾는다. 따라서 라이브러리에 대해 걱정

할 필요 없이 추가할 라이브러리와 그 버전만 알려 준다면 Maven이 알아서 처리해 준다.

- Maven에는 빌드의 스냅샷(snapshot)과 빌드의 공개(release)라는 개념이 존재한다. 프로젝트를 실제 개발하는 중에는 스냅샷을 사용하게 된다. 하지만 프로젝트를 배포할 때 Maven은 회사의 Nexus 저장소에 저장할 수 있도록 여러분의 프로젝트를 공개 버전으로 빌드한다. 이 방법을 사용한다면 모든 공개된 빌드 파일은 회사에 있는 하나의 저장소에서 접근 가능하다.

- Maven은 환경 설정보다 기존의 관습을 선호한다. Ant에서는 실제 작업 전에 여러 가지 속성을 설정해야 한다. Maven에서는 이미 존재하는 기본값을 사용한다. Maven이 추천하는 프로젝트 레이아웃을 따른다면, 제대로 동작하면서 크기도 작은 빌드 파일을 만들 수 있다.

- Maven은 자동 테스트를 훌륭하게 지원한다. 사실 Maven은 기본적으로 빌드 프로세스의 일부로 테스트를 실행한다. 그래서 특별히 따로 해 줘야 할 일이 없다.

- Maven은 빌드의 여러 단계에서 훅을 제공하므로, 필요하다면 추가 작업을 처리할 수 있다.

데이터베이스 [문제 23.7] ~ [문제 23.9]

오늘날 대부분의 소프트웨어 시스템은 데이터베이스와 상호작용한다. 따라서 데이터베이스에 대한 기본 지식 정도는 알고 있는 게 좋다.

문제 23.7 SQL과 NoSQL

SQL과 NoSQL 데이터베이스의 차이점을 설명하라.

해법: 관계형 데이터베이스는 테이블(혹은 관계)의 집합으로 표현된다. 각 테이블은 행으로 구성되어 있고, 각 행은 다양한 자료형(정수, 소수점, 날짜, 고정 크기 문자열, 가변 크기 문자열 등)을 가지고 있는 열(혹은 속성)로 구성되어 있다. SQL은 데이터베이스를 만들거나 조작하는 데 사용되는 언어이고, MySQL은 널리 사용되는 관계형 데이터베이스다.

NoSQL 데이터베이스는 관계형 데이터베이스에서 사용하는 관계형 모델과 다른 방법으로 모델링된 데이터 저장 및 검색 방법을 제공한다. MongoDB는 많이 사용되는 NoSQL 데이터베이스이다. MongoDB에서 테이블과 비슷한 존재는 분서(document)로 이루어진 컬렉션(collection)이다. 컬렉션에는 스키마(schema)가 없다.

문서는 필드(field)에서 값으로의 해시 맵으로 볼 수 있다. 컬렉션 안의 문서들은 필드가 서로 다를 수 있다.

NoSQL 데이터베이스의 핵심 장점은 간단한 설계 방식에 있다. 데이터베이스의 기존 문서에 영향을 끼치지 않고서도 단순하게 필드 혹은 새로운 문서를 컬렉션에 추가할 수 있다. 이 때문에 애자일 개발 환경을 사용하는 스타트업에서 많이 사용된다.

NoSQL에서 사용하는 자료구조는 관계형 데이터베이스에서 기본적으로 사용하는 것과는 다르다. 예를 들어 MongoDB는 키와 값의 쌍을 사용한다. 몇 가지 연산은 관계형 데이터베이스가 NoSQL보다 더 빠르다.

관계형 데이터베이스의 핵심 장점은 ACID 트랜잭션을 제공한다는 것이다. ACID(원자성, 일관성, 고립성, 지속성)는 데이터베이스 트랜잭션 처리과정의 신뢰성을 보장하는 속성들이다. 예를 들어, MongoDB에서는 데이터베이스에서 어떤 자료를 삭제한 뒤에 고객에게 제공하는 과정을 원자적 연산으로 만들 수 없다.

관계형 데이터베이스의 또 다른 장점은 쿼리 언어인 SQL이 선언적이며, 상대적으로 단순하다는 점이다. 반면에 NoSQL 데이터베이스의 복잡한 쿼리는 프로그램으로 작성해야 한다. (NoSQL 데이터베이스에 SQL을 NoSQL 프로그램으로 변환해주는 기능이 있기도 하다.)

문제 23.8 데이터베이스 정규화

데이터베이스 정규화란 무엇인가? 그리고 장단점은 무엇인가?

해법: 데이터베이스 정규화는 중복되는 데이터를 최소화하기 위해 열과 관계형 데이터베이스의 테이블을 조직하는 과정이다. 정규화를 거치면 정보의 손실 없이 중복을 줄일 수 있고, 테이블이 더 세분화돼서 완전성이 높아지며 공간이 절약된다.

핵심 아이디어는 '외래키(foreign key)'를 사용하는 것이다. 외래키는 하나의 테이블에 존재하는 필드(혹은 필드의 컬렉션)인데, 다른 테이블의 각 행을 구분시켜 주는 유일한 값이다. 외래키는 두 번째 테이블에 정의되어 있지만, 첫 번째 테이블의 유일한 키값을 나타낸다. 예를 들어 Employee라는 테이블의 유일한 키는

employee_id일 것이다. EmployeeDetails이라는 테이블은 Employee 테이블과의 관계를 유일하게 식별하기 위해 employee_id를 참조하는 외래키를 가지고 있다.

정규화의 주된 단점은 성능 저하다. 종종 애플리케이션에서 필요로 하는 기능을 수행하기 위해서는 정규화로 인해 세분화된 여러 개의 테이블을 조인(join)해야 한다. 이때 시간이 많이 소요된다.

문제 23.9 SQL 설계

학생 데이터를 표현하는 테이블을 만들도록 SQL 명령어를 작성하라. 또한 학생을 추가, 삭제, 갱신하고, 검색된 학생을 GPA 순서대로 정렬하는 SQL 명령어를 작성하라.

그다음 지도 교수 테이블을 추가하고, 지도 교수와 각 학생을 연결하는 모델을 어떻게 만들 것인지 설명해 보라. 학생과 해당 학생의 지도 교수의 이름을 알려 주는 SQL 쿼리도 작성하라.

해법: 학생을 표현하려면 이름, 생일, GPA, 졸업 연도 정보가 필요하다. 또한 각 학생을 유일하게 구분할 수 있어야 한다. 학생 테이블을 만드는 SQL문은 다음과 같을 것이다. CREATE TABLE students (id INT AUTO_INCREMENT, name VARCHAR(38), birthday DATE, gpa FLOAT, graduate_year INT, PRIMARY KEY(id));. 다음은 학생 테이블을 갱신하는 SQL문이다.

- 학생 추가

  INSERT INTO students(name, birthday, gpa, graduate_year) VALUES ('Cantor', '1987-10-22', 3.9, 2009);
- 1985년 이전에 졸업한 학생들 삭제하기

  DELETE FROM students WHERE graduate_year < 1985;
- 아이디가 28인 학생의 GPA를 3.14로, 졸업년도는 2015로 갱신한다.

  UPDATE students SET gpa = 3.14, graduate_year = 2015 WHERE id = 28;

다음 쿼리는 GPA가 3.5 이상인 학생을 GPA 순서대로 반환한다. 그리고 학생의 이름, GPA, 졸업 연도를 보여 준다. SELECT gpa, name, graduate_year FROM students WHERE gpa >3.5 ORDER BY gpa DESC;

이제 이 문제의 두 번째 부분을 살펴보자. 다음은 지도교수를 나타내는 테이블 견본이다.

아이디	이름	직책
1	Church	학장
2	Tarski	교수

advisor_id라는 새로운 행을 학생 테이블에 추가한다. 이는 앞에서 설명한 외래키가 된다. 다음은 지도교수의 이름이 Church인 학생의 GPA를 반환하는 쿼리이다.
SELECT s.name, s.gpa FROM students s, advisors p WHERE s.advisor_id = p.id
AND p.name = 'Church';.

응용: SQL 조인(join)은 무엇인가? 수업에 관한 테이블과 학생 테이블이 있다고 가정하자. 이러한 데이터베이스에서 SQL 조인은 어떻게 사용될까?

네트워크 〔문제 23.10〕 ~ 〔문제 23.12〕

오늘날 대부분의 소프트웨어 시스템은 네트워크와 상호작용한다. 따라서 더 높은 스택에서 개발하는 개발자라 하더라도 기본적인 네트워크 지식을 가지고 있는 것은 중요하다. 면접에서 받을 수 있는 네트워크 질문들을 몇 개 준비했다.

문제 23.10 IP vs. TCP vs. HTTP

IP, TCP, HTTP가 무엇인지 차이점을 중심으로 설명하라.

해법: IP, TCP, HTTP는 네트워크 프로토콜이다. 이들은 두 호스트 사이에 정보를 주고받을 수 있도록 도와준다.

IP는 인터넷 프로토콜의 약자로서 가장 낮은 수준의 프로토콜이다. Wifi 혹은 이더넷과 달리 IP는 물리적 채널과 독립적이다. IP의 주요 관심은 하나의 호스트에서 다른 호스트로 개별 패킷을 가져오는 것이다. 각 IP 패킷의 헤더에는 출발지 IP 주소, 도착지 IP 주소, 패킷의 길이, 윗단의 프로토콜 타입(TCP 혹은 UDP가 일반적이다), 오류 확인 코드가 있다.

    IP는 라우터의 연결로 이루어진 네트워크를 통해 패킷을 이동시킨다. 라우터는 다중 입력 및 출력 포트를 가지고 있다. 라우터는 라우팅 테이블을 통해 입력 패킷이 어떤 출력 포트로 나가는지 알 수 있다. 이 정보를 바탕으로 패킷을 네트워크로 전송한다. 라우팅 테이블은 IP의 접두사에서 출력 포트로의 맵을 가지고 있다. 예를 들어 라우팅 테이블에 도착지 주소가 171.23.*.*인 모든 패킷은 아이디가 17인 인터페이스 포트로 보내라고 쓰여 있을 수 있다. IP 라우터는 '링크 상태 정보'를 교환하여 라우팅 테이블을 계산한다. 이는 일종의 최단 경로 알고리즘과 같다.

    TCP는 전송 제어 규약(Transmission Control Protocol)의 약자로서 IP 위에서 만들어진 엔드-투-엔드 프로토콜이다. 이 프로토콜은 두 호스트의 상태를 유지하기 위해 지속적으로 신뢰성 있는 양방향 연결을 만든다. 이 상태는 IP 패킷을 받았다는 것이 될 수도 있고, 받았다는 사실을 통보(acknowledgement)하는 것일 수도 있다. 못 받은 패킷에 대해서는 재전송을 요청할 수 있다. 각 TCP 패킷에는 순서를 나타내는 번호가 들어 있다. 패킷을 못 받는 비율이 높아질 경우 수신 측은 전송 속도를 줄이도록, 수신되는 창 크기를 줄여 송신 측에 신호를 보낸다. TCP는 또한 포트 번호 개념을 사용해서 수신 데이터를 다중화(multiplex)하므로, 하나의 IP 주소를 가진 호스트의 여러 애플리케이션이 동시에 동작할 수 있다.

    HTTP는 하이퍼텍스트 전송규약의 약자로서 TCP 위에서 만들어졌다. HTTP 요청과 응답은 헤더와 바디로 이루어진 문자열 형태로 볼 수 있다. HTTP 전송과 응답 헤더에 있는 콘텐츠 타입 필드를 통해 자료형을 명시할 수 있다. 응답 헤더는 숫자 코드를 포함하는 데, 성공(200), 실패(404 - 자원 찾기 실패), 특별한 경우(302 - 캐시된 버전을 사용함) 등을 표현한다. 이 프로토콜의 또 다른 필드로는 쿠키, 요청 크기, 압축 사용 여부 등이 있다.

    HTTP는 월드-와이드 웹(world-wide web)을 위해 설계되었고, 한 번의 논리적 전송으로 웹페이지를 보내는 방법에 초점이 맞추어져 있다. 하지만 HTTP는 성장하면서 원격 절차('서비스')에 접근하는 데 사용되는 등 훨씬 더 많은 것들을 제공하게 되었다. 웹페이지, 파일, 서비스와 같은 객체는 인터넷 정보 위치라는 URL을 통해 제공된다. URL은 도메인 이름, 경로, 선택적 인자들로 구성되어 있다. 서비스를 구현하는 일반적인 패턴은 클라이언트가 URL 인자, JSON 객체 및 업로드할 파일 등으로 요청을 보내면 서버가 JSON으로 응답하는 것이다.

문제 23.11 HTTPS

기능 및 밑바탕이 되는 아이디어를 중심으로 HTTPS를 설명하라.

해법: 간단히 말하자면 HTTPS는 HTTP에 SSL 암호화를 더한 것이다. 인터넷의 상업적 중요성 때문에 무선 네트워크가 널리 퍼지게 되면서, 몰래 접근하려는 사람들로부터 데이터를 보호할 필요성이 생겼다.

이론적으로 먼저 접근해 보자. 통신하는 채널을 암호화할 수 있는 한 가지 방법은 전송되는 바이트를 비밀 바이트와 XOR하는 것이다. 수취인은 전송받은 바이트를 비밀 바이트와 XOR해서 암호를 복호화할 수 있다. 이 방법은 너무 취약해서 사용하기 망설여질 것이다. 전송된 데이터의 통계 자료를 분석하면 256바이트로 이루어진 비밀 바이트를 쉽게 알아낼 수 있기 때문이다. 수취인에게 비밀 바이트를 안전하게 전송하는 건 아직까지 해결되지 않은 숙제 중 하나다. 또한, 트랜잭션을 보낸 클라이언트 입장에서는 누군가가 네트워크에서 데이터를 훔쳐서 다른 서버로 재전송했는지 알 수 있는 방법이 없다.

SSL은 이 문제를 해결할 수 있다. 먼저, 키를 교환할 때 공개 암호키를 사용한다. 클라이언트가 공개키를 통해 데이터를 암호화하고, 비밀키를 서버에 전송한다. 비밀키는 비밀 바이트를 일반화한 개념이라고 생각하면 된다. 보통 256비트를 사용한다. 이 비밀키는 뒤섞인 데이터를 복구 가능한 방법으로 전송하도록 도와준다. 비밀키는 임의의 숫자의 해시값을 통해 생성된다. 공개 암호키는 단방향 함수를 만들 수 있다는 사실에 바탕을 두고 있다. 즉, 이 공개키를 통한 함수는 한쪽 방향으로의 값은 쉽게 만들 수 있지만, 공개된 정보만으로는 역함수를 구하기 어렵다. 리베스트(Rivest), 셰미르(Shamir), 아델만(Adleman)이 소개한 이러한 함수의 프로토타입은 소수(prime number)를 만들기 쉽다는 점, $a^b \bmod c$를 빠르게 계산할 수 있다는 점, 인수분해가 어렵다는 점 등에 기반을 두고 있다.

개인 키 암호화에는 송신 측과 수신 측이 공유하는 비밀키가 포함된다. 개인 키 암호화는 공개 키 암호화보다 훨씬 더 큰 대역폭을 제공한다. 그 이유 때문에 공개 키 암호화를 통해 비밀키를 공유한 뒤에 HTTPS는 개인 키 암호화, 특히 AES로 바뀐다. AES는 128비트의 데이터 위에서 동작한다. (128비트 이하 크기의 데이터를 전송할 때는 비트를 추가해서 128비트에 맞춰서 보낸다. 128비트보다 큰 크기의 데이터를 전송할 때는 128비트에 맞게 데이터를 쪼개서 전송한다.) 128비트는 16

바이트인 4×4 행렬로 표현한다. 비밀키를 통해 순서를 정한 뒤, 바이트를 그 순서에 맞게 섞는다. 이 방법 또한 XOR 연산을 사용한다. 비밀키를 통해 이 모든 연산을 역으로 계산할 수 있다.

이 방법에도 사소한 단점이 하나 있다. 재전송 공격(replay attack)을 받기 쉽다는 것이다. 정확히 어떤 정보가 전송되었는지는 모르더라도 어떤 행위를 하는 패킷인지 알아챌 수도 있다. 예를 들어 내 월드 오브 워크래프트 계좌로 금화를 10만큼 추가하라는 내용 말이다. 이 문제는 서버가 임의의 숫자를 클라이언트에게 보낸 뒤에 클라이언트가 요청을 보낼 때마다 해당 숫자를 포함하도록 하면 해결할 수 있다.

HTTPS는 SSL 인증이라는 또 다른 보안 계층을 두고 있다. 제3자가 발행하는 SSL 인증은 도메인에 등록된 HTTPS 서버가 실제 인증을 받은 도메인인지 알려 준다. 따라서 누군가가 네트워크를 훔친 뒤 해당 서버인 양 행동하지 못하도록 해 준다. 이는 비밀키를 교환한 뒤 AES로 통신하는 SSL의 본질과는 독립적인 보안 계층이다. 따라서 서버를 지역적으로 테스트할 때는 해당 기능을 잠시 꺼놓을 수 있다.

문제 23.12 DNS

DNS가 어떻게 동작하는지, 그리고 어떻게 구현되었는지 설명하라.

해법: DNS는 도메인 이름(*www.google.com*)을 IP 주소(216.58.218.110)으로 변환시켜주는 역할을 한다. 이는 인터넷이 제대로 동작하는 데 필수적인 기능이다. DNS는 브라우저가 웹사이트에 접근할 수 있도록 한다. 인터넷 네트워크의 라우터는 패킷을 보낼 다음 위치를 찾아야 하기 때문에 IP 주소를 알 수 있어야 한다.

DNS를 구현할 때 풀어야 할 많은 문제점이 있다. 그중에서도 중요한 문제들은 다음과 같다.

- 도메인의 개수는 수억 개가 넘는다.
- DNS가 조회하는 횟수는 하루에 수천억 번이 넘는다.
- 도메인과 IP 주소는 지속적으로 추가되거나 갱신된다.

이 문제를 풀기 위해서 DNS는 분산 디렉터리 서비스를 구현한다. DNS 조회는 DNS 서버로 전달된다. 각 DNS 서버는 도메인 이름과 IP 주소를 데이터베이스에 저장한다. 만약 해당 데이터베이스에서 쿼리로 들어온 도메인 이름을 찾지 못하면,

해당 요청을 다른 DNS 서버로 전송한다. 이러한 요청들은 모두 루트 이름 서버로 전송된다. 루트 이류 서버는 쳐상위 게층의 도메인을 담낭한다.

이 책을 쓰고 있는 현재 13개의 루트 이름 서버가 존재한다. 물리적인 서버가 13개라는 말은 아니다. 서버의 운영자들은 신뢰할 수 있는 수준의 서비스를 제공하기 위해 여분의 서버를 함께 사용한다. 또한, 이 서버들은 여러 위치에 복제되어 있다. 엄청난 양의 요청을 처리하면서 성능 저하를 막으려면 클라이언트와 DNS 서버에 모두 캐시를 사용해야 한다.

04

Elements of Programming Interviews in C++

고난도 문제

24장   고난도 문제

고난도 문제

수학 문제는 무한하다. 한 문제를 풀자마자 수많은 다른 문제가 튀어 나온다.
'Mathematical Problems', 데이비드 힐버트(D. Hilbert), 1900

이번 장에서는 앞에서보다 더 어려운 문제들을 다룬다. 여기서 다루는 문제들은 면
접에서 흔하게 출제되지만, 지원자가 완벽한 해법을 내길 기대하는 건 아니다.

이러한 문제를 다루는 이유 중 몇 가지는 다음과 같다.

- 이 문제들을 모두 마스터한다고 면접에 꼭 붙는 건 아니지만, 문제를 풀면서 실
  력을 키울 수 있게 된다. 모래주머니를 차고 달리는 훈련과 비슷하다고 보면
  된다.
- 이 장에서 다루는 문제가 면접에서 출제되었을 때 여러분이 해법을 성공적으로
  제시한다면, 면접관에게 아주 강한 인상을 줄 수 있다. 단순히 합격을 넘어서 연
  봉, 직급 등이 달라질 것이다.
- 몇 가지 문제는 특정 분야의 전문가, 즉 대규모 분산 시스템을 최적화하는 분야,
  기계 학습을 활용하는 전산 금융 분야 등으로 지원하려는 사람에게 적합하다.
  석박사 지원자들 또한 흔하게 받을 수 있는 문제들이다.
- 나열한 이유에 해당되지 않더라도 여러분이 도전을 좋아한다면, 이 문제들을 풀
  어 보자.

면접관이 어려운 문제를 출제한다면 기뻐해야 한다. 여러분에 대한 기대치가 높다
는 뜻이기 때문이다. 단순히 문자열이 회문인지 확인하는 프로그램을 작성하라는
문제를 받았을 때보다 훨씬 더 좋은 기회가 기다리고 있을 것이다.

이전 장에서 다뤘던 주제의 순서대로 문제를 소개할 것이다. 기본 자료형에서 시작해서 그래프로 끝난다. 여러분은 임의의 순서로 문제를 풀기 바란다. 가능하면 문제 24.1, 24.6, 24.8, 24.9, 24.12, 24.18, 24.19, 24.22, 29를 먼저 푸는 게 좋다. 회색 닌자(😐) 문제는 어렵기는 하지만, 재능 있는 지원자가 충분한 시간을 가지면 풀 수 있는 정도이다. 검은색 닌자(🥷) 문제는 굉장히 어렵다. '2장 훌륭한 면접을 위한 전략'의 '압박 면접'에서 언급했듯이 지원자가 스트레스를 어떻게 다루는지 확인하고자 할 때나 적합하다.

난해성

면접에서 요구되는 코딩 문제들은 거의 항상 하나 이상의 빠른(예를 들어, $O(n)$ 시간 복잡성) 해결책을 가지고 있다. 때로는 계산하기 까다로운 문제에 대한 질문을 받을 수 있고, 문제를 푸는 데 효과적인 알고리즘이 없는 경우도 있다. (이러한 문제는 현실 세계에서 흔히 발생한다.)

하지만 다루기 힘든 문제를 해결하는 데 도움이 되는 방법들이 있다.

- 무식하게 푸는 방법(동적 프로그래밍도 포함) 중에서 인스턴스가 작거나 특정 매개변수가 작은 경우라면 지수 시간 복잡도를 가진 알고리즘도 허용될 수 있다.
- 백 트래킹(back-tracking), 분기 한정(branch-and-bound), 언덕 오르기(hill-climbing) 같은 검색 알고리즘은 무식하게 검색할 때보다 복잡성이 상당히 줄어든다.
- 근사 알고리즘으로 최적에 가까운 해결책을 찾을 수 있다.
- 통찰, 공통 사례 분석 및 세심한 조정에 기반한 휴리스틱은 문제를 합리적으로 해결할 수 있도록 해 준다.
- 병렬 알고리즘을 이용하면 여러 대의 컴퓨터에서 동시에 하위 작업을 처리할 수 있다.

문제 24.1 최대공약수 구하기 😐

최대공약수(GCD)는 양의 정수 x와 y가 주어졌을 때 $x \bmod d = 0$과 $y \bmod d = 0$을 만족하는 가장 큰 수 d를 찾는 문제이다.

숫자 두 개가 주어졌을 때 곱셈, 나눗셈, 나머지 연산을 사용하지 않고 최대공약수를 구하는 효율적인 알고리즘을 설계하라.

힌트: 둘 디 픽수일 때, 룰 나 올수일 때, 하나는 짝수이고 하나는 홀수일 때를 고려하는 케이스 분석을 사용하라.

해법: 단순한 알고리즘은 재귀적으로 구하는 것이다. $x = y$일 때 $GCD(x, y) = x$가 되고, 아닌 경우에 $GCD(x, y)$는 $GCD(x - y, y)$가 된다. (단, $x > y$)

재귀 알고리즘은 곱셈, 나눗셈, 나머지 연산을 사용하지 않지만, 어떤 입력에 대해선 굉장히 느리다. 예를 들어 $x = 2^n$이고 $y = 2$인 경우에 2^{n-1}번의 재귀 호출을 수행해야 한다. 나누었을 때의 몫만큼 뺄셈을 수행해야 한다는 점을 통해 시간 복잡도를 개선할 수 있다. 즉, $x > y$인 경우에 $GCD(x, y) = GCD(y, x \bmod y)$와 같다. 하지만 이 나머지 연산은 문제에서 명시적으로 금지한 사항이다.

여기 더 빠른 해법이 존재한다. 재귀에 바탕을 두었지만, 특별한 경우에 2로 나누는 것을 제외하고는 곱셈과 나눗셈을 하지 않는다.

앞의 예제에서 24와 300의 최대공약수를 구한다고 가정하자. 둘 다 짝수인 경우에 그 결과는 $2 \times GCD(12, 150)$과 같다. 2로 나누는 작업은 오른쪽으로 1만큼 시프트하면 된다. 따라서 일반적인 나눗셈 연산을 수행할 필요가 없다. 12와 150 모두 짝수이므로 $GCD(12, 150) = 2 \times GCD(6, 75)$가 된다. 75는 홀수이므로 2로 나눌 수 없고, 따라서 6과 75의 GCD는 3과 75의 GCD와 같다. 3과 75의 GCD는 3과 72(75 − 3)의 최대공약수와 같다. 동일한 로직을 반복적으로 적용한다면, $GCD(3, 72) = GCD(3, 36) = GCD(3, 18) = GCD(3, 9) = GCD(3, 6) = GCD(3, 3) = 3$이 된다. 따라서 $GCD(24, 300) = 2 \times 2 \times 3 = 12$가 된다.

조금 더 일반화해 보자. 기저 사례는 두 인자가 같을 때가 된다. 다른 경우에는 두 숫자 모두 홀수이거나 하나가 짝수이거나, 둘 다 짝수인지를 먼저 확인한다. 만약 둘 다 짝수라면 두 숫자를 절반으로 나눈 뒤 재귀 호출을 하고, 그 결과에 2를 곱해서 반환한다. 만약 하나만 짝수라면 그 숫자만 절반으로 나눈 뒤 재귀 호출을 한다. 둘 다 홀수라면 큰 숫자에서 작은 숫자를 뺀 뒤에 재귀 호출을 한다. 2를 곱하는 작업은 왼쪽으로 한 번 시프트하면 되고, 2로 나누는 작업은 오른쪽으로 한 번 시프트하면 된다.

```cpp
long long Gcd(long long x, long long y) {
  if (x > y) {
    return Gcd(y, x);
```

```
  } else if (x == 0) {
    return y;
  } else if (!(x & 1) && !(y & 1)) {   // x와 y가 짝수이다.
    return Gcd(x >> 1, y >> 1) << 1;
  } else if (!(x & 1) && y & 1) {      // x는 짝수이고, y는 홀수이다.
    return Gcd(x >> 1, y);
  } else if (x & 1 && !(y & 1)) {      // x는 홀수이고, y는 짝수이다.
    return Gcd(x, y >> 1);
  }
  return Gcd(x, y - x);                 // x와 y 둘 다 홀수이다.
}
```

마지막 단계를 재귀 호출하면 하나는 짝수, 다른 하나는 홀수가 된다. 결과적으로 두 번 호출할 때마다 두 숫자 비트의 길이의 합보다 하나를 줄일 수 있다. 시간 복잡도는 x와 y의 비트의 개수의 합에 비례하게 되므로 $O(\log x + \log y)$가 된다.

문제 24.2 배열에 존재하지 않는 가장 작은 양의 정수 찾기 👁👁

길이가 n인 배열 A가 있다고 가정하자. A에 존재하지 않는 양의 정수 중 가장 작은 숫자를 찾는 알고리즘을 설계하라. A의 내용을 보존할 필요는 없다. 예를 들어, A = $\langle 3, 5, 4, -1, 5, 1, -1 \rangle$일 때 A에 존재하지 않는 가장 작은 양의 정수는 2가 된다.

힌트: 먼저 x의 상한을 찾아보자.

해법: 무식한 방법은 A를 정렬한 뒤에 처음부터 순회하면서 0 이후에 등장한 숫자 중에서 중간에 빠진 값을 찾는다. 정렬을 해야 하므로 이 방법의 시간 복잡도는 $O(n \log n)$이 된다.

우리가 원하는 건 A에서 가장 작은 양의 정수를 찾는 것이므로 정렬을 사용하지 않는 방법을 찾아보자. A의 원소를 해시 테이블 S(12장)에 저장하면 양의 정수를 $1, 2, 3...$ 차례대로 순회하면서 S에 존재하지 않는 숫자를 찾을 수 있다. 이 방법의 시간 복잡도는 S를 만드는 데 $O(n)$이 걸리고 빠진 숫자를 찾는데 $O(n)$이 걸린다. 왜냐하면 배열의 원소 개수가 n이므로 $n + 1$에 도달하는 동안 빠진 숫자를 반드시 찾을 수 있기 때문이다. 따라서 전체 시간 복잡도는 $O(n)$이고, 공간 복잡도 또한 $O(n)$이다.

앞에서 문제를 설명할 때, "A의 내용을 보존할 필요는 없다"고 했다. 이 점을 이용해서 공간 복잡도를 줄여 보자. 양의 정수를 보관할 해시 테이블을 사용하는 대신 배열 A만 쓰는 것이다. 배열 A의 1과 n 사이에 k가 들어 있다면, $A[k-1]$에 k를 놓는다($k-1$ 인덱스를 사용하는 이유는 0번 인덱스에서 시작해서 n개의 원소를 담아야 하기 때문이다). $A[k-1]$의 원소가 1부터 n 사이의 값이라면 이 원소 또한 저장해야 한다. A에 n개의 원소가 들어 있으므로 A에서 빠진 양의 정수 중 가장 작은 수는 $n+1$보다 클 수 없다.

구체적인 예를 살펴보자. $n=4$, $A=\langle 3, 4, 0, 2 \rangle$라고 하자. 3을 $A[3-1]$에 기록하고, 2번 인덱스에 있는 값을 $A[0]$에 기록한다. 이제 $A=\langle 0, 4, 3, 2 \rangle$가 된다. 0은 문제에서 요구한 양의 정수가 아니므로 $A[1]$로 넘어간다. $A[1]$의 값, 4는 1부터 4 사이의 값이므로 $A[4-1]$에 4를 기록하고, 3번 인덱스에 있는 값을 $A[1]$에 기록한다. 이제 A는 $\langle 0, 2, 3, 4 \rangle$가 된다. $A[1]$에 이미 2가 들어 있으므로 다음으로 넘어간다. $A[2]$와 $A[3]$도 마찬가지다.

이제 A를 순회하면서 $A[i] \neq i + 1$을 만족하는 첫 번째 인덱스 i를 찾으면 된다. 이 인덱스의 값이 배열에 없는 가장 작은 양의 정수며, 여기서는 1이 된다.

```cpp
// 값을 바꾸기 때문에 A는 값으로 전달된다.
int FindFirstMissingPositive(vector<int> A) {
  // A[i]를 A[i] - 1 인덱스에 기록한다.
  // 만약 A[i]의 값이 1과 size(A) 사이의 값이라면,
  // 해당 값과 A[i] - 1 인덱스의 값을 맞바꾼다.
  // 만약 A[i]의 값이 음수거나 n보다 큰 값이라면 i를 건너뛴다.
  for (int i = 0; i < size(A); ++i) {
    while (0 < A[i] && A[i] <= size(A) && A[i] != A[A[i] - 1]) {
      swap(A[i], A[A[i] - 1]);
    }
  }

  // 다시 A를 순회하면서 A[i] != i + 1인 첫번째 인덱스 i를 찾는다.
  // 이러한 인덱스가 존재한다면, i + 1이 비어 있다는 뜻이다. 만약 1과 size(A) 사이의
  // 모든 값이 존재한다면, 빠진 가장 작은 양의 정수는 size(A) + 1이 된다.
  for (int i = 0; i < size(A); ++i) {
    if (A[i] != i + 1) {
      return i + 1;
    }
  }
  return size(A) + 1;
}
```

각 엔트리마다 상수 시간만큼 사용했으므로 전체 시간 복잡도는 $O(n)$이 된다. A를 재사용했기 때문에 공간 복잡도는 $O(1)$이 된다.

문제 24.3 주식 최대 k번 사고팔기 😎

문제 5.6에서 소개했던 주식 사고파는 문제를 좀 더 일반화해 보자.

주식 하나를 주어진 기간 안에서 최대 k번 사고팔 수 있다고 했을 때 이윤을 최대화하는 프로그램을 작성하라. k와 일자별 주식 가격이 배열로 주어진다.

힌트: 매수-매도 거래가 하나 남아 있을 때 얻을 수 있는 최대 수익을 어떻게 계산할 것인가?

해법: 먼저 경계 사례를 생각해 보자. 문제에서 주식을 나중에 팔아야 하며 한번에 하나의 주식만 보유할 수 있다고 설명한다. 매수와 매도는 2일이 걸리므로 만약 $k \geq \frac{n}{2}$라면 원하는만큼 자주 사고팔 수 있다. 이 경우 최적의 전략은 증가하는 모든 범위의 시작점에서 구입하여 최고점에서 판매하는 것이다. 만약 주식 가격이 ⟨225, 220, 230, 245, 235, 230, 250, 260, 210, 200, 245, 255, 240⟩으로 변동된다면 증가 범위는 ⟨220, 230, 245⟩, ⟨230, 250, 260⟩, ⟨200, 245, 255⟩이므로 무제한 매수 및 매도를 통한 최적의 수익은 (245 − 220) + (260 − 230) + (255 − 200) = 110이다.

이제 $k < \frac{n}{2}$라고 가정하자. 단순하게 생각해 보자. j를 통해 1부터 k까지 순회하고 A 배열 또한 순회하면서 $A[0, i]$와 j의 쌍이 최선인 경우를 기록한다. 그 값을 길이가 n인 보조 배열에 저장한다. 전체 시간 복잡도는 $O(kn^2)$이 된다. 배열을 재사용한다면 추가 공간 복잡도를 $O(n)$으로 줄일 수 있다.

이 알고리즘을 시간 복잡도는 $O(kn)$으로, 공간 복잡도는 $O(k)$로 개선할 수 있다. 먼저, 기호 B_i^j를 정의한다. 이 기호는 i 이전에 $j - 1$만큼 매매 거래를 하고, i에서 구매할 때 보유 가능한 최대 금액을 나타낸다. 다음으로 기호 S_i^j를 정의한다. 이 기호는 i에서 j번째 사고팔기로 달성할 수 있는 최대 이익을 나타낸다. 이제 다음과 같은 수식을 만들 수 있다.

$$S_i^j = A[i] + \max_{i' < i} B_i^j$$
$$B_i^j = \max_{i' < i} S_i^{j-1} - A[i]$$

B와 S를 계산하기 위해서는 $\max_{i' < i} B_i^{j-1}$과 $\max_{i' < i} S_i^{j-1}$을 계산해야 한다. 시간 복잡도를 $O(kn)$으로 줄이는 열쇠는 바로 여기에 있다. 이 두 값은 조건부 업데이트를 통해 각 i와 j에 대해 상수 시간에 계산할 수 있다.

코드는 다음과 같다.

```cpp
double BuyAndSellStockKTimes(const vector<double> &prices, int k) {
  if (k == 0) {
    return 0.0;
  } else if (2 * k >= size(prices)) {
    return UnlimitedPairsProfits(prices);
  }
  vector<double> min_prices(k, numeric_limits<double>::infinity()),
      max_profits(k, 0.0);
  for (double price : prices) {
    for (int i = k - 1; i >= 0; --i) {
      max_profits[i] = max(max_profits[i], price - min_prices[i]);
      min_prices[i] =
          min(min_prices[i], price - (i ? max_profits[i - 1] : 0.0));
    }
  }
  return max_profits.back();
}

double UnlimitedPairsProfits(const vector<double> &prices) {
  double profit = 0.0;
  for (int i = 1; i < size(prices); ++i) {
    profit += max(0.0, prices[i] - prices[i - 1]);
  }
  return profit;
}
```

응용: 하나의 주식을 무제한으로 사고팔 수 있을 때 최대 이윤을 찾는 프로그램을 작성하라. 단, 이전에 주식을 팔았다면 하루가 지난 이후에 주식을 살 수 있다.

문제 24.4 하나를 뺀 나머지를 모두 곱했을 때의 최댓값 구하기 😎

정수로 이루어진 배열 A가 주어졌을 때, 하나를 뺀 나머지를 모두 곱한 수 중에서 가장 큰 수를 찾아보라. 한 항목을 두 번 이상 사용할 수 없다. 배열의 원소는 양수, 음수, 0 모두 가능하다. 나눗셈 연산은 명시적으로든 암묵적으로든 사용할 수 없다. 예를 들어 $A = \langle 3, 2, 5, 4 \rangle$일 때, 가장 큰 수는 $3 \times 5 \times 4 = 60$이다. $A = \langle 3, 2, -1, 4 \rangle$일 때 결과는 $3 \times 2 \times 4 = 24$이다. $A = \langle 3, 2, -1, 4, -1, 6 \rangle$일 때 결과는 $3 \times -1 \times 4 \times -1 \times 6 = 72$이다.

한 가지 방법은 모든 원소를 다 곱한 값인 P를 구한 뒤, 모든 i에 대해서 $P/A[i]$가 최대가 되는 값을 찾는 것이다. P를 구하기 위해서 곱셈을 $n - 1$번 수행해야 하고, $P/A[i]$를 구하기 위해 나눗셈을 n번 수행해야 한다. 유한 정밀도를 고려해야 되므로, 나누는 방법을 사용할 수 없고 곱셈만 사용할 수 있다고 가정한다. 무식한 방법은 $n-1$번 값을 모두 구해 보는 것이다. 각 원소당 $n-2$번 곱셈을 수행해야 하므로 전체 시간 복잡도는 $O(n^2)$이 된다.

힌트: 첫 번째 $i-1$개를 곱하고 마지막 $n-i$개를 곱해 보라. 혹은 음수와 0의 개수를 세어 보라.

해법: $P/A[i]$를 구할 수 있는 무식한 방법은 i 이전과 이후의 값을 곱하는 것이다. 이렇게 하면 각 원소마다 $n-2$번의 곱셈을 수행해야 하므로 총 $n(n-2)$번 곱셈을 해야 한다.

$P/A[i]$를 구할 때와 $P/A[i+1]$을 구할 때는 굉장히 많은 연산이 중복된다. 특히 $i+1$ 이전에 등장한 원소를 모두 곱하는 작업은 i 이전에 등장한 모든 원소를 곱한 뒤에 $A[i]$를 곱하는 것과 같다. i 이전에 등장하는 모든 원소의 곱은 $n-1$번의 곱셈을 통해서 구할 수 있고, i 이후에 등장하는 모든 원소를 곱하는 과정도 $n-1$번의 곱셈을 통해 구할 수 있다. 곱셈의 접두사와 접미사 값들을 추가 배열에 저장한다. 최종 결과는 곱셈의 접두사 배열과 접미사 배열의 곱 중에서 최댓값이 될 것이다. 공간을 좀 더 줄이려면 곱셈의 접미사 배열만을 저장한 뒤에 A 배열을 앞에서부터 차례로 순회하면서 변수 하나에 현재까지의 곱의 결과를 저장하면 된다. 그리고 그 변수와 곱셈의 접미사 배열을 이용해서 i번째 원소를 뺀 나머지 숫자의 곱셈 결과를 구하고 그중에서 최댓값을 반환한다.

```
int FindBiggestNMinusOneProduct(const vector<int>& A) {
  // 곱셈의 접미사 배열을 만든다.
  vector<int> suffix_products(size(A));
  partial_sum(crbegin(A), crend(A), rbegin(suffix_products),
              multiplies<int>());

  // (n - 1)개의 숫자의 곱 중에서 가장 큰 값을 찾는다.
  int prefix_product = 1, max_product = numeric_limits<int>::min();
  for (int i = 0; i < size(A); ++i) {
    int suffix_product = i + 1 < size(A) ? suffix_products[i + 1] : 1;
    max_product = max(max_product, prefix_product * suffix_product);
    prefix_product *= A[i];
  }
  return max_product;
}
```

시간 복잡도는 $O(n)$이다. 길이가 n인 배열을 사용하므로 공간 복잡도도 $O(n)$이다.

이제 이 문제를 $O(n)$ 시간과 $O(1)$ 공간을 사용해서 풀 것이나. 핵심 아이디어는 다음과 같다. 만약 배열에 음수가 없다면, 최대곱은 가장 작은 원소를 제외한 나머지를 곱하는 것과 같다. (0의 개수와 관계없이 말이다.)

음수가 홀수 개라면 0의 개수 혹은 양수의 개수와 관계없이 최대곱은 절댓값이 가장 작은 음수 하나를 제외한 나머지를 곱한 결과가 최대곱이 된다.

더 나아가서 음수의 개수가 짝수이면 음이 아닌 숫자의 개수가 0보다 크다고 가정하고, 음이 아닌 가장 작은 요소를 제외한 나머지 항목을 다시 사용해서 최댓값을 구한다. (0도 포함해서 말이다.)

만약 음수가 짝수 개이고, 음이 아닌 숫자가 없을 경우에는 결과는 반드시 음수가 된다. 곱이 가장 큰 숫자를 찾는 것이 목적이므로 절댓값이 가장 큰 숫자, 즉 가장 작은 숫자를 뺀 나머지를 곱한다.

이 알고리즘은 크게 두 단계를 거친다. 첫 번째로는 입력이 어떤 상황에 맞는지, 즉 음수의 개수가 짝수 개인지 등을 확인한다. 그다음 상황에 맞게 실제 곱셈을 수행한다.

```cpp
int FindBiggestNMinusOneProduct(const vector<int >& A) {
  int least_nonnegative_idx = -1;
  int number_of_negatives = 0, greatest_negative_idx = -1,
      least_negative_idx = -1;

  // 가장 작은 음수, 가장 큰 음수, 음이 아닌 숫자 중에서 가장 작은 숫자를 찾는다.
  for (int i = 0; i < A.size(); ++i) {
    if (A[i] < 0) {
      ++number_of_negatives;
      if (least_negative_idx == -1 || A[least_negative_idx] < A[i]) {
        least_negative_idx = i;
      }
      if (greatest_negative_idx == -1 || A[i] < A[greatest_negative_idx]) {
        greatest_negative_idx = i;
      }
    } else { // A[i] >= 0.
      if (least_nonnegative_idx == -1 || A[i] < A[least_nonnegative_idx]) {
        least nonnegative_idx = i;
      }
    }
  }

  int product = 1;
  int idx_to_skip =
      number_of_negatives % 2
```

```
              ? least_negative_idx
              // 음이 아닌 숫자가 존재하는지 확인한다.
              : (least_nonnegative_idx != -1 ? least_nonnegative_idx
                                             : greatest_negative_idx);
  for (int i = 0; i < A.size(); ++i) {
    if (i != idx_to_skip) {
      product *= A[i];
    }
  }
  return product;
}
```

이 알고리즘은 배열을 순회하면서 각 원소마다 상수만큼의 연산을 수행한다. 두 번째 순회에서도 각 원소마다 상수만큼의 연산을 수행하므로 전체 시간 복잡도는 $O(n) + O(1) + O(n) = O(n)$이 된다. 지역 변수만 사용하므로 추가 공간은 $O(1)$이다.

문제 24.5 가장 길게 증가하는 부분배열을 구하기 👀

마지막 원소를 제외하고, 배열의 원소가 그 다음 원소보다 작다면, '증가하는(increasing) 배열'이라 한다.

n개의 원소로 구성되어 있는 배열 A가 주어졌을 때, A의 부분배열 중 가장 길게 증가하는 부분배열의 시작과 끝 인덱스를 반환하라. 예를 들어 $A = \langle 2, 11, 3, 5, 13, 7, 19, 17, 23 \rangle$이라면 가장 길게 증가하는 부분배열은 $\langle 3, 5, 13 \rangle$이므로 $(2, 4)$를 반환해야 한다.

힌트: $A[i] \leq A[i + 1]$일 때, $A[i + 1] \leq A[i + 2]$처럼 근처의 원소 대신, 좀 더 먼 원소를 확인해 보자.

해법: 무식한 방법은 모든 부분배열을 확인해 보는 것이다. 부분배열의 시작 지점과 끝 지점을 이중루프로 순회한다. 안쪽 루프에서는 부분배열이 증가하는지 확인한 뒤 가장 긴 부분배열을 저장한다. 배열이 $\langle 0, 1, 2, \dots, n - 1 \rangle$인 경우에 시간 복잡도는 $O(n^3)$이 된다. $A[i, j]$ 부분배열에 대한 결과를 캐시에 저장함으로써 $A[i, j + 1]$을 빠르게 확인해 볼 수 있으므로 $O(n^2)$까지는 쉽게 개선할 수 있다.

앞에서 예로 든 배열 A를 자세히 살펴보면, $3 < 11$이므로 3으로 끝나는 가장 긴 부분배열은 $A[2, 2]$이다. 또한 $13 > 5$이므로 13으로 끝나는 가장 긴 부분배열은 5로 끝나는 가장 긴 부분배열 $A[2, 3]$에 13을 추가한 $A[2, 4]$이다. 이를 일반화한다면 $j + 1$에서 끝나는 가장 긴 부분배열은 다음과 같다.

1. $A[j + 1] \leq A[j]$라면, $A[j + 1]$이 된다.

2. $A[j + 1] > A[j]$라면 j에서 끝나는 가장 긴 부분배열 뒤에 $A[j + 1]$을 덧붙인다.

이를 통해 무식한 알고리즘을 $O(n)$까지 개선할 수 있다.

$j + 1$에서 우리가 필요한 정보는 j로 끝나는 가장 긴 부분배열의 길이이므로 추가 공간 복잡도는 $O(1)$이다. 두 개의 변수를 사용해서 하나는 길이, 하나는 현재까지 가장 긴 부분배열의 끝나는 인덱스를 저장하면 된다.

$A[i - 1] < A[i]$가 아니고(즉, i에서 시작하는 새로운 부분배열을 찾는 경우) 현재까지 찾은 가장 긴 부분배열의 길이가 L일 때, 인덱스 $i + L$에서 시작해서 i로 되돌아오며 가장 긴 부분배열을 찾아볼 수 있다. 이렇게 하면 경험적으로 $O(n)$보다 더 개선할 수 있다. 즉, j, $i < j \leq i + L$인 임의의 j에서 $A[j - 1] \geq A[j]$라면, 이보다 전에 있는 인덱스는 다시 확인해 볼 필요가 없다. 예를 들어 13 다음에는 13의 인덱스(4)에 현재까지 가장 긴 부분배열의 길이(3)를 더한 $4 + 3 = 7$로 옮겨 간다. $A[7] = 17 < A[6] = 19$이므로 4에서 6까지의 인덱스는 더 이상 확인해 볼 필요가 없다. 즉, $A[7]$에서 끝나는 증가하는 부분배열은 지금까지 가장 길게 증가한 부분배열보다 길 수 없다.

```cpp
struct Subarray {
  int start = 0, end = 0;
};

Subarray FindLongestIncreasingSubarray(const vector<int>& A) {
  int max_length = 1;
  Subarray result;
  int i = 0;
  while (i < size(A) - max_length) {
    // 뒤에서부터 확인하면서 A[j - 1] >= A[j]인 경우에는 건너뛴다.
    bool is_skippable = false;
    for (int j = i + max_length; j > i; --j) {
      if (A[j - 1] >= A[j]) {
        i = j;
        is_skippable = true;
        break;
      }
    }

    // 건너뛰지 않는 경우에는 앞으로 나아가며 확인한다.
    if (!is_skippable) {
```

```
        i += max_length;
        while (i < size(A) && A[i - 1] < A[i]) {
          ++i, ++max_length;
        }
        result = {i - max_length, i - 1};
      }
    }
  return result;
}
```

건너뛰는 방법은 최악인 경우의 복잡도를 개선하지 않는다는 점에서 휴리스틱이다. 만약 0과 1이 번갈아 등장하는 배열에서는 여전히 $O(n)$ 시간만큼 확인을 해 봐야 한다. 하지만 최선의 경우에 복잡도는 $O(\max(n/L, L))$만큼 줄어든다. 여기서 L은 가장 길게 증가하는 부분배열의 길이다.

문제 24.6 배열 회전시키기 😎☄️

n개의 원소로 구성된 배열 A가 있다. 만약 메모리가 무한하다면 A를 i만큼 회전하는 건 간단한 일이다. 길이가 n인 새로운 배열 B를 만든 뒤, $B[j] = A[(i + j) \bmod n]$으로 채워 넣으면 된다. 만약 추가로 c개만큼의 원소만 사용할 수 있다면, 배열을 반복적으로 $\lceil i/c \rceil$만큼 회전하면 된다. 따라서 시간 복잡도는 $(O(n\lceil i/c \rceil))$로 증가한다.

n개의 원소로 이루어진 배열 A를 i만큼 회전하는 알고리즘을 설계하라. 회전을 구현한 라이브러리 함수를 사용하면 안 된다.

힌트: 구체적인 예를 사용해서 n, i 및 회전 횟수 사이의 관계에 대한 가설을 세워 보자.

해법: 두 가지 무식한 방법이 존재한다. 하나는 한 칸씩 i번 회전을 하는 것이다. 이 방법의 시간 복잡도는 $O(ni)$이고 공간 복잡도는 $O(1)$이다. 다른 하나는 길이가 i인 추가 배열을 여분으로 사용해서 i개의 원소씩 옮기는 것이다. 이 방법의 시간 복잡도는 $O(n)$이고 공간 복잡도는 $O(i)$이다.

시간 복잡도 $O(n)$과 공간 복잡도 $O(1)$의 알고리즘을 만들기 위한 핵심은 상수 공간을 사용해서 순열을 구하는 것이다(문제 5.10 참고). 순열은 회전과 동일한 의미로 사용할 수 있다.

회전 자체는 순환 순열(cyclic permutation)이 아니다. 하지만 회전은 순열이므로, 순환 순열의 집합으로 분해할 수 있다. 예를 들어 $n = 6$이고 $i = 2$인 경우에 회전은 순열 $\langle 4, 5, 1, 2, 3, 4 \rangle$와 같다. 이 순열은 $(0, 2, 4)$와 $(1, 3, 5)$의 순환 순열을 통해 구할 수 있다. $n = 15$이고 $i = 6$인 경우에 사이클은 $\langle 0, 6, 12, 3, 9 \rangle$, $\langle 1, 7, 13, 4, 10 \rangle$, $\langle 2, 8, 14, 5, 11 \rangle$과 같다.

이 예제를 통해 다음을 추측해 볼 수 있다.

1. 길이가 같은 모든 사이클은 $\langle 0, i \bmod n, 2i \bmod n, ..., (l-1)i \bmod n \rangle$을 시프트한 것과 같다.
2. 사이클의 수는 n과 i의 최대공약수와 같다.

이 추측은 경험적 근거로 정당화할 수 있다(정식으로 증명을 하려면 i와 n을 소인수 분해해야 한다).

이 추측이 맞다는 가정하에 각 사이클을 하나씩 적용해 볼 수 있다. 서로 다른 사이클 순열의 첫 번째 원소는 $0, 1, 2, ..., \text{GCD}(n, i) - 1$에 놓일 것이다. 각 사이클에서 원소를 하나씩 시프트하면 된다.

```cpp
void RotateArray(int rotate_amount, vector<int>* A_ptr) {
  rotate_amount %= size(*A_ptr);
  if (!rotate_amount) {
    return ;
  }
  int num_cycles = gcd(size(*A_ptr), rotate_amount);
  int cycle_length = size(*A_ptr) / num_cycles;
  for ( int c = 0; c < num_cycles; ++c) {
    ApplyCyclicPermutation (rotate_amount, c, cycle_length, A_ptr);
  }
}

void ApplyCyclicPermutation(int rotate_amount, int offset, int cycle_length,
                            vector<int>* A_ptr) {
  vector<int>& A = *A_ptr;
  int temp = A[offset];
  for (int i = 1; i < cycle_length ; ++ i) {
    swap(A[(offset + i * rotate_amount) % size(A)], temp);
  }
  A[offset] = temp;
}
```

각 원소마다 상수만큼의 일을 수행하므로 전체 시간 복잡도는 $O(n)$이 된다. 공간 복잡도는 $O(1)$이 된다.

순열을 사용한 다른 방식의 방법도 존재한다. 이 방법은 실제로 유용하며 상당히 간단하다. $A = \langle 1, 2, 3, 4, a, b \rangle$이고 $i = 2$라고 가정하자. 회전된 배열 A에는 두 개의 부분배열 $\langle 1, 2, 3, 4 \rangle$와 $\langle a, b \rangle$가 존재하고, 각 부분배열의 순서는 변하지 않는다. 따라서 배열에서 회전은 배열 A의 두 부분배열을 교환하는 것과 같다고 볼 수 있다. 교환은 $O(n)$ 시간에 쉽게 할 수 있다. 배열-뒤집기 함수를 통해 $O(1)$ 공간을 사용해서 두 부분배열을 교환할 수 있다. 앞의 예제에서 배열 A와 i를 살펴보자. 배열 A, $\langle 1, 2, 3, 4, a, b \rangle$를 뒤집은 배열 A'는 $\langle b, a, 4, 3, 2, 1 \rangle$이 된다. 이제 A'의 첫 i개의 원소를 뒤집으면 $\langle a, b, 4, 3, 2, 1 \rangle$이 되고, i 뒤의 부분 집합을 뒤집으면 $\langle a, b, 1, 2, 3, 4 \rangle$가 된다. 이 결과가 배열 A를 회전한 것이다.

```
void RotateArray(int rotate_amount, vector<int>* A) {
  rotate_amount %= size(*A);
  reverse(begin(*A), end(*A));
  reverse(begin(*A), begin(*A) + rotate_amount);
  reverse(begin(*A) + rotate_amount, end(*A));
}
```

사용 가능한 공간을 임시공간으로 재사용하면서 k 블록만큼 회전시키는 방법을 쓸 수도 있다. 이 방법은 실제로 작동하기는 하지만 최종 회전을 수행할 때는 굉장히 조심해야 하며, 결과 코드도 복잡하다.

문제 24.7 룩에게 공격당하는 위치 판별하기 👹

체스판의 임의의 위치에 룩(rook)이 놓여 있을 때 룩에게 공격당하는 위치를 구해 보라. 그림 24.1(a)이 룩에게 공격 당하는 상황이다.

(a) 초기에 8×8 체스판에 룩 5개가 놓여 있다.

1	0	1	1	1	1	1	1
1	1	1	1	1	1	1	1
1	1	1	1	1	1	1	1
1	1	1	1	1	0	1	1
1	1	1	0	1	1	1	1
1	1	1	1	1	1	1	1
0	1	1	1	1	1	1	1
1	1	1	1	1	1	1	1

(b) (a)를 8×8 크기의 2차원 배열에 표현했다. 0은 룩이 놓인 위치를 뜻한다.

0	0	0	0	0	0	0	0
0	0	1	0	1	0	1	1
0	0	1	0	1	0	1	1
0	0	0	0	0	0	0	0
0	0	0	0	0	0	0	0
0	0	1	0	1	0	1	1
0	0	0	0	0	0	0	0
0	0	1	0	1	0	1	1

(c) (a)에서 룩이 공격할 수 있는 곳을 2차원 배열에 표현했다. 0은 공격 당하는 위치를 뜻한다.

그림 24.1 룩 공격

그림 24.1(b)와 같이 $n \times m$ 체스판을 1과 0으로 이루어진 2차원 배열 A로 표현한 다고 하자. 이때, 그림 24.1(c)처럼 룩이 공격할 수 있는 위치를 0으로 갱신하는 프로그램을 작성하라.

힌트: 첫 번째 행과 첫 번째 열을 사용하라.

해법: 이 문제는 n비트 배열인 R과 m비트 배열인 C를 추가로 사용하면 간단하다. R과 C를 1로 초기화한다. A를 순회하면서 $A[i][j] = 0$인 엔트리를 발견하면 $R[i]$ 와 $C[j]$를 0으로 세팅한다. $R[i]$가 0이라면 i행은 모두 0이어야 한다는 뜻이다. 열도 마찬가지이다. R과 C를 모두 세팅한 뒤에는 다시 A 배열을 순회하면서 필요한 곳을 0으로 갱신한다.

이 방법은 $O(n + m)$의 추가 공간을 사용한다. 이를 개선하기 위해 A 배열 자체를 저장공간으로 사용하자. 어떤 행에 0이 있다는 것은 그 행을 전부 0으로 채워야 한다는 뜻이 된다. 따라서 추가 변수 r을 통해 0번째 행에 0이 있었는지 없었는지를 기록하고, 그 다음에 0번째 행을 비트 배열 C처럼 사용하면 된다. 만약 $R[i]$가 0이라면 결과적으로 달라질 것은 없다. 만약 $R[i]$가 1이라면 두 가지 경우로 나뉜다. r에 어떤 값이 들어 있다면(즉, 0번째 행에 0이 있었다면), $R[0]$에는 0을 세팅한다. 만약 0번째 행에 0이 없었다면 $R[i]$의 값을 그대로 사용하면 된다.

```cpp
void RookAttack(vector<vector<int>>* A_ptr) {
  vector<vector<int>>& A = *A_ptr;
  int m = size(A), n = size(A[0]);
  bool has_first_row_zero = find(begin(A[0]), end(A[0]), 0) != end(A[0]);
  bool has_first_column_zero = any_of(
      begin(A), end(A), [](const vector<int>& row) {
        return row[0] == 0;
      });

  for (int i = 1; i < m; ++i) {
    for (int j = 1; j < n; ++j) {
      if (!A[i][j]) {
        A[i][0] = A[0][j] = 0;
      }
    }
  }

  for (int i = 1; i < m; ++i) {
    if (!A[i][0]) {
      fill(next(begin(A[i])), end(A[i]), 0);
    }
  }
```

```
    for (int j = 1; j < n; ++j) {
      if (!A[0][j]) {
        for_each(next(begin(A)), end(A), [j](vector<int>& row) {
          row[j] = 0;
        });
      }
    }

    if (has_first_row_zero) {
      fill(begin(A[0]), end(A[0]), 0);
    }

    if (has_first_column_zero) {
      for_each(begin(A), end(A), [](vector<int>& row) {
        row[0] = 0;
      });
    }
}
```

각 엔트리마다 $O(1)$의 연산을 수행하므로 전체 시간 복잡도는 $O(nm)$이다. 공간 복잡도는 $O(1)$이다.

문제 24.8 텍스트 줄 맞추기 👀

이번에는 텍스트 줄을 맞추는 문제를 풀어 보자. 입력으로 단어의 리스트와 대상의 줄 길이가 주어진다. 텍스트의 줄을 맞춘 뒤에 각 줄의 시작은 반드시 하나의 단어로 시작되어야 하며, 그 다음 단어와는 적어도 빈칸 하나로 구분되어야 한다. 만약 한 줄에 단어 여러 개가 나온다면, 빈칸으로 끝나면 안 된다. 각 줄에 등장하는 빈칸의 길이는 가능한 한 서로 비슷해야 하며, 길이가 긴 빈칸은 처음에 등장해야 한다. 예외가 있는데, 제일 마지막 줄에서는 단어 사이에 빈칸을 하나만 써야 하며 마지막에 남는 자리는 빈칸으로 채워도 된다.

예를 들어 $A = \langle$ "The", "quick", "brown", "fox", "jumped", "over", "the", "lazy", "dogs."$\rangle$이고 대상의 줄 길이 $L = 11$일 때, 결과는 "The___quick", "brown___fox", "jumped_over", "the____lazy", "dogs._____"가 된다. 여기서 _는 빈칸을 말한다.

문자열 배열 A와 양의 정수 L이 입력으로 들어왔을 때, 텍스트 줄을 계산하는 프로그램을 작성하라.

힌트: 단어 사이에 빈칸은 하나라고 가정하고 각 줄마다 결과를 구하라. 그 뒤에 필요한 만큼 빈칸을 추가하면 된다.

해법: 여기서 어려운 부분은 필요한 정보를 미리 알 수 있느냐이다. 즉, 단어 사이의 빈긴의 개~~수는~~ 한 줄에 필요한 단어 집합을 알기 전까지는 알 수 없다.

줄 단위로 문제를 해결한다. 먼저, 단어 사이에 공백 하나가 들어간다고 가정하여 각 줄에 들어갈 단어를 계산한다. 줄에 들어갈 단어를 알고 나면, 줄의 빈칸 수를 계산해 고르게 분배한다. 마지막 줄은 특수한 경우다.

```cpp
vector<string> JustifyText(const vector<string>& words, int L) {
  int curr_line_length = 0;
  vector<string> result, curr_line;
  for (const string& word : words) {
    if (curr_line_length + size(word) + size(curr_line) > L) {
      for (int i = 0; i < L - curr_line_length; ++i) {
        curr_line[i % max(static_cast<int>(size(curr_line)) - 1, 1)] += ' ';
      }
      result.emplace_back(Join(curr_line, ""));
      curr_line.clear();
      curr_line_length = 0;
    }
    curr_line.emplace_back(word);
    curr_line_length += size(word);
  }
  // 마지막 줄 처리하기. 마지막 줄은 왼쪽으로 정렬되어 있다.
  result.emplace_back(
      Join(curr_line, " ")
          .append(L - curr_line_length - (size(curr_line) - 1), ' '));
  return result;
}

string Join(const vector<string>& words, const string& delimiter) {
  return accumulate(next(begin(words)), end(words), words.front(),
                    [delimiter](const string& result, const string& word) {
                      return result + delimiter + word;
                    });
}
```

n을 배열 A에 있는 문자열 길이의 합이라고 하자. 각 문자마다 $O(1)$의 시간을 사용하였으므로, 전체 시간 복잡도는 $O(n)$이 된다.

문제 24.9 리스트 지핑 구현하기 🥷

L은 단일 연결리스트이고, 각 노드에는 0부터 차례대로 번호가 붙어 있다. 리스트 L에 있는 각 노드 $0, 1, 2, \ldots$와 $n-1, n-2, n-3, \ldots$을 번갈아 배치하는 것을 '리

스트 L을 지핑(zipping)한다'고 표현한다(그림 24.2 참고). 지핑함수를 구현하라.

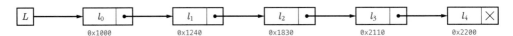

(a) 지핑 전의 리스트 상태. 각 노드의 hex 값은 메모리 주소를 나타낸다.

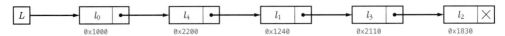

(b) 지핑 후의 리스트 상태. 메모리 할당 없이 노드가 재사용 됐다는 걸 참고하자.

그림 24.2 리스트 지핑

힌트: 리스트를 역순으로 순회할 수 있어야 한다.

해법: 무식한 방법은 반복적으로 헤드와 테일을 구한 뒤, 기존 리스트에서 삭제하고 결과 리스트에 추가하는 것이다. 노드의 개수가 n개 있을 때 이 방법의 시간 복잡도는 $O(n) + O(n - 2) + O(n - 4) + \ldots + = O(n^2)$이고 공간 복잡도는 $O(1)$이다.

반복적으로 순회하면서 테일을 찾아야 하기 때문에 복잡도가 $O(n^2)$으로 증가했다. 단일 연결리스트에서 헤드를 구하는 시간은 $O(1)$이다. 이 사실을 활용하면, 일회성 비용 $O(n)$만 지불해서 리스트의 뒤쪽 절반을 뒤집어 놓는 것이 좋다. 이제, 기존 리스트의 앞쪽 절반 노드와 번갈아 배치시키기만 하면 된다.

```
shared_ptr<ListNode<int>> ZippingLinkedList(
    const shared_ptr<ListNode<int>>& L) {
  if (!L || !L->next) {
    return L;
  }

  // L의 뒤쪽 절반을 찾는다.
  auto slow = L, fast = L;
  while (fast && fast->next) {
    fast = fast->next->next, slow = slow->next;
  }

  auto first_half_head = L, second_half_head = slow->next;
  slow->next = nullptr;  // 리스트를 두 개로 나눈다.

  second_half_head = ReverseList(second_half_head);
```

```
// 앞쪽 절반과 역순으로 배치된 뒤쪽 절반을 번갈아 배치한다.
auto first_half_iter = first_half_head, second_half_iter = second_half_head;
while (second_half_iter) {
  auto temp = second_half_iter->next;
  second_half_iter->next = first_half_iter->next;
  first_half_iter->next = second_half_iter;
  first_half_iter = first_half_iter->next->next;
  second_half_iter = temp;
}
return first_half_head;
}
```

시간 복잡도는 $O(n)$이고 공간 복잡도는 $O(1)$이다.

문제 24.10 게시글 목록 복사하기 🥷

게시글 목록은 각 노드에 추가 '점프(jump)' 필드가 있는 단일 연결 목록이다. 점프 필드는 다른 노드를 가리킨다. 그림 24.3은 네 개의 노드가 있는 게시글 목록을 나타낸다. 게시글 목록이 주어졌을 때 복사본을 반환하는 함수를 작성하라. 기존 리스트를 수정해도 되지만, 결과를 반환할 때는 기존 리스트를 원래대로 복구해 놓아야 한다.

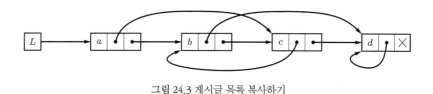

그림 24.3 게시글 목록 복사하기

힌트: 점프 필드를 복사한 뒤에 넥스트 필드를 복사한다.

해법: 무식한 방법은 다음과 같다. 먼저 점프 필드는 무시한 채 글 리스트를 복사한다. 그 다음에 해시 테이블을 사용해서 기존 리스트의 노드가 복사된 리스트의 어떤 노드와 같은지 기록한다. 마지막으로 기존 리스트와 새로운 리스트를 함께 순회하면서 점프 필드를 채워준다. 기존 글 리스트의 노드가 n개일 때 시간 및 공간 복잡도는 $O(n)$이다.

공간 복잡도를 개선할 수 있는 방법은 기존 리스트의 넥스트 필드를 재사용하는 것이다. 즉, 여기에 복사본의 위치를 기록한다. 기존 리스트의 구조가 망가지지 않도록 복사된 노드의 넥스트 필드에 기존 리스트의 다음 노드를 가리키도록 한다.

그림 24.4(b)에 그 예제가 나와 있다. 이제 무식한 방법에서 사용했던 것처럼 진행한다. 기존 리스트 노드의 넥스트 필드가 복사된 리스트의 노드를 가리키므로 복사된 노드의 점프 필드를 구할 수 있다. 그림 24.4(c)를 참조하라. 마지막으로 그림 24.4(d)와 같이 기존 리스트를 원래대로 복구하면 된다.

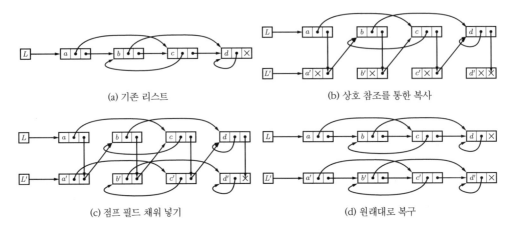

(a) 기존 리스트 (b) 상호 참조를 통한 복사

(c) 점프 필드 채워 넣기 (d) 원래대로 복구

그림 24.4 게시글 목록 복사하기

```cpp
shared_ptr<PostingListNode> CopyPostingsList(
    const shared_ptr<PostingListNode>& l) {
  if (l == nullptr) {
    return nullptr;
  }

  // 1단계: 점프 필드를 비워둔 채 기존 리스트를 복사한다.
  // 그 뒤에 기존 리스트의 노드에서 복사된 리스트의 노드로의 매핑을 만든다.
  auto iter = l;
  while (iter) {
    auto new_node =
        make_shared<PostingListNode>(iter->order, iter->next, nullptr);
    iter->next = new_node;
    iter = new_node->next;
  }

  // 2단계: 복사된 리스트에서 점프 필드를 채워 넣는다.
  iter = l;
  while (iter) {
    if (iter->jump) {
      iter->next->jump = iter->jump->next.get();
    }
    iter = iter->next->next;
  }
```

```
// 3단계: 기존 리스트를 복구한다. 그리고 복사된 리스트의 넥스트 필드를 채워 넣는다.
iter - l;
auto new_list_head = iter->next;
while (iter->next) {
  auto temp = iter->next;
  iter->next = temp->next;
  iter = temp;
}
return new_list_head;
}
```

시간 복잡도는 $O(n)$이고 공간 복잡도는 $O(1)$이다.

문제 24.11 유효한 괄호 중에 가장 긴 부분 문자열 구하기 😎

문제 8.3에서 소괄호, 중괄호, 대괄호끼리의 매칭에 대해 설명했다. 여기서는 소괄호만 다룬다. 유효한 소괄호 매칭 중에서 가장 긴 부분 문자열을 찾는다. 예를 들어입력이 "((())()(()("라면 가장 긴 유효한 소괄호 매칭은 "(())()"이 된다.

'('와 ')'로 이루어진 문자열이 주어졌을 때, 가장 긴 유효한 소괄호 매칭의 길이를반환하는 프로그램을 작성하라.

힌트: 무식한 방법으로 먼저 시작한 뒤에 개선할 부분을 하나씩 찾아 개선해 보자.

해법: 한 가지 방법은 모든 부분 문자열에 대해 문제 8.3의 해법을 적용하는 것이다.문자열의 길이가 n일 때 이 방법의 시간 복잡도는 $O(n^3)$이다. 전체 부분 문자열의개수는 $\binom{n}{2} = \frac{n(n-1)}{2}$이고, 매칭 알고리즘의 시간 복잡도는 $O(n)$이기 때문이다.만약 문자열의 접두사에서 오른쪽 괄호와 매치되지 않는 경우가 발생한다면, 해당 접두사는 더 이상 확인할 필요가 없다. 따라서 무식한 방법보다 더 빠른 방법은모든 i에서 매칭되는 가장 긴 부분 문자열을 찾으면 된다. 이 알고리즘의 시간 복잡도는 $O(n^2)$이다.

마지막으로 어떤 부분 문자열의 오른쪽 괄호가 매칭되지 않은 상태로 끝났고, 이부분 문자열에서 오른쪽 괄호로 끝나는 모든 접두사가 매칭이라면, 이 접두사의 어떤 접미사도 다른 매칭되는 문자열의 접두사가 될 수 없다. 접미사에 왼쪽 괄호가부족할 것이기 때문이다. 따라서 접두사의 오른쪽 괄호가 매칭되지 않는 순간, 그다음 문자를 처리하면 된다. 왼쪽 괄호의 위치를 스택에 저장한다. 동시에 주어진접두사의 오른쪽 괄호를 처리할 때, 매칭되는 상태라면 스택의 왼쪽 괄호 인덱스를 꺼내서 가장 긴 문자열의 길이를 갱신한다.

주어진 예제인 "((()()()()("를 살펴보자. 왼쪽 괄호를 만나면 스택에 넣고, 오른쪽 괄호를 만나면 스택에서 뺀다. 처음 오른쪽 괄호를 만났을 때 스택에는 $\langle 0, 1, 2 \rangle$가 들어 있을 것이다. 매칭되는 부분 문자열의 길이는 $3 - 1 = 2$가 된다. 이제 스택에 $\langle 0, 1 \rangle$이 들어 있다. 다시 오른쪽 괄호를 만났으므로 1을 빼고, 이때 매칭되는 부분 문자열의 길이는 $4 - 0 = 4$가 된다. 그 다음 오른쪽 괄호를 만났을 때 스택에는 $\langle 0, 5 \rangle$가 들어 있을 것이다. 매칭되는 길이는 $6 - 0 = 6$이 된다. 마지막으로 오른쪽 괄호를 만났을 때 스택에는 $\langle 0, 7, 8 \rangle$이 들어 있을 것이고, 해당 부분 문자열의 길이는 $9 - 7 = 2$가 된다.

```
int LongestMatchingParentheses(const string& s) {
  int max_length = 0, end = -1;
  stack<int> left_parentheses_indices;
  for (int i = 0; i < size(s); ++i) {
    if (s[i] == '(') {
      left_parentheses_indices.emplace(i);
    } else if (empty(left_parentheses_indices)) {
      end = i;
    } else {
      left_parentheses_indices.pop();
      int start = empty(left_parentheses_indices)
                      ? end
                      : left_parentheses_indices.top();
      max_length = max(max_length, i - start);
    }
  }
  return max_length;
}
```

시간 및 공간 복잡도는 $O(n)$이다.

응용: 같은 문제를 $O(1)$ 공간만 사용해서 풀어 보자.

문제 24.12 최대 슬라이딩 윈도 계산하기 😳🏃

네트워크 트래픽을 제어하기 위해서 시간에 따른 트래픽 양을 계산해야 할 때가 있다. 이번에는 트래픽 양을 효율적으로 구하는 알고리즘을 살펴보자.

다양한 시간대의 트래픽과 윈도 길이가 주어졌다. 각 입력 시간을 끝점으로 했을 때, 윈도 길이 내에서 가장 많은 트래픽을 구하라. 그림 24.5를 참고하자.

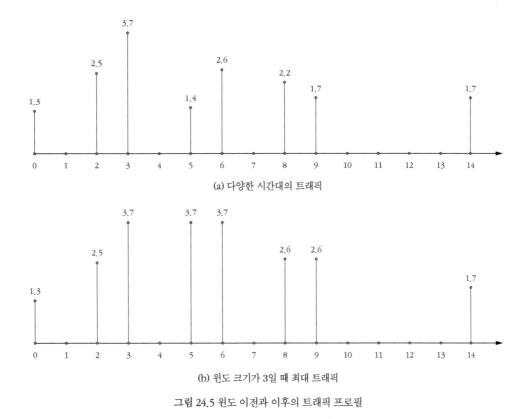

(a) 다양한 시간대의 트래픽

(b) 윈도 크기가 3일 때 최대 트래픽

그림 24.5 윈도 이전과 이후의 트래픽 프로필

힌트: 큐에서 최대 원소를 빠르게 알아낼 수 있어야 한다.

해법: 윈도의 길이는 w이고 배열 A에는 시간과 트래픽 양의 정수값이 주어져 있다. A가 시간순으로 정렬되어 있지 않다면, 정렬하면 된다. 예를 들어 앞 페이지의 그림 24.5(a)의 트래픽은 $\langle(0, 1.3), (2, 2.5), (3, 3.7), (5, 1.4), (6, 2.6), (8, 2.2), (9, 1.7), (14, 1.1)\rangle$과 같다.

무식한 방법은 각 입력 시간의 해당 윈도 길이 안에 포함된 부분 배열에서 최대 트래픽 양을 찾는 것이다. A의 길이가 n일 때 이 방법의 시간 복잡도는 $O(nw)$가 된다. 왜냐하면 각 윈도 안에는 최대 $w + 1$개만큼의 원소가 들어 있기 때문이다.

무식한 방법의 시간 복잡도를 개선할 수 있는 핵심은 윈도를 앞으로 밀고 나갈 때 경계 부분의 변화만 생각하면 된다는 점이다. 오래된 원소는 윈도에서 빠질 것이고 새로운 원소는 추가될 것이다. 따라서 윈도를 표현하는 데 완벽한 자료구조는 큐이다. 문제 8.9의 해법을 사용해서 각 윈도 큐 내에서의 최대 트래픽 양을 구하면 된다.

Q를 비어 있는 큐로 초기화한다. i가 증가할 때마다 반복적으로 (t_i, t_i)를 추가한다. 각 i에서 Q의 헤드와 t_i의 차이가 w 이하가 될 때까지 Q에서 원소를 뺀다. 각 i마다 큐에 들어 있는 원소 중에서 최대 원소를 구할 수 있으면 그것이 바로 결과가 된다. 윈도 길이가 3이고 그림 24.5(a)가 입력으로 주어졌을 때 결과는 $\langle(0, 1.3), (2, 2.5), (3, 3.7), (5, 3.7), (6, 3.7), (8, 2.6), (9, 2.6), (14, 1.7)\rangle$이 된다. 그림 24.5(b)에 그림으로 설명해 놓았다.

```
struct TrafficElement {
  // 최댓값을 가지는 QueueWithMax에는 다음 연산자가 필요하다.
  bool operator<(const TrafficElement& that) const {
    return volume < that.volume || (volume == that.volume && time < that.time);
  }

  bool operator==(const TrafficElement& that) const {
    return time == that.time && volume == that.volume;
  }

  bool operator<=(const TrafficElement& that) const { return !(that < *this); }

  int time;
  double volume;
};

vector<TrafficElement> CalculateTrafficVolumes(const vector<TrafficElement>& A,
                                               int w) {
  QueueWithMax<TrafficElement> sliding_window;
  vector<TrafficElement> maximum_volumes;
  for (const TrafficElement& traffic_info : A) {
    sliding_window.Enqueue(traffic_info);
    while (traffic_info.time - sliding_window.Head().time > w) {
      sliding_window.Dequeue();
    }
    maximum_volumes.push_back({traffic_info.time, sliding_window.Max().volume});
  }
  return maximum_volumes;
}
```

각 원소는 한 번 큐에 추가되고 최대 한 번 큐에서 제거된다. 큐에서 최댓값을 찾는 방법은 각 연산마다 분할 상환 시간 복잡도가 $O(1)$이므로 전체 시간 복잡도는 $O(n)$이 된다. 추가 공간 복잡도는 $O(w)$다.

문제 24.13 합당한 보너스 구하기 🥷

개발팀 팀원들에게 보너스로 콘서트 티켓을 주려고 한다. 각 개발자가 지난주에 몇 줄의 코드를 작성했는지 알고 있고, 더 생산적인 개발자에게 더 큰 보상을 준다.[1]

개발자들은 한 줄에 앉아 있다. 첫 번째와 끝에 앉은 개발자를 제외하고 각 개발자의 양 옆에 다른 개발자가 앉아 있다. 어떤 개발자가 옆에 앉은 다른 개발자보다 더 많은 코드를 작성했다면 그보다 더 많은 티켓을 보상으로 준다. 단, 모든 개발자는 적어도 하나 이상의 티켓을 받아야 한다.

이 조건을 만족하기 위해 구매해야 하는 최소한의 티켓을 구하는 알고리즘을 개발하라. 예를 들어 Andy Bob, Charlie, David가 한 줄에 앉아 있고, 각 개발자가 지난주에 300, 400, 500, 200줄의 코드를 작성했다고 하자. Andy와 David는 티켓 한 장, Bob은 두 장, Charlie는 세 장을 받으면 위의 조건을 만족한다. 따라서 필요한 티켓은 총 일곱 장이다.

개발자에게 티켓을 나눠주기 위해 필요한 최소한의 티켓 개수를 구하는 프로그램을 작성하라. 단, 옆 사람보다 많은 코드를 작성했다면 더 많은 티켓을 받아야 한다.

힌트: 제약 조건을 만족하지 않은 경우를 우선 생각해 보고, 차근차근 개선해 보자.

해법: 무식한 방법은 최소한의 티켓을 각 개발자에게 배분하고 필요한 만큼 추가로 배분하는 것이다. 어떤 개발자가 옆에 앉은 개발자보다 더 많은 코드를 작성했는데도 더 많은 티켓을 받지 못했다면 그 직원에게 한 장의 티켓을 더 준다. 이 동작을 반복한다. 한 직원이 받게 되는 최대 티켓의 개수를 k라 하고 개발자의 수를 n이라 했을 때 이 방법의 시간 복잡도는 $O(kn^2)$이다.

이 알고리즘을 조금 더 개선해 보자. 중요한 조건은 가장 생산성이 낮은 개발자는 한 장의 티켓만 받으면 된다는 점이다. 따라서 생산성이 증가하는 순서대로 티켓을 나눠주면 된다. 어떤 개발자에게 티켓을 나눠줄 순서라면, 그 개발자는 앞서 티켓을 준 개발자보다 생산성이 동일하거나 높아야 한다. 만약 개발자가 옆에 앉은 직원보다 더 생산성이 높나면 적어도 그가 받은 티켓보다 하나 더 받아야 하고, 생산성이 같다면 문제에 쓰인 대로 동일한 티켓을 배분하면 된다.

---

1 물론 작성한 코드 줄 수(lines of code)를 생산성 측정 지표로 삼는 건 좋은 방법이 아니다.

앞의 예제에서 David에게 티켓 한장을 배분했다. Andy가 다음으로 생산성이 높은 직원이지만, 옆에 앉은 직원보다 생산성이 낮으므로 티켓 한 장을 배분한다. 그 다음은 Bob이다. 그는 Andy보다 생산성이 높으므로 $1 + 1 = 2$장의 티켓을 배분한다. Charlie는 David보다 생산성이 높으므로 $\max(2, 1) + 1 = 3$장의 티켓을 배분한다. 따라서 총 7장의 티켓을 직원들에게 배분한다.

이 방법은 옳게 동작한다. 왜냐하면 이미 티켓을 배분한 직원들보다 더 생산성이 높은 직원에게만 티켓을 배분하고, 그 티켓의 개수를 절대 바꾸지 않기 때문이다. 또한 할당된 그 보너스는 문제의 제약 사항에 의해 강제된다.

이를 처리하는 데 효율적인 자료구조는 최소힙이다. 다음은 이를 구현한 프로그램이다.

```
int CalculateBonus(const vector<int>& productivity) {
  struct EmployeeData {
    int productivity, index;
  };
  priority_queue<EmployeeData, vector<EmployeeData>,
                 function<bool(EmployeeData, EmployeeData)>>
      min_heap([](const EmployeeData& a, const EmployeeData& b) {
        return a.productivity > b.productivity;
      });
  for (int i = 0; i < size(productivity); ++i) {
    min_heap.emplace(EmployeeData{productivity[i], i});
  }

  // 초기에 한장의 티켓을 모든 직원에게 배분한다.
  vector<int> tickets(size(productivity), 1);
  // 성과가 낮은 직원부터 차례대로 티켓을 배분한다.
  while (!empty(min_heap)) {
    int next_dev = min_heap.top().index;
    // 왼쪽에 앉은 직원을 처리한다.
    if (next_dev > 0 && productivity[next_dev] > productivity[next_dev - 1]) {
      tickets[next_dev] = tickets[next_dev - 1] + 1;
    }
    // 오른쪽에 앉은 직원을 처리한다.
    if (next_dev + 1 < size(tickets) &&
        productivity[next_dev] > productivity[next_dev + 1]) {
      tickets[next_dev] = max(tickets[next_dev], tickets[next_dev + 1] + 1);
    }
    min_heap.pop();
  }
  return accumulate(begin(tickets), end(tickets), 0);
}
```

최소힙에서 원소를 뽑아낼 때 걸리는 시간이 $O(\log n)$이므로 총 시간 복잡도는 $O(n \log n)$이다.

이 코드는 무식한 방법을 구현한 것이다. 이 문제에서 제약 조건은 '지역적'이다. 즉, 옆에 앉은 개발자보다 성과가 높은지 여부만 알면 된다. 따라서 전체 개발자를 대상으로 생산성에 따른 순서를 매기는 건 과도한 면이 있다. 실제로 배열을 두 번 읽는 방식으로, 시간 복잡도를 $O(n)$까지 개선할 수 있다.

각 개발자에게 티켓을 한 장씩 부여한다. 그 뒤에 왼쪽에서 오른쪽으로 이동하면서 왼쪽에 앉은 개발자보다 성과가 높은 개발자에게 티켓을 한 장 더 부여한다. 동일한 동작을 오른쪽에서 왼쪽으로 이동하면서 반복한다.

필요한 만큼 티켓을 배분했으므로 이보다 더 적은 티켓으로는 제약조건을 만족할 수 없다. 오른쪽 옆에 앉은 개발자보다 생산성이 높은 개발자는 그보다 더 많은 티켓을 받아야 한다. 또한 왼쪽 옆에 앉은 개발자보다 생산성이 높은 개발자는 왼쪽에서 오른쪽으로 훑으면서 이미 왼쪽 옆에 앉은 개발자보다 더 많은 티켓을 부여했다. 따라서 오른쪽에서 왼쪽으로 훑으면서 필요한 만큼 티켓을 더 부여하면 끝난다.

```cpp
int CalculateBonus(const vector<int>& productivity) {
  // 초기에 모든 직원에게 티켓을 한 장씩 부여한다.
  vector<int> tickets(size(productivity), 1);
  // 왼쪽에서 오른쪽
  for (int i = 1; i < size(productivity); ++i) {
    if (productivity[i] > productivity[i - 1]) {
      tickets[i] = tickets[i - 1] + 1;
    }
  }
  // 오른쪽에서 왼쪽
  for (int i = size(productivity) - 2; i >= 0; --i) {
    if (productivity[i] > productivity[i + 1]) {
      tickets[i] = max(tickets[i], tickets[i + 1] + 1);
    }
  }
  return accumulate(begin(tickets), end(tickets), 0);
}
```

문제 24.14 길이를 알 수 없는 정렬된 배열에서 탐색하기 👀

이진탐색은 보통 길이가 주어진 배열에서 사용한다. 하지만 가끔 배열이 '가상'의 상태인 경우가 있다. 추상적인 데이터로서 여러 컴퓨터에 분산되어 있는 경우 등이다. 길이를 미리 알지 못하지만, 범위를 벗어난 원소를 접근하면 예외가 발생한다.

길이를 알 수 없는 정렬된 배열과 키값이 주어졌을 때, 해당 키값이 들어 있는 배열의 인덱스를 반환하는 알고리즘을 설계하라. 범위를 벗어난 곳을 접근할 때에는 예외를 던진다고 가정해도 된다.

힌트: 분할 정복법으로 배열이 끝나는 지점을 알아낼 수 있는가?

해법: 무식한 방법은 키를 찾거나 예외처리가 발생할 때까지 배열의 원소를 하나하나 순회하는 것이다. 이때 예외처리가 발생하면 키가 존재하지 않는다는 뜻이 된다. 배열의 길이가 n일 때 이 방법의 시간 복잡도는 $O(n)$이다.

더 나은 방법을 찾기 위해서는 정렬되었다는 사실을 사용해야 한다. 만약 배열의 길이를 알고 있다면, 이진탐색을 사용해서 키를 찾으면 된다. 0, 1, 3, 7, 15, ...의 순서대로 인덱스를 확인해 보면서 배열의 길이를 찾을 수 있다. 만약 $2^i - 1$의 인덱스에서 예외처리가 발생한다면 $[2^{i-1}, 2^i - 2]$ 구간을 다시 이진탐색한다.

$2^i - 1$ 위치의 원소와 키값을 비교함으로써 위의 방법을 더 개선할 수 있다. 해당 값이 키값보다 크면 $[2^{i-1}, 2^i - 2]$ 구간을 이진탐색하면 된다. 범위를 벗어난 인덱스를 유효한 무한대값이라고 간주해도 된다.

예를 들어 그림 11.1에 나온 배열에서 키값 243을 찾는다고 생각해 보자. 0, 1, 3, 7의 순서대로 인덱스를 확인해 나간다. $A[7] = 285 > 243$이므로 $[4, 6]$ 사이에서 이진탐색으로 243을 찾는다. 만약 키값 400을 찾아야 한다면, 0, 1, 3, 7, 15의 인덱스를 확인하게 될 것이다. 15는 유효한 인덱스가 아니므로 멈춘 뒤 $[8, 14]$에서 이진탐색을 수행하게 된다. 첫 번째로 중간 위치인 11 또한 범위를 벗어났으므로 $[8, 10]$ 구간을 찾게 된다. 그 다음 탐색 구간은 $[8, 8]$이고, 그 다음에는 $[8, 7]$을 탐색하게 된다. 해당 구간은 존재하지 않으므로 키값 400이 존재하지 않는다는 뜻이 된다.

```
int BinarySearchUnknownLength(const vector<int>& A, int k) {
  // k가 존재한다면, k가 존재하는 구간을 찾는다.
  int p = 0;
  while (true) {
    try {
      if (int idx = (1 << p) - 1; A.at(idx) == k) {
        return idx;
      } else if (A.at(idx) > k) {
        break;
      }
    } catch (const exception&) {
```

```
      break;
    }
    ++p;
  }

  // 인덱스 2^(p - 1)과 2^p - 2 사이를 이진탐색한다.
  int left = max(0, 1 << (p - 1)), right = (1 << p) - 2;
  while (left <= right) {
    int mid = left + ((right - left) / 2);
    try {
      if (A.at(mid) == k) {
        return mid;
      } else if (A.at(mid) > k) {
        right = mid - 1;
      } else {  // A.at(mid) < k
        left = mid + 1;
      }
    } catch (const exception&) {
      right = mid - 1;  // 범위를 벗어난 경우에는 왼쪽 구간을 탐색한다.
    }
  }
  return -1;  // k가 존재하지 않는다.
}
```

매번 인덱스를 두 배씩 늘려나가므로 첫 번째 루프의 시간 복잡도는 $O(\log n)$이다. 두 번째 루프는 일반적인 이진탐색이므로 $O(\log n)$이 걸린다. 따라서 총 시간 복잡도는 $O(\log n)$이다.

문제 24.15 두 개의 정렬된 배열에서 탐색하기 🥷

정렬된 배열 두 개와 양의 정수 k가 주어졌을 때, 두 개의 배열에서 k번째로 작은 원소를 찾는 알고리즘을 설계하라. 배열의 원소는 중복되어 나타날 수 있다.

힌트: 첫 번째 배열의 첫 번째 k 원소와 두 번째 배열의 첫 번째 k 원소는 초기 후보군이 된다. 반복적으로 후보군의 비율을 줄여 나간다.

해법: 두 배열을 병합한 세 번째 정렬된 배열에서 답을 찾을 수도 있다. 두 배열의 길이가 각각 m과 n일 때 병합하는 데 걸리는 시간은 $O(m + n)$이다.

첫 k개의 원소만을 병합하는 방식으로 조금 최적화를 할 수 있다. 이 경우에 시간 복잡도는 $O(k)$이다. k가 작을 경우에는 기존의 방법보다 더 빠르지만, m과 n이 비슷할 경우에는 여전히 $O(m + n)$이다.

앞선 방법은 A와 B가 정렬되었다는 사실을 활용하지 않았다. 직관적으로 A와 B에서 k번째 원소의 인덱스를 찾는다면 이진탐색을 사용할 여지가 충분하다. 즉, A와 B를 합친 배열에서 첫 k개의 원소는 A에서 첫 x개의 원소와 B에서 첫 $k - x$개의 원소와 같다. 이진탐색을 사용해서 어떻게 x를 찾는지 알아보자.

x가 포함된 구간 $[b, t]$를 유지해 보자. $b < t$인 동안 반복적으로 해당 구간을 절반씩 줄여 나간다. 중간 지점인 $x = b + \lfloor \frac{t - b}{2} \rfloor$를 매번 고려해 보자. 만약 $A[x] < B[(k - x) - 1]$이라면 $A[x]$는 첫 $k - 1$개의 원소 안에 들어 있어야 한다. 따라서 b를 $x + 1$로 갱신한 후에 이 과정을 계속해 나간다. 비슷하게 $A[x - 1] > B[k - x]$라면 $A[x - 1]$은 첫 k개의 원소에 속하지 않으므로 t를 $x - 1$로 갱신한다. 아니라면, $B[(k - x) - 1] \le A[x]$와 $A[x - 1] \le B[k - x]$를 만족해야 한다. 이 경우에 결과는 $A[x - 1]$과 $B[(k - x) - 1]$ 중에서 큰 값이 된다. 왜냐하면 A의 첫 x개의 원소와 B의 첫 $k - x$개의 원소를 정렬하면 $A[x - 1]$ 혹은 $B[(k - x) - 1]$로 끝나기 때문이다.

아무값도 반환하지 않고 반복이 끝났다면 $b = t$가 된다. 즉, $x = b = t$라는 뜻이다. 간단하게 $A[x - 1]$과 $B[(k - x) - 1]$ 중에서 큰 값을 반환하면 된다(만약 $A[x - 1] = B[(k - x) - 1]$이라면 아무 값이나 반환하면 된다).

b와 t의 초깃값은 신중하게 골라야 한다. 단순히 $b = 0$, $t = k$로 설정하면 제대로 동작하지 않는다. 왜냐하면 배열의 인덱스가 탐색할 구간을 벗어나게 될 수도 있기 때문이다. A와 B의 초기 인덱스를 설정할 때 b는 $\max(0, k - n)$, 그리고 t는 $\min(m, k)$로 설정한다.

```cpp
int FindKthInTwoSortedArrays(const vector<int>& A, const vector<int>& B,
                             int k) {
  // A에서 선택할 하한 원소
  int b = max(0, static_cast<int>(k - size(B)));
  // A에서 선택할 상한 원소
  int t = min(static_cast<int>(size(A)), k);

  while (b < t) {
    int x = b + ((t - b) / 2);
    int A_x_1 = x <= 0 ? numeric_limits<int>::min() : A[x - 1];
    int A_x = x >= size(A) ? numeric_limits<int>::max() : A[x];
    int B_k_x_1 = k - x <= 0 ? numeric_limits<int>::min() : B[k - x - 1];
    int B_k_x = k - x >= size(B) ? numeric_limits<int>::max() : B[k - x];

    if (A_x < B_k_x_1) {
      b = x + 1;
```

```
    } else if (A_x_1 > B_k_x) {
      t = x - 1;
    } else {
      // B[k - x - 1] <= A[x] && A[x - 1] < B[k - x]
      return max(A_x_1, B_k_x_1);
    }
  }

  int A_b_1 = b <= 0 ? numeric_limits<int>::min() : A[b - 1];
  int B_k_b_1 = k - b - 1 < 0 ? numeric_limits<int>::min() : B[k - b - 1];
  return max(A_b_1, B_k_b_1);
}
```

$[b, t]$의 구간을 절반씩 줄여가므로 시간 복잡도는 $O(\log k)$가 된다.

문제 24.16 n이 크고 k가 작은 경우, k번째로 큰 원소 찾기 😎

일련의 원소가 한 번에 하나씩 주어질 때 k번째로 큰 원소를 구하는 알고리즘을 설계해 보자. 이 수열의 길이는 미리 알 수가 없고, 굉장히 크다.

힌트: k번째로 큰 원소를 추적해 나가라. 새로운 원소를 읽을 때마다 곧바로 갱신하지 않아도 된다.

해법: 간단한 방법은 문제 10.4의 해법처럼 최소힙을 사용해서 현재까지 읽은 원소 중에서 큰 원소 k개를 저장하는 것이다. 마지막 원소를 읽었을 때 원하는 값은 최소힙의 상단에 놓일 것이다. 이 방법의 시간 복잡도는 $O(n \log k)$이다. 여기서 n은 전체 원소의 개수와 같다.

우리는 길이가 정해진 배열에서 k번째로 큰 원소를 빠르게 찾는 알고리즘을 알고 있다(문제 11.8의 해법). $O(n)$의 공간을 할당하지 않고서는 해당 방법을 곧바로 적용할 수 없다. 하지만 입력을 고정 크기 배열로 나눠서 문제 11.8의 해법을 적용할 수 있다. 이를 통해 각 배열에서 k개의 큰 원소를 찾을 수 있다. 이 원소들을 다음 배열에 추가한다.

```
int FindKthLargestUnknownLength(vector<int>::const_iterator stream_begin,
                                const vector<int>::const_iterator& stream_end,
                                int k) {
  vector<int> candidates;
  while (stream_begin != stream_end) {
    candidates.emplace_back(*stream_begin++);
    if (size(candidates) == 2 * k - 1) {
```

```
    // 중앙값보다 큰 원소는 중앙값 앞에 오도록 배열을 재배치한다.
    nth_element(begin(candidates), begin(candidates) + k - 1, end(candidates),
            greater<int>());
    // 지금까지 중에서 k개의 큰 원소를 저장하기 위해 크기를 재조정한다.
    candidates.resize(k);
  }
}
// 후보군 중에서 k번째로 큰 원소를 찾는다.
nth_element(begin(candidates), begin(candidates) + k - 1, end(candidates),
        greater<int>());
return candidates[k - 1];
}
```

배열의 크기를 $2k - 1$로 한다면, k번째 원소를 찾는 데 필요한 시간 복잡도는 거의 $O(k)$이다. 모든 $k - 1$개의 원소에 대해 이 작업이 필요하므로 전체 시간 복잡도는 $O(n)$이 된다.

공간을 이보다 더 줄일 수 있다. 즉, $3k/2$만큼의 공간을 사용해도 시간 복잡도는 여전히 $O(n)$이다. 길이가 $3k/2$인 경우에 실제 수행시간은 이보다 더 길다. 왜냐하면 매번 k번째로 큰 원소를 찾을 때 $k/2$개의 원소만을 버리기 때문이다. 전형적인 공간-시간의 트레이드오프이다. 길이 $4k$의 배열을 사용한다면 문제 11.8의 해법을 사용할 때마다 $3k$개의 원소를 버릴 수 있다. 문제 11.8의 해법은 시간 복잡도가 배열의 길이에 비례하므로 길이 $3k/2$의 배열을 사용할 때보다 $4k$의 길이를 사용할 때 $\frac{(3/2)}{(1/2)/(4/3)} = 2.25$만큼 시간을 개선할 수 있다. 명백하게 더 많은 공간을 사용할수록 시간은 더 빨라진다. 극단적인 경우에 n개의 원소를 모두 읽은 뒤 문제 11.8의 해법을 한 번만 사용하면 된다. 따라서 얼마나 공간을 사용할 것인지에 따라 시간 효율이 달라진다.

문제 24.17 한 번만 등장한 원소 찾기 🥷

길이가 n인 정수 배열이 있다고 가정하자. 한 원소만 빼고 모두 두 번씩 등장한다고 했을 때, $O(n)$ 공간과 $O(n)$ 시간에 한 번만 등장한 원소를 찾는 건 쉽다. 해시 테이블을 사용하면 된다. 하지만 더 나은 해법이 있다. 배열의 모든 원소에 대해 XOR 비트 연산을 수행한다. $x \oplus x = 0$이므로 짝수 번 등장한 모든 원소는 무시되고, 한 번 등장한 원소만 남는다. 따라서 $O(1)$ 공간에 이 문제를 풀 수 있다.

원소 하나만 빼고 모두 세 번씩 등장한 배열이 주어졌을 때, 한 번만 등장한 원소를 찾으려고 한다. 예를 들면 $\langle 2, 4, 2, 5, 2, 5, 5 \rangle$가 주어졌을 때 4를 반환해야 한다.

힌트: 각 인덱스마다 1의 개수를 세라.

해법: 무식한 방법은 문제 11.10의 해법을 사용하는 것이다. 즉, 해시테이블 혹은 정렬을 사용하면 같은 시간 및 공간 복잡도로 문제를 풀 수 있다.

문제 11.10의 해법을 이용해 2로 나눈 나머지를 구할 수 있다. $[0, i - 1]$ 인덱스 사이에 있는 원소의 각 비트에 XOR를 수행한 뒤 어떤 비트 위치에 1의 개수가 홀수 개인지 찾는 것이다.

이와 비슷한 방법을 3으로 나눈 나머지에 대해 생각해 볼 수 있다. 즉, 각 비트의 위치에서 1이 등장한 횟수를 센다. 3으로 나눈 나머지에 대해 생각해 보면 세 번 등장한 원소를 무시할 수 있다. 또한 어떤 위치의 비트 개수가 1이라는 의미는 정확하게 한 번 등장한 비트 위치가 된다.

예제 배열 $\langle 2, 4, 2, 5, 2, 5, 5 \rangle$를 이진수로 나타내면 $\langle (010)_2, (100)_2, (010)_2, (101)_2, (010)_2, (101)_2, (101)_2 \rangle$이 된다. 0번째 위치(LSB)에 등장한 1의 개수는 3개다. 첫 번째 위치에 등장한 1의 개수는 3개고, 두 번째 위치에 등장한 비트 개수는 4개다. 이를 3으로 나눈 뒤, 그 나머지를 구하면 정확히 세 번 등장한 원소를 제거할 수 있고 MSB는 1, 나머지 두 비트는 0이 된다. 이 원소가 바로 정확히 한 번 등장한 원소다.

이 방법을 길이가 정수와 같은 배열 C를 사용해서 구현할 수 있다. $C[i]$는 i번째 비트 위치에 등장한 1의 개수가 된다. 앞의 예제에서 입력을 모두 처리한 뒤에 $C[i]$ mod 3를 수행하면 정확히 한 번 등장한 원소의 비트 위치가 1로 세팅될 것이다.

```cpp
int FindElementAppearsOnce(const vector<int> &A) {
  array<int, 32> counts = {};
  for (int x : A) {
    for (int i = 0; i < 32; ++i) {
      counts[i] += x & 1;
      x >>= 1;
    }
  }

  int result = 0;
  for (int i = 0; i < 32; ++i) {
    result |= (counts[i] % 3) << i;
  }
  return result;
}
```

시간 복잡도는 $O(n)$이고 공간 복잡도는 $O(1)$이다.

응용: 원소 하나가 두 번 등장하고 나머지가 세 번 등장할 때 같은 문제를 풀어 보라.

문제 24.18 가장 많은 점을 지나는 선 구하기 😎

평면상에 점들이 놓여 있다. 각 점은 정수 좌표로 이루어져 있다. 가장 많은 점을 지나는 선을 찾는 알고리즘을 설계하라.

힌트: 한 줄은 두 개의 숫자로 고유하게 표현할 수 있다.

해법: 이 문제는 처음에는 굉장히 어려워 보인다. 평면상에는 선이 무한 개 존재할 수 있기 때문이다. 하지만 우리가 신경 써야 할 대상은 점을 지나는 선이고, 더 정확히 말하면 적어도 두 점을 지나는 선이다.

무식한 방법은 모든 선을 다 구해 본 뒤 몇 개의 점이 해당 선을 지나는지 세 보는 것이다. 해시테이블을 사용해서 선의 집합을 표현할 수 있다. 각 선에 포함되는 점 또한 해시테이블에 저장할 수 있다. n개의 점이 놓여 있을 때, 총 $n(n-1)/2$개만큼 점의 쌍이 존재한다. 두 개의 점을 지나는 선을 구한 뒤, 모든 점에 대해 해당 선을 지나는지 확인해 보면 된다. 선과 점을 모두 확인해 봐야 하므로 시간 복잡도는 $O(n \times n(n-1)/2) = O(n^3)$이 된다.

더 나은 방법은 두 개의 점이 주어졌을 때, 이들을 선으로 정의된 점의 집합에 곧바로 추가하는 것이다. 즉, 한쌍의 점이 주어졌을 때, 그 두 점으로 만들 수 있는 선을 해시테이블에서 찾은 뒤 그 선에 점의 개수를 추가한다. 해시테이블의 시간 복잡도는 $O(1)$이므로 전체 시간 복잡도는 $O(n^2)$이 된다. 공간 복잡도 또한 $O(n^2)$이다. $O(n^2)$ 쌍의 선이 있고 각각 최대 $O(n)$개의 점을 가질 수 있기 때문에 언뜻 보면 공간 복잡성이 더 높아진 것처럼 보일 수 있다. 하지만 선의 개수와 각 선을 지나는 점들은 서로 반비례 관계다.

해시테이블을 순회하면 각 선을 지나는 점의 개수를 알 수 있고, 따라서 가장 많은 점을 포함하는 선을 찾을 수 있다. 최대 $n(n-1)/2$개의 선이 존재하므로 $O(n^2)$번 순회를 해야 하고, 따라서 전체 시간의 상한은 $O(n^2)$이 된다.

선에 대한 해시 함수를 설계하는 건 생각보다 어렵다. (x_1, y_1)과 (x_2, y_2)를 지나는 선의 수식은 다음과 같다.

$$y = \frac{y_2 - y_1}{x_2 - x_1} + \frac{x_2 y_1 - x_1 y_2}{x_2 - x_1}$$

해시 함수를 설계하는 한 가지 방법은 부동소수점을 사용해서 기울기와 Y절편의 쌍을 사용하는 것이다. 하지만 유한 정밀도 때문에 세 가지 점이 같은 선상에 있음에도 그렇지 않다고 판단할 수도 있다.

더 확실한 해시 함수는 기울기와 Y절편을 유리수(rational)로 다루는 것이다. 유리수는 정수값인 분모와 분자의 쌍으로 나타낼 수 있다. 해시 함수에 적용하기 전에 분수를 표준 형식으로 나타낼 필요가 있다. 한 가지 방법은 분모를 언제나 음이 아닌 정수로 만들고, 분자와 상대적 소수 관계를 유지하는 것이다. Y축과 평행한 선은 특이한 케이스로 다룬다. 이러한 선은 Y절편 대신 X절편을 사용하고 기울기는 $1/0$로 정의한다.

```cpp
struct Point {
  int x, y;
};

// 한쌍의 점에 대한 해시 함수
struct HashPair {
  size_t operator()(const pair<int, int>& p) const {
    return static_cast<size_t>(31) * p.first + p.second;
  }
};

int FindLineWithMostPoints(const vector<Point>& points) {
  int result = 0;
  for (int i = 0; i < size(points); ++i) {
    unordered_map<pair<int, int>, int, HashPair> slope_table;
    int overlap_points = 1;
    for (int j = i + 1; j < size(points); ++j) {
      if (points[i].x == points[j].x && points[i].y == points[j].y) {
        ++overlap_points;
      } else {
        if (int x_diff = points[i].x - points[j].x,
            y_diff = points[i].y - points[j].y;
            x_diff == 0) {
          // 기울기가 1/0인 수평선
          slope_table[{x_diff, 1}] += 1;
        } else {
          int gcd = std::gcd(x_diff, y_diff);
          x_diff /= gcd, y_diff /= gcd;
          if (x_diff < 0) {
            x_diff = -x_diff, y_diff = -y_diff;
          }
          slope_table[{x_diff, y_diff}] += 1;
        }
      }
```

```
    }
    result =
        max(result, overlap_points +
                        (empty(slope_table)
                            ? 0
                            : max_element(begin(slope_table),
                                          end(slope_table),
                                          [](const auto& a, const auto& b) {
                                            return a.second < b.second;
                                          })
                            ->second));
    }
    return result;
}
```

문제 24.19 정렬된 이중 연결리스트를 이진 탐색 트리로 변환하기 👊

리스트와 이진 탐색 트리(BST)는 모두 '연결된(linked)' 자료구조다. 즉, 어떤 객체에서 다른 동일한 자료형의 객체를 가리키는 참조 변수를 가지고 있다. 이중 연결리스트와 이진 탐색 트리의 노드 모두 키와 두 개의 참조 변수를 가지고 있다.

정렬된 숫자로 이루어진 이중 연결리스트가 주어졌을 때, 이를 높이가 균형 잡힌 이진 탐색 트리로 변환하는 프로그램을 작성하라. 이진 탐색 트리를 만들 때 리스트의 노드를 재사용하라. 즉, 이전 노드를 가리키는 필드는 왼쪽 자식을, 다음 노드를 가리키는 필드는 오른쪽 자식을 가리키도록 한다. 그림 24.6(b)에 이중 연결리스트의 예시가 나와 있고, 그림 24.6(a)에 같은 노드를 이진 탐색 트리로 표현한 예시가 나와 있다.

힌트: 노드의 내용을 바꾸지 말고, 참조 변수만 갱신하라.

해법: 리스트 노드가 배열에 들어 있다면 곧바로 중앙값을 찾을 수 있으므로 노드가 n개일 때 시간 복잡도는 $T(n) = O(1) + 2T(\frac{n}{2})$, 즉 $T(n) = O(n)$이 된다. 이 방법은 문제 14.8의 해법과 동일하다. 리스트를 순회한 뒤 배열을 만들 수 있지만 추가 공간을 $O(n)$만큼 사용해야 한다.

공간을 추가로 사용하지 않고 이진 탐색 트리를 만드는 방법은 리스트에서 곧바로 중앙 노드를 찾은 뒤 해당 노드를 루트로 설정하고, 왼쪽 절반과 오른쪽 절반을 재귀 호출하는 것이다. 이 방법의 시간 복잡도는 $T(n) = O(n) + 2T(\frac{n}{2})$이다. 앞

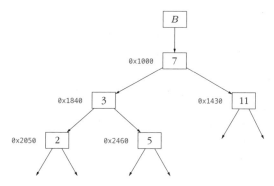

(a) 5개의 노드로 이루어진 이진 탐색 트리. 한쪽 끝에 노드가 없는 간선은 빈 부분 트리로 간주한다. 16진수 값은 해당 노드의 메모리 주소를 나타낸다.

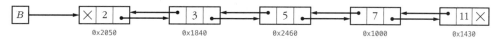

(b) (a)에서 이진 탐색 트리로 변환되는, 정렬된 이중 연결리스트. 트리의 노드가 어떻게 리스트의 노드로 사용되었는지 살펴보자.

그림 24.6 이진 탐색 트리와 정렬된 이중 연결리스트 상호 변환

의 $O(n)$은 리스트에서 중앙 노드를 찾는 데 걸리는 시간과 같다. 이 수식을 풀면 $T(n) = O(n \log n)$이 된다. 중앙값을 $O(1)$에 찾을 수 있는 배열과 달리 리스트에서는 추가 시간 복잡도가 필요하다.

추가 공간을 사용하지 않고 시간 복잡도를 개선시킬 핵심 아이디어는 다음과 같다. 중앙 노드를 찾는 데 $O(n)$의 시간이 걸리므로 이 작업 외에 좀 더 많은 작업을 처리하는 것이다. 먼저 처음 $\lfloor \frac{n}{2} \rfloor$개의 노드를 사용해서 균형 잡힌 이진 탐색 트리를 만든다. 그다음 ($\lfloor \frac{n}{2} + 1 \rfloor$)번째 노드를 루트로 설정하고 방금 만든 이진 탐색 트리를 해당 루트의 왼쪽 자식으로 설정한다.

리스트의 참조 변수를 수정하기 때문에 루트를 복구할 수 있도록 주의해야 한다. 현재 처리되고 있는 리스트의 헤드 참조 위치를 다른 곳에 저장한 뒤 재귀 호출을 수행할 때마다 해당 참조 위치를 하나씩 앞으로 옮겨 간다. 이렇게 하면 왼쪽 부분 트리를 만든 뒤에 루트를 바로 찾을 수 있다.

마지막으로 나머지 $n - \lfloor \frac{n}{2} \rfloor - 1$개의 노드를 사용해서 균형 잡힌 이진 탐색 트리를 만들고 이를 루트의 오른쪽 자식으로 설정한다.

```
// 해당 이진 탐색 트리의 루트를 반환한다. 리스트 노드의 prev와 next를
// 각각 이진 탐색 트리 노드의 left와 right로 사용한다. 리스트의 길이는 주어져 있다.
```

```
shared_ptr<ListNode<int>> BuildBSTFromSortedDoublyList(
    shared_ptr<ListNode<int>> l, int length) {
  return BuildBSTFromSortedDoublyListHelper(&l, 0, length);
}

// l의 (start + 1)번째 노드부터 마지막 노드까지를 사용해서 이진 탐색 트리를 만든다.
// 그 뒤에 루트를 반환한다.
shared_ptr<ListNode<int>> BuildBSTFromSortedDoublyListHelper(
    shared_ptr<ListNode<int>>* l_ptr, int start, int end) {
  if (start >= end) {
    return nullptr;
  }

  int mid = start + ((end - start) / 2);
  auto left = BuildBSTFromSortedDoublyListHelper(l_ptr, start, mid);
  // 마지막 함수 호출을 통해 l_ptr을 왼쪽 전체 트리의 다음 노드로 설정했다.
  auto curr = *l_ptr;
  *l_ptr = (*l_ptr)->next;
  curr->prev = left;
  curr->next = BuildBSTFromSortedDoublyListHelper(l_ptr, mid + 1, end);
  return curr;
}
```

각 노드를 처리하는 데 걸리는 시간이 $O(1)$이므로 전체 시간 복잡도는 $O(n)$이다.
동적 메모리 할당을 할 필요가 없다. 최대 함수호출스택의 크기는 $\lceil \log n \rceil$이므로
공간 복잡도는 $O(\log n)$이다.

문제 24.20 이진 탐색 트리를 정렬된 이중 연결리스트로 변환하기 🥷

이진 탐색 트리의 노드는 왼쪽 자식과 오른쪽 자식을 가리키는 두 개의 참조 변수
를 가지고 있다. 이중 연결리스트는 이전 노드와 다음 노드를 가리키는 두 개의 참
조 변수를 가지고 있다. 만약 이진 탐색 트리의 왼쪽 포인터를 이전 노드, 이진 탐
색 트리의 오른쪽 포인터를 다음 노드라고 간주하면, 이진 탐색 트리의 노드를 이
중 연결리스트의 노드로 사용할 수 있다. 또한 이진 탐색 트리의 중위 순회는 이중
연결리스트와 같이 어떤 순서를 가진 집합을 나타낸다. 따라서 이진 탐색 트리가
주어졌을 때 노드의 참조 변수를 수정함으로써, 트리를 이중 연결리스트로 바꿀 수
있다. 단, 그 순서는 중위 순회한 결과와 같아야 한다.

이진 탐색 트리가 주어졌을 때 해당 트리를 정렬된 이중 연결리스트로 반환하는

알고리즘을 설계하라. 농석 할딩을 히기 않아야 한다. 원본 이진 탐색 트리를 보존할 필요는 없다. 그림 24.6처럼 트리의 노드를 결과 리스트의 노드로 사용하라.

힌트: 루트를 부분 트리에 연결하는 게 까다롭다.

해법: 만약 문제에서 동적 할당을 써도 괜찮다고 했다면, 동적 배열을 사용해서 간단하게 풀 수 있다. 중위 순회를 하면서 해당 노드를 동적 배열에 넣어 주면 된다. 노드가 n개일 때 시간 복잡도는 $O(n)$이고 공간 복잡도 또한 $O(n)$이다. 하지만 이 문제에서는 동적 할당을 금지하고 있다.

리스트의 장점 중 하나는, 리스트를 다른 리스트에 쉽게 추가할 수 있다는 것이다. 특히 왼쪽 부분 트리와 오른쪽 부분 트리가 있다면 $O(1)$ 시간 안에 루트와 함께 간단히 연결할 수 있다.

```cpp
struct HeadAndTail {
  shared_ptr<BstNode<int>> head, tail;
};

shared_ptr<BstNode<int>> BSTToDoublyLinkedList(
    const shared_ptr<BstNode<int>>& tree) {
  return BSTToDoublyLinkedListHelper(tree).head;
}

// 추가 메모리를 사용하지 않고 이진 탐색 트리를 정렬된 이중 연결리스트로 변환한다.
// 그 리스트의 헤드와 테일을 반환한다.
HeadAndTail BSTToDoublyLinkedListHelper(const shared_ptr<BstNode<int>>& tree) {
  // 비어 있는 부분 트리.
  if (!tree) {
    return {nullptr, nullptr};
  }

  // 재귀적으로 왼쪽과 오른쪽 부분 트리에 대한 리스트를 만든다.
  HeadAndTail left = BSTToDoublyLinkedListHelper(tree->left);
  HeadAndTail right = BSTToDoublyLinkedListHelper(tree->right);

  // 왼쪽 부분 트리의 리스트 뒤에 트리를 덧붙인다.
  if (left.tail) {
    left.tail->right = tree;
  }
  tree->left = left.tail;

  // 트리 뒤에 오른쪽 부분 트리의 리스트를 덧붙인다.
  tree->right = right.head;
  if (right.head) {
```

```
        right.head->left = tree;
    }

    return {left.head ? left.head : tree, right.tail ? right.tail : tree};
}
```

트리의 노드 하나를 처리하는 데 상수 시간만큼 걸리므로 전체 시간 복잡도는 $O(n)$이다. 공간 복잡도는 최대 함수 호출 스택의 크기이므로 이진 탐색 트리의 높이와 같은 $O(h)$가 된다. 최악의 경우에 트리가 한쪽으로 비뚤어질 수 있는데, 이 경우에는 함수 호출 스택의 크기가 n이 된다.

문제 24.21 두 개의 이진 탐색 트리 합치기 😎

이진 탐색 트리 두 개가 주어졌을 때 이 둘의 키를 조합한 하나의 이진 탐색 트리를 만드는 건 간단하다. 하나를 순회하면서 다른 하나에 키값을 새로 넣어 주면 된다.

두 개의 이진 탐색 트리가 주어졌을 때, 이 둘을 합쳐 균형 잡힌 하나의 이진 탐색 트리를 만드는 알고리즘을 설계하라. 임의의 노드 왼쪽과 오른쪽 부분 트리를 가리키는 참조 변수는 수정해도 괜찮지만 키값은 수정하면 안 된다. 그림 24.7에 예시가 나와 있다. 몇 바이트 정도는 동적으로 할당해도 괜찮다.

(a) 두 개의 이진 탐색 트리

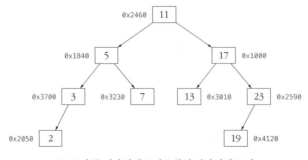

(b) (a)의 두 이진 탐색 트리를 합친 이진 탐색 트리

그림 24.7 두 개의 이진 탐색 트리를 합치는 예제. 각 노드의 16진수는 메모리 주소를 나타낸다.

힌트: 문제 24.20 및 문제 24.19와 연관지어 생각해 보자.

해법: 무식한 방법은 하나의 트리를 순회하면서 다른 하나의 트리에 키값을 추가하는 것이다. 시간 복잡도는 두 번째 트리가 얼마나 균형 잡혀 있는지, 그리고 어떤 방법으로 새로운 키를 추가하는지에 따라 다르다. 최선의 경우에는 두 번째 트리가 균형 잡혀 있고, 키를 추가하는 도중에도 균형이 계속 유지되는 경우다. 이 경우에 시간 복잡도는 노드의 합계가 n일 때 $O(n \log n)$이다. 기존 노드를 활용해서 중위 순회의 순서대로 갱신하는 작업은 까다롭다. 왜냐하면 노드의 연결고리가 바뀌기 때문이다. 하지만 후위 순회를 한다면 새로운 노드를 방문할 때 왼쪽 부분 트리와 오른쪽 부분 트리에 대한 정보가 필요 없으므로 꽤 간단해진다.

무식한 방법을 좀 더 주의 깊게 살펴보자. 이 방법은 합치려는 두 개의 데이터가 이미 정렬되어 있다는 사실을 활용하지 않는다. 만약 메모리 제약이 없다면 각 트리를 중위 순회하면서 해당 결과를 정렬된 배열에 써 준다. 그러면 두 배열을 합쳐서 새로운 정렬된 배열을 만들 수 있다. 그리고 문제 14.8의 해법처럼 재귀를 쓰면, 하나로 합쳐진 배열을 균형 잡힌 이진 탐색 트리로 바꿀 수 있다. 이 방법의 시간 복잡도는 $O(n)$이고 공간 복잡도 또한 $O(n)$이다.

리스트를 각 노드의 왼쪽 자식이 없는 트리로 볼 수 있다는 걸 기억하자. 트리와 동일한 노드 리스트를 만드는 건 비교적 간단하다(문제 24.20의 해법 참고). 두 개의 리스트가 주어졌을 때, 두 리스트를 정렬된 순서대로 합친 새로운 리스트를 만들 수 있다(문제 7.1의 해법 참고). 새로운 리스트는 원래 트리의 키 조합을 보유한 트리로 볼 수 있다. 시간 복잡도는 $O(n)$이고 공간 복잡도는 $O(h)$가 된다. 여기서 h는 기존 두 개의 트리의 높이 중 최댓값과 같다.

이 방법의 문제점은 비록 시간과 공간 제약은 충족하지만, 완전히 불균형한 트리를 반환한다는 것이다. 하지만 문제 24.20의 해법을 사용하면 높이가 균형 잡힌 트리로 바꿀 수 있다.

```cpp
shared_ptr<BstNode<int>> MergeTwoBSTs(shared_ptr<BstNode<int>> A,
                                      shared_ptr<BstNode<int>> B) {
  A = BSTToDoublyList(A), B = BSTToDoublyList(B);
  int A_length = CountLength(A), B_length = CountLength(B);
  return BuildBSTFromSortedDoublyList(MergeTwoSortedLists(A, B),
                                      A_length + B_length);
}
```

이 단계에서의 시간 복잡도는 $O(n)$이 된다. 기존의 공간을 재사용했으므로 추가 공간은 이진 탐색 트리를 리스트로 바꾸는 과정에서 사용한 $O(h)$가 된다.

문제 24.22 정규표현식 매칭 구현하기 😎

정규표현식은 검색 패턴의 형태로 이루어진 문자열이다. 여기서는 간단하게 정규 표현식 언어의 부분집합을 사용할 것이다. 정식 구문보다는 실제 예제를 들어 설명 하겠다.

정규표현식은 알파벳, .(점), *(별표), ^, $로 이루어진 문자열이다. a, aW, aW.9, aW.9*, aW.*9*, ^a, aW$, ^aW.9*$ 등으로 표시된다. 그런데 모든 문자열이 다 유효 한 정규표현식은 아니다. 예를 들어 별표는 점 혹은 알파벳 이후에 등장해야 유효 한 정규표현식이 된다. 유효한 정규표현식을 이어 붙여서 더 긴 정규표현식을 만들 기도 한다.

이제 정규표현식이 문자열과 매칭된다는 것이 무슨 뜻인지 생각해 보자. 직관적 으로 알파벳은 그 자체로 매칭이 된다. 한 개의 점은 임의의 문자와 매칭이 된다는 의미이고, 별표는 이전에 등장한 문자와 0개 이상 매칭이 된다는 뜻이다.

^와 $는 시작과 끝을 나타낸다. 즉, 이 둘이 없다면 문자열의 일부만 일치하더라 도 정규표현식과 매칭이 된다.

다음은 문자열과 일치하는 정규표현식의 개념을 설명하기 위한 예제다. 둘 이 상의 부분 문자열이 매칭될 수 있다. 밑줄 친 부분 문자열은 매칭되는 부분 문자열 이다.

- aW9는 aW9가 포함된 어떤 부분 문자열과도 매칭된다. 예를 들어 aW9, aW9b cW, ab8aW9, cc2aW9raW9z는 모두 aW9와 매칭된다. 하지만 aW8, bcd8, xy는 매칭되지 않는다.

- a.9.는 길이가 4이면서 첫 번째와 세 번째 문자가 각각 a와 9인 문자열과 매칭된 다. 예를 들어 ab9w, ac9bcW, ab8a999, cc2aW9r는 모두 a.9.과 매칭된다. 하지 만 az9, a989a, bac9는 매칭되지 않는다.

- aW*9는 a로 시작하고 9로 끝나면서 그 사이에 0개 이상의 W가 있는 부분 문 자열과 매칭된다. 예를 들어 a9, aW9, aWW9b9cW, aU9aWW9, ab8aWWW9 W9aa, cc2a9raW9zWW9ac는 모두 aW*9와 매칭된다. 하지만 aWWU9, baX9, aXW9Wa는 매칭되지 않는다.

- a.*9는 a로 시작하고 9로 끝나면서 그 사이에 임의의 문자가 0개 이상 존재하는 부분 문자열과 매칭된다. 예를 들어 <u>a9</u>, <u>aZ9</u>, <u>aZW9</u>b9cW, <u>aU9a9</u>, b8<u>aWUW9W</u>, cc2<u>a9raU9z</u>는 모두 a.*9와 매칭된다. 하지만 9UWaW8, b9aaaX, XUq8는 매칭되지 않는다.

- aW9*.b3은 aW 다음에 0개 이상의 9, 임의의 문자 하나, b3이 차례대로 등장하는 부분 문자열과 매칭된다. 예를 들어 ce<u>aW999zb34</u>b3az, ce<u>aW9b34</u>, pq<u>aWz b38</u>q는 aW9*.b3과 매칭된다. 하지만 ceaW98zb34, pqaW988b38q는 매칭되지 않는다.

만약 정규표현식이 ^로 시작하면 반드시 문자열의 처음이 매칭되어야 한다. 정규표현식이 $로 끝나면 반드시 문자열의 끝과 매칭되어야 한다.

- ^aW.9는 a로 시작해서 W, 하나의 임의의 문자열, 9가 차례대로 등장하는 부분 문자열과 매칭이 된다. 예를 들어 <u>aW99</u>zer, <u>aWW9</u>, <u>aWP9</u>GA는 ^aW.9와 매칭이 된다. 하지만 baWx9, aW9, aWcc90은 매칭되지 않는다.

- aW.9$는 위와 같지만 마지막에 9로 끝나야 한다. 예를 들어 <u>aWW9</u>, aWW9ab c<u>aWz9</u>, ba<u>aWX9</u>, abc<u>aWP9</u>는 모두 aW.9$와 매칭된다. 하지만 aWW99, aW, aWcc90은 매칭되지 않는다.

- ^aW9$는 오직 <u>aW9</u>만 매칭된다.

정규표현식과 문자열이 주어졌을 때, 해당 문자열이 정규표현식과 매칭되는지 확인하는 알고리즘을 설계하라.

힌트: 정규표현식을 재귀적으로 정의하라.

해법: 정규표현식을 구문 면에서도(어떤 수식이 유효한 정규표현식인지) 의미 면에서도(언제 문자열이 정규표현식과 매칭이 되는가) 재귀적으로 정의할 수 있다. 따라서 재귀를 사용해서 매칭을 찾을 수 있다.

본격적으로 들어가기에 앞서 몇 가지 표기법을 소개한다. s^k은 문자열 s의 k번째 접미사를 뜻한다. 즉, 문자열 s에서 첫 k개의 문자를 삭제한 결과를 말한다. 예를 들어 $s = $ aWaW9W9라면, $s^0 = $ aWaW9W9고 $s^2 = $ aW9W9가 된다.

r은 정규표현식을 뜻하고 s는 문자열을 뜻한다. r이 ^로 시작하면 r은 s의 접두사와 매칭이 되어야 한다. r이 $로 끝나면 r은 s의 접미사와 매칭이 되어야 한다.

r이 ^로 시작하지 않고 $로 끝나지 않는다면 s의 임의의 부분 문자열만 매칭되면 된다.

정규표현식이 문자열과 매칭되는지 확인하는 함수는 다음 경우를 확인해야 한다.

케이스 1. 정규표현식의 길이가 0인지 확인한다.

케이스 2. 정규표현식이 ^로 시작하는지 $로 끝나는지 확인한다.

케이스 3. 정규표현식이 *로 시작하는지 확인한다. 예를 들어 a*wXY 혹은 .*Wa.

케이스 4. 정규표현식이 알파벳으로 시작하는지 점으로 시작하는지 확인한다.

케이스 1은 처리하기 간단하다. 단순히 true를 반환하면 된다. 케이스 2는 ^로 시작하는 문자열과 함께 매칭 함수를 한 번 호출해야 하고 $의 존재 유무에 따라 적절한 로직을 넣어 주면 된다. 케이스 3은 * 뒤의 접미사가 매칭이 될 때까지 접두사가 해당 알파벳 혹은 점과 연속으로 매칭이 되는지 확인한다. 접미사가 매칭되는지 확인하려면 매칭 함수를 매번 호출해야 한다. 케이스 4는 해당 문자를 확인한 뒤에 매칭 함수를 다시 호출한다.

정규표현식 ab.c*d가 있고, $s = caeabbedeabacccde$와 매칭이 되는지 확인하는 예를 생각해 보자. $s[0] = c$이므로 s의 시작 부분과는 매칭이 되지 않는다. s^1을 살펴보자. $s[1] = a$이므로 재귀적으로 s^1과 b.c*d를 확인한다. $s[2] \neq b$이므로 false를 반환한다. s^2도 일치하지 않으므로 s^3으로 넘어간다. $s[3] = a$이므로 재귀적으로 s^4과 b.c*d를 확인한다. $s[4] = b$이므로 재귀적으로 .c*d와 확인한다. 점은 임의의 문자 하나와 매칭이 되므로 $s[5]$와 매칭이 되고, 따라서 c*d로 넘어간다. $s[6] = e$이므로 c*을 넘어 가서 d와 매칭이 되는지 확인한다. $s[6] \neq d$이므로 false를 반환한다. s^9로 넘어 가자. 앞의 방법대로 매칭 과정을 거치면 s^{12}와 c*d가 남는다. s^{12}의 접두사는 길이 3까지 c*와 매칭이 된다. 그 다음 d와 매칭되므로 true를 반환한다.

```cpp
bool IsMatch(const string &regex, const string &s) {
  // 케이스 2. '^'로 시작하는 경우.
  if (regex.front() == '^') {
    return IsMatchHere(regex, 1, s, 0);
  }

  for (int i = 0; i <= size(s); ++i) {
    if (IsMatchHere(regex, 0, s, i)) {
      return true;
    }
  }
```

```
      return false;
  }

  bool IsMatchHere(const string &regex, int regex_offset, const string &s,
                   int s_offset) {
    if (regex_offset == size(regex)) {
      // 케이스 1. 비어 있는 정규표현식은 모든 문자열과 매칭이 된다.
      return true;
    }

    if (regex_offset == size(regex) - 1 && regex[regex_offset] == '$') {
      // 케이스 2. 정규표현식의 마지막 문자가 '$'이다.
      return s_offset == size(s);
    }

    if (size(regex) - regex_offset >= 2 && regex[regex_offset + 1] == '*') {
      // 케이스 3. * 매치.
      // s를 순회하면서, '*'조건을 만족하는지 확인한다.
      // '*'조건을 만족하면 남아 있는 접두사도 매칭이 되는지 확인한다.
      for (int i = s_offset + 1;
           i <= size(s) &&
           (regex[regex_offset] == '.' || regex[regex_offset] == s[i - 1]);
           ++i) {
        if (IsMatchHere(regex, regex_offset + 2, s, i)) {
          return true;
        }
      }
      // s[s_offset, size(s) - 1]에서 '*'와 0개의 문자가 매치되는지 확인한다.
      return IsMatchHere(regex, regex_offset + 2, s, s_offset);
    }

    // 케이스 4. 정규표현식이 단일 문자의 매치로 시작한다.
    return s_offset < size(s) &&
           (regex[regex_offset] == '.' || regex[regex_offset] == s[s_offset]) &&
           IsMatchHere(regex, regex_offset + 1, s, s_offset + 1);
  }
```

문자열 x를 k번 복사해서 붙여넣은 것을 $C(x, k)$라 하자. 정규표현식 $C(a.*, k)$와 문자열 $C(ab, k - 1)$이 입력으로 주어진다면 이 알고리즘은 k에 기하급수적으로 증가한다. 더 정확한 시간 복잡도 상한을 구하기는 힘들다.

응용: ^와 $가 없는 경우에 같은 문제를 풀어 보라.

문제 24.23 연산자 조합으로 원하는 결괏값을 만들 수 있는지 확인하기 🥷

$(3 \odot 1 \odot 4 \odot 1 \odot 5)$ 형태의 표현식이 있다고 해 보자. 여기서 $\odot$는 $+, -, \times, \div$와 같은 연산자를 나타낸다. 이 수식은 연산자에 따라 결괏값이 달라진다. 예를 들어 $\odot$가 모두 $+$인 경우에는 결괏값이 14, 모두 $\times$인 경우에는 60, $(3 - 1 + 4 \times 1 \times 5)$인 경우에는 22가 된다.

수식 결과가 특정값이 되도록 연산자를 결정해 보자. 이 문제는 풀기 상당히 어려우므로 조금 더 간단한 문제에서부터 시작해 보겠다. 예를 들어 연산자가 $+$와 $-$로만 구성되어 있고, $\odot$에 적절한 연산자를 대입해서 결과가 0이 되도록 하고 싶다고 하자. 정수의 합이 동일한 두 개의 부분집합으로 나누는 문제가 되는데, NP 완전문제다.

한 자리 숫자 배열과 원하는 값이 입력으로 주어진다. $\times$와 $+$를 숫자 사이에 넣었을 때 수식 결과가 원하는 값이 될 수 있는지 확인하는 프로그램을 작성하라. 예를 들어 입력 배열이 $\langle 1, 2, 3, 2, 5, 3, 7, 8, 5, 9 \rangle$이고 원하는 값이 995라면, $123 + 2 + 5 \times 3 \times 7 + 85 \times 9$로 결괏값 995를 만들 수 있으므로 true를 반환한다.

힌트: 점차적으로 대입을 해 나간다.

해법: A를 숫자 배열, k를 원하는 값이라고 하자. $\times$나 $+$ 연산자를 숫자 사이에 배치해서 수식 결과가 k가 되는지 확인하려고 한다.

$(A[i], A[i + 1])$의 쌍이 주어졌을 때 $\times$ 혹은 $+$를 넣을지 말지 결정해야 한다. A의 길이가 n일 때 연산자를 넣을 수 있는 위치는 $n - 1$개이므로, 결과적으로 길이가 $n - 1$인 배열에 연산자를 배치해야 한다. 각 위치에서는 세 가지 경우($\times$ 연산자, $+$ 연산자, 빈 연산자)가 존재하므로, 정확히 3^{n-1}개의 경우의 수가 존재한다. 각 수식에 대해서 해당 수식의 결과가 k인지 확인해야 하므로 무식한 방법으로 전부 돌리면 시간 복잡도는 $O(n \times 3^n)$가 된다.

수행시간을 개선하기 위해서 나열하는 부분을 더 살펴보자. 즉, 첫 번째 연산자는 첫 번째 숫자, 두 번째 숫자, 세 번째 숫자 등의 다음에 나올 수 있고 $+$ 혹은 $\times$가 된다. $+$의 가능성을 확인해 보려면, $+$ 이전의 숫자와 이후의 숫자를 더했을 때 그 결과가 원하는 값보다 크거나 같아야 한다. 왜냐하면 연산자를 더 이상 추가하지 않을 경우에 수식값이 최대가 되기 때문이다. 예를 들어 입력 배열이 $\langle 1, 2, 3, 4,$

5〉일 때, 3 이후에 + 연산자를 넣는다면 원하는 값 1107을 절대 만들 수 없다. 왜냐하면 123 + 45 < 1107이기 때문이다. 이 휴리스틱을 사용하면 탐색 트리를 가지치기할 수 있다.

```cpp
bool ExpressionSynthesis(const vector<int>& digits, int target) {
  return DirectedExpressionSynthesis(digits, target, 0, 0,
                                     make_unique<vector<int>>().get(),
                                     make_unique<vector<char>>().get());
}

bool DirectedExpressionSynthesis(const vector<int>& digits, int target,
                                 int current_term, int offset,
                                 vector<int>* operands,
                                 vector<char>* operators) {
  current_term = current_term * 10 + digits[offset];
  if (offset == size(digits) - 1) {
    operands->emplace_back(current_term);
    if (Evaluate(*operands, *operators) == target) {  // 매치
      return true;
    }
    operands->pop_back();
    return false;
  }

  // 연산자가 더 이상 없다.
  if (DirectedExpressionSynthesis(digits, target, current_term, offset + 1,
                                  operands, operators)) {
    return true;
  }
  // 곱셈 연산자를 시도해 본다.
  operands->emplace_back(current_term), operators->emplace_back('*');
  if (DirectedExpressionSynthesis(digits, target, /*current_term=*/0,
                                  offset + 1, operands, operators)) {
    return true;
  }
  operands->pop_back(), operators->pop_back();
  // 덧셈 연산자를 시도해 본다.
  operands->emplace_back(current_term);
  // 먼저 덧셈 연산자의 타당성을 확인한다.
  if (target - Evaluate(*operands, *operators) <=
      accumulate(begin(digits) + offset + 1, end(digits), 0,
                 [](int val, int d) { return val * 10 + d; })) {
    operators->emplace_back('+');
    if (DirectedExpressionSynthesis(digits, target, /*current_term=*/0,
                                    offset + 1, operands, operators)) {
      return true;
    }
```

```
      operators->pop_back();
    }
    operands->pop_back();
    return false;
}

int Evaluate(const vector<int>& operands, const vector<char>& operators) {
    stack<int> intermediate_operands;
    int operand_idx = 0;
    intermediate_operands.push(operands[operand_idx++]);
    // '*'를 먼저 계산한다.
    for (char oper : operators) {
        if (oper == '*') {
            int product = intermediate_operands.top() * operands[operand_idx++];
            intermediate_operands.pop();
            intermediate_operands.push(product);
        } else {  // oper == '+'.
            intermediate_operands.push(operands[operand_idx++]);
        }
    }

    // 다음에 '+'를 계산한다.
    int sum = 0;
    while (!empty(intermediate_operands)) {
        sum += intermediate_operands.top();
        intermediate_operands.pop();
    }
    return sum;
}
```

휴리스틱으로 실제 시간을 조금 줄일 수는 있다고 하더라도 최악의 경우는 시간 복잡도가 여전히 $O(n3^n)$이다.

문제 24.24 역의 개수 😎

관심사 기반으로 친구를 추천하는 소셜 네트워크를 생각해 보자. 각 사용자는 자신이 좋아하는 영화에 순위를 부여한 목록을 가지고 있다. 어떤 두 사용자가 좋아하는 영화에 중복이 많고 순위도 비슷하다면 친구로 추천될 수 있다. 예를 들어 앨리스의 영화 목록이 순서상으로 $\langle p, q, r, s \rangle$, 밥의 목록이 $\langle s, p, q, r \rangle$, 찰리의 목록이 $\langle s, r, q, p \rangle$라면, 앨리스는 찰리가 아니라 밥과 유사한 점이 더 많다. 이번 문제는 이러한 내용에 기반한다.

정수 배열 A가 있다고 하자. (i, j)의 쌍이 역이라는 뜻은 $i < j$이면서 $A[i] > A[j]$

인 경우를 말한다. 예를 들이 $A = \langle 1, 1, 2, 3 \rangle$이라면 $(0, 3)$은 역이다. 직관적으로 역의 개수는 해당 배열이 얼마나 정렬되어 있지 않은지 나타내는 척도가 된다.

정수 배열이 주어졌을 때 역의 개수를 반환하는 효율적인 알고리즘을 설계하라.

힌트: A와 B가 배열일 때, 하나의 원소는 A에서, 다른 원소는 B에서 나오는 역의 개수는 어떻게 구할 수 있을까?

해법: 무식한 방법은 $i < j$인 모든 쌍 (i, j)를 확인해 보는 것이다. 배열의 길이가 n일 때 이 방법의 시간 복잡도는 $O(n^2)$이다.

이 무식한 방법은 비효율적인데, 배열의 정렬 여부를 확인하는 방법을 떠올려보면 그렇다는 걸 알 수 있다. 우리는 각 원소가 뒤따라오는 모든 원소보다 크거나 같은지 확인하지 않는다. 단순히 바로 옆의 원소보다 크거나 같은지만 확인한다.

정렬을 사용하면 역의 개수를 좀 더 빠르게 세어 볼 수 있다. 즉, 배열의 뒤쪽 절반을 정렬한 뒤 앞쪽 절반의 원소와 비교해서 역의 개수가 몇 개인지 세어 본다. 뒤쪽 절반을 정렬했으므로 이진탐색을 통해 찾을 수 있다. 뒤쪽 절반보다 앞에 놓인 원소들은 역의 관계에 있다.

더 자세히 살펴보기 위해 배열 A의 왼쪽 절반 L과 오른쪽 절반 R의 역의 개수를 세어 본다고 가정하자. 어떻게 세어 봐야 하는가? L과 R을 정렬하면 알 수 있다. L의 인덱스 i와 R의 인덱스 j에 대해서 $L[i] > R[j]$라면, $j' < j$에 대해서 $L[i] > R[j']$가 된다.

예를 들어 $A = \langle 3, 6, 4, 2, 5, 1 \rangle$이라면 $L = \langle 3, 6, 4 \rangle$, $R = \langle 2, 5, 1 \rangle$이 된다. 이 둘을 정렬하면 $L = \langle 3, 4, 6 \rangle$, $R = \langle 1, 2, 5 \rangle$가 된다. L과 R 각각에서 역의 개수는 각각 1개, 2개이다. 이 둘을 합쳐 보자. $1 < 3$이므로 $4, 6$도 1과 역의 관계에 있다는 것을 알 수 있다. 따라서 $|L| - 0 = 3$을 역의 개수에 더해 준다. 그다음 2를 처리해 보자. $2 < 3$이므로 $4, 6$ 또한 2와 역의 관계에 있다. 따라서 다시 $|L| - 0 = 3$을 역의 개수에 더해 준다. 이제 3을 처리해 보자. $5 > 3$이므로 3은 역의 관계에 있지 않다. 4 또한 $5 > 4$이므로 역의 관계에 있지 않다. 그다음 5를 처리해 보자. $5 < 6$이므로 $|L| - 2$ (6번 인덱스) $= 1$을 역의 개수에 더해 준다. 따라서 L과 R 사이의 역의 개수는 총 $3 + 3 + 1 = 7$이 된다. L과 R 각각에서 역의 개수는 1개, 2개이므로 전체 역의 개수는 10이 된다.

```cpp
int CountInversions(vector<int> A) {
  return CountSubarrayInversions(0, size(A), &A);
}
```

```
// (*A_ptr)[start, finish - 1]의 역의 개수를 반환한다.
int CountSubarrayInversions(int start, int finish, vector<int>* A_ptr) {
  if (finish - start <= 1) {
    return 0;
  }

  int mid = start + ((finish - start) / 2);
  return CountSubarrayInversions(start, mid, A_ptr) +
         CountSubarrayInversions(mid, finish, A_ptr) +
         MergeSortAndCountInversionsAcrossSubarrays(start, mid, finish, A_ptr);
}

// 정렬된 부분 리스트 A[start, mid - 1]와 A[mid, finish - 1]를
// A[start, finish - 1]로 합친다.
// 그리고 A[start, mid - 1]와 A[mid, finish - 1] 사이의 역의 개수를 반환한다.
int MergeSortAndCountInversionsAcrossSubarrays(int start, int mid, int finish,
                                               vector<int>* A_ptr) {
  vector<int> sorted_A;
  int left_start = start, right_start = mid, inversion_count = 0;

  vector<int>& A = *A_ptr;
  while (left_start < mid && right_start < finish) {
    if (A[left_start] <= A[right_start]) {
      sorted_A.emplace_back(A[left_start++]);
    } else {
      // A[left_start, mid - 1]는 A[right_start]의 역이다.
      inversion_count += mid - left_start;
      sorted_A.emplace_back(A[right_start++]);
    }
  }
  copy(begin(A) + left_start, begin(A) + mid, back_inserter(sorted_A));
  copy(begin(A) + right_start, begin(A) + finish, back_inserter(sorted_A));

  // A를 sorted_A로 갱신한다.
  copy(begin(sorted_A), end(sorted_A), begin(A) + start);
  return inversion_count;
}
```

배열의 길이가 n일 때 시간 복잡도는 $T(n) = O(n) + 2T(n-1)$이고 이는 $O(n \log n)$과 같다.

응용: 0부터 $n-1$까지의 달리기 선수가 한쪽 트랙에서 달리기 시합을 하고 있다. 각 선수의 속도는 다르고(단, 일정하다) 끝 지점까지의 거리도 다르다. 즉, i번째 선수의 속도는 s이고, 끝 지점에서 d만큼 떨어진 위치에서 시작한다. 각 선수는 끝 지점에 도달하면 달리기를 멈추고, 모든 선수가 끝 지점에 도달하면 시합이 끝난다. 한 선수가 다른 선수를 앞지르는 전체 횟수는 얼마나 될까?

문제 24.25 스카이라인 그리기 🥷

한 지점에서 건물을 바라보자. 건물은 직사각형이고 고정된 수평선 위에 놓여 있다. 각 건물은 왼쪽 위치, 오른쪽 위치, 높이로 표현된다. 그림 24.8(a)에서처럼 한 건물이 다른 건물을 가릴 수도 있다. 스카이라인은 보이는 건물의 좌표와 해당 좌표에서의 높이를 나타낸 리스트다.

예를 들어 그림 24.8(a)의 건물들의 스카이라인은 그림 24.8(b)처럼 표시할 수 있다(문제 17.8을 설명할 때 스카이라인 직사각형의 패턴을 사용했다. 그러나 이 문제는 문제 17.8과 관련이 없다).

스카이라인을 구하는 효율적인 알고리즘을 설계하라.

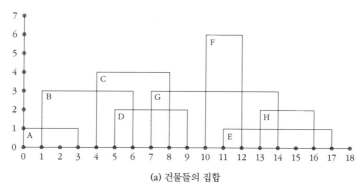

(a) 건물들의 집합

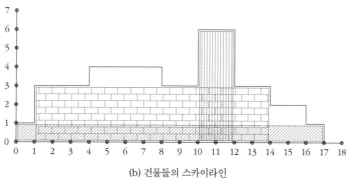

(b) 건물들의 스카이라인

그림 24.8 건물, 스카이라인, 그리고 이들을 포함하는 가장 큰 직사각형이다. 건물을 구분하는 레이블은 왼쪽 상단 모서리에 표시했다.

힌트: 스카이라인을 어떻게 효율적으로 합칠지 생각해 보라.

해법: 간단한 방법은 점차적으로 스카이라인을 구하는 것이다. 몇 개의 건물에 대

한 스카이라인을 알고 있다고 가정해 보자. 하나의 건물이 추가된다면 스카이라인을 어떻게 구할 것인가? 새로운 건물의 왼쪽 좌표, 오른쪽 좌표, 높이는 각각 L, R, H이다. 이 건물을 추가하려면 기존 스카이라인을 왼쪽에서 오른쪽으로 이동하면서 어디에 L을 추가해야 하는지 살펴봐야 한다. 그 뒤에는 R에 도달할 때까지 스카이라인을 이동하면서 높이가 H보다 낮은 경우에 H를 추가한다.

건물이 n개일 때 이 알고리즘의 시간 복잡도는 $O(n^2)$이다. n번째 건물의 경우에 $O(n)$번의 비교를 수행하기 때문이다. 스카이라인이 왼쪽에서 오른쪽 순서로 주어진다면, 이 방법은 두 개의 스카이라인을 합치는 데 선형 시간이 걸린다. 건물 하나의 스카이라인을 병합할 때도 선형 시간이 걸리는 건 마찬가지지만, 더 많은 작업을 수행할 수 있다는 사실을 파악하는 것이 효율성 향상의 핵심이다.

이 문제는 분할 정복법을 사용해서 왼쪽 절반과 오른쪽 절반의 스카이라인을 합치면 된다. 합치는 작업은 앞에서 설명한 하나의 건물을 추가하는 작업과 비슷하고 $O(n)$에 수행 가능하다. 두 개의 스카이라인을 왼쪽에서 오른쪽으로 이동하면서 매칭되는 X좌표를 찾고, 높이를 적절하게 갱신한다. 이 책의 웹사이트[2]에서 해당 프로그램을 찾아볼 수 있다. 이 방법의 시간 복잡도는 $T(n) = 2T(n/2) + O(n)$이고, 이는 $O(n \log n)$과 같다. $O(n)$은 두 스카이라인을 합치는 데 필요한 시간이다.

예를 들어 건물 A, B, C, D와 건물 E, F, G, H를 합친다고 가정해 보자. 0에서 7 사이의 건물은 A, B, C, D뿐이므로 이들의 높이를 구한다. 좌표 7에서는 A, B, C, D의 높이가 E, F, G, H보다 높으므로 높이를 4로 설정한 후 그 다음으로 나아간다. 좌표 8에서는 E, F, G, H가 높으므로 높이를 3으로 설정한 후 그 다음으로 나아간다. 좌표 9에서는 건물 E, F, G, H만 존재하므로 이들의 높이를 스카이라인 높이로 설정한다.

이 방법보다 훨씬 간단하고, (입력에 따라) 성능도 더 좋은 방법도 있다. 문제를 디지털화하는 방법이다. 가장 왼쪽에 있는 건물을 l, 가장 오른쪽에 있는 건물을 r이라 하자. 최종 스카이라인은 l에서 시작해서 r로 끝난다. 이제 스카이라인을 배열로 표현할 것이다. 즉, 배열의 i번째 원소는 i번째 위치의 스카이라인의 높이가 된다. 배열은 0으로 초기화한다. 각 건물의 좌표에 따라 스카이라인을 갱신한다. i번째 위치의 스카이라인의 높이가 현재 건물보다 낮다면 i번째 위치의 스카이라인의 높이를 갱신한다.

---

2   *https://github.com/adnanaziz/EPIJudge/blob/master/epi_judge_cpp_solutions/drawing_skyline.cc*

```
struct Rect {
  int left, right, height;
};
typedef vector<Rect> Skyline;

Skyline ComputeSkyline(const vector<Rect>& buildings) {
  int min_left = numeric_limits<int>::max(),
      max_right = numeric_limits<int>::min();
  for (const Rect& building : buildings) {
    min_left = min(min_left, building.left);
    max_right = max(max_right, building.right);
  }

  vector<int> heights(max_right - min_left + 1, 0);
  for (const Rect& building : buildings) {
    for (int i = building.left; i <= building.right; ++i) {
      heights[i - min_left] = max(heights[i - min_left], building.height);
    }
  }

  Skyline result;
  int left = 0;
  for (int i = 1; i < size(heights); ++i) {
    if (heights[i] != heights[i - 1]) {
      result.emplace_back(
          Rect{left + min_left, i - 1 + min_left, heights[i - 1]});
      left = i;
    }
  }
  result.emplace_back(Rect{left + min_left, max_right, heights.back()});
  return result;
}
```

건물의 전체 너비가 W일 때 시간 복잡도는 $O(nW)$가 된다. 이론적으로 W는 굉장히 클 수 있다. 그럴 경우에는 앞에서 설명한 분할 정복법보다 성능이 훨씬 안 좋아진다.

하지만 실제로는 W가 상수인 경우가 많기 때문에 이 방법이 훨씬 빠르다. 또한 코드도 훨씬 간단하고 이해하기 쉽다.

응용: 건물의 모양이, 한 각이 90도인 이등변삼각형일 때 스카이라인을 구하라.

문제 24.26 눈금이 지워진 비커로 우유의 양 측정하기 😶‍🌫️

오래되어 눈금이 지워진 비커 A, B, C가 있다. 비커 A에는 다행히 230, 240의 눈금이 남아 있어 [230, 240]mL 사이의 양은 잴 수 있다. 비커 *B*는 [290, 310]mL, 비커 *C*는 [500, 515]mL를 잴 수 있다. 초콜릿 칩 쿠키를 만들려면 2100mL 이상, 2300mL 이하의 우유가 필요하다.

이 비커들을 사용해서 필요한 우유의 양을 잴 수 있는지 확인하는 프로그램을 작성하라. 우유는 커다란 사발에 넣을 것이므로 한번 부으면 같은 양을 다시 빼낼 수 없다. 또한 하나의 비커에서 다른 비커로 옮겨 담을 수도 없다. 매번 얼마만큼의 우유를 담았는지에 관계없이 [2100, 2300]mL의 우유를 반환할 수 있어야 한다.

힌트: *n*개의 비커가 있다고 생각하고 풀어 보라.

해법: 자연스러운 재귀 문제이다. *A* 비커를 마지막에 사용했다면 적어도 2100 − 230 = 1870mL의 우유를 측정할 수 있어야 한다. 비슷하게 최대 2300 − 240 = 2060mL의 우유를 측정할 수 있어야 한다. 비커 3개를 사용해서 이 부피를 측정할 수 없으면 최종 결과도 얻을 수 없다.

다음 코드는 *n*개의 비커를 사용하는 함수 구현이다.

```cpp
struct Jug {
  int low, high;
};

struct VolumeRange {
  int low, high;

  bool operator==(const VolumeRange& that) const {
    return low == that.low && high == that.high;
  }
};

struct HashVolumeRange {
  size_t operator()(const VolumeRange& p) const {
    return static_cast<size_t>(31) * p.low + p.high;
  }
};

bool CheckFeasible(const vector<Jug>& jugs, int L, int H) {
  return CheckFeasibleHelper(
      jugs, L, H,
      make_unique<unordered_set<VolumeRange, HashVolumeRange>>().get());
}

bool CheckFeasibleHelper(const vector<Jug>& jugs, int L, int H,
                         unordered_set<VolumeRange, HashVolumeRange>* c) {
```

```
    if (L > H || c->count({L, H}) || (L < 0 && H < 0)) {
      return false;
    }

    // 측정이 가능한지 각 비커의 부피를 확인한다.
    if (any_of(begin(jugs), end(jugs), [&](const Jug& j) {
        return (L <= j.low && j.high <= H) ||
                CheckFeasibleHelper(jugs, L - j.low, H - j.high, c);
      })) {
      return true;
    }
    c->emplace(VolumeRange{L, H});  // 불가능하다고 표시한다.
    return false;
}
```

시간 복잡도는 $O((L + 1)(H + 1)n)$이다. 재귀 호출을 제외하고 CheckFeasible Helper에서 직접적으로 사용한 시간은 $O(n)$이다. 또한 캐시 덕분에 CheckFeasible Helper를 최대 $(L + 1)(H + 1)$번 호출한다. 공간 복잡도는 캐시 크기의 상한인 $O((L + 1)(H + 1))$이 된다.

이 문제를 정수 선형 프로그램(ILP)을 사용해서 풀 수도 있다. 하지만 정수 선형 프로그래밍은 프로그래밍 기술을 측정할 수 있는 게 아니므로 일반적인 면접에서 접할 일이 없다.

응용: i번째 비커가 $[l_i, u_i]$의 양을 정확히 측정할 수 있다고 하자. L과 U 사이의 우유의 양을 측정할 수 있는지 확인해 보라.

문제 24.27 환형 배열에서 최대 부분배열의 합 구하기 👀

'16장 동적 프로그래밍'의 도입부에서 언급했듯이 배열에서 합이 최대가 되는 부분배열은 선형 시간에 찾을 수 있다. 하지만 주어진 배열 A가 환형이라면, 즉 배열의 첫 번째 원소와 마지막 원소가 인접한 경우에 이 알고리즘을 사용하면 부분최적해를 찾게 될 것이다. 예를 들어 그림 16.2의 배열 A에서 최대 부분배열의 합은 7번 인덱스에서 시작해서 3번 인덱스에서 끝나야 한다. 하지만 그림 16.2를 설명한 알고리즘을 사용하면 0번에서 3번 인덱스까지의 부분배열을 반환하게 된다.

환형 배열 A가 주어졌을 때, 최대 부분합을 $O(n)$ 시간에 구하라. 시간 복잡도가 $O(n)$, 공간 복잡도가 $O(1)$이 되도록 할 수 있는가?

힌트: 합이 최대가 되는 부분배열은 환형 때문에 달라질 수도, 그렇지 않을 수도 있다.

해법: 먼저 기존의 최대 부분배열의 합을 구하는 표준 알고리즘을 생각해 보자. 부분배열이 i번째 인덱스에서 끝났을 때 최대합을 구하는 수식은 $S[i] = \max(S[i-1] + A[i], A[i])$가 된다. 배열의 길이가 n일 때 시간 복잡도는 $O(n)$이 되고 공간 복잡도는 $O(1)$이 된다.

환형 부분배열의 최대합을 구할 때는 문제를 두 가지 경우로 나누어 생각해 볼 수 있다. 하나는 앞에서처럼 환형이 아닌 경우의 최대합이다.

다른 하나는 최대 부분배열의 합이 배열을 순환했을 경우이다. 단순하게 말하면 이 경우의 최대 부분합은 0번째 인덱스에서 시작하는 최대 부분합과 $n-1$번째 인덱스로 끝나는 최대 부분합을 더하면 된다. 하지만 이 두 부분배열이 겹칠 수 있고, 단순히 겹치는 부분을 빼는 방식으로는 올바른 결과가 나오지 않을 수도 있다(배열 $\langle 10, -4, 5, -4, 10 \rangle$을 생각해 보자).

그 대신, 각 i에 대해 0번째 인덱스에서 시작하고 i 혹은 그 이전에 끝나는 부분배열의 최대합 S_i와, i 이후에 시작하고 마지막 원소에서 끝나는 부분배열의 최대합 E_i를 더하면 된다. 모든 i에 대해 부분배열이 순환하는 경우의 최대합은 $S_i + E_i$가 된다.

```cpp
int MaxSubarraySumInCircular(const vector<int>& A) {
  return max(FindMaxSubarray(A), FindCircularMaxSubarray(A));
}

// 환형이 아닌 경우의 해법
int FindMaxSubarray(const vector<int>& A) {
  int maximum_till = 0, maximum = 0;
  for (int a : A) {
    maximum_till = max(a, a + maximum_till);
    maximum = max(maximum, maximum_till);
  }
  return maximum;
}

vector<int> ComputeRunningMaximum(const vector<int>& A) {
  vector<int> running_maximum;
  int sum = A.front();
  running_maximum.emplace_back(sum);
  for (int i = 1; i < size(A); ++i) {
    sum += A[i];
```

```
      running_maximum.emplace_back(max(running_maximum.back(), sum));
  }
  return running_maximum;
}

// 환형인 경우의 해법
int FindCircularMaxSubarray(const vector<int>& A) {
  // 0번째 인덱스에서 시작하고 i 이전에 끝나는 부분배열의 최대합
  vector<int> maximum_begin = ComputeRunningMaximum(A);

  // i + 1번째 인덱스에서 시작하고 마지막 원소에서 끝나는 최대합 부분배열
  vector<int> maximum_end = ComputeRunningMaximum({crbegin(A), crend(A)});
  maximum_end.pop_back();
  reverse(begin(maximum_end), end(maximum_end));
  maximum_end.emplace_back(0);

  // 최대 부분합이 환형인 경우 계산
  int circular_max = 0;
  for (int i = 0; i < size(A); ++i) {
    circular_max = max(circular_max, maximum_begin[i] + maximum_end[i]);
  }
  return circular_max;
}
```

시간 복잡도와 공간 복잡도 모두 $O(n)$이다.

순환이 있는 경우의 최대부분합을 최소부분합을 통해서도 답을 구할 수 있다. 즉, 전체 배열에서 최소 부분합을 빼면 최대 부분합이 된다. (첫 번째 원소와 두 번째 원소가 부분배열에 포함되지 않을 수도 있지만 상관없다.) 이 방법의 공간 복잡도는 $O(1)$이고, 시간 복잡도는 $O(n)$이다.

```
int MaxSubarraySumInCircular(const vector<int>& A) {
  // 환형이 아닌 경우와 환형인 경우에서 최댓값을 찾는다.
  return max(FindOptimumSubarrayUsingComp(A, max), // 환형이 아닌 경우
            accumulate(A.cbegin(), A.cend(), 0) -
                FindOptimumSubarrayUsingComp(A, min)); // 환형인 경우
}

int FindOptimumSubarrayUsingComp(const vector<int>& A,
                                 const int& (*comp)(const int&, const int&)) {
  int till = 0, overall = 0;
  for (int a : A) {
    till = comp(a, a + till);
    overall = comp(overall, till);
  }
  return overall;
}
```

문제 24.28 임계 높이 구하기 🥷

보호용 케이스의 성능을 테스트해야 한다. 보호용 케이스 안에 어떤 기계장치를 넣고 건물 위에서 던졌을 때, 최대 몇 층까지 내용물이 안전하게 보관되는지 알고 싶다. 테스트할 때는 다음 내용을 가정해도 좋다.

- 케이스의 물리적인 성질은 동일하다. 특정 높이에서 던진 보호 케이스가 깨졌다면, 나머지 케이스 모두 해당 높이에서 던졌을 때 깨진다.
- 던졌을 때 깨지지 않은 케이스는 다시 사용할 수 있고, 깨진 케이스는 다시 사용할 수 없다.
- 케이스가 깨진 높이보다 높은 위치에서 던지면 당연히 깨진다. 그리고 케이스가 깨지지 않은 높이보다 낮은 위치에서 던진다면 절대 깨지지 않는다.

1층에서 던진 케이스가 깨질 수도 있고, 꼭대기에서 던진 케이스가 깨지지 않을 수도 있다.

어떤 층을 기준으로 해당 층 혹은 그보다 높은 곳에서 보호 케이스를 떨어뜨렸을 때 케이스가 깨지고, 해당 층보다 낮은 곳에서 떨어뜨렸을 때는 케이스가 깨지지 않을 것이다. 지상은 0층이고, 여기서 떨어뜨렸을 때 케이스는 깨지지 않는다고 가정하자.

또한 건물 관계자가 그만하라고 말하기 전까지 주어진 횟수만 던져볼 수 있다.

만약 한 개의 보호 케이스가 주어졌고 다섯 번 떨어뜨려 볼 수 있다고 하자. 1, 2, 3, 4, 5층을 차례로 테스트한다면 확인해 볼 수 있는 가장 높은 층은 5층이다. 어떤 층을 테스트하지 않고 건너뛰었을 때 케이스가 깨진다면, 어떤 층에서 케이스가 최초로 깨지는지 알 수 없으므로 가장 낮은 층에서부터 모든 층을 전부 테스트해 봐야 한다. 만약 케이스가 깨지지 않았다면 5층까지 안전하다고 볼 수 있다.

두 개의 보호 케이스가 주어지고 다섯 번 떨어뜨려 볼 수 있다고 한다면 2, 4, 6, 8, 9층에서 차례대로 떨어뜨려 볼 수 있다. 만약 네 번째 시도에서 케이스가 깨졌다면, 바로 아래 층에서 한 번 더 던지면 어디서 최초로 깨지는지 알 수 있다. 다섯 번째 시도에서 케이스가 깨졌다면 8층까지 안전하다. 케이스가 깨지지 않았다면 9층까지 안전하다.

보호 케이스가 c개 주어졌고, 최대 d번 던져볼 수 있다고 했을 때, 최악의 경우에 최대 몇 층까지 테스트해 볼 수 있는가?

힌트: 점화식을 만들어 보라.

해법: 케이스가 c개 주어졌고, d번 던져볼 수 있을 때 확인할 수 있는 최대 층을 $F(c, d)$라고 하자. $F(1, d) = d$이고, 모든 $i \leq c, j \leq d$에 대해 $F(i, j)$의 값은 이미 알고 있다.

보호 케이스가 $c + 1$개 주어지고 d번 던져볼 수 있다면, $F(c, d - 1) + 1$번째 위치에서 먼저 케이스를 던져 보자. 만약 케이스가 깨진다면 남아 있는 c개의 케이스를 $d - 1$번 던져 보면 된다. (깨지는 위치는 반드시 $[1, F(c, d - 1)]$ 사이가 된다.) 만약 케이스가 깨지지 않는다면 $F(c, d - 1) + 1 + F(c + 1, d - 1)$에서 던져본다.

따라서 점화식 F는 다음과 같이 정의할 수 있다.

$$F(c + 1, d) = F(c, d - 1) + 1 + F(c + 1, d - 1)$$

동적계획법을 사용해서 F를 다음과 같이 구할 수 있다.

```cpp
int GetHeight(int cases, int drops) {
  return GetHeightHelper(
      cases, drops,
      make_unique<vector<vector<int>>>(cases + 1, vector<int>(drops + 1, -1))
          .get());
}

int GetHeightHelper(int cases, int drops, vector<vector<int>>* F) {
  if (cases == 0 || drops == 0) {
    return 0;
  } else if (cases == 1) {
    return drops;
  }
  if ((*F)[cases][drops] == -1) {
    (*F)[cases][drops] = GetHeightHelper(cases, drops - 1, F) +
                         GetHeightHelper(cases - 1, drops - 1, F) + 1;
  }
  return (*F)[cases][drops];
}
```

시간 및 공간 복잡도는 $O((c + 1)(d + 1))$이 된다.

응용: 같은 문제를 $O(c)$의 공간을 사용해서 풀어 보라.

응용: 케이스가 c개 주어졌을 때, 1층부터 F층 중에서 케이스가 깨지는 층을 찾으라. 단, 떨어뜨리는 횟수를 최소화하라.

응용: 1부터 n까지의 숫자가 시계 방향으로 원형으로 놓여 있다. 숫자가 하나 남을 때까지 k번째의 숫자를 차례대로 지워 나간다고 할 때, 마지막까지 남아 있는 숫자는 무엇인가?

문제 24.29 최대 2차원 부분배열 찾기 👀

이 문제는 이미지 처리와 관련이 있다.

A를 $n \times m$ 크기의 2차원 배열이라고 할 때, 다음 두 문제를 해결하는 효율적인 알고리즘을 설계해 보자.

- 1로 이루어진 2차원 부분배열 중 가장 큰 부분배열은 무엇인가?
- 1로 이루어진 2차원 정사각형 중 가장 큰 정사각형은 무엇인가?

알고리즘의 시간 및 공간 복잡도를 n과 m의 함수로 나타내라.

힌트: 비슷한 확인을 이미 했다고 가정했을 때, $A[i, i + a][j, j + b]$가 앞의 제약 조건을 만족하는지 어떻게 효율적으로 확인할 수 있을까?

해법: 무식한 방법은 모든 2차원 부분배열을 확인해 보는 것이다. 대각선상에 있는 정반대의 꼭짓점 2개로 2차원 부분배열을 만들 수 있으므로 총 부분배열의 개수는 $O(m^2n^2)$이 된다. 각 2차원 부분배열이 조건에 맞는지 확인해 봐야 하므로 전체 복잡도는 $O(m^3n^3)$이다. 2차원 부분배열의 중간 결과를 재사용하면 간단하게 복잡도를 $O(m^2n^2)$으로 줄일 수 있다. 즉, $A[i, i + a][j, j + b]$가 위의 조건에 만족하려면 $A[i, i + a - 1][j, j + b - 1]$, $A[i + a, i + a][j, j + b - 1]$, $A[i, i + a - 1][j + b, j + b]$, $A[i + a, i + a][j + b, j + b]$도 반드시 조건을 만족해야 한다. 2차원 부분배열의 결과를 미리 구해 놓았다면 $O(1)$ 시간에 확인해 볼 수 있다. (하지만 이 방법은 추가로 $O(m^2n^2)$의 공간을 사용해야 한다)

다음 방법은 시간 및 공간 복잡도를 더 줄여 준다. 조건을 만족하는 $A[i][j]$에 대해 (h_{ij}, w_{ij})를 기록한다. h_{ij}는 조건을 만족하는 $A[i, i + L - 1][j, j]$ 중에서 가장 큰 L을 뜻하고, w_{ij}는 조건을 만족하는 $A[i, i][j, j + L - 1]$ 중에서 가장 큰 L을 뜻한다. $O(nm)$ 시간과 $O(nm)$ 공간을 사용하면 이를 구할 수 있다.

이제 조건을 만족하는 $A[i][j]$를 왼쪽 아래 꼭짓점으로 가지는, 가장 큰 부분 배열을 구한다. $A[i, i + h_{ij} - 1][j, j]$를 수직으로 순회하면서 구할 것이다. 지금까지 처리한 엔트리 중에서 w_{ij}가 가장 작은 값을 찾는다. 그럼 가장 큰 2차원 부분배열의 왼쪽 아래 꼭짓점은 $A[l][j]$, 왼쪽 위 꼭짓점은 $A[i'][j]$가 되고, 넓이는 $(i' - i + 1)$ w가 된다. 이와 같은 방식으로 모든 $A[i][j]$를 처리하면서 가장 큰 2차원 부분배열을 찾으면 된다.

```cpp
int MaxRectangleSubmatrix(const vector<deque<bool>>& A) {
  struct MaxHW {
    int h, w;
  };
  // 각 (i, j)를, 동적 프로그래밍 테이블의 (h, w)로 저장한다.
  vector<vector<MaxHW>> table(size(A), vector<MaxHW>(size(A.front())));

  for (int i = size(A) - 1; i >= 0; --i) {
    for (int j = size(A[i]) - 1; j >= 0; --j) {
      // (i, j)에서 (i + h - 1, j)까지 조건을 만족하는 가장 큰 h를 찾는다.
      // (i, j)에서 (i, j + w - 1)까지 조건을 만족하는 가장 큰 w를 찾는다.
      table[i][j] = A[i][j]
                      ? MaxHW{i + 1 < size(A) ? table[i + 1][j].h + 1 : 1,
                              j + 1 < size(A[i]) ? table[i][j + 1].w + 1 : 1}
                      : MaxHW{0, 0};
    }
  }

  int max_rectangle_area = 0;
  for (int i = 0; i < size(A); ++i) {
    for (int j = 0; j < size(A[i]); ++j) {
      // (i, j)가 조건에 만족하고 max_rectangle_area를 갱신할 수 있으면 갱신한다.
      if (A[i][j] && table[i][j].w * table[i][j].h > max_rectangle_area) {
        int min_width = numeric_limits<int>::max();
        for (int a = 0; a < table[i][j].h; ++a) {
          min_width = min(min_width, table[i + a][j].w);
          max_rectangle_area = max(max_rectangle_area, min_width * (a + 1));
        }
      }
    }
  }
  return max_rectangle_area;
}
```

각 $A[i][j]$마다 필요한 시간 복잡도는 행의 개수, $O(n)$에 비례하므로 전체 시간 복잡도는 $O(mn^2)$이고, 공간 복잡도는 $O(mn)$이다.

가장 큰 정사각형을 찾는 경우에는 다음과 같이 복잡도를 개선할 수 있다. (h_{ij}, w_{ij})의 값을 위와 같이 구한다. $A[i + 1][j + 1]$이 왼쪽 아래 꼭짓점인 가장 큰 정사각형의 길이가 s라고 하자. $h_{ij} \geq s + 1, w_{ij} \geq s + 1$을 만족하는 경우, $S[i][j]$가 왼쪽 아래 꼭짓점인 가장 큰 정사각형의 길이는 기껏해야 $s + 1$이 된다. 정사각형 길이를 일반적으로 표현하면 $\min(s + 1, h_{ij}, w_{ij})$가 되고, 이는 $O(1)$ 시간에 구할 수 있다. 따라서 수행 시간은 $O(mn)$이 된다.

이 방법은 가지치기를 통해 속도를 더 빠르게 할 수 있다. 예를 들어, $H \times W$ 크기의 2차원 부분배열을 이미 찾았다면, $h_{ij} \leq H, w_{ij} \leq W$를 만족하는 $A[i][j]$는 처리할 필요가 없다.

```cpp
int MaxSquareSubmatrix(const vector<deque<bool>>& A) {
  struct MaxHW {
    int h, w;
  };
  // 각 (i, j)를, 동적 프로그래밍 테이블의 (h, w)로 저장한다.
  vector<vector<MaxHW>> table(size(A), vector<MaxHW>(size(A.front())));

  for (int i = size(A) - 1; i >= 0; --i) {
    for (int j = size(A[i]) - 1; j >= 0; --j) {
      // (i, j)에서 (i + h - 1, j)까지 조건을 만족하는 가장 큰 h를 찾는다.
      // (i, j)에서 (i, j + w - 1)까지 조건을 만족하는 가장 큰 w를 찾는다.
      table[i][j] = A[i][j]
                        ? MaxHW{i + 1 < size(A) ? table[i + 1][j].h + 1 : 1,
                                j + 1 < size(A[i]) ? table[i][j + 1].w + 1 : 1}
                        : MaxHW{0, 0};
    }
  }

  // 각 (i, j)에 대해 가장 큰 정사각형의 길이를 저장한다.
  vector<vector<int>> s(size(A), vector<int>(size(A.front()), 0));
  int max_square_area = 0;
  for (int i = size(A) - 1; i >= 0; --i) {
    for (int j = size(A[i]) - 1; j >= 0; --j) {
      int side = min(table[i][j].h, table[i][j].w);
      if (A[i][j]) {
        // (i, j)가 왼쪽 아래 꼭짓점이면서 가장 큰 정사각형의 길이 구하기
        if (i + 1 < size(A) && j + 1 < size(A[i + 1])) {
          side = min(s[i + 1][j + 1] + 1, side);
        }
        s[i][j] = side;
        max_square_area = max(max_square_area, side * side);
      }
    }
  }
  return max_square_area;
}
```

완전히 다른 방법으로 접근하면 가장 큰 2차원 부분배열을 $O(nm)$ 시간에 찾을

수 있다. 문제 17.8에서 언급한 스카이라인에서 가장 큰 직사각형 찾는 문제를, n개의 행에 대해 푸는 것으로 생각하는 것이다. 먼저, 각 $A[i][j]$에 대해 조건을 만족하는 $A[i, i + h_{ij} - 1][j, j]$ 중에서 가장 큰 h_{ij}를 찾는다. ($A[i][j] = 0$이라면, $h_{ij} = 0$이 된다.) n개의 행에 대해 문제 17.8의 해법을 사용해서 $O(m)$ 시간에 가장 큰 2차원 부분배열을 구한다. h_{ij}를 구했다면 이 계산은 $O(n)$ 시간에 구할 수 있다. 최종 해법은 각 행에서 구한 결과 중에 가장 큰 값이 된다.

각 행에서 h를 구하는 데 필요한 시간 복잡도는 $O(m)$이고, 스카이라인에서 가장 큰 직사각형을 구하는 데 필요한 시간도 $O(m)$이다. 따라서 전체 시간 복잡도는 $O(mn)$이 된다. 추가 공간 복잡도는 $O(m)$이다. 이 공간은 h를 기록할 때와 가장 큰 직사각형을 구할 때 필요하다.

```cpp
int MaxRectangleSubmatrix(const vector<deque<bool>>& A) {
  vector<int> table(size(A.front()), 0);
  int max_rectangle_area = 0;
  // 가장 큰 직사각형 중에서 가장 큰 값을 구한다.
  for (int i = 0; i < size(A); ++i) {
    for (int j = 0; j < size(A[i]); ++j) {
      table[j] = A[i][j] ? table[j] + 1 : 0;
    }
    max_rectangle_area =
        max(max_rectangle_area, CalculateLargestRectangle(table));
  }
  return max_rectangle_area;
}
```

가장 큰 2차원 정사각형 또한 문제 17.8의 해법을 사용해서 비슷하게 구할 수 있다.

응용: $O(m)$ 시간을 사용하여 가장 큰 2차원 정사각형 부분배열 문제를 풀어 보라.

문제 24.30 허프만 코드 구하기 👀

텍스트를 압축하는 방법 중 한 가지는 각 문자를 비트 문자열에 대응시키는 코드북을 이용하는 것이다. 그다음 각 문자에 상응하는 비트 문자열을 이어 붙여서 전체 텍스트를 압축한다. (코드북은 각 문자에 상응하는 비트 문자열을 개별적으로 만드는 작업이므로 미리 만들어 놓을 수 있다.)

압축을 해제할 때는 코드북에 있는 문자열을 찾을 때까지 비트를 읽은 뒤 해당 비트 문자열을 문자로 치환한다. 모든 텍스트를 복구할 때까지 이 작업을 진행한다. 압축 작업을 역으로 수행할 수 있으려면, 각 코드의 접두사가 서로 겹치지 않아야 한다. 예를 들어 011은 0110의 접두사이지만, 1100의 접두사는 아니다.

텍스트를 압축하는 것이 목적이므로 자주 등장하는 문자일수록 더 짧은 비트 문자열과 대응시키고, 흔하지 않은 문자는 더 긴 비트 문자열과 대응시키는 것이 좋다. 여기서는 개별 문자에 대한 압축만을 생각할 것이다. (공통적인 문자열을 압축한다면 더 좋은 결과가 있겠지만, 시간 복잡도는 증가할 것이다.)

공통성이라는 개념은, 문자가 등장하는 빈도수를 0에서 1 사이의 값으로 표시해서 공식화할 수 있다. 모든 문자의 빈도수를 합하면 1이 되어야 한다. 평균적인 코드의 길이는 각 문자 코드의 길이와 빈도수의 곱의 합으로 나타낼 수 있다. 표 24.1에 알파벳 문자의 빈도수를 정리해 놓았다.

알파벳	빈도수	알파벳	빈도수	알파벳	빈도수
a	8.17	j	0.15	s	6.33
b	1.49	k	0.77	t	9.06
c	2.78	l	4.03	u	2.76
d	4.25	m	2.41	v	0.98
e	12.70	n	6.75	w	2.36
f	2.23	o	7.51	x	0.15
g	2.02	p	1.93	y	1.97
h	6.09	q	0.10	z	0.07
i	6.97	r	5.99		

표 24.1 일상적인 문서에 등장하는 알파벳과 그 빈도수(단위: %)

문자와 그 빈도수가 주어졌을 때, 평균 코드의 길이가 최소가 되는 코드북을 만들라.

힌트: n개의 문자에 대한 문제를 $n-1$개의 문자에 대한 문제로 줄여 나간다.

해법: 간단한 방법은 비트 문자열의 길이를 고정시키는 것이다. n개의 서로 다른 문자가 주어졌을 때, 각 문자마다 $\lceil \log n \rceil$만큼의 길이를 사용하면 된다. 모든 문자의 빈도수가 동일하다면 이 방법이 최적이겠지만, 빈도수의 변동폭이 크다면 최적이 아닐 수 있다.

휴리스틱 방법은 문자 집합을 두 개의 부분집합으로 나눈 뒤, 각각에 대한 해법을 구해서 하나의 집합에는 0을 덧붙이고, 다른 집합에는 1을 덧붙인다. 단, 두 개의 부분집합의 빈도수의 합은 서로 비슷해야 할 것이다. 하지만 이 방법 또한 항상 최적 코딩을 찾지 못한다. 예를 들어 이 방법을 사용하면 A, B, C, D의 빈도수가 각각 $\{0.4, 0.35, 0.2, 0.05\}$일 때 00, 10, 11, 01과 같은 코드를 구하게 되지만, 최적 코드는 0, 10, 110, 111이다. 또한 두 개로 나눈 부분집합의 전체 빈도수를 비슷하게 만들어야 하는데, 이 또한 계산하기 어려운 문제다.

다른 전략을 써 보자. 빈도수가 가장 높은 문자에 0을 할당하고, 나머지 문자들의 접두사는 1로 고정한 뒤 재귀적으로 같은 문제를 풀게 할 수도 있다. 이 방법은 문자의 빈도수가 동일할 때 굉장히 성능이 안 좋게 나온다. 예를 들어, A, B, C, D의 빈도수가 모두 0.25인 경우에 이 방법을 사용하면 0, 10, 100, 111이 되지만, 실제 최적 코드는 00, 01, 10, 11이다. 직관적으로 이 방법은 상대적인 빈도수를 고려하지 않으므로 적절하지 않다.

허프만(Huffman) 코딩으로 이 문제에 대한 최적 해법을 찾을 수 있다. (물론 다른 최적의 방법이 있을 수도 있다.) 이 방법은 빈도수가 가장 높은 문자보다는 빈도수가 가장 낮은 문자에 집중한다. 즉, 빈도수가 가장 낮은 문자 두 개를 합쳐서 하나의 문자로 만든 뒤, $n - 1$개의 문자에 대해 재귀적으로 같은 문제를 푼다. 하나로 합친 문자에 대한 코드를 만들고, 이 둘은 0 혹은 1을 덧붙여서 구분한다.

다음은 허프만 코드의 진행을 세 단계로 보여준다.

1. 문자를 빈도수가 증가하는 순서대로 정렬한 뒤, 각 문자에 대한 이진 트리 노드를 만든다. 이를 S라고 하자.
2. 빈도수가 가장 낮은 두 개의 노드를 자식으로 하는 새로운 노드 u를 만든다. 이 노드의 빈도수는 자식 노드의 빈도수의 합과 같다.
3. 자식 노드를 S에서 제거하고 u를 S에 추가한다. S에 노드가 하나 남을 때까지 2번 단계를 반복한다.

왼쪽 간선은 0으로, 오른쪽 간선은 1로 나타낸다. 루트에서 단말 노드까지의 경로를 해당 단어의 비트 문자열로 대응시킨다.

그림 24.9의 허프만 트리는 이 알고리즘을 표 24.1에 있는 알파벳의 빈도수에 적용한 결과이다. 루트에서 단말 노드까지의 경로는 표 24.2에 있는 해당 문자의 허

프만 코드와 같다. 예를 들어 t, e, z의 코드는 각각 000, 100, 001001000과 같다.

표 24.2에 허프만 코드의 코드북이 나와 있다. 평균 코드의 길이는 4.205이다. 반면에, 단순한 코드는 각 문자에 대해 $\lceil \log 26 \rceil = 5$비트를 사용한다.

문자	허프만 코드	문자	허프만 코드	문자	허프만 코드
a	1110	j	001001011	s	0111
b	110000	k	0010011	t	000
c	01001	l	11110	u	01000
d	11111	m	00111	v	001000
e	100	n	1010	w	00110
f	00101	o	1101	x	001001010
g	110011	p	110001	y	110010
h	0110	q	001001001	z	001001000
i	1011	r	0101		

표 24.2 빈도수가 표 24.1일 때 각 허프만 코드에 대응되는 알파벳

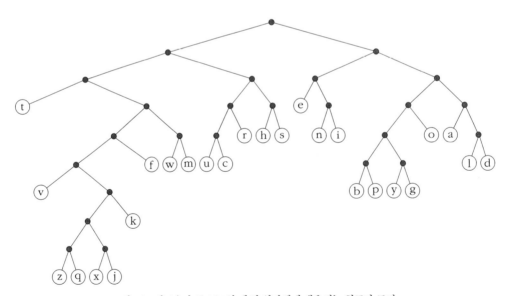

그림 24.9 빈도수가 표 24.1일 때 각 알파벳에 대응되는 허프만 트리

다음은 이를 구현한 코드이다. S를 표현하기 위해 최소힙을 사용했다.

```cpp
struct CharWithFrequency {
  char c;
  double freq;
};

struct BinaryTree {
  double aggregate_freq;
  CharWithFrequency* s;
  shared_ptr<BinaryTree> left, right;
};

struct FrequencyComparator {
  bool operator()(const shared_ptr<BinaryTree>& lhs,
                  const shared_ptr<BinaryTree>& rhs) const {
    return lhs->aggregate_freq > rhs->aggregate_freq;
  }
};

double HuffmanEncoding(vector<CharWithFrequency>* symbols) {
  // 각 기호를 candidates에 할당한다.
  priority_queue<shared_ptr<BinaryTree>, vector<shared_ptr<BinaryTree>>,
                 FrequencyComparator>
      candidates;
  for (CharWithFrequency& s : *symbols) {
    candidates.emplace(new BinaryTree{s.freq, &s, nullptr, nullptr});
  }

  // 노드가 하나 남을 때까지 두 노드를 합쳐나간다. 마지막에 남은 노드는 루트가 된다.
  while (size(candidates) > 1) {
    shared_ptr<BinaryTree> left = candidates.top();
    candidates.pop();
    shared_ptr<BinaryTree> right = candidates.top();
    candidates.pop();
    candidates.emplace(new BinaryTree{
        left->aggregate_freq + right->aggregate_freq, nullptr, left, right});
  }

  unordered_map<char, string> char_to_encoding;
  // 이진 트리를 순회하면서 코드를 노드에 할당한다.
  AssignHuffmanCode(candidates.top(), make_unique<string>(),
                    &char_to_encoding);
  double avg = 0.0;
  for (const CharWithFrequency& s : *symbols) {
    avg += size(char_to_encoding[s.c]) * s.freq / 100.0;
  }
  return avg;
}
```

```
void AssignHuffmanCode(const shared_ptr<BinaryTree>& tree,
                       const unique_ptr<string>& code,
                       unordered_map<char, string>* char_to_encoding) {
  if (tree) {
    if (tree->s) {
      // 단말 노드
      (*char_to_encoding)[tree->s->c] = *code;
    } else {  // // 단말 노드가 아니다.
      code->push_back('0');
      AssignHuffmanCode(tree->left, code, char_to_encoding);
      code->back() = '1';
      AssignHuffmanCode(tree->right, code, char_to_encoding);
      code->pop_back();
    }
  }
}
```

허프만 코딩의 두 번째와 세 번째 단계를 수행할 때 최솟값을 두 번 찾고 삽입을 한 번 수행하므로, 허프만 트리를 만드는 데는 $O(n \log n)$ 시간이 필요하다(n은 문자의 개수). 트리가 한쪽으로 치우칠 수도 있는데, 이러한 경우에는 코드 길이가 1, 2, 3, ..., n이 되고, 이를 생성하는 데 걸리는 시간은 $O(1 + 2 + ... + n) = O(n^2)$이 된다.

허프만 알고리즘의 평균 코드 길이가 최소가 되는 이유를 증명하려면 문자의 개수에 대해서 귀납법을 사용하면 된다. 각 귀납 단계에서는 모순을 통해 증명을 하고, 빈도수가 가장 낮은 두 문자가 허프만 트리의 단말 노드라는 점이 중요한 역할을 한다. (면접에서 이 방법이 최적인 이유를 증명하라는 질문을 받지는 않을 것이다.)

문제 24.31 가둬둔 물의 양 구하기 🥷

물을 담는 컨테이너는 n개의 음이 아닌 정수로 표현하고, 각각의 너비는 일정하며, 해당 숫자는 높이를 나타낸다. 이때, 그림 24.10을 참고하여 컨테이너에 담을 수 있는 용량을 구하는 알고리즘을 설계하라.

힌트: 그림을 그려 보고, 극단적인 경우를 생각해 보라.

해법: 컨테이너에 물을 붓는 걸 시각화하면 중요한 통찰력을 얻을 수 있다. 최대 용량에 도달하면 단면적은 수면 높이(수위)가 감소하지 않는 영역과 수위가 증가하지 않는 영역으로 구성된다. 감소하지 않는 영역에서 증가하지 않는 영역으로 바뀌

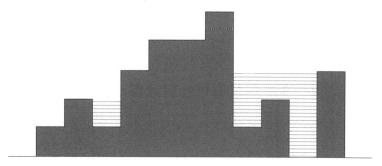

그림 24.10 수평선으로 표시된 면적이 최대한 물을 가두어 놓을 수 있는 면적이다. 여기서는 $1 + 2 + 1 + 3 = 7$이 된다.

는 순간은 A의 최댓값 근처에서 발생한다. $A[m]$을 최댓값이라 하자. $A[0, m - 1]$ 과 $A[m, n - 1]$의 용량을 각각 구한다. 이 용량은 반복적으로 구할 수 있다. $A[0, m - 1]$ 사이의 값에 대해서 현재까지의 최대 수위와 값의 차이를 구할 수 있고, 이 차이를 전체 용량에 더해 준다. $A[m, n - 1]$ 또한 비슷하게 처리하면 된다. 최댓값을 찾는 데 $O(n)$ 시간이 필요하고, $O(n)$만큼 두 번 더 반복해야 하므로 전체 시간 복잡도는 $O(n)$이 된다. 변수 몇 개만 사용하면 되므로 전체 공간 복잡도는 $O(1)$이다.

```cpp
int CalculateTrappingWater(const vector<int>& heights) {
  // 높이가 가장 높은 인덱스를 구한다.
  int max_h =
      distance(begin(heights), max_element(begin(heights), end(heights)));
  return TrappingWaterTillEnd(begin(heights), begin(heights) + max_h) +
      TrappingWaterTillEnd(rbegin(heights),
                           rbegin(heights) + size(heights) - 1 - max_h);
}

// end가 가장 높은 높이라고 가정한다.
template <typename Iter>
int TrappingWaterTillEnd(Iter begin, Iter end) {
  int sum = 0, highest_level_seen = numeric_limits<int>::min();
  for (Iter iter = begin; iter != end; ++iter) {
    if (*iter >= highest_level_seen) {
      highest_level_seen = *iter;
    } else {
      sum += highest_level_seen - *iter;
    }
  }
  return sum;
}
```

응용: A의 원소를 순서대로 한 번씩 읽을 수 있을 때 같은 문제를 풀어 보라. 공간은 최소한으로 사용하라.

문제 24.32 일정 횟수 이상 등장한 단어 찾기 👀

문제 17.5에서는 다수 원소가 무엇인지 확인하는 프로그램을 작성했다. 여기서는 문제 17.5를 일반화해 보자. 실무에서는 다수 원소보다는 등장 횟수가 1% 이상인 원소를 모두 구하는 게 더 유용할 것이다. 메모리에 제한이 있다면 원소를 한 번만 읽어서 답을 구하는 건 불가능하다. 하지만 두 번 읽을 수 있다면 가능하다.

공백으로 구분된 문자열들을 총 두 번 읽을 수 있다고 하자. $O(k)$의 공간을 사용해서 n/k번 이상 등장한 단어를 구하는 알고리즘을 설계하라. 여기서 n은 전체 입력의 길이와 같다.

힌트: k개의 후보자 리스트를 유지하라.

해법: 문제 17.5에서는 두 개의 서로 다른 단어를 버렸다. 여기서는 주어진 시간에 k개의 서로 다른 단어를 버린다. 이렇게 하면 버리기 전의 길이에서 $1/k$번 이상 발생한 모든 단어는 이후에도 계속 남아 있다는 사실을 보장할 수 있다. 이를 구현하려면 현재 후보들로 구성된 해시 테이블이 필요하다.

```
// n / k번 이상 등장한 후보자를 찾는다.
vector<string> SearchFrequentItems(
    int k, vector<string>::const_iterator stream_begin,
    const vector<string>::const_iterator stream_end) {
  vector<string>::const_iterator stream_begin_copy = stream_begin;
  unordered_map<string, int> table;
  int n = 0;  // Count the number of strings.

  while (stream_begin != stream_end) {
    ++table[*stream_begin++], ++n;
    // 해시에서 k개의 항목을 찾는다. 이들 중 하나는, 정확히 1개가 들어 있어야 한다.
    // k개의 항목을 하나씩 버릴 것이다.
    if (size(table) == k) {
      auto it = begin(table);
      while (it != end(table)) {
        if (--(it->second) == 0) {
          table.erase(it++);
        } else {
          ++it;
        }
```

```
        }
      }
    }

    // 다음을 통해 해시를 재설정한다.
    for_each(begin(table), end(table), [](auto& it) { it.second = 0; });

      // 스트림을 재설정하고 다시 읽는다.
    stream_begin = stream_begin_copy;
    // 각 후보자 단어의 등장 횟수를 센다.
    while (stream_begin != stream_end) {
      if (auto it = table.find(*stream_begin++); it != end(table)) {
        ++it->second;
      }
    }

    // n / k번 이상 등장한 단어를 선택한다.
    vector<string> result;
    for_each(begin(table), end(table), [&](const auto& it) {
      if (it.second > static_cast<double>(n) / k) {
        result.emplace_back(it.first);
      }
    });
    return result;
}
```

바깥쪽 루프가 n번 수행하고, 안쪽 루프가 k번 수행될 것 같으므로 (모든 k개의 항목에 대해 카운트를 감소시키므로) 전체 시간 복잡도는 $O(nk)$처럼 보일 것이다. 하지만 각 단어는 오직 한 번만 삭제되므로 삭제하는 데 걸린 시간은 $O(n)$이 된다. 나머지 단계는 $O(1)$ 시간에 수행된다.

첫 번째 단계에선 k개의 단어보다 많지 않은 집합 S를 찾는다. 집합 S는 n/k번 이상 등장한 단어의 확대 집합(superset)과 같다. 정확한 집합을 구하기 위해 두 번째 단계에서 S의 각 단어가 실제로 등장한 횟수를 세어 본다. 최종적으로 S의 단어 중에서 n/k번 이상 등장한 단어를 반환한다.

문제 24.33 합이 k를 넘지 않는 가장 긴 부분배열 찾기 🥷

어떤 조건하에서 가장 긴 부분배열의 합을 구하려고 한다. 예를 들어 그림 24.11의 배열에서 부분배열의 합이 184를 넘지 않는 가장 긴 부분배열은 $A[3, 6]$이다.

배열 A와 숫자 k가 주어졌을 때, 그 합이 k보다 작거나 같으면서 가장 긴 부분배열의 길이를 반환하는 알고리즘을 설계하라.

431	–15	639	342	–14	565	–924	635	167	–70
$A[0]$	$A[1]$	$A[2]$	$A[3]$	$A[4]$	$A[5]$	$A[6]$	$A[7]$	$A[8]$	$A[9]$

그림 24.11 합이 k를 넘지 않는 가장 긴 부분배열

힌트: 이미 지나친 i를 다시 돌아보지 않은 채, i번째 인덱스가 부분배열의 시작 지점이 될 수 없다는 사실을 언제 알아챌 수 있을까?

해법: 무식한 방법은 $\sum_{k=1}^{j} A[k]$를 구하는 것이다. 즉, 배열의 길이가 n일 때, 모든 $0 \le i \le j \le n - 1$에 대해 $A[i, j]$의 합을 구한다. P를 A의 접두사 합계 배열이라 하면, $P[i] = \sum_{k=0}^{i} A[k]$가 된다. P는 A를 한 번 반복해서 $O(n)$ 시간에 구할 수 있다. 부분배열의 합 $A[i, j]$는 $P[j] - P[i - 1]$과 같다. ($P[-1] = 0$이라 하자.) 이 방법의 시간 복잡도는 $O(n^2)$이고, 추가 공간은 P의 크기인 $O(n)$만큼 사용한다.

다음 트릭을 사용해서 시간 복잡도를 $O(n)$으로 개선해 보자. $u < v$이면서 $P[u] \ge P[v]$인 경우를 생각해 보자. 이 경우 u는 절대 해법의 끝지점이 될 수 없다. 왜냐하면 어떤 $w \le v$에 대해 $A[w, v]$가 $A[w, u]$보다 길고, $A[w, u]$가 위의 조건을 만족한다면 해법은 $A[w, v]$가 되어야 하기 때문이다. 이를 통해 배열 Q를 다음과 같이 정의할 수 있다. $i < n - 1$인 경우에 $Q[i] = \min(P[i], Q[i + 1])$, $Q[n - 1] = P[n - 1]$이다.

$a(a \le b)$를 A 원소의 인덱스라 하자. $M_{a,b}$는 a에서 시작해서 b 혹은 그 이후에 끝나는 부분배열의 가능한 최소합이다. $M_{0,b} = Q[b]$이고, $a > 0$인 경우에 $M_{a,b} = Q[b] - P[a - 1]$이 된다. 만약 $M_{a,b} > k$라면, a에서 시작하고 b를 포함하는 모든 부분배열은 위의 조건을 만족하지 않는다. 따라서 a를 증가시킨다. 만약 $M_{a,b} \le k$라면, 위의 조건을 만족하고 그 길이가 $b - a + 1$인 부분배열이 존재한다는 사실을 알 수 있다. 이를 현재까지의 부분배열의 길이와 비교해서 필요에 따라 갱신한다. 그다음 b를 증가시킨다.

a와 b를 0으로 초기화하고 $b = n$이 될 때까지 위와 같이 반복적으로 a와 b를 증가시킨다. 이렇게 하면 위의 조건을 만족하는 가장 길이가 긴 부분배열의 길이를 찾을 수 있다. 다음은 이를 구현한 코드다.

```
int FindLongestSubarrayLessEqualK(const vector<int>& A, int k) {
  // A의 접두사 합계 배열을 구한다.
  vector<int> prefix_sum;
```

```
partial_sum(cbegin(A), cend(A), back_inserter(prefix_sum));

// A의 합이 k보다 작거나 같을 때 바로 반환한다.
if (prefix_sum.back() <= k) {
  return size(A);
}

// min_prefix_sum을 구한다.
vector<int> min_prefix_sum = prefix_sum;
for (int i = size(min_prefix_sum) - 2; i >= 0; --i) {
  min_prefix_sum[i] = min(min_prefix_sum[i], min_prefix_sum[i + 1]);
}

int a = 0, b = 0, max_length = 0;
while (a < size(A) && b < size(A)) {
  if (int min_curr_sum =
          a > 0 ? min_prefix_sum[b] - prefix_sum[a - 1] : min_prefix_sum[b];
    min_curr_sum <= k) {
    int curr_length = b - a + 1;
    if (curr_length > max_length) {
      max_length = curr_length;
    }
    ++b;
  } else {  // min_curr_sum > k
    ++a;
  }
}
return max_length;
}
```

이 프로그램이 올바른지 생각해 보자. 위의 조건을 만족하면서 가장 긴 부분배열의 길이를 $A[a^*, b^*]$라고 하자. $M_{a,b} > k$가 될 때까지 b를 증가시킨다. a를 $a + 1$로 증가시키는 경우는 $A[a, b - 1]$은 조건을 만족하지만 $A[a, b]$는 만족하지 않을 때다. 즉, a에서 시작하는 부분배열 중에서 $A[a, b - 1]$이 가장 길이가 긴 경우라는 사실을 알 수 있다.

반복문은 $b = n$이 될 때 끝난다. 이 지점에서 $a \geq a^*$라 하자. 그렇지 않다면, $A[a, n - 1]$은 합이 k보다 작거나 같아야 한다는 문제의 조건을 만족한다. 왜냐하면 b를 n으로 증가시켰고, $(n - 1) - a + 1 > b^* - a^* + 1$이므로 $A[a^*, b^*]$가 최적이라는 사실에 모순된다. 따라서 어떤 지점에 a는 a^*에 할당되어야 한다. 이 지점에서 $b \leq b^*$가 된다. 왜냐하면 $A[a^* - 1, b - 1]$은 문제의 조건을 만족하기 때문이다. 만약 $b > b^*$라면, $(b - 1) - (a^* - 1) + 1 = b - a^* + 1 > b^* - a^* + 1$이 되므로 $A[a^*, b^*]$가 최적이라는 사실에 모순된다. $b \leq b^*$이고 $a = a^*$이므로 이 알고리즘은

b가 b^*가 될 때까지 b를 증가시킬 것이다($A[a^*, b^*]$는 문제의 조건을 만족하므로). 따라서 $b^* - a^* + 1$이 최적 해법이 된다.

응용: 부분배열의 평균이 k보다 작거나 같으면서 그 길이가 가장 긴 부분배열을 찾는 알고리즘을 설계하라.

문제 24.34 고속도로에 구간 추가하기 🥷

캘리포니아의 교통국에서는 캘리포니아 고속도로 시스템에 새로운 구간을 추가하려고 한다. 각 고속도로의 구간은 두 개의 도시로 연결되어 있다. 도시 관리 담당자는 새로운 고속도로 제안서를 제출했다. 각 제안서에는 두 도시의 쌍과 두 도시를 잇는 고속도로의 길이 정보가 들어 있다.

기존의 고속도로 네트워크(두 도시 사이의 고속도로의 집합)와 새롭게 제안하는 고속도로의 구간 정보들이 주어졌을 때, 전체 운전 거리를 최대한 개선시키는 고속도로 구간 하나를 반환하는 프로그램을 작성하라. 전체 운전 거리란 모든 도시 쌍의 최단 거리의 합을 말한다. 고속도로는 모두 양방향 도로이며 기존 네트워크는 모두 연결되어 있다.

힌트: b_s에서 b_f로의 도로를 새롭게 추가한다고 가정하자. 만약 u에서 v로의 최단 경로가 이 도로를 지나간다면, u에서 b_s로의 최단 경로는 무엇이 되어야 할까?

해법: 기존 네트워크에 하나 이상의 제안서를 추가할 수 없다는 사실을 기억하자.

무식한 방법으로 접근해 보자. 먼저 기존 네트워크의 모든 쌍의 최단 경로를 구한다. 제안된 도로를 하나씩 추가해 보면서 모든 쌍의 최단 경로를 다시 구하고, 전체 운전 거리가 얼마나 개선되는지 기록한다. 플로이드-워셜(Floyd-Warshall) 알고리즘을 사용해서 모든 쌍의 최단 경로를 구하면 $O(n^3)$의 시간이 걸리므로 전체 시간 복잡도는 $O(kn^3)$이 된다.

모든 쌍의 최단 경로를 한 번만 구해서 해법을 개선할 수 있다. $S(u, v)$를 모든 도시 쌍의 최단 경로를 저장하는 2차원 배열이라고 가정하자. 각 제안서 p는 두 도시 (x, y)의 쌍을 나타낸다. (a, b)의 도시 쌍이 주어졌을 때, 제안서 p를 사용해서 개선할 수 있는 최선의 방법은 $\min(S(a, b), S(a, x) + d(x, y) + S(y, b), S(a, y) + d(y, x) + S(x, b))$가 된다. 여기서 $d(x, y)$는 x와 y를 연결하는 제안된 고속도로

p의 거리를 나타낸다. 이를 계산하는 데 $O(1)$의 시간이 걸리므로 전체 제안서를
평가하는 데 걸리는 시간은, 전체 제안서의 개수 곱하기 최단 경로를 구한 뒤의 전
체 도시 쌍의 개수에 비례한다. 즉, 시간 복잡도는 무식한 방법보다 눈에 띄게 개선
된 $O(n^3 + kn^2)$이 된다.

```cpp
struct HighwaySection {
  int x, y, distance;
};

HighwaySection FindBestProposals(const vector<HighwaySection>& H,
                                 const vector<HighwaySection>& P, int n) {
  // graph는 모든 노드의 쌍 사이의 최단 경로 거리를 저장한다.
  vector<vector<int>> graph(n, vector<int>(n, numeric_limits<int>::max()));
  for (int i = 0; i < n; ++i) {
    graph[i][i] = 0;
  }
  // 기존 고속도로 구간 H를 기반으로 무 방향 그래프를 구한다.
  for (const HighwaySection& h: H) {
    graph[h.x][h.y] = graph[h.y][h.x] = h.distance;
  }

  // 플로이드-워셜을 통해 모든 쌍의 최단 경로를 구한다.
  FloydWarshall(&graph);

  // 각 제안서에 대해서 모든 쌍의 개선된 거리를 구한다.
  int best_distance_saving = numeric_limits<int>::min();
  HighwaySection best_proposal = {-1, -1, 0};  // 초깃값
  for (const HighwaySection& p : P) {
    int proposal_saving = 0;
    for (int a = 0; a < n; ++a) {
      for (int b = 0; b < n; ++b) {
        int saving = graph[a][b] - min(graph[a][p.x] + p.distance + graph[p.y][b],
                                       graph[a][p.y] + p.distance + graph[p.x][b]);
        proposal_saving += max(saving, 0);
      }
    }
    if (proposal_saving > best_distance_saving) {
      best_distance_saving = proposal_saving;
      best_proposal = p;
    }
  }
  return best_proposal;
}

void FloydWarshall(vector<vector<int>>* G_ptr) {
  vector<vector<int>>& graph = *G_ptr;
```

```
    for (int k = 0; k < size(graph); ++k) {
      for (int i = 0; i < size(graph); ++i) {
        for (int j = 0; j < size(graph); ++j) {
          if (graph[i][k] != numeric_limits<int>::max() &&
              graph[k][j] != numeric_limits<int>::max()) {
            graph[i][j] = min(graph[i][j], graph[i][k] + graph[k][j]);
          }
        }
      }
    }
}
```

문제 24.35 차익 거래가 가능한지 테스트하기 👓

통화 간의 환율 집합이 주어지고, 차익 거래(arbitrage)가 존재하는지 확인하고 싶다. 예를 들어, 어떤 물건 C를 하나만 가진 상태에서 물물교환을 여러 번 수행했을 때, 두 개 이상의 C를 가질 수 있는지 확인하라.

거래 비용은 없고, 환율은 변하지 않는다. 또한 물건의 일부만을 매매할 수도 있다. 두 물건 사이의 환율은 한정되어 있다.

표 24.3은 대표적인 예를 보여 준다. 이 환율에 대해서는 차익 거래가 가능하다. 1 USD $\rightarrow$ 1 × 0.8123 = 0.8123 EUR $\rightarrow$ 0.8123 × 1.2010 = 0.9755723 CHF $\rightarrow$ 0.9755723 × 80.39 = 78.426257197 JPY $\rightarrow$ 78.426257197 × 0.0128 = 1.00385609212 USD. 차익 거래가 존재하는지 확인하는 효율적인 알고리즘을 설계하라. 차익 거래는, 어떤 환율 C의 물건 하나를 여러번 교환해서 두 개 이상의 물건을 가질 수 있는지를 말한다.

표기	USD	EUR	GBP	JPY	CHF	CAD	AUD
USD	1	0.8123	0.6404	78.125	0.9784	0.9924	0.9465
EUR	1.2275	1	0.7860	96.55	1.2010	1.2182	1.1616
GBP	1.5617	1.2724	1	122.83	1.5280	1.5498	1.4778
JPY	0.0128	0.0104	0.0081	1	1.2442	0.0126	0.0120
CHF	1.0219	0.8327	0.6546	80.39	1	1.0142	0.9672
CAD	1.0076	0.8206	0.6453	79.26	0.9589	1	0.9535
AUD	1.0567	0.8609	0.6767	83.12	1.0339	1.0487	1

표 24.3 7개 주요 통화의 환율

힌트: 교환의 효과는 곱으로 표현된다. 이를 덧셈을 사용하는 문제로 바꿀 수 있겠는가?

해법: 머릿속에 그림을 그려보는 것은 잠재적인 해결책을 찾기 위한 좋은 방법이다. 여기서 통화 간의 관계는 그래프를 써서 나타낼 수 있다. 구체적으로, 통화는 노드에 해당하고 교환은 간선에 해당하며 간선 가중치는 환율의 로그에 대응하는 그래프로 문제를 모델링할 수 있다. 그래프에서 양의 가중치를 가진 사이클을 찾을 수 있다면 연속된 교환을 발견할 수 있을 것이다. 이러한 사이클은 벨만 포드(Bellman-Ford) 알고리즘을 써서 해결할 수 있다.

가중치가 있는 방향 그래프 $G = (V, E = V \times V)$를 정의한다. 여기서 V는 물건의 집합을 말한다. 간선 $e = (u, v)$의 $w(e)$는 u가 한 개 주어졌을 때 교환할 수 있는 v의 개수를 말한다. 차익 거래가 가능하려면 G에 존재하는 간선의 곱의 결과가 1 이상인 사이클이 존재해야 한다.

$w'(e) = -\log w(e)$의 가중치 함수를 사용해서 새로운 그래프 $G' = (V, E)$를 만든다. $\log(a \times b) = \log a + \log b$이므로 G'에서 합이 $\log 1 = 0$인 사이클이 존재한다면, G에서 곱이 1 이상인 사이클이 존재하게 된다. (이 속성은 로그의 밑에 관계없이 항상 참이므로, e를 밑으로 사용하는 예제가 더 효율적이라면 그렇게 해도 된다.)

벨만 포드 알고리즘을 사용하면 음수 가중치 사이클을 찾을 수 있다. 음수 가중치 사이클을 찾을 때, 보통은 더미 노드 s와 모든 노드 사이에 가중치가 0인 간선을 추가한 뒤 벨만 포드 알고리즘을 사용해서 s에서의 최단 경로를 찾는다. 따라서 임의의 노드를 기준으로 벨만 포드 알고리즘을 수행해도 같은 결과를 얻을 수 있다.

```cpp
bool IsArbitrageExist(vector<vector<double>> graph) {
  // graph의 각 간선을 바꾼다.
  for_each(begin(graph), end(graph), [](vector<double>& edge_list) {
    for_each(begin(edge_list), end(edge_list),
            [](double& edge) { edge = -log10(edge); });
  });

  // 벨만-포드를 사용해서 음수 가중치 사이클을 찾는다.
  return BellmanFord(graph, 0);
}

bool BellmanFord(const vector<vector<double>>& graph, int source) {
  vector<double> dis_to_source(size(graph), numeric_limits<double>::max());
```

```
    dis_to_source[source] = 0;

    for (int times = 1; times < size(graph); ++times) {
      bool have_update = false;
      for (int i = 0; i < size(graph); ++i) {
        for (int j = 0; j < size(graph[i]); ++j) {
          if (dis_to_source[i] != numeric_limits<double>::max() &&
              dis_to_source[j] > dis_to_source[i] + graph[i][j]) {
            have_update = true;
            dis_to_source[j] = dis_to_source[i] + graph[i][j];
          }
        }
      }

      // 갱신된 것이 없으면 음수 사이클이 없다는 뜻이다.
      if (have_update == false) {
        return false;
      }
    }

    // 갱신되는 부분이 존재한다면 사이클이 있다는 뜻이다.
    for (int i = 0; i < size(graph); ++i) {
      for (int j = 0; j < size(graph[i]); ++j) {
        if (dis_to_source[i] != numeric_limits<double>::max() &&
            dis_to_source[j] > dis_to_source[i] + graph[i][j]) {
          return true;
        }
      }
    }
    return false;
}
```

일반적인 벨만 포드 알고리즘의 시간 복잡도는 $O(|V||E|)$다. $|E| = O(|V|^2)$이고 $|V| = n$이므로 전체 시간 복잡도는 $O(n^3)$이 된다.

Elements of Programming Interviews in C++

표기법과 찾아보기

표기법
찾아보기

표기법

표기법은 구조를 보장하는 것 이상의 의미가 있다.
에반 파커(E. S. Parker)

특별히 언급하지 않는 이상, 다음 규칙에 따라 기호를 사용한다.

A k 차원 배열

L 연결리스트 혹은 이중 연결리스트

S 집합

T 트리

G 그래프

V 그래프 노드의 집합

E 그래프 간선의 집합

표기	뜻
$(d_{k-1} \dots d_0)_r$	r 비트로 나타낸 숫자. 예를 들면 $(1011)_2$
$\log_b x$	밑이 b인 로그값 x, 만약 b를 명시하지 않았다면 $b = 2$
$\lvert S \rvert$	집합 S의 개수
$S \setminus T$	집합의 차이. 즉, $S \cap T'$ 혹은 $S - T$
$\lvert x \rvert$	x의 절댓값
$\lfloor x \rfloor$	x보다 작거나 같은 최대 정수값
$\lceil x \rceil$	x보다 크거나 같은 최소 정수값
$\langle a_0, a_1, \dots, a_{n-1} \rangle$	n개의 원소의 나열
$\sum_{R(k)} f(k)$	$R(k)$가 참일 때의 모든 $f(k)$의 합
$\min_{R(k)} f(k)$	$R(k)$가 참일 때의 모든 $f(k)$ 중에서 최솟값
$\max_{R(k)} f(k)$	$R(k)$가 참일 때의 모든 $f(k)$ 중에서 최댓값

$\sum_{k=a}^{b} f(k)$	$\sum_{a \le k \le b} f(k)$의 속기
$\{a \mid R(a)\}$	$R(a)$가 참인 집합의 모든 a
$[l, r]$	닫힌 구간: $\{x \mid l \le x \le r\}$
$[l, r)$	왼쪽이 닫혀 있고, 오른쪽이 열려 있는 구간: $\{x \mid l \le x < r\}$
$\{a, b, ...\}$	잘 정의된 원소의 컬렉션, 즉 집합과 같다.
A_i 또는 $A[i]$	1차원 배열 A에서 i번째 원소
$A[i, j]$	1차원 배열 A에서 인덱스 i에서 j까지의 원소로 구성된 부분 배열
$A[i][j]$	2차원 배열 A에서 i번째 행과 j번째 열에 있는 원소
$A[i_1, i_2][j_1, j_2]$	2차원 배열 A에서 i_1에서 i_2까지의 행과 j_1에서 j_2까지의 열로 구성된 2차원 부분배열
$\binom{n}{k}$	이항 계수: n개의 원소 중에서 k개의 원소를 선택하는 방법의 개수
$n!$	n팩토리얼. 1부터 n까지 정수를 곱한 결과
$O(f(n))$	$f(n)$의 big-O 복잡도. 점근적인 상한
$x \bmod y$	x를 y로 나누었을 때 나머지
$x \oplus y$	x와 y의 XOR 비트연산
$x \approx y$	x가 y와 거의 같다.
널(null)	포인터가 유효한 주소를 가르키지 않는다는 사실을 알려 주는 포인터 값
$\varnothing$	공집합
∞	무한대. 비공식적으로 어떤 숫자보다 큰 숫자
$x \ll y$	x가 y보다 훨씬 작은
$x \gg y$	x가 y보다 훨씬 큰
$\Rightarrow$	논리적 함축

찾아보기